U0034069

「樣板戲」編年史 後篇

A Chronicle of Model Opera of Chinese Cultural Revolution (Volume II) 1967-1976年

李松
編著

A Chronicle of Model Opera of Chinese Cultural Revolution

目次

5 導論

21 凡例

23 「樣板戲」史（1967－1976）

25 1967 年
181 1968 年
223 1969 年
247 1970 年
293 1971 年
317 1972 年
349 1973 年
433 1974 年
487 1975 年
529 1976 年

575 「樣板戲」後史

583 附錄

601 參考文獻

605 後記

導論

據筆者的統計整理，國內外目前還沒有一本系統詳盡的「樣板戲」編年史。結合對於「樣板戲」的研究體會以及《「樣板戲」編年史》的編纂經驗，我試圖對「樣板戲」編年史的編撰思路與方法進行經驗總結與理論分析。

目前學界與「樣板戲」編年史相關的研究成果主要包括江蘇省文聯資料室編撰的《革命現代戲研究資料索引：1963.1-1965.3》（1965）、江蘇省文聯資料室與南京大學中文系資料室聯合編撰的《革命現代戲資料彙編》（第 1 輯至第 4 輯）（1965）、於可訓、李遇春主編的《中國當代文學編年史》（湖南人民出版社，2006）、卞敬淑的《文革時期樣板戲研究》（華東師範大學博士論文，2001）等。上述研究成果史實考據方面有扎實深入的探索，為進一步的學術研究夯實了基礎。

那麼，我編寫「樣板戲」編年史的緣起是什麼呢？第一，「樣板戲」交織著文學與政治複雜的歷史糾葛，凝聚了幾代人極端的情緒體驗與五味雜陳的情感記憶。自從 1978 年文禁漸開，關於「樣板戲」思想內容與藝術成就的價值判斷爭訟紛紜，莫衷一是[1]。如果著眼於學術研究的話，挖掘對象詳盡的基本史實應該是首要的工作。「樣板戲」爭鳴首先應該立足於可靠的第一手史料來發言，而爭鳴中的分歧其首要原因，我認為主要是研究者對史實的模糊認識或片面盲視。特別是結合「文革」時期的報刊評論、民間文獻，尤其是援引江青關於「樣板戲」的指示進行研究的人，少之又少。因此，一部考據扎實、材料詳盡的「樣板戲」編年史成為了學術研究工作的迫切需求。

「樣板戲」研究涉及到戲曲現代戲的創作動機、方法選擇、文學史意義以及現實影響諸多方面。與文學作品研究相區別的是，戲曲研究涉及到劇場與觀眾兩個獨特的因素。通過劇場，可以瞭解與之密切相關的歷史場景；通過觀眾，可以發現與之密切互動的劇本創作以及廣大的民間社會。總之，通過以「樣板戲」為

[1] 李松曾經對 20 世紀 90 年代以來的研究成果進行過整理與分析，詳見〈近十年來中國大陸革命「樣板戲」研究述評〉，臺北：《中國現代文學》，2006 年第 10 期。

個案，可以重新認識中國當代文學轉型的多重面貌：傳統與現代所包含的不同價值觀念，尤其是從延安的戲曲改革到「文革」「樣板戲」之間，中國當代戲曲改革的精神血脈；現代文學與當代文學之間不同的價值訴求；個人、社會、國家之間複雜的互動關係等等。

「樣板戲」兼容了多種劇種、劇目、文體與藝術形式[2]，它是一種複合形態。如果要在晚清以至當代中國的戲劇史上對「樣板戲」進行合適的定位的話，我認為戲曲現代戲是合適的觀照角度。如果要論及思想主題的性質的話，我認為其精髓即是毛澤東的文藝思想（其內容也包括江青對這一文藝思想的具體闡釋與實踐）。「樣板戲」的遠因應該是 1938 年從延安開始的「舊瓶裝新酒」的戲曲創作，近因則可以從 1958 年的「大寫現代戲」找到根源。1963 年江青對「樣板戲」的插手是「樣板戲」正式提到議事日程的標誌。經過「文革」十年的錘鍊，「樣板戲」得以經典化定型。「樣板戲」的主創者汪曾祺在 20 世紀 80 年代末曾經感嘆「樣板戲」的戲曲史意義無人重視。他說：「『樣板戲』與『文化大革命』相始終，在中國舞臺上馳騁了十年。這是一個畸形現象，一個怪胎。但是我們還是應該深入、客觀地對它進行一番研究。《大百科全書》、《辭海》都應該收入這個詞條。像現在這樣，不提它，是不行的。中國現代戲曲史這十年不能是一頁白紙。」[3]我認為，通過「樣板戲」這一文學個案，可以串聯起中國當代戲劇發展的歷史脈絡，使「樣板戲」成為檢視文學發展歷程的有機鏈條，也成為透視「文革」政治風雲的窗口。

編年史的撰寫者必須具備唐代史學家劉知幾（661－721）提出的史才、史學與史識「三長」。史學作為歷史資料（即史實）是史識認識、提煉的對象，史才是史家融合史學與史識尋求合適體例形式進行表達的能力。下面我將從史實、史識與史觀三個方面闡述我的思路與方法。

[2] 如《智取威虎山》與《林海雪原》、《沙家濱》與滬劇《蘆蕩火種》、《紅燈記》與電影《革命自有後來人》、《海港》與淮劇《海港的早晨》等彼此之間都有文本歷時延續的互文關係。

[3] 汪曾祺，〈關於「樣板戲」〉，北京：《文藝研究》，1989 年第 3 期。

一、史實

從「樣板戲」創作的戲劇觀念、藝術形式的發展追溯它的遠源、近因以及延續的路徑的話，它遙遠的源頭來自晚清之後戲曲現代戲模式；較近的影響來自1938 年魯藝演出的京劇現代戲《松花江上》等戲劇作品，這是延安京劇現代戲的最初實踐。該劇的演出是我將「樣板戲」前史推至 1938 年的原因。「樣板戲」的正式出現是在 1963 年，那麼，從 1938 年至 1962 年期間，「樣板戲」的發展經歷了一個「前史」期。即，第一，延安時期的秦腔與戲曲現代戲、京劇與戲曲現代戲階段。第二，1949 至 1957 的「戲改」階段。第三，1958 年至 1962 年期間大寫戲曲現代戲的「大躍進」及其調整階段。「樣板戲」的終點為 1976 年。該年 10 月 6 日以華國鋒為首的中共中央粉碎了「四人幫」集團，王洪文、江青、張春橋、姚文元在釣魚臺被逮捕。其他各地的「四人幫」外圍人員也同時或相繼被逮捕。1981 年中共十一屆六中全會通過的〈關於建國以來黨的若干歷史問題的決議〉正式對「文革」進行了政治定性。而 1980 年代之後「樣板戲」（電影）演出、放映的政治氣氛、文本形式已經發生了巨大的歷史斷裂，因而這一段只能視為「樣板戲」接受史的考察範圍。總之，「樣板戲」編年史考察的是「樣板戲」作為戲曲現代戲在特定歷史時期的演變軌跡。

撰史貴在「實錄」，即班固所說的「其文直，其事核，不虛美，不隱惡」，真實地記述歷史人物和歷史事實，不誇張，不隱瞞。對史實甄選的原則是客觀性、原始性、真實性、典型性、代表性和權威性。我力求做到任何一則史料言必有據，出處準確。如何保證準確性呢？「樣板戲」編年史要成為有源之水、有米之炊的話，必須掌握無可質疑的詳細史料（至少要有確定的文本形式），我查找的範圍主要包括如下幾個方面：1.正式出版物：《人民日報》[4]（1949－1981）（《人民日報》關於「樣板戲」的通訊、評論、研究合計 300 餘篇）、《解放軍報》（1949－1976）、《紅旗》雜誌（1949－1981）、《光明日報》（1949－1981）、《文藝報》（1952

---

4 本編年史的大量文獻直接來自《人民日報》。中央文革小組組長陳伯達帶領工作組接管《人民日報》以後，《人民日報》成了「文革」的重要喉舌。相對而言，「樣板戲」與《人民日報》的關係比與《紅旗》還要重要，因為該報版面多、周期短，可以刊登大量的消息、圖片以及文章。

－1981）、《文匯報》（1958－1964）、《劇本》（中國戲劇家協會編，1952－1966）、《戲劇報》（中國戲劇出版社，1954－1966）、《戲曲報》（華東人民出版社，1950－1951）。2.民間流傳的印刷品以及地下印刷物如，《江青文選》、《江青同志論文藝革命》以及紅衛兵刊物等。3.研究者整理的第一手資料：宋永毅主編的《中國文化大革命文庫光盤》（香港：香港中文大學・中國研究服務中心製作及出版，2002、2006）。4.回憶錄。「文革」時期的政黨領袖、「樣板戲」編演人員，巴金、王元化等文化名人以及老百姓的回憶。5.文獻的析出資料。從歷史發展的角度對「樣板戲」的研究，根據時間順序列舉如下：張庚的《當代中國戲曲》（當代中國出版社，1994）；戴嘉枋的《樣板戲的風風雨雨——江青、樣板戲及內幕》（知識出版社，1995）；王新民的《中國當代戲劇史綱》（社會科學文獻出版社，1997）、《中國京劇史》（中國戲劇出版社，1999）；高義龍、李曉主編的《中國戲曲現代戲史》（上海文藝出版社，1999）；翟建農的《紅色往事——1966－1976 年的中國電影》（臺海出版社，2001）；傅謹的《新中國戲劇史（1949－2000）》（湖南美術出版社，2002）；顧保孜的《實話實說紅舞臺》（中國青年出版社，2005）；謝柏梁的《中國當代戲曲文學史》（高等教育出版社，2006）、《建國以來毛澤東文稿》（中央文獻出版社，1996）、《周恩來年譜》（中央文獻出版社，1998）等。除上述史料來源之外，對於有些披露所謂祕聞、黑幕的紀實性野史，我保持十分審慎的態度。

本書的原始材料涉及到「樣板戲」的劇本創作（包括劇本移植）、劇場演出、影視文本，與之相關的所有文學評論，以及與「樣板戲」有關的文學政策、文學評論等等。我將與「樣板戲」發展有關聯的歷史材料按照年、月、日的縱軸編排次序，以歷史事實為緯線橫向展開。作為編年史，既要注重史料的客觀性、史料來源的權威性、史實的明晰性，同時，又要避免成為材料、資料的簡單堆砌與羅列。為此，我採用史料呈現與個人解讀相結合的雙線結構，致力於在歷史事實之間建立實證聯繫，以得出有意義的結論。具體的做法是，對同一史實列出不同的史料進行對舉；對重要史實背景情況進行必要介紹；列舉學界對於某一重要史實問題的研究成果；為重要人物列出簡要的小傳；編纂者個人的研究性解讀起到畫龍點睛的作用。總之，我希望讀者看到的不是「編年」序列上的史料陳列，而是力圖通過個人的研究深入歷史現場，建構一種立體的、豐富的、厚實的、生動的「樣板戲」原生態景觀。

二、史識

面對史實，我們只有具備一定的歷史洞見（insight），也就是史識，才能從蕪雜浩瀚的對象中有所發現，這種史識首先體現為歷史感。T.S.艾略特與克羅齊的歷史觀給我啟發很大。

T.S.艾略特在談及作家文學創作時說：「歷史的意識又含有一種領悟，不但要理解過去的過去性，而且還要理解過去的現在性；歷史的意識不但使人寫作時有他自己那一代的背景，而且還要感到從荷馬以來歐洲整個的文學及其本國整個的文學有一個同時的存在，組成一個同時的局面。這個歷史的意識是對於永久的意識，也是對於暫時的意識，也是對於永久的和暫時的合起來的意識。就是這個意識使一個作家成為傳統性的。同時也就是這個意識使一個作家最敏銳地意識到自己在時間中的地位，自己和當代的關係。」[5]我認為，他說的「過去的過去性」是指歷史事實的客觀性，「過去的現在性」是指歷史事實之於現實生活的當代性。「從荷馬以來歐洲整個的文學及其本國整個的文學有一個同時的存在」，是指應該從文學整體的網絡空間中為本國的文學尋找一個坐標。「對於永久的和暫時的合起來的意識」，指既要有深入歷史裂隙的歷史感，又要考慮到歷史存在的現實影響。總之，T.S.艾略特論述的是文學史的當代性以及過去與現在的統一性。義大利歷史學家克羅齊也有相似的看法，他認為：「這種我們稱之為或願意稱之為『非當代』史或『過去』史的歷史已形成，假如真是一種歷史，亦即，假如具有某種意義而不是一種空洞的回聲，就也是當代的，和當代史沒有任何區別。像當代史一樣，它的存在的條件是，它所述的事蹟必須在歷史家的心靈中迴蕩，或者（用專業歷史家的話說），歷史家面前必須有憑證，而憑證必須是可以理解的。」[6]這種歷史「憑證」可以理解的緣由在於：「這種過去的事實只要和現在生活的一種興趣打成一片，它就不是針對一種過去的興趣而是針對一種現在的興趣的。」[7]因此，在論證了當代性「是一切歷史的內在特徵之後，我們就應當

---

[5] 艾略特，〈傳統與個人才能〉，洛奇編：《20 世紀文學評論》上冊（上海：上海譯文出版社，1987），頁 130。

[6] 〔義〕貝奈戴托・克羅齊，《歷史學的理論和實際》，〔英〕道格拉斯・安斯利英譯，傅任敢譯（北京：商務印書館，1982），頁 5。

[7] 同前註，頁 5。

把歷史跟生活的關係看作一種統一的關係；當然不是一種抽象意義的同一，而是一種綜合意義的統一，它既含有兩個詞的區別，也含有兩個詞的統一」[8]。而那些所有脫離了活憑證的歷史都是些空洞的敘述，它們既然是空洞的，它們就是沒有真實性的。「引用那些空洞的判斷對於我們的現實生活是毫無用處的。生活是一種現實情況，而那種變成了空洞敘述的歷史則是一種過去：它是一種無可挽回的過去，縱然不是絕對這樣，總之，此刻當然是這樣的。」[9]這些空洞的字句或書寫符號「它們不是靠一種思索它們的思想活動（那會使它們迅速得到充實）而是靠一種意志活動結合在一起和得以支持下來的，這種意志活動為了自己的某些目的，認為不論那些字句多麼空洞或半空洞，保存它們是有用的。所以，單純的敘述不是別的，只是一種意志活動所維護的空洞字句或公式的複合物」[10]。那麼，這種「空洞敘述」是什麼呢？克羅齊稱之為編年史。他認為：「編年史與歷史之得以區別開來並非因為它們是兩種互相補充的歷史形式，也不是因為這一種從屬於那一種，而是因為它們是兩種不同的精神態度。歷史是活的編年史，編年史是死的歷史；歷史是當前的歷史，編年史是過去的歷史；歷史主要是一種思想活動，編年史主要是一種意志活動。一切歷史當其不再是思想而只是用抽象的字句記錄下來時，它就變成了編年史，儘管那些字句一度是具體的和有表現力的。」[11]克羅齊認為歷史與編年史的區別在於，前者是一種有意去探索發現的精神行為，而後者只是一種立此存照的意志行為。只有「文獻與批判，即生活與思想才是真正的史料——就是說它們是歷史綜合的兩種因素；處在這種地位，它們就不是和歷史對立的，也不是和綜合對立的，如同泉水和攜桶汲水的人相對立一樣，它們就是歷史本身的部分，它們就在綜合之中，它們是綜合的組成部分並被它所組成」[12]。從克羅齊的以上觀點可以看出，他認為文獻整理與批判反思應該有機結合，才能發現整體的歷史。

面對克羅齊關於編年史意義的質疑，我的思路是，力圖將編年的史料建構成為精神相關的文本網絡。第一，體現史料之間的動態結構。史實的編排與敘述力

[8] 同前註，頁6。
[9] 同前註，頁7。
[10] 同前註，頁8。
[11] 同前註，頁8。
[12] 同前註，頁10。

求克服史料乾癟、簡陋的空疏感，通過在史料之間建立隱性的起承轉合的意義聯繫，從而展示出本書中作品、事件、人物、活動的內在互動關係。建立立體性的敘述空間，釐清「樣板戲」存在的歷史土壤、演變的核心問題以及相關的背景情況。建立動態性的敘述思路，澄清「樣板戲」發展與文化傳統、政治需要、領袖意志、群眾互動之間的歷史關聯與相互影響。建構互文性的史料網絡，力求溝通作家、作品、思潮、報刊之間的相互影響關係。第二，建立透視歷史的多維視角。有的史料往往反映了不同的價值立場，我為了避免先入為主的主觀立場，於是將多種看法進行匯合，讓讀者自己有機會面對史料、史實做出自己的判斷。我覺得《中國當代文學編年史》在這一方面的做法頗有創意，它「所錄入的文學史實，涉及到事實經過部分，或綜合各種材料進行簡明扼要的敘述，或摘引某一完整的材料代替敘述者的綜合，皆力求真實準確。涉及到對事實的評論部分，則徵引原始文獻，復現當時人的觀點。涉及到對立或不同意見，則徵引多家評論，以便比較。後人有對同一事實的評價，亦酌量錄入，以為參證」。[13]這裏涉及的是各種材料的互文引證關係。對此陳寅恪有經驗之談，他在《柳如是別傳・緣起》章提出：「自來詁釋詩章，可別為二。一為考證本事，一為解釋辭句。直言之，前者乃考今典，即當時之事實。後者乃釋古典，即舊籍之出處。」而「解釋古典故實，自當引用最初出處，然最初出處，實不足以盡之，更須引其他非最初而有關者，以補足之，始能通解作者遣辭用意之妙」[14]。其實，《通史》早已有所開拓，該書認為：「徵求異說，採摭群言，然後能成一家。」主張對當時各種「雜史」分別其短長而有所選擇，對以往各種記載中存在的「異辭疑事，學者宜善思之」。

因此，我試圖在史料對舉中復現事物本身。應該充分認識到，歷史記憶作為一個編年史的一個有機組成部分，應該讓多種歷史記憶形成多聲部的合奏。奧古斯丁（Saint Augustine）說，記憶是個實驗室，我們每人都在這個實驗室裏不斷重新認識自己，塑造自己。避免每個人歷史記憶主觀片面性的辦法是建立各種史料的多聲部交響曲。我蒐集了 20 世紀 80 年代以來許多當事人的回憶，例如

---

[13] 〈中國現當代文學編年史——《中國現當代文學編年史》成果簡介〉，全國哲學社會科學規劃辦公室，http://www.npopss-cn.gov.cn/

[14] 陳寅恪，《柳如是別傳》（上海：上海古籍出版社，1980），頁 7。

普通老百姓的往事回顧（例如《記憶鮮紅》），還有童祥苓、劉長瑜、趙燕俠、楊春霞、劉慶棠等演員的口述歷史。

三、史觀

影響撰史者歷史觀念主要有如下一些因素：第一，面對史料，史實的編撰者遠隔歷史時空很難避免情感判斷的干擾。對於「樣板戲」歷史，編撰者保持對於文學生產、接受的感性經驗固然重要，但同時又必須超越「文革」敘述者作為受難者的感性認識，應該盡可能保持價值中立態度，在「理解」與「同情」之間取得必要的平衡。還是不得不提到陳寅恪，他在〈馮友蘭中國哲學史上冊審查報告〉中說了一段文史研究者耳熟能詳的話：「對於古人之學說，應具瞭解之同情，方可下筆。蓋古人著書立說，皆有所為而發。故其所處之環境，所受之背景，非完全明瞭，則其學說不易評論，而古代哲學家去今數千年，其時代之真相，極難推知。吾人今日可依據之材料，僅為當時所遺存最小之一部，欲藉此殘餘斷片，以窺測其全部結構，必須備藝術家欣賞古代繪畫雕刻之眼光及精神，然後古人立說之用意與對象，始可以真瞭解。所謂真瞭解者，必神遊冥想，與立說之古人，處於同一境界，而對於其持論所以不得不如是者之苦心孤詣，表一種之同情，始能批評其學說之是非得失，而無隔閡膚廓之論。否則數千年前之陳言舊說，與今日之情勢迥殊，何一不可以可笑可怪之目乎？」[15]劉知幾的史才、史學與史識「三長」備受後人推崇，章學誠卻以為「劉氏之所謂才、學、識，猶未足以盡其理也」，進一步提出：「能具史識者，必知史德。」我想，陳寅恪能對歷史人物、事件具有「瞭解之同情」也算是史德的體現，不可不深長思之。第二，歷史認識的主觀性問題。福柯曾說，他之所以要寫一部關於法國「監獄的誕生」的思想史著作，原因並不在於對過去的歷史發生興趣。他坦率地指出：「如果這意味著從現在的角度來寫一部關於過去的歷史，那不是我的興趣所在。如果這意味著寫一部關於現在的歷史，那才是我的興趣所在。」[16]福柯強調的是 T.S.艾略特曾經說過的「過去的現在性」，即當代關懷。我認為，在認識論上必須拋棄那種過於簡單化的反

---

[15] 陳寅恪，《金明館叢稿二編》（北京：三聯書店，2001），頁 247。

[16] 〔法〕米歇爾，福柯，《規則與懲罰：監獄的誕生》，劉北成、楊遠嬰譯（北京：三聯書店，2003），頁 33。

映論的思維模式，研究的過程就是現象呈現的過程，也是研究者逐步建構研究對象的過程。因而，編撰者應該認識到這種研究過程的自我建構因素，在反思批判自我立場之後，力求恢復歷史原生態的差異場景。我並不能宣稱自己所研究的是歷史的唯一真實，認為自己已經得出了絕對的知識。我認為應該採取一種反思的批判態度。社會學家布爾迪厄提倡一種反思的社會學：「我們一旦觀察社會世界，我們就會把偏見引入我們對這個社會世界的認知之中，這是由於這個事實造成的，即為了研究這個社會世界，為了描述它，為了談論它，我們必須或多或少地從這個社會世界中退出來。……一種真正的反思的社會學必須不斷地保護自己以抵禦認識論中心主義、『科學家的種族中心主義』，這種『中心主義』的偏見之所以會形成，是因為分析者把自己放到一個外在於對象的位置上，他是從遠處、從高處來考察一切事物的，而且分析者把這種忽略一切、目空一切的觀念貫注到了他對客體的感知之中。」[17]也就是說，面對事實與價值之間的矛盾，採取一種不預設原則的批判立場，懸置歷史成見與情感偏見，關注事物本身的顯現。有沒有一種不預設立場的研究？先入為主的成見影響價值判斷，這已經是一個心理學的常識。有沒有永恆的、嚴格的客觀真實？我很懷疑。因此，對自我進行永不停歇的反思判斷，是接近真理的途徑，也是更新自我意識的方法。第三，歷史認識的視域融合。我們已經無數次地被訓諭：歷史老人是最好的教師，觀今宜鑑古、無古不成今。回到事物的歷史本身，是任何一個歷史學家的座右銘。但是，我認為，歷史認識從來不是回首過去這種單向一維的，歷史認識還包括研究者面向未來的將來時態。因為對未來懷有某種期待，會影響對當下做出相應的判斷。歷史認識是追溯意識與展望意識的統一。因而，我對史料的解讀中無疑滲透著個性化的歷史想像與未來期許。

余英時在《陳寅恪晚年詩文釋證》（增訂新版）的〈書成自述〉裏寫過一段發人深思的話：「更重要的是通過陳寅恪，我進入了古人思想、情感、價值、意欲等交織而成的精神世界，因而於中國文化傳統及其流變獲得了較親切的認識。這使我真正理解到歷史研究並不是從史料中搜尋字面的證據以證成一己的假

---

[17] 包亞明主編，《文化資本與社會煉金術：布爾迪厄訪談錄》，包亞明譯（上海：上海人民出版社，1997），頁 102。

說，而是運用一切可能的方式，在已凝固的文字中，窺測當時曾貫注於其間的生命躍動，包括個體的和集體的。」[18]顯然，余英時的史觀並非僅僅偏於乾嘉學派的考據。我想，與之同理，我希望《「樣板戲」編年史》的編撰並非剪刀加漿糊的低水平手工勞動，我力求在對史料的選取、辨析與整理中展現各種精神觀念之間的碰撞、協調以及演變，展現一個個鮮活的靈魂在革命激進風暴中的悲喜酸甜與人性百態。

我到底做得如何呢？期待方家對本書的嚴厲指正。

[18] 余英時，〈陳寅恪晚年詩文釋證〉，北京：《當代》，第125期，1998年1月1日。

Preface

According to my study, there has been no elaborate or systematic chronicle of Model Opera in the world so far. Why do I want to write such a chronicle ? First, Model Opera involves complicated historical imbroglio between literature and politics, as well as several generations' extreme emotional experience and tanglesome feelings. The valuation on its contents and achievements in terms of art has been widely divided since the Cultural Revolution ended in 1976. While, with a view of academic research, it is quite essential to excavate the basic historical facts. The evaluation of Model Opera should be based on reliable first-hand historical data of which a lot of researchers are in bad need when they debate unilaterally. Barely any researchers have studied on it with a good consideration of comments in newspapers and periodicals during the Cultural Revolution, not to mention with a review of Jiang Qing's commands concerning Model Opera. Therefore, a chronicle with solid textual research and exhaustive historical data has become an urgent need of related academic research.

The research of Model Opera studies the motivation, methodology, literature history significance and real-life impact of Chinese Opera of the Time. Compared to literature study, opera research involves two particular elements:theatre and audience. Through theatre, we can see its historical environment; through audience, we can discover the close relationship between play writing and the society. In a word, by taking Model Opera as a case study, we can review different patterns of modern Chinese literature transformation: different values of the tradition and the modern (especially the spiritual development of contemporary Chinese opera transformation from opera transformation during Yan-an period to Model Opera in the Cultural

Revolution), different value pursuits of modern literature and contemporary literature, as well as the complicated interaction among individuals, society and the nation.

Model Beijing Opera is a complex of different genres, dramas,styles and art forms. To give it a position in drama history from late Qing dynasty to modern China, Chinese Opera of the Time is the right spot to start. To name its nature in theme, Chinese Opera of the Time is Mao Zedong's literature idea, together with Jiang Qing's corresponding explanations and practices.

The remote cause is the"new-wine-in-old-bottles" way of drama writing started from 1938 in Yan'an, while the immediate cause is the "volume produce of modern dramas" in 1958. The sign of its official commencement is Jiang Qing getting involved in 1963. From then on, it developed into a classical model after 10 years of refining in the Cultural Revolution.I think the literature case study of Model Opera reveals the history of modern Chinese drama. It makes Model Beijing Opera an organic part of Chinese literature history, also a window for watching the political vicissitude in the Cultural Revolution.

I. Historical Fact

Casting back from Model Opera's drama concept and art form, itsheadstream is the Chinese Opera of the Time pattern started from late Qing dynasty,and its immediate cause is dramas like modern Beijing opera "On the Song Hua River" performed by Lu Xun Academy of Arts in 1938 which was the first practice of modern Beijing Opera in Yan'an. Because of this opera, I reckon the pre-history of Model Opera started in 1938. That is to say, the period from 1938 to 1962 when Model Opera started officially is its phase of pre-history which includes the following parts. First, Qin Melody and its modern form, Beijing Opera and its modern form in Yan'an period. Second, "drama transformation" from 1949 to 1957.

Third, the volume produce of modern dramas and its adjustment from 1958 to 1962 which was called "Great Leap Forward". The end is October 6, 1976 when CPC and its leader Hua Guofeng crushed Gang of Four's political conspiration to seize power and arrested Wang Hongwen, Jiang Qing, Zhang Chunqiao, Yao Wenyuan and all their pawns. CPC's Sixth Plenary Session of the 11th Central Committee determined the political nature of the Cultural Revolution through "Resolution on Several Historical Issues of Communist Party of China Since the Founding of People's Republic of China" in 1981. Since 1980, all the performance, political atmosphere, text form of Model Operas (in the form of movie) have gone through enormous historical changes. Therefore, this period can only be taken as part of the receiving history of Model Opera. All in all, the chronicle of Model Opera reviews its contrail as a form of Chinese Opera of the Time in a specific historical period. All its historical data are selected under the principles of objectivity,originality, authenticity, typicality and authority. Every historical material is used with evidences and accurate citations.

II. Historical Insight

My plan is to construct a text with chronicle historical data. The first goal is to show the relationship between historical data.The arrangement and the narration of historical facts in this book follow the rules of enrichment and refinement and try to build up implicit connotational relation between historical data, thereby lay out the internal interactions between works, events, people and movements.

A multi-dimensional narration space helps to explain the historical environment that nurtured Model Opera, the substantial issues of its evolution and related background.My flexible plan of narration helps to clarify the historical connection and mutual-influence between the development of Model Opera's and cultural tradition, political needs, leader's will and people's reaction.

The inter-textual historical data net helps to disclose the mutual-influence among authors, works, thoughts and publications. The second goal is to establish multi-dimensional perspectives in analyzing history. Some historical data reflect different value judgments, so I collect different views to avoid subjectivity so that readers can have an opportunity to judge historical data and facts by themselves.

III. Historical Idea

History editors' historical ideas are influenced by the following factors. First, the interference of feelings when dealing with historical data remote in time and space. Although it is important to experience the production and receipt of literature, history editors should surmount their own sensibility as a sufferer of the Cultural Revolution and hold a neutral attitude between "understanding" and"sympathy".

That is to say, they should hold no prejudice against facts or values and focus on truth. It has been a psychological common sense that first impressions influence value judgment. Is there a kind of research that holds no predetermined standpoint ? Is there any eternal real objective reality？ I have grave doubts about this.

Therefore, ceaseless self-reflection should be the solution to approach truth and to renew self-awareness. Second, vision fusion of history views. We have been instructed repeatedly: "History is the best teacher. There is no present if there were no history and we should refer to history when observing present." Dating back to history has been every historian's motto. Whereas, I reckon that history views should not be unidirectional. It should be compared to the future because expectations on the future will influence the judgment on history and present. History views are integrations of looking back and looking forward. Therefore, my interpretation of history data is inevitably infiltrated by individualized imagination about both history and future.I hope this book is not just a simple work of "cutting and pasting". Therefore, I strive to disclose the collision, consonance and evolution of different ideas through the whole process of selecting, analyzing and editing historical data, thereby to display the bitterness and happiness of souls as well as different human natures in radical revolution storms. Is this book good or not？ I'm looking forward to experts' advice and instruction.

凡例

一、《「樣板戲」編年史》總共分為「樣板戲」前史（1938－1962）、「樣板戲」史（1963－1976）、「樣板戲」後史（1977－1981）三個部分。合計四十三年。

二、本書以年月日的時間順序作為史料編排的主軸。各個年份所轄部分的體例為：首先是概述，歸納總結該年度文藝的主要動態與重要事件。然後是「××月××日」的具體詳情。在敘述史實的同時根據需要進行相應的解讀，有的在文中標記為【解讀】字樣，有的則以當頁腳註形式出現。該年度的末尾設置「本年」補敘年度重要的史實。同樣，每一月份的末尾也設置「本月」補敘本月具體日期不詳的重要史實。註解採用當頁註的形式。

三、本書收錄的資料主要包括如下五個方面：江青等人對「樣板戲」各種文本創作所做指示的原始文獻；關於「樣板戲」的重要評論；「樣板戲」創作與傳播的相關史實；中共重要的文藝政策與會議；作者、演員以及文化人士等人的小傳。

四、本書中所引文獻大都來自「文革」期間非正式出版物以及檔案文獻，其具體來源沒有全部註明最初始出處。文獻中的錯字與不規範的標點符號，本書已經一一訂正。同一文獻的不同版本，則同時並舉，略備一說，以供讀者參考。

「樣板戲」史

（1967－1976）

1967 年

【概述】

1967 年 1 月，由上海肇始，波及全國的一場由造反派奪取中共和政府各級領導權的狂暴行動風起雲湧，「文化大革命」由此進入所謂「全面奪權」的新階段。1 月 16 日，《紅旗》雜誌發表評論員文章，傳達毛澤東的話，說：「從黨內一小撮走資本主義道路當權派手裏奪權，是在無產階級專政條件下，一個階級推翻一個階級的革命。」1 月 22 日《人民日報》也在一篇社論中號召：「展開全國全面的奪權鬥爭，勝利完成毛主席交給我們的偉大歷史任務。」在很短時間裏，從中央各部門到地方各級黨政部門以至各行各業的全面奪權運動轟轟烈烈展開了。

2 月 17 日，〈中共中央關於文藝團體無產階級文化大革命的規定〉（中發〔67〕53 號，供討論和試行用）指出：「文藝界的鬥爭重點，是打擊黨內一小撮走資本主義道路的當權派，即反革命修正主義份子」，要求「肅清以周揚、夏衍為首的反革命修正主義文藝路線的毒害，批判資產階級反動學閥、反動『權威』」。文藝團體的無產階級文化大革命，必須按照〈中共中央關於無產階級文化大革命的決定〉進行，必須堅決貫徹以毛主席為代表的無產階級革命路線，徹底批判以反對毛主席為首的黨中央的無產階級革命路線為目標的資產階級反動路線。根據目前鬥爭的新形勢，文藝團體工作人員，一律停止外出串聯。到外地串聯人員儘快回到本單位，集中力量徹底鬧革命。一面進行本單位的鬥、批、改，一面創作和排演現代的革命化的為工農兵服務的文藝作品和戲曲等。文藝工作人員應該有組織有計劃地下鄉、下廠，同工農相結合，改造自己的世界觀。

從 1967 年 4 月起，戚本禹在《人民日報》發表了一系列文章影射劉少奇，推動了從多方面攻擊「中國的赫魯曉夫」的所謂「革命大批判」高潮。這種大批判大肆造謠、誣陷，混淆是非，混淆敵我，傳播和助長「左」傾思潮，造成很壞的影響。該年 5 月，為紀念毛澤東〈在延安文藝座談會上的講話〉發表二十五週年，江青、康生「欽定」的八個「樣板戲」全部調進北京，舉行盛大的「革命樣板戲大會演」。「兩報一刊」（指《人民日報》、《解放軍報》、《紅旗》雜誌）大力宣揚江青「京劇革命」的貢獻，既發文章又發社論，還發表了三年前即 1964 年 7 月江青在全國京劇現代戲觀摩大會座談會上的講話〈談京劇革命〉，將「樣板戲」的宣傳推向了極致。1967 年第 6 期《紅旗》雜誌發社論〈歡呼京劇革命的偉大勝利〉稱：「京劇革命，吹響了我國無產階級文化大革命的進軍號。」「樣板戲」「不僅是京劇的優秀樣板，而且是無產階級的優秀樣板，也是無產階級文化大革命各個陣地上『鬥、批、改』的優秀樣板。」江青在中共軍委擴大會議上講話〈為人民立新功〉談到文藝問題時說：「這十七年來……大量是名、洋、古的東西，或是被歪曲了的工農兵形象。」5 月 25 日起，《人民日報》連續發表毛澤東關於文學藝術問題的「五個文件」：〈看了《逼上梁山》以後寫給延安平劇院的信〉、〈應當重視電影《武訓傳》的討論〉、〈關於紅樓夢研究問題的信〉、〈關於文學藝術的兩個批示〉。〈看了《逼上梁山》以後寫給延安平劇院的信〉。6 月 18 日，《人民日報》的社論中發出了「把樣板戲推向全國去」的號召。緊接著電臺文藝節目大部分時間用來播放「樣板戲」。江青認為：「樣板是尖端，是榜樣，是方向。當然，也不能孤立地搞尖端，尖端總是在普及的基礎上出現的、提高的，而且尖端也是要普及的。例如，我們的革命樣板戲，就要通過各種途徑，主要是通過拍成電影普及到全國各個角落。」[1]江青一是看到了「樣板戲」的方向性旗幟地位，二是看到了樣板的典範與普及之間的關係。7 月 22 日，江青向造反派組織提出「文攻武衛」的口號，公然煽動武鬥。面對這種嚴重的動亂局勢，毛澤東不得不採取一系列緊急措施。8 月底，他批准周恩來的報告，對中央文革小組成員王力、關鋒實行隔離審查。

1月3日

《人民日報》（第 1 版）發表姚文元的文章〈評反革命兩面派周揚〉：

---

1 中共中央，中央文革轉發〈江青同志在北京文藝座談會上的講話〉1967.11.13；中發〔67〕354 號。從她上述講話可以明白背後的用意。

對舊中宣部周揚等人的揭發和清算，關係到用毛澤東思想總結幾十年來的革命歷史，關係到社會主義革命時期社會主義和資本主義兩條道路鬥爭的歷史，關係到黨內以毛主席為代表的無產階級革命路線和資產階級反動路線兩條路線鬥爭的歷史，關係到更深入地挖掘政治上資產階級反黨反社會主義的黑線，必須搞深搞透[2]。

1月4日

《文匯報》報社首開全國造反派向本單位「走資派」奪權的先例，並重登毛澤東寫於 1957 年 6 月的〈《文匯報》的資產階級方向應當批判〉一文，宣告《文匯報》的「新生」。

1月6日

以王洪文為首的「上海工人革命造反總司令部」等造反組織在江青、陳伯達、張春橋等策動下召開「打倒上海市委大會」，奪取了上海市委的領導權。「1 月風暴」標誌著王洪文的出山[3]。

1月7日

《人民日報》發表蕭民的文章〈無產階級交響音樂的開路先鋒——讚交響音樂《沙家濱》〉。

同日，《人民日報》發表戰士雜技團毛寒非的文章〈在革命樣板戲的鼓舞下〉。該文認為：京劇《沙家濱》、《紅燈記》的出現震動了一切古老的藝術，也觸動了雜技工作者的靈魂。「最頑固的封建文化堡壘——京劇，都改革了，

---

[2] 姚文元，〈評反革命兩面派周揚〉，北京：《人民日報》(第 1 版)，1967 年 1 月 3 日 (原載《紅旗》雜誌 1967 年第 1 期)。周、姚二人先後同為中共高層意識形態機器的把關者，然而，時勢巨變，新貴將「棍子」風格發揮到極致，打敗了「老革命」。姚文元的這篇「雄文」是對周揚的徹底清算。

[3] 江青將上海作為「樣板戲」試驗的後方基地，先後得到上海市委柯慶施、徐景賢等人的鼎力支持，從而與彭真為首的北京市委以及文藝界「保守派」相抗衡。王洪文的發跡，標誌著上海幫力量的勃興。

雜技為什麼不能改革？」「京劇的水袖等都扔掉了，我們有些節目為什麼就不能扔掉？」[4]

1月8日

毛澤東表示支持並號召奪權，全國內亂由此加劇。

1月11日

中央軍委發出改組全軍文化革命小組的通知：中央軍委決定並經毛主席和中共中央批准，改組全軍文化革命小組，成立新的全軍文化革命小組，在中央軍委和中央文化革命小組直接領導下進行工作。組長：徐向前；顧問：江青[5]。

1月13日

《人民日報》報導〈毛主席黨中央批准軍委決定改組解放軍文化革命小組徐向前同志任組長，江青同志任顧問〉。該事件的具體過程是：1月11日，中央軍委發出了改組全軍文化革命小組的通知。1月12日，毛澤東和中共中央批准了中央軍委改組全軍文化革命小組的決定。

1月30日

《人民日報》報導〈在康生李先念江青蕭華等同志陪同下　卡博和巴盧庫同志觀看革命現代京劇《沙家濱》〉。

4 江青京劇革命的極端推進帶動了整個文藝領域的連鎖反應。在具體的藝術實踐中，我們發現江青並不願意絕對地拋棄或者否定傳統藝術遺產。但是，它以「封建主義」、「帝王將相」、「才子佳人」、「腐朽沒落」、「厚古薄今」之類的標籤命名傳統文化，這種階級論、二元論思維的後果是，文化與藝術領域革新的矯枉過正、過猶不及。

5 江青借助軍隊這座「尊神」發表了〈紀要〉，同時也藉顧問之名直接深入軍隊的文化工作。

本月

上海各京劇院、團被造反派奪權，周信芳等藝術家與京劇界領導人被批鬥遭迫害。

2月1日

江青、戚本禹對中央新聞紀錄製片廠群眾代表講話（被接見的還有八一電影製片廠的革命群眾代表）：

江　　青：今天想聽聽同志們的意見。

（新影廠代表們彙報了新影廠的運動情況、生產情況，並談了關於毛主席接見紅衛兵的影片的情況。）

江　　青：毛主席第一、二、三次接見紅衛兵的影片，能不能改一改，把劉、鄧、陶的鏡頭剪掉，重新整一整？（答：**可以。**）有人問我建議把劉少奇、王光美訪問印尼的片子拿出來和毛主席接見紅衛兵的片子一起上演，對比，對比。

戚 本 禹：還有人提出要將赫魯曉夫訪問美國片子也一起演，這樣可以看出許多問題。

新影代表：劉少奇訪問印尼還有些材料。可以重新編。

江　　青：不是說那些編餘的片子都燒了嗎？

新影代表：可能還留有很多資料。

戚 本 禹：你看，文化部至今還在欺騙我們。

江　　青：毛主席接見紅衛兵的影片上演，這是件很重要的事，這關係到許多革命小將。新聞電影廠就好像我們的報紙，是經常要做些報導工作的，你們（**指新影**）兩派觀點若沒有什麼大原則的分歧，是不是可以合起來？當然這並不是把兩派的政治觀點合二而一。

（八一廠代表彙報了一些廠裏情況：廠裏有些組織互相砸，還有抄家的，有的砸開了戰備倉庫，攝影機被搶走了。）

江　　青：砸、搶、抄家，這都不好，還是要講道理。戰備物資要保管好，要愛護國家財產，搶走的送回來了嗎？（**答：送回來了。**）以後不許再搶，這是破壞行為，破壞生產，破壞戰備，要注意後面有壞人操縱，搶走的物資命令他們送回來，若不送回來，要逮捕問罪。

八一廠代表：有的組織深夜搶走製片局大印，就說是奪權了。

新影代表：我們廠也有這種現象。

江　　青：拿走大印，不等於就是奪權。

戚 本 禹：那屬於封建奪權。

八一代表：有的人在警衛戰士宿舍門上貼一張「鐵桿保皇」，戰士就給撕了，於是被鬥一頓，臉上抹了黑，身上插了草，最後限二十四小時趕出八一廠。

江　　青：（**很氣憤**）這簡直是胡鬧，是對解放軍的侮辱。

戚 本 禹：要是我，也要把它撕掉。

江　　青：八一廠的陳播在哪兒？

八一代表：在天水，現在養得很胖，肥頭大耳。

江　　青：不能讓這些人舒服，陳播拍了個軍墾的片子之中，有一首是歌頌毛主席的歌子，卻用一種罌粟花（**大煙花**）做背景，看了很不舒服，當時就給他們提了意見，他卻說新疆到處是這種花，不願意改。你是演過雷鋒嗎？（**答：是。**）我看了你們那部片子，覺得很不滿意，為什麼把雷鋒的許多事情卻給了那個中間人物（**王大力**）？還是在寫中間人物。周立波的小說《暴風驟雨》被一些人吹捧，他的創作思想那就是好人最後就要死，很壞。這些人要揪來鬥，但不必搞「噴氣式」。新聞紀錄電影廠與故事片廠不同，新聞影片不能弄虛作假，要突出政治，但不管怎樣都要生產。你們新影廠要報導重大事件，現在已經進入了奪權，全面奪權。你們也需要奪權，把革命的領導權、生產權奪過來。只要不是敵我矛盾，就要注意要允許人家革命，要孤立一小撮敵人。你們兩派之間的問題，實際也是奪權，可現在你們指責得很厲害，我看你們應該聯合起來，加強團結。有一點要指出的就是不要上當。當前有這樣個苗頭，就是那些黨內走資本主義道路的當權派把鬥爭的矛頭引向內部，搞些假象，來砲打無產階級司令部。現在你們鬥當權派沒有那樣大的氣，鬥自己人卻那麼大氣，這要注意有人在背後挑撥，而把當權派放在一邊沒人管了。

你們要注意，搞說理鬥爭，要把是非分清，多做一些深入調查研究工作，掌握住他們大量的材料，鬥爭中才能立於不敗之地。新文化部和舊文化部是一回事，新文化部一直頑固地執行劉、鄧、陶的路線，蕭望東、趙辛初很壞。毛主席第四次接見紅衛兵（66 **年國慶日**）的片子，他送來給我們看了兩次。第一次就發現了問題，給打回去了。第二次送來，還不如頭一次，我很氣，當時就對他們說：「你們完全違背了八屆十一中全會的精神。」看了一半，我就不看了。他們盡力地美化劉、鄧、陶，而這些人也總是湊上去跟主席講話，劉少奇這些資產階級人物，就是愛爭鏡頭，犯了錯誤就該往後邊站一站嘛！只有資產階級才這樣搶鏡頭，這是陶鑄他們安排好了的。毛主席最不喜歡給他拍電影，在延安我認識主席時就是這樣，我知道革命的攝影師都是想多拍一些領袖的資料。

（新影代表還揭發了熊復的問題）

江　　青：**（接著說）**熊復是不是共產黨員還是個問題！他們都壞透了。趙辛初你們鬥過了嗎？**（新影答：鬥過一次。）**

戚 本 禹：要好好鬥鬥他們，有些人根本就沒有鬥倒、鬥垮、鬥臭。

江　　青：像陳荒煤、夏衍、蕭望東等，現在他們倒舒服了。你們要有氣向他們出，不要讓他們在一邊坐山觀虎鬥。我們自己每天鬥來鬥去，睡不好覺，都瘦了；可他們在那裏睡大覺，可胖了。這不行，不能叫他們把我們搞瘦。我們要把他們搞瘦，要叫他們睡不好覺。要經常地鬥，白天讓他們勞動，晚上要他們寫材料交代罪行，每天交一份。

新影代表：根據〈公安六條〉[6]規定，能否把地、富、反、壞、右等的名單公布？以便監督？

戚本禹：你們廠人員情況，你們還不瞭解嗎？

新影代表：人保科說是人事保密。

江　　青：他們為地、富、反、壞、右保密！革命群眾自己可以公布，要嚴防他們搞破壞，只許左派造反，不許右派翻天。

新影代表：對於過去確實有些「保」的人，現在有些醒悟了，怎麼對待他們？

江　　青：那要歡迎他們，團結他們。你們新影，不管哪一派，只要革命，在這個大前提下，就要共同搞好文化大革命。你們說，你們是為自己奪權，還是為無產階級奪權呀！（**答：為無產階級奪權。**）對，替無產階級奪權。希望你們各戰鬥組織要放下一切私心雜念，要好好學習幾篇主席著作，如〈關於正確處理人民內部矛盾問題〉，要嚴格區別敵我矛盾和人民內部矛盾，〈關於糾正黨內錯誤思想〉等。好好學習一下《紅旗》第3期社論，和首都三司寫的一篇文章〈打倒私字，實行革命造反派大聯合〉，這篇文章寫得很有水準，他們說：「我們同時進行著兩個革命：改造客觀世界的革命，和改造主觀世界的革命」我們同時進行著兩個奪權鬥爭：「奪黨內走資本主義道路當權派的權，奪自己頭腦中『私』字的權。」

（江青同志帶著我們一起學習了這篇文章）

6 〈公安六條〉是指1967年1月13日中共中央、國務院頒布的〈關於無產階級文化大革命中加強公安工作的若干規定〉。其主要內容如下：依法懲辦「殺人、放火、放毒、搶劫……盜竊國家機密、進行破壞活動的現行反革命分子」;「保障大鳴、大放、大字報、大辯論、大串聯的正常進行」;保護革命群眾組織，保護左派……依法懲辦「那些打死人民群眾的首犯、情節嚴重的打手，以及幕後的操縱者」;地富反壞右「不准串聯，不得混入革命群眾組織，更不准自己建立組織」;不得利用大民主或其他手段散布反動言論；「黨、政、軍機關和公安機關人員，如果歪曲以上規定，捏造事實，對革命群眾進行鎮壓，要依法查辦」。1979年2月17日，中共中央宣布撤銷〈公安六條〉。

我的頭腦裏也有光明面，也有陰暗面，我就時刻告誡自己頭腦裏的陰暗面。我建議同志們回去好好學習這些文章，你們兩個廠有多少人？（**新影答：七百人。八一廠答：一千多人。**）你們兩個廠這麼些人都聯合不起來，全國怎麼聯合呀？要想想我們為誰奪權。應該多看別人優點，多看自己弱點。（**江青同志問了一些同志的年紀**）你們都很年輕嘛！說話時火氣大，你們應該互相諒解。多做些自我批評，把氣向敵人出。自己內部要團結，用主席的思想，團結－批評－團結的公式，要相信大都數是好人。總關門主義、小團體主義也不對，可以聯合起來，在鬥爭中求聯合。為了無產階級奪權的偉大事業，建議你們是否可以搞開門整風，開展批評。

新影代表：我廠有因為觀點不同而不讓搞生產的現象，這怎麼辦？

江　　青：兩派觀點不同，要協商，要心平靜氣地談一談，怎樣把黨的事業搞好。電影是教育人民的銳利武器，我們要反映工農兵，因為什麼都是工農創造出來的，兵也是穿了軍裝的工農。過去我看了幾部片子，比如《三年早知道》、《花好月圓》、《探親記》等，這些片子嚴重地歪曲了我們國家的農民形象；但過去沒有人出來進行批判，廣東廠還有個《逆風千里》，這是很毒的。

新影代表：過去黑幫們也利用新聞紀錄電影放毒，出了很多毒草片，如《横掃五氣》是直接攻擊毛主席的，還有《迎春》、《詩人杜甫》、《梅蘭芳》、《在激流中》等。舊中宣部和舊文化部還說新影是紅旗單位。

江　　青：這些片子我們還都沒看過，有機會你們拿給我們看看。錢筱章、徐肖冰（**原廠長**）這些人還算「紅旗」？國家花了那麼多錢，與建設備，不但不能為人民服務，反而放毒，就糟蹋了人民財產，那還要它幹什麼？

新影代表：過去工作隊在廠裏留下了在黑幫時期「越紅越黑」的謬論，至今餘毒很深，使很多老同志不敢講話，也不讓他們工作。

江　　青：這樣打擊面太寬了，你們讓他們工作。你們（**指另一派**）不讓他們工作，我看可以讓他們工作，要相信大都數是好的。一些人犯有嚴重錯誤的，只要不是敵我矛盾，你們可以監督他們工作，讓他們老實工作，不好好幹就扣他的工資。

戚本禹：這個辦法很好，對他們還是很靈的。

江　　青：北影的老人，一個都不能用嗎？

新影代表：不能這樣，有的還是可以用的。

江　　青：我看××也還總有幾部好片子，思想可以進行改造。八一廠×××也總強調他那小橋流水人家的風格，我把他的片子都調來看了看，確實是那種風格。《二月》那部片子很為夏、陳所欣賞，他是我們培養出來的，他表示願意改過來。

總之，你們要聯合起來，沒有革命的大聯合，奪了權也會丟掉的。

戚本禹：凡奪權好的，都是聯合得好，上海奪權的經驗是很寶貴的。

新影代表：王守，新影新當權派，在做平反工作時，特別給那些被群眾衝擊的中層領導幹部平反，要給黑幫五大權利，說這是根據中央指示。

江　　青：有這種事？

戚本禹：那大概是他們的「中央」吧！

（新影代表談二派都各自派攝影人員外出工作的問題）

江　　青：你們是在搞兩個「公司」，你們也派，他們（指另一派）也派。能不能聯合起來搞？要有個核心，組織一下。八一廠也要注意這些。你們搶機器可能有壞人挑動，要注意。兩派觀點不同，可以求同存異。你們廠（**指新影廠**）雖然不同於廣播局。天天廣播，但要經常出片子，不能全部停產，要為無產階級政治服務。你們這一派要警惕背後不要受壞人利用；你們（**指另一派**）也不要受矇蔽。你們可以搞個聯合小組，抓革命促生產。你們若再聯合不起來，主席接見紅衛兵的影片還不能出，我看社會上左派要來砸你們了。背後若有壞人的，一定要看到，受矇蔽的就要承認。無產階級革命派，應該胸懷寬廣。

這個廠那個廠的，官僚機構太多了，為什麼不能搞些人民公社？關於串聯問題，現在搞大奪權，不適合再外出串聯了。八一廠你們也要聯合起來，搞大聯合。你們回去好好想一想，文學、藝術界的革命到底應該如何搞，電影方面你們可以互相串串。（**這時戚本禹同志催江青同志到總理那去開會**）好吧，今天使我學到了不少東西，獲得許多感性知識。你們廠裏的情況，也是社會上的普遍現象。過去我對你們關心很少，請你們原諒。我談的意見不一定都對，供你們在鬥爭中參考。最後，希望你們在馬列主義、毛澤東思想的基礎上聯合起來，抓好革命，促好生產！

（最後代表們請江青同志轉達毛主席，祝他老人家身體健康。）

江　　青：（連連點頭）謝謝大家，謝謝大家[7]。

2月17日

中發〔67〕53 號，〈中共中央關於文藝團體無產階級文化大革命的規定〉（供討論和試行用）。〈規定〉指出：

「文藝界的鬥爭重點，是打擊黨內一小撮走資本主義道路的當權派，即反革命修正主義份子」，要求「肅清以周揚、夏衍為首的反革命修正主義文藝路線的毒害，批判資產階級反動學閥、反動『權威』」。文藝團體的無產階級文化大革命，必須按照〈中共中央關於無產階級文化大革命的決定〉進行，必須堅決貫徹以毛主席為代表的無產階級革命路線，徹底批判以反對毛主席為首的黨中央的無產階級革命路線為目標的資產階級反動路線。根據目前鬥爭的新形勢，文藝團體工作人員，一律停止外出串聯。

7　江青、戚本禹，〈江青戚本禹對中央新聞紀錄製片廠群眾代表的講話〉，北京玻璃總廠紅衛兵聯絡站編，《中央首長講話（2）》，1967 年 3 月。

到外地串聯人員儘快回到本單位，集中力量徹底鬧革命。一面進行本單位的鬥、批、改，一面創作和排演現代的革命化的為工農兵服務的文藝作品和戲曲等。文藝工作人員應該有組織有計劃地下鄉、下廠，同工農相結合，改造自己的世界觀。

3月24日

〈京劇改革的鬥爭實踐和藝術實踐——江青同志在北京京劇一團蹲點情況〉[8]（《通訊簡報》第41期，1967年3月24日。該訪問記介紹了江青在北京京劇一團蹲點的情況）[9]：

1966年12月10日，我隊同志訪問了北京京劇一團「井岡山」戰鬥隊，他們詳細介紹了江青同志在該團蹲點情況，現將紀錄整理出來，此材料未核對，僅供參考。

北京京劇一團是在1952年由四個劇團組成的民營公助的京劇團。1956年馬連良京劇團併入，1961年趙燕俠京劇團併入，正式成立北京京劇一團。

江青同志在去年11月28日首都文藝界大會上點名的薛恩厚是該團黨委書記，原平劇院院長；蕭甲是副團長，《蘆蕩火種》的執行導演，舊文化部戲劇藝術處處長；趙燕俠是該團團長。

這個劇團過去專門演才子佳人，近幾年來該團革命同志接近了江青同志，得到許多極其重要的指示和熱情的幫助。一開始，江青同志從觀眾的問題談起，問京劇團同志：「為什麼你們的觀眾越來越少？」「為什麼觀眾中工人、學生特別少。都是那些搖頭晃腦的遺老遺少？」同志們都回答不出來。有人說：「大概是自然災害的原因。」有人說：「角兒太少。」但事實上名角上座率也同樣不高。當時該團的拿手好戲《趙氏孤兒》也只有五成座。江青同志說：「上層建築已不適應基礎的需要，因此需要革命，大家願意不願意革命？」大家回答願意革命。江青同志說：「願意革命，我就給你們介紹兩個現代戲的劇本。」她就介紹了滬劇的《紅燈記》、《蘆蕩

8 該文具有重要的史料價值，因此照實直錄。

9 該紀錄並非一個客觀真實的實錄，結合史實對比分析，可以看出文字背後的虛實。

火種》。大家想排《紅燈記》，江青同志說：「《紅燈記》中國京劇一團要排，你們就排《蘆蕩火種》吧。」

江青同志還看了我們現代戲《草原烽火》和中國京劇院的《白毛女》。江青同志說：「我看現代戲就坐得住，看《白毛女》就受感動，甚至流淚。觀眾也是這樣的。我看鬍子戲就坐不住。」江青同志一次看《甘露寺》，看了一半就走了。

在大家研究江青同志介紹的劇本《蘆蕩火種》時，江青同志問：「劇團有沒有上海人？」她說，其中有些方言要翻譯成普通話，如鬥青龍等。

劇本交給了黨委、劇作者、導演，他們都是舊市委的人，他們花了一個月時間改成《地下聯絡員》；1963 年 11 月 28 日送審，同時，賣了三天的票。審查那天，除了江青同志外，彭真、周揚、林默涵、趙鼎新也去了。江青同志一看劇本被改得不成樣子，彭真便趁機打擊說：「這個劇本沒有政治意義，是誰介紹的劇本？」江青同志決定立即停演退票，接著就從上海調來滬劇團，演出《蘆蕩火種》。可是，北京市委有意刁難，不給安排劇場，後來經交涉只准演三場。後來中央知道了，說：「你不安排，我們安排。」就放在政協禮堂演出，最後一場放在人民大會堂演出，獲得了好評。滬劇團的同志在京期間曾和京劇團的同志交流經驗，滬劇團的同志們非常熱情。市委得知後卻打來電話責問：「有這樣的制度嗎？」

我們按照滬劇本排出《蘆蕩火種》，趕上全國京劇會演，獲得成功。彭真就叫登《北京日報》，給人家的印象好像這是北京市委的成績。

江青同志從外地回來，一下飛機就看《蘆蕩火種》，看過以後說戲還需要改，她說：「一齣戲要改十年。」並問大家怕不怕改。她說：「改就是革命，就是提高。要做披荊斬棘的人。」江青同志指出劇本的思想性問題，需要進一步提高，要把黨的領導人樹起來，要政治掛帥。另外，在音樂方面要加強音樂性，如正面人物出場和反面人物的出場就要用不同的音樂。服裝、道具、布景也要改。她說：「有人（指周揚）說像十八世紀的照相簿。」她說：「老劇本上老是表現餓肚子，也沒有表演和自然的鬥爭。」人民戰爭有人民支持，不能強調餓肚子」還有一個情節是特務混進我們的隊伍，別人都沒有發現；只有指導員發現了，發現了之後又讓特務逃走；特務從新四軍裝食物的籃子上的「沙」字，發現了沙奶奶和新四軍的聯繫，便把沙奶奶抓走了，沙奶奶抓去了，沙奶奶因此幾乎丟掉性命。江青同志認為這個情節不好，但彭真、李琪卻認為這段戲很好。江青同志認為老劇本中阿慶嫂的戲太多，要立指導員郭建光，彭真硬頂著不要改，還說：「報都登了，還改什麼！」江青同志認為音樂太陳舊，她建議是不是利用大提琴製造氣氛。蕭甲卻說：「京劇團是中國音樂，什麼都打得出。」直到現在，京劇團還沒有貫徹江青同志「洋為中用」指示，他們發明瞭一種所謂低音的民族樂器，聲音既小又難聽，三排以後就聽不見了，由於沒有貫徹洋為中用，戲中暴風雨等就無法表達出來，總是給人陳舊的感覺。同志們要買洋樂器，領導人說不給買，說沒有人吹，青年的同志們借了回來學了一個月，《國際歌》就吹得滿好了，但是領導上就是不買。關於布景問題，江青同志要他們派人去空政文工團學習，或者派人來幫助你們搞。江青同志說：「我最喜歡北京劇場。」不說這話倒好，一說喜歡北京劇場就偏不給北京劇場。江青同志特地從中國京劇院請來一位同志幫助設計唱腔，黨委不理睬、不支持，不得已，演員自己幫助裝擴音器，搞錄音機。

北京京劇一團 1964 年正式確定為江青同志的試驗團，趙燕俠不像過去在市委領導下那麼賣力了，經常不到團裏來。

江青同志經常帶劇團的同志看現代戲。看《紅色娘子軍》時，一看到大紅葉連聲叫好，說：「嚇死帝國主義！」看《紅燈記》，看到鐵梅說「你是我的親爹爹」時，江青同志哭了。蕭甲說，叫她少看。

京劇團的走資本主義道路的當權派，對江青同志的指示，完全是陰一套，陽一套。蕭甲就公開污衊江青同志的指示是「生死簿」，遇到問題時說：「讓我查查生死簿（**指江青同志指示的簿子**）。」江青同志要大家好好學習滬劇，趙燕俠說：「她有她的好，我有我的好，她演的阿慶嫂，我演的共產黨員。」即使是一些小小的細節上他們也是百般抵制，如滬劇的就很有生活，是南方的茶館，但北京卻搞成像北京喝大碗茶的地方。後來，照滬劇的樣子改了一下，趙燕俠就叫她的左手不能端碗了，不讓改動。江青同志說：「我給你們開藥方，還當護士，你們不會舉一反三嗎？」她說：「你們改，改對了是你們的，改錯了我負責。」江青同志在排戲時一面排戲，一面吃藥，汗直流，可是導演毫不關心。一場排好了，江青同志問導演多少時間，導演答不出，場記也答不出，江青同志就耐心地告訴他們是多少分鐘。江青同志說：「我現在在打仗，有人說我不識『豆芽菜』(**即五線譜**)，不識我可以學嘛，你們不能和我頂，我是在和修正主義、資本主義、封建主義、秋後算帳派打仗，我們不能讓脫衣舞來占領我們的舞臺。」

後來江青同志建議我們整風，這次整風在李琪的領導下，搞了一次假整風。

《沙家濱》排出後，江青同志問他們第二步怎麼打算，大家說演《南方來信》。後來因為趙燕俠不願意穿越南服裝(**因她太胖了，穿了不好看**)，《南方來信》就沒有排成。後來，改排《紅岩》，江青同志曾要趙燕俠演群眾角色，她說：「群眾是偉大的。」江青同志說：「我們要演工人出身的許雲峰，童工出身的江姐。」江青同志要把小說的作者請來合作，並要北京京劇團的同志們去重慶體驗生活，去坐牢，去吃年飯，還體驗和學習了地下工作者如何「接線」。同志們揹著短槍夜上華瑩山，還有探照燈真的照來照去，一聲令下臥倒，大家不管水塘地潮就伏在地下。但趙燕俠卻坐著小汽車上華瑩山；後在軍工廠體驗生活，她就裝病坐飛機回北京了。

後來準備到上海演出，原來準備演三場。李琪從北京來後，由三場改為兩場，由兩場改為一場。以後就去陽澄湖體驗生活，江青同志首先去陽澄湖，並給他們介紹那裏的貧下中農。趙燕俠穿著短大衣，打扮得妖形怪狀，坐著小汽艇去陽澄湖，貧下中農說她活像個怪物。

江青同志繼續和大家一起排戲，她說：「現在是小改。」趙燕俠裝病不進場，只好用人替著排；其實她一點毛病都沒有，在後臺嘻嘻哈哈。江青同志看她病了，叫人把自己的毛衣送給她穿，江青同志說：「這是我自己穿的，你不怕髒的話，就穿上。」趙還不穿，說：「我這麼胖，怎麼穿得上？」江青同志把自己的醫生介紹給她看病，並說這個醫生如何好，趙燕俠卻不要他看，說什麼：「我不要男大夫看……」回到北京後，趙燕俠一直裝病；直到文化革命開始，同志們給她貼了大字報。

現在，北京京劇一團的文化大革命形勢好得很，在軍委的正確領導下，在江青同志的親切關懷下，全團同志要更高地舉起毛澤東思想偉大紅旗，突出無產階級政治，堅決貫徹以毛主席為代表的無產階級革命路線，徹底批判資產階級反動路線，在馬克思列寧主義、毛澤東思想原則基礎上團結起來，完成一鬥、二批、三改的任務，把京劇一團建成一個真正的無產階級化的革命樣板[10]。

4月9日

戚本禹在中央戲劇學院的講話：（**參加者：中央戲劇學院紅旗文藝兵團、主義戰鬥團、長征戰鬥隊、東方紅戰鬥隊**）

我們還要有新的東西，江青同志辛辛苦苦整理了些新東西，像《沙家濱》、《智取威虎山》。你們不太知道這個重要意義，日本就知道。京劇演才子佳人，就像你們這兒演《茶花女》一樣。你們這兒中間有演過的嗎？不要緊，演過的人可以認識嘛。不要鬥他們，你們鬥了沒有？（眾：沒有！）

我開始來看過你們的大字報，還有漫畫，我很高興，方向是對頭的。後來就沒有了。（**群眾：那是因為工作隊來了！**）不要再上當了，不要群眾鬥群眾了，要共同對敵。大敵當前，內部矛盾要分清是非，老分兩派不行。你們要團結起來戰鬥，不要老分裂嘛！聯合起來了還會有兩派的，但不能像今天這樣水火不相容、「鴻門宴」的味道。

江青同志破了最大的四舊，搞了京劇、芭蕾舞、交響樂，還批了很多毒草影片。江青同志搞了《智取威虎山》，搞了十幾次，才走了第一步，走第一步是非常困難的，馬克思在《資本論》中有一句：萬事起頭難。我

[10] 上海戲劇學院《革命樓》編輯部，〈京劇改革的鬥爭實踐和藝術實踐——江青同志在北京京劇一團蹲點情況〉，《通訊簡報》，第41期，1967年3月24日。

們鼓勵首創精神，就是走第一步的問題，要提新的觀點。路是人走出來的，走第一步的人要付出代價，要流血犧牲的。（**舉了伽利略的例子**）所以說，要有所創造，有所發明，就是指第一步。江青同志搞京劇，可是走了第一步，是很艱難的，破了四舊，立了四新，樹立了一塊樣板。京劇改革，江青同志花了很大的力，一個戲要看上十幾遍，她是為革命事業來搞的，堅韌不拔。交響樂在西方是衰落的、頹廢的，是爵士樂，但是在中國新生了，演了工農兵，你們還是要演嘛。

中央樂團的梁××還可以再演，出身不好，有什麼大問題？只要擁護文化大革命，和家庭劃清界限，還可以演。交響樂是個很大革命，可以演，蘇聯已經不敢演了，你們可以創造工農兵。芭蕾舞是貴族的東西，蘇聯還是《天鵝舞》，看了以後，不能激發人們的鬥志，反而腐蝕了，像喝了迷魂湯，演了後，不知東南西北，連自己家都不認識了，自己是哪個階級也忘了。《茶花女》、《早春二月》都起過迷魂湯的作用。江青同志把迷魂湯變成了清涼劑。搞《紅色娘子軍》時，親自到海南島去體驗生活。《白毛女》上海在轟它，我們要恢復它的名譽，請它到北京來演，還要都去看。（鼓掌）有缺點，但還是新生東西嘛。現在有人想否定《智取威虎山》、《白毛女》、《沙家濱》、《紅色娘子軍》……我們就要支持這些新生事物，為之大喊大叫。如果搞完文化大革命，什麼都沒有了，那還叫什麼文化大革命？！陶鑄就主張文化大革命後，電影、戲劇什麼都不演，我們反了他。現在文藝界籌備演出，要有所創作不要怕，可能犯錯誤，寫了中間人物，錯了就改，不要緊。這樣的話，才是奪了權。佔大樓沒用，要佔據舞臺。為無產階級舞臺培養新的戰士。真正這樣，你們才能奪了權。奪權就是從組織上、政治上、思想上奪權。從你們來說，就是要奪舞臺的權，奪導演的權。這樣就有人看你們的戲，看了就會為無產階級事業去鬥爭。《茶花女》在封建社會能起一定的作用，它是為資本主義大喊大叫。我們現在時代是搞社會主義革命，共產主義革命的時代，如果連什麼時代也不知道，這就是周穀城的理論。為資本主義服務的舞臺，是否有為奴隸呼喊的戲呢？社會主義時代要編寫演唱為社會主義、共產主義鳴鑼開道，大喊大叫的戲。每走一步要付出代價，要創造社會主義戲劇不是那麼容易的，這個任務夠你們搞的。你們整風後聯合起來完成嘛，不要老糾纏在「6・22」上啦，「6・22」是非常清楚的。

希望戲劇學院的同志們，在文化大革命中做出功勳！

【以上只整理印發出戚本禹同志在座談會後的講話內容供大家參考，其他關於該院有關問題的闡述，辯論及戚本禹同志的插話略。】

4月12日

江青在中共軍委擴大會議上講話——〈為人民立新功〉：

同志們，對前一段文化大革命，不要有什麼自卑感。從前說是不介入，其實這個不介入，就許多單位說，主席早就說過：「所謂『不介入』是假的，早已介入了。問題不是介入不介入的問題，而是站在哪一邊的問題，是支持革命派還是支持保守派甚至右派的問題。」事實上，有的是從左的方面介入，有的是從右的方面介入。例如，拿從左的方面介入來說，去年 2 月，林彪同志委託我召開部隊文藝座談會，這個文藝座談會的紀要，是請了你們「尊神」，無產階級專政的「尊神」來攻他們，攻那些混進黨內的資產階級代表人物，那些資產階級反動「權威」，才嚇得他們屁滾尿流，繳了械。為什麼這麼有威力呢？就是因為有軍隊支持，他們怕人民解放軍。這是從左的方面介入。幾個月以來，全軍有很多好經驗。據哈爾濱的同志說，那裏的軍隊，在去年夏天，就從左的方面介入了。也有的從右的方面介入的，做錯了一些事。我想大都數做了錯事的同志也是會回頭的，我才不相信，天下就那麼都一片黑了。有的人就是吹這個黑風。也許我這人自信心太強，我總覺得不會是那樣子的。你看，就是農業生產，夏收可能會不錯的，秋收，我看也可能不錯。因為革命調動了廣大人民的革命熱情，軍隊這樣子大力地去帶頭，起模範作用，我看這是解放以來，十幾年沒有過的。進城以後，我們軍隊住在兵營裏，確實和勞動人民有些隔開了。這次不行了，要從兵營裏出來，要從機關裏出來，恢復咱們過去的老傳統，跟群眾結合在一塊。這樣，有的地方就說，老八路又來啦。可見，我們當年還是和群眾在一塊多一點，進城以後就隔離開了。在這次文化大革命期間，軍隊做了許多好事情，從最初開始，以林彪同志為代表，就從左的方面介入了。

此外，我還向同志們呼籲一下，要看到文教戰線的重要性。對這個問題，我們過去認識不足。那些有問題的、能力不怎麼強的幹部，都被放到了文教戰線上去，還不說我們包下來的幾百萬個資產階級知識份子。這樣，他們的資產階級的、封建主義的東西就大量地氾濫。這方面的情況，我們就是不大清楚，也不知道這些東西的厲害。雖然在毛主席的親自領導下，和他們交過幾次鋒，但是，都是個別的戰役，沒有像這一次這樣認識深刻。意識形態—文教戰線這個東西，可厲害哪！因為任何一個階級，無產階級也好，資產階級也好，他要奪取政權，總是要先做輿論準備的。這一點，過去我就重視不夠，希望軍隊的負責同志，能真正認真地抓一抓。

這十七年來，文藝方面，也有好的或者比較好的反映工農兵的作品，但是，大量的是名、洋、古的東西，或者是被歪曲了的工農兵形象。至於教育，那幾乎全是他們的那一套，又增加了蘇修的一套。所以我們在文學藝術界，培養出一些小「老藝人」，在教育方面，培養出一些完全脫離工農兵，脫離無產階級政治和脫離生產的知識份子，比過去還多了。要是沒有這次文化大革命，那誰改得了？攻也攻不動啊！

我個人對這個問題的認識過程很長，進城的初期，總理給我安排過幾次工作，接觸了一些事情。後來，就辭職了。我自己思想上，只是就某一點說，是解決了這個問題的。那時候覺得挺奇怪，那些香港的電影就是往我們這裏塞，我用很大的力量想推出去，他們卻說什麼「民族資產階級，我們得照顧」。當時我們確實是孤立的。

在思想文化領域裏，就是不能和平共處；一想和平共處，它就腐蝕你。大概總理還記得，那時候對他們說，製片方針是對著華僑，你們只要不拍反共的電影，那麼我們給你們錢。他就是要錢嘛！那個時候，只認識到他要投資，沒有認識到他要來毒化我們。後來推出去了，確確實實地推出去了。中間，有幾年我害病，為了恢復健康，醫生要我參加一些文化生活，鍛鍊聽覺和視覺。這樣，我就比較系統地接觸了部分的文學藝術問題。哎呀，覺得這個問題就大啦！在舞臺上、銀幕上表現出來的東西，大量的是資產階級、封建主義的東西，或者是被歪曲了的工農兵的形象。上層建築是經濟基礎的反映，它反轉過來，是要保護或者破壞經濟基礎的。如果像上面所說的那個樣子，它就會破壞我們社會主義的經濟基礎。大概在 1962 年，香港電影，美、英、法、意……等帝國主義國家的電影，修正主義國家的電影，出現了一大堆。那些劇團可是多啊！如京劇，我是一個習慣的欣賞者，但我知道它是衰落了。誰曉得它利用我們這個文化部，弄得全國到處都是，就連福建那個地方也有十九個京劇團。大家都知道，福建話和北京話差別是很大的。結果，到處在演帝王將相、才子佳人。我那個家鄉山東，我童年的時候，河北梆子叫大戲，近幾年我調查的時候，京劇卻成了主要的大戲了。山東有四十五個京劇團，這還不講黑劇團、業餘劇團。上海的越劇也跑向全國了。就出現這樣的怪事。但是，我們的工農兵，建立了這樣的豐功偉績，他們不表現。他們也不表現我們的長征、二萬五千里的老紅軍，也不表現抗日戰爭。那有多少英雄啊，他們都不搞。電影也有這個問題。所以我就逐漸地對這個問題有了認識。1962 年，我同中宣部、文化部的四位正副部長談話，他們都不聽。對於那個〈有鬼無害論〉，第一篇真正有份量的批評文章，是在上海請柯慶施同志幫助組織的，他是支持我們的。當時在北京，可攻不開啊！批判《海瑞罷官》也是柯慶施同志支持的。張春橋同志、姚文元同志為了這個擔了很大的風險啊，還搞了保密。我在革命現代京劇會演以前，做了調查研究，並且參與了藝術實踐，感覺到文藝評論也是有問題的。我那兒有一些材料，因為怕主席太累，沒有給主席看。有一天，一個同志把吳晗寫的《朱元璋傳》拿給主席看。我說：「別，主席累得很。」他不過是要稿費嘛，要名嘛，給他出版，出版以後批評。我還要批評他的《海瑞罷官》哪！當時彭真拚命保護吳晗，主席心裏是很清楚的，但就是不明說。因為主席允許，我才敢於去組織這篇文章，對外保密，保密了七八個月，改了不知多少次。春橋同志每來北京一次，就有人探聽；有個反革命份子判斷說，一定和批判吳晗有關。那是有點關係，但也是搞戲，聽錄音帶，修改音樂。但是卻也在暗中藏著評《海瑞罷官》這篇文章，因為一叫他們知道，他們就要扼殺這篇文章了。

同志們如果知道這些會氣憤的吧。我們這裏是無產階級專政，我們自己搞一篇評論文章，他們都不許。氣憤不氣憤哪！我們組織的文章在上海登了以後，北京居然可以十九天不登。後來主席生了氣，說出小冊子。小冊子出來，北京也不給發行。當時我覺得，才怪呢，一個吳晗完全可以拿出來批嘛，有什麼關係！噢，後來總理對我說，才知道，一個吳晗挖出來以後就是一堆啊！可見其難啊！人家抓住這個文教系統不放，就是專我們的政。將軍們不要以為這是文教系統的工作，不是份內的事，不管；要知道我們不管他們就管，我們真管，他們還會千方百計地想管。所以我們要抓，真正的抓。如果你們都抓，那就不會出現這個局面了。當然，物極必反，所以就出現了這次文化大革命。那幫人才陽奉陰違哪！兩面三刀地盡整人啊。一個戲，主席要改成以武裝鬥爭為主，他就是不肯。為了這個，就要鬥很久啊。試問，中國革命如果沒有武裝鬥爭，能成功嗎？我們現在能夠坐到這兒來開會嗎？我覺得那是不能設想的。在這一方面，同志們的感受大概比我還要深刻。所以，這個文教戰線今後得要很好地抓，抓在我們自己手上。要大膽地選用革命小將。你看，要是沒有他們，怎能搞出那個叛徒集團來啊？有六十幾個人。他們都占了重要的領導崗位。小將們的這個功勳可大啦！

主席還健在，有些人就可以不聽主席的話。在上海的時候，華東局、上海市委裏頭可微妙哪，主席的話不聽，我的話更不聽，但是一個什麼人的話，簡直捧得像《聖經》一樣的。當時我覺得這是一種奇怪的事情；現在想來，這也不奇怪。有一位舊市委領導人，居然會變化到這樣，這我完全沒有想像到。上一次開會時，我是全心全意希望他抓工作的，這一點，葉群同志可以證明，伯達同志也知道，春橋和文元同志也知道。可是他死不回頭。另一個是個叛徒、變節自首份子被搞出來了。本來寫〈評《海瑞罷官》〉、〈評《三家村》〉這樣的文章，是姚文元同志（還有他組織的寫作班子）寫的嘛，有些人卻貪天之功，說是他們搞的。

我想，我略微講這麼一點我的認識過程，使大家可以對文教這方面，看出一點苗頭。我要著重地向同志們呼籲，除了抓黨、政、軍和經濟之外，這個「文」也得要認真抓。當然要做調查研究，還要有一番刻苦的學習。因為各行各業，都有各自的規律、特點。但是，這也不是難事，只要無產階級的政治掛帥了，那麼，堡壘總是可以攻克的。幾個堡壘已經都攻克了嘛。一個京劇，一個全世界都認為了不起的芭蕾舞，還有個交響音樂，全都初步地攻克了嘛，沒有什麼難事。這對全世界都是有影響的。資產階級是垂死的階級，它表現現代生活，赤裸裸地用腐朽的墮落的東西來麻痹人民，腐蝕人民。倒是修正主義搞一點偽裝，很使人討厭。但是這幾年，它也是赤裸裸的了，不再遮什麼遮羞布，而是赤膊上陣了。我想，談我的這個認識過程和實踐過程，對同志們今後大力抓文教系統，能不能有一點幫助？

大、中學校都要改革教學制度、教學內容，都要搞鬥、批、改，這個任務是很艱鉅的，目前我們在這方面還沒有什麼經驗。文學藝術也得要改造。我在 1964 年，曾經對文藝界的一些人說過：「你們吃了農民的飯，穿著工人織的布，住著工人蓋的房子，人民解放軍警衛著國防前線，你們不表現工農兵，你們藝術家的良心何在啊！」電影《南征北戰》，我抓過。粟裕同志，那個時候我記得跟你交涉過，關於服裝應該怎麼樣。陳老總，你還記得嗎？那個戲雖然有缺點，但是基本上還是個好戲。那個戲，是我具體抓的，是你組織創作的，還改過。忘啦？（陳毅同志：記得。）噢，還記得。【根據紀錄整理】[11]

【說明】

《建國以來毛澤東文稿》[12]披露了毛澤東對江青在軍委擴大會議上的講話稿的批語和修改[13]（1967 年 4 月）：

[11] 江青，《為人民立新功》（北京：人民出版社，1967 年），頁 7－15。

[12] 參見毛澤東，《建國以來毛澤東文稿》第 12 卷（北京：中央文獻出版社，1998 年），頁 310—313。

[13] 中共中央文化革命小組副組長、全軍文化革命小組顧問江青 1967 年 4 月 12 日在中央軍委擴大會議上的講話紀錄整理稿，曾先後兩次送毛澤東審改。本篇一是對江青 1967 年 4 月 15 日送審的講話稿的批語；本篇二是對江青 4 月 17 日送審的講話修改稿的批語；本篇三、四是對江青 4 月 17 日送審稿的修改，其中「也

一

退江青。

可以，照辦。[14]

毛澤東

四月十六日

（根據手稿刊印）

二

看過，刪了一點。[15]

有的從右的方面介入的，做錯了一些事。」是毛澤東加寫和改寫的文字（參見毛澤東，《建國以來毛澤東文稿》第 12 卷（北京：中央文獻出版社，1998 年），頁 310—313）。

[14] 江青 1967 年 4 月 15 日給毛澤東的送審報告說：「這是我在軍委擴大會議上的一次講話，林彪同志說是要發。我改了幾次，缺引證，不夠典，因為沒有發言稿。我希望得到你的批改。」對於這次送審稿，毛澤東作了一些修改。主要是在第 5 頁，對江青講的歷史上「觸讋說趙太后」的故事做了一些內容上的補充。在第 7 頁，江青講到軍隊要介入地方文化大革命時說：「從前說是不介入，其實這個不介入，主席早就說過是假的，實際上早已經介入了。」在其中「主席早就說過是假的」一句前，毛澤東加了「就許多單位說」一語。在第 9 頁，江青講到文化大革命前十七年「在教育方面，培養出一些完全脫離工農兵，脫離生產的知識分子」。毛澤東在其中的「脫離生產的知識分子」一句前，加寫了「脫離無產階級政治和」九個字。此外，還有一些文字上的修改和增刪。（參見毛澤東，《建國以來毛澤東文稿》第 12 卷（北京：中央文獻出版社，1998 年），頁 310—313。）

[15] 毛澤東對江青一九六七年四月十七日送審稿的修改，除本篇三、四外，還有以下幾處：將第 4 頁上「目前在我們偉大的領袖毛主席號召下，同志們正在為人民建立新的功勳」一句改為：「目前在毛主席和中央的號召下，同志們正在為人民建立新的功勳。」刪去第 6 頁上「學習主席的工作方法，再來搞調查研究，找到真正的左派」一句中「學習主席的工作方法」9 個字。在第 7 頁，送審稿講到廣州市的文化革命情況時說：「他們有一個很好的經驗，就是說，對受壞人操縱的組織，輕易不要宣布為反動組織，而是把它的頭頭，確有證據的壞人，逮捕起來，分化瓦解它那個組織。」毛澤東把其中的「分化瓦解它那個組織」一句改為：「或者讓那個組織的群眾自己改換新的領導人」。在第 9 頁上，送審稿講到文化大革命前十七年文藝創作和教育情況時寫道：「基本上是名、洋、古的東西，或者是被歪曲了的工農兵形象。至於教育，那完全是他們的那一套，又增加了蘇修的一套。」毛澤東把其中的「基本上是」改為「大量的是」，將「那完全是」改為「那幾乎全是」。在同一頁上，江青講到她在建國初期辭去一些工作職務時說：「我自己思想上是解決了這個問題的。」毛澤東改為：「我自己思想上，只是就某一點說，是解決了這個問題的。」在第 10 頁，江青講到文化大革命前「在舞臺上、銀幕上表現出來的東西，都是資產階級、封建主義的東西，或者是被歪曲了的工農兵形象」。毛澤東把其中的「都是」改為「大量的是」。在第 13 頁，江青講到：「我身體上慢性病是很多的，但是我的心臟是好的。前年冬天就被他們整出心臟病來了。」毛澤東刪去了這些話。在第 14 頁，江青講道：「本來寫評《海瑞罷官》、評《三家村》這樣的文章，是主席親自在那裏領導的嘛，是姚文元同志寫的嘛。」毛澤東刪去了其中的「是主席親自在那裏領導的嘛」，並在「姚文元同志」後面加括號寫了「還有他組織的寫作班子」十個字。此外，對這個講話稿，毛澤東還作了一些其他文字上的修改和內容上的增刪。參見毛澤東，《建國以來毛澤東文稿》第 12 卷（北京：中央文獻出版社，1998 年），頁 310—313。

三

主席說，這篇文章[16]，反映了封建制代替奴隸制的初期，地主階級內部財產和權力的再分配。這種再分配是不斷地進行的，所謂「君子之澤，五世而斬」，就是這個意思。

我們不是代表剝削階級，而是代表無產階級和勞動人民，但如果我們不注意嚴格要求我們的子女，他們也會變質，可能搞資產階級復辟，無產階級的財產和權力就會被資產階級奪回去。

根據毛澤東手稿刊印。

四

幾個月來，全軍有很多好經驗。據哈爾濱的同志說，那裏的軍隊，在去年夏天，就從左的方面介入了。也有的從右的方面介入的，做錯了一些事。

根據毛澤東修改件刊印。

4月16日

戚本禹在中國京劇院的講話。

你們全體來了多少人呀？有兩百多人吧！（**群眾答：有兩百多人，有些外單位的，各個單位都有。**）哪些單位來的？（**眾答：中國戲校、青藝、兒藝、中國歌舞劇院、東方紅歌劇院、中國舞蹈學校、戲劇學院、新北大。中國京劇院的很少，好些人都不知道**）喧賓奪主了吧！（眾笑）那麼你們外來的同志是不是今天達成個協議呢？因為今天解決中國京劇院的問題，你們旁聽好不好？（答：好）你們旁聽，聽他們講，底下的人是不是外單位的？（**答：哪兒的都有**）聽說這兒發生很大的事情，有兩派的爭論，這個中國京劇院是江青同志在11月28號宣布歸軍隊編制的一個單位，是吧！她很重視這個單位，因為這個單位是京劇改革的一個基地，一個前哨陣地，這個陣地呀，一定要在這個陣地上把毛澤東思想樹立起來，否則的話，就

16 指《戰國策》中的〈觸讋說趙太后〉一文。

很難打仗。中國京劇院是在戲劇戰線上向四舊、向京劇的四舊發出，打了重砲彈的一個單位，過去已經發了重砲彈《紅燈記》，是你們很大的光榮嘛！但光有這麼一個重砲彈不夠，要打垮敵人，要在戲曲戰線上戰勝敵人，把帝王將相統治的舞臺奪過來，光這一個砲彈不夠，還要連續發，發出了重型砲彈。這麼一個陣地上，如果不把毛澤東思想樹立起來，這個砲彈就打不出去，打出去的砲彈也打不響。所以我們中國京劇院的同志有這麼一個光榮的任務：就是要在這個單位，把這個單位的鬥批改搞起來，把無產階級文化大革命進行到底。否則的話，我們就不能完成我們黨、完成人民、完成毛主席、完成江青同志給我們的委託，給我們的戰鬥任務。我來嘛，中央文革小組叫我來嘛，就是一個，向中國京劇院的同志們問好！**（鼓掌、呼口號：毛主席萬歲！萬萬歲！）（兩派發言爭論略）**

戚本禹同志：今天我講一講供大家參考的意見，因為我對這裏的情況瞭解得不多。同志們對中央文革很信任，我很理解大家的心情，但是我不能代表中央文革，我只能代表我自己，因為我這些意見，還沒有和中央文革很好地討論。但是，來之前因為個別單位給我寫信，給中央文革寫信，給江青同志寫信，那麼對這裏的問題有些議論，但是沒有很好討論。有的同志絕對信任我，這話不妥當，我們只能絕對相信毛主席，所以不能絕對相信我個人了。因為我對這裏瞭解得不多，情況也不是很清楚。對「東方紅」這個組織，從我接觸的材料看，那麼它在奪權前，大方向基本上是正確的。**（鼓掌）**那麼奪權以後，我認為對它的領導核心一些同志是迷失了方向，犯了很多錯誤，這個是應該嚴肅對待的。**（鼓掌）**一個錯是三結合問題，中央的社論，毛主席提出三結合，三結合是根據毛主席的指示寫出來的[17]。革命的三結合，兩篇社論，按這兩篇社論的精神來檢查這裏的三結合情況，應該說是不符合社論精神的。那麼，在奪權的時候，社論還沒有啦，公社裏沒有什麼責任，因為當時沒有這個社論，你們也不知道這個精神。但是你們奪權以後到現在已經好幾個月了，社論也寫了，那麼你們還沒有考慮這個問題，也沒有認真研究這個問題，沒有認真對待這個問題：究竟怎樣

[17] 是指實行「革命群眾組織的負責人、人民解放軍當地駐軍的代表、革命領導幹部組成」的「三結合」。

執行中央的精神？這個問題上我覺得是有錯誤。到現在為止，你們沒有很好地建立三結合的領導班子。我希望你們考慮群眾的這個意見。不要抓住某個群眾過去保了一段，保了一段有些錯誤，那麼就連人家合理的意見也不聽。這樣的話，你們自己也會走上反面的。造反不分先後，他以前有錯誤，現在造反了，你們就該歡迎。現在他認識自己的錯誤，改正自己的錯誤，應該歡迎。他願意改正錯誤，你們就應該歡迎。那麼這是第一個問題了，這個三結合問題。

第二個問題：鬥批改問題。你們本院的鬥批改嘛，這個問題應該說，你們沒有很好地抓，而且在這個問題上，這個錯誤應該說是比較大的，這裏面與三結合有關，直接與錯誤有關。那個阿甲是一個很壞的人，你們信裏也認為是個走資本主義道路的當權派，但你們沒有很好地鬥，到現在為止沒有很好地鬥。怎樣把批判黨內最大的走資本主義道路的當權派這個鬥爭、大批判與你們院的批判結合起來？怎樣在這個大批判的這個革命氣勢底下搞你們院的大聯合？在你們把整個劉鄧路線批判和你們院的文藝路線，錯誤黑錢兩批判怎樣結合起來？也沒有很好地進行。昨天我聽說鬥了阿甲。（**眾說：鬥了。有人說：是社外的隊鬥的。有人說：社內還鬥了張東川呢。**）不管是社內鬥的，還是社外鬥的，那麼鬥了一下，最好你們對當權派的鬥爭，對壞人的鬥爭要不分社內、社外，聯合起來鬥爭。說：「我們社內的」、「社外鬥的」這種提法，本身就不符合毛主席的精神的大批判、大聯合。要鬥爭阿甲，分社內外是不好的。當然這裏有個問題了：社外鬥阿甲，你們社內並沒有鬥。這說明什麼問題呢？說明你們社內在這個問題上有錯誤。因為你們掌權了嘛！你們有權了嘛！有了權以後長期不鬥，我看你們這個錯誤應該檢查。

你們改的問題，你們最近寫了信，但是這個東西你們也沒有很好地抓。有點拖拖拉拉，也不請示彙報，你們自己也覺得有錯誤，這是第二點。（**鼓掌，呼口號：毛主席萬歲！萬萬歲！**）

第三點：對待北京京劇一團「沙家濱」戰鬥團的問題，在這個問題上你們也有錯誤，你們衝了七次，剛才你們有些檢討，但這個檢討還不是那麼很深刻的，「沙家濱」戰鬥團的領導成員在京劇革命當中，一直是站在前面。當然說這個戰鬥團他們不能沒有缺點，沒有錯誤。但是他們的大方向還是對的。你們對這個組織發動七次衝擊，不對的，錯誤的。但是這個衝擊，我做了一些瞭解了，對去一回的群眾沒有關係，他們也弄不清楚，主要你們核心組同志負責，這裏面是不是有壞人挑動。在北京一團，在你們的團，是不是有壞人挑動，肯定有壞人挑動。你們應該從這個觀點不應該忘記階級鬥爭，應用這個觀點，用階級鬥爭觀點來看待這個問題。我再說一遍，這幾次衝擊與革命群眾無關，因為他們不瞭解情況，他們沒有責任。對待群眾不要追究，但是事情的背景要弄清楚，因為「沙家濱」戰鬥團的對立面「東方紅」大都數群眾還是好的，要革命的。但是「東方紅」這個組織，我們查明是有壞人在後面挑動的，適當時候我們要公布這事情。那麼你們去支持這麼一個組織，在這個問題上，你們的錯誤應該檢查。剛才有同志講：誓死捍衛「東方紅」。你們（京劇院的「東方紅」）用鮮血和生命捍衛這個「東方紅」的話，我給你們補充點，應該捍衛它的正確的東西，不要連它的錯誤也捍衛。因為時間關係，我不能講得很多，我們這些意見供你們「東方紅」的同志和社外的同志參考。

那麼，現在怎麼辦？我覺得京劇院現在必須要建立「三結合」領導班子，沒有領導班子，你們這裏的鬥、批、改就不能很好地進行。這是現在當前要解決的第一個問題。我來之前跟這兒的解放軍同志商量了一下，和軍委文化部也做過研究，和李英儒同志下午談過。我們認為解放軍軍委文化部派來的五位同志，現在看來都是好同志，但我不能保證他們五位同志以後還會不會犯錯誤。今天我也給他們談了，希望你們不犯錯誤，他們是初到文藝界，對文藝界的情況不很熟悉，對文藝界複雜的階級鬥爭情況也不很熟悉的。在這個複雜的階級鬥爭面前，他們會不會犯錯誤？這個要看他們今後能不能掌握主席思想。到目前為止，我認為這五個同志沒有犯什麼大錯誤；工作上有缺點，大的錯誤沒有犯。他們對一些問題的基本看法，今天，他們談的基本看法，我覺得是正確的（**鼓掌**），所以這五個同志都應該參加「三結合」的領導班子。（**鼓掌，呼口號：毛主席萬歲！**）軍委文化部為了加強對京劇的領導，除了這五個同志外，另外要派一個周榮國同志，北京軍區軍訓部長來參加這個領導。(**鼓掌，呼口號：毛主席的革命路線勝利萬歲！毛主席萬歲！**)這個同志還沒來，原來是叫他今天到齊的，今天報到。他住得很遠，打了電話還沒趕到，趕到以後，要和大家見面。周榮國同志擔任京劇院革命「三結合」領導班子的負責人，(**鼓掌**)加上周榮國同志就六個人了。六個人，其他的我們提了些人，提了些代表，參加「三結合」的領導班子。這個提名是解放軍到這裏來的同志和李英儒同志和我一起商量的，也徵求了部分人，我們找了一些各方面的同志徵求意見，當時這個名單只是臨時的名單。為什麼要提出這個臨時名單呢？因為，這裏首先要解決「三結合」領導班子問題。但是這裏有兩派，你們是知道，一派三百多人，一派是兩百多人，(**向大家**)旗鼓相當，讓你們提出名單的話，可以爭論三天三晚上，也是爭論不出來的。所以我們就來點集中啦，可能這個集中有些地方不大民主啦，但是在鬥爭過程中，是會彌補這個缺點的。我把這個名單提出來和大家商量，在這個會議商量一下，如果基本上可以肯定，可以確定下來。那麼明天就開始，這個領導班子就開始工作。這個名單有革命群眾四個人，解放軍就不談了。原來的領導幹部有三個，革命群眾有四人:「東方紅」兩個人，社外的兩個人。「東方紅」有李興海同志(**鼓掌**)，原來「東方紅」核心，是個黨員同志，陳自剛同志(**鼓掌**)他比較年輕，是個團員能代表些青年吧，這是「東方紅」的兩個同志。社外的兩個同志：一個是錢浩亮同志(**鼓掌**)。錢浩亮同志在京劇革命一開始，就是跟著毛主席京劇革命路線走的，所以我們覺得應該結合的；一個是周寶奎同志，周寶奎是哪位同志啊？不認識，是二團的。這是四個革命群眾。另外，幹部人員我們選三人：一個是郭瑞同志。(**鼓掌**)郭瑞同志來了以後做了許多工作，但是工作上也有些錯誤啦，對於你們。但是，據我們瞭解是好同志，還是可以參加領導班子；一個是王彤同志(**鼓掌**)，三團的；一個是張民英同志。(**鼓掌**)這些人當前是經過這裏解放軍同志和一部分同志討論過的，大家都還同意，現在提交群眾大會來考慮一下。另外，剛才我臨時有個想法，沒有和李英儒同志、和你們同志商量。

杜近芳同志，我看了她一封信，給江青同志寫的信，信中揭發文藝黑線很多問題，我看她可以結合進來，可以考慮這個問題。杜近芳在京劇現代戲的革命當中，她是站出來比較早的，而且是堅決願意跟著革命路線走的。演員太少，就兩個演員，你們考慮一下，是不是杜近芳同志也可以參加這個領導班子？（眾：**同意！鼓掌**）名單你們大家看看。（眾：**同意。口號：毛主席的革命路線勝利萬歲！**）你們「東方紅」同志看看怎麼樣？（**對「東方紅」另一部分核心說答：同意！**）你們會不會有問題呀？這裏沒提出你們參加領導班子呀？（**另一部分核心答：沒有。**）這裏有你們的代表，李興海同志可以代表你們的意見。如果大家沒有很大的意見，因為這是個臨時的，在革命中還可以不斷地調整，臨時的，所以大家沒有很大意見的話，這十四個同志明天就可以參加工作（**鼓掌**），全院把鬥批改掌握起來。這是第一個三結合的問題。

第二個問題，是你們院的鬥批改。你們鬥批改要很好地進行下去，到現在為止還沒有很好地進行。阿甲你們要鬥爭，要很好地鬥爭吧！劉鄧路線要很好地批判，彭真黑市委在京劇院的所有錯誤觀點、錯誤路線一定要批判。這是批了。改的方面，你們原來有個很重要的《平原游擊隊》，你們抓緊一些，把它抓好嘛。原來你們給江青同志有個報告，關於搞《平原游擊隊》的報告，錢浩亮同志也參加了啊，你也知道這個情況？（**錢答：知道。**）你們提出的意見，江青同志看了，林彪同志看了，姚文元同志看了，我也看了。中央文革基本同意這個意見，你們先按這個搞吧。這裏寫了江青同志的一些意見（**紙本**）。我問了她：「這是你的意見？」她說：「大體上是對的，但是不完全，大體上是談過這些意見的。」這些意見可以供你們搞《平原游擊隊》參考嘛，鬥批改希望你抓緊這個事情，在新的領導班子的領導下，抓緊這個事情，以他們這個領導班子為核心來抓鬥批改。「東方紅」是革命團體，來給這個領導核心做參謀作用。你們其他的團體也可以，但權力機構是他們，最高的權力機構是他們（**指三結合領導班子**）。

第三個問題：「東方紅」同志整風問題，你們做了很多的工作，在工作上取得了很多成績，但是也有一些錯誤。剛才也講了，特別是奪權以後方向不清楚，迷失了方向。我的說法是迷失了方向，犯了錯誤。這些錯誤希望你們自己學習「魯迅兵團」的做法，開門整風。當然這個整風的布置，要在領導班子領導下來進行，來搞，整個部署要和他們統一。(「東方紅」核心說：我們一定要這樣做。）虛心聽取群眾意見，改正自己的錯誤，更好地貫徹毛主席的革命路線。我講的話就這麼多：一個是建立革命的領導班子，一個是鬥批改，一個是「東方紅」開門整風。完了。

（鼓掌，呼口號：毛主席萬歲！萬萬歲！）[18]

4月18日

上海市舞蹈學校今天晚上在首都劇場演出了大型革命現代芭蕾舞劇《白毛女》。陳伯達、康生、江青、蕭華、楊成武、張春橋、王力、關鋒、戚本禹、姚文元、汪東興、葉群等觀看了演出[19]。

4月20日

《人民日報》發表署名為「上海革命京劇文工團革命派戰士」的文章〈從兩個革命樣板戲看兩個階級的鬥爭〉。

同日，江青在北京市革命委員會成立和慶祝大會上講話[20]。

同日，戚本禹在中央樂團講話：

戚本禹：你們團的人都來了嗎？

「井岡山」：沒來齊。

戚本禹：今天解決你們領導問題，人來太少不行。(**有人問：是否可以用廣播通知全團同志？**）可以嘛！（**問「井岡山」**）你們演《沙家濱》,「東方紅」公社參加了嗎？一定要聯合才能演出。你們把團

[18] 從該講話可以發現，各個「樣板戲」劇組都有統一的體制：由工、軍宣隊和制定的「結合幹部」組成的「三結合」領導班子，下設編劇、導演、音樂設計、樂隊、舞臺美術設計（包括布景、燈光、服飾、效果)、演員、後勤等幾個職能部門。

[19] 〈陳伯達康生江青等同志觀看革命現代芭蕾舞劇《白毛女》〉，北京：《人民日報》（第 1 版），1967 年 4 月 19 日。

[20] 講話內容參見江青，《江青同志講話選編》，北京：人民出版社，1968 年。

分成兩半，一邊是跟「紅岩」聯合。只要不是反革命，就可以聯合，如果是一方面的，我就告訴他們，明天不讓你們演出。(**「東方紅」公社對於「4·15」事件做了發言**) 你們看怎麼辦？你們打算這個會怎麼開？要不要辯論下去？(**不打算辯論**) 外單位參加了，你們旁聽好不好？不要介入。(**「東方紅」公社繼續就「4·15」事件發言**)

「井岡山」：戚本禹同志來很不容易，要談大問題。打砸搶問題已經很清楚了。

戚本禹：我看他講的有道理。你們講了那麼多，他們沒有辯論，還是講重大問題。(**鼓掌**)

(**「井岡山」總勤務員向戚本禹同志介紹情況，講到最近演出《沙家濱》前鬥爭破壞《沙》創作的李凌、傅一之。**) 公演時也想這麼幹？到廣州演出時也這麼幹嗎？外國人怎麼看？不否定你們看法！不一定每一次都這樣。你們演了幾場？還創作了什麼？

「東方紅」公社：他們創作了「1·19」打托派。

戚本禹：你們專揭短。(**「東方紅」公社談到樂團階級鬥爭蓋子沒揭開，傅一之根本沒碰，傅一之問題能不能定性？**)

戚本禹：時間很晚了，今天不要錄音。你們單位問題不是帶有普遍性。對這裏情況我不熟悉，收到了一些信件，來了開了一個小會，提些意見，僅供參考。這裏與京劇院一樣，首先解決領導問題，今天的目的是解決領導問題。江青同志指示要演出《沙》，要邊演邊改《沙》。現在分兩派，如果領導問題不解決，演劇就不能解決。首先建立領導班子的權力機構，正像你們所說的，「井岡山」奪權後沒有解決這個問題。應該歷史地看問題，不能怪他們。「1·26」奪權時沒有三結合問題，後來如果和軍代表結合是應該可以解決的，當然這要檢查。(**你們與京劇院不同，沒有砸**) 我們跟他們開了一個會，提出名單，參考你們的意見，如果一方面提很難達成協議。下午與軍代表提了一個名單，現在提出請大家討論：十人領導小組，組成革命委員會。根據《紅旗》社論的三結合精神，軍代表三人（**唐、黃、趙。唐擔任主任**），革命群眾六人。「井岡山」陳力、陳公達、張雲卿、陳汝棠。（問：陳汝棠你是拉大提琴嗎？）「東方紅」何復興、盛明亮。幹部一人王久玲（**王久玲在哪裏？你亮相了？**）幹部還沒有很好亮相。（**有人喊口號：堅決擁護中央文革決定！**）這不是中央文革決定，我自己來的，是和余基（**軍委文化部**）和軍代表談的，因為樂團問題不需要中央文革決定，你們做決定後，報請軍委文化部決定，這可以說是臨時權力機構，不妥當的，今後可以調查。我個人來說，這個機構還是可以擔任領導責任。這個問題大家討論一下。（**堅決同意**）如果你們同意的話，可以報請軍委文化部，今天開始就要服從權力機構領導。你們「井岡山」、「東方紅」作為群眾團體活動，有意見可以貼大字報，向軍委文化部反映，但決定要執行，明天演出他們決定就要執行。（**指「東方紅」**）**你們不要罷工**。（**指「井岡山」**）你們也不能不要大家。沒有領導機構事情不好辦。

第二問題：中央樂團的鬥批改問題。希望領導機構成立以後很好抓鬥、批、改。我聽了兩方面意見，兩方面都沒有抓鬥批改。對李凌的鬥爭最近才感到問題，兩方面都積極抓起來，但過去不是處理得很好，內戰可打得不少。現在是大批劉鄧路線，要在大批判中實現大聯合，這是《人民日報》登的，也是中央的意見。大批判、大聯合搞鬥、批、改，這是總的方針。你們根據總方針考慮中央樂團的問題，鬥爭矛頭對準一小撮。在國家來說是一小撮，在你們樂團也是一小撮，不要把面搞得很大，就是一小撮。過去把對準鋒芒搞得多，這不符合中央鬥、批、改精神。這是什麼派，那是什麼派，這是要不得的，革命要掉隊的。嚴格區分兩類矛盾，有兩種不同方針，前者是敵我矛盾，後者是是非問題。主席講得很清楚，我們同志在道理上懂，而且會背，但處理實際問題就混淆。如某一個具體人、具體事情還可以原諒，很多事如此，很值得思考。你們互相指責方向路線錯誤，方向路線錯誤不一定提得那麼高，互相要檢查一下，不要把同志間的矛盾，搞成敵我矛盾。這個人究竟定什麼性，是敵人還是犯錯誤幹部？三類、四類？還要通過運動看，要很慎重考慮。你把人定成敵人，別人辯護就難；特別是知識份子，不敢說話，一說就是包庇。區分兩類矛盾要慎重。人民內部矛盾也有分清是非，不能和稀泥，但和處理敵我矛盾不一樣。總的是毛主席所批的，「打擊一大片，保護一小撮」，是資產階級反動路線表現形式之一。我們不要犯這錯誤，不要「打擊一大片，保護一小撮」。究竟樂團一小撮有多少？兩個革命組織實事求是研究，今後鬥爭中看。當然，鬥爭某些地方不那麼準，但不能把右派放在一邊而搞群眾。鬥批改中革命組織互相要開門整風，聽取別人意見，不要搞宗派。我看你們兩個組織都有很大毛病，毛澤東思想不是掌握得很好。我這樣是不是指責了群眾？恐怕都有毛病。希望你們虛心坐下來聽取意見，檢查自己的毛病。一面鬥爭，一面整風，邊鬥爭邊整風，這樣可以對鬥爭更好。

改的問題，首先要演出《沙家濱》就是很大的改，《沙家濱》也要邊演邊改。就是一個《沙家濱》也不行，還要創作新的東西。一個《沙家濱》打不倒敵人，可以給敵人很大打擊。資產階級交響樂統治外國、中國舞臺相當久，根子相當深。打敗資產階級修正主義交響樂，一個《沙》不夠，《沙》是重型炸彈，還得有別的，要不斷創新。《上海海港》你們交響樂也可以創作。《智取威虎山》很成功，是京劇最成功，也可以很好搞。你們自己可以想一想新的東西，樹立新的樣子。要有首創精神，敢字當頭，不要怕犯錯誤，創做出來給我們看看。演來演去，光《沙》不行，不斷有創造前進，這是主席思想。要團結一切可以團結的力量，不光是幾個人，不是「井岡山」就不行，不是「東方紅」就不行。你們劇團還有不少人才，有一個李德倫(來了沒有？)靠邊站了？

應該出來亮相嗎！歡迎他們亮相，你們也要歡迎他。李德倫我不熟悉他，他犯了不少錯誤，他還是同志。我看了他的彩排，他還是很好，跑得滿頭大汗。聽說你們「井岡山」奪了他的指揮權？（**群眾：是工作組、革委會。李：工作組把我靠邊站。**）這就好，他忙得滿頭大汗，這種人不能結合？瞿希賢是你們團的嗎？瞿希賢也亮了相了，來了沒有？（**答：來了。**）你們應該歡迎她亮相，她也有錯誤，困難時期寫了一些低沉的調子。你把你的曲子全部給我，我找別人看看，我看還可以工作。有些人還沒有講到，我對這兒還不太熟悉。還有個紀律成吧？（**群眾：有。**）這人如何，也可以瞭解。有好多「三名三高」人，你們是否不讓唱歌？梁美珍來了吧？可以演了？（**梁：已演了兩場了。**）

陳立（**井**）：三名三高是工作隊揪出來的。

戚本禹：只要他們站出來革命，要分析一下。你們將來也可以成為三名三高。允許人家革命，當然有些人要很好檢查和黑線的影響，願意革命的就要歡迎。

對京劇改革，過去反對過的，現在如果擁護能觸及靈魂，真正改的，就可以參加演出。一貫反對的，現在還反對，那就不能遷就。亮相好的，跟毛主席革命路線走的，還可以參加十人小組。

（**回答條子**）「1．19」奪權爭論很大，我在戲院、音院兩次講話以後，有些組織灰溜溜的。我並不說「1．19」怎麼樣，「1．19」我不太清楚。到底你們奪了什麼權？（**答：是文化部的權。**）是你們為主？（**指井**）

陸公達（**井**）：我在「1．17」到文化部234房裏提出的，要制止經濟主義，沒有權問題解決不了。

戚本禹：我說反對經濟主義，他們做了很多工作，不要完全否定他們。你們幾個人行嗎？不過，文化部權要中央奪。

田振林（**井**）：現在「砸爛文化部聯合委員會」，已經變成革命群眾組織，專搞鬥、批。

戚本禹：好嘛，這可以，不要完全否定他們。那麼多的組織、那麼多的群眾，是不是不要說糟得很？說過也不要緊，現在不說了。你們很不寬大，對革命群眾組織要一分為二。有些地方你們受了劉詩昆的影響——這個人不是我們的敵人，你們可能受了影響。你們檢查一下又有什麼關係？我也檢查了。「紅岩」、「紅旗」都來了？你們做了很多工作，「紅旗」做了很大貢獻。我看了一大堆材料，我看了以後大吃一驚，這一點就要向人家學習，他們給你們革命派挖出了一個定時炸彈。我相信這些材料大部分是事實。你們也不要驕傲，你們不要整人家，不要抓住辮子。青藝造反兵團，我們沒有參加「1·19」奪權，是支持現在打成劉詩昆、葉向真的死黨，還說：現在暫時叫你們同志。

戚本禹：不要抓住革命同志小辮子不放，否則一天可以抓三把辮子。對同志要和，對敵人要狠，一棍子打死，不符合毛澤東思想。在調查葉向真問題前，你們不是不清楚？（**指戲院「紅旗」**）檢查一下就行了，既往不咎。葉向真今天給我寫來信告了狀，說你們武鬥，打了她了……她告了一狀。注意一下就是了，不要看住她，她要到香港也可以，願意叛國怎麼辦？如果她要跑到香港也可以，給她行動自由，她愛到哪兒就到哪；你把她抓回來就是了，怎麼鬥都行，可以不會告你狀。你們要想辦法把錯誤揭批透。有病可以看。我看不要支持她的錯誤，如果支持錯了，包庇了，就沒有立場了。（**從略**）

戚本禹：江青同志親自領導創作了《沙家濱》，打開了缺口，江青同志讓謝富治同志給你們北京市革命委員會的一個名額。今晚能否產生一個代表？如果能產生就好……

「東方紅」公社：選何復興！

「井岡山」：選陸公達！

「井岡山」兩戰士：同意何復興！

陳　×：何復興是老造反派，我們認為「1・19」是假奪權，何復興造了這個反……

戚本禹同志：「1・19」奪權還是有功績的，不要否定了。

（選代表時兩派爭執不下時）戚本禹同志說：你們「東方紅」公社是否器量大些，你們放棄一個，你們提一個「井岡山」的好不好？（最後選出「井岡山」戰士一名陳汝棠同志。）

戚本禹同志：我看就陳汝棠同志[21]。

4月22日

張春橋、姚文元對上海舞蹈學校部分師生的講話

「叢中笑」戰鬥組的成員向張春橋、姚文元同志說：「我們曾經懷疑過你（張春橋同志），現在向你請罪。」張春橋同志說：「我幹嘛不能懷疑？可以懷疑，砲打嘛！」姚文元同志說：「用不著請罪嘛！」張春橋同志說：「不過這裏面有個是非問題。我們沒有離開主席去做壞事；砲打中央文革，不都是好人，也有壞人。」

「衛東到底」、「井岡山」、「小學生」等戰鬥組成員請張春橋同志談談關於芭蕾舞劇《白毛女》問題。

張春橋同志說：1964 年，最初我沒參加，我在搞京劇。搞芭劇《白毛女》中間那段時間找過我。《白毛女》電影始終沒能搞到看。在改編芭劇《白毛女》過程中，我想看看電影和歌劇《白毛女》（以前曾經看過）兩者都看，憑我自己的印象，民間的傳說。我過去在晉察冀邊區，《白毛女》傳說也開始於晉察冀，一直到後來變成歌劇、電影。頭腦中有印象，一直強調傳記性的沒必要了。傳說《白毛女》最初不是人民創造的，而是地主階級創造的，當時要搞減租減息，地主階級用《白毛仙姑》來嚇唬人民，後來人民將她變成革命的，到〈在延安文藝座談會上的講話〉以來，

[21] 可見參見周光蓁，《中央樂團史（1956—1996）》，香港：三聯書店（香港）有限公司，2009 年 12 月第一版。

變成我們的。民主革命時期土地改革沒有進行（**沒聽清可能有差錯**），現在應該高一些，不僅土地改革過去了，而且到人民公社了。

把大春和喜兒之線削弱。我過去大概說了一次，要加強階級鬥爭，提高喜兒階級鬥爭。提高限制，還可以再提高，還可以再高。喜兒比以前高要承認。恐怕中國農民不知道《白毛女》的不多，基礎濃。過去有人看了電影哭了，在民主革命時期起過作用。楊白勞改了後（**不是我改**），林默涵看了後就反對。到了陳毅、周總理看了後，我同總理說：「林默涵不同意。」總理說：「我同意你的意見，我支持改。」去年春天，階級鬥爭聯繫到喜兒、楊白勞。武裝鬥爭原戲看不到，想通過大春人物情節聯繫起來考慮，通過大春把八路軍形象突出，黨的領導我也提出。最初談了這些話，看戲時也提了意見。最後喜兒同大春分手了，電影結束在勞動上，這是小農經濟的勞動，讓喜兒去參軍吧，鬥爭未結束，喜兒自己解放了，沒有真正解決農民問題，經過這麼一場大鬥爭認識提高了。就提過這麼一些意見，你要問，我自己記不清。

這戲比原來電影、歌劇應該承認提高了。缺點嗎，裏面缺點還是有，在這個基礎上再想想，還可以提高得多。人對事情的認識經過這麼久，尤其是通過文化大革命對事情的認識的提高，可以提出許多設想。我聽過觀眾的意見，說四場變來變去看不懂，可能有藝術上的問題。喜兒一個人在深山裏怎麼辦？一個人總是難辦的。有人說黑《修養》[22]（**開玩笑**），一個人鍛鍊修養。有沒有辦法增加一個人？增加一個人又出現問題，喜兒不會成為「白毛女」了。因為《白毛女》有個限制。芭蕾舞劇《白毛女》比電影改了許多，還可以改，不要否定一切。說大毒草，無論如何不妥當，否定得太多。如果這是大毒草，那電影、歌劇更是大毒草，把〈延安文藝座談會講話〉以後的成績否定了。在〈延安文藝座談會講話〉以後，有一批文藝工作者做了很大努力；儘管後來有部分人變壞了，有的當時不好，現在也不好。今天看那時的有些作品，水平是不高的，譬如《小放牛》。當時有些作品水平不高，代表我們革命文藝初期的萌芽，而且我們也加過工。

[22] 指劉少奇寫的《論共產黨員的修養》。

十七年彭真、劉少奇、鄧小平的事，統統否定掉，每一件事人民在行動、創造的，包括你們總是願意按照毛主席文藝路線，一方面成績那麼大，一方面問題又那麼大。《不爭朝夕》，楊永直寫的，我提過意見的。他始終不改，我也沒堅持不是非改不可，但提過（七場的似夢似醒）。提過一些意見，記不清楚了。不要否定一切，說大毒草是敵我矛盾。如果承認它的大方向，在這個前提下做徹底的修改沒有問題的，鬧翻天都可以。《智取威虎山》京劇同 64 年水平相比，64 年水平不高，現在高得多。似乎×個人物改了，場次改了，但並不等於 64 年戲是大毒草，我們經過思想水平提高，重新搞可以說大毒草就去掉了，就不能改。你們那時偏急得很〔某「衛東到底」成員說：將古老芭蕾進行革命，中央肯定了，對我們是最大的鼓舞和鞭策，不能驕傲和自滿，另外我們要來開座談會。〕春橋繼續說：跟我們開可以，你們一塊開也可以。在這個問題上可以看組織派別，只要不是惡意攻擊，爭論很激烈尖銳完全可以，你們要知道善意的也可批評得很尖銳啊！（**某「小學生」成員說：我們這兒有毒草、香花派。全場同志笑了。**）發表不同意見反面意見受壓力大。

春橋同志說：有一點壓力沒有關係。你們受到多少壓力？要是你們發表意見，沒有反對有什麼意思？熱烈地贊成也是壓力，說多少好，多少好，將來就要摔下來。講政治標準時，講我們自己東西時，要有正確態度。這是你們有缺點。基本傾向好，說要愛護它不容易，芭蕾舞劇《紅色娘子軍》差一點就被打下去。《紅色娘子軍》是陶鑄、王任重提的反對意見。原來海南島《紅色娘子軍》最後全部被打垮，連長同指導員最後都叛變了。「瓊花」的名字在海南島這樣的名字很多，有的說《紅色娘子軍》是歌頌叛徒的，你們總不是叛徒。後來我們反對陶鑄的意見，為了避免那個，將「瓊花」改成「清華」。「瓊花」，在海南島有好人、壞人。總給我們作為一個榜樣，做革命戲要保護，儘管是這麼大問題。那時他們陶鑄等還沒揭，我們還是沒聽。搞了這麼久，藝術上獨立了，將名字隔斷了。那時要打下去很容易，說歌頌叛徒就完了。我覺得在這點上你們有缺點，把楊永直等搞得拉在一起，如真瓊花和假瓊花混在一起，他們派人去調查，我們也去調查，結論差不多。《白毛女》也是這樣，這個劇去掉，電影、歌劇都要去掉。要愛護它，在這個前提下，你們鬧翻天也沒關係。姚文元同志寫〈評新編歷史劇《海瑞罷官》〉，寫六稿、七稿，爭論激烈也沒關係。當時你們改《白毛女》的時候（上海1月）也不看看社會環境怎樣，人家在攻。你們也攻。我們當然是可以批評自己的東西的，但是敵人力量來攻我們時，就不能做自我批評了，那時就應說好。我們從來不迴避自我批評，上海每個里弄寫五百字，那加起來缺點可寫幾十萬字的一本，但是要看什麼情況下。比如講中國文化大革命，先講中國文化大革命我們好得很，在蘇修面前不能講我們有缺點的。你們在1月份至少沒有看清什麼環境。人家攻（**姚文元同志說：特別有人攻到江青同志、總理。**）什麼周××、江×，這些在北京要挨打的，甚至抓起來。怎麼能攻江青同志？再攻下去是毛主席了。你們攻江青不行，最多攻我。（**大家齊回答：也不能攻你。**）

姚文元同志說：對戲的爭論，怎麼你們有同學說「保衛毛主席重要，還是保衛江青重要？」我說現在還不能相信。（**某「井岡山」成員說了這方面的情況。**）

張春橋同志說：還是叫陳×同學回來，住在這兒，路費公家報銷，還是應該叫他來。昨天我們中央文革小組同他們開個會，聯動帶個大口罩，夜裏祕密活動幹嘛？給他們一間房子，掛個牌子「聯合行動委員會」，公開嘛。（**姚文元同志說：工商聯和民主黨派不也讓公開嘛**）叫他們拿出政綱來，對聯動是這樣，何況陳×！陳×無非是提大毒草，叫他回來，這樣可以教育大家，也可以教育他。

你們雙方經過爭論有很大好處，在上海希望你們爭起來，要是我們一講話，就將你們壓下去。（「**衛東到底」，某成員說：具體問題還沒真正開過辯論會。**）

張春橋同志說：你們可以開辯論會。

（**有人提到陳×首先刷標語之事**）張春橋同志說：你們可以批評他，他要刷你有什麼辦法，他也可以刷嘛。陳×不像孩子幹的事，這個青年……

張春橋同志說：我們對學生，我們始終相信絕大都數青年會跟毛主席走的，不會反對中央文革，不會反對我們的，我們不離開毛主席的革命路線不會被打倒。有的很猖狂，適應了資產階級要求，在奪權的關鍵時刻階級鬥爭就是這樣的，像大水來了，捲進去了。（**有人提到潘國平負責之事。**）

姚文元同志說：以後潘國平不要插手了，不管芭蕾舞的事。

某「衛東到底」成員說：我們對首長給《白毛女》指示都不清楚。

張春橋同志說：對你們我也有責任，一直沒跟你們談。」（**問顧××同學**）「你懷疑我幾天？（**顧××回答：七天。**）張春橋同志笑著說：七天不要緊。

張春橋同志對「小學生」、「井岡山」、「衛東到底」等戰鬥組同志說：對喜兒的事你們可以考慮，喜兒被搶走，楊白勞被打死。改好這個戲經過廣大工農兵審查，把好的集中起來，再加以分析看看哪些可以接受。工農兵意見各式各樣，他們的意見不一定都對，有的是萌芽，從細節帶出許多問題來。希望你們一方面保證演出，另方面提意見，現在不可能馬上改。江青同志現在很忙，不能馬上開座談會。江青同志她要想，如果要改戲就不能只看一遍。江青同志很忙，待上海秩序，上海文化大革命搞得好一些，請江青同志到上海去住。（**全體熱烈鼓掌**）

現在你們兩派可以不存在了吧，不再堅持，不再分了。如果個別同志要保留大毒草，那不成為派了？希望你們雙方都接受教訓，不要到什麼時候又颳起來，「北風吹」，被風一颳，一會兒偏這兒，一方面偏那兒，大水來了，我做個旁觀者不行。雙方要接受經驗教訓，兩個月前你們講接受不了，現在談比較容易談了。

（**大夥兒談到這次總理沒來看戲**）總理是看戲積極份子，現在還沒回來？（**群答：已回來，趕上北京市革命委員會成立大會，還講了話呢。**）

姚文元同志說：你們先保證演出，改的問題可以在內部醞釀，不一定等。江青同志已在考慮了，4 月 18 日看戲時已經發表了，她是內行，藝術上考慮，不一定在今天詳細地談。《白毛女》這個戲不是絕對的完美，世界上沒有完美，越是好的作品越要修改，無非是從內容、形式方面考慮，想辦法將階級鬥爭、武裝鬥爭怎麼搞得更突出。喜兒的形象塑造，江青同志談了形式上服裝的設計，顏色太深色調，顏色上要重新考慮。江青同志認為偏藍偏紫，有些地方之色調不明朗。大春的綁腿太短，顯得腿太短；綁腿高一點，顯得腿長。如綁腿高，動作起來不方便，可以綁鬆一些。現在我看不一定急於去改，把它搞好。現在的京劇《海港的早晨》的背景變成『一月革命』，但不能說以前的就是大毒草。」

張春橋同志對顧××說：「你演喜兒的可以繼續發表意見。」又說：「你們提出修改方案。」

有人提我們要批判黑《修養》，張春橋同志說：「等你們內部爭論緩和點才能搞黑《修養》。你們時間安排一下，保證演出，還要保證一定的練功時間，舞蹈學校將來怎麼辦？一方面要接近工農兵，另方面有特殊性。」

「衛東到底」某成員說：「以前我們下鄉才三星期，又挑中了農閒時分等等。報上宣傳我們深入工農兵群眾，和工農群眾建立了深厚友誼等等，老吹牛。」張春橋同志笑了。……將來都要考慮。

張春橋同志說：「文藝界的特殊性，同工農兵要結合，又要考慮特殊（**練功**）。整個問題我沒好好考慮，腿嬌怎麼辦？像資本主義國家那樣就不能接近工農兵。我們又要接近工農兵，又要練功，不練功不行。像京劇演員，我看《智取威虎山》老擔心翻不動，站不穩，這樣非要出工傷事故不可。」

你們安排一下，廣州還是要去的。

姚文元同志問：「你們這裏共演幾場？」

眾答：「十幾場。」

張春橋同志說：「希望你們不要像以前那樣（**指那次江青同志等中央首長上臺來，我們擁上去**）。千萬不要再擁了！否則，以後有人來看的話，那時你們又要控制不住了。」

大家提出要求加入軍委編制時。

姚文元同志說:「江青同志表示可以考慮(大家熱烈鼓掌)。不過有個條件,等到這段搞完,等文化大革命告一段落,搞完。」

張春橋同志說:「你們要不愧於人民解放軍,這次演出總理可能也看,不能像上次那樣擁了。加入軍隊,我們回去再商量,可以考慮幾個單位,經過整頓……」

有人說:「我們現在沒有權威。」

張春橋同志說:「自己樹立權威嘛,你們過去太聽話,現在是向反面太不聽話,再走回來可不要走到原來的位置,你們要有民主又要有集中,我們希望上海幾個單位搞得好一點。」

張春橋同志問:「你們排過沒有?」

眾答:「沒有。」

現在《紅色娘子軍》去廣州演出了,如學不到,可以派人來排。北京芭蕾舞劇團編導,最近打得落花流水。

當大家談到《文匯報》三戰士寫的文章,姚文元同志說:「是劉××、戴××等寫,胡××沒有寫。可以爭論社論,跟蕭望東連不上,完全可以爭論。」

張春橋同志說:「我們跟你們等社論登到報上才看到。各單位、劇團、學校情況不一樣。一方面文藝界搞文化大革命,另反面還得出去一下(到工農兵中去),什麼時候去可討論。」

姚文元同志說:「你們還要有點雄心壯志。上海的《紡織女工》,我們為什麼不能搞呢?」

張春橋同志說:「找個比較好的小說,找個已經承認的,觀眾已經熟了,搞個芭蕾舞劇,要培養我們自己的編劇。」

「小學生」、「井岡山」提搞《劉胡蘭》一劇。

張春橋同志說:「今天不定這個好嗎?現在搞一個社會主義現實的,如再搞一個民主革命時期的作品,無論如何要碰到《白毛女》的問題。《白毛女》同《雷鋒》同樣質量,可以同《雷鋒》同樣高,但觀眾看了,無論如何認為《白毛女》不高,《白毛女》質量高,但沒表現地方感覺離群眾遠。」

選擇題材有的適合電影，有的適合歌劇，各劇種有長處和短處。「衛東到底」某成員說：「過去宣傳《白毛女》多，超過《紅色娘子軍》。」

張春橋同志說：「多嗎？那和我有關係，京劇《智取威虎山》、《海港的早晨》我有意壓低一點。（**京劇會演推遲到10月，文化革命推遲……沒聽清**）宣傳多，宣傳怎麼怎麼，觀眾看不過如此，再猛攻一下我們就很被動。人家說上海怎麼怎麼好，我們自己少說一點，那時有意不多宣傳，（京劇）那時對《白毛女》我也說過不要多宣傳，宣傳多，我有點不放心。因為中央負責同志，江青同志都沒看。」

「衛東到底」某成員說：「某本舞蹈雜誌裏登的66年4月18日紀要，未提《白毛女》是樣板戲，但裏面是《白毛女》，裏面內容又是說《白毛女》好的文章，好像在那裏圍攻江青同志。」

張春橋同志說：「他們圍攻也影響不到江青同志。」又說：「原來寫〈紀要〉（1966年4月18日《解放軍報》社論）將《白毛女》寫上去可能有這個想法。紀要寫的時候，去年2月還改。（**剛剛立起來**）原來說《白毛女》就不要寫上去了，江青同志那時也沒看過。」

有人提到原來報上余晉元寫的一篇有關《白毛女》文章，問「元」是否姚文元同志。

姚文元同志說：「不是我，但這件事我知道的，好像抽幾個人去搞，登在《人民日報》上。」

有人說：「你們好好學習毛主席著作，以後拍照就不拍嘛。」

姚文元同志說：「你們要真正學好毛主席著作。」

某「衛東到底」成員說：「喜兒現在是一種自發反抗。」

張春橋同志說：「是啊！」另外還說：「那時寫部隊紀要名單（**樣板戲**）考慮到江青同志沒有，原來先要寫，後來我說不要寫吧，江青同志沒看過，江青同志說過《白毛女》她支持過，她提過意見，柯老也支持（**這段沒聽清**）江青同志是同上海惲迎世談的。」

石西民最初對《白毛女》不贊成，不太欣賞，反對加伴唱，《白毛女》這麼大的音樂基礎難。《紅色娘子軍》音樂沒過關，搞好一個作品難，想辦法逐步提高。芭蕾舞劇《白毛女》黑幫利用是一回事，不要黑幫那一條線，將舞劇同電影，歌劇比較，想辦法創作今天工農兵的舞劇，《紅色娘子軍》反映的是兵，《白毛女》反映的是民，如果搞新的創作考慮紡織工。外國芭蕾舞男演員少一點，我們的芭蕾舞不是一個完全不變的。

希望男演員努力一點（笑）

張春橋同志、姚文元同志說：「行了吧，走了！」

握手，再見！

【解讀】

「樣板戲」的主題思想與「文革」精神高度同構。「樣板戲」負載著鮮明的「文革」政治理念，涉及到「樣板戲」的主題、人物形象、創作技巧。同樣，在「文革」「樣板戲」的編演過程中也貫串著「文革」的政治運動展開，參與者有演員、導演以及眾多工作人員。

4月23日

《人民日報》發表北京人民藝術劇院毛澤東思想紅衛兵的文章〈揭露頭號野心家在北京人藝的罪行〉：

黨內頭號走資本主義道路當權派的黑手伸得很長。他不僅伸向黨裏、政府裏、軍隊裏，同時也伸向了文藝界。

北京人民藝術劇院（簡稱北京人藝）在一小撮反革命修正主義份子的控制下，十幾年來上演了大量的毒草，洋人、死人、帝王將相、才子佳人充斥舞臺，走的是一條為資產階級服務，為地、富、反、壞、右服務的道路。

這一切的罪魁禍首就是黨內頭號走資本主義道路的當權派。

大砍革命的文工團，建立資產階級的藝術劇院

北京人藝的前身是華北大學文工二團和華北人民文工團。這兩個文工團都是在解放北京的時候，隨解放軍打著腰鼓，扭著秧歌進城的。當時的文工團按照毛主席的教導：「要使文藝很好地成為整個革命機器的一個組成

部分，作為團結人民、教育人民、打擊敵人、消滅敵人的有力的武器」，深入工廠、學校、街道，宣傳毛澤東思想，宣傳黨的政策，同時也介紹解放區的革命文藝。文工團員和工人、學生、勞動群眾建立了深厚的階級感情。

可是，黨內頭號走資本主義道路的當權派，極端仇視革命化、戰鬥化、為工農兵服務的文工團。1951 年，他對反革命修正主義份子周揚做了一個砍掉文工團的「指示」。他說：「文工團就會扭扭秧歌，打打腰鼓，這樣下去是害了他們。文工團要整編，人員要大大削減，建立正式的劇團……大部分讓他們轉業……不要這樣混下去了。」這是一個十分惡毒的、要把文藝團體完全資產階級化的綱領性的黑「指示」。由於這個惡毒的「指示」，全國很多具有革命戰鬥傳統的文工團被砍掉了！大批堅持毛主席文藝路線的文藝工作幹部被污衊為「萬金油幹部」，「沒有專長，文化又低」，而被「整編」掉了。一些沒有改造的資產階級「藝術家」、「名演員」和一些「地富反壞右」份子，卻在「建立正式劇團」的口號下混進了革命的文藝隊伍。他們來了之後，都變成了「老師」，變成了「聖人」，變成了「榜樣」。

北京人藝就是這樣演變過去的。一個反動的、臭透了的資產階級「權威」居然擔任第一副院長兼總導演。這個反動「權威」以中國的史坦尼斯拉夫斯基自居，把舊黨委書記比作丹欽科，要建立莫斯科藝術劇院式的「劇場藝術」。他拿《演員自我修養》訓練演員，要演員從「自我出發」，胡說什麼可以從國民黨大兵身上體驗紅軍戰士，真是荒謬絕倫。就這樣，劇院的階級關係完全顛倒過來了，這就為黨內頭號走資本主義道路的當權派在文藝界實行資產階級專政打下了基礎。

為資本主義、現代修正主義和「30 年代」的文藝大開閘門

1953 年，我國開始了第一個五年計劃，社會主義的三大改造問題開始提出來了。為了配合黨內頭號走資本主義道路當權派抗拒對資本主義工商業的社會主義改造，北京人藝搬出了一個美化資產階級，鼓吹「人性論」，宣揚階級調和的所謂「五四以來的優秀劇目」。黨內走資本主義道路的當權派和反動的學術「權威」，很懂得這是一場階級鬥爭，是在話劇舞臺上

向社會主義挑戰的一次嘗試。他們嘔心瀝血，竭盡全力排練了八個月。為了演得「像」，導演率領演員和工作人員到北洋軍閥和許多社會渣滓們的家裏去「體驗生活」，管老寄生蟲叫「老太爺」，和一群吸血鬼打得火熱。排練場上，更是一片污濁空氣。他們費了九牛二虎之力，把這個戲搬上了舞臺。儘管他們勾結社會上的牛鬼蛇神，在《戲劇報》上寫文章肉麻地吹捧，廣大工農兵還是反對它。一位戰鬥英雄看了以後說：「這個戲裏一個好人都沒有，搞階級調和。」《戲劇報》也收到了許多批評文章，但是他們卻扣壓起來不給發表。正當這些反革命修正主義份子誠惶誠恐的時候，黨內頭號走資本主義道路的當權派來看戲了。他看完這個美化資產階級的戲後，讚口不絕，連聲說：「深刻！很深刻！非常深刻！」這九個字的評價，和他說過的這些話：「你們報紙只說工人如何好，一點壞處都沒有？資本家如何壞，一點好處都沒有？」「資本家的知識比我們多，比工人知道得多」，「要向他們學習」，要與資本家「合作」，要「團結」，是多麼一致呀！黨內頭號走資本主義道路當權派為這個戲這麼一打氣，就把資本主義、現代修正主義和 30 年代劇目在全國氾濫的閘門打開了，於是大量毒草上市，社會主義的舞臺被「死人」、「洋人」統治了。

十幾年來，北京人藝所上演的許多劇目，都是緊密配合反革命逆流的。在反右派鬥爭中，正當文聯機關鬥爭右派份子吳祖光的時候，近在咫尺的首都劇場竟在演他的為蔣家王朝招魂的《風雪夜歸人》；為了抵制學雷鋒和全國人民大學解放軍，1963 年上演了醜化八路軍的大毒草《李國瑞》；為了與《海瑞罷官》、《李慧娘》相配合，1963 年，又第二次重排了反革命修正主義份子田漢的反黨、反社會主義的《關漢卿》……

對抗毛主席批示，打著「紅旗」反紅旗

1962 年 9 月，偉大的領袖毛主席在黨的八屆十中全會上，提出了千萬不要忘記階級鬥爭問題。他教導我們：凡是要推翻一個政權，總要先造成輿論，總要先做意識形態方面的工作。革命的階級是這樣，反革命的階級也是這樣。

1963年，毛主席又進一步地向文藝界指出：各種藝術形式——戲劇、曲藝、音樂、美術、舞蹈、電影、詩和文學等等，問題不少，人數很多，社會主義改造在許多部門中，至今收效甚微。許多部門至今還是「死人」統治著。許多共產黨人熱心提倡封建主義和資本主義的藝術，卻不熱心提倡社會主義的藝術，豈非咄咄怪事。

毛主席的英明指示，一針見血地擊中了反革命修正主義文藝路線的總後臺的要害。他頓時慌了手腳，急急忙忙在1964年1月3日，召開了一次文藝座談會。他在會上說，文藝界的反革命修正主義路線，不過是個「組織問題」，起因於認識上的「不清楚」和工作上的「抓不緊」，今後只要大力「扶植」、「肯定」新東西，就可以解決了。他閉口不談對毒草的批判和反擊，卻大談所謂「立」，把創作問題當成了主要問題。這是別有用心的大陰謀。

文藝座談會開過以後不幾天，黨內頭號走資本主義道路的當權派還跟一個作家談了許多關於如何「立」的問題。他既不談深入工農兵，也不談思想改造，單單指責文藝工作者怕犯錯誤，不敢寫現實的階級鬥爭，不敢寫錯誤的現象。什麼「不敢寫現實鬥爭」、「不敢寫錯誤的現象」，這明明是煽動一些人起來放手去攻擊黨，攻擊社會主義！

總後臺發了黑指示，北京人藝舊黨委立即照辦。1964 年演出的工業戲《礦山兄弟》，就是本著他的「敢寫現實鬥爭」、「敢寫錯誤的現象」的黑指示搞出來的。在這齣戲裏，大躍進被描繪成只顧數量，不管質量，違背客觀規律的蠻幹，這與黨內頭號走資本主義道路當權派惡毒攻擊三面紅旗，污衊大躍進是「發瘋」，是「躍退」，三面紅旗可以讓人家「懷疑幾年」等等黑話同出一轍。有人說這幫資產階級老爺們，在1964年以後，為了應付局面「收」了。不對，他們根本沒有收，而是以攻為守，打著現代戲的旗號，大搞資產階級的顛覆活動。我們劇院演出的現代戲，就充當了反革命修正主義集團在文化思想戰線上向無產階級進攻的「敢死隊」，直接為他們反革命復辟的罪惡目的服務。

兩本《修養》的毒害

十幾年來，在毛主席的領導下，在毛澤東思想的照耀下，我院革命群眾不止一次地向反革命修正主義文藝路線進行過針鋒相對的鬥爭。幾乎每年年終總結時，都有人提出劇院是否執行了毛主席的文藝路線這樣一個嚴肅的問題。1954 年，在《紅樓夢研究》批判運動中，革命群眾，特別是青年同志，就曾向吹捧資產階級「權威」、壓制新生力量的舊黨委開過火，但是遭到了舊北京市委的反革命修正主義份子瘋狂鎮壓。他們給響應毛主席號召起來造反的青年團員們扣上了「與黨爭奪領導權」、「反黨」的大帽子。

為了培養一批真正聽人擺布的活機器，他們搬出黨內頭號走資本主義道路當權派的《修養》來腐蝕人，宣揚什麼「所有一切附有條件的服從，都是不對的，應該是無條件的絕對的服從」，叫人做他們的「馴服工具」。這本《修養》和這套反革命修正主義「組織原則」，長期以來成了我院反革命修正主義份子的護身符，只要你提一點尖銳的意見，稍稍碰一碰這條黑線，他們馬上就把你組織起來學《修養》，寫檢查，美其名為「整頓」思想。

我院舊黨委是很懂得反革命的兩手策略的，在使用「大棒」的同時，也使用了「胡蘿蔔」政策。在 1956 年制定的院「十二年規劃」中，又以全國第一流導演、第一流演員、第一流舞臺美術設計、第一流技師等等為誘餌，使得不少同志走上了白專道路。一些演員左手拿著黨內頭號走資本主義道路當權派的《修養》，右手拿著史坦尼斯拉夫斯基的《演員自我修養》。「兩本《修養》一肩挑，三名三高是目標」，一個是政治上的鴉片，一個是藝術上的鴉片，它們每時每刻都在毒害著人；一個是「發展個性」，一個是「自我出發」，使許多人的資產階級世界觀根本無法得到改造，甚至使一些人走上了罪惡的道路。北京人藝舊黨委就是靠這兩本《修養》來為他們的資本主義復辟服務的。

毛主席親自發動和領導的無產階級文化大革命，敲響了黨內一小撮走資本主義道路當權派的喪鐘。經過十個月的奮戰，全國廣大革命群眾同心協力，終於把黨內頭號走資本主義道路的當權派揪出來了！這是毛澤東思想的偉大勝利，這是毛主席革命路線的勝利！

我們決心和無產階級革命派戰友們、革命的同志們聯合起來，共同戰鬥，徹底鬥倒、鬥垮、鬥臭黨內一小撮反革命修正主義份子，徹底挖掉反革命修正主義文藝路線！

讓毛澤東思想的偉大紅旗，在我國新生的紅通通的無產階級革命文藝的陣地上永遠永遠地飄揚[23]！

4月24日

毛澤東和林彪、周恩來等觀看了上海市舞蹈學校演出的革命現代芭蕾舞劇《白毛女》。演出結束後，毛澤東同林彪等一起走上舞臺和演員合影[24]。

4月25日

《人民日報》以頭版新聞並配發大幅照片，報導毛澤東接見六省市革命委員會負責人，並一起觀看革命現代芭蕾舞劇《白毛女》。

同日，江青接見芭蕾舞劇《白毛女》演出團的講話，全文如下：

江青同志來到（在場的還有戚本禹、姚文元同志）。

江青同志說：我也沒有準備，咱們是交談。昨天晚上我看你們，你們在下妝，還要去吃飯，我就走了。

你們這次來演出，大家都很歡迎，你們也歡欣鼓舞，我們想交談一下提點建議，你們看對不對？我只看了二次，要看很多次才能做詳細交談。這戲主要方向是成功的，主流是好的，有些小毛病改起來也不是太難，如

---

[23] 北京人民藝術劇院毛澤東思想紅衛兵，〈揭露頭號野心家在北京人藝的罪行〉，北京：《人民日報》（第4版），1967年4月23日。

[24] 〈毛主席接見六省市革命委員會負責人並觀看革命現代芭蕾舞劇《白毛女》〉，北京：《人民日報》（第1版），1967年4月25日。

果主題思想再提高一些，格調、風格就更高。主題寫農民起來反抗地主，那麼怎麼得到解放呢，就是八路軍，現在叫人民解放軍。現在戲中軍隊占的地位很弱，裝飾一下，就很難怪有的人說不過癮。主題思想結構方面要動一動，序幕、尾聲完全可以不要，老套子序幕尾聲沒有什麼精彩，可以去掉。四場喜兒變來變去可以改一下，因為喜兒連續一、二、三、四，我們的軍隊沒有，今後第四場寫軍隊。第三場逃出去，第四場大春怎麼帶兵打勝仗啊，俘擄些日本人、偽軍啊，必要時也可以增加一場。喜兒在山上怎麼樣，我覺得可以不參加，因為她還有一場奶奶廟，變化不要太突出好一些，大家可以好好想一想。那兩個主角相形之下，男主角不突出，如果增加一場戲，軍隊也突出了，大春也突出了。原來這戲大春作為陪襯，大春不突出。作為接近的一些觀眾說，四場變，有《修養》的味道，這個咱們自己說呀！不能說出去，人家又要說大毒草了（笑）。現在一下子改不了，有音樂問題，這樣演也是一個很好很好的戲。此外，她上山跳出黄家，一個人恐怕不太容易，本來是傳奇故事，現在語言是革命的浪漫主義，沒有增加現實性，多一二個人上山，好處理不好處理？二嬸是最突然的，二嬸也挺怪的，乾脆自己的二嬸，過去在北方我的家鄉××地租，佃戶的本身、妻子、兒女的都要到地主家去服務，這也是合理的。現在別人看了以後，哪兒來的二嬸這樣的人。可以考慮帶上兩個人一塊上山（**張春橋同志插話：和喜兒上山多幾個人。**）江青同志接著說：這樣可能會好些，此外喜兒下山，大春接她下山以後應該給她一塊紅頭巾，把頭髮包起來，給看新生的，現在形式不好，北方婦女戴的有黑的，但年輕一點，加塊紅的沒有什麼關係。舞臺美術要講究一點，舞臺美工有點問題。第五場，山像土包子，沒有北方山高聳入雲，要重新搞，個人感受很險峻，這山像一、二步就可以上去了（笑），喜兒怎麼躲呢？服裝的色彩實在是不好，難看得很，一句話：偏紫偏藍。另外建議你們聘請張美娟做教師，教你們怎樣耍刀槍。男的聘請武生。可有什麼好武生？你們團能夠翻撲我看有的。（**春橋同志說，崑曲有身段，從京劇學回去……**）

可以比較大的創新，加民族傳統舞蹈，刀、槍這方面《紅色娘子軍》也有弱點，但有成績，他們不能翻撲，你們現在還都小嗎？你們現在都胖了。（笑）腿提不高，是不是？（眾答：是的。）（笑）小胖子一個個（笑）。（姚文元同志說：有半年多了（指練功，沒練）江青同志說：現在要天天練。練習翻跟斗，外國的、中國的統統全拿過來，技巧全拿過來，這樣創新就從容自如了。一場那場戲還是改得不好，黄世仁搶走喜兒不太合理，打死一個搶走一個（江青同志用手比劃舞臺上位置如何調度），畫面死板。大春打死了一個，而喜兒從那邊搶走，使人感覺來不及。那個時候他們也有武器。但是這些都不妨礙你們上演，也不妨礙它是個好戲。聲樂問題，現在喧賓奪主，我和春橋同志有不同意見。唱得非常好，正因為唱得太好，就不注意舞蹈形象，當然去掉唱也許對這個戲有點遜色，但也不一定。你們練練功，把腿搞上去一點，把造型搞得好一些。現在唱太好了。（春橋同志說：加了字幕，陳伯達同志也有這意見，看了字幕就來不及看舞蹈。）唱有這麼一二處，頂多三處使用，其他地方都不使用聲樂，可以用幕間唱，幫助觀眾瞭解下一場劇情。這戲還可以磨，磨得使人一下子落淚。現在我眼淚在眼睛裏轉了一下，但不肯掉下來。（笑）喜兒父親死靠聲樂，這個地方可以研究一下，要靠大的動作，加上器樂，看能不能補救。喜兒這形象弱，其實完全可以強起來，在舊的基礎上逐步地來。二場一下子到黄家要張二嬸推著她出來，她不肯去送什麼蓮子、人參湯什麼的，她不肯很勉強，二嬸教育喜兒來伺候老妖精，她不肯，老妖精看了很不愉快，然後再打她，這樣合理一些。現在一開始就在收舍，加強喜兒的反抗性。

音樂主調號的是《北風吹》，喜兒的主調是《我要活》，是河北梆子，是交替進行還是怎麼樣？音樂有一段輕音樂味道，像西歐的《風流寡婦》，像極了。這改不是一下子大改，構思一下，先是文學劇本，然後著手音樂。喜兒主調用哪個？《北風吹》活潑，好像不上板。還有《我要活》，不是這樣節奏。此外，還有問題，這歌流行於全國，到世界上去了，《北風吹》、《我要活》可以交替進行，你們是創作，我是「外行」（江青同志用上海話說，大家激動鼓掌）你們的燈光怎麼可以打得更好些，怎麼打掉這兩個影子，

燈光可以把這二下影子打掉，幾個燈才能打掉這兩個燈？（**舞美臺何××張××回答**）

好，聽聽你們的，這戲的編導是誰？（**編導站立**）戲的音樂是誰？眾答嚴金萱抄來的，偷來的，還有誰能搞，眾答陳××。這戲超過了過去的電影、歌劇，但還可以搞得更好些。（**春橋同志介紹他叫戚本禹，我們喊他戚司令，叫戚司令談談。戚未談**）。

江青同志說：「這戲男女不平等，一個男主角，一個女主角，平等一點。反正傳奇，搞得接近現實一點。跟上去的人不一定全白，有的灰髮，有的……」

春橋同志說：「怎麼樣，你們談談。還有時間，你們現在還爭論嗎？」史××回答：不太爭論。春橋同志說：毒草、香花不要爭論了。因為這戲是舞校群眾集體創作的，不要因為那個人，孟波、嚴金萱，加楊永直、李慕琳，提高還是靠大家，聽聽工農兵的意見。

江青同志說：「我先聲明一點，以後我看一次再提一點，你們會討厭我的。」（**大家激動鼓掌、呼口號**）（**有人提出要求加入軍委編制**）。江青同志說：「關於參加人民解放軍完全可以解決。」（**口號聲**）建議你們創作小節目，將來可以發展成大的，例如：搞紅衛兵運動，文化大革命……。我和春橋同志說了，有一部小說女主人公比較突出，《人民的戰鬥》寫的是山區游擊戰，管他作者怎樣，準備搞京劇，芭蕾也行。你們樂隊怎樣？眾答，自己的。春橋同志說：「你們該畢業了吧？」眾答，我們現已經畢業了。江青同志說：「上海我只要兩個團，一個是你們，一個京劇團。」春橋同志說：「不過有個條件，把文化大革命搞好一點，把革命的三結合、大聯合搞好，這樣才能參軍。」[25]（**全體熱烈鼓掌**）江青同志說：「政權問題還是比較容易的，破與立，立稍難一點，也不難。我的雄心壯志是，只要我不死，搞二十個戲，二十個電影。」（**眾高呼口號，向江青同志學習！向江青同志致敬！**）江青同志說：「靠同志們努力，我全靠你們，我只是說說，你們會感到不舒服的。」

---

[25] 「樣板戲」與「文革」的捆綁進行。

××說：江青同志給我們講講形勢。

江青同志說：「有我講話，一篇登在《人民日報》，一篇在某某會議上[26]，可以發給你們，戚本禹同志負責。」有人提我們要學習《紅色娘子軍》。江青同志說：「你們學習他們，他們學習你們，你們在北京大演大學，他們搞女工。」春橋同志說：「聽說搞不好。」××說毛主席看了後說什麼？江青同志說：「第一個說好，我剛才的意見也包括他那個觀眾。）（全體激動，高呼：毛主席萬歲！萬萬歲！）××提趙大叔怎麼樣？江青同志說：「趙大叔不突出，他比大春也不如，很難給他更多的戲，後頭可以突出。打土豪分田地，黨的領導，主要從軍隊突出……你們可以集體討論，何必吵架，不會為這打起架來，我的辦法如不適合，再改，都試試看，看中再改。（春橋同志說：改的過程中，又可以想到新的意見。）。我們經常這樣，大修改。《紅色娘子軍》改錯了路子，改錯了，但也找到了一條路。失敗是成功之母。趙大叔不突出，也給人印象，後頭不突出。還有（女）都是媳婦，要有紮辮子、有梳頭的。」（張春橋同志說：那時練紅纓槍是小姑娘紅衛兵）。

江青同志說：「紅衛兵那時有絞頭髮的，在山溝裏還梳小辮。」顧××說：「喜兒上山盼，心中沒有救星。」江青同志說：「那就在第一場戲她出場，喜兒想父親躲債，趙大叔出來安慰她，講神兵、天兵天將，這樣鼓舞她，有個希望。」顧說：「喜兒四場盼東方出紅日，喜兒根本不知道什麼是黨，她盼誰呢？」

江青同志說：「我是覺得第四場是有點《修養》味道，乾脆改成軍隊。喜兒在一、二、三場集中得很。第四場有點神怪的味道，又搞紗幕，我看不必要。和自然界鬥爭太多了，改掉可以一個人演下來。」顧××說：「楊格莊解放，地主逃跑，沒寫武裝鬥爭。」「這個地方容易解決，我們占領根據地，地主逃跑，俘擄，我覺得是不是前頭寫四場打些日本人，俘擄些偽軍。」春橋同志插話：「然後大春出來，地主逃跑。」史××說：「原來第五

[26] 據江青的《江青同志論文藝》（「文革」期間編印本，現藏於匹茲堡大學圖書館，頁 168）介紹，這兩篇講話分別是指北京市革命委員會成立大會上的講話，以及軍委擴大會上 4 月 24 日的講話。

場有黃世仁、穆仁智撕標語、小孩打架等，後來楊永直改了。」江青同志說：「結尾兵的形象很少，民兵多。春橋同志說：新兵沒有標誌，喜兒跟著大春走了，參軍不清楚，戴著紅花送行了。」

××說：大春參加軍隊放在喜兒被搶走之前，這樣使人就會感到不單是為了喜兒。

江青：好啊，這樣就軍隊出來更早，對大春形象更好，那趙大叔要不要呢？第一場就發生這個問題。是告別不是送東西了，是一個好的想法。

××：《白毛女》劇中漢奸地主黃世仁的主要罪行沒有表現在漢奸一面……

江青：這個容易，在黃世仁家中出現日本鬼子；或四場，日本人打我們，我們一般打殲滅戰，日本鬼子可以住在黃家。顧××說：「黃母要不要拉出來槍斃，她戲中沒有交代。」江青同志說：「後面交代。」

××：反動統治階級是不會放下武器的，他們要做垂死的掙扎，我們以革命武力對付他們。江青同志說：「六場如果用武裝力量，這樣把《白毛仙姑》全破了，六場只是交代喜兒活的一個方面。」

××：我提個問題，今後修改《白毛女》，喜兒作為一個受壓迫、受剝削的典型，是加強黨如何領導把她救出來的過程，還是描寫她從自發到自覺的改造過程？

江青同志說：「這個很難。」高說：那麼加強第一部分。江青同志說；「加強第一部分應該是這樣。第四場改，不要那個《修養》。地主要同日本人勾結得緊，現在光是序幕出現一下日本人。」

××問奶奶廟，白毛女見地主按理應馬上撲上去，不要立刻上神臺去嚇唬地主。

江青同志說：「原來是這個樣子，有點滑稽。」××說：「關於兩個太陽問題怎麼處理？」

江青同志說：「現在太陽，聽聽你們的，先是半個，後來又停住。」又有人提最後出現主席像。

江青同志說：「那不好，關於太陽，八場開始，可以不出現，先出現紅光。」

××說：「要推陳出新，加唱。」

江青同志回答：我倒不迷信，是妨礙看戲，應偏重於舞，把歌拿掉，可能舞不突出，這點要有精神準備，唱是唱得很好。陳伯達同志也說唱得多了。器樂、聲樂這只能是伴，現在有點喧賓奪主，現在聲樂降下來，勢必在舞蹈上加工，伴唱去掉可能遜色。顧××說：四場歌詞有問題。江青同志說：「小將四場歌詞沒有什麼大意思，語言不新鮮，我沒有像你眼睛這樣尖，不過，不新鮮就是了。河北梆子很可惜，京劇、河北梆子，我有幾年想改，把唱的團弄到北京來，天津小百花、青年躍進劇團武功好。西洋女高音，同京劇女高音，有一點本嗓。河北梆子女聲沒有問題，男聲不是低八度就是高八度，重新創作。你們（**指合唱隊**）唱得不錯，河北梆子團，它一下到上海去，到北京請他們來。這個現在不要改，可以唱著，以後討論加工。」

春橋同志說：「搞個修改方案，《紅色娘子軍》畢竟是舞劇，不是解決唱，一個解決舞蹈，一個解決音樂。」

江青同志說：「我感覺你們有缺點，舞蹈和音樂不夠緊密，一個動作下來，音樂、旋律、節奏，這要求你們不嚴格。」

顧××：「升太陽的問題。」

江青同志笑，春橋同志說：八場拂曉，略微有點曙光，山上看到太陽合理。

江青同志說：「黎明到天亮有一段時間。照相吧！」……。

（江青同志講話結束，全體起立，熱烈鼓掌，高呼口號。）[27]

另外一個版本[28]

江青同志來到（**在場的還有戚本禹、姚文元同志**）。

江青同志說：我也沒有準備，咱們是交談。昨天晚上我看你們，你們在下妝，還要去吃飯，我就走了。

---

[27] 《無限風光在險峰——江青同志關於文藝革命的講話》，南開大學衛東批判文藝黑線聯絡站、《紅海燕》編印，1968年2月，頁204—211。

[28] 上述講話的另一個版本是指：江青，《江青同志論文藝》，「文革」期間編印本，現藏於匹茲堡大學圖書館，頁164-169。兩個版本的基本內容是相似的。

你們這次來演出，大家都很歡迎，你們也歡欣鼓舞。我們想交談一下，提點建議，你們看對不對？我只看了二次，要看很多次才能做詳細交談。這戲主要方向是成功的，主流是好的，有些小毛病改起來也不是太難，如果主題思想再提高一些，格調、風格就更高。主題寫農民起來反抗地主，那麼怎麼得到解放呢，就是八路軍，現在叫人民解放軍。現在戲中軍隊占的地位很弱，裝飾一下，就很難怪有的人說不過癮。主題、思想結構方面要動一動，序幕、尾聲完全可以不要，老套子序幕尾聲沒有什麼精彩，可以去掉。四場喜兒變來變去可以改一下，因為喜兒連續一、二、三、四，我們的軍隊沒有。今後第四場寫軍隊。第三場逃出去，第四場大春怎麼帶兵打勝仗啊？俘擄些日本人、偽軍啊！必要時也可以增加一場。喜兒在山上怎麼樣，我覺得可以不參加，因為她還有一場奶奶廟，變化不要太突出好一些，大家可以好好想一想，那兩個主角相形之下，男主角不突出，如果增加一場戲，軍隊也突出了，大春也突出了。原來這戲大春作為陪襯，大春不突出。作為接近的一些觀眾說，四場變，有《修養》的味道，這個咱們自己說呀！不能說出去，人家又要說大毒草了。（笑）現在一下子改不了，有音樂問題，這樣演也是一個很好很好的戲。此外，她上山跳出黃家，一個人恐怕不太容易。本來是傳奇故事，現在語言是革命的浪漫主義，沒有增加現實性，多一二個人上山，好處理不好處理？二孀是最突然的，二孀也挺怪的，乾脆自己的二孀，過去在北方我的家鄉××地租佃戶的本身、妻子、兒女的都要到地主家去服務，這也是合理的。現在別人看了以後，哪兒來的二孀這樣的人。可以考慮帶上兩個人一塊上山。（張春橋同志插：和喜兒上山多幾個人。）江青同志接著說：這樣可能會好些。此外，喜兒下山，大春接她下山以後應該給她一塊紅頭巾，把頭髮包起來，給看新生的，現在形式不好，北方婦女戴的有黑的，但年輕一點，加塊紅的沒有什麼關係。舞臺美術要講究一點，舞臺美工有點問題，第五場，山像土包子，沒有北方山高聳入雲，要重新搞。個人感受很險峻，這山像一二步就可以上去了（笑），喜兒怎麼躲呢？服裝的色彩實在是不好，難看得很，一句話：偏紫偏藍。另外，建議你們聘請張美娟做教師，教你們怎樣耍刀槍，男的聘請武生。可有什麼好武生？你們團能夠翻撲我看有的（**春橋同志說：崑曲有身段，從京劇學回去……**）

可以比較大的創新，加民族傳統舞蹈。刀、槍，這方面《紅色娘子軍》也有弱點，但有成績。他們不能翻撲，你們現在還都小嗎，你們現在都胖了。（笑）腿提不高，是不是（**眾答：是的。**）（笑）小胖子一個個（笑）。（姚文元同志說：有半年多了（**指練功，沒練**）江青同志說：現在要天天練，練習翻跟斗。外國的、中國的統統全拿過來，技巧全拿過來，這樣創新就從容自如了。一場那場戲還是改得不好，黃世仁搶走喜兒不太合理，打死一個，搶走一個（**江青同志用手比劃舞臺上位置如何調度**）畫面死板，大春打死了一個，而喜兒從那邊搶走，使人感覺來不及，那個時候他們也有武器。但是這些都不妨礙你們上演，也不妨礙它是個好戲。聲樂問題，現在喧賓奪主，我和春橋同志有不同意見。唱得非常好，正因為唱得太好，就不注意舞蹈形象。當然，去掉唱也許對這個戲有點遜色，但也不一定。你們練練功，把腿搞上去一點，把造型搞得好一些，現在唱太好了。（**春橋同志說：加了字幕，陳伯達同志也有這意見，看了字幕就來不及看舞蹈**）唱有這麼一二處，頂多三處使用，其他地方都不使用聲樂，可以用幕間唱，幫助觀眾瞭解下一場劇情，這戲還可以磨，磨得使人一下子落淚。現在我眼淚在眼睛裏轉了一下，但不肯掉下來。（笑）喜兒父親死靠聲樂，這個地方可以研究一下，要靠大的動作，加上器樂，看能不能補救。喜兒這形象弱，其實完全可以強起來，在舊的基礎上逐步地來。二場一下子到黃家要張二嬸推著她出來，她不肯去送什麼蓮子、人參湯什麼的，她不肯很勉強，二嬸教育喜兒來伺候老妖精，她不肯，老妖精看了很不愉快，然後再打她，這樣合理一些。現在一開始就在收舍，加強喜兒的反抗性。

音樂主調號的是《北風吹》，喜兒的主調是《我要活》，是河北梆子，是交替進行還是怎麼樣？音樂有一段輕音樂味道，像西歐的《風流寡婦》，像極了。這改不是一下子大改，構思一下，先是文學劇本，然後著手音樂。喜兒主調用哪個？《北風吹》活潑好像不上板，還有《我要活》，不是這樣節奏。

此外，還有問題，這歌流行於全國到世界上去了，《北風吹》、《我要活》可以交替進行，你們是創作，我是「外行」（**江青同志用上海話說，大家激動鼓掌**）你們的燈光怎麼可以打得更好些，怎麼打掉這兩個影子，燈光可以把這二下影子打掉，幾個燈才能打掉這兩個燈？（**舞美臺何××、張××回答**）

好，聽聽你們的，這戲的編導是誰？（**編導站立**）戲的音樂是誰？眾答嚴金萱抄來的，偷來的，還有誰能搞？（眾答：**陳××。**）這戲超過了過去的電影、歌劇，但還可以搞得更好些。（**春橋同志介紹他叫戚本禹，我們喊他戚司令，叫戚司令談談。戚未談**）。

江青同志說：「這戲男女不平等，一個男主角，一個女主角，平等一點，反正傳奇，搞得接近現實一點，跟上去的人不一定全白，有的灰發，有的……」

春橋同志說：「怎麼樣，你們談談。還有時間，你們現在還爭論嗎？」史××回答：不太爭論。春橋同志說：毒草、香花不要爭論了。因為這戲是舞校群眾集體創作的，不要因為那個人，孟波、嚴金萱加楊永直、李慕琳，提高還是靠大家，聽聽工農兵的意見。

江青同志說：「我先聲明一點，以後我看一次再提一點，你們會討厭我的。」（**大家激動鼓掌、呼口號**）（**有人提出要求加入軍委編制**）。江青同志說：「關於參加人民解放軍完全可以解決。」（**口號聲**）建議你們創作小節目，將來可以發展成大的，例如：搞紅衛兵運動，文化大革命……。我和春橋同志說了，有一部小說女主人公比較突出，《人民的戰鬥》寫的是山區游擊戰，管他作者怎樣，準備搞京劇，芭蕾也行。你們樂隊怎樣？眾答，自己的。春橋同志說：「你們該畢業了吧？」（眾答：**我們現已經畢業了。**）江青同志說：「上海我只要兩個團，一個是你們，一個京劇團。」春橋同志說：「不過有個條件，把文化大革命搞好一點，把革命的三結合、大聯合搞好，這樣才能參軍。」（**全體熱烈鼓掌**）江青同志說：「政權問題還是比較容易的，破與立，立稍難一點，也不難。我的雄心壯志是，只要我不死，搞二十個戲，二十個電影。」（**眾高呼口號，向江青同志學習！向江青同志致敬！**）江青同志說：「靠同志們努力，我全靠你們，我只是說說，你們會感到不舒服的。」

××說：江青同志給我們講講形勢。

江青同志說：「有我講話，一篇登在《人民日報》，一篇在某某會議上，可以發給你們，戚本禹同志負責。」有人提我們要學習《紅色娘子軍》。江青同志說：「你們學習他們，他們學習你們，你們在北京大演大學，他們搞女工。」春橋同志說：「聽說搞不好。」××說毛主席看了後說什麼。江青同志說：「第一個說好，我剛才的意見也包括他那個觀眾。」（**全體激動，高呼毛主席萬歲！萬萬歲！**）××提趙大叔怎麼樣？江青同志說：「趙大叔不突出，他比大春也不如，很難給他更多的戲，後頭可以突出。打土豪分田地，黨的領導，主要從軍隊突出……你們可以集體討論，何必吵架，不會為這打起架來，我的辦法如不適合，再改，都試試看，看中再改（**春橋同志說，改的過程中，又可以想到新的意見**）。我們經常這樣，大修改，《紅色娘子軍》改錯了路子，改錯了，但也找到了一條路，失敗是成功之母。趙大叔不突出，也給人印象，後頭不突出。還有（**女**）都是媳婦。要有紮辮子，有梳頭的。」（**張春橋同志說那時練紅纓槍是小姑娘紅衛兵**）。

江青同志說：「紅衛兵，那時有絞頭髮的，在山溝裏還梳小辮。」顧××說：「喜兒上山盼，心中沒有救星。」江青同志說：「那就在第一場戲她出場，喜兒想父親躲債，趙大叔出來安慰她，講神兵、天兵天將，這樣鼓舞她，有個希望。」顧說：「喜兒四場盼東方出紅日，喜兒根本不知道什麼是黨，她盼誰呢？」

江青同志說：「我是覺得第四場是有點《修養》味道，乾脆改成軍隊。喜兒在一、二、三場集中得很。第四場有點神怪的味道，又搞紗幕，我看不必要。和自然界鬥爭太多了，改掉可以一個人演下來。」顧××說：「楊格莊解放，地主逃跑，沒寫武裝鬥爭。」「這個地方容易解決，我們占領根據地，地主逃跑，俘擄，我覺得是不是前頭寫四場打些日本人，俘擄些偽軍。」春橋同志插話：「然後大春出來，地主逃跑。」史××說：「原來第五場有黃世仁、穆仁智撕標語、小孩打架等，後來楊永直改了。」江青同志說：「結尾兵的形象很少，民兵多。」（春橋同志說：新兵沒有標誌，喜兒跟著大春走了，參軍不清楚，戴著紅花送行了。）

××說：大春參加軍隊放在喜兒被搶走之前，這樣使人就會感到不單是為了喜兒。

江青：好啊，這樣就軍隊出來更早，對大春形象更好，那趙大叔要不要呢？第一場就發生這個問題。是告別不是送東西了，是一個好的想法。

××：《白毛女》劇中漢奸地主黃世仁的主要罪行沒有表現在漢奸一面……

江青：這個容易，在黄世仁家中出現日本鬼子，或四場，日本人打我們，我們一般打殲滅戰，日本鬼子可以住在黃家。顧××說：「黃母要不要拉出來槍斃，她戲中沒有交代。」江青同志說：「後面交代。」

××：反動統治階級是不會放下武器的，他們要做垂死的掙扎，我們以革命武力對付他們。江青同志說：「六場如果用武裝力量，這樣把『白毛仙姑』全破了，六場只是交代喜兒活的一個方面。」

××：我提個問題，今後修改《白毛女》，喜兒作為一個受壓迫、受剝削的典型，是加強黨如何領導把她救出來的過程，還是描寫她從自發到自覺的改造過程？

江青同志說：「這個很難。」高說：那麼加強第一部分。江青同志說：「加強第一部分應該是這樣。第四場改，不要那個《修養》，地主要同日本人勾結得緊，現在光是序幕出現一下日本人。」

××問：奶奶廟，白毛女見地主按理應馬上撲上去，不要立刻上神臺去嚇唬地主。

江青同志說：「原來是這個樣子，有點滑稽。」××說：「關於兩個太陽問題怎麼處理？」

江青同志說：「現在，太陽，聽聽你們的，先是半個，後來又停住。」又有人提最後出現主席像。

江青同志說：「那不好，關於太陽，八場開始，可以不出現，先出現紅光。」

××說：「要推陳出新，加唱。」

江青同志回答：我倒不迷信，是妨礙看戲，應偏重於舞，把歌拿掉，可能舞不突出，這點要有精神準備，唱是唱得很好。陳伯達同志也說唱得多了。器樂、聲樂這只能是伴，現在有點喧賓奪主。現在聲樂降下來，勢必在舞蹈上加工，伴唱去掉可能遜色。顧××說：四場歌詞有問題。江青同志說：「小將四場歌詞沒有什麼大意思，語言不新鮮，我沒有像你眼睛這樣尖，不過，不新鮮就是了。河北梆子很可惜，京劇、河北梆子，我有幾年想改，把唱的團弄到北京來，天津小百花、青年躍進劇團武功好。西洋女高音，同京劇女高音，有一點本嗓。河北梆子女聲沒有問題，男聲不是低八度就是高八度，重新創作。你們（**指合唱隊**）唱得不錯，河北梆子團，它一下到上海去，到北京請他們來。這個現在不要改，可以唱著，以後討論加工。」

春橋同志說：「搞個修改方案，《紅色娘子軍》畢竟是舞劇，不是解決唱，一個解決舞蹈，一個解決音樂。」

江青同志說：「我感覺你們有缺點，舞蹈和音樂不夠緊密，一個動作下來，音樂、旋律、節奏，這要求你們不嚴格。」

顧××：「升太陽的問題。」

江青同志笑，春橋同志說：八場拂曉，略微有點曙光，山上看到太陽合理。

江青同志說：「黎明到天亮有一段時間。照相吧！」

（江青同志講話結束，全體起立，熱烈鼓掌，高呼口號）

4月28日

在京的外國專家和國際友人今晚應對外文委邀請，觀看了上海市舞蹈學校演出的革命現代芭蕾舞劇《白毛女》。今晚的演出受到各國朋友的熱烈歡迎。他們稱讚說，這個芭蕾舞劇閃耀著毛澤東思想的光輝。演出結束後，外國朋友激動地一遍又一遍地高呼：「中國共產黨萬歲！」「中國無產階級文化大革命萬歲！」「毛主席萬歲！萬萬歲！」[29]

5月1日

上海的現代京劇《智取威虎山》、《海港》，芭蕾舞劇《白毛女》，和山東的《奇襲白虎團》，會同北京的《紅燈記》、《沙家濱》，芭蕾舞劇《紅色娘子軍》，交響音樂《沙家濱》，聚集在首都北京舉行了會演。

同日，江青在中南海晚會上的講話

> 「5・1」節，由中國京劇院、北京京劇一團錢浩梁、杜近芳、譚元壽、馬長禮等十八位同志去中南海參加晚會。晚會剛開始，江青同志分別把來的同志向偉大領袖毛主席做了介紹。毛主席親切地和同志們一一握手，並說：「感謝你們。」在晚會上同志們演唱了《紅燈記》、《沙家濱》、《智取威虎山》等京劇現代戲的唱段。這一天，我們偉大領袖毛主席的精神非常好。他老人家白天忙了一整天，晚上還興奮地聽演唱到深夜一點多鐘。演唱間歇中，偉大領袖毛主席和江青同志做了重要講話。
>
> 毛主席聽到江青同志介紹京劇一團被打的事情之後，關心地問：「現在還打不打了？」同志們回答：「現在我們都團結一致，不打了。」偉大領袖毛主席說：「不打了，好。」
>
> 毛主席問候了一些老演員。在演唱中，主席高興地打著拍子並問：「現在還有沒有反二黃、反西皮？」演員們請示主席：「在革命現代戲中，反二黃、反西皮可不可以用？」主席說：「我看可以用。」

江青同志談話如下：

> 創作方面：可以排《白毛女》。小說《敵後武工隊》、《人民在戰鬥》、《戰鬥在滹沱河上》要改編成京劇。
>
> 為了更好地完成創作任務，你們要調足夠的創作人員。

[29] 〈在京的外國專家和國際友人觀看革命現代芭蕾舞劇《白毛女》〉北京：《人民日報》（第5版），1967年4月29日。

可以改編《杜鵑山》。以前《杜鵑山》是彭真那夥人胡搞的，有錯誤。我們現在要重新搞。可以由京劇一團演出。

上海的《智取威虎山》、《海港》要來演出了，你們兩個單位分別派人去學。學會了演出。我這裏有《智取威虎山》的全部錄音，可以借給你們用。

演員方面：老生一環較弱，要注意培養能文能武的演員。

一定要建立甲乙制，要大膽培養。

有的花臉可以改唱老生。

演唱方面：每天一定要保證兩小時練功，一個小時練武功，一個小時練嗓子，亦文亦武。老段子也可以調。學習它的技巧。

音樂方面：京劇音樂應該更加豐富，增加西洋音樂。以後京劇可以試用交響樂來伴奏。西洋樂此較豐富，只是在打擊樂上沒有過關．我們京劇可以培養西洋音樂的人才，也可以從外面請些人來[30]。

同日，為紀念毛澤東〈在延安文藝座談會上的講話〉發表二十五週年，河南豫劇院一、二團的「沙家濱」兵團演出《沙家濱》。

5月8日

《紅旗》雜誌編輯部發表文章〈歡呼京劇革命的偉大勝利〉：

京劇革命已經出現了一批豐盛的果實。《智取威虎山》、《海港》、《紅燈記》、《沙家濱》、《奇襲白虎團》等京劇樣板戲出現，就是最可寶貴的收穫。它們不僅是京劇的優秀樣板，而且是無產階級文藝的優秀樣板，也是無產階級文化大革命各個陣地上的「鬥批改」優秀樣板。京劇革命的這些輝煌成就像春雷一樣地震動著整個藝術舞臺，它意味著無產階級的百花已經到了盛開的時節了！這對整個無產階級文藝的發展，將起著不可估量的影響和作用[31]。

---

[30] 江青，《江青同志論文藝》，「文革」期間編印本，現藏於匹茲堡大學圖書館，頁 170。

[31] 原載《紅旗》雜誌 1967 年 5 月 8 日，第六期，轉載北京：《人民日報》1967 年 5 月 10 日。

5月9日

戚本禹在北京芭蕾舞蹈學校全體革命師生座談會上的講話（時間：1967年5月9日凌晨零點十分至兩點零五分，地點：工人俱樂部休息室。出席：紅色造反陣線，毛澤東主義公社及其他革命組織。【按錄音記錄。】）

小道消息得了以後造反，也可以，也要肯定它，什麼叫小道？我也不懂，聽說黃愛真來了消息，聽了一些風聲造了反，造得也可以，也對嘛，造了他的反，比如：從小道聽說劉少奇是個壞蛋，那聽了小道消息造了他反，那也可以。如果他假造反，將來是會暴露的。你不要怕，你看嘛，他現在還不是反革命，你還得承認他的造反是對。你這邊沒有得到小道消息，他得了一個小道消息，他造了反了。他造了反了，你好像吃了虧了，當然觀點就不對了。承認他，承認他造反造得對。從這些方面來講，毛澤東主義公社這些地方應該給予肯定[32]。

……

聯合演出你們解決嘛。怎麼搞呀？如果不能聯合就沒有希望，你們班子就搞這個事嘛。你們沒有樂團要找搞聯合的，你們別要那些不聯合的。你們要演什麼？（**公社：《白毛女》，我們也支持他們演《紅場戰歌》。**）（**陣線：他們造反了。**）我不知道你們哪派要演什麼，我首先演《白毛女》好，因為《白毛女》……（**公社鼓掌**）我看，你們鼓掌就是要壓人家。創作的東西呀，沒有很好試驗。從慶祝二十五週年的角度考慮呢，演《白毛女》好一點。但是你們要創作出新的我也贊成，演出之餘也可以創作些新東西。《白毛女》我看也可以改。江青同志的講話你們聽到了嗎？（**眾：看到了。**）根據那個意見能改多少就改多少，你們能不能改點新的，不能改壞了，這樣的話，他們那一派也可以參加改嘛，一起改嘛。（**公社鼓掌歡迎**）聯合搞。（**公社：一定聯合搞。陣線：我們已經排出來了。**）而且演員安排也要尊重一下陣線。壟斷我就反對了。（**陣線要求發言**）一會兒

[32] 比賽造反從而獲取權力，這是「文革」期間革命本身帶來的另一重壓抑機制。

講好嗎，我把這說完。你們是也要搞一個《紅場》是嗎？（**陣線：《紅場戰歌》，反修戰士的。**）（**公社：堅決支持。**）他們也支持好嘛！因為你現在……（**陣線：北京工農兵文藝公社列為5月份演出計劃。**）我不知道什麼工農兵文藝公社，我不管。（笑聲）因為《白毛女》是個樣板，你們不是要先把樣板搞好，好不好？但是你們也不要用這個去壓人家，說：「你看我們勝利了！」這不是什麼勝利，因為這是一個樣板，你們先搞好這個樣板而且你們還可以做些改動，江青同志不是說序幕和尾聲不要嗎？你們可以搞得精鍊一點，搞得好一點。第四場也可能改動，你們看看紀錄。你們可以根據自己的意見來改，馬上做很大改動也有困難，你們先做些小改，你們什麼時候演出？（**公社：23 號左右，紀念〈延安文藝座談會〉發表二十五週年。**）弄要弄好，打響第一砲。不要弄得不行。恐怕你們許多同學很久沒有練功了吧？（**眾：一年。**）你是跳什麼的（**問一位同學**）？你也是演員吧？（**有人答：她病了！**）（**有人說：罷演了。**）你是演什麼的？（**問另一位同學演什麼的，眾：演喜兒的。**）幾天沒練功了？（**眾：一年了。**）能跳嗎？（**眾：能跳。**）在上海，我就看到跳舞的在臺上站不住，我看這不行。芭蕾舞，要跳得很自然，使人覺得這是一種藝術。跳得很生硬的話，把一個很好的政治內容、戲劇給破壞了。

能不能跳好，我很為你們擔心呢？你們學了幾年？（**眾：六七年了！**）七年了？這麼小就學啦？（**陣線：我們提出要「紅岩」來伴奏，音樂學院樂隊。**）樂隊要聯合，聯合就請你們，不聯合就不要他。他們不聯合，我們就不要他們。（**公社同志：您這是指戰鬥團和「紅岩」吧？新影已練了，他們三派聯合起來了。**）不要新影了。我看你是哪一派，是公社一派的吧？！就要「紅岩」吧！他們是學院，你們也是學校。（**公社：可以可以！**）如果好，將來可以給安排劇場。看不看，很難說囉，我們時間可能不一定夠。你們教員也可以一起參加演出嘛！（**陸文藍問：舞臺創作方面的單位沒有聯合，能不能參加？**）其他人我不管，反正劇團要聯合，你們自己商量好不好？（**眾：好！**）哪有那麼多具體事情？！你們自己商量，自己解放自己，你們成立一個領導班子，搞得好的話，解放軍就可以站在第二線，給你們出些主意，促成你們的聯合。(**潘世彬：戚本禹同志，不是三結合，怎麼少一結合？**) 你們不是有解放軍嘛，你們有什麼事情也可以和解放軍商量商量，他們第二線，你們第一線。你們如果不來一個解放軍，看看你們自己能不能搞好。看一看，實在不行再說。我希望你們自己能夠搞好。小將嘛！(**陣線：學校以後鬥批改的對象魯方、張旭的性質還沒有定。**) 你們批嘛。我看了你們的材料還不行，材料夠了當然可以定了。實在定不下來，那就沒有辦法嘛，屬於鬥批任務。你們這裏有幾個演《白毛女》的？原來的也可以用嘛！都可以。(**公社：去年我們排過。**) 不要說這個人保過一段就不能演，我反對。(**公社：我們絕不這樣，堅決貫徹階級路線。**) 什麼階級路線？(**公社：黨的階級路線。**) 他的出身不好，也要允許人家革命。不要不讓人家革命。怎麼樣，還有什麼問題？(王敏談《紅場戰歌》是新生事物。) 我沒有發言權。在沒有影響演出《白毛女》的情況下是可以的。(鼓掌) 首先要演《白毛女》，因為它是樣板戲。(**鼓掌**)

你們兩個 (**指王、唐**) 是演員？(**眾：是教員，年輕教員。**) 你也是教員？(**王答：剛畢業的。**) 叫什麼名字？(**答：王敏。**) 在不放下《白毛女》的情況下，你們兩派一起搞。(**公社：在不放下《白毛女》的前提下，我們一定支持。**)(**爭論**) 你們很難大團結，這麼小事情也要吵，原則談得很清楚了。參軍問題我不能解決，我沒有這個權力。(笑) 按你們這個樣子，中央沒有這個意思，就是中央要的話，我也建議不要！反正現在不行，不要考慮這個問題。如果大批判、大聯合，鬥批改搞得好，我可以給你們提出要求，但不一定能批下來，也可能說根本不行。(**問：那我們是要去廣州嗎？**) 如果誰提出要你們去廣州的話，那我也要提出反對。你們反我好了，給我貼大字報了。到廣州去打架去嗎？！(**問：將來學校不要嗎？**) 還要，鬥、批、改怎樣改法你們自己考慮。

現在沒有聽到誰說要取消芭蕾舞的消息。因為芭蕾舞我們國家還要發展，西方已經沒落了，我們這裏還要發展，因為它這舞蹈性很強，過去美化公主、小姐、王子的，現在我們要美化工農兵，這個舞蹈可以美化，形式很好的，很能美化工農兵，我們沒有看到喜兒出來不是很可愛嗎？它美化了嘛！你看，地主狗腿子出來了是很可惡嗎？它是醜化他。不用講話，在行動上就完全可以。京劇改革、芭蕾舞改革，還是最難改革的，一個東方的，一個西方的，現在在我們國家都改革成功了，為什麼不要呢？學校要不要看你們自己，弄得不好，當然不要囉！

問題上你們還有什麼？（**眾：沒有了。**）你們該休息了。（**王敏：年輕教員要求單獨談。**）你要單獨談，他們以為什麼了，你給我寫信吧。（**潘世彬：文藝界文化大革命怎麼搞？**）你們學校就這樣搞嘛！江青同志講的完全適合於你們學校的情況。（**潘：文藝界出現了北航「砸三舊」的觀點。批判反革命修正主義路線和搞資產階級反動路線的關係應如何處理，希望你給講一下。**）這個問題是不是不講了，這個問題講起來比較長。（**趙：文藝界是不是沒有建立革命的三結合的領導班子就不能進行鬥、批、改？**）反正江青同志講話的精神在北京來說很多文藝單位還是適用的，在你們學校這裏也合適。江青同志講話不能完全沒有一點普遍性，為什麼她在運動一開始時不講這話呢？也可以安排更好一點，如果你們演出有人怕衝擊運動，那麼可以安排嘛，由十人小組安排吧。

（**清華「井岡山」同學：對文藝界的幹部的估價，好的和比較好的是大都數，這一估價對文藝界是否適用？**）什麼幹部？幹部好的當然是多數。反正總的說，文藝界的幹部大都數是好的，你不能說，文藝界大都數是壞人，很簡單的道理。（**問：文藝界對演員、對教員應該採取什麼樣的態度？**）不管文藝界的什麼人，總之大都數是好的，否則是不對的。我從來就是相信大都數的。演員大都數是好的。哪有這麼多的壞人？壞人只有一點兒，不要把壞人看得那麼多。（**王紹本：我們算不算三舊人物？**）三舊不三舊，看你自己革命不革命。（**王：我們要求革命，但壓制我們。**）革命是壓不了，壓不住的。（**清華「井岡山」同學：目前三名三高的人物參加了革命造反派，怎麼看？分歧比較大。**）具體分析，對三高我們是反對的，對三名的問題要具體分析，不要一概打倒，也不能說一概不好。

不要記了，你們記了就要搞傳單，我就反對那個事了，我又不是什麼權威人物，我瞎說一頓，不要記了。我是一個小學生，而且還恐怕只能說進幼兒園，所以你們一記，我就緊張。

（清華「井岡山」：文藝界好多人都要改行。）他願意改行我也沒有辦法，你願意幹，你來幹吧。

毛主席的〈在延安文藝座談會上的講話〉是怎麼講的？方針政策怎麼來的，你說說看，沒讀好，你們都不好好學習毛主席著作，我最反對，你們再不學，我就不來了。毛主席的〈文藝座談會上的講話〉有沒有？**（眾有！）**拿來看看，當中有許多方針政策，講當時很多方針政策也是碰到你們這樣一些問題，怎麼辦？你們的許多問題，毛主席已經講得很清楚了。學好了的話，許多問題你們自己可以去講。**（清華「井岡山」同學找出那一段語錄）**對，對，就是這裏：「馬克思主義教育我們看問題不要從抽象的定義出發，而要從客觀存在的事實出發，從分析這些事實中找出方針、政策、辦法來，我們現在討論文藝工作也應該這樣做。」就是那一段，你們分析分析你們這裏的客觀實際嘛，找出辦法來嘛！你看，大學生學得比你們好，你們的材料很豐富嘛，你們學好多年了，就從這裏找出方針政策來嘛！我們是馬克思主義者嘛，馬克思主義教育我們看問題不要從抽象的定義出發，而要從客觀存在的事實出發，事實很多，從分析這些事實中找出方針政策辦法來，你們學校就有很多事實，從分析這些事實找出方針政策辦法，活學活用，然後結合你們學校情況來研究。毛主席講現在的事實是怎麼怎麼的，完了以後，毛主席最後找出方針政策辦法來。你們也學習這個辦法來找，活學活用就提高了。你們找找看。**（王敏發言，談李武林問題。）**

現在不是排除這個因素，讓他靠邊站。你們就不要……**（教員講運動以來一直把他們打成一小撮保皇精華）**你們教員中間是不是也有個別不好的。這些問題——**（陣線發言，繼續談李的兩面三刀）**我也給李武林說點公道話。他也有一些好的地方，不是一點也不好的，他不是主張演現代戲嘛，不管他怎麼說，他口頭上說，口頭上說也好嘛！**（王敏：他讓我們帶**

著無產階級感情表演《天鵝湖》。）當然，《天鵝湖》這個看法當然不對，他有錯誤，他也有正確的地方嘛，不要不對他一分為二。這樣吧，叫他去檢查，你們可以批，可以轟他嘛，轟他以後，我不是說公社暫時不保了嘛。你們不是完全有轟的權利了嗎？他們也要轟他嘛！轟他以後如果可以讓他立新功，帶罪立功嘛！總之有錯誤嘛，不再一棍子打死他嘛。過去他究竟是跟著毛主席戰鬥這麼多年嘛，在世界上你還不存在的時候，他就在那裏戰鬥嘛。他還是有一點功績嘛，你不能說他一點功績也沒有嘛。我們只有那種人，那種叛變我們革命的人，我們要抹殺他的。對於革命的同志，即使他有過很多錯誤，我們要團結他，幫助他。念他過去還是有功勞的嘛，你們還是要爭取他嘛。

……

你們學校主要矛盾還是你們本校的鬥批改，在批判，大聯合，聯合，現在是你們的主要問題。大聯合，大批判，轉入鬥批改，江青同志指出的這個大方向是你們學校的主要問題，而李武林只僅僅是一個部分，一個局部，你們還是抓住整個。現在來說，你們現在是兩派，怎樣團結，怎樣聯合的問題，我看批判完李武林，李武林將來調工作吧。不要在你們這裏搞三結合了，免得你們兩派鬧。（陣線鼓掌叫好）你們這種情緒也不對的，你們不要以為你們鼓掌我就高興，我一點也不高興，因為李武林還是讓他革命的，你們這裏為了消除你們的因素，搞不好，他到別的崗位上去革命，調動工作嘛，……現在不說，看看他本人的表現再說。

（高振華再一次要求談談）寫作好不好，把他名字記下來，不是還有王敏嗎？你的信跟王敏的信我負責看，好不好？好了今天就這樣，好不好？同志們。（眾：好！熱烈歡送戚本禹同志。）

5月10日

《人民日報》發表社論〈歡呼京劇革命的偉大勝利〉。

同日，江青，〈談京劇革命——1964年7月在京劇現代戲觀摩演出人員的座談會上的講話〉由《人民日報》發表。

同日，戚本禹接見大學紅代會宣傳工作人員的講話：

時間：1967年5月10凌晨一點十五分至三點十五分

地點：軍事博物館東小禮堂

別鼓掌，一鼓掌我就緊張。這是軍委文化部于副部長。

人大三紅來多少人？我主要是見人大三紅的文學兵團。

今天和同志們商量兩件事情。一件是，今年是毛主席的〈在延安文藝座談會上的講話〉發表二十五週年，有些想法研究研究。一件是與人大三紅的同志研究一下對小說《歐陽海之歌》的看法。

主席這篇著作是非常重要的光輝著作，在同黨內最大的走資本主義道路當權派（鬥爭），批判陸定一、林默涵、周揚文藝黑線……。我們與軍委文化部同志、中央負責文藝同志計劃5月開展紀念活動，初步有這個想法，要重新發表主席的講話，還可能發表主席的有關文學藝術的指示（解放以來的）。這還先不要出去宣傳，不希望印小報。還準備發表一些紀念講話的社論、評論文章，組織工農兵座談，批判周揚在紀念〈講話〉發表二十週年時拋出的大毒草〈為最廣大的人民服務〉。還準備發表一些革命文學作品、劇本和江青同志兩次講話，一個是部隊文藝工作會的講話，一個是11月28日的講話。準備開大會，請紅衛兵小將、紅衛兵文學兵團代表講話，聯繫一下，從5月10日開始，全國各城市要開展慶祝活動，廣泛演革命電影。集中搞幾個革命樣板戲，《紅燈記》、《海港》、《沙家濱》，芭蕾舞《白毛女》、《紅色娘子軍》，交響樂《沙家濱》，在北京公演的革命現代戲。還準備把一些毒草片子拿出來示眾：如《林家鋪子》、《燎原》、《兩家人》、《逆風千里》、《武訓傳》。《武訓傳》這個電影你們看過沒有？（有人說：都沒有看過。）還準備把同志們召在一起開會。你們可以準備。上次你們開的兩次會紀念〈講話〉，我們都沒有參加。你們分了兩大派，我們也不好參加。我們準備一塊開一個大會，你們也可開展活動。現在一派的會，我們暫不參加。都是革命派，為開會打仗，不好。人大來了嗎？

總來信叫我去，不聯合我也不去。（三紅講鬥彭真情況）你們為什麼不叫人家（新人大公社）發言？（三紅講：群眾不同意。）（新人大公社講：什麼群眾，就是你們。）你們（雙方）戰士來信批評打內戰（人大雙方吵）你們鬥彭真、陸定一都搞不到一起。我說你們（三紅）為主，一定要新人大公社參加，你們就不執行。（三紅講：您的指示沒傳達下來。）這個事你們應該檢查，下次再這樣，我就不支持你們。（三紅：讓新人大公社再鬥一次。）就讓你們人大鬥了還行？你們前段聯合不錯嘛，為什麼現在這樣，（雙方解釋）一定有壞人，完全是鬥彭真，都不能聯合了。你們學校很複雜的，一定有壞人挑撥，現在有武鬥，一種是革命派內部，一種是革命派與保守勢力。敵人的策略是挑動搶國家財產資料。把自己同志往死裏打的人肯定不是好人，把腦袋打開的人一定不是好人。我們態度第一反對武鬥，第二不怕，不管誰，對同志沒感情，轉移大方向，這種人沒好下場。對啦，人大同志今天不談了，坐吧！今天還有哪個學校發生武鬥？（財經、外語學院……）

5月11日

《人民日報》（第5版）發表專欄文章：

北京京劇一團譚元壽，〈全心全意為工農兵服務　做京劇革命中披荊斬棘的人〉；

上海京劇院趙文奎，〈創造更多的工農兵英雄形象〉；

中國京劇院杜近芳，〈一輩子做毛澤東思想的宣傳員〉；

北京京劇一團王夢雲，〈幹一輩子革命，演一輩子革命現代戲〉。

同日，新華社的報導〈江青同志講話和《紅旗》雜誌社論給北京上海軍民巨大鼓舞〉。該報導開頭說：「京劇革命的偉大勝利，再一次表明毛主席的革命文藝路線無堅不摧。無產階級革命派和革命文藝工作者決心把修正主義文藝黑線和黨內最大的走資本主義道路當權派批深批透批倒批臭。」該報導列舉了北京和上海大量反響強烈的工農兵群眾。其主體主要有光華木材廠和北京二七機車車輛工廠的紅色造反者們、北京市革命委員會常委、北京市貧下中農代表會議常委羅瑞華、

「徹底摧毀舊北京市委戰鬥兵團」的戰士們、首都大專院校紅代會的紅衛兵革命小將、中國京劇院、北京戲劇專科學校、北京京劇一團的革命京劇工作者和革命師生、上海的許多工廠、人民公社、部隊、學校和文藝團體、上海的革命工人，復旦大學、同濟大學、上海市第六女子中學等大專院校和中等學校的紅衛兵小將以及廣大革命師生，駐京、駐滬部隊廣大指戰員和部隊文藝工作者，駐京部隊指戰員和中國人民解放軍總政治部文工團、海軍、空軍、鐵道兵政治部文工團的革命文藝工作者，駐滬部隊廣大指戰員和部隊文藝工作者。

【解讀】

該報導提到的文獻是指江青 1964 年 7 月在京劇現代戲觀摩演出人員的座談會上的講話〈談京劇革命〉和《紅旗》雜誌社論〈歡呼京劇革命的偉大勝利〉。從這一報導所列舉的主要工農兵群體來看，我們可以發現「樣板戲」京劇革命已經絕不僅僅是藝術意義上創造與轉型，而且已經名正言順被賦予了正當的政治使命。因而，界定「樣板戲」的最佳角度應該是政治藝術或政治美學，研究這一新的命題必須去除傳統的「純藝術」觀念。

5月12日

新華社〈山西黑龍江貴州山東等地廣大群眾和文藝工作者歡呼京劇革命的偉大勝利〉報導：山西黑龍江貴州山東等地廣大群眾和文藝工作者歡呼京劇革命的偉大勝利，人民解放軍指戰員表示，一定要緊握筆桿和槍桿，保衛好無產階級的鐵打江山。

5月13日

《人民日報》發表中國京劇院錢浩梁的文章〈做一個忠實的毛澤東思想宣傳員〉。

5月14日

《人民日報》發表北京京劇一團、北京市革命委員會委員譚元壽的文章〈用毛澤東思想塑造英雄形象〉：

江青同志告訴我們：要突出武裝鬥爭。消滅胡傳葵，解放沙家濱，應當是新四軍從正面打進去。要刪掉別的場子，騰出篇幅來表現新四軍。我們，特別是我，永遠不能忘記江青同志在塑造郭建光這個英雄人物形象上面所花費的心血。她提出要千方百計樹立郭建光的音樂形象，要有成套唱腔，要有精采唱段。她一遍又一遍地在劇場聽「聽對岸」那一段唱腔，一字一板地推敲，要求有層次，不要「鐵板一塊」。她告訴我「聽對岸」的「聽」字要唱得挺拔，「村鎮上鄉親們要遭禍殃」那幾句要唱得有感情，要和人民群眾息息相關，要像領導同志那樣，連每天的降雨量都關心，要有那種感情……。她指出傷病員要幫助老鄉收稻子，郭建光在沙奶奶面前要像一個孩子。她指出郭建光在蘆蕩裏隱蔽時要派偵察過湖去，不能坐待，不能無所作為。關於〈奔襲〉等場舞蹈動作的設計，她提出要表現「有主角的英雄群像」，這不僅是這一齣戲，也是我們以後將要進行的許多戲的舞蹈設計的一條極為重要的指導原則。為了「蘆花白早稻黃，綠柳成行」一句唱詞，她親自調查了那個時候是不是早稻成熟的季節，才改成「蘆花放，稻穀香，岸柳成行」。為了一句「穿過了山和水沉睡的村莊」，她特地瞭解了常熟有沒有山。而這一切，都是為了塑造郭建光的英雄形象，正確地表現軍民關係、官兵關係，表現毛主席關於人民戰爭的偉大思想。

同日，《人民日報》（第6版）專欄發表文章：

山西省革命委員會委員、解放軍某部謝臣班班長謝起，〈看革命現代京劇《沙家濱》有感〉；

黑龍江省革命委員會委員楊錫山，〈階級愛魚水情〉；

清華大學「井岡山」紅衛兵李錚，〈軍民團結的威力〉。

5月16日

《人民日報》發表文化部機關延安紅旗總團的文章〈扶植封建文藝的罪魁〉，該文認為：「十幾年來，周揚、夏衍等一小撮反革命修正主義份子在黨內頭號走資本主義道路當權派的支持下，瘋狂地對抗毛主席的指示，積極扶植封建文藝，為他們復辟資本主義準備輿論。對他們這種反黨反社會主義反毛澤東思想的滔天罪行，必須進行徹底的總清算。」

5月17日

〈中共中央關於紀念毛主席〈在延安文藝座談會上的講話〉發表二十五週年宣傳工作的意見〉（1967. 05. 17；中發〔67〕160號）

> 我們偉大領袖毛主席天才的光輝著作〈在延安文藝座談會上的講話〉發表二十五週年了。〈講話〉創造性地發展了馬克思列寧主義，正確、全面地制定了無產階級文藝理論、方針、路線、政策。〈講話〉是無產階級文化大革命的綱領性文件。在無產階級文化大革命進入到向黨內最大的走資本主義道路的當權派發起總攻擊的時刻，我們熱烈歡呼〈講話〉偉大勝利，徹底批判以黨內最大的走資本主義道路的當權派及以周揚、夏衍、林默涵、齊燕銘為代表的文藝黑線，具有重大的意義。為此建議：
>
> 一、各報重新發表毛主席的〈在延安文藝座談會上的講話〉、毛主席〈看了《逼上梁山》以後寫給延安平劇院的信〉和自1951年批判《武訓傳》來，毛主席對有關文學藝術的重要指示。
>
> 二、發表紀念〈講話〉的社論和文章，有重點地組織幾篇有份量的評論文章，並且組織工農兵群眾座談，同時批判打著紀念〈講話〉十五週年為名的毒草社論〈為全中國最廣大的人民群眾服務〉。
>
> 三、發表並出版革命樣板戲的劇本和其他的革命文藝創作。組織革命文藝工作者寫些學習〈講話〉的心得體會，大力宣傳毛主席文藝路線的偉大勝利。

四、發表〈林彪同志委託江青同志召開部隊文藝座談會紀要〉、〈江青同志1964年在全國革命現代京劇觀摩演出大會上的講話〉。

五、5月23日召開紀念〈講話〉的群眾大會。

六、5月10日至5月31日，全國各主要城市組織慶祝活動，演出革命樣板戲和革命電影，並廣泛地開展群眾性業餘文藝演出活動。京劇《智取威虎山》、《海港》、《紅燈記》、《沙家濱》、《奇襲白虎團》，芭蕾舞《紅色娘子軍》、《白毛女》，交響音樂《沙家濱》等革命樣板戲集中在首都演出。放映《毛主席是我們心中的紅太陽》、《毛主席接見紅衛兵》（第五、六、七、八次）、《毛主席最最支持革命造反派》、《世界人民熱愛毛主席》等革命電影；重演《南征北戰》、《平原游擊隊》、《半夜雞叫》等較好的影片。

七、將一批毒草拿出示眾，放映供批判用的毒草片《林家鋪子》、《不夜城》、《燎原》、《兩家人》、《逆風千里》、《武訓傳》等。

1967年5月17日

5月23日

《人民日報》編輯部發表社論，〈無產階級文化大革命的指路明燈——紀念〈在延安文藝座談會上的講話〉發表二十五週年〉：

今天，全國革命人民隆重地紀念毛主席〈在延安文藝座談會上的講話〉發表二十五週年。這是繼中共中央1966年5月16日的〈通知〉公開發表之後，我國政治生活中的又一重大事件。

我們偉大領袖毛主席的這篇〈講話〉，天才地、創造性地發展了馬克思列寧主義的世界觀，第一次最系統、最完整、最精闢地提出了無產階級文化革命的歷史任務和最高指導原則。這部劃時代的巨著，是中國和世界革命文藝的一盞永放光芒的指路明燈。在這場史無前例的無產階級文化大革命中，〈講話〉是指導我們前進的綱領性文件。它的光輝思想鼓舞著億萬革命人民向資產階級的頑固堡壘進行衝鋒陷陣的戰鬥。

毛主席在〈講話〉中指出，「文藝是從屬於政治的，但又反轉來給予偉大的影響於政治」。毛主席在又一篇光輝著作〈新民主主義論〉中指出：「至於新文化，則是在觀念形態上反映新政治和新經濟的東西，是替新政治新經濟服務的。」社會主義文藝，必須為無產階級政治服務，為工農兵服務，為鞏固和發展無產階級專政和社會主義制度服務[33]。

同日，新華社〈首都隆重集會紀念毛主席《在延安文藝座談會上的講話》二十五週年〉報導：毛澤東、林彪、周恩來、陳伯達、康生、李富春等出席大會。江青主持大會。陳伯達、戚本禹發表講話。

姚文元在上海紀念毛澤東〈在延安文藝座談會上的講話〉發表二十五週年大會上的講話[34]：〈《在延安文藝座談會上的講話》是進行無產階級文化大革命的革命綱領〉，摘要如下：

同志們！戰友們！

……

同以周揚、夏衍、林默涵、齊燕銘為代表的資產階級反動文藝路線（即反革命修正主義文藝路線）相對立，江青同志堅持了〈講話〉中闡明的毛主席的無產階級文藝路線，同資產階級反動文藝路線進行了頑強不屈的鬥爭，對於無產階級文化大革命做出了重大的貢獻。她熱情支持了文化界中那些堅持〈講話〉方向的無產階級的新生力量。她敢於反抗那些資產階級反動權威的種種清規戒律。她所領導和發動的京劇革命、其他表演藝術的革命，攻克了資產階級、封建階級反動文藝的最頑固的堡壘，創造了一批嶄新的革命京劇、革命芭蕾舞劇、革命交響音樂，為文藝革命樹立了光輝的樣板。這些作品充滿了無產階級的革命英雄氣概，有高度的革命性和藝術性，具有獨創的民族風格，是推陳出新的典範，是無產階級有力的思想武器和珍貴的文化財富。這些作品在中國和全世界的舞臺上，用典型的工農兵的英雄形象，高高地樹立起毛澤東思想的偉大紅旗，把舞臺上那些剝削階級的牛鬼蛇神打得個落花流水，一敗塗地。〈林彪同志委託江青同志

---

[33] 〈無產階級文化大革命的指路明燈——紀念〈在延安文藝座談會上的講話〉發表二十五週年〉，北京：《人民日報》社論，1967年5月23日。

[34] 江青，《江青同志論文藝》，「文革」期間編印本，現藏於匹茲堡大學圖書館，頁19-20。

召開的部隊文藝工作座談會紀要〉，是一個經過毛主席多次修改的、極其重要的文件，它用毛澤東思想回答了社會主義時期文化革命的許多重大問題，從根本上粉碎了反革命修正主義文藝路線的基礎，為文藝界的無產階級文化大革命開闢了道路。

……

文藝是階級鬥爭的武器。無產階級文藝作品是用毛澤東思想團結人民、教育人民、打擊敵人、消滅敵人的有力的思想武器。上海的革命文藝工作者，在江青同志率領下，向著資產階級、封建階級的頑固堡壘進行了勇敢的衝鋒陷陣，創作了像《智取威虎山》、《海港》、《白毛女》這樣體現毛澤東思想的優秀的革命樣板戲。上海紅衛兵戰士、革命文藝工作者組織的毛澤東思想宣傳隊、文藝小分隊，活躍在各條戰線上，創造了許多短小精悍、富於戰鬥性的小節目，及時配合了各個階段的鬥爭，受到廣大群眾的熱烈歡迎。你們做得對，做得好！今後，我們在普及和提高兩個方面，都要繼續努力。我們應當有這樣的革命的雄心壯志：創造出反映這場史無前例的無產階級文化大革命的樣板作品！創造出反映上海 1 月革命風暴的優秀作品！革命的音樂工作者，應當創做出反映無產階級革命派偉大革命精神的作品！我們應當有自己的〈紅衛兵之歌〉！革命的文學工作者，應當塑造出在文化大革命中無產階級英雄人物的不朽形象！我們應當在文藝的各個方面，為毛澤東思想的偉大勝利，譜出一曲又一曲響徹雲霄的凱歌[35]！（新華社上海 23 日電）

同日，戚本禹在紀念毛澤東〈在延安文藝座談會上的講話〉發表二十五週年大會上的講話：

推翻資產階級文藝，創立革命的無產階級文藝，關鍵之一是抓創作。有了創作之新，才有文學、電影、戲劇、音樂、舞蹈、美術之新。根據目前無產階級文化大革命的新形勢，一般來說，每個文化單位一方面要進行本單位的鬥批改，一方面要創作和排演現代的、革命化的為工農兵服務的文藝作品。

---

[35] 這是「文革」後期文藝創作的一個重要方面。

要重視和發展工農兵創作，從工農兵群眾中湧現出來的優秀文藝作品，反映了我國無產階級文化革命時代的新風貌，一切革命的文藝工作者，都應該虛心地向他們學習。

抓創作的關鍵又在於樹立優秀的樣板。樣板的力量是巨大的，有了樣板，才能說服人，才能徹底摧毀舊的東西，才能為新生事物開闢前進的道路。現代京劇《智取威虎山》、《海港》、《紅燈記》、《沙家濱》、《奇襲白虎團》，革命芭蕾舞劇《紅色娘子軍》、《白毛女》，交響音樂《沙家濱》等是一批優秀的樣板，是一批閃耀著毛澤東思想光輝的新的藝術典範，它們把革命的政治內容和完美的藝術形式統一起來了。這一批優秀藝術樣板的出現，是毛主席的無產階級革命文藝路線的勝利。

無產階級需要的是現實的革命鬥爭和壯麗的革命理想相結合的優秀作品。這種優秀作品只有採取毛主席提出的革命的現實主義和革命的浪漫主義相結合的創作方法，才能獲得成功。

盲目地崇古、崇洋、崇修、「言必稱希臘」的賈桂精神必須打倒。不信天，不信地，也絕不要信什麼洋、名、古，只信工農兵，只信無產階級，只信馬克思列寧主義、毛澤東思想。什麼古老的京劇、30 年代的電影，什麼法國的文學、英國的莎士比亞，什麼俄國的三個斯基、蘇修的蕭洛霍夫，統統不要迷信。古代的好東西，我們要批判地繼承；外國的好東西，我們也要批判地吸收。但是要按照毛主席「古為今用」、「洋為中用」的指示去做，絕不可以讓那些剝削階級的玩意兒牽著我們的鼻子走。

看不起勞動人民，看不起無產階級，迷信他人，低三下四地去迎合他人的需要，永遠不會有什麼出息。我們的震動世界的藝術珍品，不是黨內最大的走資本主義道路當權派膜拜的所謂「像佛一樣」的洋專家從資產階級那裏轉抄來的《天鵝湖》，而是我們自己的革命的芭蕾舞劇《紅色娘子軍》和《白毛女》。我們的《紅色娘子軍》和《白毛女》，起初並不是想演給全世界看的，但是它們卻受到了全世界進步人類的歡呼。全世界的進步人類意想不到一個在西方世界裏逐漸趨於沒落的古老藝術，在東方世界卻獲得了新的青春生命。黨內最大的走資本主義道路當權派和他們的支持者把我們自己的藝術珍品說成是「土包子」，把外國落後的東西看成是九天的神明，吃了幾片洋麵包，便「數典忘祖」，「月亮也是外國的圓」，真不懂得他們還知不知道人間有羞恥事！

我們要向京劇、芭蕾舞劇、交響音樂革命的奠基者和這些戲劇、舞蹈、音樂革命的先鋒戰士學習。京劇、芭蕾舞劇和交響音樂的革命是文藝戰線上最艱鉅的攻堅戰。它們是這次史無前例的無產階級文化大革命的序幕。困難是很大的，鬥爭是很艱鉅的。資產階級和那些牛鬼蛇神的各種攻擊、誹謗、流言蜚語、打擊陷害、明槍、暗箭，接連不斷地加到文藝戰線先鋒戰士的頭上。但是毛主席〈在延安文藝座談會上的講話〉鼓舞著他們，他們毫不氣餒，毫不畏難。為了從資產階級手裏奪取文藝的陣地，為了保衛毛主席的革命文藝路線，文化革命的尖兵在江青同志的率領下，持久地、連續地艱苦戰鬥。在克服了無數的困難和阻力以後，他們終於用戰無不勝的毛澤東思想的武器在荊棘叢生的荒原上開拓出了一條光明的道路。他們勇敢頑強、堅韌不拔的革命戰鬥精神，是我們所有的文化戰士的學習榜樣。像京劇、芭蕾舞劇、交響音樂這樣頑固的文藝堡壘都被我們的先鋒戰士攻破了，那麼天下還有什麼不可以攻克的文藝堡壘呢？文化大軍的戰士們，高舉毛澤東思想的旗幟，信心百倍地勇敢前進吧！

第四，開展群眾性的文藝批評。

毛主席教導我們：「文藝界的主要的鬥爭方法之一，是文藝批評。」文藝批評必須堅持政治標準第一，藝術標準第二的原則。一切危害無產階級專政、危害社會主義革命事業的反動文藝思想和文藝作品，統統都要加以批判，絕不能讓這些毒草任意氾濫，毒害人民。

黨內最大的一小撮走資本主義道路的當權派和他們的支持者，極力宣揚一種「無害」的謬論，胡說什麼不管什麼戲只要看了「能得到休息，使人高興，就很好」。他們所說的「無害」完全是欺騙。他們公開主張可以隨便放映的外國「無害」的電影，全都是宣揚資本主義、宣揚修正主義的作品。他們公開主張可以到處上演的「無害」的「劇目」，都是些宣揚剝削階級、醜化勞動人民，以至含沙射影地反黨反社會主義的作品。

難道世界上真有那種所謂「無害」的作品嗎？沒有。毛主席在〈講話〉裏教導我們說：「在現在世界上，一切文化或文學藝術都是屬於一定的階級，屬於一定的政治路線的。」對你無害，對我就有害，哪有那麼一種對於各個階級都「無害」的文藝作品呢？難道那些資產階級的、修正主義的腐朽文藝作品對勞動人民，特別是對年輕一代所造成的毒害還嫌少了嗎？黨內最大的走資本主義道路的當權派和一小撮反革命修正主義份子所推行的「無害」論，其用心是要用這塊盾牌來阻擋群眾的批評，以讓各種反黨反社會主義的大毒草貼上「無害」的標籤推銷給億萬革命人民，其目的就是用這些文藝作品麻痹和毒害勞動人民，以實現其和平演變、復辟資本主義的陰謀。

黨內最大的走資本主義道路的當權派和一小撮反革命修正主義份子還打著「百花齊放、百家爭鳴」的幌子來抵制文藝批評，他們大肆叫嚷說「要放」、「要有放的自由」、要「兼容並包」、「自由競賽」、「審查要寬」、「不要干涉過多」、「不要粗暴」，他們利用這些口號來為他們的毒草出籠開闢道路，為他們的資產階級復辟的陰謀活動製造輿論。

他們根本歪曲了毛主席「百花齊放、百家爭鳴」的方針，抽掉了這個偉大方針的階級內容。百花齊放、百家爭鳴是無產階級的階級政策，是為了鞏固無產階級專政，繁榮無產階級文化服務的。毛主席在闡述這個政策的時候說過：「我們同資產階級和小資產階級的思想還要進行長期的鬥爭。不瞭解這種情況，放棄思想鬥爭，那就是錯誤的。凡是錯誤的思想，凡是毒草，凡是牛鬼蛇神，都應該進行批判，絕不能讓它們自由氾濫。」毛主席又說：「放，就是放手讓大家講意見，使人們敢於說話，敢於批評，敢於爭論。」而他們的所謂放，就是資產階級的自由化，就是只准毒草放，不准香花放，只准右派鳴，不准左派爭。這是要資產階級專我們無產階級的政，我們絕對不答應！我們就是要按照毛主席所教導的，把你們放出來的毒草統統鋤掉。

什麼「不要粗暴」？真正粗暴的不是別人，真正粗暴的是資產階級老爺們。什麼「小人物的文章」呀，「黨報不是辯論場所」呀，不都是這些人說的嗎？言猶在耳，賴是賴不掉的。

同志們！在資產階級老爺們統治的地方，無產階級連一棵新生的苗苗都不准生長，這還不粗暴？新生事物剛露一點頭，他們就要瘋狂地鎮壓，諷刺、謾罵、壓制、打擊、圍剿、扼殺，無所不用其極，還有什麼比這個更粗暴！

京劇革命剛搞了一點樣板，資產階級老爺們就要壓，就要破壞。壓不住，破壞不了，就破口大罵，什麼「京劇現代戲像白開水」呀，什麼「話劇加唱」呀，罪名一大堆。正像我們京劇革命的先鋒戰士所說的，「這些人簡直是無知！白開水有什麼不好？有了白開水，才能泡茶，才能釀酒。沒有白開水，活都活不了。『話劇加唱』又有什麼不好？從來的京劇都是話劇加唱。不說不唱，哪兒來的戲？」資產階級的老爺們，你們為了反對京劇革命的一個樣板，連體面都不要了，胡言亂語，瞎說一頓。這還不粗暴？什麼「京劇現代戲像白開水」！

什麼「話劇加唱」！不服氣嗎？請拿最好的舊京戲同我們的樣板戲比一比吧！舊京戲哪一點比得過我們？究竟是我們現代戲的工農兵演得美？還是舊京戲的老爺太太、少爺小姐演得美？舊京戲舞臺上的帝王將相、才子佳人，從靈魂到形象都醜死了，比得上我們舞臺上的工農兵嗎？且不要說政治性、思想性了，就是藝術性也遠遠比不上我們。我們的現代戲哪有舊京戲的那種拖拖拉拉、鬆鬆垮垮的邋遢樣子？

舊京劇搞了一百三四十年，我們才搞了三四年。新的三四年打敗了老的一百三四十年。革命觸痛了資產階級老爺們，你們的粗暴統治維持不下去了。於是反咬我們一口，說我們粗暴，真是混淆黑白，顛倒是非！我們哪裏是什麼粗暴？我們倒是太文雅了。你們的這一套還是統統收回去吧！

黨內最大的走資本主義道路的當權派和一小撮反革命修正主義份子，最害怕群眾批評，他們罵我們的批評是「棍子」。毛主席說：凡是敵人反對的，我們就要擁護。他們害怕的，正是我們要提倡的。我們就是要發展群眾性的文藝批評。如果把群眾的批評說成是「棍子」，那麼這是「無產階級專打資產階級、修正主義的『鋼棍子』、『金棍子』」，寶貴得很。而且，還可以奉告資產階級的老爺們，經過無產階級文化大革命，這種「棍子」，以後還要大大發展。

一定要打破文藝批評中的「專家」路線。把文藝批評當作知識份子的「象牙之塔」，由少數人壟斷，這是完全錯誤的。

群眾的眼睛是雪亮的。文藝批評的武器應該交給廣大工農兵群眾去掌握。因為最關心無產階級革命事業、最愛護無產階級專政的是工農兵群眾。只有發動全國億萬工農兵群眾來檢驗文藝作品，才能鏟除真正的毒草，保護真正的香花。只有發動全國億萬工農兵群眾審查文藝作品，才能提高創作的質量，繁榮革命文藝的創作事業。

群眾性的文藝批評好得很，我們應當為它歡呼。

同志們！史無前例的無產階級文化大革命運動，開闢了一個空前有利於無產階級文藝大發展的新時代。剝削階級腐朽的舊文化，在無產階級文化大革命風暴的衝擊下，土崩瓦解了。一個光輝燦爛的革命文化的新時代，到來了！

毛主席教導我們：無產階級同資產階級兩個階級、兩條路線的鬥爭是長期的、曲折的、複雜的，「革命的誰勝誰負，要在一個很長的歷史時期內才能解決」。敵人在今後仍然要同我們進行復辟和反復辟的鬥爭。文化陣地處於階級鬥爭的前線，鬥爭更為複雜和艱鉅，我們在前進的道路上，還會遇到新的困難和阻力，但是，歷史前進的車輪是不可抗拒的，威力無窮的毛澤東思想的陽光照耀著我們，任何困難和阻力都擋不住我們前進的步伐。

同志們，新的勝利在等待著我們，讓我們用偉大領袖的光輝著作武裝自己的頭腦，不斷地改造自己，緊緊地跟著毛主席，緊緊地跟著革命的工農兵群眾，不斷革命，永遠革命，為保衛偉大的無產階級專政，為建設人類歷史上最壯麗、最燦爛的無產階級革命文化而奮鬥！

讓一切逆歷史潮流而動的反動派，在無產階級的偉大勝利面前發抖吧！

無產階級文化大革命萬歲！

無產階級專政萬歲！

偉大的中國共產黨萬歲！

戰無不勝的毛澤東思想萬歲！

偉大的領袖毛主席萬歲！萬歲！萬萬歲！

同日，戚本禹在文化部宣布中央文革小組成立文藝組。組長江青，成員張春橋、姚文元、戚本禹協助江青，金敬邁負責文藝創作、文藝評論，李英儒負責戲劇、曲藝、舒世俊負責電影，陸公達負責音樂、舞蹈，劉巨成負責文博、圖書、美術。

同日，中央和有關方面負責同志周恩來、陳伯達、康生、李富春、董必武、李先念、謝富治、江青、蕭華、楊成武、鄧穎超、郭沫若、王力、關鋒、戚本禹、葉群、汪東興等，今晚觀看了上海京劇院在人民大會堂演出的優秀樣板戲革命現代京劇《智取威虎山》。演出結束以後，演員們揮動紅通通的《毛主席語錄》，長時間地高呼：「毛主席萬歲！」「毛主席萬萬歲！」周恩來等同志走上舞臺和演員們親切握手，祝賀他們演出的成功。為紀念毛主席的光輝著作〈在延安文藝座談會上的講話〉發表二十五週年，今晚在首都各劇場，還分別演出了優秀樣板戲革命現代京劇《海港》、《紅燈記》、《沙家濱》、《奇襲白虎團》，革命現代芭蕾舞劇《紅色娘子軍》、《白毛女》，革命現代交響音樂《沙家濱》。演出結束後，周恩來等同志走上舞臺，和演員們親切握手並合影[36]。

同日，河南省中牟縣東方紅文工團來鄭州演出《智取威虎山》，武陟縣豫劇團來鄭州演出《海港》。

5月24日

《人民日報》發表于會泳的文章〈京劇革命是毛澤東思想的偉大勝利〉稱：「這些傢伙，除了用流言蜚語、造謠中傷、詆毀誹謗等卑鄙手段從外部進行攻擊之外，更陰險惡毒的是採用孫悟空鑽進鐵扇公主肚子裏的戰術，打入劇組內部，企圖偷樑換柱，把革命現代戲引入邪路。在選擇和確定宣傳毛澤東思想的重大主題及有關的題材上，在塑造工農兵英雄形象

36 〈周恩來陳伯達康生李富春等同志觀看革命現代京劇《智取威虎山》〉，北京：《人民日報》（第4版），1967年5月24日。

上，在推陳出新、標社會主義之新、立無產階級之異等等關鍵性的重大原則問題上，鬥爭最為尖銳，最為激烈。例如，在《智取威虎山》中，就有這樣尖銳的鬥爭：是以宣傳毛主席人民戰爭的偉大戰略思想為主題思想呢？還是以宣傳脫離人民、盲動冒險的反動軍事路線為主題思想呢？是塑造一個以毛澤東思想武裝起來的有勇有謀、頂天立地的無產階級革命戰士為主人公呢，還是塑造一個渾身匪氣、滿嘴黑話的綠林好漢為主人公呢？在《海港》中，也有這樣尖銳的鬥爭：是以歌頌中國工人階級的國際主義和愛國主義的豪情壯志為主題思想呢，還是以培養中國赫魯曉夫式的接班人為主題思想呢？是塑造立足碼頭、胸懷祖國、放眼世界的工人階級的英雄人物為主人公呢，還是塑造心理複雜、精神分裂的『中間人物』為主人公呢」？

同日，《人民日報》發表陳伯達的文章〈紀念毛主席〈在延安文藝座談會上的講話〉二十五週年〉。

同日，《人民日報》（第 6 版）發表陳汝棠在首都紀念毛主席〈在延安文藝座談會上的講話〉發表二十五週年大會上的講話〈革命交響音樂《沙家濱》從舊營壘中殺出來了！〉

同日，《人民日報》（第 3 版）發表戚本禹的文章〈毛主席〈在延安文藝座談會上的講話〉是無產階級文化大軍的建軍綱領〉。

同日，《人民日報》（第 5 版）發表金敬邁在首都紀念毛主席〈在延安文藝座談會上的講話〉發表二十五週年大會上的講話〈讓毛主席的革命文藝路線統帥文藝大軍〉。

5 月 25 日

《人民日報》發表姚文元的在上海紀念毛主席光輝著作〈在延安文藝座談會上的講話〉發表二十五週年大會上的講話〈〈在延安文藝座談會上的講話〉是進行無產階級文化大革命的革命綱領〉。

5 月 25 日起，《人民日報》連續發表毛澤東關於文學藝術問題的「五個文件」：〈看了《逼上梁山》以後寫給延安平劇院的信〉、〈應當重視電影《武訓傳》

的討論〉、〈關於紅樓夢研究問題的信〉、〈關於文學藝術的兩個批示〉。〈看了《逼上梁山》以後寫給延安平劇院的信〉是重新發表，刪去了楊紹萱、齊燕銘的名字和「郭沫若在歷史話劇方面做了很好的工作，你們則在舊劇方面做了此種工作」一句話。

同日，《人民日報》的〈毛主席無產階級文藝路線輝煌成果的盛大檢閱　八個革命樣板戲在京同時上演〉報導：「閃爍著毛澤東思想燦爛光輝的革命樣板戲——京劇《智取威虎山》、《海港》、《紅燈記》、《沙家濱》、《奇襲白虎團》，芭蕾舞劇《白毛女》、《紅色娘子軍》，交響音樂《沙家濱》，在億萬革命人民最熱烈地慶祝毛主席的光輝著作〈在延安文藝座談會上的講話〉發表二十五週年的歡呼聲中，在首都同時上演。這是毛主席無產階級文藝路線輝煌成果的盛大檢閱，這是對黨內頭號走資本主義道路當權派和以他為總後臺的反革命修正主義文藝路線的沉重打擊！」[37]

5月26日

新華社〈喝令帝王將相才子佳人老爺太太少爺小組統統滾開　工農兵誓把被顛倒的歷史再顛倒過來〉報導：全國億萬軍民熱烈歡呼毛主席〈看了《逼上梁山》以後寫給延安平劇院的信〉的公開發表，表示一定要高高舉起革命的批判旗幟，大破反革命修正主義文藝黑線，多編多演革命現代戲，使它蔚成風氣。

同日，《人民日報》發表北京京劇一團《沙家濱》革命戰鬥兵團的文章〈工農兵是文藝舞臺的主人〉。該文認為：「我們偉大領袖毛主席〈看了《逼上梁山》以後寫給延安平劇院的信〉，給我們指出了正確的航向。今天，在對黨內最大的走資本主義道路當權派的大批判中，在全國人民熱烈紀念〈在延安文藝座談會上的講話〉發表二十五週年的歡慶聲中，重新發表毛主席的這個具有歷史意義的信件，給我們以極大的鼓舞和無窮的力量」。

同日，《人民日報》發表中國京劇院楊秋玲、俞大陸的文章〈做一輩子毛澤東思想的宣傳員〉：「毛主席在〈看了《逼上梁山》以後寫給延安平劇院的信〉公

[37] 八個「樣板戲」的說法的出籠。

開發表了，我們看了萬分高興。這封具有偉大意義的信件，給我們京劇工作者指出了方向。我們一定要演工農兵，使工農兵的英雄人物永遠成為京劇舞臺上的主人。」

同日《人民日報》（第 6 版）〈光芒四射的無產階級新文藝　各國朋友盛讚中國革命樣板戲〉一文發表了〔阿爾巴尼亞〕巴鮑基、〔日本〕西川寧、〔巴基斯坦〕阿齊茲夫人、〔錫蘭〕佩雷拉、〔剛果（布）〕莫果果‧讓‧馬利、〔安哥拉〕達克魯斯、〔幾內亞〕杜雷、〔委內瑞拉〕尼古拉斯‧古列爾、〔墨西哥〕阿爾貝托‧甘比羅、〔加拿大〕杜麗這些國際友人對樣板戲的高度評價[38]。

同日，《人民日報》（第 2 版）發表〈上海舉行規模盛大的革命現代戲大會演〉：為了隆重紀念〈講話〉發表二十五週年，上海文藝界無產階級革命派舉行了規模盛大的革命現代戲大會演。參加演出的除京劇樣板戲《紅燈記》、《沙家濱》、革命交響樂《沙家濱》以外，還有大型歌舞劇《一月風暴》、《英勇的紅衛兵萬歲》、歌舞劇《紅燈照》、話劇《收租院》以及長征組舞《紅軍不怕遠征難》、評彈專場《無產階級文化大革命萬歲》、木偶劇《雪山小雄鷹》、雜技歌舞《無產階級文化大革命萬歲》等新創作的革命的現代文藝[39]。

《人民日報》（第 5 版）發表洪平的文章〈讚京劇革命現代戲《智取威虎山》〉。

> 它堅持從現實生活出發，從政治思想內容出發，突破了舊京戲的行當限制，對於只適宜於表現帝王將相的顯赫地位和所謂風度的那些藝術形式，以及抒發封建官吏和封建文人閒情逸致的那些輕飄飄的唱腔，堅決加以摒棄。同時，調動各種有用的藝術形式，來為塑造英雄形象服務。充分採用了京劇中激昂的唱腔，豐富的音樂，創造了成套的、有層次的、優美的唱腔，來抒發英雄的革命豪情，表現他們的精神世界，塑造了光輝的音樂形象。這齣戲運用了京劇的藝術誇張手法，在舞臺調度上突出表現了正面人物和反面人物的對立，從對比中襯托出英雄的高大。這齣戲還借鑑其他藝術（如現代音樂和舞蹈），創造了許多表現革命內容的新形式，楊子

[38] 這些評價與官方話語高度同質化，幾乎是量身定做的表態。
[39] 〈上海舉行規模盛大的革命現代戲大會演〉，北京：《人民日報》（第 2 版），1967 年 5 月 26 日。

榮騎馬上山的舞蹈，就吸收了蒙古舞中騎馬的動作，追剿隊滑雪進軍的舞蹈和最後拚刺刀的動作，也是根據部隊的生活，借鑑了現代舞蹈的動作創造出來的。總之，無論唱腔的設計、舞臺的調度、人物的表演，以至燈光、布景等等每一個細節，無不從生活出發，服從於表現革命的政治內容這一基本前提[40]。（載《紅旗》雜誌 1967 年第 8 期）

《人民日報》（第 6 版）發表義大利曼利奧・迪努齊的文章〈無產階級革命文藝百花盛開的時節〉[41]。

《人民日報》（第 6 版）報導：日本兩位芭蕾舞演員不久前合寫一篇文章，讚揚中國革命現代芭蕾舞劇《白毛女》，是中國革命文藝工作者貫徹偉大的毛澤東思想的光輝作品。這兩位演員是柿治田鶴子和大麗子。她們曾在去年 9、10 月間隨松山芭蕾舞團代表團訪問中國期間，觀看了上海舞蹈學校表演的革命現代芭蕾舞劇《白毛女》。她們合寫的文章刊登在一期日中文化交流協會的機關刊物《日中文化交流》上。文章指出：革命現代芭蕾舞劇《白毛女》是中國革命文藝工作者根據毛澤東主席〈在延安文藝座談會上的講話〉的精神編演的傑出的作品。文章認為：革命現代芭蕾舞劇《白毛女》，作為中國人民進行無產階級文化大革命取得的新成就，作為寶貴的世界上第一流的作品，應當給予高度的評價。[42]

《人民日報》（第 6 版）：

《紅色娘子軍》這個舞劇充滿了革命內容，它的演出取得了非常大的成就。中國在用芭蕾舞表現革命題材方面取得了偉大成就，請允許我把從遙遠的阿爾巴尼亞帶來的阿爾巴尼亞人民和藝術家的深情厚意轉達給中國人民和藝術家。

〔阿爾巴尼亞〕巴鮑基：京劇《奇襲白虎團》用傳統形式創造了新的內容，並為新內容服務，而且有所發揚，這是極不簡單的，能做到這一點是很偉大的。中國京劇很有前途。

---

40 洪平，〈讚京劇革命現代戲《智取威虎山》〉，北京：《人民日報》（第 5 版），1967 年 5 月 26 日。

41 〔義大利〕曼利奧・迪努齊，〈無產階級革命文藝百花盛開的時節〉，北京：《人民日報》（第 6 版），1967 年 5 月 26 日。

42 〈閃爍著毛澤東思想光輝的作品　無產階級文化革命的豐碩成果　日本朋友高度讚揚我國革命芭蕾舞劇《白毛女》〉，北京：《人民日報》（第 6 版），1967 年 5 月 26 日。

〔日本〕西川寧：在經受過紐約和其他西方戲劇的腐朽難聞的氣息之後，看了京劇現代戲《紅燈記》，就像是呼吸了一口新鮮空氣。

〔巴基斯坦〕阿齊茲夫人：《紅色娘子軍》政治性、戰鬥性都很強，即使讀一百本書，也沒有這個力量大。

錫蘭 佩雷拉：中國京劇樣板戲《智取威虎山》和革命現代芭蕾舞劇《紅色娘子軍》在中國無產階級文化大革命中煥發出了新的光彩。它們表現了強烈的政治內容，具有完美的藝術形式，這說明中國的無產階級文化大革命在戲劇藝術方面已經獲得了傑出的成果。特別是京劇《智取威虎山》的成功演出，說明對這個古老的傳統劇進行改革的成功。

〔剛果（布）〕莫果果・讓・馬利：芭蕾舞在中國經歷了重大的改變，生氣勃勃。《紅色娘子軍》和《白毛女》是在文化革命運動下舞蹈藝術發展的新方向的兩個例子。芭蕾舞表現了中國的藝術精神，因為它是中國過去所沒有的一種藝術形式，而它的西方形式經歷了改變，具有了表現新興的中國人民的特點。芭蕾舞劇《紅色娘子軍》的演出是很大的成功。我看到了中國文化大革命的面貌，中國革命鬥爭以芭蕾舞劇的形式、用很高的水平表現出來了，很生動。

〔安哥拉〕達克魯斯：芭蕾舞劇《紅色娘子軍》，每一個場面都貫串著毛澤東思想，極大地鼓舞了被壓迫人民的鬥爭意志。一切革命者要求的文藝，就是具有這種強烈的革命精神的文藝。

〔幾內亞〕杜雷：《紅燈記》是用中國古老的傳統形式反映現代內容的一齣成功的好戲。你們表達了人民的感情，並為人民服務，你們不僅使人民得到了美好的藝術享受，也使人民得到了很好的教育。

〔委內瑞拉〕尼古拉斯・古列爾：芭蕾舞劇《紅色娘子軍》將古典芭蕾舞、中國民間舞、傳統京劇動作都結合了起來，表現了革命題材。這種做法很好，前途遠大。中國人民創造的奇蹟多，藝術形式是表現不完的。

〔墨西哥〕阿爾貝托・甘比羅：京劇必須進行改革，因為它不適應社會主義社會的需要。事實上，《智取威虎山》是成功的，體現了一種新的內容，對工農兵群眾來說，它是一種真正的藝術。人民解放軍的智慧和勇敢，只有在毛主席的英明領導下才能得到充分的發揮。[43]

5月27日

《人民日報》發表丁學雷的文章〈無產階級文藝的光輝里程碑——評革命現代京劇《智取威虎山》〉。

同日，《人民日報》發表錢浩梁的文章〈塑造高大的無產階級英雄形象〉。

5月28日

《人民日報》（第8版）發表北京第一機床廠紅色造反聯絡站的文章〈歡呼工人階級登上京劇舞臺〉。

同日，《人民日報》（第8版）發表同濟大學東方紅兵團政宣組的文章〈身在碼頭　胸懷世界——為革命現代京劇樣板戲《海港》叫好〉。

同日，《人民日報》發表《人民日報》編輯部的文章〈革命的批判精神萬歲——歡呼毛主席關於文學藝術問題的五個戰鬥性文件的發表〉，該文認為：「我們偉大領袖毛主席關於文學藝術問題的五個戰鬥性文件：〈看了《逼上梁山》以後寫給延安平劇院的信〉、〈應當重視電影《武訓傳》的討論〉、〈關於紅樓夢研究問題的信〉和〈關於文學藝術的兩個批示〉，現在公開發表了。這些重要文件的徹底革命的批判精神，大破大立的辯證唯物主義的思想，像一根光彩奪目的紅線，貫徹始終。」[44]

同日，《人民日報》（第7版）解放軍某部王德成〈一齣宣傳毛主席革命路線的好戲〉。

《人民日報》（第8版）上海港務局第五裝卸區工人革命造反隊「叢中笑」戰鬥組：〈《海港》好得很！〉。

---

[43] 〈光芒四射的無產階級新文藝　各國朋友盛讚中國革命樣板戲〉，北京：《人民日報》（第6版），1967年5月26日。

[44] 〈革命的批判精神萬歲——歡呼毛主席關於文學藝術問題的五個戰鬥性文件的發表〉，北京：《人民日報》社論，1976年5月28日。

《人民日報》（第 8 版）北京第一機床廠紅色造反聯絡站，〈歡呼工人階級登上京劇舞臺〉。

《人民日報》（第 8 版）解放軍某部戰士、房國忠、暢玉璽：〈大長工人階級的志氣〉。

同日，《人民日報》（第 1 版）發表林彪的信件。

林彪同志給中央軍委常委的信

常委諸同志：

送去〈江青同志召開的部隊文藝工作座談會紀要〉，請閱。這個〈紀要〉，經過參加座談會的同志們反覆研究，又經過主席三次親自審閱修改，是一個很好的文件，用毛澤東思想回答了社會主義時期文化革命的許多重大問題，不僅有極大的現實意義，而且有深遠的歷史意義。

十六年來，文藝戰線上存在著尖銳的階級鬥爭，誰戰勝誰的問題還沒有解決。文藝這個陣地，無產階級不去占領，資產階級就必然去占領，鬥爭是不可避免的。這是在意識形態領域裏極為廣泛、深刻的社會主義革命，搞不好就會出修正主義。我們必須高舉毛澤東思想偉大紅旗，堅定不移地把這一場革命進行到底。

〈紀要〉中提出的問題和意見，完全符合部隊文藝工作的實際情況，必須堅決貫徹執行，使部隊文藝工作在突出政治、促進人的革命化方面起重要作用。

對〈紀要〉有何意見望告，以便報中央審批。

此致

敬禮！

林彪

1966 年 3 月 22 日

5 月 29 日

《人民日報》公開發表〈林彪同志委託江青同志召開的部隊文藝工作座談會紀要〉。

【解讀】

1966 年 4 月，〈紀要〉作為中共中央文件批發全國，並以《解放軍報》社論的方式公布其主要內容；1967 年 5 月 29 日，〈紀要〉在《人民日報》公開發表。陳伯達「文革」初期就明確地說：「當前發展的無產階級文化大革命，是 40 年代在革命根據地中，關於文藝問題大論戰的繼續和發展，是當時思想大論戰、政治大論戰在新的歷史階段上的繼續和發展，是這些大論戰在無產階級專政條件下的繼續和發展。」[45]全國掀起大吹大捧江青的熱潮。江青一躍從電影明星變成「文藝旗手」，成為國內政治生活中的顯赫人物了。〈紀要〉拋出後，陳伯達、康生、張春橋、姚文元等人更加狂熱地吹捧林彪、吹捧江青，把江青稱為「文化大革命的英勇旗手」。

同日，《人民日報》發表上鋼三廠韓忻亮的文章〈文藝工作者投身到階級鬥爭中去〉。

同日，《人民日報》發表北京師範大學井岡山公社中文系聯合大隊《挺進報》編輯部的文章〈無產階級文藝的一盞紅燈——讚革命現代京劇樣板戲《紅燈記》〉

同日，《人民日報》發表中國人民大學三紅文學兵團的文章〈京劇革命的一聲春雷——評革命現代京劇樣板戲《沙家濱》〉。

同日，《人民日報》（第 3 版）發表山東省京劇團革命委員會的文章〈讓工農兵占領舞臺〉：

> 黨內最大的走資本主義道路的當權派和他支持的一小撮反革命修正主義份子，利用他們竊取的職權，推行了一條反革命修正主義的文藝黑線，讓帝王將相、才子佳人霸占著我們社會主義的文藝舞臺。在三年暫時困難時期，我們山東省京劇團在一小撮反革命修正主義份子的把持下，也把鼓動牛鬼蛇神東山再起的《臥薪嘗膽》和歌頌投降變節的《漢明妃》、《四郎探母》等搬上了舞臺。柳子戲大毒草《孫安動本》也在濟南演出，同北京的《海瑞罷官》遙相呼應，掀起了一陣又一陣的反黨黑浪。
>
> 毛主席的兩個批示傳達以後，一小撮反革命修正主義份子仍然頑固抗拒，打著「兩條腿走路」的幌子，讓帝王將相、才子佳人和革命的現代戲

45 陳伯達，〈紀念毛主席〈在延安文藝座談會上的講話〉二十五週年〉，《紅旗》，1967 年第 8 期。

輪流上演。其實是只准傳統戲放毒，不准革命現代戲扎根。有一次，我們在青島慰問解放軍，一小撮反革命修正主義份子大演《八仙過海》、《桑園會》等壞戲，卻不願上演直接反映部隊戰鬥生活的《奇襲白虎團》。在群眾強大壓力下，才勉強演了三場。

1964年京劇現代戲全國會演前夕，我團全體革命同志提出了大戰「白虎團」的口號，可是一小撮反革命修正主義份子卻別有用心地抽調了《奇襲白虎團》的主要演員、職員去精心砲製封建主義的大毒草《王寶釧》。

《人民日報》（第4版）社論〈無產階級文化革命的重要文件〉：

我們偉大的領袖毛主席，在去年3月，親自修改和批示了〈林彪同志委託江青同志召開的部隊文藝工作座談會紀要〉。這個座談會，是我國文化鬥爭史上非常重要的一次會議。這個〈座談會紀要〉，是我國無產階級文化革命的一個極其重要的文件。

當時，正處在國內兩個階級、兩條道路、兩條路線鬥爭的嚴重時刻。在思想文化領域，這個鬥爭表現得特別集中、特別尖銳、特別激烈。在林彪同志的支持和幫助下，江青同志帶領解放軍的革命文化工作者，衝破重重阻力，同反革命的〈二月提綱〉針鋒相對，發出了部隊文藝工作〈座談會紀要〉，向反革命修正主義路線發動了猛攻。

〈座談會紀要〉用光焰無際的毛澤東思想，回答了社會主義時期文化革命的許多重大問題。〈座談會紀要〉堅持和保衛了毛主席提出的文藝為工農兵服務、為無產階級政治服務的方向，具體地闡明了無產階級專政的整個歷史時期文藝在復辟和反復辟鬥爭中的重大作用，有力地打擊了黨內最大的走資本主義道路當權派所支持的反革命修正主義文藝黑線。〈座談會紀要〉是活學活用毛澤東思想的光輝典範，是創造無產階級新文藝鬥爭經驗的科學總結。〈座談會紀要〉是討伐反革命修正主義文藝黑線的檄文，是捍衛毛主席革命文藝路線的宣言書。它不僅具有極大的現實意義，而且具有深遠的歷史意義[46]。

[46] 社論〈無產階級文化革命的重要文件〉，北京：《人民日報》（第4版），1967年5月29日。

同日，越南作家懷青、蘇懷和黃忠通最近分別發表文章和談話，熱烈紀念毛主席的光輝著作〈在延安文藝座談會上的講話〉發表二十五週年。作家懷青的文章指出：「毛主席的〈講話〉是對馬克思列寧主義文藝理論寶庫的一個非常寶貴的貢獻。它對於越南的文藝工作者，則更為寶貴。」[47]

5月30日

《人民日報》的〈閃爍著毛澤東思想光輝的重要文件——上海工農兵和文藝工作者熱烈歡呼〈座談會紀要〉的發表〉報導：「我們偉大的領袖毛主席三次親自修改的〈林彪同志委託江青同志召開的部隊文藝工作座談會紀要〉公開發表了。」

同日，《人民日報》發表中國戲曲研究院紅旗戰鬥兵團的文章〈毛澤東思想是勇敢、智慧和力量的源泉——評山東省京劇團演出的《奇襲白虎團》〉。

同日，《人民日報》（第 3 版）發表〈毛主席的革命文藝路線勝利萬歲——紀念毛主席〈在延安文藝座談會上的講話〉發表二十五週年〉。

同日，《人民日報》（第 5 版）發表上海京劇院集體改編的《智取威虎山》（劇本）（原載《紅旗》雜誌 1967 年第 8 期）。

5月31日

北京京劇團集體改編的《沙家濱》劇本（根據滬劇《蘆蕩火種》改編）在《人民日報》（第 5 版）全文發表。

同日，《人民日報》發表《人民日報》編輯部的社論〈革命文藝的優秀樣板〉（第 1 版）：「為了紀念毛主席〈在延安文藝座談會上的講話〉發表二十五週年，首都舞臺上正在上演八個革命樣板戲：京劇《智取威虎山》、《海港》、《紅燈記》、《沙家濱》、《奇襲白虎團》，芭蕾舞劇《紅色娘子軍》、《白毛女》，交響音樂《沙家濱》。」「各個階級都力圖立本階級的戲劇樣板，為本階級的政治服務。因此，在戲劇舞臺上，大破封建主義、資本主義、修正主義的戲劇樣板，大立無產階級

---

[47] 〈越南作家說毛主席的〈講話〉是對馬列主義的寶貴貢獻　革命作家應把文學作為階級鬥爭武器〉，北京：《人民日報》（第 4 版），1967 年 5 月 30 日。

的革命戲劇樣板，是一場尖銳的階級鬥爭，是一場保衛無產階級專政，粉碎資本主義復辟的鬥爭。」[48]

本月

中央文化革命小組成立文藝組。組長江青，副組長戚本禹、姚文元[49]。

「樣板戲」會演在北京舉行。來自上海的《智取威虎山》、《海港》兩個劇組的全體人員參加。

6月2日

《人民日報》發表工農兵芭蕾舞劇團的群英的文章〈毛澤東思想指引著芭蕾舞革命——圍繞《紅色娘子軍》創作的一場階級鬥爭〉。

6月5日

《人民日報》（第3版）發表〈歡呼用毛澤東思想譜成的交響音樂——解放軍某部四連幹部、戰士座談革命交響音樂《沙家濱》〉。

同日，郭沫若在亞非作家常設局舉行紀念毛澤東〈在延安文藝座談會上的講話〉二十五週年討論會閉幕式上致閉幕詞的時候，朗誦了一首詩，「獻給在座的江青同志，也獻給在座的各位同志和各位同學」：

親愛的江青同志，你
是我們學習的好榜樣，
你善於活學活用
戰無不勝的毛澤東思想。
你奮不顧身地在
文藝戰線上陷陣衝鋒，
使中國舞臺充滿了

[48] 對八個「樣板戲」評價的定調。

[49] 無論是1967年5月「中央文化革命小組」成立的「文藝組」、1970年3月設立於國務院之下的「文化組」，還是1973年11月成立的「國務院文化組創作領導小組辦公室」，都是由江青、張春橋、姚文元以及他們的親信于會泳、浩亮（錢浩梁）、劉慶棠等人控制的。江青等人通過這些機構掌握了全國文藝領域的領導權，同時採取一系列措施「重建」各地文藝隊伍。

工農兵的英雄形象；

我們要使世界舞臺也充滿著

工農兵的英雄形象[50]。

6月8日

《人民日報》（第6版）發表專欄文章：沈鴻鑫，〈歡呼京劇革命的新的輝煌戰果——評革命現代京劇《海港》〉；北京芭蕾舞蹈學校群力，〈為革命的芭蕾舞大喊大叫——談革命芭蕾舞劇《紅色娘子軍》的成就〉。

6月10日

周恩來、陳伯達、康生、謝富治、江青、蕭華、楊成武、郭沫若、王力、關鋒、戚本禹、葉群、汪東興等今晚在人民大會堂觀看了上海京劇院演出的革命現代京劇樣板戲《海港》[51]。

6月11日

《人民日報》發表公盾的文章〈毛主席革命文藝路線的偉大勝利——談芭蕾舞劇《白毛女》的改編〉。

6月12日

《人民日報》發表上海舞蹈學校東方紅公社歸口聯合指揮部的文章〈狂犬吠日，無損太陽的光輝〉。

---

50 《人民日報》，1967年6月6日。

51 〈周恩來陳伯達康生謝富治江青等同志　觀看革命現代京劇樣板戲《海港》〉，北京：《人民日報》（第1版），1967年6月15日。

6月15日

新華社〈把革命樣板戲推向全國去〉(第1版)報導:「八個革命樣板戲在京會演勝利結束,得到廣大工農兵和國際友人的高度讚揚。這次演出活動,已在15日勝利結束。這次盛大的演出,歷時三十七天,演出二百一十八場,接待了將近三十三萬名觀眾。」[52]

6月16日

毛澤東和林彪觀看了上海京劇院演出的革命現代京劇《智取威虎山》,周恩來、陳伯達、康生、李富春、李先念、謝富治、江青、蕭華、楊成武等人一起觀看演出。晚上八時,毛澤東來到劇場。這時,樂隊高奏〈大海航行靠舵手〉,觀眾們揮動紅色寶書《毛主席語錄》,長時間地高呼:「毛主席萬歲!」「毛主席萬萬歲!」演出開始時,一位報幕的演員走到臺前,高聲頌道:「首先,敬祝我們心中最紅最紅的紅太陽毛主席萬壽無疆!萬壽無疆!敬祝毛主席的親密戰友林彪副統帥身體健康!永遠健康!」全場觀眾再次連續高呼:「毛主席萬歲!」[53]

6月17日

《人民日報》(第1版)的文章〈我國文藝舞臺在毛澤東思想光輝照耀下將出現百花盛開的春天〉報導:為紀念毛主席的光輝著作〈在延安文藝座談會上的講話〉發表二十五週年而在首都演出的八個革命樣板戲——京劇《紅燈記》、《智取威虎山》、《沙家濱》、《海港》、《奇襲白虎團》,芭蕾舞劇《紅色娘子軍》、《白毛女》,交響音樂《沙家濱》,受到了工農兵群眾的極為熱烈的歡迎。這次演出活動,已在15日勝利結束。這次盛大的演出,歷時三十七天,演出二百一十八場,接待了將近三十三萬名觀眾。

---

52 〈把革命樣板戲推向全國去〉,北京:《人民日報》,1967年6月17日。

53 〈毛主席和林彪同志觀看《智取威虎山》〉,北京:《人民日報》(第1版),1967年6月17日。

6月18日

《人民日報》的社論中又發出了「把樣板戲推向全國去」的號召。緊接著電臺文藝節目大部分時間用來播放「樣板戲」。

6月22日

毛澤東、林彪今晚觀看了上海京劇院演出的革命現代京劇《海港》。同時一起觀看演出的還有周恩來、陳伯達、康生、李富春、董必武、李先念、聶榮臻、謝富治、江青、蕭華、楊成武、鄧穎超、張春橋、王力、關鋒、戚本禹、葉群、汪東興等人[54]。

> 毛澤東認為：「這戲寫得不錯，尤其階級教育一場，音樂也很美。」但是毛澤東也提出，劇中對錢守維的人物處理，要改成敵我矛盾。不久，張春橋提出了進一步修改的提示：要以階級鬥爭貫串全劇；要突出表現工人階級堅持國際主義精神的主題；英雄人物之間只能是性格和性格的區別，不能有思想上的差距。根據這一「指示精神」，創作人員對劇本做了再一次修改。將劇中的倉庫管理員錢守惟改為暗藏的階級敵人，全劇的矛盾衝突由人民內部矛盾改為敵我矛盾。

6月28日

《人民日報》發表北京部隊戰友文工團「臨籌」老燎原戰鬥隊賈世駿的文章〈永遠為工農兵歌唱〉。

本月

由「新北大公社文藝批判戰鬥團」編輯的《文藝批判》出版。創刊號除了登載〈毛主席文藝語錄〉外，載有〈發刊詞〉、聶元梓〈高舉毛澤東文藝思想偉大

[54] 〈毛主席和林彪同志觀看《海港》〉，北京：《人民日報》（第1版），1967年6月23日。

紅旗奮勇前進〉、阮銘〈毛主席的無產階級文藝路線勝利萬歲〉、新北大中文系文藝批判小組〈徹底清算舊北京市委破壞京劇革命的滔天罪行〉。

配合八個「樣板戲」在首都演出，各報發表一系列評論文章，歡呼「毛澤東文藝路線取得偉大勝利」,「我國文藝舞臺在毛澤東思想光輝照耀下將出現百花盛開的春天」。

7月19日

《人民日報》發表首都批判資產階級反動學術「權威」聯絡委員會的文章〈京劇舞臺上的一場大搏鬥——徹底清算黨內最大的走資本主義道路當權派夥同彭真、周揚破壞京劇革命的滔天罪行〉。

7月29日

周總理、江青同志等接見三軍創作人員的談話（1967年7月29日）：

7月29日晚，周總理、陳伯達、康生、謝富治、江青、楊成武、戚本禹、葉群等同志，觀看了三軍聯合演出（**彙報審查新節目**）。演出結束後，周總理、江青同志、謝副總理、楊代總長、戚本禹等同志接見了演出委員會部分同志及編導人具，並進行了親切的談話，對創作問題做了極為重要的指示。

（當大家拿出筆記本時）

江　青：不要拿筆記本了吧，咱們商量嘛。

（大家收起筆記本、筆，聚精會神地聽著）

江　青：第二個節目舞蹈，是不是就不演了？「8・1」晚會可以把上個晚會好的節目選幾個加進來。我看到五大洲的人都上臺，拿著《毛主席語錄》……我都有些坐不住了。人家這麼搞，我們歡迎；我們這樣搞，是不是有些強加於人？「8・1」演出，肯定有外國人看戲，搞不好，人家要說我們大國沙文主義（笑）。

周總理：他們可能受到我們報紙上宣傳的影響。一個時候報紙上的宣傳也是有問題的。

×　×：毛主席對這個問題有過指示，他們過去根本不宣傳是不對的，但是，不要老是我們說，要更多地報導他們的革命鬥爭，他們在鬥爭中是如何體現毛主席思想的……主席對這個問題是非常謙虛的。

李天煥：我們早就想請中央文革首長看看，免得犯錯誤。

周總理：方向是對的，但要注意方法。

江　青：大方向是對的，心也是好的，大家還是非常努力的，但是要注意宣傳方法。

戚本禹：大方向是對的。這裏面是有個方法問題。

江　青：以前搞《南方來信》、《林火》，還提到胡志明，現在……

李天煥：是我們要他們加的，我們還覺得不夠哩。

江　青：宣傳毛澤東思想，不僅是讀一條語錄，不要從形式上，要從內容上去深刻地表現毛主席思想的力量。

周總理：要看重內容，要把毛澤東思想寫到戲裏去，當然表現形式也要注意。

江　青：抓創作的幹部，千萬不能懶，一定要刻苦。你們誰抓創作？抓創作的來了沒有？

吳法憲：江青同志就是非常刻苦的。

江　青：抓創作是很不容易的，要好好學習毛主席著作，要做深入的調查研究，看很多資料，找各方面的人物，找幹部、戰士、群眾談話，看許多讀者來信，要深入工農兵生活。不要以為我不刻苦，我是刻苦的，黨、軍史就看了兩大箱子。不這樣是不行的……

周總理：要認真學習，理解毛主席的著作，要去生活……你們毛主席著作學得不夠……

江　青：我們自己的革命鬥爭歷史是非常豐富，我們反映的還不夠，可以從我們自己鬥爭方面來反映嘛，讓他們（**指外國人**）從中國的鬥爭歷史汲取革命的鬥爭經驗嘛……這個舞蹈不演了，會不會給演員潑冷水呀？

吳法憲：這是江青同志對我們的最大關懷，這不是演員的問題，這個節目我們看了好幾次了，我們有責任……

周總理：別給演員潑冷水，他們還是非常努力的，要做思想工作，大方向是對的嘛！

江　青：主席詩詞氣魄是非常大的，不能用崑曲、民歌的格調來譜寫主席的詩詞，我不知道為什麼有些作曲的就喜歡用崑曲的調子來寫主席的詩詞。是不是主席用了舊的格式？（**有人說：不是，是個理解的問題。**）是的，是個理解的問題，比如《浪淘沙》，崑曲就非常平軟，毛主席就是反其道而行之，《大雨落幽燕》這首詞就非常雄偉，有氣魄……

周總理：主要是「換了人間」……

江　青：所以就不能用崑曲或者民歌來表現這首詞的內容。組歌《占領南京》，我聽起來有些進行曲的味道，也可以嘛。

周總理：這一首是好些。「井岡山」也比過去的好多了。

江　青：《西風烈》這一首太低沉了，這首詞也是非常壯烈的。（**有人提出：不知這首詞究竟寫了一天呢還是幾十天？是行軍呢？還是打仗？還是又行軍又打仗。**）

周總理：×××的解釋有好多地方都解釋錯了。《西風烈》是寫的一天的事嘛，貴州那個地方 2、3 月間就有雁叫，就有「霜晨月」嘛，那一天既行了軍又打了仗。當「殘陽如血」的時候，已經打完了仗，勝利到達貴州附近準備過「烏江」了，現在這首歌寫得太低沉了是不對的。

江　青：主席詩詞我也解釋不了……（笑）

周總理：（笑）要靠我們去深入地理解。

江　青：主席反對別人註釋他的詩詞……

（有人提出：「大柏地」用的是瑞金的一個民歌，紅軍過去填過詞，說寫的時候，想要表現一下地方色彩。）

江　青：要從內容出發，不能從形式出發，要注意藝術形式，要服從內容。民歌等於西洋的輕音樂，好的也有，但不多，大都是哥哥妹妹……下流的東西，怎麼能表現革命？我最不喜歡民歌了，毛主席詩詞怎麼能用民歌來寫呢？當然我們不能割斷歷史。

周總理：《東方紅》就是個民歌。

江　青：建國以來好歌不是很多，群眾意見很大，《人民日報》收到許多讀者來信，要在音樂上來個突破，要打破框框，要從內容出發，不要怕人家說洋。交響樂，四個樂章，但表現方法是很豐富的。部隊的聲樂是有成效的。……「數風流人物」的「物」字，就不能寫得那麼高（**江青同志模仿著唱**），要突出「還看今朝」。

周總理：寫主席詩詞不要貪多，這次我看就多了一些，抓住一首狠狠地磨，磨出個樣板來再搞別的，一首一首地突破，七律難搞就先從七律下手。這次寫的可以選幾首繼續加工，有的要重新寫嘛！

江　青：我主張革命競賽，大家都來寫嘛。集中些人搞。要集體創作，不要一個人一個人的。李劫夫怎麼樣？可以找他來研究研究嘛。

（有人談到劫夫最近情況，江青同志交代戚本禹同志幫助解決，戚本禹同志當即指示把劫夫同志接到招待所一塊搞。）

（這時有人要求江青同志為三軍抓一個樣板）

江　青：抓一個樣板？！可不容易了，要抓就要掉進去，現在搞別的事情，沒有這個精力。京劇我懂一些，比較熟悉，歌舞我就很不熟悉，你們自己抓嘛。

周總理：堡壘你們自己先攻嘛！

江　青：京劇塑造人物主要靠音樂，不是靠舞蹈，京劇的動作都是一個一個的，不成為「語彙」的，但是不很多，還要發展。搞舞蹈沒有情節，沒有人物，看了一個晚會幾個鐘頭，什麼也記不住。當然舞蹈戰士容易學，可以搞得快些。你們是不是也可以考慮一下如何豐富舞蹈的「語彙」，用它來創造人物。京劇《智取威虎山》，最後楊子榮的戲推不上去，我打回去了三套設計。二黃莊嚴，但低沉些，西皮高亢，但有時有些飄，光用一種都不行，最後打破了西皮、二黃的界限，又引用了《東方紅》的音調，設計了一整套的唱腔才解決了問題。北京搞樣板戲就沒有個專門的音樂設計，都是鼓師、琴師和老演員設計的，上海于會泳同志學了幾年西洋音樂，後來又鑽了幾年京劇，他設計的京劇音樂就能出新。河北梆子我也不懂、不熟悉，板眼都不清楚，但是「燕趙之聲」激昂慷慨，還愛聽。我最不喜歡越劇了。不過現在河北梆子就是缺乏音樂設計，在唱腔上解決不了問題。河北梆子女聲真假嗓能說能唱；男聲不是高八度就是低八度，不重新譜曲是不行的。京劇《紅燈記》「刑場」一場，李玉和一出場的導板他們最近又改了一遍，給我送來了錄音，我聽了比過去的好多了，可以送給你們聽一下，（**當場說交給吳司令**）他們最近排練時，你們可以去看看。（**囑咐戚本禹同志安排時間**）鳩山的唱，用的是崑曲和拔子，太悠揚了就不行，還要改……

（**有人提出請江青同志出題目、給任務**）

江　青：（**想了想**）現在〈國歌〉是個問題，有兩個方案，一個用原來的曲調，填新詞，一個是詞、曲都重新寫，反正詞是不能用了，是大壞蛋、大叛徒寫的。你們看能不能集中些力量，請劫夫同志參加。

周總理：這可是個艱鉅的任務啊！（**大家非常興奮**）

江　青：《全世界無產者聯合起來》還是有創新的，《五星紅旗》也寫得不錯嘛。這兩個作者現在怎麼樣？寫《人民解放軍進行曲》的那個人怎麼樣？

（**戚本禹同志介紹了瞿希賢的情況。有人介紹了王莘和鄭律成的情況。**）

可以請他們提提意見，一塊來搞搞。

（**有人提出新歌劇怎樣搞？**）

江　青：你們不承認京劇是歌劇？可以演樣板戲，用交響樂伴嘛。現在困難是指揮，指揮不了打擊樂，打擊樂還要由鼓師來指揮。新歌劇的音樂，也可以在京劇、河北梆子的基礎上推陳出新嘛。舞劇的人物要有音樂，《紅色娘子軍》到現在瓊花、洪常青還沒有一個好的、一聽就能記下來的、符合人物性格的主題，娘子軍連歌還好，可是解決不了瓊花當兵以前的問題。洪常青的主題還是「崩崩崩」，還要改，要搞一個好的東西是很不容易的。《白毛女》的音樂主題一出來就知道，但就有點輕音樂的味道。〈我要活〉就比較好。

（有人提出「三大戰役」）

江　青：搞「三大戰役」要做很多準備工作，要看很多資料、主席的作戰指示，找當年的指揮員、戰鬥員、老百姓談話，恐怕要一二年的工夫……

謝副總理：今天江青同志給了你們很多指示，也給了你們任務，這是對你們最大的鼓舞和關懷嘛！

吳法憲：感謝江青同志給我們指出了方向，糾正了缺點，並交代了任務，這是對我們最大的支持、最大的關懷、最大的幫助和鞭策。我們今後一定要刻苦地很好地學習主席著作，深入生活，調查研究，把三軍搞創作的集中起來，發動起來，在劫夫同志的幫助下，完成江青同志交給的任務。

楊代總長：今後每三個月請江青同志抓你們一次，好不好？你們搞出東西來，請江青同志審查，就等於抓了嘛！

江　青：好吧！就談這些吧！

（走到門口，和大家招手，並向同志們敬禮，同志們熱烈鼓掌致謝。）

江　青：你們好好幹[55]！

---

[55] 《無限風光在險峰——江青同志關於文藝革命的講話》，南開大學衛東批判文藝黑線聯絡站、《紅海燕》編印，1968年2月，頁231—238。

8月2日

晚，周恩來、陳伯達、康生、楊成武、關鋒、戚本禹、姚文元、葉群、吳法憲等中央首長再一次觀看、審查了中國京劇院演出的革命現代京劇《紅燈記》。同時觀看的還有中央文革文藝組金敬邁、李英儒。演出完畢，在《大海航行靠舵手》的歌聲中，錢浩梁、杜近芳、高玉倩、劉長瑜等十一人向中央首長獻了《紅燈記》革命戰鬥兵團鮮豔的紅臂章。周恩來、陳伯達、康生、江青、戚本禹、姚文元接見了參加《紅燈記》演出的全體人員並做了指示。

江　青：孫洪勳，你練功了嗎？

孫洪勳：沒有。

江　青：都成了小胖子了。小胖子，每天要練功，要唱！八場的音樂改得好。（對錢浩梁）鬥志更堅的「堅」字今天唱得不好，沒有錄音好。鳩山這個人的音樂搞得很優雅，鳩山應該是陰險、殘暴、毒辣，現在搞得太優雅了。那個能創作的打鼓的同志來了嗎？

賡金群：來了。

江　青：你可以找一找李劫夫同志，把鳩山的音樂研究一下。李金泉同志來了嗎？

李金泉：來了。

江　青：要表現鳩山的陰險殘暴是我早就提出來的。

錢浩梁：我們還沒有時間搞。

江　青：鳩山的造型也很優雅，為什麼把敵人搞得這麼優雅，真是怪事！鳩山的音樂沒有攻下來，應該攻克。

錢浩梁：我們準備把「鐵蹄踏遍……」一段唱掐掉。

江　青：這個戲越演越長了。第六場李玉和出場要唱出。唱四句，把精神實質唱出來。李玉和要估計敵人會用什麼辦法對付他，他要如何對付敵人，這四句話要把李玉和的這個精神準備唱出來。鳩山可以不出場，李玉和先出場。

這一場的舞臺調度亂，層次不清，有重疊的地方，還沒有以前的好。以前的缺點是把英雄人物死死地捆住了，但也有個好處，就是穩定。

這場戲要由李玉和唱開始，再由李玉和用唱來收住。《智取威虎山》我就要他們唱開始、唱結束的，他們還是攻下來了。「甘灑熱血……」四句唱還是很好的。「魔高一尺，道高一丈」不好，沒有力量。

總　理：這句話你們唸倒了，應該是「道高一尺，魔高一丈」，你們唸成「魔高一尺，道高一丈」。

江　青：（**對陳伯達同志**）對嗎？

陳伯達：（**點頭**）對！

江　青：這句話要改，可以從鳩山那句話改。「苦海無邊，回頭是岸」，兩句話要改掉，不要這樣的話。李玉和上場情緒不對。應該唱四句，很沉著。一開始李玉和還是被請來的客人，要很沉著。現在是一來就一個人氣鼓鼓地先坐下去了，應該是先鬥智嘛，一開始還要裝客人，直到後來叛徒出現了才顯出英雄本色。主要是理解得不對。

粥棚一場，李玉和退著下場，心裏是急著要退的，但表面是沉著的，可是又不要和敵人去頂，這也是理解得不對。請總理講一講。

總　理：這個戲就是鳩山動來動去的很不好。鳩山占的時間、音樂都太多了，重敵輕我了，敵人太誇張了，不要喧賓奪主。

江　青：現在演三個鐘頭。要縮減，鳩山的戲要減，他的每一個動作都有音樂。

總　理：鐵梅回家的一場演得不錯，唱改得好，悲痛又壯烈，激情起來了。回家後哭得不好，這段戲很不好演，要注意悲壯。

江　青：這段近芳唸得好。

總　理：那你可以向近芳學一學。

江　青：白口、唱都要悲要壯，第一句聲音要低一些，這段在表演上要有一個過程。現在缺一個表演過程。今天唱得炸點了。

康　生：「苦海無邊，回頭是岸」要改，「魔高一尺，道高一丈」這句不好，我想了一句，工作一忙又忘了。

江　青：總理有個意見——李玉和就義的時候，對鳩山說：「我要你考慮考慮。」「考慮」兩個字不好。

總　理：李玉和對鳩山說：「中國共產黨是殺不完的。我要你考慮考慮。」「考慮」這兩個字不好。你要他考慮考慮是不是就不殺你了？不是要他考慮考慮，是要他知道中國共產黨是殺不完的。

江　青：改成我要你想一想，與鳩山說的話對著駁他。

康　生：高玉倩在第五場的唱法怎麼都改了？

江　青：沒有改。

高玉倩：沒有改，有一句「紅燈再亮」改了。

康　生：不對，我怎麼聽著都改了。

高玉倩：把「機密洩露」一句的唱法改了。

江　青：為什麼改？

錢浩梁：根據觀眾來信改的，觀眾來信說這裏翻高不合適，就改了。

江　青：這是歌唱嘛，內心獨白，為什麼不可以翻高，完全可以照原來那樣唱。

高玉倩：觀眾來信說：把機密洩露了，可是唱到這裏觀眾鼓掌叫好，不合適，就改了。

江　青：我們還要有民主集中制嘛，不通過我你們就改了，要不，我怎麼負責呀！（眾笑）我還看見這樣的意見，在上海有一個觀眾來信說：「像一個鐵打的金剛」，是宣傳迷信。其實不是那樣，老百姓經常說像個金剛嘛。還是原來的唱法好，現在改了就不神氣了。白口也不像以前神氣了。刑場那一場的唸白（**指李奶奶**）要逼得鳩山往後退，要一句比一句高，要逼得鳩山往後退，這樣母親的形象就高大了。現在的唸不那麼有力量。我過去講過，主要是理解得不對。

康　生：第六場改散了，太零星了。

江　青：舞臺調度亂，還是恢復原來的調度。把鳩山的動作去掉一些，不要沙發，炕要往前一些，還是要桌子。李玉和受刑後上場，還是要扶著椅子。原來的調度缺點是把英雄人物捆在一個地方，不合適，好處是穩定。

總　理：現在的景也太敞了，有沙發，還有炕，後邊還有個隔扇門，不太像。按日本的傳統是不上炕的。

江　青：按日本的傳統是坐在地上，那樣觀眾就看不見了。

總　理：也可以說鳩山中國化了，但是有炕也不太好。這場只是把原來跳舞等怪東西去掉不要了，就可以了。

江　青：李玉和上來加四句唱，這四句唱要和前場人物活動、要和後邊戲的發展呼應起來，前後有聯繫。《紅燈記》最近演出了嗎？

錢浩梁：最近沒有演出，演《智取威虎山》了。

江　青：啊！你們也演《智取威虎山》了？誰演的？你演的吧？

錢浩梁：是，請你審查審查。

江　青：（**問總理**）怎麼樣？咱們看一次吧？

總　理：看一次吧。（**經久不息的掌聲**）

錢浩梁：一、四團合起來演的。

江　青：應該合起來，把青年演員都合到一起。

錢浩梁：我演的甲字楊子榮，志孝演的少劍波。

江　青：有B角嗎？

錢浩梁：有，俞大陸演的楊子榮，孫岳演的少劍波。

江青：俞大陸的嗓子能上去嗎？

錢浩梁：能。

江　青：孫岳好了嗎？

錢浩梁：好了。

江　青：沒有來，有演出。

群　眾：今天休息，沒有演出，俞大陸的嗓子也壞了。

江　青：演《智取威虎山》這種戲，要演一天休息一天。

康　生：俞大陸子個子矮一些。

江　青：個子矮沒有關係，演的是氣質，譚元壽不是個子也矮嗎，各個有各人的演法。

康　生：俞大陸藝術上有進步嗎？

錢浩梁：有進步。

江　青：孫洪勳（**孫站起來**），你成了小胖子了，你應該練功。

戚本禹：（**小聲對江青同志說**）你今天已經批評人家兩次了。

江　青：他不練功，我怎麼不批評！

戚本禹：（**對孫洪勳**）對你的批評是對你的最大的鼓勵。

江　青：嗓子是可以練出來的，你可以練唱。

錢浩梁：他過去在《智取威虎山》中演過少劍波。

江　青：你可以演楊子榮嘛。

孫洪勳：好！

康　生：劉長瑜練功了嗎？

劉長瑜：沒有。

康　生：高玉倩練功了嗎？

高玉倩：沒有。

江　青：（**對錢浩梁**）你練功了嗎？

錢浩梁：沒有。

江　青：把青年演員都編到一起。演《海港》的李……？

錢浩梁：李長春，現在在《智取威虎山》裏演李勇奇。

江　青：還可以演《海港》嘛。（**對吳鈺章**）你演《海港》吧？

吳鈺章：對。

康　生：（**對劉長瑜**）你的嗓子怎麼有些沙啞？

戚本禹：盡打內戰，把嗓子都喊啞了。

江　青：不要打內戰，要一致對敵。

總　理：敵人是誰？

群　眾：劉少奇！

戚本禹：阿甲你們鬥了嗎？

一群眾：我們鬥了二三十次了。

江　青：阿甲有好些事情不告訴你們。過去每次看戲都是他坐在我旁邊。這個人可厲害了，不好鬥。

總　理：彭真也放了不少毒嘛，你們可以和北京京劇團聯合起來鬥彭真嘛！

江　青：你們可以排《沙家濱》。

一群眾：四團排了。

錢浩梁：二團現在演。

一群眾：《奇襲白虎團》我們也學了。

江　青：（**對錢浩梁**）《奇襲白虎團》誰排的？你演了嗎？

錢浩梁：一團沒有排，三團學的。

江　青：誰演的？

錢浩梁：李光。

江　青：李光的嗓子能上來嗎？

錢浩梁：能。

江　青：我看你們不要這麼多團了吧，把青年演員都合到一起。

康生：這樣你們就很有人才。

江　青：袁世海解放了吧？

錢浩梁：沒有。

一群眾：我們還沒有好好鬥他呢！

江　青：袁世海比阿甲還好一點嘛，搞現代戲他還是跟著走的。應該給他記一功。舊社會過來的人嘛，你說呢，總理？

總　理：在改革的時候，還是積極參加的，三年前是個考驗。

江　青：他不像阿甲那樣厲害。阿甲這個人可厲害了！

總　理：阿甲那是破壞！

江　青：（**對夏美珍**）你練聲了嗎？

夏美珍：沒有。

江　青：你過去嗓子還是不錯的嘛，你不練聲，嗓子越來越壞。

戚本禹：（**對江青同志**）近芳同志關於用嗓子問題，不是給你寫了一封信嗎。

杜近芳：我看了中央樂團的辦的一個刊物，上面有您關於用嗓子的指示。

江　青：不算什麼指示，軍隊裏對男聲有些創造，張映哲是唱女高音的，也有假聲，嘴也張不開。她吸取了一些民族唱法，用本嗓唱，就下來了，嘴也就張開了。（**對劉長瑜**）你的唱下來了沒有？

劉長瑜：我現在唸白基本上用大嗓，唱有時調門高就得用小嗓。

江　青：不要越唱越高，據人家說，李麗芳中音是假嗓，你可以試試大嗓。

錢浩梁：你看我們的開打這樣改成不成？

江　青：開打不夠精彩。

錢浩梁：我們改了好幾次了。

江　青：你們可以組成一個武打小組，專門磨這一場戲。這場戲主要是磨刀人與叛徒兩人對著，應該有精彩的。現在比過去好一些。過去人家人多，我們人少不合理。

錢浩梁：過去我們兩個，敵人五個。

江　青：現在游擊隊，有多少人，有一班人吧？現在人多了，以多勝少是符合主席思想的，但是亂了一些。不一定都跳出來，有的可以藏在牆後射擊，都暴露出來也不太合適，你們可以搞一個小組磨。你們都不練功，可不成。

錢浩梁：我已經給革命委員會提過了。

戚本禹：這不僅是京劇院的問題，是文藝口的普遍現象。李英儒同志要通知一下文藝口。（**李英儒同志答應**）

劉長瑜：我們的小凳子靠近一些了，你看怎麼樣？

江　青：這樣合理，也親近了。

康　生：《紅燈記》有一個問題，從開始到現在我一直沒有解決，跳車人死了李玉和怎麼處理的？

江　青：觀眾不會追問這些的。

康　生：沒有看見出葬，埋在屋子裏了吧。（**總理和江青同志都笑了，眾笑**）

總　理：有人問我，我就這樣回答。

還有個問題，過去我給你們這裏一個人說過，現在再說一下，那邊娃娃哭了，這邊鐵梅叫了一聲：「大娘，我給你們送東西。」這樣就合理了，也可以敲一下牆，表現李家鄰居關係是非常密切的。

江　青：有些地方是不合理，鐵梅放風應該到屋子外面去。

總　理：有個小院才好，東北都是有小院子的。

江　青：現在在屋子裏說話，我總感覺外邊都聽見了。景應該考慮重新設計，那樣舞臺上的東西擠滿了。困難，細推敲，什麼戲都事多了。鳩山的音樂不搞好就先不要改。

戚本禹：好，同志們，今天就到這裏吧！

錢浩梁：第四場我們有個想法，把鳩山的四句唱去掉。叛徒不打，當場招供，就更暴露了叛徒的嘴臉了。

江　青：叛徒當場招，可以考慮。

總　理：沒打就招了，和後邊李玉和被打，寧死不屈是個明顯對照，這樣好。

江　青：六場亂，要恢復原來的，減掉一些鳩山的東西，一下子不容易解決。「苦海無邊，回頭是岸」幾句就請康老想了。

戚本禹：你們經常給康老寫信，催他。

（呼口號：向江青同志學習！向江青同志致敬！我們心中最紅最紅的紅太陽毛主席萬歲！萬萬歲！）

江　青：向同志們學習，向同志們致敬。（**眾熱烈鼓掌**）

【中國京劇院革命委員會供稿。附注：這個紀錄稿未經總理、陳伯達、康生、江青、戚本禹等同志審閱，如有錯誤，由整理者負責。】[56]

8月7日

江青對中國京劇院《智取威虎山》演出人員的談話：

周總理：（**問王晶華**）你的嗓子完全恢復了？

---

[56] 中國劇協革命造反團、紅代會中央戲劇學院紅旗文藝兵團、中國青年藝術劇院東方紅總部、劇協北京分會革命造反隊《戲劇戰報》第 9 期，1967 年 8 月 11 日第 1、2 版。江青，〈對修改《紅燈記》的指示〉，《江青文選》，武漢：新湖大革命委員會政宣部，1967 年 12 月，頁 264-271。

王晶華：完全恢復了。

康　生：(**問王世榮、陳文珍**) 你們是做什麼的？

王、陳：拉胡琴。

康　生：你們的胡琴拉得不錯嘛。前半場也是你們拉的嗎？

王、陳：不是，是另外兩個同志拉的。

康　生：你們的胡琴拉得都不錯嘛，很好。

江　青：馮志孝現在也不錯嘛，過去一唱就搖頭，現在也能挺起來了。(**對李長春**) 你頭一場可能是理解得不對，妻子被打死了，喊「孩子他媽」應該望著她，現在你的眼睛望著別的地方，這樣不合理。另外一個地方，這恐怕是普遍的毛病。幾個劇團演的時候都有這個毛病，就是敵人把孩子扔到深淵裏摔死，應該往下看，看深淵。常寶那一段唱應設計成英姿挺拔，因為她在深山生活像個男孩子，現在婉約太多，應請于會泳同志再搞一下。(**姚文元同志說，已經告訴上海了**)。

(**對謝銳青**) 你的化妝是不是有些問題？你多大了？

謝銳青：三十四了。

江　青：(**對錢浩梁**)〈深山問苦〉這一場你沒有進入角色。當獵戶老常說出山後有一條險路直通威虎山的時候，你找到了一條路，應該是非常驚喜，有明顯的表情。第八場，楊子榮說：「又是試探。」應該唸得非常清楚(**江青同志示範**)。座山雕走後，楊子榮說：「這個笨蛋。」是暗語說的，內心獨白，聲音不要高，你現在聲音這樣高，座山雕剛走不遠，不就讓他聽見了？這些地方還應該好好琢磨琢磨。(**對馮志孝**) 少劍波接到楊子榮的情報後說：「老楊，英雄。」應該是從內心裏發出來的，唸得非常親切；楊子榮是自己多年的戰友，應該感到非常自豪。(**江青同志示範**) 靠集體的力量再磨一磨。(**對景榮慶**) 座山雕應該再兇狠、殘暴一些，不要太草包了。你是唱架子花臉的吧？

景榮慶：是。

江　青：你的嗓子還不錯嘛，你能躍起來嗎？

景榮慶：能。

江　青：楊子榮劈下去一刀，你應該跳起來。座山雕是很狡猾的，他沒有本事就不能當三朝元老。這個戲公演幾場了？

眾　答：×場。

江　青：劇場裏有沒有冷氣？

眾　答：前邊有，後臺沒有，可以送冷風。

江　青：演得不錯，很整齊。

康　生：演得不錯。

江　青：再熟悉熟悉。馮志孝要練武功。你多大了？

馮志孝：二十八了。

江　青：（**對錢浩梁**）你多大了？

錢浩梁：三十二了。

康　生：（**問王晶華**）你多大了？

王晶華：二十八了。

江　青：你們這個團大都數都是三十歲左右吧？

眾　答：平均不到三十歲。

江　青：文的要練武，武的要練唱。（**對李長春**）你也應該練武功，還小呢，才三十歲嘛。

康　生：馮志孝嗓子不錯嘛。

江　青：（**問李長春**）你演《海港》了嗎？

李長春：沒有。

江　青：我們看了一場你演的《海港》很長氣。

康　生：（**問張長海**）你叫什麼名字？

張長海：張長海。

康　生：演什麼的？

錢浩梁：演孫達得，過去也是演唱長靠武生。

康　生：看樣子像個演武生的。

江　青：你有嗓子嗎？

張長海：沒有。嗓子不行。

江　青：沒有可以練，有嗓子的都要練唱。（問馬永貴）你有嗓子嗎？

別人答：他有嗓子。

江　青：有嗓子的都要練嗓子。文的要練武，武的要練唱，能文能武。對革命現代戲來說，老的不是多了，而是不夠了。要創出一條新的路子來。你們很累了，早點休息吧[57]！

8月9日

《人民日報》發表署名為「中國戲曲研究院全體革命同志」的文章〈《京劇劇目初探》是為資本主義復辟鳴鑼開道的大毒草〉。

8月19日

《人民日報》發表署名為「上海市舞蹈學校《白毛女》演出團全體同志」的文章〈葵花朵朵向太陽〉，該文認為：「在全國人民憤怒聲討中國的赫魯曉夫及其在黨內、軍內的代理人的時刻，在以毛主席為代表的無產階級革命路線取得一個又一個偉大勝利的凱歌聲中，一部記載我們心中最紅最紅的紅太陽毛主席觀看革命芭蕾舞劇《白毛女》的光輝紀錄片——《紅太陽照亮了芭蕾舞臺》在全國各地上映了！這是光焰無際的毛澤東思想的偉大勝利，是毛主席的革命文藝路線的又一輝煌成果」。

8月22日

謝富治在首都大專院校革命大批判現場會上的講話（地點：北京師範大學）：

江青同志讓北航搞鬥批改，師大也搞大批判。搞鬥批改，你師大是辦教育的，你是辦資產階級教育、修正主義教育，還是辦馬克思主義、毛澤

57 江青，《江青同志論文藝》，山西省教師進修學院　山西省青年廣播學院印，1968年10月。

東思想的教育？這個任務也落在你們身上了。我們相信群眾、相信你們在座的所有同志，青年人哪、大學生，我這個人又是害怕大學生，有時候也迷信大學生。你學了那麼多年、讀了那麼多書，可以搞的，只要把毛主席的偉大的馬克思主義搞透了以後，什麼搞新的教育制度，怎麼搞哇？搞一套馬克思主義的完全脫離那個資本主義、修正主義的東西。走自己的路。可能開始不那麼完整，企圖一下就很完整，是幻想，是不可能的。經過修改嘛，你看那些樣板戲，《智取威虎山》、《紅燈記》、《沙家濱》都是從 63 年搞的嘛，63 年我就看了，我是最早在上海看的。我還是個熱心家，那時我們還叫好，我說好！我對那個舊戲就是沒有一點知識，我看那個新戲呀，就看得慣。那個舊戲哇，我一點也看不慣，沒那個文化；新戲聽得懂。63 年春季我就在上海看《智取威虎山》，我也不大摸底，看了以後叫好。有的說你這個人隨便表態。63 至 67 年四年了，現在才像個樣吧！

……[58]

8 月 23 日

《人民日報》發表署名「機關革命戰鬥組織聯絡站」的文章〈從兩個司令部的鬥爭看夏衍的反革命真面目〉。

8 月 31 日

《人民日報》（第 4 版）專欄發表文章：中國戲曲研究院全體革命同志，〈張庚是利用舊戲曲復辟資本主義的急先鋒〉；林盡染，〈洋奴張庚的醜劇表演〉。

9 月 16 日

《人民日報》發表曉東、侯作卿的文章〈高舉毛澤東思想偉大紅旗 徹底批判文藝黑線總後臺　中國赫魯曉夫和所謂「30 年代文藝」〉，該文認為：「無產階級文化大革命的洪流，沖刷著一切藏垢納污的巢穴，使那些牛鬼蛇神失去藏身之

58 《井岡山通訊》據錄音整理，未審閱。

所。毛澤東思想的光輝，照亮了大地，使那些魑魅魍魎現出了它們的本來面目。事實充分證明：中國赫魯曉夫不僅是 60 年代修正主義文藝黑線的總後臺，而且早在 30 年代就是『國防文學』這個資產階級口號的積極支持者和鼓吹者。

10月3日

前來我國參加國慶活動和進行友好訪問的各國外賓，今晚出席文藝晚會，觀看了由工農兵芭蕾舞劇團演出的革命現代芭蕾舞劇《紅色娘子軍》。觀看演出的外賓有：由剛果（布）總理努馬札萊率領的剛果（布）全國革命運動和政府代表團，越南民主共和國黨政代表團副團長黃文歡和代表團成員，由戰鬥英雄黃文旦率領的越南南方民族解放陣線代表團，由巴基斯坦新聞和廣播部長赫瓦賈・夏哈布丁率領的巴基斯坦政府友好代表團，以及馬里總統府辦公廳主任巴卡拉・迪亞洛等[59]。

10月9日

陳伯達等審查交響樂《海港》時的指示（10 月 9 日晚，伯達、戚本禹、葉群等在首都劇場看了中央樂團新創作的第二個交響樂《海港》，看後，陳伯達做了簡短指示）。

> 陳伯達指示：
>
> 江青同志最近工作很忙，今天晚上叫我們先來聽一聽。這個戲，演唱還是很好的。江青同志想聽一下，希望能夠錄下音，交給江青同志。
>
> 整個戲的場面還是可以的，有的地方機器聲太吵，應再靜一些。為了慎重起見，還是希望江青同志看過後，再當眾演出。

10月14日

張春橋到上海京劇院看大字報，說：「京劇院很複雜，底子複雜。」「周信芳是南霸天，霸了多少年。」此後，上海京劇院的批判活動越演越烈。

---

[59]〈各國外賓觀看芭蕾舞劇《紅色娘子軍》〉，北京：《人民日報》（第 6 版），1967 年 10 月 4 日。

10月17日

《人民日報》發表邊切的文章〈徹底清算陶鑄推行修正主義文藝路線的罪行〉，該文認為：陶鑄是一個一貫打著「紅旗」反紅旗，猖狂地進行反黨反社會主義反毛澤東思想活動的反革命兩面派。他的黑手伸得很長，文藝是個重要的輿論陣地，他自然不會輕易放過。十七年來，他忠實地執行了黨內最大的走資本主義道路當權派的反動文藝綱領，同陸定一、周揚一唱一和，互相配合，瘋狂地對抗毛主席的革命文藝路線，為資本主義復辟大造輿論。特別是在三年暫時經濟困難時期，他赤膊上陣，配合國內外的敵人猖狂地向黨進攻，妄圖顛覆無產階級專政。陶鑄推行中國赫魯曉夫修正主義文藝路線的滔天罪行，必須徹底清算！

同日，《人民日報》（第 4 版）發表〈中阿兩國文藝工作者聯合演出 中國革命現代芭蕾舞劇《紅色娘子軍》〉。新華社 16 日訊：阿爾巴尼亞地拉那「一手拿鎬、一手拿槍」業餘藝術團和中國工農兵芭蕾舞劇團，昨天和今天在首都聯合演出中國革命現代芭蕾舞劇《紅色娘子軍》，受到首都革命群眾極其熱烈的歡迎。

在今天演出結束時，中阿兩國文藝工作者同全場觀眾一起高唱〈國際歌〉，高呼：「毛主席萬歲！」「恩維爾·霍查同志萬歲！」許多觀眾看了演出以後說，中阿兩國文藝工作者的同臺演出，顯示了中阿兩國人民的戰鬥友誼比喜馬拉雅山還要高，比東海還要深。演出結束後，中阿兩國文藝工作者聚集在一起暢談演出的感想。扮演吳清華的阿爾巴尼亞演員佐·哈佐和參加演出的阿·阿利阿伊激動地說：「通過同臺演出，說明我們阿中兩國人民是真正的朋友，因為我們有著共同的理想。我們要朝著這種理想繼續戰鬥下去。」中國演員表示：「要高舉毛澤東思想偉大紅旗，永遠同阿爾巴尼亞人民戰鬥在一起，勝利在一起[60]。」

---

60 〈中阿兩國文藝工作者聯合演出 中國革命現代芭蕾舞劇《紅色娘子軍》〉，北京：《人民日報》（第 4 版），1967 年 10 月 17 日。

10月22日

江青等審查工農兵芭蕾舞劇團《白毛女》時的指示：

江青同志：序幕太長，不要暗轉。後邊像八達嶺可以去掉它，不要八達嶺。

春橋同志：完全變啦，日本人走的時候，光太低了。這是哪一代？不要暗轉。

江　青：一場比上海跳得輕了些。

戚：和基本功訓練有關係。

江　青：上海的喜兒，父一死，音樂起來了，眼淚要掉下來。是不是和你們改有關係。

姚文元：二場背景暗啦。二娘不要戴耳環子。

江　青：勞動人民都不要戴。二場幕間，性格沒有成長過程。一開始就反抗，還是反抗，戲平了。三場幕間加唱，不要講解。有兩個曲子，可以在幕間唱。

春　橋：不講解可以看懂，講解後就沒有意思了。

江　青：（**看劇，四場日本兵打以前**）不要對外演出，人物不突出。（**在休息時講**）無論如何不要拿出去演出。你們創作思想不統一，主要人物不突出，這抄一點，那抄一點，搞得很亂。到底要寫誰，要搞清楚，可以改的。你們改娘子軍不是也有個過程，你們那時候搞娘子軍，改壞啦！清華不見啦，連長倒突出啦！後來給你們改過來啦！那時周揚好挖苦我。你們上海的排了嗎？（**答：排啦！**）你們應當在別人基礎上改的，把人家好的保留下來，現在搞得……大春和喜兒都不突出，喜兒變白毛女，突然了。這要有個過程，少一點。你們可以先按人家的演。（**問：改得是不是太大了？**）步子走得太大了，不叫《白毛女》，叫紅……是《紅毛女》。《白毛女》成了《紅毛女》，把喜兒給壓下去了。（**當看到六場時說**）這麼大的洞！

你們改壞了，不要怕別人說你們，不要怕失敗，沒關係，再來。

劉慶棠怎麼樣？（**答：参加演出了，這個戲参加演日本兵。**）是不是犯了路線錯誤？給他機會允許改正。毛主席教導：「懲前毖後，治病救人。」（**武：他洪常青還沒有演。**）還是可以叫他演一演吧，他還是第一個演革命現代戲的，他出身貧農嗎？（**答：是。**）

（**問：話劇改編的舞劇《南海長城》劇本你看到嗎？還有一個音樂長度表。**）

江　青：你們覺得《南海長城》好搞嗎？

（**演出結束後，召開座談會。参加座談會的有周總理、江青、陳伯達、康生、張春橋、姚文元、戚本禹等。**）

江　青：還是要照搬，現在改得沒味啦，要突出人物，現在人物不突出啦！

總　理：序幕比我那個好。

江　青：原來的比較成功的，只是有些缺點，但是現在你把他們長處改掉啦！這個戲我提過一些意見，但是你們離我的意見遠啦，我是說在他們的基礎上加強。序幕的八達嶺不要啦，女游擊隊長不應該有。

總　理：你們的地點不對啦，從山上到平原，從平原到山上。

江　青：先恢復原來的，然後再修改一點。音樂部分原來想降一些，現在看來還是要。

春　橋：上海的音樂太強，你們的聲樂太弱，差得太大啦。（**江青同志點頭**）

江　青：你們一下子走出去太遠了，像沒有繮繩的馬，現在還是要回來。你們的戲沒有進去，還是要在他們的基礎上琢磨著改。

康　生：你們學幾年啦？（**答：十幾年啦。**）我看技術上比上海踏實一些。

江　青：我又不是看雜耍的，我是看舞劇、看藝術。上海技術也不一定差，我看他們像一雙筷子一樣齊（**指上海**），演白毛女的下腰也沒有下去。我看上海的也差不到哪兒去。我的精力有限，不能再看啦。你們就照搬，人家好的東西要保留，慢慢地來，不要那樣輕而易舉。序幕可以要，八達嶺不要。上海的喜兒音樂一起眼淚就要出來。你們創作思想不統一，音樂、舞蹈加上服裝都不統一，整個戲成了雜耍啦！人家好的東西一定要保留。有的人就把別人的好的東西改了！這是很不應該的。四場一出來白毛女就完了！在地主家的丫頭都像喜兒？怎麼可能，喜兒就出不來啦！從失敗裏應該找出東西來。現在不行，面貌全非，原來的《白毛女》是要肯定的。現在我不知你們要表現誰？還是恢復原來的。然後把大春提起一點。原來的序幕不好。我看要肯定原來的《白毛女》，在他們的基礎進行修改。現在你們走得太遠了。

（談到《南海長城》。問：您對排《南海長城》有什麼要求？）

江　青：我就懷疑你們為什麼要排《南海長城》？我沒讓你們排《南海長城》，這是你們的意見。

（答：文藝口讓我搞的，並說是你的意見……）

江　青：見鬼啦。

戚本禹：我明天查一查這個事情，向您彙報。

江　青：這個事情太出乎意料之外。你們感到好搞嗎？你們搞，好，但這不是我的意思，我對電影劇本還研究過。（**祖慧問：看了你的講話各戲種都可搞。**）我的是指京劇。你們這兒吃一口，那兒吃一口，不是好作風。（**講了兩次**）

（問關於大春的主題）

江青：我沒聽出來。

總　理：我也沒聽出來。

江　青：紅劇的音樂還是要嘛，音樂要突破難關，原來的《白毛女》音樂過得硬。吳清華音樂、洪常青的音樂都要改的。《紅色娘子軍》的主題不能概括全劇，也不能代替清華、常青的。《紅色娘子軍》劇不算完成，你們這兒吃一口，那兒吃一口，不是好作風。〈我要活〉比〈北風吹〉還好，舞蹈還不太強。

《南海長城》你們如果感到有把握，你們還是可以排。八一廠完全被人操縱。

《紡織女工》還有些特色，還有車間什麼的。《南海長城》、《紅色娘子軍》有重複，《南海長城》和《紅色娘子軍》都是廣東的我很不喜歡廣東靡靡之音，也很不喜歡越劇，兩個越（粵）劇。

《白毛女》恢復原來的，你們這樣改，你們以為搞一個戲像煎雞蛋那麼容易呀！你們搞娘子軍一開始搞了很久，給我看的時候只有半啦。你們首先演出他們原來的，然後再琢磨他們的弱點，有人說四場有《修養》味，你們不要怕人家說有《修養》味嘛，整個戲還是好的。

戚本禹：我也不太理解和自然鬥爭是《修養》味，和自然鬥爭也不能完全是《修養》味。

江　青：四場……大春也沒樹起來，出來個女孩、老頭。序幕裏邊一段可以要，但是思路……你們有幾個電影可以看一下。《平原游擊隊》這樣大的陣地戰最後以少勝多，有些問題。《地道戰》粗了些，《糧食》（兩面政權）看一看可以幫助你們構思這個戲的序幕。《平原游擊隊》也是給林默涵搞糟了，這個問題也可以鬥一鬥。

李向陽成了跑龍套，你們的大春、白毛女也是跑龍套。

《紡》劇就是要出來，《紡織女工》我看比較容易排。《白毛女》要承認上海創造。

總　理：外國朋友比較接近我們的，看《白毛女》比看娘子軍深。

江　青：你們戲裏用兩次托舉不調和（伯達、康老也點頭）。今天你們這個彩排就算你們勞動一番，藝術上不能粗，（再談到《紡》劇背景，排了一年多……）你們真是多災多難，《紡織女工》問題，我們現在比較憂慮，牽扯到黨史比較麻煩，這可是個問題，（介紹了下去生活事）要搞虛的，不要搞實的。

春橋同志：「2・2」罷工你們搞六個月吧！

總　理：搞49年護廠鬥爭，當時的工人覺悟很高，重點放在解放後。

江　青：我看不一定寫解放後就是不是寫實的。《白毛女》的問題，要恢復原來的，要承認人家《白毛女》，要加強武裝鬥爭，加強大春的形象，但不能要你們這樣做。《紡織女工》寫一個簡單梗概給我，舞劇看劇本我是不大相信的。《南海長城》你們要集體創造，不要寫趙寰的名字，趙寰有問題，有什麼問題不用談了。他們調來許多人，把許多音樂家也調來了。他們想搞他們的，那時候他們搞了三個月。他們搞了中間人物，我是對他們不信任的。你們對劉慶棠太過分了，他和蕭慎不一樣，（**武：他是第三號人物，執行反動路線，認識比較慢，群眾意見大，現在叫他們演出了。**）你們三結合不能結合他嗎？他和那個女孩子不一樣，要區別對待。她是心理對立，表面偽裝是林默涵教她的，她父親被我們鎮壓啦，殺了我們許多幹部。

總　理：這個問題我們調查啦！

江　青：她在上海還偽裝了一下子（**65 年接見**），這也是林默涵教她的。她如果沒有現行活動，能不能改造她教育她？我總覺得劉慶棠不能和白淑湘一樣。（**答：我們處理上是不一樣，劉已參加演出，白沒參加演出。**）（**江青同志點頭**）

（**問：到底下階段怎麼辦？**）

江　青：政治上容易處理的是《南海長城》，政治上不容易處理的是《紡織女工》，你們回去再讓同志們討論一下，《白毛女》恢復原來的，現在不是舞劇了。

（**起立要走**）你們已走出了一條路啦，要慢慢走，否則要掉下來了，掉到懸崖下面去啦，你們這樣走很危險。我代表總理、伯達請你們問同志們好，有事就寫信，有空上你們團去。（**握手**）大家不要怕人家說你們，沒關係，失敗了再來[61]。

【解讀】

從該指示可以看出，「樣板戲」修改過程實際上是「文革」時期人們在精神煉獄的鍛造過程，創作者開始可能並未考慮到推進藝術完美的過程中可能出現的「藝術造反」。

[61] 清華大學井岡山門批改戰團編印《學習資料》第 25 期，1967 年 10 月 26 日。也可見於：江青，《江青文選》，武漢：新湖大革命委員會政宣部，1967 年 12 月，頁 308-313。

10月28日

《人民日報》發表報導〈嚴肅批判　全面分析　熱情幫助　北京京劇一團大膽使用第一把手〉：

「北京京劇一團的無產階級革命派，堅決執行毛主席的幹部政策，敢於解放幹部的『一大片』，大膽使用第一把手，積極注意發揮革命幹部的作用。」

本月

第一撥「樣板戲」會演之後，張春橋指示上海文化系統「革籌會」另行組建《龍江頌》劇組，重新開始該劇的創作改編及排演事宜。

11月6日

「兩報一刊」編輯部文章〈沿著10月革命開闢的道路前進〉。第一次提出「全面專政論」：「無產階級必須在上層建築其中包括各個文化領域中對資產階級實行全面的專政。」

11月9日

江青在北京文藝座談會上的講話[62]（11月9日晚和12日晚）：

我覺得很對不起，很長的時間沒有傾聽同志們的意見，同志們對我們有什麼意見，我們是能夠諒解的。因為同志們不太瞭解我們的情況。

在無產階級文化大革命以前，我是全心全力地跟同志們一塊在搞戲劇革命、音樂革命。這是一個很細緻的工作，很嚴肅的工作，它不是一天、兩天，也不是一個月、兩個月所能辦到的。一個樣板，要立起來，不僅內容應該是革命的，而且在藝術上也應該是站得住的，否則，人家就要復辟。這需要很大的精力。對於這個問題，過去我反覆地對有的同志講過。自從進入無產階

62 陳伯達、康生、江青召集中直文藝系統部分單位的軍代表和革命群眾代表開了兩次座談會。參加座談會的還有中央文革小組和軍隊的其他同志。在9日晚和12日晚的座談會上，江青發表了重要講話。這個講話稿，就是根據這兩次講話紀錄整理的。

級文化大革命以來，由於工作情況變了，我的精力就又全副用在別的方面。所以，你們搞的戲、音樂、電影，我就顧不上看，不能像過去那幾年那樣，和同志們一起專門鬧文藝革命。這一點說明了，同志們可以原諒。

主席在延安文藝座談會上講話那個時候，因為我的工作不是做文化工作，在文化界只是打遭遇戰。進城初期，我是遵照主席的教導，想為工農兵、為無產階級革命路線樹立兩支隊伍，一支就是創作隊伍，一支就是評論隊伍[63]。評論的隊伍，當然評好，也評壞。但是，因為在這條戰線上，人家專了我們的政，他們用各種手法不執行主席的無產階級革命路線、文藝路線。而我們呢，也有一個認識過程，又有一個工作崗位的問題。主席在這方面，那是很注意的！我不過是一個流動的哨兵。只有在這次無產階級文化大革命運動的過程中，才能基本上解決文化界的隊伍問題。

在座談會上聽了一些發言，我覺得發言的水平還是比較高的，能夠指出無產階級文化大革命運動發展不平衡。事實上也是不平衡的。你們能夠認識到這個階級鬥爭的客觀規律。有的地方搞得好一些，有的地方搞得比較差一些，有的地方看起來是很平靜，實質上是一潭死水。針對這樣的情況，我覺得不能一律說都沒搞好，都要重新打亂。像新影，像芭蕾舞劇團，這是屬於搗著的，沒有真正地搞好革命的大聯合、革命的三結合，當然也就不能夠很好地進行鬥、批、改、大批判。這樣的單位，再亂一下是有好處的。亂敵人！亂敵人！！有些單位實現了革命的大聯合，但還沒有搞好革命的三結合，就應該在進一步鞏固革命大聯合的基礎上，通過辯論、批判，解決幹部問題，搞好革命的三結合，只有這樣，才能有力地進行鬥、批、改和大批判。對於有些搞得比較好的單位，革命的大聯合搞得比較好，也搞了革命的三結合，那就要全力以赴搞鬥、批、改、大批判。

總的說，是要樹立革命隊伍。樹立隊伍在文化界有這樣一個問題，階級成分是比較複雜的。但是，一個人是不能決定自己的出身的，還是可以看表現的。主席教導我們，樹立階級隊伍，是要看階級成分的，但也不是唯成分論。大都數青年、革命小將是會跟主席的無產階級革命路線走的；

---

63 江青發展文藝的手段非常精到、細密，從創作、劇目、表演、導演、舞美到觀眾效果、政治宣傳，以及模式化推進、示範化建立，都體現了全面而獨到的組織能力。

大都數幹部、黨員，也是會跟主席的無產階級革命路線走的。這一點，大家應該滿懷信心。

搞革命的大聯合，最重要的是雙方多做自我批評。兩個組織都混雜了壞人，最好是不要你這個組織去捉那個組織的人，那個組織來捉這個組織的人，最好是由他自己的那個組織調查研究、自我批評。這樣就容易搞聯合。否則，每天吵架，這樣敵人就容易利用。在這個方面，主席最近有重要指示；同志們也學習了，不多說了。總之，屬於人民內部矛盾的事情，最好是多做自我批評，少批評人家；要是敵我矛盾，那就要鬥倒、鬥臭。

文藝界是比較複雜的。從你們的發言裏以及從你們送給我們的材料裏，都可以看到這點。現在搞深搞透了沒有？我看沒有。因為敵人是很狡猾的，他們有一套一套班子，你搞掉一套，它又弄上一套，所以我覺得對文藝界要做深入的調查研究。

要穩、準、狠——對敵人；對自己，不要老打內戰，對朋友也不要老打內戰。打內戰，就會被敵人利用，敵人有時候就是在背後操縱你們打內戰，他就趁機溜了。這一點你們要識破。

新影廠最近搞了一個現代革命京劇的紀錄片（**叫《現代革命京劇集錦》**）。當然你們是好意，也是花了功夫的，據說你們不是在舞臺上拍的。但是對這幾個戲的主題思想、它的藝術性在什麼地方，你們都沒有摸透，就搞了，每個戲搞了一點。我昨天晚上看了以後，覺得不安。你們是不是還能夠補拍一點？現在這樣子，到全國去放，工人、農民、士兵如果沒有看過這個戲，他就不懂了。因為他們不像我們是摸熟了這些戲的。你們不要急著放映，你們討論一下，看怎樣把它改好。

北京京劇一團譚元壽同志，他就很急，說沒有搞齣戲來，這個心情是可以理解的。但是如果像過去那樣很粗糙地搞出來，那人家還是要打倒我們的。寧願我們這八個樣板戲暫時占領舞臺。這八個樣板戲就已經把帝王將相、資產階級趕下了舞臺，趕下了銀幕。而且在芭蕾舞、交響樂方面進行了改革，雖然還有很多缺點，有很多需要探討的地方，但這在世界上也是震動的。像芭蕾舞團這次改《白毛女》——《白毛女》我相信一定能改好，由於急躁，搞得就很粗糙，這樣是站不住腳的。當然這我有責任，因為我沒有很多時間和同志們在一起搞。但是你們自己應該組織起來，認真地進行這個工作。

這裏有一個普及和提高的問題。剛才有人說，要組織小分隊下去搞一些片段和小節目給工農兵看，這當然是可以的。不過，現在的中心任務還是鬥私、批修，組織階級隊伍，否則，是不可能搞出真正為社會主義服務的符合工農兵需要的東西的。鬥私、批修是很艱苦的事情，如果有人企圖利用下鄉、下廠的活動逃避它，那就更不對了。這種思想，同志們不一定有，不過應當警惕。一個民族，總要有它自己的藝術尖端，現在的八個革命樣板戲，可不可以說是我們民族的藝術尖端？大家知道，搞一個樣板戲是不容易的，千錘百鍊，總要改二三年才成。因此，不可能每一個戲，每一個文藝團體搞的節目都搞成樣板。樣板是尖端，是榜樣，是方向。當然，也不能孤立地搞尖端，尖端總是在普及的基礎上出現的、提高的，而且尖端也是要普及的。例如，我們的革命樣板戲，就要通過各種途徑，主要是通過拍成電影普及到全國各個角落。因此，我覺得同志們還是要安下心來，搞好鬥私、批修。這在當前說來，是最重要的、最基本的。

在目前，11 月還有半個多月，12 月有一個整月，春節前還有二三個月，在各個單位裏，是不是把隊伍先樹立起來，把敵人狠鬥狠批，批倒批臭！否則，創作思想很混亂，那就不能夠搞創作。用抓創作的名義來壓革命，那是錯誤的。在這個時期，有的單位要亂一下；有的單位亂夠了，就不一定再亂了。有的單位亂一下，亂敵人，不是亂我們，這是完全應該的。把矛盾掩蓋起來，這不是一個好的辦法，也不正確。我們不怕亂，但是已經搞得比較好的，搞了革命的大聯合、革命的三結合，就不要再去亂了。這就是說，我們要有分析。在這個問題上，我們革命同志、革命小將，既要有大無畏的無產階級革命者的風格，不怕亂，頂得住，受鍛鍊；又要有腳踏實地的苦幹精神，動腦筋，科學分析，克服和排除各種非無產階級思想的干擾，真正沿著毛主席的革命路線勝利前進。

還有十七年和五十天的問題。我覺得有些革命小將的見解是很好的。五十天要算，十七年也要算，30 年代也要算！這個根長得很哩！有一個小將講，有的人只搞五十天，不搞十七年，這實質上是用五十天包庇十七年，包庇 30 年代，這個看法很深刻。同時把五十天同十七年分割開來，也就是把毛主席的無產階級革命路線和毛主席的無產階級革命文藝路線分割開來，這也是不對的。當然，對 30 年代、對十七年、對五十天，都要一分為二。30 年代，也有以魯迅為首的左派；十七年，也有一些革命左派，五十天，那就更多了，紛紛起來反抗文藝黑線。工作隊實質上是保護十七年，保護 30 年代，甚至保護 20 年代。有一些青年同志和革命小將，水平比較高，看清楚了這個問題。

關於參軍的問題，你們不要著急，現在林副主席已經下命令，請楊成武同志他們軍委辦事組，挑選幾個軍、師一級的幹部來管這個事情。報告你們這麼一個好消息。你們如果一天老是參軍呀參軍，就忘了別的了。

我今天沒有準備，也許我講得不完整，有錯了的，同志們批評我。我就講這樣一點，以後我們再座談。

陳伯達同志講話：我有個建議，江青同志今天這個講話講得很好很好！針對我們當前文藝界的問題差不多都談到了，系統地談到了。可以把江青同志的講話錄音在文藝界各單位放，北京放，上海放，全國放，大家座談、討論，使文藝界工作大進一步。

江青：在無產階級文化大革命以前，我是全心全力地跟同志們一塊在搞戲劇革命、音樂革命。這是一個很細緻的工作，很嚴肅的工作。它不是一天、兩天，也不是一個月、兩個月所能辦到的，一個樣板，要立起來，不僅內容應該是革命的，而且應該在藝術上也是站得住的，否則，人家就要復辟。這需要很大的精力。對於這個問題，過去我反覆地對有的同志講過。

在座談會上聽了一些發言，我覺得發言的水平還是比較高的，能夠指出無產階級文化大革命運動發展不平衡。事實上也是不平衡的，你們能夠認識到這個階級鬥爭的客觀規律。有的地方搞得好一些，有的地方搞得比較差一些，有的地方看起來是很平靜，實質上是一潭死水。針對這樣的情況，不能一律說都沒搞好，都要重新大亂。像新影，像芭蕾舞劇團，這是屬於搗著的，沒有真正地搞好革命的大聯合、革命的三結合，當然也就不能夠很好地搞鬥批改，大批判。這樣的單位，再亂一下是有好處的。亂敵人！亂敵人！！有些單位實現了革命的大聯合，但還沒有搞好革命的三結合，就應該在進一步鞏固革命大聯合的基礎上，通過辯論、批判，解決幹部問題，搞好革命的三結合，只有這樣，才能有力地進行鬥批改和大批判。對於有些搞得比較好的單位，革命的大聯合搞得比較好，也搞了革命的三結合，那就要全力以赴搞鬥批改、大批判[64]。

同日，江青在中央直屬文藝系統座談會的講話

時間：晚九時

地點：人大會堂。

參加單位：中國京劇院、北京市京劇一團、中央樂團、芭蕾舞劇團、中央戲劇學院、中央音樂學院。首長：陳伯達、江青、張春橋、戚本禹、姚文元、吳法憲等）。

江　青：今天來聽聽你們的意見，很久沒有過問你們的事了，很抱歉，主要瞭解文藝界運動的情況。有點冷場啊，……我提一個問題，聽說你們有一個「十七年與五十天的爭論」，你們談談。有很多同志給我寫了信，我也不能一一地回，近芳給我寫了兩封，（杜）近芳講吧，聽說文藝界有砸三舊和反砸三舊。

（當杜近芳彙報到中國京劇院的運動情況，說有人圍攻軍代表時）

江青：應該讓軍隊來個同志，讓楊成武同志來。

戚本禹：他病了。

江　青：那就讓吳法憲同志來。**（打電話叫吳法憲同志）**

（錢浩梁談到京劇院成立了革命委員會時）

江　青：你們這麼個小單位就成立了革命委員會，我們還是小組呢，你們有多少人？

錢浩梁：十三個委員。

江　青：有沒有常委？

錢浩梁：沒有。**（又談到劇院聯合問題）**

---

[64] 江青，《江青同志講話選編》，北京：人民出版社，1968年。

江　青：問題是這個大聯合是否妨礙你們更好的鬥爭一小撮壞人，如果不妨礙，自然就沒什麼了，如果有妨礙那就是另外一回事了！

（當錢浩梁彙報到工作隊在時投票選革委會時）

江　青：極端民主實際上是不民主。

（當錢浩梁講到京劇院「東方紅」奪權後，不鬥阿甲鬥他們時）

戚本禹：現在他們成立了革命委員會鬥了阿甲，有簡報。

江　青：我沒看到。

（當談到去年11月28日大會「東方紅」不讓錢浩梁、杜近芳參加大會時）

江　青：反對，就是反對我們小組，你們參加大會的名單是我們提名，民主討論過的。

（談到衝擊京劇一團時）

江　青：什麼東西，都去衝你們京劇一團！再去，你們就揍他們。他們反對我沒什麼，反對我們小組那就不行。不過我保留還擊的權力，要是武鬥我非還擊不可。你們都是武生嗎？

錢浩梁：我們是武生，可是沒真打過。（眾笑）

（當談到京劇院「東方紅」頭頭×××時）

江　青：你說的頭頭還是小人物吧！你們院裏還有不少大人物！

張春橋：小人物和大人物是有聯繫的。

江　青：應該聯繫起來看，你們應該總結教訓，他們厲害，你們比他們還厲害嘛。

（杜近芳講到「東方紅」掌權後，自稱「造反派」掌權鬥他們時）

江　青：造反派要看你是造資產階級的反，還是造無產階級的反。造反派容易，要有階級性。

（當談到搞樣板戲時）

江青：樣板戲一般要修改二三年。

（當中央戲劇學院×××起來彙報，談到十七年與五十天的關係問題時）

江青：你叫什麼？是哪個單位的？

李春人：我叫李春人，是中央戲劇學院的。（**接談砸三舊的觀點**）

戚本禹：他們戲劇學院是文藝界鬥爭的焦點，所以把他們找來了。你是紅旗的吧？

答：是。

（當談到復課，有人坐不下來時）

江　青：可不是，復課就是搞鬥批改，就不能到處溜躂了。

李春人：有人坐不下來。

江　青：你算說了句心裏話。（笑）

戚本禹：不，不、不！他們還是能坐得下來的。葉向真的問題就是他搞出來的，他們堅持鬥李伯釗，葉向真根本不鬥李伯釗。那些材料就是他們從上海調查來的提供給我們的，他們做了踏踏實實的工作。他們這個組織很不錯，把受葉向真矇蔽的同志爭取過來了；當然，那個組織中也有一些敢造反的同志。給葉向真開汽車的那個人叫什麼？

李春人：叫高才，他當時辱罵戚本禹同志……

戚本禹：他不只是攻擊我，他是攻擊中央文革，很惡毒嘛！

江　青：彭寧是你們那兒的嗎？那個彭寧可不簡單，他背後有人！

戚本禹：那不是他們那兒的！是電影學院的。

江　青：啊！彭寧他背後有人！

（當談到有人要出去造反時）

江　青：你們還出去造反呢？你們院裏的反還沒造好哪！你們的教師隊伍問題還少嗎？

（當談到文藝界「三名」「三高」[65]問題時）

戚本禹：（**對江青**）他的意見是說三名是有階級性的，三高是一定要打倒的。

（當談到文藝界有些人不提階級成分時）

江　青：怎麼能那樣說呢？我們首先是有成分論，然後才是不唯成分論。

---

[65] 即名作家、名演員、名教授；高工資、高稿酬、高獎金。

（當談到重在政治表現，但不要割斷歷史，如葉向真過去一直在政治上、生活上很壞，運動中假造反，以攻為守，這樣的人怎麼能是造反派呢？）

江　青：說得對。

（當談到大專院校兩大派插手文藝界，由於搞實用主義，在文藝界搞兩大派，所以文藝界分成砸三舊和反砸三舊的兩派在某種程度上是派性的產物，文藝界真正的革命派是願意砸三舊時）

江　青同志：對！

戚本禹同志：就是派性的產物。

（談到葉向真的項目工作進行時，特別是葉向真逃往廣州時）

江青同志：那是叛國嘛！知道嗎？

（當談到學院仍有個別人死保葉向真，在群眾中挑撥破壞時）

江　青同志：她那是挑撥，惡毒的挑撥。

（當談到保葉幹將杜××說：「老葉打不倒，小葉也打不倒，我也倒不了」時。）

江　青：何以見得老子和女兒就劃不清界限了。

（孫青海介紹到戰鬥團還有少數人死保葉向真，但也有真正造反的）

戚本禹同志：對。

江　青：那個人叫什麼名字？（答：**杜××**）

江　青：戰鬥團自己起來造她的反嘛！

（談到戰鬥團搞葉向真問題時）

江　青：你們應該聯合起來，防止壞人鑽空子。

戚本禹：你們應該和「紅旗」的同志聯合起來搞嘛！

江　青：你們學院聯合了嗎？（答：**聯合了。**）

江　青：聯合應該加革命二字，要革命的聯合。

（在彙報到有些地區壞人混進造反派隊伍中的問題時）

江　青：有個叫白樺的人，到××文工團去了。

（彙報此人也鑽到造反派裏來了）

張春橋：什麼？他鑽到造反派裏來了？

江　青：他是個右派。

（當彙報砸三舊時）

江　青：砸三舊，但是不要砸國家財產。

（音樂學院彙報，當談到北京公社時）

江　青：哪個北京公社？

戚本禹：就是鄭公盾的兒子（**眾：鄭伯農。**）在的那個北京公社。

江　青：鄭公盾這個人真怪，通過他的兒女來操縱。

戚本禹：12月黑風時北京公社貼大標語：「中央文革老虎屁股真的摸不得嗎？」

江　青：讓他們摸嘛！我不怕。

吳法憲：（**站起來舉手**）誰反對中央文革誰就是反革命。

（他們12月在外串聯）

戚本禹：就是那個李洪山。

（介紹北京公社，講到鄭伯農三化總結是鄭伯農寫的，林默涵搞的。）

江　青：那篇文章很糟糕。

張春橋：不只剎車。

江　青：不只剎車，觀點都是錯誤的。

（這篇文章與〈二月提綱〉有關，姚文元點頭。4月28日鄭伯農在《北京日報》批的向陽生的文章是鄭公盾寫給范瑾的，李琪批的小樣，劉仁最後批的。）

戚本禹：還有這樣事？

江　青：這是假批判真包庇。（……）

江　青：鄭公盾不是好人哪，我看了他很多材料，他現在到處控告，都搞到外國去了！這個人我沒見過，是個什麼人？

戚本禹：（**對江青同志**）他們說我搞了你黑材料，其實那是影協鄭雪萊搞的！

江　青：第一我不怕，第二我不相信你搞了我的材料。

（談陳蓮問題時）

戚本禹：陳蓮和他們還是有區別的，她還是揭發一些問題的。

（當談到有人造謠說：「姚文元是砸三舊的，戚本禹是反砸三舊的。」）

姚文元：那是挑撥。

（談到有人反對文藝組時）

戚本禹：文藝組是有錯誤有缺點的，可以批評，但不能利用這個把它打倒。

（談到陸公達問題時）

江　青：陸公達是什麼人？

戚本禹：是文藝組的，陸公達這個人工作是有錯誤的，這個人派性很大，可以批評，不過他是個紅衛兵，不能要求很高。

（談到音樂學院的學生情況）

江　青：音樂學院是貴族學院。

（談到 11 月 2 日戚本禹同志去影協的講話對文藝界影響很大時）

戚本禹：我說的是影協的情況，不涉及文藝界其他單位。

江　青：協會和學校不一樣，學校還有那麼多學生，協會裏的人拿著高工資，又不到工農兵中去。

（談到芭蕾劇團鬥私批修搞得不好時）

江　青：鬥私總是要注意自我批評，提倡自我批評。鬥私總是要做自我批評，其他同志是幫助，鬥私如果到處鬥，就會變成人人過關，我們在延安整風時，就是自我批評。如果不鬥私批修，就進行不下來。

（談到芭蕾舞劇團運動冷冷清清時）

江青同志：你們這個團怎麼成了一潭死水，我搞不清楚。你們那兒不見得不複雜，戴愛蓮是你們那兒的吧？她怎麼樣？

（介紹戴愛蓮情況，談到復課鬧革命問題時）

江　青：課還是要復的，不復課人又都要跑了，就沒有人搞鬥批改了，複課鬧革命嘛！

（談到話劇問題時）

江　青：話劇和音樂，舞蹈不一樣，但也有自己的基本功，話劇十七年來基本功是不好的，是抄斯氏體系的。

（芭蕾劇團談到組織小分隊下鄉問題時）

江青同志：現在有一個普及與提高的問題，剛才說的組織小分隊下去搞片段給工農兵看是可以的，不過現在鬥私批修你們沒有搞好，一個民族要有自己的尖端，這是在普及基礎上的。過去，舞臺上的燈光我一直是滿意的，有一個劇團，把樹影子打到天幕上去了，電影上出來幾個太陽，這不是技巧問題，是技術不好。過去，不講究燈光，布景很糟糕，不知是怎麼打的。當然，話劇的美工和電影美工不同，電影美工還要學點建築工程，話劇美工就不用了。現在沒有腳光是什麼原因？我最近發現舞臺上演員的眼睛看不見，舞臺的燈光和電影不一樣。主要靠你們自己搞。

（芭蕾舞團談到組織小分隊下鄉問題）

江青同志：你們的思想沒弄清，要去也只有去軍隊（我們就是要去軍隊）去軍隊是可以的，不過這又太分散，我看還是在家裏搞鬥私批修吧！

（談到普及）

江青同志：革命的樣板戲要普及，還是要通過電影。我對話劇最不滿意，話劇顧名思義就是要講話囉！一口舞臺腔，上海人藝，一口舞臺腔，還是那些老傢伙霸占著，最壞了！（問張春橋同志）是不是？（答：是。）

（談京劇院運動情況時）

江青同志：中國京劇團運動複雜得很，錢浩梁剛才發言軟得很，總是怕，有人要「油炸江青」，我都不怕！（笑）

（談到裘盛戎去廣州演出）

江青同志：裘盛戒能否去廣州演出，你們大家評一評，我不知道他有什麼政治活動，看他是不是反革命，特別是現行反革命，如果不是，我同意去，這是我個人的意見，文化大革命，不是把老藝術家都不要了。只要他革命，按毛主席革命路線走，能做自我批評，我們沒有理由不要。裘盛戎和馬連良不一樣，馬連良是漢奸，很壞！歡迎裘盛戎參加我們的革命隊伍。

該講話還有另一個版本[66]，與上述版本最大的區別是最後還有如下一段話：

（**對芭蕾舞劇團**）你們《白毛女》那場戲倒可以單獨拿出來作為片段演出。那場女游擊隊員很突出，可以改一改，日本兵在當時不是這麼軟弱的。

（**京劇團軍代表提出關於黨組織恢復組織生活問題**）

江　青：按文件規定的三種人不能過組織生活。另外，文化大革命中不積極、保守的，站錯隊的要做自我批評，向群眾做檢查。

戚××：現在有的人犯了錯誤不檢查，這下一恢復組織生活又神氣起來了，這不行。（**芭蕾舞劇團提出現在宣傳隊是否下去？**）你們團運動未搞好，先在團裏搞運動吧。

江　青：下去鬥私批修也可以，不過運動散了。暫時不下去吧！

（**樂團同志提到《海港》問題**）

江　青：《海港》的問題就是高調太多，這樣就不突出了。《沙家濱》改了，聽一些人反映，你們表演得太多了。中國是比較喜歡聲樂的，表演太多就成京戲了。

（**老刁同志彙報說：我們已決定不搞《南海長城》了，集中精力搞《白毛女》、《紡織女工》。**）

江　青：好！你們說《南海長城》好搞，我就覺得奇怪！

（**時間已經很晚，座談會到此結束。大家送首長時，芭蕾舞團同志對戚××同志說：請您有時間到我們團來點點火。**）

戚××：江青同志已經給你們點了一把大火。

江　青：你們團可以動一動，不過不能武鬥。

[66] 江青，《江青文選》，武漢：新湖大革命委員會政宣部，1967年12月，頁314-326。

11月12日

江青在中央直屬文藝系統座談會上的講話。

【清華大學《學習數據》註：11 月 12 日人大會堂陳伯達、康生、江青、張春橋、戚本禹、姚文元、楊成武、吳法憲等中央首長接見電影、美術、音樂、戲劇及四個樣板戲的革命群眾組織負責人，江青同志做了重要的講話。本報 42 期刊登了這個講話的紀錄整理稿。今天，我們把江青同志講話以及在講話前首長和群眾的對話（錄音整理稿）一併註釋來供大家學習。】

江　青：前幾天開了一個小型座談會，沒有美術和電影，今天再開一個。

戚本禹：原來想開一個電影擴大會，沒有美術。

江　青：你這個人怎麼啦？本來說好是有美術。

戚：現在去找。

江　青：好久沒有聽同志們的意見啦！現在聽一聽同志們的意見。

北影霍莊（**大學**）:（**略**）

江　青：發言要簡略，幾十個人……

北影遵義：（**略**）

康　生：王管的丈夫蹲點也在那？（**不在**）

江　青：北影廠有多少人？（**800 多人**）純是相對的，軍隊不是有個八一廠，打得一塌糊塗。

康　生：我問一問（**指北影**）你們是幾派？有什麼分歧？（**略**）

江　青：沒有導演、美工？

戚：導演找不出一個合適的。

北影「主義兵」:（**略**）

江　青：一個導演也沒有，一個編劇也沒有好的？這是你開名單的責任。

姚：有，有。

江　青：我現在不見他。（**指崔嵬安見江青**）他不好好檢查自己的問題，不好好交代，我不見他。

北影主義兵：文藝界不像過去那麼穩，有些亂，是敵人搞的。（**首長沒談這個問題**）

江　青：什麼？聶晶也參加什麼組織嗎？（**沒有，開始在大學，後傾向總部**）

江　青：秦文也在你們那兒？（**否**）

戚：不是點了你們的名，光抓別人，不搞自己機關的（**指抓壞人**）

（**八一廠革委會彙報：略**）（**中央樂團發言：略**）

江：李德倫是個什麼問題？是政治問題？

姚：為什麼很謹慎？（**指大字報很難產**）

江：音樂設計有問題，反面角色給觀眾留下形象，刁德一就是小孩都學會了[67]。

江：可以反覆討論，可以慎重處理。

（**新影革命造反公社彙報，略**）

江：所有的廠都有這個問題（**指幾種顏色的工作證**）你們廠有多少人？（**指新影，略**）你們廠前些日子打得很厲害？

姚：陳荒煤怎麼樣？（**群眾反映陳很舒服**）

江：叫他們好舒服！你們沒有鬥好，要大、中、小結合，把要害弄出來。你們新影應整出的材料很多的，去年看了「新」。文化部兩個新聞片，蕭望東搞的那個是什麼？

姚：趙辛初。

江：為什麼解散？（**指群眾組織**）為革命聯合嗎？

康：陳撤職了沒有？（**我們廠鬥**）

江：還是應該鬥他嘛！李伯釗（**註：楊尚昆夫人**）你們沒好好鬥他，和她丈夫裏通外國，你們工作可能沒做好！越鬥越神氣才怪啊，還準備翻案嗎？買小報（**指陳荒煤買小報**），怎麼不動他？很狡猾。（**指陳**）應該從科、室（**指大聯合**）。

姚：你們那裏總算也抓得很緊的，反革命活動你們到底搞出來沒有？

---

[67] 這種現象反映了江青藝術觀念的困境，民間觀眾通過對藝術形象的自發接受，使「樣板戲」的正統地位危機四伏。

江：調查了沒有？我很抱歉，視神經不平衡，前一段不能看。

（王林珍講電影生產情況，略）

江：重要的問題還不在那！還沒有一個隊伍，鬥批還沒有搞好，看什麼片子啊？（**新影紅色造反團：略**）你自己組織揪自己組織裏的壞人！不是為革命大聯合。（**談學習班，什麼人都參加**）

姚：你們廠有多少人？（**七百多人**）

姚：編現代戲，原來是誰編的？（答：**王××**）

江：革命現代戲是誰編的（**蕭容喜、王××**）（**一老一少**）他們沒什麼政治問題嗎？（**答：沒什麼政治問題。**）（**彙報：大聯合後不好了，不批判。**）沒有革命的三結合，沒有革命的領導班子！

姚：比較困難還可以再革命哪？

康：大聯合後有沒有個領導班子。

江：一定要搞革命的領導班子，來領導革命的大批判。（**工藝美院「井岡山」彙報：略**）你們學校有多少人？（答：**六百多。**）你們應當搬到工廠去辦吧（**笑！**）鄧浩是你們的院長吧！（**彙報：回班系大聯合，造反退出組織**）「新影」沒揪（**指揪壞人**）。

姚：新影沒揪！（**回班系後，山頭多了**）

江：領導班子。

姚：領導班子。

江：鬥私批修也要有領導班子。（**敵人也不老實**）按你說的，你們的大聯合搞得還不錯嘛，就是缺一個領導班子。你們是兩個組織聯合了，為什麼不能成立一個領導班子？鬥私批修也要有個領導班子。

康：你認為條件不成熟，是不是指幹部不成熟？（**是**）是幹部問題。勤務班子的人是不是平等的？（是）是不是你們那個組織要結合的和他們要結合的不一樣？你們是不同意奪權的？（**問工藝「井岡山」**）你們奪權結合了嗎？（**問工藝「東方紅」**）

江：你們回去自己幹部協商吧！絕對化，你們絕對化，籌備小組還不可以，你們回去協商吧。

戚：你們不要爭了，江青同志指示很清楚了嘛！（美院「燎原」彙報：略）〔特點：學生少，三四年沒招生，一百三十人）畢業生占百分之八十。）

江：你們盡搞一些沙龍的作品，我們哪有那些地方給你們啊！你們自己說是個大染缸，我看是個漂白缸，紅的進去，白的出來哪！聽說你們那裏有兩個女將很活躍。（**指顏金生老婆，鄧小平大女兒**）

蕭望東用提級方法來收買這些同志，當然這些幹部不都是壞的。

（美院革籌結合了陳波，南京同蕭一塊來的。）

（美院派了幾個人到鄉下，為教改打基礎）

（美院辦了一個二十三人的工人學畫主席像的訓練班）

（美院「紅旗」：李文是黨委副書記，二砲副司令的老婆。）

康：以前我接觸過，覺得不那麼好（**指李文**）。

江：陳波不那麼好，是個叛徒。你們美術學院有留法的一派，老的藝專。（**美院的：封、資、修。**）

康：這個問題與徐平羽、林默涵有關。

江：林默涵。

康：你說我記起來了，李琪寫黑報報告給陸定一。（**宋碩也插手了**）還有宋碩。那個女同志在哪裏？（**答：在附中。**）文化大革命中沒有出問題？吳晗也搞鬼了。

江：那時可能一個文化部，一個黑市委，一個宣傳部。

康：確實有那個三舊：一個舊文化部，一個舊宣傳部，一個舊市委，還有那個楊獻珍的黨校。

嚴×本身也有些缺點（**您接見我們之後，就被打成黑外圍**）

江：沒事，不要緊（**指 64 年假整風**）。你們的信收到了，所以今天把你們叫來了。我同意一個美院，一個北影，一個文化部都是假的。

（彙報：偽社教是資產階級專政的加強。）

（有兩個很活躍的女將，顏金生的老婆、鄧小平的女兒，紅霞公寓，所有的會都參加了）

江：我是個小蘿蔔頭，他們都是老幾老幾的，我是一個普通的共產黨員，所以他們開會也不通知我，開會都又請上去了。（**指一些黑幫，指65年文化廳局長會議蕭望東、夏衍等上主席臺**）

江：華什麼？（**華君武、艾中信，他這個人怎麼樣了？**）

（**對李、馮、梁的看法有分歧**）

康：你們不瞭解當時的情況（**指美院「紅旗」整康老材料**）主要是陳半丁，是個混帳王八蛋，他那樣攻擊共產黨！我們給他們那些錢，他還是攻擊共產黨。不要揪小辮子，根本不知道（**關於美院「紅旗」××被關了七十五天監獄**）。

戚：隨時都要利用（**指鄭公盾之事，「燎原」攻擊「革聯」、「紅旗」**）。

江：美術也吹捧印象派，音樂也吹捧印象派，都是資產階級沒落的東西。

姚：是法國的一個集團。

江：戲曲研究院那個地方可不是鬧著玩的。有一張小報說，我叫拍劉少奇的電影……造謠。

康：對立面也不要揪了，我有點不安，我們也有缺點，你們不瞭解，我心裏有些不安。

江：在大革命中也難免的，這也是對你的鍛鍊，不要責怪群眾（**指「紅旗」被點**）。

康：你們這派有多少人？

江：我也沒什麼更多的話對同志們講。覺得很對不起，很長的時間了，沒有聽到同志們的意見。同志們對我們有什麼不清哪，或者是有什麼意見，我是能夠諒解的，因為同志們不瞭解我們的情況。文化大革命以前，我的精力，雖然我是個半殘廢，可是我全心全意在搞戲曲革命、音樂革命，和同志們一塊兒，因為這是一個很細緻的工作、嚴肅的工作。它不是一天、兩天，也不是一個月、二個月所能辦到的。正像今天電影界的同志們、小將們，它有一個矛盾，因為他要立起來，不僅是內容是革命的，而且應該在藝術上也是站得住的，否則人家就要復辟。對這樣的問題上，過去我是反覆地給有的同志們講過的。那麼，這是需要很大的精力。

自從文化大革命以後，這工作性質變了，我的精力又全副用在別的方面了，所以你們搞的戲呀、音樂呀、電影呀，我就不能像過去那幾年那樣和同志們一起來鬧革命，現在這一點說明了，同志們也會原諒。不原諒也沒什麼關係。但是在文化界，從主席〈在延安文藝座談會上的講話〉那個時候，因為我的工作不是搞這個文化工作，只是打遭遇戰。但是進城初期，我是尊重主席的教導，想為工農兵，為無產階級革命路線樹立兩支隊伍，一支就是創作的隊伍，一支就是評論的隊伍。評論的隊伍，當然也評好也評壞，這些年來，在這條戰線上，人家專了我們的政，用各種手法不執行主席的革命路線、文藝路線，而我們也有一個認識過程，也有一個工作的崗位問題。主席在這方面那是很注意的，我不過是一個流動的哨兵，只有這次文化大革命才能解決這個問題。

上一次，9號，今天聽了一些發言，我覺得發言水平還是比較高的，第一就能指出不平衡。事實上也是不平衡，能夠認識到這個客觀的階級鬥爭情況是不平衡。有的地方，搞得好一些，有的地方就搞得差一些。有的地方看起來是和平的，實際上是一潭死水。那麼，針對這樣的情況……沒真正地搞好革命的大聯合，革命的三結合，當然也就不很好地進行鬥批改、大批判，這樣的單位要亂一下是有好處的，亂敵人。對於有的單位搞得比較好的，革命的大聯合搞得比較好，也搞了革命的三結合，那就要全力以赴地搞鬥批改、大批判，但總的說還是要樹立隊伍。

樹立隊伍在文化界是有這樣一個問題的，階級成分是比較複雜的，但是一個人是不能決定自己的出身的，還是可以看表現的。主席教導我們，樹立階級隊伍，是要看成分的，但也不是唯成分論，大都數青年、革命小將，是會跟主席的革命路線走的，大都數幹部、黨員覺悟了，是會跟主席革命路線走的，這一點是應該滿懷信心。

搞革命的大聯合最重要的，還是雙方做自我批評，兩個組織都混雜了壞人，那麼最好是不要你這個組織去捉那個組織的人，那個組織去捉這個組織的人，最好是由他自己的那個組織來調查研究，自我批評。這樣就容易聯合，省得每天吵架，這樣子敵人就容易利用。在這個方面嘛，我的水平很低囉。主席最近也有指示，同志們也學習了，我就不多談了。

但是屬於人民內部矛盾的事情，最好是多做自我批評，少批評人家，要是敵我矛盾，那就可以又鬥又批。

新影廠搞了一個現代革命京劇的紀錄片，你們沒有接受我的批評。你們原來是好意，而且花了功夫去完成。但是對於這幾個戲的主題思想，它的藝術性在哪兒，在什麼地方都沒有摸透，就那麼搞了，搞了一點。昨天晚上，我看了以後覺得挺不安的。你們是不是還能再補一點，還能夠補拍？從電影我知道你們也是好像花了功夫的，並不是在舞臺上拍的。像這樣放到全國去，工人、農民、士兵、他們沒有看過這個戲，他就不懂得。像我們摸熟了這個戲的，都看了以後……（笑）這個東西，你們值得放映的，你們討論一下。新影現在是歸宣傳口，那主要是很多事是伯達同志管，具體工作是文元同志在搞。

文藝界比較複雜，從你們發言裏頭、送給我們的材料看，但是搞深搞透沒有？我看沒有！因為敵人是很狡猾的，一套一套班子，你搞掉一套，他又來一套了，所以我覺得應該做深入的調查研究，要穩、準、狠對敵人。對自己不要老打「內戰」，對朋友也不要老打「內戰」。這個打「內戰」就會被敵人利用，敵人有時就是在背後操縱你們打「內戰」，他就樂了，這一點要識破他們！北京京劇一團譚元壽，他就很急，唉呀！這個沒有搞齣戲來，這個心情可以諒解的，但是如果你很粗糙地像過去那搞出一個東西呀，那人家還是要打倒的，寧願這八個占領舞臺，這八個樣板戲已經把帝王將相和資產階級趕下了舞臺，趕下了銀幕，還是在芭蕾舞、交響樂這個方面的改革。雖然它們還是有很多缺點，有很多需要探討的地方，但是在世界上也是震動的。過去性急、粗糙，如芭蕾舞劇團這次改革的《白毛女》——《白毛女》我相信一定能改好的，但是很急躁，搞得就很粗糙，那麼站不住腳。當然，這我也有責任，我也沒有很多時間來和同志們一塊來搞創作。但是你們自己呢？要是我死了怎麼辦？是不是能夠組織起來認真的進行這個工作。但是在目前，現在11月還有半個多月，下月還有一個整月，春節前還有兩三個月，那麼，在這些不平衡的單位裏頭，是不是把隊伍先樹起來，把敵人狠鬥，狠批！批倒、批臭！否則你們創作思想都是混亂的，那就不能夠搞創作！那麼在這個時期呢？亂一下，有的單位亂一下，有的單位不一定再亂，亂夠了，有的單位再亂一下，亂敵人，不是亂我們，這是完全應該的，把矛盾掩蓋起來，這不是一個好的方法，這不正確！我們的看法是，已經搞革命的大聯合、革命的三結合比較好的單位就不要去亂了。這要有分析才行，同時，要有一股無產階級革命者的風格，頂得住！

我今天也累了，也沒有準備就跟同志們座談，就談這麼一點意見。也許我講的也不完整，有錯了的，同志們批評我，我就講這麼一點，以後我們再座談。

伯達同志：我也沒有意見了，我覺得江青同志講得很好，很好……

江青同志：還有個事情，就是十七年和五十天的問題，我忘記了，我覺得有些同志、革命小將見解是很好的，十七年要算！五十天也算！30 年代也要算！這個根長得很哩！有個小將講，我記不得名字，說有人講，只能搞這個五十天，十七年就不要搞了。那麼，實際上就是用五十天包庇十七年，包庇30年代！同時把毛主席的革命路線和毛主席的文藝路線分割開來。這個是不對的，當然囉，對30年代也好，對十七年來也好，五十天來也好，都要一分為二，因為，30 年代也有以魯迅為首的左派，十七年也有一些革命左派，五十天來那就更多了，起來反抗，這個……這個工作隊實質上是保護這個 17 年、30 年，甚至 20 年代囉！那一天文藝界青年同志、革命小將，我覺得水平還是比較高的，看清楚這個問題了，我現在只能講這麼幾句了，我不插話了。

伯達同志：江青同志講的大家同意不同意？我覺得江青同志今天講話，講得很好，針對著我們當前文藝界的問題，都談到了，可以把江青同志講話錄音各個單位拿去放，組織大家討論，上海也可以放嘛。我的意見，各單位放、討論，上海可以放，全國可以放，座談、討論。這可以使文藝界大進一步，使以前的工作大進一步，大家看同意不同意？（鼓掌）

江青同志：關於參軍的問題，你們不要著急，林副主席已經下命令，請楊成武同志他們這個辦事……你們叫辦事組吧！挑選幾個軍一級幹部，軍、師的幹部來管這件事，請不要急，天天急得參軍呀，參軍呀！就忘了別的了。報告你們這個好消息。

11月13日

中共中央，中央文革轉發〈江青同志在北京文藝座談會上的講話〉，1967. 11. 13；中發〔67〕354號。

各省、市、自治區革命委員會（籌備小組）、軍管會，各大軍區、省軍區：

江青同志11月9日和12日晚在北京文藝界座談會上所做的講話很重要。這個講話根據偉大領袖毛主席的最新指示，分析了當前文藝界無產階級文化大革命運動的形勢，並對文藝界文化大革命運動的問題和今後的任務做了重要指示。

現將這兩次會的講話紀錄稿發給你們，請組織文藝界、新聞出版界、軍隊的文藝單位、大中學校各革命群眾組織進行學習，並結合各單位的具體情況，認真貫徹執行。（發至縣，團級）

11月19日

張春橋在上海市大專院校紅代會閉幕式上的講話（節選）：

我希望同志們很好地研究一下江青同志搞京劇革命的經驗。京劇革命也是58年開始的。就拿你們現在都看的《智取威虎山》來說吧，上海京劇院58年就搞出來了。58年他們在上海演出，但是58年、59

年、60年、61年、62年、63年，有六年的時間，這個戲呀，後來就幾乎被打倒了，就再也不演了。為什麼呢？因為這個戲搞得站不住，資產階級力量很大，他們的帝王將相一次就復活了。《智取威虎山》又退出了舞臺。就這樣的，舞臺呀它就又退出來了，不演了，帝王將相又上臺了。我是64年開始接觸這個戲。那時一開頭江青同志就跟我講，她說：「這個事呀，是很艱苦的。」我開始這個話不大理解，我說，我不懂戲，二黃、西皮我也不懂，要我去搞政治，我說大概還可以。戲曲界劇團的演員我也不認識，是些什麼人也不清楚。等到經過64年、65年、66年，到66年上半年，這個戲算是基本上站住了腳。這兩年半，我才懂得什麼叫做艱苦，什麼叫做細緻。每個一唱、每一段唱都很艱苦。現在我隨便舉個例子，像楊子榮在第八場的一段唱，就是座山雕試探他，他準備送情報的那一場，第一段唱花了多久的時間呢？單這一段唱，就花了兩年半的時間，如果把初稿到定稿疊起來，那要有好幾疊呢，很厚一堆。好多個作曲的同志參加了這個勞動，搞一遍又搞一遍，經過這樣子的工作，現在我們也還沒有完全滿足，覺得有的地方還可以改。在江青同志直接領導之下，這幾年，搞來搞去也不過搞了八個，八個樣板戲。但是同志們，你們不要小看它，就是它把陣地占領了。就靠這八個樣板戲，就把帝王將相統統從舞臺上打了下去。現在我們可以比嘛，你們把舊戲最好的戲拿來跟我們比，究竟哪個好？這個我們有充分的信心。

11月20日

江青給戚本禹的信。

一、江青同志對殷承宗[68]、劉長瑜關於鋼琴伴奏的京劇清唱《紅燈記》選段和《詠梅》錄音的批示：

---

[68] 1965年，殷承宗畢業於中央音樂學院，到中國中央樂團擔任首席鋼琴演奏家。1968年完成鋼琴伴唱《紅燈記》的創作、公演。與中央音樂學院的儲望華、盛禮洪、許斐星、劉莊、石叔誠等六人合作，借用冼星海《黃河大合唱》主旋律改編創作（1969年）並演奏（1970年）鋼琴協奏曲《黃河》。

本禹同志：

這段錄音是一個良好的開始。另外，《紅燈記》鐵梅的重要唱段沒有搞，告訴殷承宗、劉長瑜，說我建議他搞一下刑場的快三眼，特別是最後的娃娃調。

此外，建議承宗和浩梁合作，把李玉和的主要唱段譜唱一下試試看。

江青

67 年. 11 月. 20 日

二、附件　戚本禹同志對把《紅色娘子軍》（芭蕾舞）拍成電影的批示：

此事還是先不急，先把革命搞好，明年再議。

請江青同志批。

戚本禹

江青同志在此件上，把自己的名字劃了兩個圈，並寫了「同意」二字。

11月21日

戚本禹與殷承宗、劉長瑜、杜近芳及軍代表張則陽等人的談話：時間：1967 年 11 月 21 日零點二十分至一點三十五分，地點：人民大會堂。中央樂團軍代表王達平、中國京劇院軍代表張則陽等人參加談話。在座還有中央文革聯絡員王仁。

戚：你們倆（**指殷、劉**）給江青同志寫的信和送來的錄音（**指鋼琴伴奏的京劇清唱《紅燈記》選段和《詠梅》**）我聽了，我給江青同志送去了，江青同志聽了很滿意，她很高興，她有個批示我來傳達。批示原文如下：

本禹同志：

這段錄音是一個良好的開始，另外，《紅燈記》鐵梅的重要唱段沒有搞，告訴殷承宗、劉長瑜說我建議他搞一下刑場的快三眼，特別是最後的娃娃調。

此外建議殷承宗和浩梁合作，把李玉和的主要唱段譜唱一下試試看。

江青

1967 年. 11 月. 20 日

李奶奶的唱也可以搞。

戚：什麼是快三眼、娃娃調，我不懂。

劉：快三眼就是「爹爹留下無價寶」那一段。

殷：娃娃調就是「提起敵寇心肺炸」那一段。

戚：你也懂了？

殷：我才懂得一點。

戚：這是一個大喜訊，你們要好好討論一下。江青同志的批示，為什麼說是良好的開始，這樣可能走出一條路子來的。聽說你還把鋼琴搬到農村去過，農民喜歡嗎？

殷：搬去過，農民挺喜歡鋼琴，特別是你彈他們熟悉的革命歌曲，彈《白毛女》他們就更喜歡了。

戚：我是外行不懂，今天中午江青同志跟我講得很多，以前彈鋼琴的是看不起京劇的，不可能去給京劇伴奏的。

殷：我們不懂京劇，我老戲一個也沒看過，第一次看完整的京劇就是《紅燈記》，我特別喜歡。江青同志曾說過：「你們彈李斯特、蕭邦，工人聽不懂，如果你們彈京戲梆子，工人就能聽懂。」，這次文化大革命中我們才看到這一指示，所以我開始學習京劇，準備好好鑽研鑽研。

戚：你這樣走下去可能走出一條路子來，京劇是具有民族特色的，這是一個很好的開始。你們要繼續搞，有什麼問題可以及時向江青同志請示。

殷：鋼琴交響音樂〈前進！毛主席的紅衛兵〉，江青同志聽了沒有？

戚：今天中午吃飯的時候聽了一下，她沒有發表什麼意見。以後她會說什麼，我不知道，我覺得有幾段還不太理想。我不懂，我是外行，這也是你們搞的嗎？

殷：是！

戚：聽說你（**指杜近芳**）不願意當革命委員會了？

杜：人家都說我是三名三高、資產階級知識份子，對我壓力很大……我不願意給紅色政權抹黑……，我覺得最好將來實行供給制……

戚：以後參加部隊，這個問題就可以解決。你們是不是對她有意見啊？

劉：是的，大家對她的意見很大，她個人主義很強，是三名三高。

戚：那你們是不是三名三高嘛？

劉：不是！

戚：大家支持她嗎？

劉：大家還是支持她的。

戚：你看，大家還是支持你的吧？有錯誤改了就行了嘛！江青同志兩次講話對京劇院都說了些什麼，對京劇院的這現狀都說了什麼？

京劇院軍代表張則陽說：我們階級陣線不清，藏污納穢。

戚：還有呢？最重要的你怎麼忘了。

劉：說我們掩蓋矛盾，捣著。

戚：這很重要，這是說現在革命搞得還不行，還不好，捣著，京劇院的情況我們不是老聽你們講，我們還是做了許多調查研究的。

張：我們已經抓出來了（**指京劇院原「東方紅」的頭頭齊致祥**）。

戚：老傢伙怎麼樣？老傢伙要清理一下，青年的出身問題。那天江青同志講話有個紀錄，你們要拿回去好好研究一下。你們搞得怎樣要經常彙報、寫簡報，江青同志很關心你們。還有什麼問題嗎？

劉：《紅燈記》第六版修改的錄音……（**沒聽清楚**）

殷：這是詩詞組給江青同志的信。

戚：（**看信後**）現在，你們不要搞那麼多的創作，過去文藝組抓了創作，沒很好抓革命，你們也有責任（**指軍代表**）。首先搞十七年、五十天……要把隊伍樹起來，明年大抓創作……

《海港》（**交響音樂**）的確是江青同志說過要搞的，不要一切都否定，那就不能活了。

王達平：我們那兒就有個別人懷疑過，我們的革命有點搞不下去了！

戚：你們也和京劇院一樣，不要以為江青同志沒點你們的名，有些事，要搞項目，要搞項目。陸公達現在幹什麼？

王：在團裏參加運動，參加學習。

戚：聽說有人要揪他，陸公達的派性大，我是看出來的，不過他是紅衛兵，是青年人，我看他不是壞人吧？你們不要像鬥當權派那樣去鬥他，有錯誤可以檢討。

般：我們樂團沒有動他，就是外單位經常有人找他辯論，貼過幾張大字報。

戚：鄭公盾公安部逮捕他，完全應該，無論是歷史問題，還是現行活動都是夠了的……

張：這次京劇院群眾很自發地一下子就把齊致祥揪出來了，我們革委會並沒有討論過他的問題。這個人很複雜，資本家出身，南開大學德文系畢業，用德文喊過希特勒萬歲。他房子裏鞋子底下還踩著毛主席和林副主席的照片，他還造謠，攻擊您。還說毛主席的「鬥私批修」是方向路線性的錯誤。

戚：4 月 16 日我批評他，他就這麼仇恨我了。其實，攻擊我個人是無所謂的，攻擊毛主席他老人家這就不是一般問題了。音樂學院、北京公社，你們有人認識嗎？我得和他們群眾好好解釋一下，他們現在反我反得很厲害。

般：我以前是音樂學院的，我認識一些人。

戚：北社大都數同志是好的。

鄭伯農的三化總結這篇文章，是〈二月提綱〉式的東西，是林默涵親自修改定稿的。他和林默涵關係很密切，聽說還要提拔他當那個音樂雜誌的總編輯呢？這篇文章是用以肯定呂驥、馬可的音協。肯定音樂院黨委的成績來對抗江青同志的〈座談紀要〉，對抗文化大革命，你們要好好分析一下。你們認識鄭伯農嗎？

般：在音樂院附中時他比我高三班，我認識他！聽說他跑了，最近音樂院武鬥了？

戚：是不是他們要鬥他……如果鄭伯農願意揭發，這樣的同志我們還是應該爭取的，兒子和父親是有區別的。中央樂團的隊伍要搞。你們的隊伍很亂，我知道的，隊伍很亂，要好好清理，聽說還讓瞿希賢當創作組長了？

殷：當過《海港》創作組長，最開始的時候。

王：當時不瞭解，她的檔案不在，6 月初就不當組長了。

戚：她是叛徒，要按主席講話，有關叛徒的指示辦。當然，她檢查得好，還是可以工作的，但是問題要查清楚。

杜近芳：我還要向您彙報幾件事。

戚：你不要那麼客氣。

杜：9 號我向江青同志彙報時對「東方紅」公社還認識不清，說他們是批五十天反動路線的。實際上他們是藉五十天來包庇蕭望東、陶鑄、張東川、阿甲的，使京劇院的文化大革命損失很大。正像江青同志 11 月 28 日說的，我們是被一小撮壞人篡權了。他們不鬥阿甲、張東川，鬥群眾、鬥解放軍。過去給江青同志寫彙報，關於「11・28」他們要造反的問題，我也看得太簡單了，其實他們和京劇團「東方紅」還有舞校等一些單位，都串通好了，要造「11・28」大會的反。過去我太天真了，我還直接去問齊致祥你是不是特務？他勾結文化部的人，搶檔案，偷改自己的檔案，把「特嫌」改成「疑點」後又改成「社會關係」。他還叫嚷：「把戚本禹打倒，革委會不打自倒！」他們也打我，說：「革委會不全部打倒，也要打倒一半。」過去是有許多錯誤的看法還……

戚：都有一個認識過程！

杜：後來我四晝夜把「東方紅」的事都擺出來了，我向他們開火了……。我想不要給江青同志的試驗田帶來污點，我就不願幹了。後來軍代表批評我，我覺得批評得對，我需要鬥私批修。

戚：原「東方紅」在革委會的代表怎麼樣？

張：這次衝擊倒好，他們都痛哭流涕了，他們是青年人，歷史較好。

戚：你們還是要保他們的。

張：群眾要把他們趕出革委會，我們還是保他們的。

戚：那次開會（「4.16」）處理還很寬大，是團結大都數的，沒有打擊一大片的。我聽說張惠中要給阿甲說好話。

杜：他們要結合阿甲，還要讓他搞「平原」。

戚：阿甲這個人很壞，我在上海就聽江青同志說了的，我怎麼會讓他去說這些話呢？

張：我們鬥阿甲已經鬥了十八次了。

劉：大家都摩拳擦掌，幹勁特別大。

戚：你們應該給江青同志寫個報告。

殷：我們還不行，樂團其實下面串聯也串聯得很熱、很活躍，可是，會上都不談，目前開始有大字報出來了，但觀點還沒有交鋒。總的來說還是兩種看法的，對形勢的看法，對樂團是應該亂還是不要亂也有兩種看法。另外，文化革命以來還有些遺留的問題沒解決。

戚：你們不要以為沒點名就沒有問題了，恐怕是蓋子沒揭開。那次去你們團（4 月 20 日）時間太倉卒了，主要是為了馬上去廣州演出，那時唐益同志對情況也不瞭解。

王：我們搞運動的時間很少，只有 7、8 月份，8 月份搞半個月，以後就抓《海港》了。

戚：《海港》本來前幾天要聽的，現在也沒時間看了，以後再說了，你們現在要集中力量抓革命。搞項目緊要依靠群眾來搞，依靠青年人，依靠紅衛兵小將，要跟外面串聯，到外面調查。要清理隊伍，組織隊伍。

張：我們還要補充隊伍，我們一團平均年齡三十八，二團三十九。

戚：以後再說吧！對詩詞還是上次的意見，還是回去搞革命，這封信就不交給江青同志了，你們帶回去吧！另外，你們把這個批件也抄一下吧（這是對《紅色娘子軍》拍電影的批件）！

批件原文如下：

此事還是先不急，先把革命搞好，明年再議。

請江青同志批

戚本禹

江青同志在自己名字上劃兩個圈並寫了「同意」兩個字。

（中國音樂院來兩個人請示有關詩詞演出的事。）

戚：春節前主要是搞革命，這是江青同志同意的。詩詞還是照江青同志的意見，回去搞革命。

戚對殷：江青同志說這是一個開始，這句話你們要好好研究一下，你們準備下面幹什麼？

殷：我準備好，學習京劇，按江青同志的指示去辦，先把鐵梅的唱腔全寫下來，再搞李玉和、李奶奶的唱腔，請您向江青同志傳達幾句話。

戚：你們寫信我給你們轉。

戚：「砸三舊、反三舊」，這話不確切，搞得你們兩家鬥起來，敵人空著。我們的口號是：批判十七年的黑線加五十天，光砸不行，要批倒、批臭！你們院的問題（**指中國音樂院**）馬可、葉茵今天我不談了。

【紀錄稿未經本人審查內部參考】[69]

12月3日

〈中央文化革命小組關於毒草影片的放映和回收問題的通知〉1967.12.03；中發〔67〕364號：

各省、市、自治區革命委員會（籌備小組）、軍管會，各級軍區、各革命群眾組織：

在無產階級文化大革命運動以前發行的國產與進口的影片中，有不少毒草影片。對這些影片必須認真地加以清理。

一、無產階級文化大革命以前發行放映過的國產和進口的毒草影片，凡現在未做好批判準備的，各部門、各單位、各群眾組織，一律不得自行放映。

二、各部門、各單位目前存有的上述影片，一律由原部門集中上交給有關領導機關封存，妥善保管，嚴加控制，並開列清單，逐級上報中國電影發行公司備案，聽候處理，不得擅自租借或放映。

[69] 慶祝江青同志11月28日講話一週年大會籌備處主辦《會刊》，第2期，1967年11月27日。

三、凡群眾組織目前存有的各種影片，由當地革命委員會（籌備小組）、軍管會、軍分區，責成有關部門回收，上報清單，聽候處理。

四、放映批判用的毒草影片，不宜過多，必須組織好批判文章，做好批判的準備工作以後，再在城市上映（農村一般不放）。群眾看電影應按國家規定收費。看後，要組織討論會，通過討論會、報刊發表批判文章等形式，對毒草影片進行大張旗鼓的批判，將毒草影片批深批透批臭。

五、有些單位藉口批判毒草，擅自擴大放映範圍或將未經批准的毒草影片，私自放映，毒害人民，從中牟利。對這些單位要加以追究，情節嚴重的要給予處理。

六、部隊放映隊存有的上述影片，由各軍、各兵種、大軍區按照以上原則處理。

12月16日

戚本禹接見文藝系統代表時的講話（楊成武參加了接見）：

江青同志11月9日和11月12日講話總結了幾年的文藝界鬥爭經驗，大大推動了全國各地的文藝界的文化大革命，大大深入……（漏記）

全國各地材料報來都鬥黑幫、挖黑線。為了把文化大革命搞得更好，必須加強領導，軍委辦事組派幾位同志加強領導是對文藝界的關心。經過一年多文化大革命，舊文化部十大協會的領導都垮了。他們過去一直反對毛主席文藝路線，他們必定垮臺，垮得好！他們垮了臺，我們文藝界的革命戰士自己起來搞，向江青同志學習，執行毛主席的革命路線，堅決插紅旗，不能插灰旗、黑旗，不能搞調和、搞折衷。

要做到這一點，首先要學習毛主席著作鬥私批修，毛主席的每一個指示都堅決執行，堅決照辦。報紙報導了偉大戰士李文忠，李文忠有四名句言：「毛主席熱愛我熱愛，毛主席支持我支持，毛主席指示我照辦，毛主席揮手我前進。」我們文藝界要掀起學習李文忠的熱潮，也要做忠於毛主席的文藝戰士，絕不能培養「三名三高」文藝，辦公室的同志到文藝界，堅決突出無產階級政治，培養象李文忠同志那樣永遠忠於毛主席的文藝戰士，徹底打掉資產階級那一套。文藝和政治的關係，毛主席早已講得很清楚，不能光搞技術，林副主席說：一種認為藝高膽大，一種是膽大藝高，只有用毛澤東思想才能膽大、藝高，思想不對頭，像馬連良、白玉霜，只能插白旗。

我們有兩個陣線，武力戰線和文化戰線。武力戰線即軍隊，在林副統帥統帥下搞得好，毛主席號召向他們學習；在文藝戰線搞得不好，讓黑線專政。我們請了軍隊的同志，用紅旗攻黑線，要深入群眾，調查研究，依靠文藝界的革命群眾，把文化大革命搞好。江青同志讓各單位組織力量樹隊伍，要亂一下，大批判。發展不平衡，不是所有的都亂，但是像新影、芭蕾舞劇團搗著的單位要亂一下，要搞大批判、鬥批改。

總的說，先樹立一支隊伍，江青同志為文化大革命指示了方向，江青同志說在春節前要組織好隊伍。在去年〈二月座談會紀要〉中第十條說，要重新教育隊伍，重新組織隊伍。有些人沒有執行毛主席路線，有些人叛變了，被腐蝕了，不能和資產階級和平共處。11 月 12 日又講了樹隊伍，最近她又和我們說，春節前要樹隊伍。如何樹隊伍？江青同志又指示，可仔細看看，要集中力量樹隊伍，不要搞創作，不要出去串聯。

政治是靈魂，政治是各行業務的總統，是統帥是靈魂，政治是立場。林副統帥說：「立場錯了，一切都錯。」王寶功他們的任務就是管好政治思想工作，管好思想革命化的工作。這件事情管好，其他差一些也好辦了，這件事有成績，就是最大的成績。膽大才藝高，有正確思想才天不怕，地不怕，不怕苦，不怕死。解放軍的特點就是聽毛主席的話，保衛毛主席的革命路線，保衛毛主席的思想。

第二個傳達的事就是要樹隊伍。通過這一次文化大革命，看出誰是好人，誰是壞人，誰是骨幹。好人就要樹立起來，讓他們為核心；壞人當然也教育，當然叛徒、特務就是另外一回事了。這是江青同志講的第二個任務。第一個任務和第二個任務都是聯繫著的，爭取春節前把隊伍樹立起來，通過大批判、大聯合、三結合，這個任務完成了，就基本實現了。林副主席接見小組時指出，經常請示報告，經常深入群眾調查研究，有了這兩點，就能做到情況明。沒有把握，催得再急也要請示報告，不要急，天塌不下來。

12月21日

《人民日報》發表龍聞善的文章〈一支反對戲曲革命的大毒箭——揭穿齊燕銘的《三者並舉》劇目方針的反動實質〉。該文認為：舊文化部副部長、黨組書記齊燕銘，是黨內最大的走資派「麾下」的一員幹將。他秉承主子的黑指示，利用竊取的職權，極力鼓吹宣揚帝王將相、才子佳人的封建舊戲曲，為中國赫魯曉夫復辟資本主義鳴鑼開道。齊燕銘夥同周揚砲製的現代戲、傳統戲和所謂新編歷史劇《三者並舉》的戲曲劇目方針，就是這一小撮反革命修正主義份子反黨、反社會主義、反對無產階級專政的一支大毒箭！

同日，由團長阮春龍、副團長黎氏芝、山祿率領的越南南方人民代表團，今晚出席了中越友協為歡迎他們舉行的文藝晚會，觀看中國革命現代芭蕾舞劇《紅色娘子軍》。陳毅副總理，有關方面負責人韓念龍、丁西林、牛連璧等，陪同越南南方戰友觀看演出。當代表團全體成員和應邀觀看演出的越南南方民族解放陣線常駐中國代表團團長阮文廣、越南民主共和國駐中國大使館參贊黎終始，由陳毅等同志陪同來到劇場時，全場起立，長時間熱烈鼓掌，向來自反美鬥爭最前線的越南南方人民的使者致敬。演出結束，越南南方戰友在〈國際歌〉聲中走上舞臺，同演員親切握手。這時，「打倒美帝國主義！」「越南人民必勝！」的口號聲，響徹全場[70]。

---

[70] 〈越南南方戰友觀看革命芭蕾舞劇《紅色娘子軍》〉，北京：《人民日報》（第5版），1967年12月22日。

本年

陳伯達、江青等接見四個「樣板戲」單位[71]。

同年 7 月，芭蕾舞劇《白毛女》、京劇《智取威虎山》和《海港》等三個出自上海的「樣板戲」由北京返滬後，在上海舉行彙報演出。

同年 9 月，為慶祝建國十八週年的國慶節，八個「樣板戲」再次進京公演。

洪平，〈讚革命現代京劇《智取威虎山》〉，《紅旗》1967 年第 8 期。

杜近芳，〈光焰無際的毛主席的革命文藝路線勝利萬歲〉，《紅旗》1967 年第 9 期。

《人民日報》發表文章〈無產階級文化大革命的指路明燈——紀念〈在延安文藝座談會上的講話〉發表二十五週年〉。在紀念發表二十五年期間，八臺戲同時獻演於首都舞臺，歷時三十七天，共演出二百一十八場。毛澤東、林彪、周恩來、陳伯達、江青、張春橋、姚文元等都觀看了演出。

[71] 江青，《江青同志論文藝》，「文革」期間編印本，現藏於匹茲堡大學圖書館，頁 171-176。

1968 年

【概述】

從 1968 年起，江青指令把 60 年代各地京劇院團創作的現代優秀京劇《紅燈記》、《智取威虎山》、《沙家濱》、《奇襲白虎團》、《海港》、《龍江頌》和舞劇《白毛女》、《紅色娘子軍》等八部舞臺作品進行改編拍攝，移植到銀幕上。江青「嘔心瀝血」樹立的革命「樣板」，其本意不僅僅在於藝術創作，而且還把它作為在文化大革命中政治鬥爭的一種手段。首先，江青以「文藝黑線」論否定所有的文學藝術創作和大批優秀的文學藝術作品，以此詆毀新中國以來整個文學藝術的成就，製造出一個所謂的無產階級文藝的「空白期」。接著，她就大造宣傳輿論，篡改歷史真相，製造了一個由「江青同志」親自發起的無產階級京劇革命運動和領導創作革命「樣板戲」的神話，並大肆宣揚「無產階級革命文藝的新紀元已經到來」。以「新紀元」來填補「空白期」，江青自然就成為無產階級「文藝革命」的偉大「旗手」。從 1968 年 3 月下旬以後，報紙上連篇累牘地發表反對「右傾翻案風」的文章。在反對「右傾翻案風」的煽動下，前一個時期有所收斂的無政府主義狂潮再度掀起，造反派組織之間的派性鬥爭和武鬥流血事件重新加劇，若干地區的局勢再度惡化。3 月 27 日，工人體育場舉行盛大集會。中央首長周恩來、陳伯達、康生、江青、姚文元、謝富治、黃永勝、吳法憲、溫玉成、葉群等出席了大會。然後，江青、康生、陳伯達、周恩來都做了重要講話。5 月 23 日《文匯報》發表于會泳的文章〈讓文藝舞臺永遠成為宣傳毛澤東思想的陣地〉。該文首次公開提出所謂「三突出」創作原則。文章認為：「我們根據江青同志的指示精神，歸納為『三突出』，作為塑造人物的重要原則。即：在所有人物中突出正面人物來；在正面人物中突出主要英雄人物來；在主要人物中突出最主要的即中心人物來。」後經姚文元改定為：「在所有人物中突出正面人物；在正面人物中突出英雄人物；在英雄人物中突出主要英雄人物。」[1]10 月，中共八屆擴大的十二中全會對「文化大革命」的理論和實踐做了完全的肯定。被擴大吸收參加這次會議的中央文革小組成員、軍委辦事組成員，各省、市、自治區革委會和各大軍區主要負責人等的總數達七十四人，占出席會議人員總數的 55%以上。沒有經過核實和認真討論，錯誤地批准了〈關於叛徒、內奸、工賊劉少奇罪行的審查報告〉，並通過決議，宣布「把劉少奇永遠開除出黨，撤銷其黨內外的一切職務。」全會通過的《中國共產黨章程（草案）》規定「林彪是毛澤東同志的親密戰友和接班人」。1968 年 12 月毛澤東發出「知識青年到農村去，接受貧下中農的再教育，很有必要」的號召，全國立即掀起知識青年上山下鄉的高潮。

1 月 30 日

據《人民日報〉報導：《毛主席的革命文藝路線勝利萬歲》紀念郵票於 1 月 30 日開始發行。郵電部為紀念這一偉大勝利，決定發行《毛主席的革命文藝路線勝利萬歲》紀念郵票一套。這套郵票共九個圖案，用影寫版彩色印製，面值均為八分。其中一至六圖已於 1 月 30 日開始發行，其他三個圖將另定期發行。這套郵票的九個圖案是：第一圖：毛主席的革命文藝路線勝利萬歲；第二圖：革命現代京劇《紅燈記》；第三圖：革命現代京劇《智取威虎山》；第四圖：革命現代京劇《沙家濱》；第五圖：革命現代京劇《海港》；第六圖：革命現代京劇《奇襲白虎團》；第七圖：芭蕾舞劇《紅色娘子軍》；第八圖：芭蕾舞劇《白毛女》；第九圖：交響音樂《沙家濱》。

1 月 31 日

林彪、周恩來、陳伯達、康生、江青、姚文元、謝富治、楊成武、葉群、吳法憲、丘會作、張秀川、李天煥、劉錦平等人在 1 月 31 日晚，觀看了中國京劇院演出的革命京劇「樣板戲」《紅燈記》。當林彪、周恩來、陳伯達、康生、江青、姚文元等中央領導進入會場時，全場觀眾激動得高舉紅通通的《毛主席語錄》連

[1] 江青的《談京劇革命》確立了京劇革命的總體方向，而于會泳則從微觀層面建立了藝術創造的基本準則。

連熱情歡呼：「毛主席萬歲！毛主席萬歲！萬萬歲！」中國人民解放軍各總部、各軍兵種以及在京的各軍區負責人也應邀觀看了演出。演出結束後，林彪、周恩來、陳伯達、康生、江青、姚文元、謝富治、楊成武、葉群、吳法憲等人接見了演出《紅燈記》的全體演員。這時，臺上臺下放聲高唱〈大海航行靠舵手〉，再一次長時間熱烈歡呼：「毛主席萬歲！毛主席萬歲！萬萬歲！」[2]

本月

外文出版社出版 Chiang Ching（江青）的「*On the Revolution of Peking Opera*」《誤京劇革命》。

2月2日

新華社的〈郵電部發行郵票紀念在毛澤東思想光輝照耀下誕生的革命樣板戲〉報導：《毛主席的革命文藝路線勝利萬歲》紀念郵票已於 1 月 30 日開始發行。郵電部為紀念這一偉大勝利，決定發行《毛主席的革命文藝路線勝利萬歲》紀念郵票一套。這套郵票共九個圖案，用影寫版彩色印製，面值均為八分。其中一至六圖已於 1 月 30 日開始發行，其他三個圖將另定期發行[3]。

2月4日

江青的指示：〈在觀看中國京劇院《紅燈記》後的講話〉：

> ×××（**京劇院的人**）定性了沒有？弄清有現行活動沒有？叛徒要抓，處理要慎重，要按黨的政策辦事，給出路。芭蕾舞團有些頂牛，白淑香是黨培養出來的，幾次挽救死不悔改，舊文化部就是培養這樣的人，處理要寬。《紅燈記》高玉倩怎麼樣？材料收到了，有否現行活動？她是立了新功，歷史問題要向群眾交代，可以勸她。她和阿甲是一條線，阿甲包庇她，要向群眾交代，處理從寬。

---

[2] 新華社〈偉大領袖毛主席的親密戰友林彪副主席觀看革命京劇樣板戲《紅燈記》並接見演員〉，北京：《人民日報》，1968 年 2 月 1 日。

[3] 〈郵電部發行郵票紀念在毛澤東思想光輝照耀下誕生的革命樣板戲〉，北京：《人民日報》，1968 年 2 月 3 日。

角色要甲乙丙，老同志歷史上難免沒問題，只要能跟毛主席走。把青年和好老年樹起來，不要太多。

《平原游擊隊》像話劇，對話太多，自己先立起來，自己搞。內容重要，藝術形式也重要。排戲就是立，立就是鬥批改。

（**對文辦**）藝術院校很重要，戲院有一個史若虛（**周揚線上的**）。戲校的階級鬥爭蓋子沒有揭開，要重點抓樣板團，不要管得太多。戲校、芭校要抓，美院、戲院不用抓，他們有力量，有骨幹。戲校受舊的影響深，行幫習氣重。

基本陣線分明了，階級隊伍就樹立起來了。中國京劇院隊伍不難樹立，都是年輕人。

創作人員太多，編四個組（**編、導、音、舞**）。

要搞三結合（**指創作要搞三結合**）。

樹立隊伍後，《平原游擊隊》和甲組深入生活。

一個樣板戲等於一個原子彈，趕走了帝王將相。在別人的基礎上搞創造，樹立隊伍，三結合，大聯合。

五十個單位不要都抓，舊文化部就是抓得太多。電影界很亂。山東可以派軍代表，上海委託春橋同志管。叫袁世海做文藝顧問，帶幾個學生到戲校去調查。袁世海和李少春不同。

人要精，多了不需要。京劇院可能多一個團。

歷史問題沒有搞清楚，控制使用[4]。

3月23日

河南省、市文藝界舉行誓師大會，表示要堅決「斬斷文藝黑線，砸爛文藝黑網」。

4 江青，《江青文選》（武漢：新湖大革命委員會政宣部，1967年12月），頁334。

3月24日

林彪在軍隊幹部大會上的講話：【根據錄音整理，未經本人審閱】

1968年3月24日晚九時三十分至25日凌晨一時三十分，我們敬愛的副統帥林副主席和周總理、伯達、康生、江青、文元、富治、永勝、法憲、葉群、東興同志在人民大會堂接見了駐京軍事機關、部隊、院校的十四級以上黨員幹部，並做了極其重要的指示。25日凌晨一時三十五分，我們最最敬愛的偉大領袖毛主席接見了全體到會同志，全場起立，高呼毛主席萬歲！萬歲！萬萬歲！敬祝偉大領袖毛主席萬壽無疆！萬壽無疆！萬壽無疆！歡呼聲響徹雲霄，經久不息。最後全體高唱《大海航行靠舵手》、《祝福毛主席萬壽無疆》、《國際歌》。

中央首長在接見軍隊幹部會議上的講話：【1968年3月24日，林副主席在人民大會堂，對軍隊幹部做了關於楊、余、傅反黨集團問題的重要講話，傳達了偉大統帥毛主席的決定和命令。紀錄稿，未經本人審閱。】

林副主席：現在請總理講話。

周總理的重要講話：

……

在這裏，我提幾句江青同志在中央文革所起的作用。江青同志是一個堅強的共產黨員，無產階級戰士。她不是從今天、從無產階級文化大革命開始，30年代她就是一個堅定的共產黨員，就是一個同叛徒、同假共產黨員、特務和社會的反動派做鬥爭的一位堅強勇敢的女戰士。（**熱烈鼓掌**）如果說現在或者是兩面派或者是特務、壞份子，他們所謂蒐集江青同志那個時候的材料，有兩種，一種是江青同志自己為戰鬥所寫的東西，那不是什麼黑材料，那是紅材料，革命的材料！（**熱烈鼓掌**）至於國民黨社會上，那時候是反動派統治著，那時他們寫的東西，污衊、造謠、迫害，那都是反革命的東西，把那些東西如果拿出來，作為黑材料，那你要在哪個地方登？江青同志自己說得很清楚，那就是臺灣的話，香港的話，就是應該被打倒的那些人的話，哪有什麼黑材料？（**口號：誰整江青同志的黑材料誰**

就是反革命！向江青同志學習！向江青同志致敬！誰反對江青同志就打倒誰！誓死保衛江青同志！）三十多年以前，江青同志成了我們偉大領袖毛主席的親密戰友和學生。得到毛澤東思想長時期的修養、學習和鍛鍊。經過了戰爭的年月。解放以後正是江青同志身體很差的時候，受到黨內一小撮走資派的代表人劉、鄧、陶、彭德懷、賀龍、彭、羅、陸、楊、譚震林等等，以至受到蕭華的迫害。儘管如此，江青同志堅強不屈，高舉毛澤東思想偉大紅旗，在我們無產階級文化大革命準備階段，進行社會主義革命教育的時候，進行了文藝的改革，大家都知道，1964 年演出樣板戲八齣，都是經過江青同志親自指導、修改出來的。到了 1966 年要發動無產階級文化大革命了，反革命、叛徒、內奸彭真寫了個〈二月提綱〉，可是江青同志得到了林副主席的委託，寫出了革命的〈二月座談紀要〉，這是我們人民解放軍大家都人手一冊讀過的。所以，在文化大革命以前，提一提她的成績的一兩點，就足以證明江青同志的偉大成績。在無產階級文化大革命中，我剛才提到，她還有很多的著作，還有很多的演說，現在印成了小冊子，大家都讀了的。這就看出江青同志是我們黨內傑出的女戰士，傑出的共產黨戰士！值得我們向她學習！向她致敬！（**江青同志：功勞歸於偉大的毛澤東思想！毛主席萬歲！萬萬歲！**）（**口號：向江青同志學習！向江青同志致敬！誓死保衛江青同志！誰反對江青同志我們就打倒誰！**）

林副主席：現在請江青同志講話。

江青同志的重要講話

同志們好！（**熱烈鼓掌**）我完全擁護我們的偉大領袖毛主席的英明決定！（**熱烈鼓掌。口號：堅決擁護偉大統帥的英明決定！偉大領袖毛主席萬歲！毛主席萬萬歲！**）

同意林副統帥、周總理的講話。（熱烈鼓掌。**口號：堅決執行林副主席的英明指示！堅決擁護偉大領袖毛主席的英明決定！**）

人民解放軍廣大指戰員在歷史上樹立了豐功偉績，在文化大革命中間，「三支」「兩軍」是有偉大的成績的！（熱烈鼓掌。**口號：偉大的人民**

解放軍萬歲！）向同志們致敬！（**熱烈鼓掌。口號：毛主席萬歲！**）向同志們學習！（**熱烈鼓掌。口號：毛主席萬歲！向江青同志學習！向江青同志致敬！誓死保衛江青同志！誰反對江青同志就打倒誰！**）

同志們！我是一個普通的共產黨員，是毛主席的一個小學生，工作做得也不多，學習比起同志們來也許差一些，但是，我努力緊跟主席的革命路線，努力學主席的偉大思想。我要是說錯了，同志們砲轟我，大字報、小字報我都不怕！在工作方面，我盡我自己的力量來做，和同志們共勉勵！（熱烈鼓掌）

……

例如去年 11 月 9 號和 11 月 12 號兩次文藝界的座談會，我就是不點名地批評戚本禹的[5]。又例如，有的人勾結起來，像楊成武之流，口頭上說，中央文革怎麼樣、怎麼樣。而實際上做了很多事情欺騙中央文革，這說明什麼呢？這就是反對無產階級文化大革命，反對以毛主席為首的、林副主席為副的無產階級司令部，反對人民解放軍，反對革命委員會。（**口號：擁護江青同志的「9•5」講話！堅決捍衛江青同志「9•5」講話的精神！**）

又例如，楊成武去年寫了一篇什麼叫做〈大樹特樹毛主席的絕對權威〉，實際上他想樹立他自己的絕對權威，他才是一個「一言堂」呢。為了這個問題，我反對過他兩次，這也是主席的教導，但是我並沒有背後講過他，這有人為證，我是跟他正面的原則問題上進行鬥爭。這說明他是反對毛主席的指示的，也是反對林副主席的指示的。他對於中央文革是十分不尊重的，發展到今年（**幾號我忘記了**）不得我們的允許，衝到中央文革的駐在地區，不得組長、副組長的同意，當時組長請示我們的這樣一個很短的時間，他就衝進去了。身為司令，衛戍司令，破壞人民解放軍的紀律，目中沒有黨中央、沒有中央文革。昨天我才知道是楊成武三次指示他進去的。（口號：誓死保衛中央文革！堅決執行中央文革一切指示！堅決擁護

[5] 1968 年 1 月又對戚本禹實行隔離審查。毛澤東領導採取的這些措施雖然不能從根本上解決問題，但是對於制止局勢繼續惡化，還是起了一定的作用。

中央文革的領導！）兩部車子，當時我就趕過去，我說：「你，衛戍司令，不得我們的批准，是不是來捉人呀？！」我現在才知道，他果然是去捉人去了。這樣的事情能夠允許嗎？！（**全場齊聲回答：不能！口號：誰反對毛主席就打倒誰！誰反對林副主席就打倒誰！誰反對江青同志就打倒誰！誰反對中央文革就打倒誰！毛主席萬歲！萬萬歲！**）就從那一天我堅決抵制了他以後，傅崇碧就賴帳，楊成武就突然間「病了」——一個「病人」天天會客，天天去那兒幹兩面派的勾當，進而進行奪吳法憲司令員的權。這就是奪空軍的權。同時他支持一些受矇蔽的革命小將來想打倒謝富治同志。謝富治同志跟我一樣，可能有缺點、錯誤，也許有比較嚴重的錯誤，但這是一個很正派的同志，這允許嗎？！（**全場齊答：不允許！**）

「二月逆流」是個什麼東西呢？剛才，我們的林副統帥、我們的總理已經講了，它事實上是反對毛主席的革命的路線，反對以毛主席為首、林副主席為副的無產階級司令部，想打亂我們的人民解放軍，想破壞革命委員會，這是辦不到的！（**口號：打倒「二月逆流」的幹將譚震林！保衛毛主席的無產階級革命路線！毛主席的革命路線勝利萬歲！我們偉大的領袖毛主席萬歲！萬萬歲！**）打倒譚震林！打倒譚震林！！打倒譚震林！！！我之所以有氣，一，我曾經保過他，二，現在我們有確鑿的證據，譚震林是個大叛徒。（**口號：打倒大叛徒譚震林！**）同志們，是跟劉、鄧、陶、彭、羅、陸、楊以及「二月逆流」這些傢伙走？還是跟毛主席、林副主席走？（**全場堅定地高聲回答：我們跟毛主席、林副主席走！**）我相信毛主席親自締造的、林副主席直接指揮的，有光榮偉大傳統的人民解放軍絕不會跟他們走的。（**口號：毛主席萬歲！緊跟毛主席的偉大戰略部署！永遠忠於毛主席！永遠忠於毛澤東思想！永遠忠於林副主席！永遠忠於毛主席的無產階級革命路線！毛主席萬歲！萬歲！萬萬歲！**）我堅信廣大的指戰員是忠於毛主席，忠於林副主席，忠於馬列主義、毛澤東思想的！（**口號：永遠忠於偉大領袖毛主席！永遠忠於偉大的毛澤東思想！永遠忠於毛主席的革命路線！永遠忠於敬愛的林副主席！**）擊退「二月逆流」的反撲！（**口號：無產階級專政萬歲！擊退「二月逆流」的反撲！毛主席的**

革命路線勝利萬歲！永遠忠於毛主席！永遠忠於毛主席！永遠忠於毛主席！）

林副主席：現在請伯達同志講話。

陳伯達同志的重要講話：（略）

林副主席：現在請康老講話。

康生同志的重要講話：

……

這些勝利的取得，在毛主席和林副主席的指導下面，應當說江青同志起了巨大的作用，樹立了特殊的功績，因此，我們在這勝利的時候，應當向江青同志學習！向江青同志致敬！（**熱烈鼓掌。口號：向江青同志學習！向江青同志致敬！誓死保衛江青同志！誰反對江青同志就打倒誰！**）

林副主席：現在請姚文元同志講話。

姚文元同志的重要講話

……

我們要認真學習毛主席最近的一系列的重要指示、最新指示。剛才，林副主席、總理、江青同志、伯達同志、康生同志的重要講話中已經傳達了這一些指示。毛主席的這一些指示，對於我們奪取無產階級文化大革命的全面勝利具有偉大的戰略意義。（**熱烈鼓掌**）我們要認真學習毛主席關於反對兩面派、反對陰謀家、反對山頭主義、宗派主義的指示，學習毛主席的〈矛盾論〉和〈實踐論〉，從思想上、政治上把我們武裝起來。我們要認真學習剛才林副主席的重要講話，認真學習總理、江青同志、伯達同志、康生同志的重要講話，使毛主席的聲音、毛主席的指示堅決地、不折不扣地得到執行，化為我們的實際行動。

（這時，林副主席向大家報告最最振奮人心的消息：「我們的偉大領袖毛主席來接見你們了！」頓時全場沸騰起來，長時間地不斷高呼：「毛主席萬歲！毛主席萬萬歲！」「敬祝毛主席萬壽無疆！萬壽無疆！萬壽無疆！」齊聲高唱〈大海航行靠舵手〉。江青同志領唱〈國際歌〉。最後，林副主席宣布：會議結束，散會。）

3月27日

中央首長在首都十萬人大會上的講話（周恩來　江青　康生）【3月27日下午，工人體育場風展紅旗如畫。偉大的中國人民解放軍、革命的工人、貧下中農、紅衛兵小將十多萬人滿懷革命的豪情，懷著對我們偉大的導師、偉大的領袖、偉大的統帥、偉大的舵手毛主席無限熱愛，無限信仰、無限崇拜、無限忠誠的階級感情，在這裏舉行盛大集會。中央首長周恩來、陳伯達、康生、江青、姚文元、謝富治、黃永勝、吳法憲、溫玉成、葉群等出席了大會。大會由伯達同志主持。首先周總理代表黨中央、國務院、中央軍委、中央文革宣讀了偉大領袖毛主席和林副主席的英明決定。然後，江青同志、康生同志、伯達同志、周總理都做了極其重要的講話。最後，大會在響亮的《大海航行靠舵手》和雄壯的《國際歌》聲中勝利結束。下面是首長講話記錄】

陳伯達：請總理講話。

周總理：

同志們，現在宣讀命令。

根據毛主席、林副主席的決定：

一、楊成武犯有極嚴重錯誤，決定撤銷其中國人民解放軍代總參謀長的職務，並撤銷其中央軍委常委、中央軍委副祕書長、總參黨委第一書記職務。

二、余立金犯有極嚴重錯誤，又是叛徒，決定撤銷其空軍政治委員、空軍黨委第二書記的職務。

三、傅崇碧犯有嚴重錯誤，決定撤銷其北京衛戍區司令員職務。

此命令發到團，傳達到全體指戰員。

中共中央　國務院

中央軍委　中央文革

1968年3月22日

同志們、戰友們，現在宣讀第二道命令。

根據毛主席、林副主席的決定：

一、任命黃永勝同志為中國人民解放軍總參謀長。

二、任命溫玉成同志兼北京衛戍區司令員。

此命令發到團，傳達到全體指戰員。

1968 年 3 月 22 日

（眾：毛主席萬歲！毛主席萬萬歲！）

陳伯達：現在請江青同志講話。

江青的講話：

無產階級革命派同志們、人民解放軍指戰員同志們、紅衛兵小將們，問同志們好！向同志們致無產階級文化大革命敬禮！

（眾：毛主席萬歲！向江青同志學習！向江青同志致敬！）

今天開這個大會，是因為有的同志們要求我們解答一些問題，我們也有一些事情要當面親自告訴同志們。（**口號：毛主席萬歲！向江青同志學習！向江青同志致敬！**）

同志們，我是一個普通的共產黨員，是毛主席的一個小學生，是革命群眾的小學生，工作做得不多，學習也不比同志們好，（**向江青同志學習！致敬！**）但是我努力緊跟毛主席的無產階級革命路線，盡我自己所能來工作，來和同志們所共勉的。沒有天生一貫正確的人，我也並不是一貫正確的，也犯過錯誤，也有許多缺點，我做錯了，說錯了，同志們砲轟我、寫大字報都可以。（**向江青同志學習！致敬！誓死保衛江青同志！**）現在有的學生說是要油炸我，絞死我。等到我空了的時候，我就親自去叫他去油炸，要讓他絞死我。（**江青同志笑！**）（**誓死保衛江青同志！誰反對江青同志就打倒誰！**）那些一貫自封正確的人是不對的，不符合毛澤東思想的。我個人對於許多事物、許多人都有一個認識過程。對於兩面派、陰謀家、個人野心家是需要一個認識過程的，因為他們打著紅旗反紅旗，在我們面前是偽裝革命。（**口號：打倒劉鄧陶！打倒陰謀家！**）而我們在毛主席身邊工作的人，尤其不能隨意地懷疑一個人，這樣謹慎地觀察。毛主席教導我們，認識一個事物的本質需要有過程，而且需要通過各種現象來觀察它的本質，而不是只看一種現象。像劉少奇、鄧小平、陶鑄、彭德懷、賀龍、彭、羅、陸、楊這樣一些大叛徒、老反革命、大野心家混到我們黨內，他們都是兩面派。對於他們要是沒有這次無產階級文化大革命是挖不出來的，革命小將樹立了豐功偉績。革命小將送來了大量的材料，但是我們為了慎重，還是成立了項目審查委員會小組。拿到了他們確切的證據，並且有許多旁證。劉少奇是四次被捕、四次叛變的大叛徒，是內奸，是大特務。王光美是一個美國大特務，而且是戰略情報特務。如果這樣一批叛徒、特務、死不悔改的傢伙一旦得逞，他們就要在中國實行資本主義復辟！同志們，把他們揪出來是不是偉大的勝利呀？（**眾：是！**）

康生：略

江青：現在請陳伯達同志講話。

陳伯達講話：略

周總理講話：

……

同志們！戰友們！我在這裏要提幾句江青同志的奮鬥的生平，我們要曉得江青同志是經過戰鬥的年月的，特別是30年代，她當共產黨員的時候，就遇到叛徒、假黨員、壞份子，國民黨的反動派對她的迫害（**向江青同志學習！致敬！**）她在那個時候，很年輕的時候，就像魯迅那樣硬骨頭似的敢於向迫害、壓迫、摧殘誹謗、造謠的人反攻，她寫出的文章是戰鬥的文章，值得我們學習的文章。所以當時江青同志戰鬥過的，如果有些人把那些文章拿出來讀一讀，那是紅文章。至於有些反動派誹謗者他們寫的壞東西，這不是江青同志的黑材料，那是這些黑幫、壞份子蒐集的臺灣、香港、美帝蘇修的材料。（**黃永勝：學習江青同志戰鬥革命精神！**）所以這樣蒐集的這些材料，就是這些黑幫反動派，帝國主義者、特務所寫的那些材料，誹謗的材料，這些人就是黑幫，所以我們要追究這些人。這些材料沒有什麼了不起，那都是誹謗的材料嘛！魯迅也遇到過嘛！何況江青同志那個時候既做地下工作，又做藝術工作，很不容易，所以這一點值得我們大家欽佩她。

在抗日戰爭的初期，江青同志到了延安，成為我們偉大領袖毛主席的親密戰友，勤懇的學生，她確實是緊跟毛主席，緊跟毛主席著作和思想，所以在身體不好的時候，也能勤懇地學習毛主席著作，聽毛主席的報告。在戰爭年月裏，還參加了我們解放戰爭。到了解放以後，這些黑幫份子，就是剛才說的，從大叛徒劉少奇起，劉、鄧、陶，彭、羅、陸、楊、彭德懷、賀龍，一直到楊成武、余立金、傅崇碧等等，還有譚震林，「一小撮二月逆流」份子，都在迫害反對江青同志。但是江青同志藐視他們，敢於跟他們鬥爭。所以在無產階級文化大革命的準備階段，我們就看見江青同志的表現嘛，1964 年的戲劇革命，八個樣板戲劇到今天還是光輝燦爛！（**康生：揪出迫害江青同志的這個反革命！**）

在 1966 年，彭真起草的那個〈二月提綱〉的時候，正是林副主席委託江青同志所完成的在人民解放軍進行的〈文藝會談紀要〉的發表的同時，你們看一看鮮明的對照，一個是黑的，一個是紅的，多麼鮮明的對照啊！光輝的〈紀要〉，值得我們大家學一學，再重新學一學。在無產階級文化大革命的每一歷史時期，在剛才所說的照陳伯達同志的分析，按照我們剛才說的這些鬥爭當中，江青同志都起了重要的作用。在中央文革裏，江青同志非常嚴格地要求自己，也是嚴格地要求同志，用毛澤東思想的尺度，來考察每一個同志，分清敵我的界限。當著是同志的時候，她非常誠懇熱心地幫助同志；當著判明是壞人的時候，她就敢於勇敢地把他端出來，這種精神也是值得我們學習的。所以我們要向江青同志學習！向江青同志致敬！（**江青：向總理學習！向總理致敬！**）我不敢當，我還要學。（**伯達：互相學習。**）

因此我們要誓死保衛我們偉大領袖毛主席！我們要誓死保衛林副主席！誓死保衛毛主席為首林副主席為副的黨中央！誓死保衛中央文革！誓死保衛江青同志！我們要誓死保衛我們的人民解放軍！誓死保衛我們廣大的革命群眾！誓死保衛我們的紅衛兵！還要誓死保衛我們無產階級專政的紅色政權！

4月10日

毛澤東關於無產階級文化大革命實質的一段話：

> 無產階級文化大革命，實質上是在社會主義條件下，無產階級反對資產階級和一切剝削階級的政治大革命，是中國共產黨及其領導下的廣大革命人民群眾和國民黨反動派長期鬥爭的繼續，是無產階級和資產階級階級鬥爭的繼續[6]。

4月14日

〈中央文化革命小組關於毒草影片的回收與廢膠片上交問題的通知〉（1968.04.14；中發〔68〕60號）

> 各省、市、自治區革命委員會（革籌小組）、軍管會、各級軍區，各革命群眾組織：
>
> 一、不准任何單位不加批判地私自放映毒草片。為杜絕某些地方和單位不加批判地放映毒草影片的事件，現規定在各地發行放映的國產與進口的毒草影片，目前一律由各省、市、自治區革命委員會（革籌小組）、軍管會收回封存。非經中央文化革命小組批准，不得擅自租借或放映。
>
> 二、凡違背上述規定，私自搶奪毒草片，任意放映的，一律以違法論處。
>
> 三、廢膠片是重要的化工材料，為了執行偉大領袖毛主席「節約鬧革命」的方針，各地區、各部門所存的廢膠片，一律由各省、市、自治區收回，妥善保管，聽候處理。不准私自賣出，已經賣出的要一律收回。
>
> 四、軍隊系統所存的毒草影片和廢膠片，由各軍兵種、各大軍區按上述原則處理。

---

[6] 1968年4月10日，《人民日報》、《解放軍報》發表題為〈芙蓉國裏盡朝輝——熱烈歡呼湖南省革命委員會成立〉的社論。社論中在「毛主席最近又深刻地指出」後面，用黑體字引用了這段話。

五、凡是要批判的毒草片，應由批准放映的單位，做好準備，統一部署，做到放一部，就徹底批判一部，真正達到化毒草為肥料的目的。不加批判地放毒的那種做法，應堅決予以制止。如發現壞人利用放毒草片從中牟利，應予以堅決揭露。必要時，可以法辦。

5月19日

江青談美術改革：

潘天壽的畫很陰暗，我是不欣賞的，畫的禿鷹真難看，又陰暗，又醜。（文元：畫很陰暗，與他搞特務有關，潘天壽喜歡畫的禿鷹，是特務的化身。）

前幾年，潘天壽的畫怎麼那樣多？你們杭州捧得那麼高？記得在北京還開了展覽會，賣價很貴，還有傅抱石。徐悲鴻應該肯定，從藝術上看，應該是肯定的，洋為中用，古為今用，而且比較有思想，徐悲鴻的展覽館不應該搞掉。齊白石是老財迷，可壞啦！譚震林老婆也是個老財迷。（**文元：黃胄這個人很壞。**）

（當彙報了浙江美院革委會領導清理階級隊伍的情況後）

清理階級隊伍是主要的，是原則問題。我們第一要堅決對敵，第二要掌握政策，區別對待。其他你們去做，你們是革命委員會嘛！（**文元：革命委員會就是要搞革命嘛！你們去幹嘛！**）

至於畫，要為工農兵服務，要工農兵去占領陣地。畫的主題思想要非常明確，構圖要非常簡單，要突出主題。現在：你們的畫面太雜了，雜七雜八的（**指彙報時帶去的幾幅畫**）。

我們要普及，普及是基礎，但我們還要在普及的基礎上提高，要提高的作品，美術要搞出樣板來。沒有提高的東西，人家就會罵我們喝白開水，我們就站不住腳，被人家趕下臺。

首先要樹隊伍。同意你們留下一些骨幹，不要都畢業，都畢業走了就糟了。你們造反早，革委會成立早，可以去實踐，總結經驗。總結可以寫全面的，也可以寫個別的，好的經驗我們可以批轉，但文字不要太長。

要堅決對敵，搞好對敵鬥爭。要發動群眾，清理階級隊伍，要掌握好政策。政策不穩要搞亂。不能專信口供，要有物證、旁證，沒有口供也能定案。總之，要動員起群眾，領導要掌握政策。（**文元：用辦毛澤東思想學習班的形式清理階級隊伍。**）

（當彙報了浙江美院的教改情況後）

任何事情都要按毛主席指示辦事，發動群眾進行實踐，總結經驗，加以推廣，這就是試點。你們創造出無產階級新事物，我們加以支持推廣。

你們光畫肖像還不夠，品種多樣一些。但過去畫花花綠綠，根本不以工農兵為主體，不為工農兵服務。你們要訓練工農兵的美術人才，為工農兵服務。美術學院不一定出專家。你們辦工農兵訓練班業餘培養工農兵人才很好，工農兵中是有人才的。原來想整個藝術院校，不但美術，還有音樂、戲劇、舞蹈，都想試點一下，但不行。現在還沒有精力。現在集中力量抓政治，顧不上藝術院校搞試點，下面的人搞不清。你們學校力量較集中，可以大膽搞嘛！並系下鄉下廠，搞成綜合的藝術院校，都可以試驗嘛！到實踐中去搞嘛，我們沒有框框，有成績可以向我們報告。為了教改，我同意你們多留一些骨幹，多留一些畢業生。

（當彙報說周揚、蔡若虹、華君武、江豐、莫樸等資產階級 30 年代的黑線人物在美院有很深的根子時）

還有 20 年代、40 年代、50 年代一直到 60 年代。資產階級幾百年，封建主義幾千年，是有影響的。但沒有什麼可怕，戲劇改革，八個樣板戲一出來，不是把他們壓垮了嗎！？

（當彙報到很多省市都有美術學院、工藝美術學校，戲劇，音樂學院時）

每個省搞那麼多幹什麼呢？這是胡搞，都變成小老爺了！中央美術學院有個教師用油畫畫年畫，用敦煌的那一套，完全脫離實際。年畫、連環畫、木刻是有前途的，作用還大一些。舞臺美術很重要。現在有的把很大的樹也搬到舞臺上去了，沒有發揮舞臺燈光的作用。油畫這個品種要改造。模特兒還要畫，畫半身的，但光靠模特兒不行，還要學會默記，有些人離開了模特兒不會畫畫。

（當談到工藝美術問題時）

工藝美術學院的同學吵著要下鄉，找一些工礦讓他們去吧！怎樣把工藝美術弄到工廠去，我曾與柯慶施同志研究過。我國美術圖案是有很好傳統的，比如花布、緞綢，都有我們的民族傳統。只要不畫龍鳳之類東西，稍微把圖案簇新一下就很美、很典雅、大方啦。現在的設計人員把小狗、小貓都搬上花布，而且模仿西方的東西，沒有人愛穿，國際市場上也無法競爭。景德鎮有些出口產品，我們還要賠本啦！

畫領袖像要特別慎重，不然要打敗仗。畫主席的像不能粗製濫造。**（江青同志看了美院創作的《人間正道是滄桑》這幅畫，基本上是肯定的，同時批評說）**可是細細琢磨起來有問題，背景太複雜，主席的下頦不舒服，右手畫得不夠好。要突出人物，背景不要太雜。**（江青同志接著又看了毛主席與霍查同志握手的一幅油畫）**你們的創作傾向不好，不突出人物，後面搞得那麼多，亂的，也不嚴肅，從主題思想到構圖都有問題。最近有一幅畫毛主席到安源去的油畫，非常好，把主席的神氣刻劃出來了！

解決了立場問題，還要解決技巧問題。基本功還是要的。

今後雕塑怎麼搞？大型的主席塑像中央三令五申下命令不准搞，因為搞那麼大，主席形象刻劃不好，隨便亂搞不行，搞不好有國際影響。

浙江的文化局造我的謠造得一塌糊塗，我點了《四郎探母》。舊中宣部、舊文化部，還有舊華東局，彭真、王芳都造我的謠。《四郎探母》我去之前上演了，我批評了就沒有上演，但我走後又上演了，是在報上看到報導的，而 61 年我根本沒有去杭州，他們全是造謠污衊。女人演男人，是 60 年代的怪現象，討厭透了！越劇《戰鬥的青春》是大毒草，小說本身就是壞的，有次在懷仁堂有個少壯越劇團來演，我想這下演有男演員了吧，一看還是女人演男人，真難看！越看越生氣，就想走。還有一個戲，我看了可生氣了，寫了一個醉鬼，一個瘋女人，影射我們的新社會是醉鬼瘋女人。故事發生在浙江，所以浙江編了這齣新編的古戲，戲名叫做《醉斷》。你們浙江演古戲、鬼戲演到了這樣的程度真是出奇，甚至棺材上出殭屍鬼，我才不看這些戲，我是在報紙上看到的。還有《庵堂認母》到處都演，每個戲種都演。（**文元：那時美其名曰「搶救堂產」。**）

（當彙報到胡喬木到杭州活動時）

胡喬木還與陳冰搞了一個《辛文兵》。（**文元：胡喬木到杭州好幾次。**）我每次批評，他都不聽。……這些都是周揚他們為了復辟資本主義製造輿論而搞起來的。（**伯達：對！對！是為復辟製造輿論。**）

（當談到改造劇種時）

浙江有個問題，舊的劇種都有問題。紹興大班武功基礎好。樣板戲是否可以移植？有些老的劇種是否可以利用？首先要分清是非，然後區別對待。（**文元：剛才江青同志講，八個樣板戲可以移植，移植是很艱苦的改造工作。**）

越劇要改造。越劇是資產階級的，過去上海有錢人搞幾個小姑娘唱堂會，越劇音樂很消沉，越劇得重新改造，重新創作。越劇要男女合演，音樂要改造，高八度、低八度唱不上去[7]。

5月21日

外交部今天舉行文藝晚會，熱烈歡迎由馬里外交部長烏斯曼・巴和幾內亞外交部長蘭薩納・貝阿沃吉率領的幾內亞、馬里聯合訪華友好代表團。國務院副總理陳毅、李先念，陪同幾內亞、馬里朋友，觀看了革命現代京劇《智取威虎山》。幾內亞駐中國大使塞古・卡馬拉和馬里駐中國大使館臨時代辦庫里巴利，以及幾內亞、馬里駐中國大使館其他外交官員出席了今天的晚會。演出結束後，烏斯曼・巴部長和蘭薩納・貝阿沃吉部長由陳毅、李先念副總理陪同，在熱烈的掌聲中走上舞臺，同演員們親切握手，祝賀他們演出成功[8]。

[7] 本文是伯達、江青、文元等中央首長接見浙江省革委會副主任張永生等同志時江青同志的講話，題目是編者加的。本文是根據紀錄整理出來的，在編印中有刪節。

[8] 〈歡迎幾內亞、馬里聯合訪華友好代表團　我外交部舉行文藝晚會　陳毅和李先念副總理陪同貴賓觀看《智取威虎山》〉，北京：《人民日報》（第3版），1968年5月22日。

5月23日

于會泳在《文匯報》上發表的〈讓文藝舞臺永遠成為毛澤東思想的陣地〉一文中說：「我們根據江青同志的指示精神，歸納為『三突出』，作為塑造人物的重要原則。即：在所有人物中突出正面人物來；在正面人物中突出英雄人物來；在英雄人物中突出主要英雄人物來；在主要人物中突出最主要的中心人物來。」後來，在《紅旗》雜誌 1969 年第 11 期上刊載了經姚文元親自改定的〈努力塑造無產階級英雄人物的光輝形象〉，對「三突出」理論做了進一步的修改和潤色，將這一公式定為：「在所有人物中突出正面人物；在正面人物中突出英雄人物；在英雄人物中突出主要英雄人物。」「三突出」成為「無產階級文藝必須遵循的一條原則。為了使文藝工作者在創作中理解「三突出」原則，使用「三突出」方法，「三突出」又繁衍出一系列的「三字經」理論。如「高起點」、「三陪襯」[9]、「三特定」、「三對頭」[10]、「三鋪墊」、「三個打破」[11]、「多層次」、「多波瀾」、「多回合」等等，意在處理正反面人物、英雄人物和正面人物、主要英雄人物和英雄人物之間的「突出」和「陪襯」的關係等。

5月26日

《人民日報》發表中國京劇院錢浩梁的文章〈永遠忠於毛主席的革命文藝路線〉。

《人民日報》發表署名為「北京京劇一團革命委員會」的文章〈在革命大批判中樹立革命隊伍〉。

---

[9] 三陪襯：在正面人物和反面人物之間，反面人物要陪襯正面人物；在正面人物和英雄人物之間，正面人物要陪襯英雄人物；在一般人物和主要英雄人物之間，一般英雄人物要陪襯主要英雄人物。作品中的其他人物只能為突出主要英雄人物起鋪墊作用，不能平分秋色。

[10] 三個對頭：為了加強正面人物的音樂形象，在革命現代京劇的音樂創作上，採用了「兩結合」的創作方法，通過著重揭示人物內心世界的途徑，塑造無產階級人物的音樂形象。根據江青同志的指示，在唱腔設計的深度處理上，盡力做到了「三個過頭」。即思想感情過頭、性格氣質過頭和時代氣息過頭。這是針對舊京劇那種脫離人物、脫離時代精神的「水腔」和「老腔老調」而言的。

[11] 三個打破：打破唱腔行當（老生腔、武生腔、小生腔、花臉腔、青衣、花旦等）；打破唱腔流派（梅派、程派等）；打破舊有格式（「西皮」、「二黃」等）。

6月30日

〈用革命樣板戲宣傳毛澤東思想偉大勝利，把舞臺作戰場徹底摧毀反革命文藝黑線〉報導：無產階級革命新文藝的樣板團——北京京劇一團、中國京劇院、工農兵芭蕾舞劇團和中央樂團，將在「7·1」——中國共產黨誕生四十七週年的大喜日子裏，舉行1968年首次公演，再度向首都廣大工農兵革命群眾演出六個閃耀著毛澤東思想燦爛光芒的革命樣板戲。這次上演的革命樣板戲，有革命現代京劇《沙家濱》、革命現代芭蕾舞劇《紅色娘子軍》、革命現代交響音樂《沙家濱》，還有他們向上海京劇院、山東京劇團學習的革命現代京劇《智取威虎山》、《海港》和《奇襲白虎團》[12]。

同日，江青、中央「文革」接見鋼琴伴唱《紅燈記》演員等革命文藝戰士時的講話：（時間：晚11時30分至7月1日凌晨1時15分，地點：人民大會堂福建廳。【根據紀錄整理，未經首長審閱。】）

> 江青：
>
> 明天是「7·1」，是黨四十七週年生日，我們決定把你們創作的鋼琴伴唱《紅燈記》作為給黨的獻禮，我想明天開始全國播送。我們幾個人剛剛考慮了半天，認為還是叫鋼琴伴唱好，這樣能突出鋼琴，能打破迷信，把鋼琴放在前面，使鋼琴得到解放，鋼琴在西洋樂器中是個大問題，可以說這是推陳出新，作品是第一關，演奏是再創造。殷承宗同志過去在革命歌曲方面也做了些試驗，但總覺不能充分發揮鋼琴，過去搞那些民間小調小器，太狹隘。這次聽了我覺得鋼琴完全可能在民族歌劇（指京劇）上得到充分的發揮，鋼琴的音域很廣，很有表現力，這次錄音我聽了覺得很好，很好聽，整個音樂很寬廣，很雄偉，尤其「刑場」那一段比過去好多了。當然還有可以琢磨的餘地，但目前有這樣的成績，我是很滿意的。這個發展前途是很大的，是否可以這樣說，這對西洋樂器的革命，對主席的洋為中用的思想的體現，是有很重大意義的。它為西洋樂器，為交響音樂開闢

[12] 〈用革命樣板戲宣傳毛澤東思想偉大勝利，把舞臺作戰場徹底摧毀反革命文藝黑線〉，北京：《人民日報》（第1版），1968年6月30日。

了一條新的道路，也為祖國的戲劇伴奏開闢了一條新的道路。這是無產階級革命文藝的新品種。

姚文元同志插話：最近不是有一個大毒草叫《新時代的狂人》嗎？我們無產階級有自己的香花。

江青同志：

我想了好幾年了，想要有一個交響樂團和一個京劇團合起來，用交響樂隊來伴奏京劇，（**對殷承宗說**）你們這個團應該有這個任務。回去和同志們商量一下，我們先搞一個，7、8、9 還有三個月，在你搞鋼琴的基礎上配器，把《紅燈記》搞成樂隊伴奏，「10・1」拿出來，來得及來不及？保持京劇的文場武場。最難的問題，還是打擊樂器的問題，你們可以考慮一下，是保留京劇的打擊樂呢？還是用西洋樂器，把京劇的打擊樂表現出來，用西洋樂器來表現，我覺得還是有可能的。你們樂隊可以下到樂池去，樂隊中也可以給京劇的打擊樂和胡琴、月琴等留出一個地方來。我看你們以後演《紅燈記》就可以用交響樂隊伴奏，一天用胡琴，一天用提琴，一天用鋼琴，這樣交響樂團也可以打開另外一條路子來。這樣省得你們整天考慮化妝啊，動作啊！聽說你們《沙家濱》改得亂七八糟的。（**文元：他們加了好多動作**）（**殷承宗向江青同志彙報：已恢復江青同志審查時的原樣。**）我們不要搞現代派，中央樂團和中國京劇團要合起來。

你們現在還吵不吵？過去我們搞戲，吵得一塌糊塗，阿甲這個人很壞，是歷史反革命，也是現行反革命，你們把他鬥夠了沒有？他的老婆也很壞。中國京劇院不要那個院字，什麼學院不學院，那些混蛋、王八蛋都要把它打掉。所以我們考慮叫中國京劇團，可以分一隊、二隊……你們那裏（**指中國京劇團**）人才多，要儘量幫助他們改造，只要不是現行反革命、〈公安六條〉的。像袁世海這樣的人，我們都保了，他在《紅燈記》上，我是給他記了一功的，他態度一直比李少春好。當然，也不是包庇他，他的問題還是要交代清楚的。我們考慮了你們來信提到的兩個名字，《紅燈記》京劇團和中國京劇團比較起來，還是中國京劇團對外國來說名字更響亮一些。當然《紅燈記》京劇團也是有紀念意義的。他們（**指譚元壽等**）就叫北京京劇團，如果你們同意的話，明天是黨的生日，就算我們中央文革給你們正式命名。我還想文化革命以後再抓二十部戲、二十部電影，這是我的志願。《紅嫂》那個戲的底子是好的，我想把它改好，可以要于會泳同志搞，主要是本子搞壞了，但是還是有底子的，不練功不行的。

（**在放鋼琴伴唱《紅燈記》錄音，聽到「做人要做這樣的人」一段時**）江青同志說：他們到底為什麼，這個拖腔很好。（**在聽「雄心壯志沖雲天」一段時**）江青同志說：「鬥志更堅」的「堅」字過門鋼琴還可以發揮，把「堅」字更突出。

（**當錢浩梁彙報《平原游擊隊》的創作情況，向江青同志要一個音樂設計和一個導演時**）江青同志：音樂設計可以叫殷承宗同志去，導演袁世海可以嘛！還可以搞一個集體，同意你們把《平原游擊隊》先立起來再說。

江青同志還問：李少春的民憤大嗎？我估計是會有的。李少春前一階段給我寫了一封信。承認他是張×的乾兒子，並且承認錯誤，要求願意工作，我沒有理他，他大概想當導演。這個人還是有辦法的，他比阿甲好，但他的問題要交代清楚，你們回去可以讓群眾討論一下。《紅燈記》第六場〈赴宴〉出場時要唱四句。明天是黨的生日，我們考慮兩個獻禮作品：一個是油畫《毛主席去安源》，一個是鋼琴伴唱《紅燈記》。我想這還是有質量的，你們的錄音錄得很好，電臺的同志工作得很好，錄音質量高。《毛主席去安源》這幅畫思想水平相當高，藝術水平也不錯。我這裏有二十張，如果你們要的話我可以送給你們每人一張。一定還會有很多的好創作我們沒有發現。我們這兩個創作對全國也是一個推動，名字一定要登，不署名是陶鑄的「發明」，不然連個責任制都沒有了。

（**江青同志詳細詢問了北京各個樂隊和鋼琴演奏人員情況，江青同志對各種樂器都很熟悉。**）江青同志：名次排列，我看一次可以把錢浩梁、劉長瑜放在前面，一次把殷承宗放在前面。你們（**指錢、劉**）應該謙虛點。他有很大的創造。你（**對殷**）將來就搞作曲吧！也可以搞集體創作，你要調到京劇中去二年，一些老戲的唱片應該讓他聽。如《羅成叫關》的娃娃調，還有各種流派，我可以買些唱片送給你。現在你接觸到是二黄、西皮等，像大段的反二黄、慢板、反西皮還沒接觸到。以後可以搞一下《海港》。鋼琴伴唱《紅燈記》還要繼續搞完。

江青同志對電臺同志說：把群眾的反映蒐集起來，報導一下。

文元同志：這是無產階級文化大革命出現的新品種，（**對《人民日報》同志**）我們應該積極支持，大力宣傳。

江青同志：我看就叫〈鋼琴伴唱《紅燈記》〉好，這樣突出鋼琴。

康生同志：突出鋼琴較好，這樣能破除迷信。

殷承宗請示江青同志說：我回去先搞一個小的創作班子。

江青同志：好！把《紅燈記》先搞起來。

最後江青同志說：你們大膽試驗吧！什麼都可以試驗，有棍子打來我給你們頂著。

伯達、康生、文元等同志：我們一起給你們頂著。

接見到此結束，首長再一次和同志們親切握手，時間7月1日凌晨一時十五分[13]。

7月1日

毛澤東、林彪等聆聽了鋼琴伴唱《紅燈記》和交響音樂《沙家濱》。

7月3日

《人民日報》發表北京京劇團革命委員會的〈讓革命樣板戲永放光芒〉。

同日，《人民日報》發表中國京劇團革命委員會的文章〈建立一支無產階級的革命文藝隊伍〉。

同日，《人民日報》發表工農兵芭蕾舞劇團無產階級革命派的文章〈向反革命文藝黑線發起新進攻〉。

同日，《人民日報》發表中央樂團革命委員會的文章〈沿著毛主席的革命文藝路線勝利前進〉。

---

[13] 原載：天津市市級文藝系統委員會《天津新文藝》編輯部：《天津新文藝》第72號，1968年7月。

同日，《人民日報》發表〈陽光雨露育新花——工農兵、革命文藝戰士熱烈讚揚鋼琴伴唱《紅燈記》〉。

7月6日

新華社〈首都廣大工農兵和革命文藝戰士熱烈讚揚鋼琴伴唱《紅燈記》〉報導：首都廣大工農兵和革命文藝戰士熱烈讚揚鋼琴伴唱《紅燈記》，歡呼毛主席無產階級革命文藝路線新勝利。

同日，《人民日報》發表于會泳的文章〈歡呼毛主席革命文藝路線的新勝利〉。

同日，《人民日報》發表李劫夫的文章〈讚鋼琴伴唱《紅燈記》〉，該文認為：〈鋼琴伴唱《紅燈記》〉是鋼琴藝術與京劇藝術的融合，開拓了戲劇伴唱的新形式。「它既保留了京劇唱腔的基本特點，又充分發揮了鋼琴音域寬廣、氣勢雄偉、富於表現力的特色，很好地烘托和塑造了李玉和、李鐵梅的高大英雄形象。它成功地把唱腔、鋼琴和京劇打擊樂器融合在一起，成為一個統一的整體。」

同日，《人民日報》發表中央樂團殷承宗的文章〈以江青同志為光輝榜樣，做永遠忠於毛主席的革命文藝戰士〉。

7月11日

新華社〈毛主席「古為今用，洋為中用」方針的新勝利　廣大工農兵高度讚揚鋼琴伴唱《紅燈記》〉報導：正在奪取無產階級文化大革命全面勝利的全國各地工農兵群眾和革命文藝戰士，競相爭聽鋼琴伴唱《紅燈記》，熱烈歡呼毛主席無產階級革命文藝路線的新勝利。廣大工農兵群眾無比興奮地讚揚說，江青同志親自培育的這一無產階級革命文藝的新品種，是又一朵閃耀著毛主席偉大文藝思想光輝的鮮花，是又一曲鼓舞人們乘勝前進的毛澤東思想勝利凱歌，是無產階級文化大革命在文藝戰線上又一豐碩的成果。廣大工農兵群眾縱情歡呼：戰無不勝的毛澤東思想勝利萬歲！毛主席的無產階級革命路線勝利萬歲！[14]

[14] 〈毛主席「古為今用，洋為中用」方針的新勝利　廣大工農兵高度讚揚鋼琴伴唱《紅燈記》〉，北京：《人

同日，外交部和對外貿易部今天舉行文藝晚會，熱烈歡迎由團長、越南民主共和國政府副總理黎清毅率領的越南政府經濟代表團。國務院副總理李先念陪同黎清毅副總理和代表團副團長李班、吳明鸞等越南朋友，觀看了革命現代京劇《紅燈記》。越南民主共和國駐中國大使館外交官員，越南南方民族解放陣線常駐中國代表團團長阮文廣，以及在北京的越南朋友，應邀出席了晚會。演出結束，黎清毅副總理等由李先念副總理陪同，走上舞臺，同演員們熱烈握手，祝他們演出成功。出席晚會的，還有我國政府有關部門、中國人民解放軍、北京市革命委員會等有關方面的負責人溫玉成、韓念龍、李強、謝懷德、丁西林、向前等[15]。

7月12日

《人民日報》發表中國京劇團錢浩梁、劉長瑜的文章〈為創造光輝燦爛的無產階級新文藝而奮鬥〉。

同日，《人民日報》發表解放軍某部紅文兵的文章〈革命戰士熱愛革命樣板戲〉。

7月14日

《人民日報》發表北京京劇團譚元壽、馬長禮的文章〈無產階級的藝術明珠〉。

7月15日

《人民日報》發表《解放軍報》通訊員、《解放軍報》記者的報導〈毛主席革命文藝路線勝利萬歲——廣大指戰員熱烈歡呼鋼琴伴唱《紅燈記》的誕生〉。

《人民日報》（第3版）專欄發表文章：北京鐵路局豐臺機務段工人陳福汗、杜真、張萬和、趙家福、尹振聲、曹春榮，〈高舉紅燈永向前〉；天津港裝卸工人杜學良、唐志文，〈身在碼頭　胸懷祖國　放眼世界〉；中國人民解放軍某部

民日報》，1968年7月12日。

15 〈我外交部和對外貿易部舉行文藝晚會　熱烈歡迎越南政府經濟代表團　李先念副總理陪同代表團觀看了革命現代京劇《紅燈記》〉，北京：《人民日報》（第5版），1968年7月12日。

劉成華，〈誓讓革命紅燈照全球〉；北京地質學院學生袁長青、沙丁茂、黃品文，〈接革命班，做革命人〉。

7月21日

《人民日報》（第4版）專欄：裝甲兵某部孟祥林、夏綱培、孔令銅，〈革命交響音樂《沙家濱》好得很〉；中國人民解放軍某部盧韋、李衛、張忠，〈無產階級的革命英雄萬歲〉；工農兵芭蕾舞劇團劉慶棠，〈做永遠忠於毛主席的革命文藝戰士〉。

7月26日

《人民日報》發表濟南部隊活學活用毛澤東思想積極份子、奇襲「白虎團」一級戰鬥英雄楊育才的文章〈毛澤東思想的勝利凱歌〉。

《人民日報》（第4版）專欄：宛效東，〈紅旗捲起農奴戟——讚革命現代芭蕾舞劇《白毛女》〉，戰士曾志安、紅濤，〈讚革命的一扁擔〉。

7月30日

《人民日報》（第2版）發表任文欣的文章〈標社會主義之新　立無產階級之異——評鋼琴伴唱《紅燈記》〉。

8月14日

《人民日報》（第5版）發表高長音的文章〈洋為中用的光輝樣板——評革命交響音樂《沙家濱》〉；鍾鼓鳴，〈讚革命交響音樂《沙家濱》〉。

8月15日

日本《長周新聞》最近發表文章，熱烈讚揚中國革命油畫《毛主席去安源》和鋼琴伴唱《紅燈記》的誕生。文章歡呼：「在全世界人民的偉大領袖毛主席親自領導的無產階級文化大革命全面勝利的形勢下，中國七億人民在文藝戰線上取得了輝煌的勝利。」[16]

8月19日

《人民日報》發表空軍直屬機關紅雷的文章〈中國赫魯曉夫是京劇革命最大的攔路虎〉。該文認為：「中國赫魯曉夫這個黨內最大的走資派，是京劇革命最大的攔路虎。從全國解放前夕以來，每到階級鬥爭的關鍵時刻，他都要跳出來，頑固地反對毛主席的革命文藝路線，反對京劇革命，把京劇舞臺作為他復辟資本主義的一個重要陣地。」

8月23日

《人民日報》發表馬聯玉、姚欣、金和增的文章〈彭真是無產階級文藝革命的死敵〉，該文認為：「文化藝術領域裏的階級鬥爭，十幾年來一直激烈地、驚心動魄地進行著。在這場激烈的鬥爭中，大野心家、大陰謀家彭真是中國赫魯曉夫反革命陣在線一員幹將。」

8月29日

《人民日報》發表江戰兵的文章〈張庚是革命現代戲的死敵〉，該文認為：「毛澤東思想的無比光輝照亮了京劇革命的康莊大道。江青同志親自培育的八個革命樣板戲和鋼琴伴唱《紅燈記》的誕生，使封建主義、資本主義、修正主義群魔亂舞的舊戲舞臺改換了面貌，為人類歷史上前所未有的群星燦爛的無產階級革命文藝開創了新紀元。」

同日，《人民日報》發表解放軍某部程繼堯、姚永亮的文章〈斥周揚的「新的不來，舊的不去」〉。

---

16 〈日本《長周新聞》盛讚中國革命油畫《毛主席去安源》和鋼琴伴唱《紅燈記》〉，北京：《人民日報》，1968年8月17日。

9月4日

新華社〈河原崎長十郎熱情讚頌中國無產階級文化大革命〉報導：新華社訊　東京消息：訪問中國後不久前回到日本的日中文化交流協會常任理事河原崎長十郎在羽田機場的歡迎會上以及8月24日在東京舉行的記者招待會上發表談話，表達了他對世界革命人民的偉大導師毛主席無限熱愛、無限崇敬的深厚感情，並且熱情歡呼中國無產階級文化大革命取得的偉大勝利。

9月7日

江青在北京市革命群眾熱烈慶祝全國（除臺灣省外）各省、市、自治區革命委員會全部成立大會上講話[17]：

> 今天，我是早晨才知道要開這樣一個盛大的慶祝全國省、市、自治區成立革命委員會的大會，臨時告訴我，要我來說幾句話。（鼓掌）
>
> 無產階級革命派同志們、人民解放軍指戰員們、紅衛兵小將們，（鼓掌）我向你們致無產階級文化大革命的敬禮！**（鼓掌，群眾高呼：向江青同志學習！向江青同志致敬！江青同志也高呼：向同志們學習！向同志們致敬！）**
>
> 我想不出什麼好的語言來形容我心中的喜悅。（鼓掌）回憶這兩年多來無產階級文化大革命，我們經過多少驚濤駭浪，追隨我們偉大的領袖毛主席奮勇前進，終於把黨內以中國赫魯曉夫為首的反革命修正主義路線徹底粉碎了。**（鼓掌，群眾高呼：無產階級文化大革命全面勝利萬歲！毛主席的無產階級革命路線勝利萬歲！）**
>
> 我們不要忘記了革命的青年、紅衛兵小將在革命的初期，在革命的中期，都建立了豐功偉績。**（鼓掌，群眾高呼：戰無不勝的毛澤東思想萬歲！毛主席萬萬歲！）**

---

[17] 〈在北京市革命群眾慶祝大會上的講話〉，北京：《人民日報》，1968年9月10日。

在現在有少數個別小將犯了這種或者那種錯誤，我們有責任幫助他們改正。（**鼓掌，群眾高呼：毛主席萬歲！毛主席萬萬歲！**）就是有個別單位，有什麼武鬥，那也很滑稽的。當然是壞事情，脫離了廣大的群眾，也脫離自己本單位的群眾，這不是好事，我們反對。但是壞事也可以變成好事，就是取得了經驗教訓，鍛鍊了革命小將（**鼓掌**），暴露了敵人。（**鼓掌**）

在偉大領袖毛主席的號令下，7 月 27 號，工人階級主力軍登上了上層建築鬥、批、改的舞臺。（**鼓掌，群眾高呼：工人階級必須領導一切！**）人民解放軍做後盾。（**鼓掌**）紅衛兵小將和一切願意革命的教職員工應該歡迎（**鼓掌**），服從領導。（**鼓掌**）不允許少數個別壞人刁難，要把這些壞人破壞鬥、批、改的傢伙揪出來。（**鼓掌**）

但是，工人階級，領導的階級，要好好地保護紅衛兵小將。（**鼓掌**）要幫助他們，教育他們。因此，我建議你們也要好好地學習本月 5 日《人民日報》發表的《紅旗》雜誌編者按這一篇按語。這篇按語是代表了我們偉大領袖毛主席的聲音的。（**鼓掌，群眾高呼：毛主席萬歲！毛主席萬萬歲！**）

我們的工作還是很多的，鬥、批、改，整黨、建黨，清理階級隊伍，很多的。我們還會遇上許多我們還沒有認識的東西。因此，我們一定要遵照我們的偉大領袖毛主席的教導，戒驕，戒躁，高舉毛澤東思想偉大紅旗，勝利前進！（**鼓掌**）

我的話完了。（**鼓掌，群眾高呼：毛主席萬歲！毛主席萬萬歲！**）

9月14日

中央文革碰頭會領導接見首都工宣隊軍宣隊代表時的講話（周恩來、康生、江青）：時間：1968 年 9 月 14 日，下午五點三十五分至八點五十五分，地點：人民大會堂。參加接見的中央首長有：周恩來、陳伯達、康生、江青、謝富治、黃永勝、吳法憲、葉群、汪東興、溫玉成等。首都工人毛澤東思想宣傳隊、解放軍毛澤東思想宣傳隊代表出席。【紀錄稿，未經首長審閱。】

當周恩來等中央首長健步進入會場時，被接見的數千名代表高舉紅通通的寶書——毛主席語錄，熱烈歡呼：毛主席萬歲！毛主席萬萬歲！祝毛主席萬壽無疆！萬壽無疆！

大會由陳伯達主持。

下午五點四十分，陳伯達宣布開會，首先請江青同志講話。

江青講話：

同志們好！向同志們致敬！向同志們學習！（**群眾高呼：向江青同志學習！向江青同志致敬！**）

我是一個普通的共產黨員，是毛主席的一個小學生，也是廣大群眾的一個小學生，要向同志們學習。（**鼓掌，群眾高呼：向江青同志學習！向江青同志致敬！**）

同志們，一個共產黨員為人民做了一點好事，那是自己本分；要是做錯了，就應該堅決改正。如果有什麼功績，應該歸功於我們偉大領袖毛主席、黨中央、中央文革，廣大的革命人民，紅衛兵小將。（**鼓掌，群眾高呼：毛主席萬歲！毛主席萬萬歲！**）

我不過是一個小螺絲釘。工人階級登上了上層建築的鬥、批、改的舞臺，其實，在 1964 年，在文藝路線上已經登上了政治舞臺，這是國際共產主義運動史上劃時代的創舉，是我們偉大領袖毛主席對馬克思列寧主義的巨大貢獻。（**鼓掌，群眾高呼：毛主席萬歲！敬祝毛主席萬壽無疆！**）

9 月 5 日全國一片紅，也就是說二十九個省、市、自治區都成立了革命委員會。這個革命實踐，證明瞭這個革命的貢獻的偉大。但是，許多同志不瞭解這次無產階級文化大革命的來龍去脈。我們有責任向同志們來介紹，使同志們瞭解這一場無產階級文化大革命運動的歷史過程，我們走了哪些彎路，我們犯了哪些錯誤。

這次革命應該追溯到八屆十中全會，就是 1962 年，我們偉大領袖在那個會上就提出了階級、階級矛盾、階級鬥爭這個問題。為什麼提出呢？就是有人反對毛主席的無產階級革命路線。（**群眾高呼：打倒劉少奇！打倒黨內最大的一小撮走資派！**）

我們的偉大領袖毛主席在 1962 年 8 月北戴河中央工作會議和 9 月八屆十中全會上，就反覆地提出了社會主義社會是一個相當長的歷史階段。在社會主義這個歷史階段中，還存在著階級矛盾和階級鬥爭，還存在著社會主義同資本主義兩條道路的鬥爭，存在著資本主義復辟的危險[18]。

我個人由於工作角度的關係，也由於害了一場重病，醫生要我用參加文化生活來鍛鍊我的聽覺、視覺的平衡。這樣，我接觸了部分的文學藝術。這大概是在 1960 年就開始了。那個時候，我就發現在舞臺上、銀幕上是一大、二洋、三古；還有香港電影、美帝國主義的電影、蘇修的電影、其他資本主義國家的電影……，總而言之，宣傳的是資本主義、封建主義，就是不為工農兵服務。他們表現的工農兵是歪曲的。就是在 1962 年那一個夏天，我當時不認識劉少奇是個什麼人物，我跑到他那兒去說：「這是賠了夫人又折兵的事情。」那一年我同四位正副部長談話，要求要為工農兵服務，要表現英雄的中國勞動人民，工人階級、貧下中農、人民解放軍，他們不理睬。開始，爭取評論的權利，但是他們也不理睬。所有的新聞機構都被他們控制了。

在 1962 年的冬天，我到了上海，柯慶施同志還在世，他支持我。在柯慶施同志的支持下，組織一篇評論壞戲、反革命戲的文章。到下半年，我還是繼續地要求評論，他們不肯。我將他們的軍，那個時候中央正在開會，我說請姚文元同志來。請來了，他們害怕。他們就怕姚文元，他們說姚文元同志是「一條棍子」，我說：「姚文元同志是一條無產階級的金棍子。」（鼓掌）這樣，他們才拼湊了一個按語，一篇評論，送給主席、給我看了。主席有改動。但他們拿回去又把尖銳批評的地方又改了。改了還不說，他還不再送給主席看就在《光明日報》上發表了。這個時候，我覺得光評論不行了，得要參加藝術實踐。就找一些劇本，同時組織評《海瑞罷官》。組織這篇文章是很難的，沒有主席的支持，沒有柯慶施同志的具體的支持是出不來的。修改了很多次，我都看了三次。那些反革命就盯著，說什麼：「送錄音帶就藏著〈評《海瑞罷官》〉這篇文章了。」他們說

18 江青關於「文化大革命」起源的一種解釋。

對了，因為他們是混入的一批反革命嘛！我到哪去，他們都盯梢，搞竊聽器。對主席、林副主席、總理，對我都盯著，控制著，是這樣一種情況啊！同志們！（**群眾高呼：打倒劉、鄧、陶！**）[19]

1964 年，我沒有告訴別人，也不敢告訴，為了解決京劇武打問題，就是兵的問題，跑到海南島去「解剖」戰士的動作，來解決這個武打的問題；又跑到上海看那個戲搞得怎麼樣了，因為我知道人家在破壞會演。他們說我們的革命的現代戲，是話劇加唱。他們才無知哪！中國的戲從來就是話劇加唱。他們說我們的戲是白開水。白開水又有什麼不好呀！沒有白開水就渴死了，有了白開水就可以做出別的東西來了。在會演的時候，主席批轉了姚文元同志的一篇文章（**名稱未聽清**）叫全體同志學習。但那些資產階級權威老爺們，只承認我們有兩個半戲，哪兩個半？《紅燈記》、《沙家濱》，《奇襲白虎團》是半個。在這我要向同志們說：我們的偉大領袖毛主席、林副主席、周總理、康老、陳伯達同志以及廣大的人民，革命的文藝工作者，都是支持的，他們決心緊跟著主席走的。這些戲都是搞的革命的三結合，都是同時鬥、批、改，都是針鋒相對。那個時候對我說來，是艱苦的歲月。（**群眾高呼：向江青同志學習！向江青同志致敬！**）也就是在那個時候，大特務、大反革命份子王光美去搞了「桃園經驗」。也就是在那個同時，反革命份子劉少奇做了公開的報告，反對我們偉大領袖毛主席。（**群眾高呼：打倒劉少奇！打倒王光美！誓死保衛毛主席！毛主席萬歲！毛主席萬萬歲！**）

1965 年農村二十三條，他們繼續阻撓破壞。彭真就來了一個剎車，他們搞了農村相當一個部分的資本主義復辟；羅瑞卿這個大反革命就來了個奪軍權。（**群眾高呼：打倒彭、羅、陸、楊！**）

到 1966 年 1、2 月我覺得不行啦！一定要請人民解放軍的尊神來啦，無產階級的尊神來啦。我親自向林副主席請示，他們多方阻撓、破壞。可是，還是在林副主席的支持下開成了。（**鼓掌，群眾高呼：祝林副主席身體永遠健康！**）他們同時搞了一個什麼〈二月提綱〉。還有一個反革命份

[19] 江青在「文革」前，經歷了組織文學評論到親自參加文學創作的過程。

子林默涵，把我們座談會的〈紀要〉盜竊去，改頭換面說是他的。無恥！這個時候就成立了中央文革起草委員會。中央開擴大的政治局會議，起草《5・16 通知》。在這個時候，這個起草委員會的中央文革，劉、鄧、陶他們就安下了釘子，我們是不知道的。當時王力、關鋒、戚本禹，他們跟吳傳啟、潘梓年這些反革命有著關係。我當時只是做一般的黨的工作人員把關，勸他們不要跟他們來往。因為我不瞭解這些人，平時沒有聽說過什麼吳傳啟。知道有個潘梓年，但也不知道是個大叛徒，那個時候就鬥爭啦。同志們！那個時候因為工作太累，我半休息，也觀察全國的形勢。

毛主席在中央政治局擴大會議上提出不要派工作組，但是，劉少奇他們回來還是派了工作組。（**群眾高呼：徹底打倒資產階級反動路線！**）

同志們，我幹過這樣的蠢事情，我在上海，南京大學出了「6・3」事件，我曾替江渭清出這樣的主意，叫他出去開個大會，告訴群眾，他支持群眾革命。但是他不聽，我還當他是個好人。那時候接著就是西安的「6・6」事件，接著是北大的「6・18」事件。聶元梓他們出了第一張大字報，清華大學反對王光美這個工作組。他們是有功勳的。這個時候，紅衛兵小將們衝上了社會，破四舊，點火串聯，起了很大的革命推動作用。他們這樣的功勳是不能抹殺的。這是歷史事實。（**鼓掌，群眾高呼：向革命的紅衛兵小將學習！向紅衛兵小將致敬！**）

……

打倒劉少奇！打倒鄧小平！

打倒陶鑄！打倒彭德懷！打倒賀龍！

打倒彭、羅、陸、楊！

打倒譚震林！

打倒王、關、戚！打倒楊、余、傅！

打倒美帝國主義！打倒蔣介石！一定要解放臺灣！

打倒蘇修及一切特務！

打倒一切反動派！

團結在我們偉大領袖毛澤東的偉大旗幟下奮勇前進！

周恩來的講話：

同志們！向你們學習！向你們致敬！（群眾高呼：向總理學習！向總理致敬！）

同志們！我完全同意剛才江青同志的講話。江青同志系統地講了我們無產階級文化大革命的序幕。從 1962 年十中全會講起，講了當時主席的指示；講了 1963 年社會主義教育的前十條；講了 1965 年的二十三條；講了我們 1964 年中國的戲劇藝術上實現了無產階級革命化的表演，出現了江青同志所直接領導的八個樣板戲；講了 1966 年 2 月江青同志接受林副主席的委託，開了人民解放軍的文藝座談會；也講了前年 5 月 16 日政治局擴大會議的通知。這些都是在無產階級文化大革命以前的序幕。還有姚文元同志的文章。確實在這個時候存在著針鋒相對的鬥爭。因為 1962 年的十中全會，主席提出我們社會主義社會存在著階級、階級矛盾和階級鬥爭，正是針對當時右傾修正主義的一股妖風。而以劉少奇帶頭的右傾，也就是反革命修正主義的一股妖風。1963 年到 1965 年社會主義教育運動的十條、二十三條，也是針對當時劉少奇的後十條。戲劇演出也是針對當時王光美「桃園經驗」，那是反革命修正主義的試點。她在那個地方散布劉少奇的修正主義的四清。姚文元同志的文章是在 1965 年 11 月，那也是針對當時彭真他們，正是在許多文藝作品上，《北京晚報》上，散布三家村的觀點。1966 年 2 月文藝座談會的紀要，是針對當時彭真的 2 月黑提綱。到了「5・16」《通知》，總結了當時序幕的鬥爭，點出了彭、羅、陸、楊這批反革命的傢伙。這就匯合成了一股無產階級文化大革命的總流了。

……

康生講話（略）

謝富治講話：

完全同意江青同志的重要指示。完全同意總理、康老的重要指示。這些重要指示，是傳達了我們偉大領袖毛主席的聲音的，是代表了以毛主席為首、林副主席為副的無產階級司令部，代表了中央、中央文革所做的重要指示。這是中央文革對首都無產階級革命派最大的關懷、最大的支持。

是對首都工人毛澤東思想宣傳隊最大的關懷、最大的支持。是對首都人民解放軍毛澤東思想宣傳隊最大的關懷、最大的支持。是對首都紅衛兵小將最大的關懷、最大的支持。(鼓掌)

江青同志的重要講話是對兩年多文化大革命做了一次各個階級的總結性的講話。我個人和大家一起要好好地學習，認真地討論，堅決地執行。

首都和全國無產階級文化大革命，已經取得了偉大的全面的勝利。這些勝利的得來，首先要歸功於我們偉大領袖毛主席，歸功於戰無不勝的毛澤東思想，歸功於毛主席的革命路線，歸功於以毛主席為首、林副主席為副的無產階級司令部英明正確的領導，歸功於高舉毛澤東思想偉大紅旗的中央文革的直接正確的領導。中央文革，特別是江青同志，在文化大革命中建立了豐功偉績。正如同志們說的，向中央文革致敬！向中央文革學習！向江青同志學習！向江青同志致敬！這個偉大勝利，歸功於首都無產階級革命派，歸功於紅衛兵小將。向無產階級革命派致敬，向工人階級致敬，向工人毛澤東思想宣傳隊致敬，向紅衛兵小將致敬，向紅衛兵小將學習，向人民解放軍致敬，向人民解放軍學習，向解放軍毛澤東思想宣傳隊學習。

戰無不勝的毛澤東思想萬歲！

偉大領袖毛主席萬歲！萬萬歲！

黃永勝講話（略）

陳伯達的講話（略）

9月15日

《人民日報》發表丁學雷的文章〈迎接無產階級革命文藝新時代的到來〉，該文認為：「偉大的無產階級文化大革命所引起的偉大變革，現在正在各個方面不斷地顯示出來。就在我們奪取文化大革命全面勝利的關鍵時刻，革命油畫《毛主席在安源》和鋼琴伴唱《紅燈記》這兩朵瑰麗的藝術之花，並蒂盛開，光芒四射地誕生了！這兩朵無產階級文藝新花的開放，是毛主席革命文藝路線的偉大勝利！是無產階級文化大革命的可喜收穫！是江青同志的又一傑出貢獻」！

9月26日

《人民日報》發表北京郵票廠工人戈中博、北京鐵路局豐臺機務段工人尹振聲、首都鋼鐵公司工人張樹棠、北京造紙廠工人黃信誠、北京鐘錶廠工人張長髮的文章〈工農兵英雄的壯麗頌歌——贊革命樣板戲〉。

9月28日

阿爾巴尼亞教育和文化部、對外文化友好聯絡委員會和「新阿爾巴尼亞」電影製片廠，28日在地拉那文化宮聯合舉行中國彩色紀錄影片鋼琴伴唱《紅燈記》首映式，慶祝中華人民共和國成立十九週年[20]。

9月29日

《人民日報》（第4版）專欄發表廣文、鍾光、京宣的文章〈革命現代京劇樣板戲唱段介紹——《紅燈記》〉。

9月30日

《人民日報》（第6版）專欄（革命群眾來信）解放軍某部王先福，〈工人階級英雄形象鼓舞我們前進——歡呼彩色紀錄片鋼琴伴唱《紅燈記》〉

交響音樂伴奏京劇《紅燈記》將在國慶期間演出。《熱烈歡呼偉大領袖毛主席對工人階級的最大關懷最大支持》等紀錄像片也將在首都放映。參加今年國慶演出的革命樣板戲，有革命現代京劇《智取威虎山》、《海港》、《紅燈記》、《沙家濱》，革命現代芭蕾舞劇《紅色娘子軍》，革命交響音樂《沙家濱》以及鋼琴伴唱《紅燈記》。

在國慶期間即將同觀眾見面的，還有無產階級文藝新創作、新品種——交響音樂伴奏京劇《紅燈記》。首都各影劇院將放映一批新攝製成的新聞簡報，其中包括彩色紀錄像片《熱烈歡呼偉大領袖毛主席對工人階級的最大關懷最大支持》。紀錄偉大領袖毛主席和林副主席接見出席中國人民解放軍海軍首次學習毛主席著作積

[20] 〈阿舉行鋼琴伴唱《紅燈記》彩色紀錄片首映式〉，北京：《人民日報》（第5版），1968年9月28日。

極份子代表大會代表的影片《大海航行靠舵手》，也將在節日放映。在節日裏和廣大群眾見面的，還有革命文藝的新品種鋼琴伴唱《紅燈記》的彩色紀錄像片[21]。

同日，《人民日報》（第6版）專欄：廣州部隊文體戰士，〈工人階級的英雄頌歌——讚彩色紀錄片鋼琴伴唱《紅燈記》〉

10月1日

河南省京劇團，豫劇院等開始上演「樣板戲」，稱為「學習演出」，或。「學習移植」。

10月8日

《人民日報》發表北京永定機械廠工人張寶申、常振聲的文章〈工人階級領導一切的頌歌〉。

10月11日

《人民日報》（第6版）首都工人駐長征文工團毛澤東思想宣傳隊光華木材廠全體戰士，〈工人階級能夠領導一切——歡呼彩色紀錄片鋼琴伴唱《紅燈記》〉。

《人民日報》（第6版）專欄（工人階級的讚歌）鷹擊宇，〈「洋為中用」的典範——讚彩色紀錄片鋼琴伴唱《紅燈記》〉。

10月14日

《人民日報》（第4版）發表解放軍某部戰士程安耀的文章〈無產階級奪取政權鞏固政權的光輝詩篇——讚革命樣板戲〉。

《人民日報》（第4版）解放軍某部丁學剛、王金雨、吳岳華，〈革命的「山海經」就是好〉。

---

21 〈閃耀毛澤東思想燦爛光輝的一批革命樣板戲在首都公演〉，北京：《人民日報》（第3版），1968年10月1日。

10月15日

《人民日報》報導：來自世界五大洲參加 1968 年秋季中國出口商品交易會的外國朋友，以及海外華僑和港澳同胞，今晚在廣州中山紀念堂觀看了無產階級革命文藝的新品種——鋼琴伴唱《紅燈記》和革命現代芭蕾舞劇《紅色娘子軍》。中央樂團、中國京劇團和工農兵芭蕾舞劇團革命文藝工作者的演出，受到來賓們的熱烈歡迎。參加交易會的愛國僑胞和來自反英抗暴鬥爭前線的港澳同胞欣賞了今晚的演出。在這次交易會期間，中國京劇團、中央樂團、工農兵芭蕾舞劇團除繼續向外國觀眾和廣州市廣大工農兵群眾演出鋼琴伴唱《紅燈記》和革命現代芭蕾舞劇《紅色娘子軍》外，還將陸續上演革命現代京劇《紅燈記》、《沙家濱》和革命交響音樂《沙家濱》。上海京劇團和上海舞蹈學校《白毛女》演出團，也將在交易會期間，前來廣州演出革命現代京劇《智取威虎山》、《海港》和革命現代芭蕾舞劇《白毛女》。在交易會上集中演出這樣多的革命樣板戲，這是交易會歷史上從來沒有過的[22]。

10月26日

《人民日報》（第 4 版）專欄：廣州鐵路局革委會主任廣州部隊砲兵副司令員 劉佔榮，〈工人階級的英雄讚歌——革命現代京劇《紅燈記》觀後聲樂藝術的革命〉；鷹擊宇，〈聲樂藝術的革命〉。

《人民日報》發表上海舞蹈學校芭蕾舞《白毛女》劇組的文章〈同工農兵結合是第一基本功〉。

《人民日報》（第 4 版）專欄《貧下中農讚革命樣板戲》北京市海淀區四季青公社貧農社員關素青，〈從扔香爐到扛起紅纓槍〉。

22 〈我革命樣板戲在廣州交易會上演出〉，北京：《人民日報》（第 4 版），1968 年 10 月 16 日。

本月

中共八屆擴大的十二中全會對「文化大革命」的理論和實踐做了完全的肯定。全會決定把劉少奇永遠開除出黨。全會通過的〈中國共產黨章程（草案）〉規定：「林彪是毛澤東同志的親密戰友和接班人。」

11月2日

毛澤東論述文化大革命「必要性」的一段話：

這次無產階級文化大革命，對於鞏固無產階級專政，防止資本主義復辟，建設社會主義，是完全必要的，是非常及時的[23]。

同日，《河南日報》刊登上海京劇團集體改編的《智取威虎山》全劇。要求全省各劇團「均以此本為準」演出。

11月11日

《人民日報》發表海軍直屬機關紅文、學青的文章〈人民戰爭的宏偉畫卷——讚革命樣板戲〉。

同日，《人民日報》（第 6 版）專欄空軍某部小兵的文章，〈膽大藝更高〉認為，「革命現代京劇《奇襲白虎團》，熱情地歌頌了志願軍戰士的革命英雄主義精神，深刻地揭示了毛澤東思想是勇敢、智慧和力量的源泉，有力地駁斥了反革命修正主義份子羅瑞卿鼓吹的『藝高人膽大』的反動謬論。」

11月14日

《人民日報》發表藝宣報導組的文章〈工人宣傳隊領導文藝工作者深入展開革命大批判〉。

---

[23] 根據 1968 年 11 月 2 日《人民日報》刊印。1968 年 10 月 31 日通過的〈中國共產黨第八屆擴大的第十二次中央委員會全會公報〉中，在「正如毛澤東同志所說的」後面，用黑體字引用了這句話。

新華社加德滿都 14 日電，中國彩色紀錄影片鋼琴伴唱《紅燈記》最近在尼泊爾放映，受到尼泊爾朋友的熱烈讚揚[24]。

11 月 15 日

新華社〈參加交易會的港澳愛國同胞和海外華僑熱烈歡呼革命樣板戲是文藝劃時代的偉大成就〉報導：參加今年秋季中國出口商品交易會的港澳愛國同胞和海外華僑，熱烈歡呼會上演出的革命樣板戲是祖國無產階級革命文藝劃時代的成就，是毛澤東思想和毛主席無產階級革命文藝路線的偉大勝利[25]。

11 月 17 日

《人民日報》發表新華社記者的文章〈世界藝術史上的偉大創舉——參加廣州交易會的五大洲朋友盛讚革命樣板戲〉。

11 月 20 日

新華社哈瓦那 20 日電，一些古巴朋友和其他拉丁美洲朋友最近在這裏觀看了中國彩色影片鋼琴伴唱《紅燈記》以後，熱烈讚揚鋼琴伴唱《紅燈記》的演出成功是毛主席無產階級革命文藝路線的勝利[26]。

11 月 23 日

《人民日報》發表首都工人、解放軍駐北京京劇團毛澤東思想宣傳隊、北京京劇團革命委員會的文章〈狠批劉少奇一夥反對文藝工作者與工農兵相結合的謬論〉。

---

24 〈尼泊爾朋友盛讚鋼琴伴唱《紅燈記》〉，北京：《人民日報》（第 5 版），1968 年 11 月 19 日。

25 新華社〈參加交易會的港澳愛國同胞和海外華僑熱烈歡呼革命樣板戲是文藝劃時代的偉大成就〉，北京：《人民日報》，1968 年 11 月 16 日。

26 〈古巴和拉美朋友熱烈讚揚鋼琴伴唱《紅燈記》〉，北京：《人民日報》第 5 版，1968 年 11 月 22 日。

本月

《智取威虎山》劇組赴北京加工並拍攝彩色影片。1970 年 11 月回滬。

12 月 8 日

《解放軍報》評論員文章〈文藝革命的光輝樣板——讚鋼琴伴唱《紅燈記》〉認為：「在奪取無產階級文化大革命全面勝利的凱歌聲中，敬愛的江青同志高舉毛澤東思想偉大紅旗，以工人階級大無畏的英雄氣概，在樹立了八個光輝的革命樣板戲之後，成功地解決了鋼琴藝術革命的一系列重大問題，為無產階級新文藝的發展，立下了又一豐功偉績！一曲凱歌，舉世皆驚。鋼琴伴唱《紅燈記》的誕生，使我們看到在鋼琴藝術陣地上，無產階級對資產階級實行了專政，大長了無產階級的志氣，大滅了帝、修、反的威風」[27]！

12 月 10 日

戲劇家田漢遭迫害逝世。

12 月 31 日

《人民日報》（第 5 版）專欄發表「愛民模範連」排長彭長明、班長黃啟彪、衛生員秦久栓、戰士廖應文的文章〈擁軍愛民的壯麗詩篇——看革命樣板戲《沙家濱》；海南島瓊海縣紅色娘子軍基幹民兵排排長雲大蘭，〈槍桿子裏面出政權——革命現代芭蕾舞劇《紅色娘子軍》觀後〉；駐廣州鐵路局南站毛澤東思想宣傳員、五好戰士李基洛，〈工人階級的英雄讚歌〉；南京部隊活學活用毛澤東思想積極份子、副連長 李萬成，〈共產黨員胸有朝陽——讚楊子榮〉。

---

[27] 《解放軍報》評論員，〈文藝革命的光輝樣板——讚鋼琴伴唱《紅燈記》〉，北京：《解放軍報》，1968 年 12 月 8 日。

本年

1968 年春，在當時的上海市文化系統革命委員會籌委會主任于會泳的主持下，組成了一個以工人、農民、戰士業餘作家與專業劇作人員相結合的創作班子，到農村一邊體驗生活，一邊修改《龍江頌》劇本，達一年之久。

年底，芭曹舞劇《紅色娘子軍》開始了拍攝電影前的修改。

年底，江青授意「解放」了北京京劇團的編劇汪曾祺、薛恩厚等人，然後又給該團明確布置了改編京劇《杜鵑山》、《節振國》的任務，為了顯示不同於以往由彭真抓的《杜鵑山》，該劇改名為《杜泉山》。

1969 年

【概述】

1969 年 4 月 1 日，中國共產黨第九次全國代表大會在北京召開。林彪、江青等人趁機擴大各自幫派體系的勢力，與會代表力量對比很不均衡。林彪所做政治報告的基本思想貫徹「無產階級專政下繼續革命的理論」[1]，認為這理論是毛澤東思想的最新發展。林彪「是毛澤東同志的親密戰友和接班人」被寫入黨章的總綱。隨後舉行的九屆一中全會，選舉毛澤東為中央委員會主席，林彪為中央委員會唯一的副主席。中央政治局常委會由五人組成：毛澤東、林彪、（以下按姓氏筆劃為序）陳伯達、周恩來、康生。可見，在新選出的中央政治局委員中，林彪、江青為代表的「文革」派占有重要比例。陳雲、李富春、陳毅、徐向前、聶榮臻等雖然仍被選為中央委員，但是卻無一人進入中央政治局。「左」傾思潮越演越烈，個人崇拜甚囂塵上。

《智取威虎山》的修改本獲得了江青的審查通過，並在中央「九大」會議期間，為與會代表做了彙報演出。錢浩梁為京劇《紅色娘子軍》搭建了一個創作班子。4 月初，在張春橋的授意下，由上海京崑劇團、上海京劇團等單位抽調各類專業藝術人員組成了「《龍江頌》劇組」。6 月，江青、姚文元召見劇組主要人員，發出指令：「樣板戲與小說《林海雪原》有質的區別，《智取威虎山》必須改名！」緊接著江青提出要對《智取威虎山》做「脫胎換骨的改造」，將劇名改為《智取飛穀山》；將夾皮溝改為樺樹溝；劇中楊子榮改名梁志彤，少劍波改名趙建剛，座山雕改名隋三刀，孫達得改名為申德華等等。于會泳還要將劇中的念白改為韻白。中共中央瞭解這些改動後，否定了這些做法，毛澤東批評了江青的改動。8 月 31 日毛澤東對江青關於京劇《智取威虎山》改名等問題請示信的批

---

[1] 「無產階級專政下繼續革命的理論」是毛澤東關於社會主義階段階級鬥爭的「左」傾錯誤觀點發展到「文化大革命」時期的總概括，也是「文化大革命」的總的指導思想。它同「文化大革命」的實踐不可分解地聯繫在一起。

語寫道：牽動太大，至少暫時不要改動戲名和主要人物名字，地名暫時也不宜改動。對小說作者的批評也宜從緩。

1月6日

《人民日報》發表駐上海京劇院工宣隊、軍宣組、上海京劇院《智取威虎山》劇組的文章〈毛澤東思想永放光芒——從革命現代京劇《智取威虎山》的誕生和成長看兩條路線的鬥爭〉。

1月22日

影片鋼琴伴唱《紅燈記》在地拉那上映受到廣大群眾歡迎。新華社地拉那22日電，阿爾巴尼亞作家和藝術家協會機關刊物《11月》雜誌今年第1期，全文刊登了中國革命現代京劇樣板戲《紅燈記》的阿文譯本。這個劇本是由阿爾巴尼亞文學工作者恩維爾・費科和伊斯邁爾・卡達雷翻譯成阿文的[2]。

【解讀】

「樣板戲」是中共向第三世界國家輸出革命、建立階級陣線的紐帶和工具。這也是「樣板戲」國內外巡演的傳播方式。

2月17日

《人民日報》發表貢青、向陽的文章〈我國革命樣板戲激勵著世界革命青年〉。

2月18日

《人民日報》發表施林政、衛東文、解勝文的文章〈今日「沙家濱」〉。

---

[2] 〈《紅燈記》劇本翻譯成阿文本〉，北京：《人民日報》（第5版），1969年1月23日。

2月26日

由恩法馬拉·凱塔部長率領的幾內亞政府代表團，今天出席了為歡迎他們訪問中國而舉行的文藝晚會。幾內亞客人由國務院副總理李先念和有關方面負責人陪同，觀看了工農兵芭蕾舞劇團演出的革命現代芭蕾舞劇《紅色娘子軍》。幾內亞駐中國大使館臨時代辦卡馬拉和使館其他外交官員，應邀出席了晚會。演出結束以後，恩法馬拉·凱塔部長等，在熱烈的掌聲中走上舞臺，同演員們一一握手，祝賀他們演出的成功[3]。

3月22日

《人民日報》（第3版）專欄發表如下文章：駐中國京劇團工人、解放軍毛澤東思想宣傳隊 中國京劇團革命委員會，〈舉紅燈破黑線大鬧京劇革命〉；中央樂團誠忠，〈要敢於標社會主義之新 立無產階級之異〉；北京京劇團衛青田，〈老老實實接受工農兵再教育〉；工農兵芭蕾舞劇團劉慶棠，〈做一個徹底的革命派〉。

3月30日

《人民日報》（第5版）〈革命現代京劇樣板戲《紅燈記》劇本已譯成尼泊爾文在加德滿都出版〉報導：「它是由尼中友好協會最近出版的。尼中友好協會會長普爾納·巴哈杜爾在為這個劇本的尼泊爾文版寫的序言中指出，這個劇本將幫助人們瞭解中國在現代文藝方面取得的成就。」

本月

演出時間縮短為不到兩個小時的《智取威虎山》修改本，終於獲得了江青的審查通過，並在中央「九大」會議期間，為與會代表做了彙報演出。

錢浩梁為京劇《紅色娘子軍》搭建了一個創作班子。

---

[3] 〈幾內亞政府代表團在京參加文藝晚會觀看革命現代芭蕾舞劇《紅色娘子軍》〉，北京：《人民日報》（第6版），1969年2月27日。

4月5日

《人民日報》發表中國京劇團革命委員會、駐中國京劇團工人、解放軍毛澤東思想宣傳隊的文章〈為黨的革命文藝事業做出新的貢獻〉。

4月8日

上海市革命委員會第一辦公室從全市十九個文藝院團中抽調一百餘人組成《龍江頌》劇組，重新排練新華京劇團原改編演出的《龍江頌》。

4月18日

《人民日報》發表文章〈一輩子做披荊斬棘的革命人，一輩子演工農兵喜愛的革命戲！〉:「北京京劇團文藝戰士說：一輩子做披荊斬棘的革命人，一輩子演工農兵喜愛的革命戲！」

4月25日

天津市平劇院演出《沙家濱》，六歲紅飾沙奶奶。

本月

本月初，在張春橋的授意下，由上海京崑劇團、上海京劇團等單位抽調各類專業藝術人員組成了「《龍江頌》劇組」。

中國共產黨第九次全國代表大會召開。林彪在會上做了「無產階級專政下繼續革命理論」的政治報告，林彪、江青一夥的骨幹份子進入中央政治局，大大加強了他們在黨中央的勢力。

5月9日

戚本禹在北京芭蕾舞蹈學校全體革命師生座談會上的講話：時間：1967年5月9日凌晨零點十分至兩點五分，地點：工人俱樂部休息室。出席：紅色造反陣線，毛澤東主義公社及其他革命組織。【按錄音記錄】

戚：

你們有兩派，一派是公社，一派是陣線，這兩派，軍訓同志和我們的看法都是一致的，不認為你們中間的哪一派是反動派，你們也沒有這個看法吧？（**兩面爭論**）你們一百多人，搞成現在這個樣子，你們兩派都不是敵人。（**陣線：有人在挑，李武林在挑。**）我們經過仔細研究，認為你們都是革命的同學，革命群眾組織，你們兩派都不是反動組織，你們哪一派都不是「聯動」嘛。

……

為了促進你們聯合，你們需要建立一個聯合的領導班子，聯合的領導機構，首先你們的演出就要聯合，你們一共才一百多人，分兩攤，各搞一套，這個我不贊成，那樣，你們搞的東西我們也是不去看的，你再好我也不去看的，請我看也不看的，因為首先你是分裂的。還是要在統一的一個臨時的領導機構底下，因為演出也是改嘛！也是鬥批改，搞了以後我們也可以看。

……

你們學校主要矛盾還是你們本校的鬥批改，在批判、大聯合，聯合，現在是你們的主要問題。大聯合，大批判，轉入鬥批改，江青同志指出的這個大方向是你們學校的主要問題，而李武林只僅僅是一個部分，一個局部，你們還是抓住整個。現在來說，你們現在是兩派，怎樣團結、怎樣聯合的問題，我看，批判完李武林，李武林將來調工作吧。不要在你們這裏搞三結合了，免得你們兩派鬧。（**陣線鼓掌叫好**）你們這種情緒也不對的，你們不要以為你們鼓掌我就高興，我一點也不高興。因為李武林還是讓他革命的，你們這裏為了消除你們的因素，搞不好，他到別的崗位上去革命，調動工作嘛，……現在不說，看看他本人的表現再說。（**高振華再一次要求談談。**）寫作好不好，把他名字記下來，不是還有王敏嗎？你的信跟王敏的信我負責看，好不好？好了今天就這樣，好不好，同志們。（**眾：好！熱烈歡送戚本禹同志。**）

5月13日

江青對中國京劇團等單位部分人員的講話，全文如下：

今天主要是落實北影的問題。兩派協商成立攝製組……。拍五彩片不過關，《紅燈記》搞穩一些，先成立攝製組，要執行導演就可以了，執行導演要綜合大家的意見，沒有集中的民主是假民主，不要總導演，那是蘇修的那一套。龍潭是真名，改龍灘。北山改一個別的山。長影拍了一個《上甘嶺》，有個主題歌一聽好像朝鮮是我們的，不要放了。北影集中精力拍好電影，其他的人搬到另一個地方搞鬥批改。五七幹校是全黨、全民都要走的路，這是個大方向。

北京京劇團找你們來談幾件事，把《節振國》重點唱腔搞錄音帶送來，我現在沒時間看戲，抽時間聽，吃飯時聽。《紅綾豔》看了嗎？倒胃口！不過你們唱不會使我倒胃口。《杜鵑山》碰到一點難題。我們的主席在延安就反對做生日、送禮、命名、立傳、拍電影。進城以後有人假借寫主席的青年時代寫別人。秋收起義是此起彼伏的，南昌暴動跟敵人打了第一槍，但是失敗了，主要是政策上的錯誤，依靠外援到了海陸豐，被敵人消滅剩下不到一個團，上了井岡山。井岡山根據地是主席創建的，最後又叫彭德懷破壞了。王佐、袁文才是被彭德懷殺害的。主席看了《萬水千山》說是宗派主義戲，因為它只表現了紅一方面軍。秋收起義這戲（**指《杜鵑山》**）我偶爾講了一句，主席說不行。不能違背主席的指示，要寫不能光寫秋收起義，還要寫南昌起義、鄂豫皖、湘鄂贛的革命鬥爭。這樣可以搞。可能一下子拿不出來了，要組織一個創作班子鄂豫皖湘贛去調查。寫那樣大不行，要寫一個影[4]。南昌起義有一個戲叫《八一風暴》，可以改寫一個

[4] 此處的「要寫一個影」似乎意思不通，應該為紀錄中的差錯。根據上下文，應該是「要寫一個營」。

團，最好一個營。要擺脫賀龍。總理是按主席指示辦事的，也不讓寫他的戲。《八一風暴》叫張家口京劇團先搞，然後我們再磨。湘鄂贛有個烈士段德昌是賀龍殺的。鄂豫皖和張國燾沒有關係，他是後去的，搞破壞殺了大革命的一些幹部。秋收起義是歷史事實，不能因為有了壞人，就把他們和廣大革命人民、指導員混在一起。

昨天葉群同志拿來一張照片如獲至寶，這張照片把我和主席照在一起了，是在主席接見外賓時，記者搶的鏡頭。這不是生活照片，是政治照片。主席的形象是很好的，要把我的切掉發行。王、關、戚也搞過我的照片。這幾年不知把我放到什麼地位了，使我粉身碎骨，無地自容。還有一張主席、林副主席和我步行的照片要停止發行，因為我的裁不掉了，這是原則問題。不要責怪記者，他們不懂政治關係，搶一個就是一個。

主席堅決反對搞這個戲（**《杜鵑山》**），我也很尷尬。這個戲不是我先搞的，是上海話劇先搞的。我付的學費也不少了，你們劇團一年花不了多少錢，電影一年就得幾十萬。有意見就給我貼大字報。我要到處還帳，搞樣板戲總要付一點代價的。你們的任務夠重了，一個《沙家濱》，一個《節振國》，集中精力搞《節振國》吧！現在條件太好了，你們應全心全意為工農兵做一些事，應滿懷信心地塑造工農兵英雄形象。樣板戲不許別人插手改，只有我和群眾一起改。一個交響樂《沙家濱》就出很多洋相，現在還沒恢復到原來的樣子[5]。要組織一個很強的班子到湘鄂贛去。不是讓你們去，我要能去就好了，我又不能去。《沙家濱》音樂不改好、不唱穩，電影就不能拍。這個戲不要因為一個譚震林就抹殺了廣大新四軍的功績，要在好的基礎上提高。你們自己還是在自力更生基礎上先搞吧（**指音樂**）。《八一風暴》誰磨是另外一回事。

5月15日

來自世界五大洲六十多個國家和地區的外國客人，在中國出口商品交易會期間觀賞了革命樣板戲現代芭蕾舞劇《白毛女》、現代京劇《紅燈記》、交響音樂《沙

[5] 江青獨霸「樣板戲」，由此可見一斑。個人意志借助國家體制化機器的生產得以貫徹。

家濱》和鋼琴伴唱《紅燈記》。《人民日報》稱，這些革命樣板戲再一次在交易會上演出，引起了世界各國朋友的極大興趣。「他們熱情讚揚我國的革命樣板戲是當代最高水平的藝術表演；在毛主席無產階級革命文藝路線哺育下誕生和成長起來的革命樣板戲，為世界藝術史寫下了嶄新的篇章。」[6]

5月23日

《人民日報》發表駐上海京劇院《智取威虎山》劇組工人、解放軍毛澤東思想宣傳隊的文章〈用偉大的毛澤東思想改造文藝隊伍〉。

5月30日

《人民日報》發表上海絕緣測定器廠工人鍾曉陽、上海電化廠工人吳士余、上海第一羊毛衫廠工人張柏良的文章〈工農兵在舞臺上站起來了〉。

同日，《人民日報》發表中國舞劇團王國華的文章〈做繼續革命的文藝戰士〉。

5月31日

《人民日報》（第 4 版）發表駐北京京劇團工人、解放軍毛澤東思想宣傳隊、北京京劇團革命委員會的文章〈對文藝黑線開展深入的持久的革命大批判〉。

同日，《人民日報》（第 4 版）發表駐中國京劇團工人 解放軍毛澤東思想宣傳隊、中國京劇團革命委員會的文章〈唯一正確的革命道路〉。

本月

江青、于會泳審看了《龍江頌》修改本的演出後，提出要突出階級鬥爭，舞臺音樂要由單純的打擊樂為主的京劇場面改為用中西混合的大樂隊伴奏。據此，

6 〈參加交易會的來自世界五大洲的外國朋友　熱情讚揚我國革命樣板戲　指出這些革命樣板戲真正發揮了無產階級革命文藝的戰鬥作用〉，北京：《人民日報》（第 5 版），1969 年 5 月 16 日。

劇組人員先後五次下農村體驗生活，對全劇的情節結構、人物語言、音樂設計全面大修大改。

為了突出階級鬥爭，張春橋還親自為該劇主人公江水英加上「每個階級都有自己的公私觀，各個階級都有自己的公與私」兩句唸白。這個劇經反覆修改加工，先後七易其稿，這才達到江青、張春橋的要求。

6月23日

江青在接見五個「樣板團」和兩個電影廠宣傳隊時說：「十個協會就是攝影學會是好的，但也放了毒」，其他協會都是「當寄生蟲」。

6月26日

周恩來等觀看越南民族藝術團演出，越南朋友觀看革命現代京劇《紅燈記》。據新華社 27 日訊：周恩來、李先念、郭沫若和溫玉成，26 日晚同首都革命群眾一起，觀看了越南民主共和國民族藝術團的演出[7]。

6月27日

《人民日報》報導，新華社 27 日訊：一批革命樣板戲，7 月 1 日起將在首都再度公演。這次公演的革命樣板戲，有革命現代京劇《紅燈記》、《沙家濱》，革命現代芭蕾舞劇《紅色娘子軍》，革命現代交響音樂《沙家濱》，以及鋼琴伴唱《紅燈記》[8]。

新華社 27 日訊，在全國人民高舉黨的「九大」的團結旗幟，滿懷革命豪情奪取新的更大勝利的大好形勢下，閃耀著毛澤東思想燦爛光輝的一批革命樣板戲，7 月 1 日起將在首都再度公演[9]。

---

7 〈周總理等觀看越南民族藝術團演出越南朋友觀看革命現代京劇《紅燈記》〉，北京：《人民日報》（第 3 版），1969 年 6 月 28 日。

8 〈讓革命樣板戲永遠放射毛澤東思想的燦爛光輝《紅燈記》等革命樣板戲 7 月 1 日起將在首都再度公演〉，北京：《人民日報》（第 1 版），1969 年 6 月 28 日。

9 〈讓革命樣板戲永遠放射毛澤東思想的燦爛光輝〉，北京：《人民日報》（第 1 版），1969 年 6 月 28 日。

6月30日

《人民日報》報導：革命現代京劇《海港》和革命現代芭蕾舞劇《白毛女》，7月1日起將在上海再度公演[10]。

本月

1969年6月，江青、姚文元召見劇組主要人員，發出指令：「樣板戲與小說《林海雪原》有質的區別，《智取威虎山》必須改名！」緊接著江青提出要對《智取威虎山》做「脫胎換骨的改造」，將劇名改為《智取飛穀山》；將夾皮溝改為樺樹溝；劇中楊子榮改名梁志彤，少劍波改名趙建剛，座山雕改名隋三刀，孫達得改名為申德華等等[11]。于會泳還要將劇中的話白改為韻白。中共中央瞭解這些改動後，否定了這些做法，毛澤東批評了江青的改動。

7月6日

《人民日報》發表北京食品總廠張鴻林的文章〈革命樣板戲就是好〉（第3版）。文章認為：我們廣大工農兵群眾最愛革命樣板戲。第一是愛看，第二是愛聽，第三是愛學。看一次革命樣板戲，就受一次毛澤東思想的教育；聽一次革命樣板戲，就上一堂階級教育課；學一段革命樣板戲，就增加一分智慧和力量。

過去，我們也看過舊京劇。臺上全是帝王將相、才子佳人在耀武揚威和打情罵俏，坐在臺下實在叫我們不能忍受。革命樣板戲占領了舞臺以後，情況就不一樣了。臺上和臺下，就像非常親切的「一家人」。你看，舞臺上《紅燈記》、《海港》中的李玉和、方海珍、高志揚，《紅色娘子軍》、《白毛女》中的吳清華、喜兒、大春，《智取威虎山》、《沙家濱》中的楊子榮、郭建光，這些光輝形象，不就是舞臺下千千萬萬工農兵群眾的代表嗎？臺上所演的，就是臺下工農兵所做

---

10 〈閃耀著毛澤東思想燦爛光輝的革命樣板戲《海港》、《白毛女》將在滬再度公演〉，北京：《人民日報》（第1版），1969年6月30日。

11 這些姓名的改動自然無法達到「脫胎換骨的改造」的目的，實際上潛藏著江青將戲改頭換面變為自己獨創的用心。

的；臺上所說的，就是臺下工農兵所想的；臺上所唱的，就是臺下工農兵所幹的。臺上臺下之間有著共同的語言，共同的感情，共同的遭遇，共同的呼聲。

《人民日報》（第 3 版）發表北京東北旺人民公社曹金生、北京玉淵潭人民公社王守仁的文章〈貧下中農最愛革命樣板戲〉：

> 我們貧下中農為什麼這樣熱愛革命樣板戲呢？最主要的是因為革命樣板戲成功地塑造了用毛澤東思想武裝起來的工農兵的英雄形象，把長期統治文藝舞臺的帝王將相、才子佳人統統轟了下去。
>
> 過去，由於文藝界的領導權被一小撮反革命修正主義份子所把持，舞臺上表現的不是占人口百分之九十以上的勞動人民，而是「龍袍馬褂滿臺飛，才子佳人一大堆」。舞臺上偶爾也出現些勞動人民，但他們完全沒有地位，被醜化得不成樣子，不是托著盤子，向帝王將相低頭哈腰，就是鼻子上抹個白點，在臺上插科打諢。歷史本來是勞動人民創造的，可是在舞臺上，勞動人民卻作為小丑，作為笑料。那時，我們貧下中農越看越不舒服，越看越感到彆扭，心裏憋著一股氣。

7月10日

《人民日報》發表上海機務段火車司機陳繼光的文章〈海燕穿雲飛，征帆破霧行——讚無產階級專政下繼續革命的先鋒戰士方海珍〉。

同日，《人民日報》發表武義德的文章〈一不怕苦二不怕死的共產主義戰士的頌歌——讚革命樣板戲〉。

同日，《人民日報》發表解放軍某部戰士于宗信的文章〈為革命一不怕苦二不怕死〉。

7月16日

《人民日報》發表上海革命大批判寫作小組的文章〈評斯坦尼斯拉夫斯基「體系」〉[12]。

---

[12] 該文是江青授意的結果，其目的是為江青的京劇革命掃清理論障礙。斯氏從自我出發的體驗論與江青從政

7月17日

《人民日報》發表鐵道兵某部裴克修的文章〈兩種根本對立的文藝——讚革命樣板戲《智取威虎山》，批毒草影片《兵臨城下》〉。

同日，《人民日報》發表解放軍某部劉守熙的文章〈為哪一個階級唱讚歌？——讚革命樣板戲《沙家濱》，兼評毒草影片《紅日》〉。

同日，《人民日報》發表北京第一機床廠工人謝吉瑞的文章〈光輝的英雄形象和醜惡的奴才嘴臉——讚《紅燈記》，斥《不夜城》〉。

7月30日

《人民日報》發表海政文工團紅文、海文的文章〈人民軍隊的壯麗頌歌——讚革命樣板戲〉。

8月1日

上海市部分劇團開始公演向北京學習的《紅燈記》、《沙家濱》，並演出了修改加工的《龍江頌》。

8月9日

江青就當前文藝工作和普及「革命樣板戲」問題致信林彪，要求將其意見轉發各地。中央政治局成員根據林彪 15 日批示，議定轉發。之後，周恩來與江青面商擬先向毛澤東請示，遂將此件擱置[13]。

治理念出發的反映論是有本質區別的。

[13] 中共中央文獻研究室編，《周恩來年譜 1949-1976》（北京：中央文獻出版社，1997 年），頁 1259。

8月13日

《人民日報》發表中國舞劇團邁新的文章〈人民戰爭的壯麗頌歌——排演革命現代舞劇《紅色娘子軍》的體會〉。

8月14日

江青接見文藝口同志的談話中有關清查「5・16」的內容：【江青、周總理、謝副總理等接見文藝口同志，下為部分摘錄】

江　青：有一個事我想講講。就是「5・16」匪團問題。從「5・16」是個反革命組織。他們的後臺楊、余、傅，還有混進中央文革的壞人王、關、戚。這六個人一方面打著人民解放軍的旗號；另一方面打著中央文革的招牌，搞形「左」實右，這就難免有人上他們的當，所以我們對於「5・16」問題，要認真對待，不許他們翻案，只要交代好的，完全可以從寬處理，可以不扣反革命的帽子，交代得不好的，隱藏起來，那要查出來，可就不客氣了。

姚文元：包庇那更是不許可的。

江　青：這是很兇惡的敵人。因為他們在各方面破壞。首先破壞樣板戲。什麼樣板團！有的根本不成其樣板，亂七八糟，樣板戲不等於樣板團。北京京劇團清隊最不好，你們那兒可能就有「5・16」份子。你們老老實實哪怕告訴我一個也好，也算向組織有個交代。現在有兩個「5・16」份子沒有翻案，我保護他們，將來可能不給他們戴反革命的帽子。他們打那樣大的招牌，青年人很難……。當然，他們的口號很惡劣。「5・16」不僅北京有，別的地方也有骨幹份子，一定要搞出來。他們的組織一定要摘掉，因為太凶惡了。這些敵人讓他藏起來搖身一變，將來成了祕密組織。你搞民主黨派可以，「5・16」是祕密組織，搞顛覆這是不允許的。

謝副總理：清理階級隊伍不能讓敵人漏掉了。「5·16」少數骨幹份子是很兇惡的敵人。不管在哪方面，我們堅決要和他們鬥爭。在文藝方面他們鑽進來了。工、軍宣隊責任更大了。不能麻痺，包庇就更壞了。掌握政策把敵人查出來。這是保證樣板的鞏固，要加強隊伍的政治思想工作。在政治上、藝術上江青同志都很嚴。這個嚴是思想弄不好就要恢復了。這是我兩年學了點。弄不好（樣板戲）就要這樣。

總　　理：堅決貫徹江青同志講話精神，把「5·16」搞一搞。

謝副總理：把「5·16」都揪出來，一個也不能漏。宣傳隊絕不能推拖。

【解讀】

江青追查「5·16」組織，擴大到深挖與之相關的人員。實際運動中，她以此為名打擊異己，因之遭罪者甚多。

8月18日

《人民日報》發表解放軍某部蕭民的文章〈一顆紅心似火焰〉。

同日，《人民日報》發表廣州部隊南哨的文章〈歌頌人民戰爭的光輝典範——讚革命樣板戲，斥毒草影片〉。文章認為：「在毛主席革命文藝路線的指引下，江青同志親自培育的革命樣板戲《智取威虎山》、《沙家濱》、《奇襲白虎團》、《紅色娘子軍》等，從不同的歷史時期和不同的角度，正確地體現了毛主席的人民戰爭思想，生動地展現了一幅幅人民戰爭的宏偉圖畫」。

8月28日

《人民日報》發表沈鴻鑫的文章〈垂死前的一次反革命表演——評劉少奇的一次文藝黑話〉。

8月31日

毛澤東對江青關於京劇《智取威虎山》改名等問題請示信的批語[14]：

> 牽動太大，至少暫時不要改動戲名和主要人物名字，地名暫時也不宜改動。對小說作者的批評也宜從緩[15]。

本月

江青以不寫真人真事為由，將《智取威虎山》劇名改為《智取飛穀山》，劇中人名也作了改動。後根據中共中央的意見恢復原名。

9月30日

《紅旗》第 10 期文章提出要「學習革命樣板戲，保衛革命樣板戲」。文章認為：「演出樣板戲，一句臺詞、一個臺步、一束燈光、一個道具，甚至人物身上的一塊補丁都不能變動，否則就是『破壞革命樣板戲』，就要『舉起無產階級專政的鐵錘，堅決打擊破壞革命樣板戲的一小撮階級敵人』。」

《人民日報》的〈熱烈慶祝中華人民共和國成立二十週年《智取威虎山》等一批革命樣板戲在首都公演〉（第 1 版）報導，新華社 29 日訊：為慶祝中華人民共和國成立二十週年，閃耀著毛澤東思想燦爛光輝的一批革命樣板戲，從 10 月 2 日起，再度在首都公演。在慶祝中華人民共和國成立二十週年的節日裏，將同觀眾見面的革命樣板戲有：革命現代京劇《智取威虎山》、《紅燈記》、《沙家濱》、《奇襲白虎團》，革命現代舞劇《紅色娘子軍》，革命交響音樂《沙家濱》，以及鋼琴伴唱《紅燈記》。

---

[14] 中共中央政治局委員江青 1969 年 8 月 28 日給毛澤東寫信說：「我們把《智取威虎山》改名為《智取飛穀山》，因為現在才確知作者是寫自己，真人真事。」「《林海雪原》的傾向主要方面也是不好的，主要表現在：不突出黨的領導；不分戰爭的正義性質與非正義性質；偵察工作神祕化；把揚子榮寫得比土匪還土匪等等。」信中還提出把「楊子榮也改名為梁志彤」。毛澤東，《建國以來毛澤東文稿》第 13 卷（北京：中央文獻出版社，1998 年），頁 62。

[15] 指小說《林海雪原》的作者曲波。

10月1日

《紅旗》、《人民日報》、《解放軍報》同時刊登《智取威虎山》的定稿本。

同日，中央人民廣播電臺播送經過修改的《智取威虎山》錄音，用中西大樂隊伴奏。以後各「樣板戲」及學習演出「樣板戲」的劇團均參照此樂隊伴奏模式進行修改加工。

新華社上海1日電：為慶祝中華人民共和國成立二十週年，革命樣板戲——革命現代京劇《海港》和革命現代舞劇《白毛女》，從9月30日開始，再度在上海公演。上海京劇院《海港》劇組和上海市舞蹈學校《白毛女》劇組全體革命文藝戰士，為迎接這次演出，專門舉辦了毛澤東思想學習班，以毛主席〈在延安文藝座談會上的講話〉等光輝著作為強大思想武器，狠抓階級鬥爭，緊密聯繫思想實際，對反革命修正主義文藝黑線進行了深入的革命大批判，大大促進了思想革命化。他們對革命樣板戲的每個動作、每段音樂、每句唱詞都進行了認真的排練，決心以優異的演出成績，來慶祝偉大的中華人民共和國成立二十週年[16]。

10月2日

各國代表團應邀出席文藝晚會觀看革命現代舞劇《紅色娘子軍》，周恩來、陳伯達、康生等陪同貴賓觀看演出。新華社2日訊，為歡迎前來參加中華人民共和國成立二十週年慶祝活動的各國代表團，10月2日晚舉行了文藝晚會。晚會上由中國舞劇團演出革命現代舞劇《紅色娘子軍》[17]。

10月7日

《人民日報》發表海政文工團紅文、海文的文章〈毛澤東思想永放光芒——讚革命樣板戲《智取威虎山》中楊子榮英雄形象的塑造〉。

---

16 〈閃耀著毛澤東思想燦爛光輝的革命樣板戲《海港》和《白毛女》再度在上海公演〉，北京：《人民日報》（第3版），1969年10月3日。

17 〈各國代表團應邀出席文藝晚會觀看革命現代舞劇《紅色娘子軍》〉，北京：《人民日報》（第2版），1969年10月3日。

10月10日

《人民日報》發表中國京劇團鍾紅的文章〈無產階級英雄的光輝典型——學習李玉和形象塑造的幾點體會〉。

10月13日

《人民日報》發表中國京劇團《紅燈記》劇組的文章〈繼續革命　千錘百鍊精益求精——讚革命樣板戲《智取威虎山》的修改〉。

同日，《人民日報》發表北京京劇團《沙家濱》劇組的文章〈聲情並茂——讚革命樣板戲《智取威虎山》唱腔的加工〉。

10月16日

《人民日報》發表北京部隊紅城的文章〈試看天下誰能敵——讚革命樣板戲《智取威虎山》〉。

10月19日

《人民日報》發表哲平的文章〈學習革命樣板戲　保衛革命樣板戲〉。

同日，《人民日報》發表紅纓的文章〈人民戰爭的壯麗史詩與投降主義的藝術標本——讚革命樣板戲《智取威虎山》，斥反動影片《兵臨城下》〉。

10月25日

《人民日報》發表紅城的文章〈數風流人物還看今朝——讚革命樣板戲《智取威虎山》中楊子榮英雄形象的塑造〉。

10月28日

《人民日報》（第3版）專欄：

蘭考縣堌陽公社大付堂大隊革委會主任　楊世森，〈團結一起心向黨〉；

蘭考縣城關公社韓村大隊貧農女社員　霍秀雲，〈繼續革命　奮勇前進〉；

蘭考縣小宋公社唐寨大隊老貧農　閻協祟，〈做人要做這樣的人〉；

蘭考縣堌陽公社秦寨大隊黨支部書記　趙新貞，〈胸有朝陽〉；

舒浩晴，〈一切為了塑造無產階級英雄形象——學習《智取威虎山》舞臺美術札記〉。

10月30日

《人民日報》發表張國榮、馬新國的文章〈頂天立地的英雄形象——讚《智取威虎山》中楊子榮形象的塑造〉。

同日，中國舞劇團薛菁華、王國華，〈京劇表演藝術的革命〉，《人民日報》（本版文章原載10月29日《光明日報》）。

11月1日

《人民日報》（第2版）發表上海京劇團《智取威虎山》劇組集體改編的《智取威虎山》劇本（1969年10月演出本）。「《紅旗》雜誌編者的話：革命現代京劇《智取威虎山》，在偉大領袖毛主席的親切關懷下，千錘百鍊，精益求精，經過反覆地、一絲不苟地琢磨，放出了更加燦爛奪目的光彩。現在我們將1969年10月在北京演出的劇本發表，推薦給戰鬥在各個崗位上的廣大工農兵讀者。各地劇團如演出時，請以這個本子為準。」

11月2日

《人民日報》發表郝志信、劉存康、馬浩流、李文祥、唐俊英、修仁、林鳳蘭、陳鳳霞、呂遠、鍾藝兵的文章〈工農兵熱烈讚揚革命現代京劇《智取威虎山》〉，文章稱：「工農兵熱烈讚揚革命現代京劇《智取威虎山》。（1969年10月演出本）」

11月3日

《人民日報》發表上海京劇團《智取威虎山》劇組的文章〈努力塑造無產階級英雄人物的光輝形象——對塑造楊子榮等英雄形象的一些體會〉。同日，《紅旗》雜誌發表該文章。

11月6日

《人民日報》（第4版）發表文章〈人民戰爭的偉大史詩 革命英雄的壯麗讚歌——介紹革命現代京劇《智取威虎山》〉：「在毛主席的無產階級文藝路線指引下，革命現代京劇《智取威虎山》經過千錘百鍊，精益求精，在劇本、音樂、演唱及舞臺美術等方面不斷加工和革新，全劇思想性和藝術性達到了新的更加完美的高度，為革命文藝塑造無產階級的英雄人物提供了非常豐富的寶貴經驗。」

11月7日

《人民日報》發表北京市東北旺公社生產隊長李治山的文章〈真正的銅牆鐵壁〉。文章認為，「在以毛主席為首、林副主席為副的無產階級司令部的親切關懷下，革命樣板戲《智取威虎山》經過千錘百鍊，精益求精，更加光輝奪目了。那深刻的思想，高大的形象，給人留下了難忘的印象。」

同日，《人民日報》發表辛午的文章〈英雄胸中有朝陽——讚光輝的無產階級英雄典型楊子榮〉。

11月11日

《人民日報》發表洪工軍的文章〈讚革命歌曲登上京劇舞臺〉。

同日，《人民日報》發表左單輝的文章〈人類藝術史上前所未有的光輝典型——讚《智取威虎山》中楊子榮的音樂形象〉。

11月24日

《人民日報》發表任文宣的文章〈擒龍跟你下大海　打虎隨你上高山——讚《智取威虎山》中的英雄人物李勇奇〉。

同日，《人民日報》發表解放軍某部徐呈東的文章〈跟著救星共產黨　管教山河換新裝——讚《智取威虎山》中〈深山問苦〉一場〉。

同日，《人民日報》發表楚天舒的文章〈無產階級語言藝術的光輝典範——學習革命現代京劇《智取威虎山》的語言藝術〉。

11月26日

《人民日報》發表紅雷的文章〈人民戰爭的勝利旗幟永遠飄揚——讚革命樣板戲《沙家濱》，斥毒草影片《五更寒》〉。

12月17日

《人民日報》（第2版）發表上海京劇團《智取威虎山》劇組的文章〈源於生活，高於生活——關於用舞蹈塑造無產階級英雄形象的一些體會〉：

> 通過典型化的舞蹈動作，充分體現無產階級英雄人物的精神世界。只有對英雄人物理解得深刻，才能做到心中有數，表現得準確、有感情，塑造出優秀的舞蹈形象。為了真正理解英雄人物，在設計舞蹈時，必須首先從全劇的主題思想出發，對如何表現英雄人物，用毛澤東思想進行認真的科學分析，即：(1) 分析英雄人物的思想、感情、性格、氣質等；(2) 分析英雄人物的生活環境特點；(3) 分析英雄人物與其他人物的關係。這三

點當中，作為核心的是第一點。因為其他兩點都是為烘托和突出英雄人物的精神面貌服務的。亮相是這樣，其他舞蹈和武打也是這樣。

要程式，不要程式化

《智》劇中的舞蹈，就是根據主題思想、生活、人物的要求，在提煉有關的生活動作的基礎上，吸收古的、洋的、民間的舞蹈中對我們有用的東西加以改造而進行設計的。在創作過程中，首先遇到的一個矛盾是如何對待京劇舞蹈程式的問題。

怎麼解決這個問題呢？江青同志有一個精闢的概括：「要程式，不要程式化。」這句話準確地揭示並辯證地解決了京劇舞蹈創作中藝術與生活、內容與形式、批判繼承與革新創造等一系列矛盾。「要程式，不要程式化」，既反對了那種刻板模擬生活動作、死板限制活動空間、因而缺乏藝術表現力和感染力的自然主義，又反對了那種到處套用舊程式、靠舊程式吃飯、因而妨礙和破壞思想內容的表達的形式主義。自然主義和形式主義都是資產階級文藝思想，也可說是藝術創作上的懶漢主義。它們不想創造，只知照搬。一個是照搬生活中的原始動作；一個是脫離生活照搬舊有程式。兩者的結果是一致的：破壞了藝術內容，也破壞了藝術形式，最後導致藝術的死亡。

正確處理舞蹈與音樂的關係

京劇是一種綜合藝術。在這一綜合體中，舞蹈與音樂（包括聲樂和器樂）的關係最為密切。它們的關係如果處理得好，可收珠聯璧合、相輔相成之效，大大有利於英雄形象的塑造；如果處理不好，則會相互抵銷，不利以至破壞英雄形象的塑造。在創作和演出實踐中，經常遇到的矛盾是歌、舞、樂誰服從誰和如何服從的問題。毛主席說：「矛盾著的兩方面中，必有一方面是主要的，他方面是次要的。其主要的方面，即所謂矛盾起主導作用的方面。」這是我們解決舞蹈與音樂關係的基本出發點。無產階級的京劇藝術在處理舞和歌（這裏指唱腔，不包括伴舞的歌曲，後者實際上屬於配樂性質）的關係中，必須使舞服從於歌；在舞和器樂的關係中，器樂服從於舞；在歌、舞、樂三者的關係中，舞、樂均服從於歌，器樂必須襯托唱腔，協助舞蹈，不能喧賓奪主。

12月22日

中共中央文化革命小組連日來舉行文藝晚會，招待現在北京的馬列主義兄弟黨的負責人和正在我國訪問演出的阿爾巴尼亞人民軍藝術團成員，觀看革命現代京劇《智取威虎山》、《紅燈記》、《沙家濱》，革命現代舞劇《紅色娘子軍》。出席晚會觀看演出的有：越南勞動黨中央委員會政治局委員、國會常務委員會副主席黃文歡，澳大利亞共產黨（馬克思列寧主義）主席愛・弗・希爾，緬甸共產黨中央委員會副主席德欽巴登頂，印度尼西亞共產黨中央委員會政治局委員阿吉托羅普，由團長儒爾蓋率領的法國馬克思列寧主義共產黨人代表團；阿爾巴尼亞駐中國大使羅博和使館其他成員，阿爾巴尼亞人民軍政治部副主任納奈・庫特拉和由他率領的人民軍藝術團的全體成員。出席晚會陪同觀看演出的有：中共中央政治局常委周恩來、陳伯達、康生，中共中央政治局委員（以姓氏筆劃為序）江青、李先念、李作鵬、吳法憲、丘會作、姚文元、黃永勝、謝富治，中共中央政治局候補委員紀登奎、李德生。

【解讀】

典型的崇拜儀式：演出結束以後，晚會會場上一片歡騰。大家揮動著紅通通的《毛主席語錄》，熱情高唱〈大海航行靠舵手〉和〈國際歌〉，齊聲歡呼：「戰無不勝的馬克思主義、列寧主義、毛澤東思想萬歲！」「無產階級文化大革命的偉大勝利萬歲！」「無產階級專政萬歲！」「毛主席萬歲！萬萬歲！」「在極其熱烈的革命氣氛中，中央負責同志陪同各國來賓走上舞臺，同革命文藝戰士們親切握手、合影。出席晚會觀看演出的，還有中共中央和政府有關部門、中國人民解放軍、北京市革命委員會的負責人以及其他有關方面的負責人。」[18]

[18] 〈中共中央文化革命小組舉行文藝晚會　招待在京的兄弟黨負責同志和阿人民軍藝術團同志觀看革命樣板戲　周恩來、陳伯達、康生等同志陪同觀看演出〉，北京：《人民日報》（第1版），1969年12月23日。

12月31日

《人民日報》發表文章〈閃耀著毛澤東思想燦爛光輝的革命樣板戲在首都舉行公演 經過反覆地琢磨，反覆地實踐，千錘百鍊，精益求精，革命樣板戲更加光彩奪目〉（第 1 版）:「一批經過反覆加工和精益求精的排練的革命樣板戲，將從 1970 年 1 月 1 日起，在首都舉行公演。參加這次公演的革命樣板戲有：革命現代京劇《智取威虎山》、《紅燈記》、《沙家濱》，革命現代舞劇《紅色娘子軍》，革命交響音樂《沙家濱》，以及鋼琴伴唱《紅燈記》。」

本年

年初，修改即將完畢之時，江青為了顯示京劇《智取威虎山》不同於小說《林海雪原》，授意要將劇名、人名、地名全部換掉，並要甩掉「林海」、「雪原」一類的字眼。於是《智》劇改名為《智取飛穀山》，並打出了《智取飛穀山》的海報。中央政治局進行了專門研究討論後，對此改動明確予以否定，這才使《智取威虎山》劇的劇名、地名、人名得以恢復。

該年秋，毛澤東在杭州接見浙江文藝界人士，有人提到是江青創造了「樣板戲」，他說：「不是，戲原來就有，是文藝工作者的勞動成果。」[19]

---

[19] 韶山毛澤東同志紀念館編，《毛澤東遺物事典》，北京：紅旗出版社，1996年11月版。

1970 年

【概述】

「樣板戲」普及是本年度開始的重點工作，電影被作為重要的傳播手段加以使用。「文革」後期「樣板戲」電影的拍攝情況，如下表所示。

年份	電影目錄
1970 年	北京電影製片廠：《智取威虎山》 八一電影製片廠：《紅燈記》
1971 年	北京電影製片廠：《紅色娘子軍》 長春電影製片廠：《沙家濱》
1972 年	北京電影製片廠與上海電影製片廠合拍：《海港》 北京電影製片廠：《龍江頌》 上海電影製片廠：《白毛女》 八一電影製片廠：《紅色娘子軍》 長春電影製片廠：《奇襲白虎團》
1973 年	北京電影製片廠與上海電影製片廠合拍：《海港》
1974 年	北京電影製片廠：《杜鵑山》 八一電影製片廠：《平原作戰》 長春電影製片廠：《平原游擊隊》、 珠江電影製片廠：《沙家濱》
1975 年	北京電影製片廠：《決裂》、《草原兒女》 上海電影製片廠：《戰船臺》、《第二個春天》 八一電影製片廠：《沂蒙頌》、《紅燈記》
1976 年	上海電影製片廠：《磐石灣》、《審椅子》 八一電影製片廠：《紅雲岡》、《南海長城》

8 月，「樣板戲」電影《智取威虎山》和「樣板戲」電視紀錄片《紅燈記》首先在全國範圍內放映。由於需要宣傳革命現代京劇「樣板戲」，連環畫《智取威虎山》最初發表在上海的《文匯報》上，因廣受歡迎，像京劇「樣板戲」一樣，

也被作為「樣板連環畫」向全國推廣。10 月 1 日革命現代京劇《智取威虎山》彩色影片在北京和全國陸續上映。10 月 5 日江青、張春橋、姚文元召見了于會泳、錢浩梁、劉慶棠，向他們布達了被稱之為「六創三改」的任務。「三改」是限時改出《紅燈記》、《海港》和《白毛女》定型本，「六創」則是江青根據已經具備的條件，計劃抓的第二批除鋼琴伴唱《紅燈記》和鋼琴協奏曲《黃河》[1]之外的六個「樣板戲」，即北京京劇團編演《秋收起義》（《杜鵑山》），上海京劇團編演《龍江頌》和《南海長城》（《磐石灣》），中國舞劇團編演芭蕾舞劇《紅嫂》（《沂蒙頌》）。江青規定第二批「樣板戲」要在 1972 年舉行公演，以紀念毛澤東〈在延安文藝座談會上的講話〉發表三十週年。

1月1日

革命現代京劇《海港》和革命現代舞劇《白毛女》，分別從 1970 年 1 月 1 日和 1 月 4 日起在上海再度公演。《人民日報》報導：《海港》、《白毛女》兩個劇組的革命文藝戰士認真學習《智取威虎山》劇組的繼續革命精神，在這次再度公演前，都進行了認真刻苦排練，反覆鑽研、琢磨，精益求精，決心演出新水平，使革命樣板戲放射出更加燦爛的光輝[2]。

同日，《人民日報》發表辛文彤的文章〈革命英雄主義的光輝典型〉。

1月2日

新華社上海 2 日電，上海市革命委員會連日舉行文藝晚會，招待正在上海進行友好訪問演出的阿爾巴尼亞人民軍藝術團，觀看革命現代京劇《海港》和革命現代舞劇《白毛女》。阿爾巴尼亞戰友並同上海市人民一起歡度 1970 年元旦。中共中央政治局委員、上海市革命委員會負責人張春橋，中共中央委員、上海市革命委員會領導成員王洪文、徐景賢、王秀珍、楊富珍，中共中央候補委員、上

[1] 鋼琴協奏曲《黃河》源自冼星海的聲樂作品《黃河大合唱》。1969 年定型。殷承宗等五位作曲家集體編曲，李德倫指揮。

[2] 〈閃耀著毛澤東思想燦爛光輝的革命樣板戲《海港》、《白毛女》在上海再度公演〉，北京：《人民日報》（第 3 版），1970 年 1 月 1 日。

海市革命委員會領導成員馬天水、王維國、金祖敏，上海市革命委員會其他領導成員和人民解放軍駐上海部隊負責人王少庸、劉耀宗、高志榮等出席晚會，陪同阿爾巴尼亞人民軍政治部副主任納奈·庫特拉和由他率領的人民軍藝術團全體成員觀看了演出[3]。

同日，《人民日報》（第4版）專欄：《人民日報》發表舒浩晴的文章〈讓無產階級英雄人物牢固地占領舞臺——學習革命樣板戲《智取威虎山》中「亮相」的體會〉。紅雷，〈迎來春色換人間——讚無產階級文藝革命〉；辛文彤，〈革命英雄主義的光輝典型〉。

1月3日

《人民日報》發表解放軍某部星火、彤文的文章〈高舉紅燈驅妖霧〉。

《人民日報》（第3版）發表紅嶺的文章〈無產階級的革命正氣歌——讚無產階級英雄典型李玉和〉。

1月4日

《人民日報》（第4版）發表中國舞劇團　邁新的文章〈爭取更大進步，爭取更大勝利！——談革命現代舞劇《紅色娘子軍》精益求精的加工〉。

1月8日

《人民日報》發表紅纓的文章〈人民戰爭的壯麗頌歌——讚革命交響音樂《沙家濱》〉。

同日，《人民日報》發表洪聲的文章〈無產階級文藝的新品種——讚鋼琴伴唱《紅燈記》〉。

3　〈上海市革命委員會舉行文藝晚會招待阿人民軍藝術團同志觀看革命樣板戲〉，北京：《人民日報》（第4版），1970年1月3日。

1月11日

《人民日報》（第4版）發表洪新的文章〈青松挺立戰旗紅〉。

同日，北京京劇團紅光[4]，〈人民戰爭的勝利凱歌——革命現代京劇《沙家濱》修改過程中的一些體會〉：

> 革命現代京劇《沙家濱》從開始改編到現在，經歷了兩個階級、兩條路線的激烈搏鬥。這期間，江青同志對這齣戲的思想內容和藝術形式，都給予了具體的指導，並親自參加了創作實踐。最近，在江青同志的親自指導下，經過精益求精的加工，戲的質量又有所提高。《沙家濱》是表現革命人民的武裝鬥爭的，幾年來的修改加工，也都是為了更好地突出武裝鬥爭的主題。《沙家濱》反映了偉大的抗日戰爭的一個側面。戰鬥在陽澄湖畔的新四軍和廣大人民群眾所取得的勝利，是毛主席人民戰爭思想的勝利。然而，在京劇改編本的初稿裏，卻沒有準確地反映這一人民戰爭的主題。1964年7月23日，偉大領袖毛主席觀看了京劇《蘆蕩火種》演出後指出：要以武裝鬥爭為主。江青同志根據這一指示，調動一切藝術手段，加強了新四軍指揮員郭建光的英雄形象，突出了武裝鬥爭的主題。一、刻劃英雄人物與群眾的血肉關係。二、表現革命的樂觀主義。三、正確地運用人民戰爭的戰略戰術[5]。

1月12日

《人民日報》（第3版）專欄發表文章：武靈，〈階級情義重於泰山——讚李玉和一家三代的革命情義〉；裝甲兵某部洪壯斌，〈熱愛群眾　獻身人民〉；豫文，〈刀劈鳩山好得很！〉；北京無線電二廠劉宗明，〈從容對敵　巍然如山——讚工人階級的英雄典型李玉和〉。

---

4 該作者為編劇汪曾祺。

5 占據舞臺中心的主人公，以至於是突出「地下工作」還是突出「武裝鬥爭」成為一個重大的政治問題。《人民日報》的文章無疑是一個有力的佐證。因此可以推斷，取材於「民主革命時期」的作品都要以「武裝鬥爭」為主，而原本是正面表現「地下工作」的作品也要重新「擺正祕密工作與武裝鬥爭的關係」，這一思路確實得到中央高層的認可。

1月17日

《人民日報》（第3版）發表文章：武紅，〈大義凜然 威武不屈——讚革命現代舞劇《紅色娘子軍》中的洪常青「就義」〉；史南，〈一場讚革命的槍桿子上芭蕾舞臺〉。

1月22日

《人民日報》（第4版）發表文章：楚天舒，〈崇高的英雄形象 壯麗的藝術語言——讚革命現代京劇《紅燈記》〉。紅長纓，〈高舉紅燈閃閃亮〉。

1月24日

周恩來、康生、江青接見中央直屬系統文化部學部教育部等單位的軍宣隊代表講話（晚八點三十分至25日凌晨零點四十分）：

周恩來講話：

戚本禹是個野心家，是跑腿的，活動能力很強。他無孔不鑽，文化方面他鑽的地方最多。江青同志不讓他去，他硬要去。他還到煤炭部、化工部，工廠也到了，工廠到二七車輛廠、首鋼——所以工業單位也要搞，文化方面他和體委的劉長信，衛生系統的孫正有來往。他兩個兒子證明也不是好人。他能伸就伸，對樣板戲也插手，亂改，特別是對交響音樂《沙家濱》和《白毛女》。楊成武那篇文章，主席很不滿意，大樹特樹不符合毛澤東思想，不能登出，但戚本禹一定要登。後來登在第二版上，楊成武還不滿意。戚本禹道歉，王力還給送像章慰問。互相勾結，暗地活動，以後才揭發出來。在中央辦公廳有彭、陸、楊，還有田家英，他完全是跟著田家英走的。田家英有很多攻擊偉大領袖毛主席的言論，派人搜他們的東西，別人的東西都收回來了，就田家英的沒有收回來。有主席的手稿，丟了好多，是戚本禹串通的，第二天田就自殺滅口。戚本禹這個人寫東西也是不能寫的，過去我們也是受了騙的。〈評忠王李秀成〉那是根據主席思想，請歷史研究所幫他寫的，以他的名義發表的。這說明對一個人的認識是要經過相當一個時期考驗的。經過考驗知道戚本禹是這麼一個人，他的根子是很深的。衝機要局，搶檔案，他（**與葉向真**）他們是合謀，後臺是楊、余、傅、蕭華。在 66 年無產階級造走資派反時，造反派群眾在街上搞四舊，（**葉向真靠**）和他父親（**葉劍英**）的關係，首先衝軍事科學院，他們採取的是綁架的方法。戲劇學院的葉向真，他說是造反派，年輕人造反好嘛，造走資派的反。現在查清，搞軍隊帶頭的就是他們。（**江青同志插話：首先動手打解放軍的就是葉向真、劉詩昆。**）第二件事比較嚴重的，66 年底他們搞突然襲擊，將彭、羅、陸、楊和文化部的夏衍、林默涵、田漢、陽翰生，還有其他人一下子逮走，然後讓他們遊街，我們打電話問戚本禹是誰搶走的。他說：「可能是葉向真，我打聽打聽。」不到五分鐘，他說是葉向真，後來把葉向真叫來，她說是戲劇學院、中央音樂學院、中央樂團這些單位搞的，關在和平里中央樂團一間大屋子裏，第二天就要遊行。這樣全城會轟動，對我們不利，非搞過不可，後經衛戍區把他們接過來。這樣一件事，我們不允許在無產階級司令部面前綁架，這不是無產階級文化大革命的造反行動，這樣做超過了武鬥，變成了綁架。後來，很多地方也跟著搞起來了，部隊衝派也搞這一套，北京軍區文工團「星火燎原」他們知道了，搶了先了，首先搞起來了，把北京的運動搞得非常不利。

江青講話：

67 年春，首先是文藝革命戰士頂著牛，他們直接幹，因為打了他們嘛，戚本禹要搞他的樣板，我看了，這是《紅毛女》，還搞了《海港》。在 5 月下旬，我感到了這個問題，很值得注意，有人說：沒有「5・16」了，「不存在了」。怎麼不存在？我們有材料。這就是糊塗。把「5・16」反革命組織當作群眾組織，這就不對了，對不對呀？張光同志，你的錯誤就在這裏，我以前不瞭解你，沒跟你打過交道，在總理、謝副總理講了以後，還沒轉過來就不對了，轉過來了沒有？（**張答：轉過來了。**）轉過來就好，請坐下。

69 年 8 月 14 日才掛起勾來了，才知道「5・16」反革命組織是他們的基層組織，這個是有不少材料的，但是現在有個問題應該提起同志們注意。在中央已經提抓「5・16」時，要防止擴大化，要抓骨幹份子，對一般份子，只要交代好的，要給出路，切記不要擴大化，要打擊骨幹份子，一要分清是非，二是不要擴大化，是抓他幾個兇惡重要骨幹份子，一般份子交代了，就給各種出路，重要骨幹份子交代好的也要給出路。

在文藝戰線上，他們的黑幹將是金敬邁、李英儒、於秀、陸公達、劉巨成、林杰、鄭公盾、李廣文、趙易亞、唐平鑄、胡癡，在開十萬人大會時，給賀龍的信是大紅紙，上面寫著「光臨指導」，給我們的信寫的是「勒令到會」。這條線，這些傢伙，我給他們劃了個線：20 年代是陳獨秀，二十年代末是李立三，在黨內 30 年代是王明在文藝界的「四條漢子」。我們現在搞的材料，可以發給同志們，有備註。40 年代到 50 年代發展的「二流堂」——「二流堂」就是二流子，二流子就是流氓，他們有黨徽、黨章，從重慶到北京，57 年定了案。王、關、戚又要搞這個案了，藉此搞總理和我。50 年代到 60 年代有個裴多菲俱樂部，60 年代就叫「5・16」。他們的背景是國民黨的 CC，叫中統特務。文藝「四條漢子」下面有十個演劇隊，他們的骨幹份子是壞的。在黨內的代表人物，以前是王明，這個反面教員還有美帝、蘇修、特務，美英法日特務，比方說李敦白和王光美有聯繫，王光美是美國戰略情報特務。「一辦」的同志來了沒有？李敦白和王光美的關係知道嗎？（**答：李敦白和王光美在延安就有聯繫。**）他們是一脈相通的，破壞毛主席親自締造和領導的偉大的中國共產黨，破壞毛主席親手締造親自領導、林副主席直接指揮的人民解放軍，顛覆我們新生的革命委員會。他們這些人同流合污了，他們有黑高參。我們傻瓜，慢慢地才認識，我們講了就要頭腦清醒，要認真對待，但不要擴大化，要按政策辦事，首先分清是非，然後區別對待。我的話完了[6]。

[6] 周恩來、康生、江青，〈周恩來康生江青接見中央直屬系統文化部學部教育部等單位的軍宣隊代表講話〉，1970 年 1 月 24 日。

1月25日

上海市革命委員會轉發〈關於上海縣、金山縣有人借講革命故事為名，破壞革命樣板戲的情況調查〉（1970年1月2日）

上海市各級革命委員會：

現將《文匯報》編輯部〈關於上海縣、金山縣有人借講革命故事為名，破壞革命樣板戲的情況調查〉發給你們，請你們每個委員至少都要讀一遍，並且在革委會的會議上正式討論一次，並把你們的意見報告我們。

我們所以鄭重其事地把這個問題提出來，並不是小題大作。這是一個很大的題目。請看，事情發生的時間是無產階級文化大革命取得偉大勝利、《智取威虎山》10月演出本發表以後，地點是上海、金山兩縣，其中有大家讚為活學活用毛澤東思想先進集體的燈塔大隊，在場的有復旦大學教改隊和人數眾多的縣、社、隊幹部，還有不少工宣隊員，而對這種破壞革命樣板戲的嚴重事件，絕大都數人都處之泰然。在市革委會追查這件事情以後，有關單位也是應付了事。這還不是一個大事嗎？親愛的同志們！無產階級文化大革命已經進行三年多了。有些同志認為，已經差不多了，可以歇一歇了，至少可以少管意識形態領域的鬥爭了。保衛革命樣板戲，批判周揚、夏衍、田漢、陽翰笙「四條漢子」，那是文藝界的事，同我沒有多少關係。果然是這樣嗎？洪富江、施春年來給我們上課了。這一堂課，同桑偉川一樣，都是告訴我們：階級鬥爭並沒有熄滅。你想歇一歇，人家可不歇；你不管文藝，文藝來管你；你不批判「四條漢子」，「四條漢子」就跑到你家門口大肆放毒，而你居然還興高采烈地替他叫好，這究竟算是一個什麼性質的問題呢？難道不值得我們所有的革命同志好好想一想嗎？這類事，不是發生了一件，也不只是上海縣、金山縣有，別的縣也有。不只是農村有，城市也有。難道我們能夠容忍這種現象繼續下去嗎？我們希望工、農、兵、學、商、黨、政各條戰線上的同志們真正重視這類事件，並且採取認真的態度，把意識形態領域的階級鬥爭進行到底，把一切毒害人民的歪風邪氣打下去，用戰無不勝的毛澤東思想占領一切思想文化陣地。

為便於各基層單位的同志討論這件事，本件及附件登《支部生活》和《工人造反報》，你們有什麼評論也可以寄給《支部生活》和《工人造反報》編輯部。

上海市革命委員會

1970 年 1 月 25 日

〈關於上海縣、金山縣有人借講革命故事為名破壞革命樣板戲的情況調查〉

在偉大領袖毛主席的親切關懷下，在江青同志的精心培育下。千錘百鍊，精益求精，經過反覆修改的《智取威虎山》10 月演出本發表以後，全市革命人民歡欣鼓舞，掀起了學習革命樣板戲，宣傳革命樣板戲，保衛革命樣板戲的熱潮。

最近接連發現醜化破壞革命樣板戲的嚴重事件

但是，最近接連發現有少數沒有改造好的舊藝人和下鄉勞動鍛鍊的劇團人員，擅自竄改劇本，添油加醬，大擺噱頭，歪曲和醜化楊子榮的英雄形象，破壞革命樣板戲《智取威虎山》，根據市革命委員會的指示，我們對上海、金山兩縣發生的，類似的嚴重事件進行了調查，現將情況彙報如下：

去年 12 月 15 日，上海縣北橋公社燈塔大隊，在復旦大學教改隊舉辦的上海縣基層幹部學習班和「九二〇」農藥訓練班結業聯歡會上，由參加學習班的學員，塘灣公社革委會副主任韓雪龍的推薦，請來了該公社共和大隊的一個所謂「故事員」洪富江講《智取威虎山》，燈塔大夥的近百名武裝民兵也參加聽講。

這個洪富江，在數百人的大會上，借講革命故事為名，竭力歪曲、醜化楊子榮的英雄形象，嚴重破壞革命樣板戲，在群眾中造成極為惡劣的政治影響，令人不能容忍的是，這個「故事員」完全不按《紅旗》雜誌發表的 10 月演出本講述，而是編造了許多庸俗低級的情節，大肆賣弄噱頭，嘩眾取寵。

洪富江醜化破壞革命樣板戲的手法

洪富江醜化破壞革命樣板戲的主要手法：

一、極力貶低偉大的毛澤東思想哺育英雄成長的作用，極力醜化無產階級革命英雄的光輝形象楊子榮。例如，在描繪楊子榮時，胡扯什麼：「楊子榮肩膀闊、胸部厚、耳朵大，生得一雙虎目。」又說什麼：「楊子榮的本事，出娘胎就生好的」，「肚皮裏有一套一套功夫。」甚至還把英雄楊子榮與匪首座山雕相比，說：「座山雕的門檻精到九十六，楊子榮的門檻精到九十七，這叫『棋高一著』。」在講楊子榮智鬥小爐匠時，又是無中生有地瞎說：「楊子榮怕八大金剛中的一個最厲害的土匪，為了戰勝小爐匠，想把這個金剛調離威虎廳。」還說：楊子榮「想一把卡死座山雕，後來被座山雕軋出苗頭，沒有成功」。講「打虎上山」一段，尤其惡毒，說什麼：「楊子榮跨上青鬃馬，連打三鞭」，接著故意賣弄一番以後，庸俗地說：「為啥不打一鞭，不打兩鞭，不打四鞭，也不打五鞭呢？……這叫拍馬三！」這時，引起了哄堂大笑。現在一些貧下中農氣憤地說：「實在豈有此理，洪富江膽大包天，竟敢污蔑楊子榮『拍馬三』！」(即「拍馬屁」)最後說到「活捉座山雕」，洪竟把楊子榮說的「我是中國人民解放軍！」竄改為：「座山雕！今天叫你看看我楊子榮的厲害！」群眾憤怒地揭發說，江青同志花了多少心血塑造的英雄形象楊子榮，在洪富江的嘴巴裏，竟被糟蹋成為一個莽裏莽撞的冒險份子，像個《七俠五義》中的個人英雄主義者。

二、對反面人物則編造許多庸俗低級的情節，甚至用農村土話，講些不三不四的下流話。引人發笑，有的簡直不堪入耳，以達到破壞革命樣板戲的目的。洪富江為了迎合農村中落後的低級趣味，在講「計送情報」一段時，花了很大的功夫去描繪一些小土匪洋相百出的情節。他從「楊子榮這天擔任值星官，帶領一批小土匪去操練」說起，胡扯什麼「楊子榮對小土匪說：看到一發綠色信號彈，就要『向前跑』；二發綠色信號彈，就要『加快跑』；三發綠色信號彈，一定要『拚命跑』，並且關照不准朝後看一看。看到紅色信號彈就停止前進」。講到這裏，他眉飛色舞，盡力施展他賣弄噱頭的一套本領。如一個個地描繪小土匪的形象，說這個是「塌鼻頭」，那個是「大塊頭」……。「當楊子榮連打三發綠色信號彈，這批小土匪個個拚命窮跑，一個個跑得上氣接不著下氣，當中橫裏斷氣。」後來的描繪就更不成樣子了。說什麼：「有的小土匪跑得褲帶也繃斷了，有的拎著褲子跑，有的褲子掉下來也只好拚命跑。」還胡說：「有的小土匪跑得屎尿都拉在褲襠裏了。」由於他繪聲繪色，場內笑聲不絕。後來，洪富江又以小土匪的口氣說：「九爺樣樣好。就是叫阿拉（**我們**）拚命跑步操練不好。」把英雄楊子榮說得完全像個「土匪頭子」。又如，說到「百雞宴」一段時，又以類似的手法，「細緻」地刻劃大大小小的土匪的各種醜態。先是形容土匪們狼吞虎嚥的情節，最後突然插出一句：「一個個吃得飽透飽透，上撐喉嚨，下撐臀拱。」（「**臀拱」就是肛門**）真是庸俗之極！

經調查核實，洪富江係上海縣塘灣公社共和大隊第八生產隊的社員。今年五十一歲，原是一個不務正業的江湖游客，十四歲起就跟隨父親說舊書，學會了一套混飯吃的手法。解放前，一貫吃喝玩樂，把土地賣剩三畝，評為貧農成分。但他的胞弟同在一個生產隊，是個中農。洪生活上腐化墮落，前後有過三個老婆。歷史上曾拜土匪頭子為過房爺。1962 年前，是松江曲藝團的說書「藝人」，遣散回鄉後，曾斷斷續續在公社和鄰近大隊的各種幹部、群眾會議上講過故事，其中《智取威虎山》就講了數十場之多。洪富江所誤的工分，都由大隊補貼。由於在無產階級文化大革命中受到了衝擊，並審查他的政歷問題，才停止他到處去講故事。

值得深思的是有些領導同志積極支持大開「綠燈」

值得令人深思的是，問題發生在無產階級文化大革命已取得偉大勝利的今天，《智取威虎山》10 月演出本已正式發表，《紅旗》雜誌編者的話明確指出：「各地劇團如演出時，請以這個本子為準」。可是，對於這樣一個明目張膽地醜化、破壞革命樣板戲的舊藝人，一些有關領導同志竟一路大開「綠燈」。尤其嚴重的是不少，同志邊聽邊哈哈大笑，聽得出神，根本沒有發現問題，更沒有意識到這是一場捍衛革命樣板戲的鬥爭。

支持者有這樣一些同志，例如「故事員」的積極推薦者，恰是瞭解洪富江情況，並且曾經聽他講過《智取威虎山》的該公社革委會副主任韓雪龍；洪富江所在大隊的黨支部書記洪友梅，也曾積極奔走，還親自打電話通知大隊革委會副主任，把洪富江從生產隊叫到北橋公社燈塔大隊去講故事；中共塘灣公社黨委在事先也知道此事，黨委書記楊文龍雖不瞭解洪講故事的內容，但態度較含糊，他說：「要把洪富江本人的情況告訴人家，由他們考慮要不要叫他去講。」當時，公社黨委副書記周紀信曾表示：「這個人不能讓他再出去講了。」但態度也不很堅決。北橋公社燈塔大隊新幹部、黨支部副書記、民兵指導員陸莫祥也很起勁，他沒有跟黨支部書記陸順龍打招呼，就擅自決定請這個「藝人」在大會上講「故事」，自己不但聽得哈哈大笑，事後也不覺得有問題。那天聽講的除了上海縣部分公社、大隊幹部之外，還有燈塔大隊的武裝基幹民兵、復旦大學教改隊的部分師生和工宣隊的老師傅。他們中間，只有少數同志感到講得太長或賣弄噱頭太多，沒有聽完就走了。許多同志都聽得津津有味，有的還異口同聲地稱讚洪「講得好」。始終沒有人站出來抵制和反對，連北橋公社革委會常委、革命領導幹部潘旭也站著聽了近二十分鐘，事後他自我批評地說：「我也沒聽出什麼名堂來。」當有關領導部門追查此事時，塘灣公社的一個革委會副主任還稀裏糊塗地認為：「大方向是正確的。」

通過初步調查，我們還沒有發現有壞人在背後支援或操縱。最近，上述有關同志在思想認識上有了一定的提高，有的說：「這次教訓實在太大，中毒還不知毒在哪裏。」有的說：「現在越想越感到問題的嚴重性，越回憶起感到洪富江所講的，差不多通篇都有問題。」復旦大學文科教改隊的同志說：當時我們有些同志聽講時，「處之泰然」、「若無其事」，不批判，不鬥爭，有的事後議論一番，就此了事，這是對舊文科大學最大的諷刺。但是，也有些同志表現出似乎早已看出問題，只是沒有說。有的說，因為是貧下中農請來的，又是貧下中農的演出，沒敢往這方面（指醜化）去想問題。

據接觸的一些農村幹部認為，這一事件的發生不是偶然的，主要是對農村思想文化領域的階級鬥爭太不重視，平時也很少學習。他們反映，《智取威虎山》的劇本雖已發表很久了，但看過的同志卻很少很少。他們還認為，從這個問題反映出，文藝黑線在農村的流毒也是很深的。

對洪富江要不要批判有不同看法

至於對醜化、破壞革命樣板戲的舊藝人洪富江要不要進行批判，據瞭解存在著兩種不同的看法。如陸順龍（上海縣革委會第二召集人、燈塔大隊黨支部書記，關於洪在該大隊講「故事」，他事先不知道）及其他一些貧下中農，現在都很氣憤，曾要求把洪拉到燈塔大隊消毒和接受批判。但也有些同志認為，洪是貧農出身，屬於人民內部矛盾，要不要去接受批判，還須慎重考慮。上海縣革委會領導在這一事件發生後，還是比較重視的，縣革委會第一把手親自下去調查，並舉辦了學習班。但對洪如何進行批判，未做具體布置。

本月 14 日下午，塘灣公社革委會召開了一次八百人的批判會，洪在會上做了檢討，輕描淡寫地說，自己學習得不夠，犯了一次嚴重的錯誤，但會上未進行批駁。大隊領導在事發後，一直沒有組織群眾批判，拖拉了近二十天，到 1 月 15 日才召開了批判會。

南市區紅衛曲藝隊也大放其毒醜化革命樣板戲

類似這種嚴重破壞革命樣板戲的事件，不久前在金山縣也有發現。發在金山縣興塔公社參加勞動的南市區紅衛曲藝隊革委會委員施春年，他經常在附近生產隊和鄰近大隊開講《智取威虎山》。不僅濫用低級庸俗的噱頭，醜化楊子榮英雄形象，還擅自套用《七俠五義》、《三國演義》裏的情節，編造了一個楊子榮〈飛馬比雙槍〉的「故事」，散布大量毒素，嚴重歪曲和破壞革命樣板戲。甚至把「八大金剛」纂改為「九大金剛」。故事內容大致這樣：四金剛首先提出比槍法，四金剛一抬腿，把自己的一隻靴子拋到半空中，隨即用手槍擊穿靴子的鞋底中心，這叫「空中擒鴿」；結果觸怒了三金剛，因為三金剛有「鴿嘴」(口吃)的毛病，他就提出要比打活的，叫小土匪拎出一隻活兔子，舉槍擊中。最後，大金剛對「九金剛」楊子榮不服氣，要和楊子榮「飛馬比雙槍」，拉出兩匹馬，叫十個小土匪排成圓圈奔跑，大金剛和楊子榮騎在馬上打小土匪頭上的帽子……。整篇「故事」就是圍繞靴子、兔子、帽子轉，並且煞費苦心地描繪一個「歪頭」的小土匪，怎樣被大金剛和「九金剛」嚇得神魂顛倒。製造笑料。把楊子榮描寫成處處被敵人牽著鼻子走，而匪徒們卻是深謀遠慮，威風凜凜，不可一世。

在長達一小時「故事」，盡是賣弄資產階級「噱頭」。甚至說：「八大金剛槍法百發百中，楊子榮百發不中。」接著又說：「且慢，楊子榮不是百發不中，而是打了一百零五發，中了一百零五發……」整篇「故事」根本沒有採用革命樣板戲《智取威虎山》10 月演出的唱詞或情節。完全把楊子榮說成一個滿嘴黑話、匪氣十足、庸俗低級的江湖俠客。

不少幹部一起觀看，沒發現問題

據不完全統計，這個故事先後在興塔公社範圍內講了五場。公社的生產隊以上的幹部幾乎都聽過，當時許多同志還讚不絕口。竟翹起大拇指說：「好戲，好戲。」有的幹部還說：「這齣戲不聽，錯過機會，真可惜！」公社所屬的不少大隊還紛紛打電話要求公社革委會統一安排去巡迴講演。

這個紅衛曲藝隊除了講〈習馬比雙槍〉之外，還講〈打虎上山〉、〈舌戰小爐匠〉、〈活捉座山雕〉等片段，嚴重地歪曲和醜化革命樣板戲〈智取威虎山〉，流毒甚廣。據縣革委會政工組和縣文化館的同志調查核實，從 10 月 28 日到 11 月 20 日的二十多天中，觀眾達一萬多人次，在「三秋」大忙季節，該公社五一大隊組織的一次演出，竟提前收工，觀眾達三千多人，「盛況」空前。連楓涇鎮及附近兄弟公社的社員也聞訊趕來，造成極壞的影響。

但是興塔公社革委會的領導以及南市區紅衛曲藝隊的有關工宣隊的領導同志，都沒有及時發現問題，有些還一起參加觀看。一次演出前，有位工宣隊的排長還上臺「謙虛」地說：「我們是來向貧下中農學習的。」接著又說：「今天演出的節目是經過審查的。」而南市區文藝系統工宣隊連部的負責同志解釋說：「這個排長說的是其他幾個戲，〈飛馬比雙槍〉沒有審查過，是施春年自己講的。」興塔公社革委會的兩位主要負責人觀看後，也未即時識破。直至縣文化館的一位工作人員剛好來到這裏，看後感到味道不對，向公社提出後才停止演出。據說，原來公社還準備組織業餘故事員向曲藝隊學習。

有關領導認為施春年是好人犯錯誤，已進行內部幫助

經群眾的揭發和市革委會嚴肅指出後，上海、金山兩縣革委會和有關公社，對這些嚴重情況已引起注意，金山縣革委會已在興塔公社召開了全縣故事員現場會，批判了這種破壞革命樣板戲的行為。關於講〈飛馬比雙槍〉的紅衛曲藝隊施春年，有關工宣隊連部認為是屬於好人犯錯誤，南市區革委會的領導同志認為，施是個沒有經過很好改造的文藝工作者。現在，已對施進行內部幫助，並開展革命大批判，日前已把他的檢查，用大字報抄寫後，貼在公社小鎮的牆上。

《文匯報》編輯部

1970 年 1 月 20 日

1 月 28 日

說書演員施春年和故事員洪富江在某農村幹部大會上演出了《智取威虎山》片段後，《解放日報》發表方平的文章說這是「破壞革命樣板戲」，並說：「這是意識形態領域裏一場活生生的階級鬥爭。」此後發生的「學習革命樣板戲，保衛革命樣板戲」一系列言論和行動產生了嚴重後果。

1 月 30 日

《紅旗》第 2 期發表上海京劇團《智取威虎山》劇組的文章〈滿腔熱情，千方百計——關於塑造無產階級英雄人物音樂形象的幾點體會〉。

2月2日

《人民日報》發表傅丹文的文章〈時代精神的最強音——讚無產階級英雄形象李玉和，斥反動的「時代精神匯合」論〉。

2月4日

《人民日報》（第4版）發表上海京劇團《智取威虎山》劇組牛勁的文章〈高唱戰歌　奮勇前進——讚五首革命歷史歌曲重新發表〉。

同日，河南省京劇團上演《沙家濱》。各機關、工廠一律把看「樣板戲」作為政治任務。因此劇院採取「組織分配售票」的辦法。

2月6日

《人民日報》發表武齊文的文章〈胸有朝陽筆生輝——學習革命樣板戲《智取威虎山》藝術構思的札記〉。

《人民日報》發表北京京劇團智彤的文章〈革命的舞臺調度——學習《智取威虎山》〈打進匪窟〉一場的一點體會〉。

2月7日

《人民日報》發表上海京劇團《智取威虎山》劇組的文章〈滿腔熱情　千方百計——關於塑造無產階級英雄人物音樂形象的幾點體會〉。

2月8日

《人民日報》發表北京京劇團紅光的文章〈披荊斬棘　推陳出新——談《沙家濱》唱腔和舞蹈創作的幾點體會〉[7]。

---

[7] 據陳徒手的〈汪曾祺的文革十年〉（《讀書》1998年第11期）記載，他曾先後為《沙家濱》寫過三篇文章，其中一篇〈披荊斬棘，推陳出新〉刊登在1970年2月8日北京：《人民日報》，動筆前領導指示要突出宣

2月9日

《人民日報》發表紅嶺的文章〈不屈不撓鬥敵頑——讚李玉和的革命英雄主義精神〉。該文認為李玉和的革命英雄主義突出表現在他勇敢無畏、一往無前的進攻性格；不僅敢於鬥爭，而且善於鬥爭的精神；生為人民戰鬥，死為革命獻身的氣度。

同日，《人民日報》發表伍凌的文章〈心紅膽壯志如鋼——讚無產階級英雄形象李玉和〉。

2月10日

《人民日報》發表新華社通訊員、新華社記者的文章〈革命樣板戲鼓舞著我們奮勇前進！〉

2月13日

《人民日報》（第4版）發表文章：懷軍，〈紅旗讚〉；山華，〈絢麗多彩魚水情深——讚革命現代舞劇《紅色娘子軍》中表現軍民關係〉。

2月27日

澳共（馬列）主席希爾在《先鋒報》發表文章〈熱情讚揚我國革命樣板戲〉。澳共（馬列）主席希爾在《先鋒報》發表文章熱情讚揚我國革命樣板戲工人和農民在歷史上首次統治了舞臺和文化的其他方面，這是巨大的勝利。新華社墨爾本 25 日電　澳大利亞共產黨（馬克思列寧主義）主席愛・弗・希爾最近在澳共（馬列）機關報《先鋒報》上發表文章，熱情讚揚江青親自培育的革命樣板戲[8]。

傳江青在「樣板戲」中的功績，一切功勞歸功於江青。一位領導還叮囑道：「千萬不要記錯了帳。」汪曾祺在文中注意用小細節去披露江青的一些想法，如：「我們最近根據江青同志的指示，在開打中，讓郭建光和黑田開打，最後把黑田踩在腳下。」「江青同志曾經指出，應當是有主角的英雄群像。」「江青同志要求在關鍵的地方，小節骨眼上，不放過。」等等。

8 〈熱情讚揚我國革命樣板戲〉，北京：《人民日報》，1970年2月27日。

附：〈讚揚江青同志培育的革命樣板戲〉

有人說，這是拙劣的宣傳。資產階級使用「宣傳」這個字眼來攻擊所有反對資本主義的言論和文章。凡是有利於資本主義的東西就不是「宣傳」；凡是反對資本主義的東西就是宣傳。看來，這就是用來對付所有議論的手法。

我要回答說，是的，中國人民的這些創作是有利於中國人民壯麗的解放鬥爭和中國宏偉的社會主義事業的極好的宣傳。他們的藝術水平比起像澳大利亞這樣的一些美帝國主義僕從國家裏的污穢不堪的文藝來，要超過整整一個時代。中國人民從舊京劇中吸收了一切好的東西：他們在舞臺上用精彩的藝術形式，把被顛倒了的中國社會的階級關係重新顛倒過來。現在，工人和農民恢復了真實面目，成了真正的英雄[9]。

3月13日

毛澤東對設立國務院文化組請示報告的批語：同意[10]。

3月26日

國務院文化組按江青「樣板戲要給工農兵看，不要搞什麼包場，票價太高了」的指示，決定「樣板戲」演出的票價由過去3，5，7，9角降為2，4，6角。

3月29日

毛澤東的〈在延安文藝座談會上的講話〉發表二十八週年，上海京劇團、中國京劇團、北京京劇團、中國舞劇團和中央樂團，將從5月2日起，再度向

9 澳共（馬列）主席愛 弗・希爾，〈讚揚江青同志培育的革命樣板戲〉，《先鋒報》，1970年2月19日。

10 周恩來等1970年3月11日給毛澤東等寫報告說，昨天中央政治局會議商定：（一）在國務院之下設立一文化組，管理有關文藝、電影、出版、圖書、博物等方面的工作。（二）文化組的思想政治領導屬中央政治局，政治局分工歸中央文革；文化組的行政領導屬國務院，黨中央對該組的指示和決定，由國務院組織實施。（三）文化組設組長、副組長和組員若干人，提議吳德為組長，劉賢權為副組長，石少華等七人為組員。（四）文化組設一小的工作機構。毛澤東閱後，寫了這個批語。《建國以來毛澤東文稿》（第13卷），〈對設立國務院文化組請示報告的批語〉，北京：中央文獻出版社，1998，頁82。

首都廣大工農兵群眾演出閃耀著毛澤東思想燦爛光輝的革命「樣板戲」。這次演出的革命「樣板戲」有：革命現代京劇《智取威虎山》、《紅燈記》、《沙家濱》，革命現代舞劇《紅色娘子軍》，革命交響音樂《沙家濱》，以及《鋼琴伴唱《紅燈記》》。這次同觀眾見面的還有無產階級革命文藝的又一新品種——鋼琴協奏曲《黃河》[11]。

本月

毛澤東批示同意了中共中央關於設立國務院文化組的決定。這個「小組」的實際級別相當於「部」的機構，由當時北京市革委會副主任吳德兼任組長。

4月1日

新華社 1 日訊　東京消息：日本松山芭蕾舞團演員清水哲太郎和佐原冬子，最近在《日中文化交流》月刊上發表文章，熱情讚揚中國現代革命舞劇《白毛女》[12]。

4月30日

《人民日報》報導：為紀念毛澤東的〈在延安文藝座談會上的講話〉發表二十八週年，上海京劇團、中國京劇團、北京京劇團、中國舞劇團和中央樂團，將從 5 月 2 日起，再度向首都廣大工農兵群眾演出閃耀著毛澤東思想燦爛光輝的革命「樣板戲」。這次演出的革命樣板戲有：革命現代京劇《智取威虎山》、《紅燈記》、《沙家濱》，革命現代舞劇《紅色娘子軍》，革命交響音樂《沙家濱》，以及鋼琴伴唱《紅燈記》[13]。

---

[11] 〈為紀念毛主席的〈在延安文藝座談會上的講話〉發表二十八週年　閃耀著毛澤東思想燦爛光輝的革命樣板戲將再度公演同時公演無產階級革命文藝的新品種——鋼琴協奏曲《黃河》〉，北京：《人民日報》（第 1 版），1970 年 4 月 30 日。

[12] 〈日本松山芭蕾舞團演員讚揚中國現代革命舞劇《白毛女》〉，北京：《人民日報》（第 5 版），1970 年 4 月 4 日。

[13] 〈為紀念毛主席的〈在延安文藝座談會上的講話〉發表二十八週年　閃耀著毛澤東思想燦爛光輝的革命樣板戲將再度公演〉，北京：《人民日報》（第 1 版），1970 年 4 月 30 日。

5月1日

革命「樣板戲」《紅燈記》（1970年5月演出本）發表在《紅旗》第5期上。同期還發表了中國京劇團《紅燈記》劇組的〈為塑造無產階級的英雄典型而鬥爭——塑造李玉和英雄形象的體會〉。

同日，新華社上海1日電：為了紀念毛澤東的〈在延安文藝座談會上的講話〉發表二十八週年，上海從5月2日起再度演出革命現代京劇《海港》和革命現代舞劇《白毛女》。在這次公演中，上海的革命文藝戰士還將演出向北京學習的革命樣板戲：革命現代京劇《紅燈記》、《沙家濱》，革命現代舞劇《紅色娘子軍》，鋼琴伴唱《紅燈記》和十首革命歷史歌曲等革命文藝節目[14]。

5月4日

新華社4日訊，柬埔寨國家元首、柬埔寨民族統一陣線主席諾羅敦·西哈努克親王和夫人，今晚由國務院總理周恩來陪同，觀看了革命現代舞劇《紅色娘子軍》[15]。

5月8日

《人民日報》發表丁學雷的文章〈中國無產階級的光輝典型——讚李玉和的形象塑造〉。

5月9日

《人民日報》發表尹斌的文章〈讓無產階級英雄人物永遠主宰舞臺——學習《紅燈記》處理正、反面人物關係的一些體會〉。

---

[14] 〈為紀念毛主席的〈在延安文藝座談會上的講話〉發表二十八週年　閃耀著毛澤東思想燦爛光輝的革命樣板戲《海港》、《白毛女》在上海再度公演〉，北京：《人民日報》（第3版），1970年5月2日。

[15] 〈周總理陪同柬國家元首西哈努克和夫人觀看了革命現代舞劇《紅色娘子軍》〉，北京：《人民日報》（第2版），1970年5月5日。

5月10日

《人民日報》（第4版）發表〈紀念〈在延安文藝座談會上的講話〉發表二十八週年——演出革命現代京劇《紅燈記》的劇照〉。

5月11日

《人民日報》發表中國京劇團《紅燈記》劇組的文章〈為塑造無產階級的英雄典型而鬥爭——塑造李玉和英雄形象的體會》。

5月12日

《人民日報》發表豫文的文章〈精益求精　紅燈更紅〉。

同日，《人民日報》發表上海京劇團《智取威虎山》劇組牛勁的文章〈高舉紅燈，繼續革命——學習革命現代京劇《紅燈記》1970年5月演出本的一些體會〉。

5月13日

《人民日報》發表曉晨的文章〈勇往直前——讚《紅燈記》中李玉和的第一次上場〉。

5月14日

《人民日報》（第3版）專欄：沈工文，〈無產者一生奮戰求解放——讚李玉和〉；金豐羽，〈為無產階級英雄李玉和立傳——學習《紅燈記》中李奶奶痛說革命家史唸白札記〉。該文認為：革命現代京劇《紅燈記》中李奶奶慷慨陳述革命家史的長段唸白，是京劇唸白藝術革命的成功範例。《紅燈記》中李奶奶痛說革命家史的唸白，有以下幾個特點：（一）層層展開，步步深入。（二）豐富多彩，聲情並茂。（三）音樂唸白，完美結合。

5月15日

柬埔寨國家元首、柬埔寨民族統一陣線主席諾羅敦・西哈努克親王和夫人，今晚在周恩來陪同下，觀看了革命現代京劇《智取威虎山》。西哈努克親王和夫人同周恩來來到劇場時，全場起立，熱烈鼓掌[16]。

5月16日

《人民日報》發表：洪新的文章〈雄心壯志沖雲天——讚革命現代京劇《紅燈記》第八場「刑場鬥爭」〉。鍾紅，〈崢嶸倔強的青松——讚李玉和〉。

5月21日

《人民日報》發表人民解放軍空軍某部紅雷、華南師範學院文師穗的文章〈革命接班人的光輝形象——讚李鐵梅〉。

《人民日報》發表宇文平的文章〈《紅燈記》中的雙關語〉。

5月22日

《人民日報》發表于會泳的文章〈拿起筆做刀槍，堅決支持世界人民鬥爭〉。

5月23日

柬埔寨國家元首、柬埔寨民族統一陣線主席諾羅敦・西哈努克親王和夫人，柬埔寨民族統一陣線中央政治局主席、王國民族團結政府首相賓努親王和夫人，今晚由周恩來陪同觀看了為紀念毛主席〈在延安文藝座談會上的講話〉發表二十八週年演出的革命現代京劇《沙家濱》[17]。

---

16 〈柬埔寨國家元首西哈努克親王和夫人在周總理陪同下觀看《智取威虎山》〉，北京：《人民日報》（第1版），1970年5月16日。

17 〈柬埔寨國家元首西哈努克親王由周恩來總理陪同觀看革命現代京劇《沙家濱》〉，北京：《人民日報》（第1版），1970年5月24日。

《人民日報》、《紅旗》雜誌、《解放軍報》編輯部的文章〈改造世界觀——紀念〈在延安文藝座談會上的講話〉發表二十八週年〉。文章認為：「二十八年前，在激烈的兩條路線鬥爭中誕生的〈在延安文藝座談會上的講話〉，是一部劃時代的馬克思列寧主義文獻。這部文獻，不僅是馬克思列寧主義關於文藝問題的最完備的高度概括，是無產階級思想文化革命運動的偉大綱領，而且是依照無產階級先鋒隊的面貌改造世界的政治宣言，是一切共產黨員和革命者實現思想革命化的指路明燈。『六廠二校』關於鬥、批、改的典型經驗，生動地體現了毛主席的各項無產階級政策，正在全國各地開花結果。革命大批判運動繼續深入。廣大的共產黨員和革命者正在思想革命化的大道上闊步前進。」

5月24日

《人民日報》（第5版）發表上海革命京劇練功小組的文章〈首先要練好思想革命化的基本功—紀念〈在延安文藝座談會上的講話〉發表二十八週年〉：

江青同志根據毛主席〈在延安文藝座談會上的講話〉的光輝思想，指示我們：為了更好地為工農兵服務，必須練好兩個基本功—向工農兵學習的思想基本功，和為工農兵服務的藝術基本功。經過學習和實踐，我們領會到，兩個基本功的關係，實質上也就是政治與業務的關係。兩個基本功之中，思想基本功是基礎，是根本，是主要的，第一位的。沒有思想基本功，藝術基本功再好，也不能為無產階級政治服務，不能為工農兵服務。而且，要為工農兵服務，不僅要求我們的思想感情，應該是工農兵的思想感情，同時也要求我們的藝術，必須是適合表現工農兵的藝術。因此，如果在練功中不突出無產階級政治，不抓人的思想革命化，不僅談不到練好思想基本功，也同樣練不好藝術基本功[18]。

5月25日

《紅旗》第6期發表評論員文章〈改造世界觀——紀念〈在延安文藝座談會上的講話〉發表二十八週年〉、北京京劇團集體改編的革命「樣板戲」《沙家濱》

[18] 〈首先要練好思想革命化的基本功——紀念〈在延安文藝座談會上的講話〉發表二十八週年〉，北京：《人民日報》（第5版），1970年5月24日。

劇本，以及上海京劇團《智取威虎山》劇組的文章〈演革命戲，做革命人〉。同期還刊登了鍾岸的文章〈毛主席領導的紅軍是英雄好漢——批判反共歷史劇《石達開的末路》〉，對《石達開的末路》作者陳白塵展開批判，認為他在 1935 年寫的這個劇本是為了配合國民黨的反革命軍事圍剿，影射紅軍就是當年的太平天國，就是當年的石達開武裝。

5 月 26 日

周恩來主持中共中央政治局會議，討論通過武漢軍區黨委抓點情況報告和四個省的革命委員會及其黨的核心小組成員名單。會上，傳達了毛澤東關於普及革命「樣板戲」的指示。姚文元轉達了未到會的江青對國務院文化組近期工作的意見。

周恩來召集國務院文化組成員開會，研究在普及革命樣板戲過程中，進一步創做出更多新的革命戲曲、歌舞等文藝節目，然後再加以提高的問題[19]。

5 月 31 日

革命「樣板戲」《沙家濱》（1970 年 5 月演出本）發表在《文匯報》上。《沙家派》的修改定稿本同時刊登於《紅旗》、《光明日報》、《解放軍報》。

本月

周恩來在聽取中國歌劇團及其他在京文藝團體下放部隊農場鍛鍊情況彙報時，對準備把這些文藝單位「就地處理」，所有演員「下去三五年」的做法表示異議，提出：一個演員有幾個三五年的藝術青春[20]？

本月，「樣板戲」《紅燈記》1970 年 5 月演出本發表於《紅旗》第 5 期。

本月，《紅燈記》劇組進入八一電影製片廠，投入影片拍攝。

---

19 中共中央文獻研究室編，《周恩來年譜 1949-1976》（北京：中央文獻出版社，1997 年），頁 1285。

20 中共中央文獻研究室編，《周恩來年譜 1949-1976》（北京：中央文獻出版社，1997 年），頁 1285。

6月1日

《人民日報》（第2版）發表北京京劇團《沙家濱》劇組的文章〈〈在延安文藝座談會上的講話〉照耀著《沙家濱》的成長〉。該文章對「舊北京市委」做了這樣的聲討：「在江青同志領導我們修改加工、進行艱苦的創作過程中，舊北京市委不斷地干擾破壞。從《蘆蕩火種》到《沙家濱》，意味著京劇革命向縱深發展，而階級敵人的破壞也越來越瘋狂。當時舊北京市委主管文化工作的某負責人就多次煽陰風，胡說什麼：『不要老是改。這是個有群眾影響的戲，不要把一個好戲改壞了。』……在《沙家濱》已經接近定型時，又叫劇團的另一個演出隊仍按《蘆蕩火種》的老本子演。」

6月2日

《人民日報》發表鍾山、紅鋼工的文章〈工農子弟兵的光輝典型——讚郭建光英雄形象的塑造〉。

6月3日

國務院文化組會議的議題是調成蔭、姜寶海充實《紅燈記》攝製組。

「樣板戲」劇本出版平裝、精裝本。

6月5日

《人民日報》（第4版）發表〈紀念〈在延安文藝座談會上的講話〉發表二十八週年——演出革命現代京劇《沙家濱》的劇照〉。

6月16日

《人民日報》（第 5 版）發表空軍某部紅雷的文章〈女共產黨員的英雄形象——讚阿慶嫂形象的塑造〉；解放軍某部朱常軍的文章〈戰鼓驚天紅旗展〉。

6月19日

索馬里民主共和國最高革命委員會副主席穆罕默德・艾南希，和由他率領的索馬里政府代表團，今天晚上觀看了由中國舞劇團演出的革命現代舞劇《紅色娘子軍》。陪同觀看演出的，有國務院副總理李先念，人大常委會副委員長郭沫若，中國人民解放軍副總參謀長王新亭，以及有關方面負責人方毅、姬鵬飛、周化民。

當艾南希副主席等索馬里貴賓由李先念副總理、郭沫若副委員長等陪同，走進劇場時，全場起立，熱烈鼓掌歡迎。演出結束後，艾南希副主席、李先念副總理、郭沫若副委員長等，登上舞臺，同演員熱烈握手，祝賀他們演出成功。上午，索馬里貴賓遊覽了長城[21]。

6月20日

國務院文化組會議對電視臺轉播的《紅燈記》錄像中畫面處理、音樂的音量等問題及解決方法進行討論，又就《沙家濱》七至十場的布景修改取得了一致意見。

6月22日

《人民日報》（第 4 版）發表工程兵某部紅長城的文章〈武裝鬥爭的壯麗畫卷——讚革命現代京劇《沙家濱》〉；北京空軍衛京宇的文章〈主動靈活　以弱勝強〉。

[21] 〈艾南希副主席等索馬里貴賓觀看革命現代舞劇《紅色娘子軍》　李先念副總理和郭沫若副委員長陪同觀看演出〉，北京：《人民日報》（第 5 版），1970 年 6 月 20 日。

豫文，〈正面打進去好得很〉，該文認為：革命現代京劇《沙家濱》，遵照毛主席關於戲的結尾要正面打進去的指示，通過〈奔襲〉、〈突破〉、〈聚殲〉三場戲，描繪了我新四軍指戰員出奇制勝、奮勇殺敵的抗日武裝鬥爭的壯麗圖景，生動地顯示了槍桿子的巨大威力。戲的結尾從正面打進去，這就突出了武裝鬥爭的主題，使全劇的主題思想昇華到了一個新的高度。

同日，蘇丹財政部長曼蘇爾・馬哈古卜，和由他率領的蘇丹政府友好代表團，在對外經委主任方毅陪同下，今天晚上觀看了革命現代京劇《沙家濱》。北京京劇團革命文藝戰士的精彩表演，受到了蘇丹貴賓們的熱烈鼓掌歡迎。蘇丹駐中國大使宰因・阿卜丁也觀看了演出[22]。

6月26日

《人民日報》發表首都文化界代表、革命文藝工作者浩亮在首都大會上的講話〈革命文藝戰士堅決支持朝鮮人民正義鬥爭〉。

7月2日

《紅旗》第 7 期發表中國舞劇團集體改編的革命「樣板戲」《紅色娘子軍》。同期還發表劇組的文章〈毛澤東思想照耀著舞劇革命的勝利前程——排演革命現代舞劇《紅色娘子軍》的一些體會〉。

7月7日

《人民日報》（第 2 版）發表〈革命現代舞劇《紅色娘子軍》〉全文（中國舞劇團集體改編，1970 年 5 月演出本）

7月8日

新華社〈成功的演出　巨大的鼓舞——記日本松山芭蕾舞團為紀念毛主席〈在延安文藝座談會上的講話〉發表二十八週年演出現代芭蕾舞劇《白毛女》〉

22 〈蘇丹政府友好代表團觀看革命現代京劇《沙家濱》〉，北京：《人民日報》（第 6 版），1970 年 6 月 23 日。

報導：日本松山芭蕾舞團為紀念毛主席〈在延安文藝座談會上的講話〉發表二十八週年演出現代芭蕾舞劇《白毛女》。

7月13日

《人民日報》發表解放軍某部紅嶺的文章〈忠於毛主席革命路線的先鋒戰士　毛主席的無產階級革命文藝路線勝利萬歲——讚革命樣板戲中的共產黨形象〉。

同日，《人民日報》發表解放軍某部伍凌的文章〈都有一顆紅亮的心　毛主席的無產階級革命文藝路線勝利萬歲——讚革命樣板戲中的共產黨形象〉。

同日，《人民日報》發表鷹文的文章〈引路人　帶頭人　貼心人　毛主席的無產階級革命文藝路線勝利萬歲——讚革命樣板戲中的共產黨形象〉。

7月15日

《人民日報》發表文藝短評〈做好普及革命樣板戲的工作〉。該文認為：最近以來，在各地黨組織和革命委員會的領導下，許多劇團和工廠、農村、部隊、學校的業餘毛澤東思想文藝宣傳隊，紛紛演出革命樣板戲，掀起了一個普及革命樣板戲的熱潮。這是文藝戰線鬥、批、改階段中出現的新景象，這是無產階級文藝革命運動的新發展。要學好革命樣板戲必須很好地學習毛主席的〈在延安文藝座談會上的講話〉，學好毛主席文藝思想；必須瞭解革命樣板戲創作過程中兩條路線鬥爭；必須學習革命樣板戲的劇本、實況錄像、電視記錄片以及報刊上發表介紹的革命樣板戲創作演出的文章。

自此，所謂「唱樣板戲，做革命人」活動遍及城鄉，風靡全國。

7月16日

周恩來就 1969 年下放到北京軍區某部的中國戲劇學校演出隊繼續勞動鍛鍊一事批示北京軍區負責人：

從現在起，可以給他（她）們以鍛鍊業務的時間，如吊嗓子、練武功，利用勞動間隙，排練革命樣板戲中一兩場，成為「摺子戲」，在隊伍中演出試試，看有無發展前途[23]。

7月23日

國務院文化組會議審查了中國京劇團、北京京劇團、芭蕾舞團、中央樂團這四個「樣板戲」領導核心小組的名單，對即將出版的《智取威虎山》總譜封面是否採用塑料薄膜新工藝進行了討論。

7月25日

《人民日報》（第3版）專欄：舒浩晴，〈威武雄壯的英雄形象——讚革命現代舞劇《紅色娘子軍》中洪常青的舞蹈形象〉；解放軍某部張雨生，〈手握鋼槍打豺狼〉；北京朝陽區十八里店公社農宣兵，〈兵民是勝利之本〉。

7月27日

「文化組」決定每個「樣板戲」要出五種版本。(1) 普及本：大32開，平裝。內容為：劇本、主要唱段（簡譜）、場景、劇照，分為甲乙兩種本子。(2) 綜合本：大32開，分平裝、精裝兩種。內容為劇照、劇本、主旋律譜（簡譜）、舞蹈動作說明、舞臺美術設計（人物造型、舞臺氣氛圖、舞臺平面圖、布景製作圖、燈光布光圖及燈光說明表等）。(3) 五線譜總譜本：8開精裝本和16開、大32開平裝本。(4) 主旋律曲譜本（簡譜）：大32開平裝本。(5) 畫冊：12開平裝、精裝本；24 開平裝本。選編彩色與黑白劇照。以上統一用「人民出版社」名義出版。人民美術出版社承擔出版「樣板戲」四條屏和讚評「樣板戲」的文集等工作。

---

[23] 中共中央文獻研究室編，《周恩來年譜 1949-1976》（北京：中央文獻出版社，1997年），頁1290。

7月30日

《人民日報》報導：在全國各地大力普及革命「樣板戲」的熱潮中，革命現代京劇《智取威虎山》和《紅燈記》已拍成電視實況轉播屏幕複製片（簡稱電視紀錄影片），從 8 月 1 日起將在北京和全國各地陸續上映[24]。

本月

芭蕾舞劇《紅色娘子軍》的 5 月演出本公開發表，第二年的春節前彩色影片公開發表。

8月5日

1970 年，由於需要宣傳革命現代京劇《樣板戲》，連環畫《智取威虎山》最初發表在上海的《文匯報》上，因廣受歡迎，像京劇《樣板戲》一樣，也被作為「樣板連環畫」向全國推廣。1970 年 8 月 5 日，《人民日報》還闢專版發表了讚揚連環畫《智取威虎山》的四篇文章。在〈奮起彩筆繪英雄〉（第 4 版）（上海國棉三十廠工人寫作組　洪山石）這篇文章裏，作者大力稱讚連環畫《智取威虎山》把「樣板戲」移植到連環畫上的偉大成就，為工農兵占領連環畫陣地打響了第一砲。文章希望：「革命美術工作者在同工農兵相結合，不斷改造世界觀的同時，拿起紅畫筆，把李玉和、郭建光、洪常青等英雄形象都描繪出來。為大力普及樣板戲，為進一步鞏固無產階級專政創做出更多無愧於我們時代的新作品。」此後，上海出版界接著出版了一些連環畫，題材主要是「樣板戲」，和一些根據先進事蹟報導編繪的英雄人物、新人新事、階級鬥爭、儒法鬥爭等。

[24] 〈在毛主席無產階級文藝路線的指引下電視紀錄影片《智取威虎山》、《紅燈記》拍成〉，北京：《人民日報》（第 1 版），1970 年 7 月 31 日。

8月8日

蘇丹民主共和國革命指揮委員會主席、總理兼外交部長加法爾・穆罕默德・尼邁里少將和由他率領的蘇丹友好代表團，今晚由中華人民共和國副主席董必武和國務院副總理李先念陪同觀看了革命現代京劇《智取威虎山》。尼邁里主席等蘇丹貴賓在董必武副主席、李先念副總理陪同下走進劇場時，全場起立，長時間地熱烈鼓掌，向蘇丹人民的使者致意[25]。

8月10日

《人民日報》發表湖北省赴京學習革命樣板戲小組的文章，〈向工農兵普及為工農兵服務　大力普及革命樣板戲——廣大工農兵熱烈讚揚電視紀錄像片《智取威虎山》、《紅燈記》〉。

同日，《人民日報》（第 4 版）發表〈學好和演好革命樣板戲〉，正當全國各地大力開展普及革命樣板戲工作的時候，電視紀錄像片《智取威虎山》和《紅燈記》上映了[26]。

同日，《人民日報》發表方演的文章〈普及革命樣板戲的好形式〉（第 4 版），文章認為：「在普及革命樣板戲的熱潮中，電視紀錄像片《智取威虎山》、《紅燈記》在全國各地上映了。將革命樣板戲拍成電視紀錄像片，是迅速地、直接地、廣泛地向廣大工農兵普及革命樣板戲的好形式。」

同日，《人民日報》發表上海市金山縣文化館的文章〈普及樣板戲的一種好形式〉（第 3 版）。「我們根據革命故事的特點，選擇重點場次進行改編，一次講完，一個故事最多講二三十分鐘，效果就好。」「我們體會到，用講故事的形式塑造好英雄人物，很重要的一條，是要通過描繪人物的音容笑貌和動作，來刻劃人物形象，表現英雄人物的內心世界。」「革命故事是口頭文學，要求講起來上口，聽起

---

[25] 〈由董必武副主席李先念副總理陪同尼邁里主席觀看《智取威虎山》〉，北京：《人民日報》（第 4 版），1970 年 8 月 9 日。

[26] 電視紀錄像片《智取威虎山》、《紅燈記》的上映，為各地劇團和業餘文藝宣傳隊學習、排演革命「樣板戲」創造了有利條件。

來入耳，沒有文化的人也能聽得懂。為了儘量做到口語化，通俗化，我們改編時，對劇本中的某些對話和唱詞在文字上做了些改動。講故事和演戲不同，對話不宜過多。所以，在符合樣板戲原著精神前提下，我們把有些對話和唱詞適當刪節或改成敘述，保留那些與刻劃人物形象、推動情節發展直接有關的對話。」[27]

8月15日

《人民日報》發表金華的文章〈舞劇史上的革命創舉——讚革命現代 舞劇《紅色娘子軍》演出本〉。「在各地掀起普及革命樣板戲熱潮的時刻，革命現代舞劇《紅色娘子軍》演出本發表了！」

8月20日

《智取威虎山》總譜出版。

8月22日

《人民日報》發表新華社通訊員、新華社記者的報導〈列車旅客熱愛革命樣板戲〉（第2版）：一列由黑龍江省牡丹江市開往吉林省圖們市的二七四次列車，人民解放軍吉林省軍區某部的一支戰士業餘毛澤東思想文藝宣傳隊，正在為工農兵旅客演唱革命樣板戲。這支宣傳隊經常深入邊防哨卡、施工工地和三支兩軍[28]第一線，熱情宣傳毛澤東思想，演唱革命樣板戲，深受廣大指戰員和革命群眾的歡迎，被譽為長白山上的「文藝輕騎兵」。

8月23日

《人民日報》發表洪新的文章〈堅持鬥爭，勝利在明天——讚革命現代京劇《沙家濱》中的「堅持」一場〉。

---

[27] 上海市金山縣文化館，〈普及樣板戲的一種好形式〉，北京：《人民日報》（第3版），1970年8月10日。
[28] 支左、支工、支農、軍管、軍訓。

同日，《人民日報》（第 4 版）專欄文章：北京無線電二廠劉宗明，〈十八棵青松頂天立地〉；常熟縣古里公社軍墩生產大隊民兵營，〈誓把侵略者徹底埋葬〉；常熟縣橫涇公社人民武裝部，〈家家都把紅旗掛〉。

8月28日

《人民日報》（第 4 版）專欄文章：瀋陽空軍某部化明，〈政治工作的模範——讚洪常青〉；解放軍某部戰士駱飛，〈黨是領路人〉；江蘇軍區某部戰士華方，〈革命槍桿子讚〉；任毅，〈滿懷激情繪宏圖——學習《紅色娘子軍》舞臺美術札記〉。

8月29日

由阿卜杜勒・凱萊齊率領的阿爾巴尼亞政府經濟代表團，今晚在首都天橋劇場觀看了革命現代舞劇《紅色娘子軍》。陪同阿爾巴尼亞代表團觀看演出的有我國有關方面負責人喬冠華、鍾羽一、謝懷德[29]。

8月31日

新華社 31 日訊，在全國各地大力普及樣板戲的熱潮中，革命現代舞劇《紅色娘子軍》普及本，以及革命現代京劇《智取威虎山》總譜和主旋律樂譜，已由人民出版社出版，9 月 1 日起在北京和全國各地新華書店陸續發行。這是印刷出版戰線廣大革命群眾認真執行毛主席文藝為工農兵服務的方針，為普及革命樣板戲做出的新貢獻。此外，革命現代京劇《智取威虎山》、《紅燈記》、《沙家濱》的普及本，也將在最近出版、發行。革命樣板戲的普及本，包括劇本、主要唱腔選段（或選曲）、劇照三個部分，便於廣大工農兵學習，為進一步普及樣板戲提供了新的便利條件[30]。

---

[29] 〈凱萊齊等阿爾巴尼亞同志觀看革命現代舞劇《紅色娘子軍》〉，北京：《人民日報》（第 5 版），1970 年 8 月 29 日。

[30] 〈革命現代舞劇《紅色娘子軍》普及本以及革命現代京劇《智取威虎山》總譜和主旋律樂譜出版〉，北京：《人民日報》（第 4 版），1970 年 9 月 1 日。

本月

江青審看了《杜泉山》的彩排，很不滿意，對劇中主角賀湘的名字尤為反感，說：「戲中姓賀的女英雄，這是為誰樹碑立傳啊？」兩月後，江青將《杜泉山》的創編排演任務交給于會泳主管；于會泳秉承江青的旨意，將賀湘改為柯湘，烏豆改為雷剛。同時，對改寫了多稿的《杜泉山》從編導到表演基本上全盤否定，對創演班子做了大幅度的調整。

同月，「樣板戲」電影《智取威虎山》和「樣板戲」電視紀錄片《紅燈記》首先在全國範圍內放映。

9月16日

《人民日報》（第4版）發表下列文章：河南省革命委員會文藝評論組，〈所向無敵的人民軍隊——讚革命現代京劇《沙家濱》〉；北京起重機器廠李洪洲、北京玻璃儀器廠葛康同，〈血肉相連的軍民關係〉；解放軍某部「朝陽飛」評論組，〈革命根據地的讚歌〉。

9月27日

《人民日報》（第4版）報導，〈上海鍋爐廠黨委重視革命樣板戲的普及〉。

同日，《人民日報》（第4版）報導，〈衢縣毛澤東思想文藝宣傳隊深入山區普及革命樣板戲〉。

9月29日

《人民日報》（第4版）發表嘉興縣毛澤東思想宣傳站革命委員會的文章〈因地制宜，大力普及革命樣板戲〉。「為了讓群眾更快地看到更多的革命樣板戲，嘉興鎮上的毛紡廠、絹紡廠、冶金廠等大廠，在縣革委會的統一安排下，有所分工、各有側重，有的演《智取威虎山》，有的演《沙家濱》，有的演《紅燈記》。這樣精力集中，排得快，演出質量也更有保證。那些目前條件較差的業餘文藝宣傳隊，則著重演出片段，或演出唱段。」對待樂器、服裝、布景、道具等問題，在不損害革命樣板戲的前提下，各單位都堅持有什麼武器打什麼仗，充分發揚人的積極因素[31]。

同日，《人民日報》發表解放軍某部業餘文藝宣傳隊的文章〈學習毛主席哲學思想，搞好普及工作〉；《人民日報》發表高朝輝的文章〈必須堅持業餘排練的原則〉。

新華社 29 日訊，革命現代京劇《智取威虎山》已由北京電影製片廠攝製成彩色影片，將從 10 月 1 日起在北京和全國各地陸續上映。在舉國歡慶中華人民共和國成立二十一週年的大喜日子裏，由上海市電視臺、上海市電影攝製組共同攝製的電視紀錄影片革命現代舞劇《白毛女》，也將同時和觀眾見面[32]。

新華社 29 日訊　為了滿足全國各地廣大工農兵大力普及革命「樣板戲」的需要，革命現代京劇《智取威虎山》、《紅燈記》、《沙家濱》普及本以及革命現代京劇《紅燈記》、《沙家濱》、革命現代舞劇《紅色娘子軍》的主旋律樂譜，已經由人民出版社出版，10 月 1 日起將在北京和全國各地新華書店陸續發行[33]。

本月

人民出版社根據《紅旗》雜誌陸續發表的各「樣板戲」定稿本，同時出版了《革命現代京劇：智取威虎山》、《革命現代京劇：紅燈記》、《革命現代京劇：沙家濱》、《革命現代舞劇：紅色娘子軍》等的單行本。其裝幀統一為大紅底色、主人公彩色劇照為封面；書前有二至四面《毛主席語錄》、人物劇照四面（正面人物三面，彩色；反面人物一面，單色），在劇本正文之後附有主要唱段曲譜和彩色劇照若干，每冊定價一律為 0.25 元。

上海京劇團集體改編的革命現代京劇《智取威虎山》由人民出版社出版。

1970 年 9 月初，《紅色娘子軍》普及本出版；

---

[31] 〈在毛主席的無產階級文藝路線指引下革命現代京劇《智取威虎山》彩色影片攝製成功〉，北京：《人民日報》（第 2 版），1970 年 9 月 30 日。

[32] 〈在毛主席的無產階級文藝路線指引下革命現代京劇《智取威虎山》彩色影片攝製成功將從 10 月 1 日起在北京和全國各地陸續上映〉，北京：《人民日報》（第 2 版），1970 年 9 月 30 日。

[33] 〈革命現代京劇《智取威虎山》、《紅燈記》、《沙家濱》普及本和《紅燈記》、《沙家濱》革命代舞劇《紅色娘子軍》主旋律樂譜出版〉，北京：《人民日報》（第 2 版），1970 年 9 月 30 日。

10月1日

革命現代京劇《智取威虎山》彩色影片在北京和全國陸續上映。

10月2日

由阮昆副總理率領的越南民主共和國政府經濟代表團和由巴基斯坦旁遮普省省督穆罕默德・阿蒂庫爾・拉赫曼中將率領的巴基斯坦政府友好代表團，今晚在國務院副總理李先念陪同下，觀看了中國舞劇團演出的革命現代舞劇《紅色娘子軍》。阮昆副總理、拉赫曼中將等越南和巴基斯坦貴賓，由李先念副總理等陪同來到劇場時，全場觀眾起立熱烈鼓掌歡迎。有關方面負責人李強、韓念龍，也同客人們一起觀看了文藝演出[34]。

10月5日

江青、張春橋、姚文元召見了于會泳、錢浩梁、劉慶棠，向他們佈置了被稱之為「六創三改」的任務。「三改」是限時改出《紅燈記》、《海港》和《白毛女》定型本，「六創」則是江青根據已經具備的條件，計劃抓的第二批除鋼琴伴唱《紅燈記》和鋼琴協奏曲《黃河》之外的六個「樣板戲」，即北京京劇團編演《秋收起義》（《杜鵑山》），上海京劇團編演《龍江頌》和《南海長城》（《磐石灣》），中國舞劇團編演芭蕾舞劇《紅嫂》（《沂蒙頌》）。江青規定第二批「樣板戲」要在1972年舉行公演，以紀念毛澤東〈在延安文藝座談會上的講話〉發表三十週年。

10月10日

《人民日報》（第4版）發表舒浩晴的文章〈還原舞臺　高於舞臺——學習彩色影片《智取威虎山》札記〉；《人民日報》（第4版）發表瀋陽部隊紅峰的文

34 〈越南和巴基斯坦貴賓觀看革命現代舞劇《紅色娘子軍》〉，北京：《人民日報》（第3版），1970年10月3日。

章〈讓無產階級英雄人物永遠占領銀幕〉；北京無線電二廠劉宗明，〈胸懷朝陽幹革命〉；「愛民模範連」，〈人民軍隊永遠愛人民〉。

10月17日

朝鮮勞動黨中央委員會政治委員會候補委員、內閣副首相鄭準澤率領的朝鮮政府代表團和朝鮮民主主義人民共和國對外經濟委員會委員長金炅煉率領的朝鮮政府經濟代表團，以及朝鮮駐中國大使館的工作人員，在中共中央政治局委員、國務院副總理李先念陪同下，今晚觀看了革命現代京劇《奇襲白虎團》。鄭準澤副首相、金炅煉和李先念副總理等一起來到劇場時，全場起立，長時間的鼓掌，熱烈歡迎來自反美鬥爭前線的朝鮮戰友。由山東省京劇團革命文藝戰士演出的，歌頌中朝人民軍隊並肩戰鬥打敗美國侵略軍和李承晚匪幫的光輝戰績、歌頌中朝兩國人民在共同反對美帝國主義的鬥爭中以鮮血凝成的戰鬥友誼的革命現代京劇《奇襲白虎團》，受到了中朝兩國戰友的熱烈鼓掌歡迎。有關方面負責人李強、方毅、韓念龍、徐今強、丁國鈺、劉春、韓宗正、韓敘也陪同觀看演出。演出結束以後，鄭準澤、金炅煉、林啟哲、方泰律、玄峻極大使夫人等朝鮮客人和李先念等，在全場一片熱烈掌聲中走上舞臺，同演員們親切握手，祝賀演出成功。演員們揮動著《毛主席語錄》熱情歡呼：「金日成首相萬歲！」「毛主席萬歲！」[35]

10月20日

《人民日報》（第 4 版）發表上海工人詹齊紅的文章〈武裝奪政權　推翻舊世界——喜看電視紀錄像片《白毛女》〉

10月29日

《人民日報》（第 4 版）〈讓無產階級英雄人物占領銀幕——記革命現代京劇《智取威虎山》拍成彩色電影〉。

---

[35] 〈鄭準澤金炅煉等朝鮮同志觀看革命現代京劇《奇襲白虎團》朝鮮貴賓訪問北京無線電廠和石景山發電廠受到熱烈歡迎〉，北京：《人民日報》（第 3 版），1970 年 10 月 18 日。

10 月 30 日

周恩來、江青、張春橋、姚文元召見了文化組。這是文化組成立半年多來第一次與全體成員見面，在這次召見中，江青特別強調了《紅燈記》、《海港》、《白毛女》的修改在次年 7 月前一定要完成，儘快投入電影拍攝。

江青、張春橋、姚文元接見文化組成員時的講話，全文如下：

江青：

文化組是在 1970 年 3 月成立的，因為富治同志病了，總理工作很忙，所以以後就沒有找文化組開會。

回顧七八年是很不容易的，在主席、林副主席、總理、康老的支持下，搞出這麼一點東西。1967 年、68 年搞運動很忙，照顧不上了。後來由於楊成武的干擾，在宣傳隊裏派進一些壞人，發現後，我主張一分為二，好的留下來，但他們把人全都換了。1969 年我們才知道，把好的同志請回來，在總理的支持下，成立了軍宣隊。從那個時候，我就抓得比較緊。1968 年、69 年，今年的上半年，我陷得太深了，其他工作就受影響，照顧不上了。

文化組 3 月成立以來，做了大量的工作，成績是主要的，缺點是次要的。原因是大家剛湊在一起，有的同志民主集中制注意不夠，個人發號施令。今後在吳德、賢權同志領導下，實行群言堂，要搞民主，當然也要集中。八年來很不容易的，我們搞了這麼點東西，主席肯定了我們。出現問題要一分為二，要細緻。對缺點錯誤要分析，正確的意見要接受，不正確的意見其中也有的好心人提的。我這麼多年是細緻的，不細緻是站不住的。文藝關鍵是樹立先進的人物，中間人物大量存在，反動是少數，我們用先進人物改造中間人物。我們對反革命的攻擊要頂住。

關於搞新的創作和會演的問題：

我們的黨史知識不足，最好用部分做題材，如《杜鵑山》，現在改為《秋收起義》，面就太大，不小心就出問題，我們還是應該從一個角落去搞，叫《杜鵑山》。《杜鵑山》原來上海的青年演得不錯，我帶回北京，後來彭真不讓我搞，給了鄧拓搞，現在我們可以搞。又如《鐵道游擊隊》要離開棗莊，不要寫真人真事，否則就有人出來認帳，也不要作為樣板戲[36]。對破壞敵人交通，黨有一系列的政策，這個戲的內容就是在鐵道在線打游擊，名字暫不定。

總理很忙，我也忙，希望文化組靠集體力量搞起來，搞好可以試演。

《紅嫂》要另起名，要脫開那個地方，原來作者有問題，你們打報告還叫《紅嫂》，你們搞創作不是為了會演，你們得自己組織起來創作，排好，試演。組織幾個人提了意見以後再改。

關於各團新的創作，你們另寫個報告。

會演，我想得不周到。因為四屆人大，地方黨代會相繼召開，各個單位也有整黨建黨，大家都很忙，因此，會演是否推遲到後年的6、7月。6、7月北京天氣也好，這樣地方的東西出來更多了。有些也可移植，不管什麼戲，只要是革命戲都拿來。關於會演推遲，請你們再重新打報告。否則你們也累，我們也累。今後我不能像過去那樣抓了，以後這些工作文化組要管起來。這次事情你們就發了紀要，中央還沒有批准，你們就發那麼大範圍，這辦法不好，要學會辦工作，今後不能這樣。

文藝是意識形態方面的重要部門，文藝的階級鬥爭是長期的，同志們精神上得要準備長期的鬥爭。最近敵人對《沙家濱》、《紅燈記》、《智取威虎山》都攻擊過。階級鬥爭在腦子裏不要忘掉了，我們自己也要改造。重大問題彙集材料可以，先不要寫。《萬水千山》是要的，但不能搞宗派的，主席說要寫會師，後來又寫了楊成武。寫大戰役都要慎重，原來不是重大的題材，不要用大名字。

過去法語系統的國家要求我們派劇團出去，我們一直沒有去。是否拍完電影後，可以派一兩個團出去，《紅色娘子軍》出去可以和《黄河》一起去，演奏點自己的作品，這樣樂隊也解決了。京劇也要出去一個。團配備強點，不光能演一個戲，另一套班子在家裏。創作人員先下去，你們回來後再去生活。

[36] 後來出現的第二批「樣板戲」之一的《平原作戰》由《鐵道游擊戰》、《地道戰》、《地雷戰》融合而成。

你們的報告要寫好，討論得細緻點，有問題，有辦法，有的可以提幾種解決問題的方案，這樣的報告我們就好批了。外交部、中聯部的報告好批。你們要學習。

另外，你們要大膽點，不要怕，犯了錯誤也不要緊，要負起責任。以後報告統統打到總理那裏。我過去，陷得很深，什麼都得管，文化組成立了，就好了，你們要擔負起責任來，你們大膽，我們支持，有了錯誤，我們給你們承擔，當然發現了問題，我們也給你們指出。

我們也可以演摺子戲，如《刑場鬥爭》、《打虎上山》舞蹈都可以演。

姚文元：

同意江青同志說的。

張春橋：

同意江青同志的意見。創作人員解放多些，下去，有了劇本就好辦了。

搞了幾個戲，大方向不能動搖。其他意見可以一分為二。另外，我們確實取得了經驗，這些經驗是寶貴的，有了這些經驗，我們就懂得怎樣工作了，還可以培養青年一代。前幾年資產階級司令部控制破壞，江青同志不能不集中精力攻堅，因此，江青同志就要花極大的精力，前一階段是需要這樣做的，現在不同了，我們有了實踐經驗，又有了隊伍，形勢很好。再不能像過去那樣了，否則，領導同志就吃不消了。現在你們要帶隊伍去打仗了，靠同志們獨立作戰。在新的過程中，你們還會犯錯誤，但不要緊。一種是在錯誤路線下犯錯誤，一種是在正確路線下也會犯錯誤，這不怕。什麼叫樣板？樣板就是按照毛主席的路線、方向搞出來的，我們是講方向，基本思想，叫毛主席路線的樣板，大家根據這個方向繼續搞。

會演要在群眾運動的基礎上才能搞好，特別這幾個樣板團都有點新東西時再會演，所以我贊成會演推遲。

江青：

這幾個團不要翹尾巴。

這幾年還要感謝北京市革委會和謝富治同志。

話劇我們也鼓勵，有了話劇電影劇本就好辦了，我們可以改編成別的。

杭州負責搞美術的教改，曼恬同志去看看。但不要表態。

我們幾個團要小心，我們吃過虧啦！（**壞作品問題**）團內本身也有破壞因素，要注意。文藝隊伍相當複雜啊！過去招生不招勞動人民的子女，這次上海招生，貧下中農可高興啦，都是貧下中農子弟。過去計劃又回到舊的藝術院校了。

于會泳同志住北京，到上海跑跑。

《南海長城》就是寫民兵的，《紅嫂》就是寫軍民關係的。《奇襲白虎團》趕快拍電影，武戲這個最好，如果找不到小宋的錄音，就叫別人代唱，他演。這個戲拿出去好，有國際主義意義，不審查了，可以拍。

創作組趕快下去，下去越久越好。

《智取威虎山》電影付了很多學費，北京要總結經驗，應該總結失敗的地方，世界觀的問題，總結要認真，不要迴避那些失敗的經驗教訓。樣板戲、電影都要認真總結，不總結就會忘的。

最重要的是樹立起正面英雄形象，就是不能醜化。發現下邊好的創作要推薦，推薦再提高，大家討論搞哪些。寫典型不要寫真人真事，主席進城後就提出不要搞真人真事。每個團自己討論，然後文化組討論。

《紅嫂》有修改基礎，以後改編芭蕾舞也有個基礎，就是《紅嫂》的基礎。

明年抽兩個團出國。半年搞一個戲少些。內蒙的《草原英雄小姐妹》可以改，改成敵我矛盾的。

姚文元：

在群眾中，除注意發現一些大的節目，也要注意發現一些小的節目，歌舞都可以，工農兵業餘演出需要這些節目。幾個樣板團也可以搞些小節目（**江青插話：已經有的雛型的東西，不要輕易丟了。**）《大渡河》小敦演的，可以搞成摺子戲。

張春橋：

一般東西，由文化組負責審查。短片等都可以自己審。發現問題，你們拿不定主意的，向中央提出來解決；重大的政治活動，送中央看；重大的問題主席、林副主席都可以審查。只要沒有政治上大問題，文化組審查就發行了。有好的東西你們也推薦給我們，要嚴格掌握政治標準。不要因為我們提出過尖銳的批評，就不敢推薦了。

江青：

過路電影給我們看，當敵情看。

另外，不能將上次《智》、《渡》那種問題重演，要嚴格政治標準。

你們先組織兩三個人。看《紅嫂》的原始材料，研究劇本後，指出哪些要增，哪些要減，哪些要改，然後由劇團寫出修改提綱，不然，他們亂改。例如《紅燈記》將來改不好不拿出來，我們不是亂改，指出哪個地方有問題，給他們方向，然後讓他們寫出提綱，不要給人家一盆涼水，現在這個戲已經不是打補釘的問題，文化組要有人下功夫。改，是在他的基礎上，重點場次是什麼，這是個工作方法。

你們沒有下功夫，吃不下，睡不著。內蒙《草原英雄小姐妹》可以兩頭弄掉，《大渡河》也可以，《紅嫂》從內容到形式都要改好。

本月

為紀念抗美援朝二十週年，各地重新放映《英雄兒女》、《打擊侵略者》等五部影片，受到群眾熱烈歡迎。這是「文革」中首次重映「文革」前攝製的影片（為大批判而放映的「毒草」影片除外）。有關部門根據群眾的要求，又選了兩部影片準備重映，張春橋、姚文元以「對保衛樣板戲不利」為由，不准上映。

11月4日

《人民日報》發表上海市電影系統於洲洪的文章〈滿腔熱情　千方百計——讚彩色影片《智取威虎山》〉。

11月18日

不少外國朋友在我國看了革命樣板戲後，熱烈讚揚革命樣板戲是閃耀著毛澤東思想光輝的無產階級文藝花朵。他們把中國革命樣板戲看成是鼓舞自己去同階級敵人戰鬥的有力武器[37]。

---

[37] 〈毛主席革命文藝路線的偉大勝利！——外國朋友熱情讚揚革命樣板戲〉，北京：《人民日報》（第5版），1970年11月19日。

11月21日

《人民日報》（第4版）專欄：山華，〈為無產階級的英雄人物塑像——學習革命現代舞劇《紅色娘子軍》運用舞蹈塑造英雄形象的體會〉；紅長纓，〈風展紅旗如畫〉。

11月24日

羅馬尼亞共產黨中央執行委員會委員、常設主席團委員、羅馬尼亞社會主義共和國部長會議副主席格奧爾基·勒杜列斯庫同志和由他率領的羅馬尼亞政府代表團，今晚觀看了革命現代舞劇《紅色娘子軍》。中共中央政治局委員、國務院副總理李先念和有關方面負責人李強、李連慶等陪同貴賓觀看演出[38]。

11月25日

《龍江頌》一劇經國務院文化組審看通過，劇本和舞臺演出就此定格。

本月

上海人民出版社編輯出版〈讚革命樣板戲《紅燈記》〉和〈讚革命樣板戲《沙家濱》〉。

《智取威虎山》劇組自北京拍攝彩色影片結束，回滬。

12月15日

《人民日報》報導，〈喜看佳片憶親人——記彩色電影《智取威虎山》在阿佤小新寨放映〉。

---

[38] 〈羅政府代表團觀看革命現代舞劇《紅色娘子軍》李先念副總理陪同勒杜列斯庫等貴賓觀看演出〉，北京：《人民日報》（第4版），1970年11月25日。

12月16日

《人民日報》發表河北涿鹿縣革委會報導組的文章〈堅持業餘排練革命樣板戲〉（第 3 版）：「通過學習討論，大家認識到：農村文藝宣傳隊員來自群眾中，擔負著『抓革命，促生產』和宣傳毛澤東思想的雙重任務，只有因地制宜，從實際條件出發，不貪大求全，不鋪張浪費，堅持業餘排練，演選場，演片段，或者『清唱』，做到不脫離勞動，才能種好田，多打糧，為革命做出新貢獻；才能扎根群眾中，學習工農兵，演好工農兵，堅持毛主席的革命文藝路線；才能讓群眾看得到，聽得見，學得好，使革命樣板戲迅速得到普及。」

12月17日

由馬里全國解放軍事委員會委員、外交和合作部長夏爾・桑巴・西索科上尉率領的馬里共和國政府代表團，今天晚上由對外經濟聯絡委員會主任方毅、外交部副部長姬鵬飛陪同，觀看了革命現代京劇《紅燈記》。西索科部長等馬里貴賓，對中國京劇團革命文藝戰士的演出，不斷報以熱烈的掌聲。陪同代表團觀看演出的，還有有關方面負責人謝鑫鶴、何功楷，馬里駐中國大使館參贊迪亞拉[39]。

[39] 〈馬里政府代表團觀看革命現代京劇《紅燈記》〉，北京：《人民日報》（第 2 版），1970 年 12 月 18 日。

本年

年底，「修改」完的《奇襲白虎團》在北京二七劇場接受江青的審查。

1970 年，上海「五・七京劇訓練班」成立，任務是為「樣板戲」劇組培養接班人，在招生中貫徹階級路線，招收的都是工農兵和其他勞動人民的子女，學制為七年，最後一年去工廠、農村、部隊做實習彙報演出。

1970 年，上海京劇團《智取威虎山》劇組在談到「樣板戲」的音樂改革時寫道：「在旋律音調方面，改革的幅度就更大了！在這裏，各個英雄人物的唱腔，已經不能再用什麼『流派』、『行當』來衡量了。就拿楊子榮的唱腔來說，你說是老生腔嗎？但其中又有很多武生、小生甚至花臉的唱腔因素，很難說是什麼『行當』。同樣，常寶的唱腔，從『行當』來說，既非青衣，又非花旦；從『流派』來說，既非梅派，又非程派。它是什麼『行當』？我們說它只是常寶『這一個』人物的唱腔。它是什麼『流派』？什麼『流派』也不是，乾脆說：革命派！」

1970 年國慶前，《智取威虎山》、《紅燈記》、《沙家濱》普及本和四個主旋律曲譜本相繼出版。

《紅燈記》這部作品問世後的道路並不平坦，儘管是大紅大紫的「樣板戲」，仍然難逃被竄改的命運。1970 年，革命「樣板戲」《紅燈記》的劇本發生了重大的修改。首先，故事的發生的地點從東北移到華北。其次，東北抗聯改成八路軍。那麼，《紅燈記》故事的發生地點和歷史背景為什麼要從東北改為關內呢？原來 1968 年，劉少奇被打成「叛徒、內奸和工賊」，其中，被定為叛徒的「根據」，就是 1929 年劉少奇在擔任中共滿洲省委書記期間，曾經被捕入獄。《紅燈記》雖然沒有直接反映劉少奇的事蹟，但它是以東北人民抗日鬥爭為背景的，並展現出中國共產黨領導東北人民從第一次大革命到抗日戰爭時期長期的鬥爭歷史，人們很自然要聯想到曾任中共滿洲省委書記劉少奇的功績。江青出於篡黨奪權的政治目的，是絕對不許為劉少奇歌功頌德的，當然也絕對不能容忍劉少奇曾任主要領導人的東北作為「革命樣板戲」《紅燈記》故事的背景了。

1971 年

【概述】

年初的《人民日報》和《文匯報》都明示「地方戲曲移植革命樣板戲是一場革命」，要求各地方劇種「在樣板戲創作原則指導下，對自身的劇種藝術進行革命化的改造」，並嚴格規定學演必須「不走樣」。國務院文化組為了在全國範圍內普及「樣板戲」，還採取了一系列學唱「樣板戲」的具體措施。

1971 年 4 月中央召開「批陳整風」彙報會議，並責令林彪集團的黃、吳、葉、李、邱在會上檢討。4 月 29 日，中央發出通知，決定把批陳整風運動擴大到全國基層單位。

7 月，國務院文化組成立，吳德任組長，劉賢權任副組長，成員有石少華、于會泳、浩亮、劉慶棠、王曼恬、吳印咸、狄福才、黃厚民。後來于會泳任副組長。林彪、葉群、林立果等於 9 月 13 日凌晨強行乘飛機外逃叛國。途經蒙古溫都爾汗附近，飛機墜毀，機上人員全部死亡，「聯合艦隊」的其他骨幹份子有的畏罪自殺，有的被捕。1971 年 11 月 14 日，毛澤東在接見參加成都地區座談會人員時，指著葉劍英對大家說：「你們再不要講他『二月逆流』了。『二月逆流』是什麼性質？是他們對付林彪、陳伯達、王關戚。」

1 月 15 日

京劇大師蓋叫天遭迫害致死，終年八十三歲。

1 月 18 日

《人民日報》發表中國人民解放軍武漢警備區鄭宣的文章〈無限忠於毛主席革命路線的榜樣——喜看電視實況轉播屏幕複製片《沙家濱》〉。革命「樣板戲」

的普及工作繼續深入展開。繼彩色影片《智取威虎山》和電視實況轉播屏幕複製片《紅燈記》、《智取威虎山》和《白毛女》以後，電視實況轉播屏幕複製片《沙家濱》又攝製成功。

本月

《紅燈記》彩色影片公映。

2月6日

《人民日報》（第4版）專欄：人民解放軍海軍某部古田路，〈英雄形象更壯美〉；北京朝陽區貧農社員石跋、李佃，〈風景這邊獨好〉；人民解放軍某部師兵，〈戰旗似火　豪氣如虹——熱烈歡呼革命現代舞劇《紅色娘子軍》彩色影片〉。

2月13日

《人民日報》（第4版）發表鍾紅的文章〈紅燈放光彩　銀幕盡朝輝——讚革命現代京劇《紅燈記》彩色影片〉：

一、緊緊抓住主要英雄人物李玉和對偉大領袖毛主席和中國共產黨的無限熱愛、無限忠誠的紅線，抓住他對共產主義事業的遠大理想，著力渲染，加以突出，展示他崇高的精神世界。

二、通過激烈的階級鬥爭的典型環境，用反面人物做反襯，對李玉和的典型性格、革命氣節和戰鬥精神，給予更突出的表現。

三、描寫其他英雄群象，是為了烘托主要英雄人物李玉和。李奶奶充滿革命激情地痛說革命家史，鏡頭緊隨李奶奶感情的激流而運動。此時，雖然在銀幕的畫面上看到的是李奶奶的形象，聽到的是李奶奶的聲音，但我們的腦海裏，浮現的是李玉和十七年前舉紅燈英勇奮戰，十七年來為革命縱橫往返，十七年後怒目對屠刀的戰鬥情景，心坎裏沸騰著對無產階級英雄李玉和的崇敬感情。李奶奶在為革命先烈立傳，為李玉和立傳，教育革命後代，又激勵著我們踏著革命先輩的血跡前進！電影藝術手段中鏡頭的分切組合，是塑造人物、體現主題的主要結構形式。鏡頭的分切和運動，必須以形式服從內容，緊扣人物的感情和表演、音樂節奏和形體動作，為塑造英雄形象和揭示崇高的精神境界服務。影片在表現英雄人物豐富的內心世界和強烈的外部動作時，著重於揭示英雄人物李玉和靈魂深處的光輝之點，做到了內心和外形的統一。

彩色影片《紅燈記》遵照毛主席關於「矛盾著的事物及其每一個側面各有其特點」的教導，運用辯證方法，調動電影藝術手段，使革命的政治內容，產生了更加強烈的藝術感染力；使英雄人物的形象，煥發出更加壯美的異彩。

一、近景和全景相結合。影片敢於使用兩極鏡頭，通過對比來展示英雄人物思想感情的發展，在發展中求統一，統一在更好地塑造無產階級英雄形象這個根本任務上。「刑場鬥爭」一場，李玉和唱「獄警傳似狼嗥我邁步……」時，鏡頭由青松特寫拉出成全景，等他從獄欄後走出站定，變近景「亮相」唱「出監」二字；從唱「抬頭遠看」至「百花吐豔」一段，又充分利用鏡頭的運動；唱段結尾「革命者頂天立地」時是全景，變半身畫面唱「勇往直前」，然後推成近景。上述幾例說明，景別的變化與對比，都以革命的內容、文學形象、人物的階級感情和音樂唱腔為依據，互相聯繫，相反相成。這種全景和近景結合的手法，在許多唱段中交替使用，使畫面既開闊深遠，又清晰鮮明；既不呆板平庸，又不支離破碎；既揭示了英雄人物靈魂深處的思想光輝，又保持了舞蹈造型的飽滿完整，給我們留下強烈的印象。

二、鏡頭的長和短相結合。英雄人物的精彩唱段，用長鏡頭較多，即一段唱腔在一個鏡頭中完成，在運動中求變化，如「從容對敵、巍然如山」等；有些唱段依據內容、表演和節奏的需要而分切轉換，以求對比，如「雄心壯志沖雲天」等。但不管是長鏡頭還是短鏡頭的組合，都做到情緒連貫，一氣呵成，突出英雄人物音樂形象的完整和生動。

三、動和靜相結合。影片中的動靜結合，是為了突出李玉和崇高的精神境界。第八場，李玉和被二日寇兇惡地一推，他忍住傷痛，「蹉步」向前，鏡頭急速跟移，「騙腿亮相」成中景，轉身逼退二日寇，變全景撫摸刑傷，鏡頭緩推成近景，李玉和憤看鐵鏈，蔑視頑敵，豪氣入雲。這組鏡頭中，有動有靜，動中取靜，以靜顯動，表現出英雄典型李玉和英勇無畏、堅韌不拔的革命英雄主義精神。再如李鐵梅唱：「爹莫說，爹莫談，十七年的苦水已知源」時，鏡頭隨著唱腔的感情和節奏，由全景緩慢地推成近景，充分揭示出異姓父女在階級鬥爭中凝成的階級情義重於泰山，悲壯而不悽慘，深摯而不低沉。

四、虛和實相結合。影片在人和景的關係上，堅定不移地突出英雄人物。前景實，後景虛，以景物渲染氣氛，烘托英雄人物的精神世界。第八場日寇伍長一聲長嚎「帶李玉和——」以後，影片運用革命浪漫主義的手法，通過鏡頭的運動，由獄牆、牢門推進，仰拍高山峻嶺；橫移山峰長河，再由蒼翠葱鬱的勁松特寫拉出，全景搖李玉和出場。這幾個鏡頭的運動組合，對景物做人格化的處理，寄情於景之中，我們彷彿看到李玉和高大的身軀，帶著鐐銬，邁著矯健的步伐向前挺進。他崇高的革命氣節與山河青松一樣，巍峨壯麗，氣薄雲天。這一場戲中，前景的青松、石頭、獄欄都是實的；後景的山峰、長河、藍天、雲霧則是虛的，在空間上豐富了舞臺的藝術效果，開闊延伸，同人物虛擬的舞蹈的動作緊密結合起來，既有真實感，又有藝術感染力。

五、明和暗相結合。影片在人物光的處理上，用了反差較大、明暗結合的布光方法，使李玉和在任何場合、任何畫面，都處於最明亮的地位，突出了李玉和的光輝形象。第一場，王連舉向李玉和報告，在畫面上雖然都是半身，鏡頭利用了角度的正側，在光效上反差較大，使李玉和的面部表情清晰明亮，思想境界很高；王連舉是猥瑣灰暗，活現出他貪生怕死的醜態，這強烈的對比，反襯出英雄人物的英俊壯美。第二場李玉和俯身詢問交通員「有桃木的嗎」的近景；第八場「雄心壯志沖雲天」唱段，李玉和唱完「抬頭遠看」後的近景，都特別突出眼神光和輪廓光，立體感強。前者反映了他對黨的事業的忠誠和對革命工作的極端負責；後者展示了他身在刑場，胸懷祖國，浮想聯翩，堅信革命必然勝利的喜悅心情，目光炯炯，光彩照人。在輝煌的〈東方紅〉樂曲聲中，一束燦爛的紅光，投射在他雄偉的身上，給我們無窮的力量，更有力地表現出李玉和革命的英雄主義和革命的樂觀主義精神。

2月18日

中華人民共和國駐蘇聯大使劉新權18日晚在大使館舉行電影招待會，放映中國革命現代京劇彩色影片《智取威虎山》。應邀出席電影招待會的有各國駐蘇聯的外交使節和外交官。影片受到與會者的熱烈歡迎和讚揚[1]。

2月23日

《人民日報》的文章〈西藏翻身農奴演唱革命樣板戲〉（第3版）報導：西藏文藝戰士今年元旦以來，在拉薩連續演出革命現代京劇《沙家濱》和革命舞劇《白毛女》，為在西藏高原普及革命樣板戲、發展革命文藝，發揮了積極作用。演出革命樣板戲《沙家濱》和《白毛女》的演員，絕大都數都是藏族翻身農奴或翻身農奴的子女。他們憑著無限忠於毛主席的紅心，在北京、上海文藝戰士的教唱和輔導下，用頑強的戰鬥意志，克服重重困難，在很短的時間裏學會並演出了革命樣板戲。

3月2日

《人民日報》刊登辛文彤的批判文章〈評田漢的一個反革命策略——從《關漢卿》看田漢用新編歷史劇反黨的罪行〉。該文認為田漢打著「新編」幌子向黨猖獗進攻，借助「歷史」軀殼作為攻守的掩護。

---

1 〈我駐蘇聯大使劉新權舉行電影招待會放映中國革命現代京劇彩色影片《智取威虎山》〉，北京：《人民日報》（第6版），1971年2月23日。

同日，《紅旗》第3期刊登聞軍[2]的文章〈路線鬥爭絕不能休戰——評王明、劉少奇、周揚一夥鼓吹「國防文學」的反動性〉。同期還發表周建人的文章〈學習魯迅，深入批修——批判周揚一夥歪曲、污蔑魯迅的反動謬論〉，以及北京電影製片廠《智取威虎山劇組》的文章〈還原舞臺，高於舞臺——我們是怎麼把革命現代京劇《智取威虎山》搬上銀幕的〉。

3月19日

中國駐羅馬尼亞大使張海峰3月19日晚在大使館舉行電影招待會，放映中國革命現代京劇彩色影片《智取威虎山》。應邀出席招待會的有羅馬尼亞對外文化聯絡協會第一副主席米赫尼亞・喬治烏，外交部副部長彼得魯・布爾拉庫，外貿部副部長波帕・普雷托爾，羅馬尼亞共產黨中央聯絡部副部長尼古拉・約內斯庫，國家文化藝術委員會副主席揚・多杜・巴蘭以及其他有關方面負責人、文化藝術界和新聞界人士[3]。

3月20日

羅馬尼亞部長會議副主席格奧爾基・勒杜列斯庫和由他率領的羅馬尼亞政府代表團，今晚由李先念副總理陪同，觀看了中國京劇團演出的革命現代京劇《紅燈記》。羅馬尼亞駐中國大使杜馬和大使館外交官員也觀看了演出[4]。

同日，尼泊爾全國評議會議長拉姆・哈里・夏爾馬和夫人，以及由夏爾馬議長率領的尼泊爾全國評議會友好代表團，今晚由人大常委會副委員長郭沫若陪同，觀看了中國舞劇團演出的革命現代舞劇《紅色娘子軍》。夏爾馬議長等尼泊爾貴賓進入劇場時，受到群眾的熱烈鼓掌歡迎。尼泊爾駐中國大使蘇巴和夫人，以及大使館其他外交官員也觀看了演出。陪同觀看演出的，還有人大常委會委員

---

[2] 北京大學教授王瑤（1914. 5. 7－1989. 12. 13）在「文化大革命」中以「聞軍」等筆名在《紅旗》雜誌、《人民日報》、《光明日報》等報章雜誌發表了大量抨擊劉鄧走資派以及批林批孔的文藝與政治評論。

[3] 〈我駐羅馬尼亞大使舉行電影招待會放映革命現代京劇彩色影片《智取威虎山》〉，北京：《人民日報》（第6版），1971年3月26日。

[4] 〈羅馬尼亞政府代表團觀看革命現代京劇《紅燈記》勒杜列斯庫等貴賓由李先念陪同觀看演出〉，北京：《人民日報》（第4版），1971年3月21日。

貝時璋、季方、謝扶民，以及于立群等。演出結束後，夏爾馬議長等尼泊爾貴賓，由郭沫若副委員長等陪同，走上舞臺，和演員親切握手，祝賀他們演出成功[5]。

3月29日

《人民日報》（第6版）〈我駐瑞典大使館舉行電影招待會放映革命現代京劇彩色影片《智取威虎山》〉報導：新華社斯德哥爾摩電 中國駐瑞典大使館於3月15日、16日和19日在斯德哥爾摩舉行電影招待會，放映中國革命現代京劇彩色影片《智取威虎山》，受到觀眾熱烈歡迎。

3月30日

由毛里塔尼亞外交部長哈姆迪・烏爾德・穆克納斯率領的毛里塔尼亞政府代表團，今天晚上在李先念副總理陪同下，觀看了中國京劇團演出的革命現代京劇《紅燈記》。當毛里塔尼亞貴賓由李先念副總理陪同走進劇場時，全場起立，熱烈鼓掌，向貴賓們致意。毛里塔尼亞駐中國大使館外交官員應邀觀看了演出。演出結束，穆克納斯部長等毛里塔尼亞貴賓走上舞臺，同演員一一握手，祝賀他們演出成功。陪同貴賓們觀看演出的還有外交部副部長姬鵬飛、西亞非洲司司長何英[6]。

4月5日

《人民日報》（第4版）專欄：樂紅，〈聲震山河　氣沖霄漢——學習《紅色娘子軍》洪常青音樂形象塑造的體會〉；學紅，〈讚革命的火藥味〉；尹椿道，〈勇敢的戰鬥的呼聲——讚《紅色娘子軍》吳清華的主調音樂〉。

5　〈尼泊爾貴賓觀看革命現代舞劇《紅色娘子軍》夏爾馬議長等由郭沫若副委員長陪同觀看演出〉，北京：《人民日報》（第5版），1971年3月21日。

6　〈毛里塔尼亞政府代表團觀看革命現代京劇《紅燈記》〉，北京：《人民日報》（第3版），1971年3月31日。

4月14日

《人民日報》（第3版）發表紅長纓的文章〈京劇唱腔音樂的革命——學習《紅燈記》唱腔音樂創作的藝術辯證法〉。

4月21日

《人民日報》（第6版）專欄：〈我國駐挪威大使舉行電影招待會放映革命現代京劇彩色影片《智取威虎山》〉報導：據新華社訊　奧斯陸消息：中國駐挪威大使郝德青最近舉行了幾次電影招待會，放映革命現代京劇彩色影片《智取威虎山》。應邀出席電影招待會的，有挪威的政府官員、一些國家駐挪威的外交使節、挪威—中國友好協會的領導人、挪威社會主義青年聯盟（馬克思列寧主義）的代表以及挪威各階層友好人士。影片受到了觀眾的熱烈歡迎。

4月24日

《人民日報》（第4版）專欄：河北河間縣革命委員會寫作組，〈親不親　階級分〉；北京維尼綸廠工人，〈兩種人性　兩種本質〉。

4月29日

柬埔寨國家元首、柬埔寨民族統一陣線主席諾羅敦·西哈努克親王和夫人，今天晚上由外交部副部長韓念龍陪同，觀看了由中國京劇團演出的革命現代京劇《紅燈記》。演出結束後，西哈努克親王和夫人由韓念龍副部長陪同，走上舞臺，同演員們親切握手。西哈努克親王讚揚演出很精彩，很成功，並且向演員們贈送了花籃。這時，演員們齊聲歡呼：「毛主席萬歲！」「西哈努克親王萬歲！」[7]

7　〈西哈努克親王和夫人觀看革命現代京劇《紅燈記》〉，北京：《人民日報》（第4版），1971年4月30日。

本月

《革命現代京劇常識》由天津人民出版社出版，其主要內容如下：

一、唱腔的曲調和板，1.二黃；2．反二黃；3．西皮；4．反西皮；5．曲調和板式的運用；二、音樂伴奏；1.管弦樂；2．打擊樂；三、唸白；四、唱腔的記譜與識譜；1．掌握好唱腔的高低；2．掌握好音符的長短；3．掌握好強弱的變化；4．掌握好速度的快慢；附表《智取威虎山》、《紅燈記》容易唱錯、唸錯的字。

5月2日

馬里全國解放軍事委員會委員、外交和合作部部長夏爾・桑巴・西索科上尉，和由他率領的馬里共和國政府代表團成員，今天晚上觀看了由中國舞劇團演出的革命現代舞劇《紅色娘子軍》。有關方面負責人陳士矩、謝鑫鶴、何功楷陪同觀看了演出。陪同西索科部長等觀看演出的，還有馬里駐中國大使甘多，大使館參贊迪亞拉。當西索科部長等馬里貴賓來到劇場時，場內觀眾熱烈鼓掌，向他們表示歡迎。西索科部長等馬里貴賓，今天上午在有關方面負責人陳慕華、程飛陪同下，參觀了北京郊區密雲水庫[8]。

5月3日

伊朗王國法蒂瑪・巴列維公主，今晚在北京觀看了中國舞劇團演出的革命現代舞劇《紅色娘子軍》。法蒂瑪公主的隨行人員伊朗首相夫人萊拉・胡韋達等伊朗貴賓，以及陪同公主來訪的巴基斯坦空軍司令拉希姆・汗將軍的夫人，也觀看了演出。應邀觀看演出的，還有巴基斯坦駐中國大使館空軍武官舒加特上校和夫人等。演出結束後，法蒂瑪公主等貴賓走上舞臺，和演員一一握手，並在一起照了相[9]。

---

8 〈馬里政府代表團觀看《紅色娘子軍》〉，北京：《人民日報》（第2版），1971年5月3日。

9 〈伊朗王國法蒂瑪・巴列維公主觀看革命現代舞劇《紅色娘子軍》〉，北京：《人民日報》（第4版），1971年5月4日。

5月12日

《人民日報》(第6版)〈我國一些駐外使節舉行電影招待會彩色影片《紅色娘子軍》和《紅燈記》等受到歡迎〉報導:中國駐朝鮮大使館臨時代辦戴路5日晚在大使館舉行電影招待會,放映中國革命現代舞劇彩色影片《紅色娘子軍》。

朝鮮外務相許錟、外務省副相金載鳳、對外文化聯絡委員會副委員長金雄和各有關部門人員出席了招待會。

中國駐阿聯大使柴澤民4月21日晚上舉行電影招待會,放映了中國革命現代舞劇彩色影片《紅色娘子軍》。一百多位客人出席了招待會,其中包括阿聯外交部國務祕書艾哈邁德·里亞德,文化部國務祕書艾哈邁德·薩德丁和阿聯的其他高級官員。一些國家駐阿聯的外交使節也出席了招待會。

中國駐英國代辦處最近在倫敦多次舉行電影招待會,放映革命現代舞劇彩色影片《紅色娘子軍》,受到許多觀眾的熱烈歡迎。在4月16日、20日和25日舉行的電影招待會上,應邀觀看電影的共約五百人。

中國駐英國代辦處臨時代辦裴堅章從4月26日到28日為英國官方人士、駐英國外交使團和社會知名人士舉行了三次電影招待會。

最近,在為旅英僑胞舉行的兩次電影招待會上,來自倫敦和其他城市的一千七百多名僑胞懷著激動的心情觀看了這部影片。許多愛國華僑熱情讚揚這部影片生動地體現了毛主席的無產階級革命文藝路線,是祖國無產階級文化大革命的一個成果。

中國駐法國大使館最近在巴黎連續舉行了三次電影招待會,放映中國革命現代舞劇《紅色娘子軍》彩色影片,受到了觀眾的熱烈歡迎。出席電影招待會的有法國軍方人士、法國文化藝術界、新聞界人士以及法中友好協會的朋友共六百多人。一些國家駐法國使館的武官也出席了招待會。

中國駐芬蘭大使史梓銘5日在使館舉行電影酒會,放映中國革命現代舞劇彩色影片《紅色娘子軍》,受到芬蘭和其他外國朋友的歡迎。

中國駐匈牙利大使呂志先 4 月 20 日晚在大使館舉行電影招待會，放映革命現代舞劇彩色影片《紅色娘子軍》。

中國駐波蘭大使姚廣 4 月 19 日在大使館舉行電影招待會，放映了中國革命現代京劇彩色影片《紅燈記》。應邀出席電影招待會的有：波蘭外交部、外貿部的一些官員和各國駐波蘭的外交使節和外交官（據新華社）。

5 月 13 日

由索馬里最高革命委員會成員、教育部長阿卜迪拉札克・穆罕默德・阿布卡爾少校率領的索馬里民主共和國政府教育代表團，今天晚上觀看了革命現代京劇《智取威虎山》。有關方面負責人劉西堯、陳慕華、趙行志陪同觀看。阿卜迪拉札克部長等索馬里貴賓走進劇場時，觀眾熱烈鼓掌，表示歡迎。索馬里貴賓對北京京劇團革命文藝戰士的成功演出不斷報以熱烈掌聲[10]。

5 月 23 日

《人民日報》（第 1 版）中國共產黨河南省委員會寫作小組，〈批修整風的戰鬥綱領——學習《在延安文藝座談會上的講話》〉。

《人民日報》的文章〈新疆各族人民熱愛樣板戲〉（第 2 版）報導：

> 一個群眾性普及革命樣板戲的文藝活動，正在天山南北蓬勃展開。從城鎮到農村、牧區到處都可以看到各族人民爭看革命樣板戲，演唱革命樣板戲，學習革命樣板戲的動人景象。在各級黨組織的領導和大力推廣下，廣大維吾爾、哈薩克、漢、回、柯爾克孜、塔吉克、錫伯、蒙古、烏孜別克等民族的文藝工作者，為了在少數民族中普及樣板戲，付出了艱苦的勞動。他們遵照毛主席有關文藝為工農兵服務的指示，利用多種多樣的民族藝術形式，移植革命樣板戲。有的地區將革命樣板戲移植成維吾爾和哈薩克族歌劇，有的地區採取用民族語言填詞（翻譯配音）的藝術手法，解決

---

[10] 〈索馬里民主共和國政府教育代表團觀看革命現代京劇《智取威虎山》〉，北京：《人民日報》（第 6 版），1971 年 5 月 14 日。

了少數民族人民聽不懂唱腔的困難。新疆歌舞話劇院的文藝工作者，最近根據同名樣板戲移植創作的維吾爾族革命歌劇《紅燈記》，就是一個比較成功的嘗試。這個歌劇，是在革命樣板戲的思想和藝術成就的基礎上，以維吾爾族傳統音樂十二木卡姆為基本唱腔，用維吾爾語演唱的。這個歌劇的移植創作，不僅為在新疆少數民族中普及革命樣板戲提供了經驗，而且使少數民族文壇增添了新的花朵。

戰鬥在三大革命第一線的業餘文藝戰士，也為普及革命樣板戲做出了貢獻。在阿爾泰地區的布爾津縣長征公社，有一個由十一名哈薩克族牧民組成的業餘文藝宣傳隊。1970 年冬，他們看了革命樣板戲電影《紅燈記》以後，產生了用哈薩克語演出《紅燈記》的強烈願望。在公社黨委和廣大貧下中牧的支持下，他們從去年 4 月開始了全劇的譯配工作。在排演過程中，遇到了許多困難。他們都沒有直接看過京劇《紅燈記》，就對照著翻譯劇本，一遍又一遍地觀看電影《紅燈記》，深刻領會劇情，認真研究漢語和哈薩克語的語言規律，一字一句地刻苦練唱，終於使哈薩克語唱詞逐漸適應了京劇的唱腔。去年 5 月底，這個戲譯配成功了。到現在已演出幾十場，深受各族人民的歡迎。

同日，尼泊爾王國沙拉達公主和沙阿駙馬，以及由沙阿駙馬率領的尼泊爾全國體育協會代表團，今晚在郭沫若副委員長以及於立群陪同下，觀看了革命現代舞劇《紅色娘子軍》[11]。

6月1日

敘利亞文化部長法齊・卡雅利最近在大馬士革金迪電影院舉行電影招待會，放映了中國革命現代舞劇《紅色娘子軍》彩色影片。敘利亞各界人士和一些國家駐敘利亞的外交使節出席了招待會。中國革命現代舞劇《紅色娘子軍》彩色影片，每次在大馬士革放映時，都受到觀眾的熱烈歡迎[12]。

---

11 〈沙拉達公主和沙阿駙馬等尼泊爾貴賓觀看《紅色娘子軍》〉，北京：《人民日報》（第 4 版），1971 年 5 月 24 日。

12 〈敘利亞文化部長舉行電影招待會放映影片中國革命現代舞劇《紅色娘子軍》〉，北京：《人民日報》（第 5 版），1971 年 6 月 14 日。

6月6日

中共上海市委、上海市革命委員會今晚舉行文藝晚會，熱烈歡迎尼古拉・齊奧塞斯庫和夫人，以及由他率領的羅馬尼亞黨政代表團。羅馬尼亞駐中國大使館的人員也應邀出席了晚會。在晚會上，羅馬尼亞貴賓由周恩來、張春橋等陪同，觀看了上海舞蹈學校演出的革命現代舞劇《白毛女》。

齊奧塞斯庫和夫人以及其他羅馬尼亞貴賓走進劇場時，全場起立，熱烈鼓掌。演出結束後，齊奧塞斯庫和夫人，以及其他羅馬尼亞貴賓，由周恩來、張春橋等陪同走上舞臺，同演員們握手，並一起照了相。齊奧塞斯庫向演員們贈送了花籃。這時，舞臺天幕上映出了〈中羅兩國人民友誼萬歲〉的字樣，場內掌聲雷動，經久不息[13]。

6月13日

南斯拉夫外交部長米爾科・特帕瓦茨和由他率領的南斯拉夫政府代表團全體成員及隨團記者，今天晚上觀看了由中國舞劇團演出的革命現代舞劇《紅色娘子軍》。南斯拉夫駐中國大使奧列什查寧的夫人和大使館外交官員，也應邀觀看了演出。我國外交部代部長姬鵬飛，有關方面負責人劉希文、佘湛、李連慶等，陪同南斯拉夫貴賓觀看了演出[14]。

同日，秘魯漁業部長哈維爾・坦塔萊安・巴尼尼將軍，以及隨同他來我國訪問的其他秘魯貴賓，今天晚上觀看了由中國舞劇團演出的革命現代舞劇《紅色娘子軍》。正在我國訪問的由秘魯外交部負責經濟事務副部長卡洛斯・阿爾薩莫拉・特拉維爾索率領的秘魯貿易代表團全體成員，也應邀觀看了演出[15]。

---

13 〈中共上海市委、上海市革委會舉行文藝晚會熱烈歡迎齊奧塞斯庫同志和夫人等貴賓〉，北京：《人民日報》（第1版），1971年6月7日。

14 〈南斯拉夫貴賓觀看《紅色娘子軍》在京參觀公社和工廠等受到群眾熱烈歡迎〉，北京：《人民日報》（第5版），1971年6月14日。

15 〈秘魯貴賓觀看《紅色娘子軍》〉，北京：《人民日報》（第5版），1971年6月14日。

6月18日

新華社達累斯薩拉姆 18 日電　坦桑尼亞總統尼雷爾、第二副總統卡瓦瓦，最近出席了中國駐坦桑尼亞大使館在這裏的國家大廈為他們舉行的電影招待會，觀看了中國革命現代舞劇《紅色娘子軍》彩色影片。

坦噶尼喀非洲民族聯盟執行委員會的委員們也出席了電影招待會。最近以來，中國駐坦桑尼亞大使館舉行多次電影招待會，放映彩色影片《紅色娘子軍》。出席這些電影招待會的有：坦桑尼亞政府部長，坦桑尼亞文化界、電影界、教育界和新聞界朋友，工人，婦女，青年和學生，南部非洲解放運動自由戰士和一些國家駐坦桑尼亞的外交使節。

坦桑尼亞文化界和電影界的一些朋友看了這部影片後指出：「舞劇的內容是革命的，音樂和舞蹈表演很優美，很成功。」一位朋友說：「在毛主席革命文藝路線的指引下，中國使芭蕾舞革命化，這是中國無產階級文化大革命的成果。」一些南部非洲自由戰士指出：「這部影片有很大的教育意義，因為它給予南部非洲人民正在進行的武裝鬥爭以鼓勵和信心。」一位婦女看了這部影片後說：「通過這部影片，我們可以看到，殖民地的被壓迫婦女要獲得解放，唯一正確的道路是拿起武器，同其他人民並肩戰鬥，反對帝國主義和反動派。」[16]

7月13日

中共上海市委、上海市革命委員會今天晚上舉行文藝晚會，熱烈歡迎朝鮮民主主義人民共和國黨政代表團。晚會上，中朝兩國戰友一起觀看了上海市舞蹈學校演出的革命現代舞劇《白毛女》[17]。

本月

江青無可奈何地同意《白毛女》暫時先不修改，按當時演出稿投入電影拍攝。

---

[16] 〈我駐坦桑使館舉行電影招待會　尼雷爾總統卡瓦瓦第二副總統等出席觀看《紅色娘子軍》彩色影片〉，北京：《人民日報》（第 5 版），1971 年 6 月 21 日。

[17] 〈中共上海市委、上海市革委會舉行文藝晚會熱烈歡迎朝鮮黨政代表團〉，北京：《人民日報》（第 4 版），1971 年 7 月 14 日。

《龍江頌》劇先後改了六稿。

國務院文化組成立，吳德任組長，劉賢權任副組長，成員有石少華、于會泳、浩亮、劉慶棠、王曼恬、吳印咸、迪福才、黃厚民。後來于會泳任副組長。

8月3日

荷蘭國際知名電影導演尤里斯・伊文思和法國電影工作者瑪斯琳・羅麗丹，女作家韓素音和陸文星，今晚應邀觀看了革命現代舞劇《沂蒙頌》的試驗演出。中共中央政治局委員江青、張春橋、姚文元和國務院文化組成員吳德、劉賢權、石少華、于會泳、狄福才、黃厚民、吳印咸、浩亮等，以及首都文藝工作者，陪同貴賓們觀看演出。革命現代舞劇《沂蒙頌》由中國舞劇團演出，國務院文化組成員劉慶棠參加了演出[18]。

8月7日

緬甸聯邦革命委員會主席、政府總理奈溫和夫人以及隨行人員，今天由國務院總理周恩來、副總理李先念等陪同，出席文藝晚會，觀看了由中國舞劇團演出的革命現代舞劇《紅色娘子軍》[19]。

9月3日

9 月 3 日至 29 日，以田廣文為團長、譚元壽為副團長的北京京劇團一行共一百四十一人，應朝鮮對外文化聯絡委員會的邀請，在朝鮮人民共和國國慶之際赴朝鮮訪問演出。此次赴朝演出的劇目是《沙家濱》和《智取威虎山》。

---

[18] 〈江青張春橋姚文元同志陪同尤・伊文思和瑪・羅麗丹、韓素音和陸文星觀看革命現代舞劇《沂蒙頌》試驗演出〉，北京：《人民日報》（第 1 版），1971 年 8 月 4 日。

[19] 〈奈溫主席和夫人由周總理李副總理陪同觀看革命現代舞劇《紅色娘子軍》〉，北京：《人民日報》（第 2 版），1971 年 8 月 8 日。

9月8日

《人民日報》發表河南省革命委員會文藝評論組的文章〈文藝創作表現矛盾衝突的光輝樣板〉。

同日，朝鮮平壤市人民委員會9月7日晚在平壤藝術劇場舉行群眾集會，熱烈歡迎前來朝鮮進行訪問演出的以田廣文為團長、譚元壽為副團長的中國北京京劇團。會上，北京京劇團首次演出革命現代京劇《沙家濱》，受到熱烈歡迎[20]。

9月中旬

《龍江頌》劇第七稿已加工修改完畢。

9月10日

新華社地拉那11日電　中國舞劇團9月10日晚在地拉那歌劇芭蕾舞劇院舉行首次演出。演出的中國革命現代舞劇《紅色娘子軍》，受到阿爾巴尼亞觀眾的熱烈歡迎。阿爾巴尼亞人民的偉大領袖、阿爾巴尼亞勞動黨中央委員會第一書記恩維爾・霍查同志，阿爾巴尼亞人民共和國人民議會主席團主席哈奇・列希同志，部長會議主席穆罕默德・謝胡同志觀看了演出。

曼紹・巴拉同志說：「今晚芭蕾舞《紅色娘子軍》的演出和在這個月裏我們將高興地看到的其他作品的演出，是中國無產階級革命藝術的卓越成果。這些作品是運用毛主席思想的生動反映，是無產階級文化大革命的精神在中國新藝術方面的生動反映。我們今晚將要看到的芭蕾舞以及其他的作品《白毛女》和鋼琴協奏曲《黃河》，是當代革命題材的作品，阿爾巴尼亞全體人民以十分關切的心情歡迎這些作品。」周秋野同志在講話中說：「中國舞劇團一踏上英雄的阿爾巴尼亞的國土，就置身在深情厚誼之中，受到了你們的熱情歡迎和無微不至的關懷。」周秋野同志說：「我們感到特別高興的是，阿爾巴

[20] 〈平壤群眾集會熱烈歡迎北京京劇團〉，北京：《人民日報》（第5版），1971年9月9日。

尼亞人民的偉大領袖、偉大的馬克思列寧主義者恩維爾·霍查同志以及哈奇·列希同志、穆罕默德·謝胡同志和阿爾巴尼亞其他黨政領導同志親自觀看我們的演出，這對我們中國舞劇團全體同志來說，是最大的光榮和極大的鼓舞。」他說：「中國革命文藝工作者，堅決貫徹偉大領袖毛主席文藝為工農兵服務的革命路線，在江青同志的親自關懷和指導下，創作了革命現代舞劇《紅色娘子軍》、《白毛女》等革命樣板戲。這是我國無產階級文化大革命的成果，它為我國無產階級革命新文藝的發展開闢了廣闊的前景。」他說：「阿爾巴尼亞文藝工作者，遵循以阿爾巴尼亞人民的偉大領袖恩維爾·霍查同志為首的阿爾巴尼亞勞動黨的教導，在文藝革命化方面取得了很大的成就，創作了許多具有革命內容和充滿戰鬥精神的優秀的文藝作品，為阿爾巴尼亞的社會主義革命和社會主義建設做出了重要的貢獻。」周秋野同志最後說：「中國舞劇團這次到阿爾巴尼亞進行訪問演出，是我們向英雄的阿爾巴尼亞人民和阿爾巴尼亞文藝工作者學習的好機會。我們深信，這一訪問演出必將進一步加強中阿兩國人民和兩國文藝工作者的革命友誼和戰鬥團結。」演出過程中，全場不斷發出熱烈的掌聲。演出結束後，阿爾巴尼亞文藝戰友向中國演員贈送了花籃。在經久不息的掌聲和「恩維爾——毛澤東！」的歡呼聲中，恩維爾·霍查同志、穆罕默德·謝胡同志以及紹馬·德雅納同志、涅奇米葉·霍查同志在夏秀峰同志和周秋野同志的陪同下走上舞臺，熱烈祝賀中國演員演出成功，並且同他們一起照了相[21]。

9月16日

朝鮮江原道人民委員會16日晚在英雄城市元山舉行群眾集會，熱烈歡迎前來進行訪問演出的中國北京京劇團。會上，北京京劇團為元山市群眾首次演出了革命現代京劇《沙家濱》，受到觀眾的熱烈歡迎。江原道人民委員會副委員長李炳學和北京京劇團團長田廣文先後在集會上講了話[22]。

---

[21] 〈我國舞劇團在地拉那舉行首次演出　阿人民偉大領袖霍查同志等出席觀看〉，北京：《人民日報》（第4版），1971年9月12日。

[22] 〈朝鮮元山市群眾集會熱烈歡迎北京京劇團〉，北京：《人民日報》（第6版），1971年9月17日。

9月19日

新華社 19 日訊　革命現代京劇《沙家濱》彩色影片，已由長春電影製片廠攝製完成，將從 9 月 21 日起在北京和全國各地陸續上映。

參加這部影片攝製工作的長春電影製片廠《沙家濱》攝製組和北京京劇團《沙家濱》劇組的革命文藝工作者，認真實踐毛主席的無產階級文藝路線，在影片的拍攝過程中，得到了兄弟單位的大力協助，克服了各種困難，終於勝利地把革命現代京劇《沙家濱》拍成了彩色影片。彩色影片《沙家濱》的攝製成功和上映，將為滿足廣大工農兵群眾的願望和進一步普及革命樣板戲做出貢獻[23]。

9月24日

周恩來總理批准《海港》劇組到北京審查演出，以後根據中央指示拍攝彩色電影。

9月25日

周恩來總理批准《龍江頌》劇組到北京審查演出，以後根據中央指示拍攝彩色電影。

9月27日

《人民日報》(第 4 版)發表中國人民解放軍裝甲兵某部紅壯志的文章，〈人民軍隊的頌歌——熱烈歡呼革命現代京劇《沙家濱》彩色影片〉。北京星火人民公社東風大隊董鳳文的文章〈革命老媽媽的光輝形象〉。

[23] 〈革命現代京劇《沙家濱》彩色影片攝製完成〉，北京：《人民日報》（第 1 版），1971 年 9 月 20 日。

9月29日

《人民日報》報導：9 月 29 日下午，平壤市郊的順安機場一派歡騰。機場上，矗立著朝鮮人民的偉大領袖金日成首相和中國人民的偉大領袖毛澤東主席的畫像。〈金日成將軍之歌〉和〈東方紅〉的歌聲雄偉嘹亮。中國北京京劇團圓滿結束了在兄弟的友好鄰邦朝鮮民主主義人民共和國的友好訪問就要回國了。前來送行的數千名朝鮮戰友，把一束束鮮花送給北京京劇團的同志們，並且囑託他們回到國內後轉達朝鮮人民對中國人民最親切友好的感情。這個激動人心的場面，使北京京劇團的同志們很自然地回想起在朝鮮度過的那些使人難忘的日子。

9 月 3 日中午，載著北京京劇團的「北京—平壤」列車徐徐開進朝鮮邊境城市新義州車站。從這個時候起，北京京劇團的同志們就沉浸在偉大友誼的海洋裏。

特別使北京京劇團的同志們難忘的是朝鮮人民的偉大領袖金日成首相的親切接見和觀看他們的演出。許多同志激動地說：「這是對我們很大的關懷和鼓舞！」

北京京劇團的同志們還懷著敬仰的心情訪問了金日成首相的故鄉——萬景臺，參觀了「萬景臺革命事蹟館」，學習了金日成首相的革命鬥爭歷史和革命實踐。

北京京劇團在朝鮮進行友好訪問期間，先後在首都平壤和英雄城市元山演出了中國革命現代京劇《沙家濱》和《智取威虎山》，受到了熱烈的歡迎。在十二場演出中，每場都座無虛席，觀眾帶著熱烈友好的感情來欣賞中國同志的演出，為中國人民革命鬥爭的勝利不斷地報以熱烈的掌聲。一位朝鮮同志看了《沙家濱》以後熱情地說：「這個戲歌頌的是中國人民的抗日武裝鬥爭。我們朝鮮人民和中國人民有著同樣的鬥爭經歷，並且在一個戰壕裏並肩作過戰。看了你們的演出，情節全能理解，思想感情完全相通。」

當每次演出結束的時候，在紅色的天幕上映出朝鮮人民的偉大領袖金日成首相和中國人民的偉大領袖毛澤東主席的巨幅畫像時，全場立即響起暴風雨般的掌聲。在北京京劇團訪問演出期間，朝鮮《勞動新聞》、《民主朝鮮》、《平壤新聞》和《江原日報》，都在顯著地位，用大量的篇幅刊登了劇評、劇照和工農兵群眾的觀後感，高度讚揚中國京劇革命取得的成就，熱情祝賀北京京劇團演出成功。《勞動新聞》的一篇劇評寫道：「中國北京京劇團帶來的作品《沙家濱》和《智取威虎山》，是中國無產階級文化大革命期間創造的革命現代京劇，是中國文藝工作者在京劇革命中取得的偉大成就。」劇評還說：「京劇在中國是有悠久歷史的藝術形式，在毛主席革命文藝路線指引下，現已面目一新。過去只是描寫帝王將相、才子佳人，而今天成功地塑造了工農兵的偉大形象，從而更好地為社會主義革命和社會主義建設服務。」各報的劇評和觀後感，都強調進一步加強中朝兩國人民之間的革命友誼和戰鬥團結對於反對共同敵人美帝國主義和日本軍國主義的重要意義。他們熱情地稱讚北京京劇團是「中國人民派來的友好藝術使者」，認為京劇團的演出「對朝中兩國人民、兩國文藝工作者之間的友好團結做出了貢獻」。一位農民在《江原日報》上寫道：「看了《沙家濱》，更加清楚地認識了日本帝國主義慘無人道的罪行。它不僅是朝鮮人民的敵人，而且也是中國人民不共戴天的敵人。現在日本軍國主義已經復活，如果它不接受失敗的教訓，再次發動侵略戰爭，那麼，朝中兩國人民將用團結起來的力量，徹底消滅它！」

朝鮮文藝界的戰友為了幫助北京京劇團的同志演出，付出了辛勤勞動[24]。

本月

林彪集團的反革命政變被粉碎後，周恩來在毛澤東支持下主持中央日常工作，在政治、經濟、外交等方面採取了許多措施，使各方面的工作有了轉機。但遭到江青一夥的攻擊。毛澤東也認為當時的任務仍然是反對「極右」，從而使批「左」的正確意見被否定，「左」傾錯誤繼續發展。

《沙家濱》的彩色影片公開上映。

《龍江頌》進京演出。毛澤東看了電視轉播，肯定了這個戲的創作和演出。江青指示此劇可用來接待外賓。

24 〈在友誼的海洋裏——記中國北京京劇團訪問朝鮮〉，北京：《人民日報》（第4版），1971年10月10日。

10月7日

埃塞俄比亞皇帝海爾・塞拉西一世陛下由周恩來總理、李先念副總理陪同，今天晚上出席了北京市革命委員會、中國非洲人民友好協會為歡迎他舉行的文藝晚會，觀看了革命現代京劇《紅燈記》[25]。

10月24日

由團長清水正夫、副團長松山樹子率領的日本松山芭蕾舞團，結束在延安的訪問演出，今天上午乘專機離開延安前往西安。日本松山芭蕾舞團是21日乘飛機由西安到達延安的。22日，日本松山芭蕾舞團在延安大禮堂演出了革命芭蕾舞劇《白毛女》。日本藝術家們的精彩演出受到工農兵觀眾的熱烈歡迎。陝西省革命委員會主任李瑞山，延安地區革命委員會主任許效民和有關方面負責人魯曼、席槐、李朝順、土金璋等觀看了演出。演出前，李瑞山、許效民等會見了松山芭蕾舞團團長清水正夫、副團長松山樹子，以及劇團主要演員，同他們進行了親切友好的談話[26]。

晚，中國舞劇團在布加勒斯特歌劇院演出中國革命現代舞劇《白毛女》，受到觀眾熱烈歡迎[27]。

10月26日

《人民日報》發表長纓的文章〈英雄壯美 銀幕生輝——讚革命現代京劇《沙家濱》彩色影片〉。

[25] 〈海爾・塞拉西一世皇帝陛下出席文藝晚會觀看革命現代京劇《紅燈記》〉，北京：《人民日報》（第1版），1971年10月8日。

[26] 〈日本松山芭蕾舞團在延安訪問演出〉，北京：《人民日報》（第5版），1971年10月27日。

[27] 〈我舞劇團在布加勒斯特演出現代舞劇《白毛女》〉，北京：《人民日報》（第6版），1971年10月27日。

10月27日

薩馬賴等在李先念等陪同下觀看革命現代京劇《龍江頌》。我國外交部和對外友協今天晚上舉行文藝晚會，熱烈歡迎由伊拉克共和國革命指揮委員會委員、阿拉伯復興社會黨民族和地區領導機構成員阿卜杜勒・哈利克・薩馬賴率領的伊拉克政府代表團全體成員[28]。

12月10日

《人民日報》發表宇文平的文章〈批判「寫真實論」〉，該文認為：

> 「寫真實論」是劉少奇反革命修正主義文藝黑線的代表性論點之一。長期以來，周揚、夏衍、田漢、陽翰笙等「四條漢子」，揮舞著「寫真實論」的破旗，極力在文藝與生活的關係問題上製造混亂，反對用馬克思主義的認識論來觀察、反映社會生活，反對馬克思主義的世界觀對文藝創作的指導，妄圖用超階級的「真實性」反對無產階級文藝的政治性，用資產階級現實主義的創作方法取代無產階級的革命現實主義與革命浪漫主義相結合的創作方法，使文藝成為污蔑無產階級專政，攻擊社會主義制度，醜化工農兵的反革命輿論工具。目前，以普及革命樣板戲為標誌的我國無產階級文藝革命運動正在深入發展。以馬克思主義、列寧主義、毛澤東思想為武器，對「寫真實論」進行深入的批判，對於文藝界「進行一次思想和政治路線方面的教育」，進一步肅清劉少奇反革命修正主義文藝黑線的餘毒，提高執行毛主席革命文藝路線的自覺性，發展社會主義的文藝創作，有著重要的意義。

[28] 〈外交部和對外友協舉行文藝晚會熱烈歡迎伊拉克政府代表團〉，北京：《人民日報》（第2版），1971年12月28日。

本年

1971 年春節前後，《紅色娘子軍》、《智取威虎山》綜合本出版。

這一時期還出版過一些介紹京劇常識的普及性讀物，如 1971 年天津人民出版社出版的《革命現代京劇常識》以及《怎樣學習京胡伴奏》、《京劇伴奏法》等。

《智取威虎山》攝製組，《還原舞臺，高於舞臺》，《紅旗》1971 年第 3 期。

上海編劇王樹元、黎中城，演員楊春霞等人調往北京參加《杜鵑山》一劇的創作。

1972 年

【概述】

年初，芭蕾舞劇《沂蒙頌》在天橋劇場舉行試驗性公演。2 月 24 日晚上，芭蕾舞劇《紅色娘子軍》在北京作為一項「極為重要的政治任務」演出。周恩來、江青陪同尼克松夫婦觀看演出。3 月《龍江頌》、《海港》1972 年 1 月演出本由上海人民出版社出版。在「兩報一刊」上，發表了《龍江頌》1972 年 1 月的演出本。本年度為了慶祝〈毛澤東在延安文藝座談會上的講話〉發表三十週年，在北京舉行了全國美術作品展覽。革命樣板戲所形成的一些重要創作方法，例如「紅、光、亮」、「三突出」成為了這一時期所有美術作品的語言特徵、敘事方法、造型原則[1]。

1月1日

《紅旗》第 1 期刊登丁學雷的文章〈「龍江風格」萬古長青——評革命現代京劇《龍江頌》〉。該文認為：《龍江頌》所寫的是九龍江邊的龍江大隊堵江救旱的壯舉。該劇歌頌了無產階級共產主義風格，該劇的共產主義是通過英雄人物江水英的崇高形象來表現的。

元旦，江青、張春橋、姚文元看了戲，江青說，江水英唱的「望北斗更使我增添力量」，她聽了很反感，責令立即將「望北斗」三字改成「望北京」。事後，張春橋又指示說，《龍江頌》的文字就這麼定了，「今後，《龍江頌》要改一個字，都要先打報告請示」。

年初，芭蕾舞劇《沂蒙頌》在天橋劇場舉行試驗性公演。

---

[1] 1970 至 1976 年是「文革」美術的第二個時期。如 57 道路、上山下鄉、工農兵上大學、赤腳醫生、革命接班人等成為此一時期新的表現對象。林彪事件之後，為現實階級鬥爭服務的題材主要是批林批孔。上海、大連、陽泉、戶縣等以工人和農民為創作主體的藝術作品在傳媒機器中被廣泛宣傳。

1月16日

《人民日報》發表報導〈難忘的日子——記中國舞劇團在阿爾巴尼亞、羅馬尼亞、南斯拉夫訪問演出〉。中國舞劇團應邀到阿爾巴尼亞、羅馬尼亞和南斯拉夫作為期三個月的訪問演出。革命現代舞劇《紅色娘子軍》、《白毛女》和鋼琴協奏曲《黃河》，受到這三個國家人民的熱烈歡迎和讚揚[2]。

1月18日

新華社開羅 1972 年 1 月 18 日電，埃及文化和新聞部於 1 月 10 日至 18 日在開羅舉辦了中國電影周，受到觀眾的熱烈歡迎。埃及文化和新聞部國務祕書哈桑・阿卜杜勒・穆奈姆和艾哈邁德・薩德丁出席了中國電影周的開幕式。文化和新聞部計劃和研究司司長納吉卜・阿布・萊爾和中國駐埃及大使柴澤民都出席了開幕式和閉幕式。電影周期間，放映了《紅色娘子軍》、《地道戰》、《地雷戰》、《南征北戰》、《英雄兒女》以及《南京長江大橋》等中國影片[3]。

1月25日

《人民日報》發表丁學雷的文章〈「龍江風格」萬古常青——評革命現代京劇《龍江頌》〉。

2月1日

《人民日報》（第 2 版）發表革命現代京劇《海港》，上海京劇團《海港》劇組集體改編（1972 年 1 月演出本）[4]

[2] 〈難忘的日子——記中國舞劇團在阿爾巴尼亞、羅馬尼亞、南斯拉夫訪問演出〉，北京：《人民日報》，1972 年 1 月 16 日。

[3] 〈埃及舉辦中國電影週《紅色娘子軍》等影片受到觀眾熱烈歡迎〉，北京：《人民日報》（第 5 版），1972 年 1 月 22 日。

[4] 《紅旗》第 2 期發表革命現代京劇劇本《海港》（1972 年 1 月演出本），由上海京劇團《海港》劇組集體改編。同期配發聞軍的評論文章〈無產階級專政下繼續革命的光輝典型——讚方海珍形象的塑造〉（後來收入《革命現代京劇《海港》評論集》，北京：人民文學出版社，1975 年）《海港》修改定稿本在《光明

2月5日

《人民日報》發表金華文的文章〈雨猛青松挺——學習《海港》藝術處理的一點啟示〉。

同日，《人民日報》（第3版）發表復旦大學「五・七」文科試點班斯兵的文章〈學習英雄　繼續革命——讚《海港》中當代工人階級的英雄典型方海珍〉。

2月10日

《人民日報》（第4版）專欄發表〈沿著毛主席的無產階級文藝路線勝利前進——演出革命現代京劇《海港》的劇照〉。

2月12日

新華社1972年2月12日訊，兩部彩色影片已經攝製完成。一部是革命現代舞劇《白毛女》，另一部包括鋼琴伴唱《紅燈記》、鋼琴協奏曲《黃河》、交響音樂《沙家濱》。這兩部彩色影片將從2月15日起，在北京和全國各地城鄉陸續上映。彩色影片《白毛女》是由上海電影製片廠、上海市舞蹈學校共同拍攝的。後一部彩色影片是由中央新聞紀錄電影製片廠和中央樂團、中國京劇團共同拍攝的[5]。

同日，尼克松總統和夫人今天應邀出席文藝晚會，觀看了革命現代舞劇《紅色娘子軍》。應邀出席文藝晚會的，還有羅杰斯國務卿、基辛格博士、霍爾德曼、齊格勒和隨同尼克松總統來訪的其他正式成員、非正式成員，以及技術人員、記者和專機機組人員。周恩來，江青，李先念，郭沫若，鄧穎超，姬鵬飛、喬冠華，吳德等陪同尼克松總統和夫人觀看了演出。陪同觀看演出的還有外交部、國務院文化組等有關部門負責人李耀文、劉賢權、于桑、石少華、熊向輝、章文晉、林佳楣、于立群、許寒冰、劉建功、楊德中、黃厚民、韓敘、王海容、彭華。

日報》、《解放軍報》和《紅旗》第2期發表。

5 〈革命現代舞劇《白毛女》等兩部彩色影片攝製完成〉，北京：《人民日報》（第1版），1972年2月13日。

2月24日

《人民日報》（第 4 版）發表尚瑛的文章〈雄姿英發　倔強崢嶸——讚革命現代舞劇《白毛女》彩色影片〉。洪信，〈我軍基層幹部的光輝形象——談大春的三個近景〉。

晚上，芭蕾舞劇《紅色娘子軍》在北京作為一項「極為重要的政治任務」演出。周恩來、江青陪同尼克松夫婦觀看演出[6]。

本月

《紅燈記》（1970 年 5 月演出本），中國京劇團集體改編，人民出版社，1972 年 2 月。

聞軍，〈無產階級專政下繼續革命的光輝典型——讚方海珍形象的塑造〉，《紅旗》2 期，1972 年 2 月。

「交響音樂」《沙家濱》的彩色影片公映。

3月1日

《紅旗》第 3 期發表革命現代京劇劇本《龍江頌》（1972 年 1 月演出本），由上海市《龍江頌》劇組集體改編，並配發蔚青的評論文章〈社會主義文藝的又一朵新花〉。同期還刊登了雷軍的文章〈為什麼要提倡讀一些魯迅的雜文？〉。

3月2日

《人民日報》（第 4 版）專欄發表文章：辛景，〈新的探索　新的收穫——讚鋼琴伴唱《紅燈記》、鋼琴協奏曲《黃河》、革命交響音樂《沙家濱》彩色影

---

[6] 週恩來對此次演出非常重視。據尼克松曾經在回憶錄中披露過他的觀感。「原來我並不特別想看這齣芭蕾舞，但我看了幾分鐘後，它那令人眼花繚亂的精湛表演藝術和技巧給了我深刻的印象。江青在試圖創造一齣有意要使觀眾既感到樂趣又受到鼓舞的宣傳戲方面無疑是成功的。結果是一個兼有歌劇、小歌劇、音樂喜劇、古典芭蕾舞、現代舞劇和體操等因素的大雜燴。舞劇的情節涉及一個中國年輕婦女如何在革命成功前領導鄉親們起來推翻一個惡霸地主。在感情上和戲劇藝術上，這齣戲比較膚淺和矯揉造作。正像我在日記中所記的，這個舞劇在許多方面使我聯想起 1959 年在列寧格勒看過的舞劇《斯巴達克斯》，情節的結尾經過改變，使奴隸取得了勝利。」（葉永烈，《江青傳》，北京：作家出版社，1993 年）

片〉；中國人民解放軍濟南部隊政治部宣傳隊，〈敢鬥爭敢勝利緊握槍——革命交響音樂《沙家濱》彩色影片觀後〉。

同日，《光明日報》發表上海京劇團《智取威虎山》劇組牛勁的文章〈在無產階級專政條件下繼續革命——讚革命現代京劇《海港》的主題思想的處理〉。

3月7日

《人民日報》（第4版）發表〈沿著毛主席的無產階級文藝路線勝利前進——革命現代京劇《龍江頌》劇照〉。

3月9日

《人民日報》（第3版）專欄：北京起重機器廠彤文、北京玻璃儀器廠龔仁平，〈共產主義風格的凱歌——評革命現代京劇《龍江頌》〉；北京電子管廠馬玉來，〈公字花開萬里香——讚《龍江頌》「尾聲」的藝術處理〉。

3月11日

《人民日報》（第3版）專欄：紅長纓，〈「明燈給我們照亮了萬里航程」——讚革命現代京劇《海港》〉；華鍾文〈千錘百鍊　獨具風格——學習革命現代京劇《海港》語言藝術札記〉。

同日，智利社會黨總書記阿爾塔米拉諾和政治局委員卡姆，今天晚上應邀觀看了由中國舞劇團演出的革命現代舞劇《紅色娘子軍》。人大常委會副委員長郭沫若、委員謝扶民，對外友協負責人王國權，有關方面負責人倪志福、丁西林、申健、王冶秋、陳德和、謝靜宜、周培源、尹佐珍、馬家駿、邢仁先、李言年、薛端等陪同觀看演出[7]。

---

[7] 〈智利社會黨總書記阿爾塔米拉諾觀看《紅色娘子軍》〉，北京：《人民日報》（第4版），1972年3月12日。

3月14日

《人民日報》(第4版)發表革命現代舞劇《白毛女》、鋼琴伴唱《紅燈記》、鋼琴協奏曲《黃河》、革命交響音樂《沙家濱》彩色影片劇照。

3月21日

《人民日報》(第4版)專欄:洪周、康彤,〈社會主義時代偉大風貌的縮影——評革命現代京劇《龍江頌》〉;成志偉、楊建堂,〈一壺水見深情——讚《龍江頌》的細節描寫〉。

3月23日

《人民日報》(第4版)專欄:上海警備區尚勁文,〈武裝鬥爭最要緊——革命現代舞劇《白毛女》彩色影片觀後〉;北京紅星中朝友好人民公社姜連明,〈英勇鬥爭　革命到底——讚喜兒〉。

《人民日報》發表天津歌舞團史南的文章〈氣魄宏偉 激情澎湃——讚鋼琴協奏曲《黃河》彩色影片〉。

《人民日報》發表學紅的文章〈滿懷激情 重點突出——讚鋼琴伴唱《紅燈記》彩色影片〉。

新華社1972年3月23日訊　維也納消息:最近在奧地利首都維也納舉行了1972年維也納電影週,放映了二十多個國家的五十多部影片。3月22日,中國革命現代舞劇彩色影片《紅色娘子軍》首次在電影週上映,受到觀眾的熱烈歡迎和讚揚。中國駐奧地利大使王越毅和大使館其他外交官員應邀出席了電影周的開幕式並且觀看了彩色影片《紅色娘子軍》[8]。

8 〈中國影片《紅色娘子軍》在維也納電影週上映〉,北京:《人民日報》(第5版),1972年3月27日。

3月24日

新華社 1972 年 3 月 24 日訊：由埃及總統薩達特的外事顧問、總統特別代表里亞德率領的埃及政府代表團全體成員及隨行記者，在外交部部長姬鵬飛陪同下，今天晚上觀看了中國舞劇團演出的革命現代舞劇《白毛女》。埃及駐中國大使館外交官員也應邀觀看演出。陪同觀看演出的有關方面負責人還有劉慶棠、何功楷、周覺、李松齡等[9]。

新華社科倫坡電　中國駐錫蘭大使馬子卿 3 月 14 日晚上舉行電影招待會，招待錫蘭朋友。招待會上放映了中國革命現代京劇《智取威虎山》彩色影片和紀錄影片《中國的針刺麻醉》，受到客人們的讚賞[10]。

3月25日

新華社羅馬 1972 年 3 月 25 日電，義大利中國友好協會 3 月 23 日和 24 日在羅馬的克利斯塔洛電影院放映中國革命現代舞劇《紅色娘子軍》和《地道戰》兩部影片，受到約一千名觀眾的熱烈歡迎和讚揚[11]。

3月28日

巴基斯坦伊斯蘭共和國教育和省際協調部長、布托總統的特使皮爾札達，今晚觀看了革命現代舞劇《白毛女》。巴基斯坦駐中國大使凱瑟的夫人和大使館外交官員也觀看了演出。國務院科教組負責人劉西堯，外交部副部長韓念龍、亞洲司副司長葉成章等陪同巴基斯坦客人觀看了演出[12]。

---

[9] 〈埃及政府代表團看革命現代舞劇《白毛女》〉，北京：《人民日報》（第 4 版），1972 年 3 月 25 日。

[10] 〈我駐錫蘭大使舉行電影招待會〉，北京：《人民日報》（第 5 版），1972 年 3 月 27 日。

[11] 〈義大利中國友好協會在羅馬放映中國電影《紅色娘子軍》、《地道戰》〉，北京：《人民日報》（第 5 版），1972 年 3 月 27 日。

[12] 〈布托總統特使皮爾札達部長觀看革命現代舞劇《白毛女》〉，北京：《人民日報》（第 2 版），1972 年 3 月 29 日。

3月30日

《人民日報》（第3版）專欄：中國人民解放軍某部景延旌，〈國際主義精神永放光芒——讚革命現代京劇《海港》〉；瀋陽市革委會文藝評論寫作小組，〈生動鮮明的英雄典型——讚高志揚英雄形象的塑造〉。

新華社1972年3月30日訊，由盧旺達農業和畜牧部長皮埃爾・達米安・恩克扎貝拉率領的盧旺達共和國政府代表團，今晚觀看了中國舞劇團演出的革命現代舞劇《白毛女》。我國農林部部長沙風和有關方面負責人郝中士、章曙等陪同觀看演出[13]。

本月

《海港》（1972年1月演出本），上海京劇團《海港》劇組集體改編，上海人民出版社，1972年3月。

《龍江頌》（1972年1月演出本），上海京劇團《龍江頌》劇組集體改編，上海人民出版社，1972年3月。

1971年，在上海「五・七京訓班」積累了一定的辦學經驗後，又在北京籌建過「中央五・七藝術學校」，1972年3月正式開學。學校開設京劇、舞蹈、音樂、電影四個專業。

4月1日

《紅旗》第4期發表革命現代京劇劇本《紅色娘子軍》（1972年1月演出本），由中國京劇團根據同名舞劇集體移植創作，並配發宋鴻華的評論文章〈移植創作中的優秀成果——評革命現代京劇《紅色娘子軍》〉。

4月8日

《人民日報》（第4版）專欄發表革命現代京劇《紅色娘子軍》劇照。

---

13 〈盧旺達政府代表團觀看革命現代舞劇《白毛女》〉，北京：《人民日報》（第2版），1972年3月31日。

4月13日

新華社 1972 年 4 月 13 日訊，西沃薩古爾・拉姆古蘭總理和夫人以及其他毛里求斯貴賓，今天晚上應邀出席文藝晚會，觀看了由中國舞劇團演出的革命現代舞劇《紅色娘子軍》[14]。

4月15日

《人民日報》（第 3 版）專欄：紅群文、邢仁山，〈革命，要有一條正確的路線——讚無產階級英雄典型洪常青〉；中國人民解放軍空軍某部洪天英，〈移植創作的鮮豔花朵——讚革命現代京劇《紅色娘子軍》〉。

4月18日

中國人民對外友好協會今晚舉行文藝晚會，歡迎秘魯貴賓和阿富汗貴賓。晚會上中國舞劇團演出了革命現代舞劇《紅色娘子軍》。國務院副總理李先念、外交部長姬鵬飛、外貿部長白相國、外經部副部長陳慕華、對外友協副會長丁西林，以及有關方面負責人林佳楣、丁雪松、謝靜宜、許寒冰、楊陽、劉慶棠、吳凡吾、葉成章、王海容、朱傳賢、杜永錫等陪同貴賓觀看了文藝演出[15]。

4月21日

《人民日報》（第 4 版）：宋鴻華，〈移植創作中的優秀成果——評革命現代京劇《紅色娘子軍》〉；吉林師範大學　鍾聞，〈軍民紅心緊相連——讚革命現代京劇《紅色娘子軍》〉。

---

[14] 〈在李先念副總理、吳德代主任等陪同下拉姆古蘭總理等觀看革命現代舞劇《紅色娘子軍》〉，北京：《人民日報》（第 3 版），1972 年 4 月 14 日。

[15] 〈對外友協舉行文藝晚會歡迎秘魯和阿富汗貴賓李先念等陪同觀看革命現代舞劇《紅色娘子軍》秘魯貴賓在京繼續參觀訪問〉，北京：《人民日報》（第 3 版），1972 年 4 月 19 日。

《人民日報》發表中國人民解放軍空軍某部洪天英的文章〈移植創作的鮮豔花朵——讚革命現代京劇《紅色娘子軍》〉

4月24日

《人民日報》發表北京維尼綸廠工人松宏的文章〈兩種人性　兩種本質〉。文章認為：《紅燈記》彩色影片中李玉和「赴宴鬥鳩山」之前，和李奶奶深情告別，相互鼓舞的一個動人心魄的特寫。影片巧妙地用電影藝術的特有手法，突出地刻劃了他們的崇高的無產階級情義。

同日，對外友協舉行文藝晚會由即將赴朝訪問的中國上海舞劇團演出革命現代舞劇《白毛女》。正在北京訪問的朝鮮外賓、朝鮮大使館外交官員等應邀出席晚會朱德、葉劍英、張春橋、紀登奎、李德生、李富春、徐向前、聶榮臻等出席觀看。新華社 1972 年 4 月 24 日訊，中國人民對外友好協會今晚舉行文藝晚會，由即將前往朝鮮民主主義人民共和國訪問演出的中國上海舞劇團演出革命現代舞劇《白毛女》。正在北京訪問的朝鮮外賓，朝鮮駐中國大使館外交官員等，應邀出席了晚會[16]。

4月26日

《人民日報》發表吳笛的文章〈筆捲驚濤寫英雄——學習革命現代京劇《海港》的藝術構思〉。

同日，浙江寧海縣越溪公社越溪大隊黨支部副書記何乾坤，〈學習「龍江風格」　提倡顧全大局——讚革命現代京劇《龍江頌》〉。

本月

《革命樣板戲創作經驗》由江西人民出版社編輯出版。

〈移植創作中的優秀成果——評革命現代京劇《紅色娘子軍》〉，宗鴻華，《紅旗》第 4 期，1972 年 4 月。

---

16 〈對外友協舉行文藝晚會由即將赴朝訪問的中國上海舞劇團演出革命現代舞劇《白毛女》〉，北京：《人民日報》（第 2 版），1972 年 4 月 25 日。

5月1日

周恩來總理陪同柬埔寨、羅馬尼亞、阿爾巴尼亞、敘利亞、巴基斯坦等國首腦、政府代表團及各國駐華使節觀看《龍江頌》演出。演出結束後，周總理上臺接見劇組人員並講話，其中提出幻燈字幕上沒打演員表，認為「這是一個責任制問題」。此後，各地劇團演出都恢復登載演員表。

《紅旗》第5期發表上海京劇團《海港》劇組的文章〈反映社會主義時代工人階級的戰鬥生活——革命現代京劇《海港》的創作體會〉。同期還刊登了鍾岸批判周揚的文章〈對〈文學與生活漫談〉的再批判〉、秦言的文章〈努力發展工農兵業餘文藝創作〉。

5月2日

《人民日報》發表紅城、文欣的文章〈時代的英雄形象　典型的矛盾衝突——學習江水英英雄形象塑造的體會〉。

《人民日報》（第3版）發表金華文的文章〈筆墨簡鍊　寓意深刻——學習《龍江頌》札記〉。

5月15日

西亞德主席等索馬里貴賓由周總理等陪同出席文藝晚會觀看革命現代京劇《沙家濱》[17]。

5月18日

《人民日報》發表上海京劇團《海港》劇組的文章〈反映社會主義時代工人階級的戰鬥生活——革命現代京劇《海港》的創作體會〉。

---

17 〈週恩來總理、西亞德主席在親切友好的氣氛中舉行會談〉，北京：《人民日報》（第1版），1972年5月16日。

5月21日

北京大學教授王瑤在《光明日報》上發表署名「聞軍」的文章〈一石激起千層浪——讚革命現代京劇《海港》的藝術構思〉。

5月22日

新華社1972年5月22日訊，革命現代京劇《海港》、《龍江頌》、《紅色娘子軍》的彩色影片已經攝製完成。為紀念毛主席〈在延安文藝座談會上的講話〉發表三十週年，這些影片從5月23日起在北京和全國各地城鄉陸續上映。參加這三部彩色影片拍攝工作的北京電影製片廠、上海電影製片廠、中國人民解放軍八一電影製片廠和上海京劇團《海港》劇組、上海市《龍江頌》劇組、中國京劇團《紅色娘子軍》劇組的文藝工作者[18]。

5月23日

《人民日報》（第2版）發表文章〈新疆各族人民熱愛樣板戲〉。

同日，《人民日報》、《紅旗》雜誌、《解放軍報》編輯部發表文章〈堅持毛主席革命線就是勝利——紀念毛主席《在延安文藝座談會上的講話》發表三十週年〉（載《人民日報》、《紅旗》雜誌、《解放軍報》1972年5月23日，社論）。

同日，上海舞蹈學校《白毛女》劇組，〈毛主席的革命路線指引著我們前進〉，《解放日報》，1972年5月23日。《紅色娘子軍》的彩色影片與《海港》、《龍江頌》同時公映。

同日，《北京日報》發表聞軍的文章〈正確認識文藝和生活的關係——學習《在延安文藝座談會上的講話》〉。

[18] 〈在毛主席無產階級革命文藝路線指引下革命現代京劇《海港》、《龍江頌》、《紅色娘子軍》彩色影片攝製完成為紀念〈講話〉發表三十週年今日起在北京和全國各地陸續上映〉，北京：《人民日報》（第1版），1972年5月23日。

同日，《人民日報》（第 2 版）專欄：〈為工農兵服務的文藝輕騎兵〉，該文介紹，幾年來，陝西省漢中縣京劇團的文藝戰士，帶著自己排練的革命樣板戲《智取威虎山》、《紅燈記》、《沙家濱》、《奇襲白虎團》等，先後跑遍了漢中地區九個縣，行程兩千九百多公里，向工農兵群眾進行了三百四十多場宣傳演出，為三百多個宣傳隊和五千多名群眾做了輔導。廣大群眾熱情地讚揚他們是「為工農兵服務的文藝輕騎兵」。

同日，夏克拉大使為敘利亞政府代表團訪華舉行宴會，哈達姆副總理等貴賓觀看革命現代舞劇《紅色娘子軍》。新華社 1972 年 5 月 23 日訊　敘利亞駐中國大使夏克拉為敘利亞政府代表團訪華，今天中午在大使館舉行宴會。敘利亞副總理兼外交部長哈達姆和由他率領的敘利亞政府代表團全體成員出席宴會[19]。

5 月 24 日

新華社東京 1972 年 5 月 24 日電，日本松山芭蕾舞團為紀念毛主席的〈在延安文藝座談會上的講話〉發表三十週年，於 5 月 22 日和 23 日在東京再次公演現代芭蕾舞劇《白毛女》[20]。

5 月 25 日

上海舞劇團在平壤演出《白毛女》等。金日成首相接見我正副團長並觀看演出，崔庸健、金一、朴成哲、吳振宇和金仲麟等陪同。新華社平壤 1972 年 5 月 25 日電，朝鮮勞動黨中央委員會總書記、朝鮮民主主義人民共和國內閣首相金日成，5 月 25 日晚接見了正在朝鮮進行友好訪問的中國上海舞劇團團長、中共中央委員、中共上海市委書記、上海市革命委員會副主任徐景賢和副團長張映吾、宗秀榮[21]。

---

[19] 〈夏克拉大使為敘利亞政府代表團訪華舉行宴會，哈達姆副總理等貴賓觀看革命現代舞劇《紅色娘子軍》〉，北京：《人民日報》（第 1 版），1972 年 5 月 24 日。

[20] 〈紀念〈在延安文藝座談會上的講話〉發表三十週年日本松山芭蕾舞團再次公演《白毛女》〉，北京：《人民日報》（第 6 版），1972 年 5 月 26 日。

[21] 〈我上海舞劇團在平壤演出《白毛女》等　金日成首相接見我正副團長並觀看演出〉，北京：《人民日報》（第 5 版），1972 年 5 月 27 日。

5月31日

中國駐瑞典大使館5月31日晚舉行電影招待會，招待瑞典各界友好人士。會上放映了中國革命現代京劇《沙家濱》彩色影片。瑞典—中國友好協會副主席倫納特·隆德貝里等近六百位朋友應邀觀看了中國電影。影片受到了觀眾的熱烈歡迎。[22]

本月

上海京劇團《海港》劇組，〈反映社會主義時代工人階級的戰鬥生活——革命現代京劇《海港》的創作體會〉，《紅旗》第5期，1972年5月。

6月1日

《人民日報》（第3版）專欄：秦文言，〈彩筆繪龍江　英雄展宏圖——讚革命現代京劇《龍江頌》彩色影片〉；成進，〈綠色的地　火紅的心——讚彩色影片《龍江頌》〉。

6月3日

新華社記者〈工農兵歡迎新花鼓——記湖南省文工團花鼓劇隊移植革命現代京劇《沙家濱》〉報導：「革命現代京劇《沙家濱》由湖南省文工團花鼓劇隊移植為湖南花鼓戲，在長沙正式演出了。革命的新花鼓戲《沙家濱》的出現，受到了群眾的歡迎。他們說：花鼓戲《沙家濱》既表現了革命的現代題材，又保留了花鼓戲的特色和風味，使舊劇別開了新生面。他們向湖南省文工團花鼓劇隊寫來許多信件，鼓勵花鼓劇隊的文藝工作者繼續努力，認真貫徹執行毛主席的革命文藝路線，更好地為工農兵服務。現在，花鼓戲《沙家濱》的一些唱段，在湖南省城鄉已廣為流傳。」

---

[22] 〈我駐瑞典大使館放映《沙家濱》招待瑞典朋友〉，北京：《人民日報》（第5版），1972年6月7日。

6月4日

中國上海舞劇團6月4日晚在平壤大劇場首次演出革命現代舞劇《紅色娘子軍》，受到觀眾的熱烈歡迎。中國上海舞劇團訪問朝鮮以來，先後在平壤、咸興、元山共演出了十四場革命現代舞劇《白毛女》和鋼琴協奏曲《黃河》[23]。

6月13日

《人民日報》(第4版)專欄：雲嵐，〈革命現實和革命理想相結合的典範——學習革命樣板戲塑造英雄形象的一點體會〉；金炬，〈為塑造英雄形象寫好轉變人物——學習京劇《海港》、《龍江頌》札記〉。

6月20日

《人民日報》發表上海市《龍江頌》劇組的文章〈沿著毛主席無產階級文藝路線前進——革命現代京劇《龍江頌》創作體會〉。該文認為：「龍江風格」所反映的不是人與自然的關係，而是人與人之間的關係。它只能產生於無產階級專政的社會主義時代。它是我們黨領導廣大人民群眾在改造客觀世界的過程中改造主觀世界的結果，是社會主義制度代替私有制，共產主義思想戰勝私有觀念的結果。所以它只能是兩個階級、兩條路線、兩種世界觀鬥爭的產物。作為「龍江風格」的化身——江水英式的英雄人物，也只能在階級鬥爭和路線鬥爭中湧現和成長起來。要刻劃江水英的英雄形象，最主要是刻劃她的高度的階級鬥爭和路線鬥爭的覺悟。這就有一個如何寫階級鬥爭，特別是如何寫黨內、人民內部的兩條路線、兩種世界觀的鬥爭的問題。以主要英雄人物為中心，有區別有聯繫有層次地組織戲劇衝突。為革命苦練基本功，不斷提高革命現代戲的演出質量[24]。

---

23 〈我上海舞劇團在平壤首次演出《紅色娘子軍》〉，北京：《人民日報》(第6版)，1972年6月5日。

24 上海市《龍江頌》劇組，〈沿著毛主席無產階級文藝路線前進——革命現代京劇《龍江頌》創作體會〉，北京：《人民日報》，1972年6月20日(原載《紅旗》雜誌1972年第6期)。

6月21日

外交部組織《龍江頌》在人民大會堂小劇場演出，招待美國總統國家安全事務助理基辛格率領的美國政府代表團。

6月22日

《人民日報》（第4版）中央樂團李德倫、殷誠忠的文章〈精湛的革命音樂藝術〉：

阿爾巴尼亞人民共和國歌劇院芭蕾舞劇團來我國訪問演出，帶來了優秀的芭蕾舞劇《山姑娘》，也帶來了豐富多彩的音樂歌舞節目。這些節目，生動地體現了阿爾巴尼亞戰友在創造社會主義音樂舞蹈藝術方面的光輝成就。

阿爾巴尼亞人民偉大的領袖恩維爾・霍查同志向阿爾巴尼亞文藝工作者指出：要「更深刻地從文藝思想方面反映人民的生活和為建設社會主義而進行的全面的鬥爭，把我們時代的英雄人物作為創作的中心」，提出了「加強無產階級黨性和我國藝術的民族風格」的號召。阿爾巴尼亞戰友演出的音樂歌舞節目，無論是革命歷史題材的還是現代革命題材的，都以飽滿的革命激情，歌頌了恩維爾・霍查同志和勞動黨領導人民進行革命鬥爭的偉大功勳。獨唱歌曲〈山民歡呼霍查同志〉，滿腔熱情地表現了霍查同志來到山區時人民的歡騰情景，表達了阿爾巴尼亞人民跟著霍查同志勝利前進的堅強信念。作曲家尼古拉・佐拉契同志，在創作《山姑娘》音樂中取得了極大的成功，在交響樂〈節日序曲〉以及獨唱歌曲〈黨誕生之家〉等作品中，也體現了生活在社會主義陽光下的阿爾巴尼亞人民，對自己的領袖，對光榮的阿爾巴尼亞勞動黨的熾熱感情。藝術家們在演奏、演唱時出色的再創造，使這些作品更加動人。門多爾・杰馬利等同志演唱的〈歌頌祖國的群山〉、〈英雄教師〉、〈阿爾巴尼亞的黎明〉等聲樂作品，傾敘阿爾巴尼亞人民對祖國的熱愛，塑造了時代的人民英雄形象，描繪出山鷹之國人民的戰鬥風貌。

阿爾巴尼亞戰友演出的節目，具有無產階級的革命政治內容，獨特濃郁的民族風格，在藝術創造上是精湛的。芭蕾舞劇《山姑娘》片段「土地改革」中，群舞場面的音樂，節奏明快，旋律歡暢，富有阿爾巴尼亞民間舞蹈音樂的鮮明特徵，有力地烘托了人民分得土地時的歡快心情。在搬「懺悔石」時，一段小提琴獨奏的樂曲，旋律很突出，運用了阿爾巴尼亞獨特的調式（包含增二度音程）的音調，卓有特色。隨後，出現阿爾巴尼亞民族樂器羊皮鼓與定音鼓合奏的激昂音型，以特有的民族風格展現出人民砸碎宗教枷鎖，鏟除「懺悔石」時的激憤心情。同樣，其他樂器、聲樂作品，在音樂語彙、藝術結構等各方面，民族風格也是很明顯的。

樂隊指揮里發特•德恰同志，是一位有造詣的藝術家。他對作品的理解準確、嚴整，對音樂的處理細膩、得當，有獨特的藝術創造性，具有既熱情而又嚴謹的風格。樂隊無論是在交響樂、芭蕾舞劇音樂的演奏或聲樂作品的伴奏中，都達到了很高的水準。弦樂組演奏員雖然人數較少，但仍然在樂隊中占主導地位。樂隊各個聲部均衡和諧，力度的掌握，各種形式作品的特點的表現，都十分貼切入耳。合唱〈全世界無產者聯合起來〉、〈游擊隊進行曲〉、〈游擊隊之鷹〉等作品，歌唱家們和樂隊密切合作，獲得了成功的藝術效果[25]。

《人民日報》（第 4 版）中國舞劇團邁新的文章〈絢麗的山花〉。

來自我們親密戰友山鷹之國的藝術使者——阿爾巴尼亞人民共和國歌劇院芭蕾舞劇團，在我國訪問演出已經一個多月了。去年，當金黃色的秋天灑落在壯麗的地拉那時，訪問兄弟阿爾巴尼亞的中國舞劇團，和戰友們並肩挽手，在碧波騰躍的亞得里亞海濱暢敘中阿兩國人民團結戰鬥的情誼，並愉快地觀看了舞劇《山姑娘》的片段。今天，當我們與戰友在北京重逢，能有機會再次觀摩學習舞劇《山姑娘》的全劇，越發感到格外親切、愉快。中國革命文藝工作者熱烈地祝賀戰友們訪問演出的巨大成功，祝賀戰友們為中阿兩國人民、兩國文藝工作者在馬克思－列寧主義原則基礎上的戰鬥團結和革命友誼做出的新貢獻[26]。

---

[25] 中央樂團李德倫、殷誠忠，〈精湛的革命音樂藝術〉，北京：《人民日報》（第 4 版），1972 年 6 月 22 日。
[26] 中國舞劇團邁新，〈絢麗的山花〉，北京：《人民日報》（第 4 版），1972 年 6 月 22 日。

6月25日

《人民日報》（第4版）專欄：長纓，〈滿懷激情寫英雄——讚革命現代京劇《龍江頌》彩色影片〉；方演、劉宗明，〈一曲無產階級國際主義的頌歌——革命現代京劇《海港》彩色影片觀後〉。

6月26日

北京市革命委員會、中國人民對外友好協會今天晚上舉行文藝晚會，熱烈歡迎斯里蘭卡共和國總理西麗瑪沃·班達拉奈克夫人。晚會上，中國舞劇團演出了革命現代舞劇《紅色娘子軍》[27]。

本月

中國京劇團根據同名舞劇集體移植創作，《紅色娘子軍（1972 年 1 月演出本）》，人民文學出版社，1972 年 6 月。

上海市《龍江頌》劇組，〈沿著毛主席無產階級文藝路線前進——革命現代京劇《龍江頌》體會〉，《紅旗》第 6 期，1972 年 6 月。

7月11日

北京市革委會和對外友協舉行文藝晚會歡迎伊斯梅爾等民主也門貴賓。李先念等陪同貴賓觀看革命現代舞劇《紅色娘子軍》。新華社 1972 年 7 月 11 日訊為歡迎也門民主人民共和國總統委員會委員、臨時最高人民委員會主席、民族陣線中央委員會總書記伊斯梅爾和由他率領的也門民主人民共和國政府代表團，北京市革命委員會和對外友協今天晚上舉行文藝晚會，由中國舞劇團演出了革命現代舞劇《紅色娘子軍》[28]。

---

[27] 〈北京市革委會、對外友協舉行文藝晚會熱烈歡迎西麗瑪沃·班達拉奈克總理〉，北京：《人民日報》（第 2 版），1972 年 6 月 27 日。

[28] 〈北京市革委會和對外友協舉行文藝晚會歡迎伊斯梅爾等民主也門貴賓〉，北京：《人民日報》（第 4 版），1972 年 7 月 12 日。

7月19日

《人民日報》（第1版）報導：北京市革委會、對外友協舉行文藝晚會歡迎艾尼總理率領的政府代表團。姬鵬飛外長等陪同阿拉伯也門共和國貴賓觀看革命現代京劇《沙家濱》。

7月30日

在1972年7月30日毛澤東接見《龍江頌》劇組有關人員時，他明確提出：現在的戲太少了，只有幾個京劇，看來，還是要說話。說人家演樣板戲是反樣板戲，不要那麼講[29]。

7月31日

毛澤東在京接見《龍江頌》主演李炳淑，說：這個戲（指《龍江頌》）不錯，我看了五次電視。現在八億人民，去掉二億半，五億半農民有戲看了，代我向他們致謝，感謝你們為貧下中農創造了一個好戲。

本月

周恩來聽取上海芭蕾舞團在日本松山芭蕾舞團的協助下訪日演出獲得圓滿成功的彙報，指出：首先對芭蕾舞進行改革，把中國的歌劇《白毛女》搬上芭蕾舞臺的，不是中國，而是松山樹子。應該要一張松山樹子劇照，在《人民日報》上撰文介紹[30]。

8月6日

《人民日報》（第4版）專欄：踐耳，〈挺拔豪放　細緻熱情——方海珍的音樂語言特點〉；江波，〈讚《海港》的主題音樂〉；楚欣，〈學習革命現代京劇中「過門」的藝術處理〉。

---

29 韶山毛澤東同志紀念館編，《毛澤東遺物事典》，北京：紅旗出版社，1996年11月版。

30 中共中央文獻研究室編，《週恩來年譜1949－1976》（北京：中央文獻出版社，1997年），頁1369-1370。

8月12日

《人民日報》報導：中共中央政治局委員江青、姚文元，今天下午會見美國女作家、歷史學副教授維特克，同她進行了親切友好的談話，並且設宴招待她。宴會以後，賓主一起觀看了革命現代京劇《紅燈記》[31]。

新華社洛迦諾電：中國革命現代舞劇《白毛女》彩色影片8月12日在瑞士洛迦諾國際電影節放映，受到觀眾的熱烈歡迎。洛迦諾國際電影節委員會主席呂西亞諾·吉迪西和委員會的其他負責人、參加電影節的一些作家、製片人、電影演員等五百多人觀看了這部影片。中國駐瑞士大使館參贊袁魯林也出席觀看了影片[32]。

8月14日

瓦爾德海姆和夫人觀看革命現代京劇《沙家濱》。新華社1972年8月14日訊，聯合國祕書長庫爾特·瓦爾德海姆和夫人，今天晚上由外交部副部長喬冠華陪同，觀看了革命現代京劇《沙家濱》[33]。

8月21日

以坦桑尼亞聯合共和國外交部長約翰·塞·馬萊塞拉為團長、桑給巴爾革命委員會委員哈菲德·蘇萊曼中校為副團長的坦桑尼亞友好代表團，今天晚上出席文藝晚會，觀看了由北京京劇團演出的革命現代京劇《沙家濱》。

8月22日

《人民日報》發表上海中國畫院創作組的文章〈中國畫創新的點滴體會〉。該文認為：中國畫要表現革命的內容，必須「破」字當頭。中國畫在漫長的年代

---

[31] 〈江青、姚文元同志會見美國女作家維特克〉，北京：《人民日報》（第2版），1972年8月13日。

[32] 〈我國彩色影片《白毛女》在瑞士洛迦諾電影節放映受到觀眾熱烈歡迎〉，北京：《人民日報》（第5版），1972年8月25日。

[33] 〈瓦爾德海姆和夫人觀看革命現代京劇《沙家濱》〉，北京：《人民日報》（第3版），1972年8月15日。

裏，被剝削階級竊取利用。舊的一套表現手法是適應舊時代的生活習尚而產生的，它本身有很大的階級和歷史的侷限性，要表現社會主義和塑造革命英雄人物，它的表現形式遠遠不夠，有的已成為障礙。一些表現程序，是古人根據彼時彼地的生活和要求，在創作中逐漸形成的。對於這些程序，我們則要根據我們此時此地的生活和要求而加以利用改造，在批判中繼承，去蕪存菁，並發展為為無產階級所用的新的東西。

中國畫藝術在過去一千多年間，也是隨著歷史發展而逐漸豐富起來的。外來的藝術形式中對我們有用的東西，也要加以借鑑、利用，以豐富中國畫本身的表現力。

8月28日

《人民日報》（第4版）專欄：北京起重機器廠彤文、北京玻璃儀器廠龔仁平、北京電子管廠馬玉來，〈英勇威武 壯志如鋼——讚無產階級英雄典型洪常青〉；瀋陽部隊紅峰，〈朝著解放的路上迅跑——讚吳清華的英雄形象〉；江波，〈動人的一筆〉。

本月

《〈龍江頌〉評論文選》由四川人民出版社編輯出版。

9月26日

日本外務大臣太平正芳、內閣官房長官二階堂進和田中角榮總理大臣的其他隨行人員，以及隨同來訪的記者團和技術人員，今天晚上應邀出席文藝晚會，觀看了由中國舞劇團演出的革命現代舞劇《紅色娘子軍》[34]。

同日，《人民日報》發表曹輝的文章〈龍騰虎躍振雄威——《龍江頌》第五場「跳水」場面學習札記〉。

---

[34] 〈太平外相、二階堂官房長官觀看革命現代舞劇《紅色娘子軍》〉，北京：《人民日報》（第3版），1972年9月27日。

9月27日

《人民日報》（第4版）發表顧易之的文章〈寓意深長　豐富多采——讚《龍江頌》中反覆手法的運用〉。

本月

《毛主席的革命文藝路線勝利萬歲——讚革命現代京劇〈海港〉、〈龍江〉、〈紅色娘子軍〉》，河北人民出版社編輯，河北人民出版社，1972年9月。

《學習革命樣板戲創作經驗》，雲南人民出版社編輯，雲南人民出版社，1972年9月。

《堅持毛主席革命路線就是勝利——「紀念毛主席〈在延安文藝座談會上的講話〉發表三十週年」論文集》，北京人民出版社編輯，北京人民出版社，1972年9月。

10月8日

《人民日報》發表長纓的文章〈濃墨重彩繪英雄——讚革命現代京劇《奇襲白虎團》彩色影片的鏡頭運用〉。

《人民日報》（第2版）專欄：吉林大學仲群，〈朝鮮英雄母親的光輝形象〉；前中國人民志願軍二級戰鬥英雄黃在漁，〈偉大的友誼　勝利的保證〉。

10月12日

德意志聯邦共和國外交部長瓦爾特・謝爾和夫人，今天晚上由外交部長姬鵬飛和許寒冰陪同，出席文藝晚會，觀看了由中國舞劇團演出的革命現代舞劇《紅色娘子軍》[35]。

[35] 〈謝爾外長和夫人觀看革命現代舞劇《紅色娘子軍》〉，北京：《人民日報》（第3版），1972年10月13日。

10月22日

《人民日報》發表鍾聞的文章〈青山一脈連，中朝友誼深——讚革命現代京劇《奇襲白虎團》彩色影片〉。還刊發高鴻鵠的文章〈寄情於景，情景交融〉，該文對《奇襲白虎團》的創作手法給予評價。

同日，《人民日報》（第 4 版）專欄：魯經文，〈載歌載舞　聲情並茂〉。

本月

《奇襲白虎團》彩色影片公映。而《奇》劇的定型演出本，一反「樣板戲」定型演出本在電影上映前發表的慣例，到 11 月才發表。

1972 年以後，主流文學以「樣板戲」的創作經驗為指導，開始按照主流意識形態的設計，形成主流文學的話語系統，並側重於兩個方面：《虹南作戰史》、《金光大道》等作品表現了作為「歷史」的「社會主義改造」，《初春的早晨》、《金鐘長鳴》等反映作為「現實」的「無產階級文化大革命」。

國務院文化組召集北影、長影、上影、八一電影製片廠有關創作人員總結拍攝樣板戲的經驗。此後，各廠即開始按照所謂「樣板戲經驗」拍攝故事片。長影拍《豔陽天》、《青松嶺》、《戰洪圖》，北影重拍《南征北戰》，上海拍《火紅的年代》，重拍《年輕的一代》；珠影拍粵劇藝術片《沙家濱》，西影擬拍《漁島怒潮》等。

《讚革命現代京劇〈龍江頌〉》由山東人民出版社編輯出版。

天津人民出版社編輯，《讚革命現代京劇〈龍江頌〉》，天津人民出版社，1972 年 10 月。

11月1日

《紅旗》第 11 期發表革命現代京劇劇本《奇襲白虎團》（1972 年 9 月演出本），由山東省京劇團《奇襲白虎團》劇組集體改編，並配發了路戈的文章〈中朝人民戰鬥友誼的壯麗頌歌——評革命現代京劇《奇襲白虎團》〉。本月 3 日的《人民日報》也發表了該劇本。

11月3日

《人民日報》發表革命現代京劇劇本《奇襲白虎團》（1972年9月演出本），由山東省京劇團《奇襲白虎團》劇組集體改編。

11月5日

馬爾加什共和國外交部長迪迪埃·拉齊拉卡和夫人以及由拉齊拉卡外長率領的馬爾加什代表團、阿爾及利亞商業部長拉亞西·亞凱爾和由他率領的阿爾及利亞政府代表團、圭亞那經濟發展部長肯尼思·金和由他率領的圭亞那政府經濟貿易代表團，今天晚上觀看了革命現代舞劇《白毛女》。陪同馬爾加什、阿爾及利亞、圭亞那貴賓們觀看演出的有：我國外交部長姬鵬飛和許寒冰，外貿部長白相國，有關方面負責人劉慶棠、何功楷、林中、高建中、孫鎖昌、奚業勝、朱啟禎、丘文敏、張星橋等[36]。

11月6日

中共中央政治局委員朱德、江青、姚文元，中共中央政治局候補委員紀登奎，中共中央委員、國務院文化組組長吳德，今晚觀看了由國務院文化組主辦的革命樣板戲摺子戲專場演出。今晚，由中國京劇團、中國舞劇團、北京京劇團、上海京劇團《海港》劇組分別演出了革命現代京劇《智取威虎山》、《紅燈記》、《沙家濱》、《海港》，革命現代舞劇《紅色娘子軍》、《白毛女》的摺子戲。文藝工作者富有革命激情的演出，舞臺上工農兵英雄人物的光輝形象，受到了觀眾的熱烈歡迎。一同觀看演出的有鄧穎超、康克清、石少華、王曼恬、于會泳、浩亮、劉慶棠、狄福才、吳印咸等[37]。

---

36 〈馬爾加什、阿爾及利亞、圭亞那貴賓觀看革命現代舞劇《白毛女》〉，北京：《人民日報》（第3版），1972年11月6日。

37 新華社，〈朱德、江青、姚文元、紀登奎、吳德觀看革命樣板戲摺子戲專場演出〉，北京：《人民日報》（第2版），1972年11月7日，

11月12日

《人民日報》（第4版）專欄：《人民日報》發表紅峰的文章〈無產階級國際主義的禮讚——讚革命現代京劇《奇襲白虎團》〉。前中國人民志願軍榮獲「中朝友好」錦旗某部一連，〈鮮血凝友誼　深情萬古長〉；北京電子管廠馬玉來，〈革命英雄主義的頌歌〉。

11月14日

長春電影製片廠，〈拍攝革命樣板戲影片的體會〉：

導演方面

要吃透革命樣板戲的革命精神、革命激情、藝術成就，把它體現在全片的總體構思之中。

把樣板戲搬上銀幕，由於鏡頭的分切、角度和景別的變化，就產生了對舞臺場面選擇什麼，突出什麼的問題。導演分鏡頭，既要表現矛盾衝突，又不能敵我不分，主次不分，誰有戲就把鏡頭給誰。在鏡頭的數量上、景別上，所有人物要為主要英雄人物讓路。鏡頭的運用要準確，對於主要英雄人物、正面人物、反面人物要掌握好突出、烘托、陪襯的關係。要正確體現主題思想。

對主要英雄人物，要突出他的重場戲、重要唱段、重要臺詞、重要表演，為他精心設計一組一組精彩鏡頭。要正確處理鏡頭遠近、長短、俯仰、靜動的辯證關係，形成於樣板戲音樂、表演節奏相吻合的準確、鮮明、生動的電影語言和節奏，以塑造主要英雄人物的高大形象。

為了保持唱段的連貫性，突出英雄人物的革命激情，鏡頭不能分切太碎，不能亂蹦，要恰當地多用長鏡頭、運動鏡頭。要注意運用好兩極鏡頭，全景、遠景能夠展示革命氣勢和英雄氣概，特寫、近景可以細緻表現人物的精神世界。而那種死板的「二半吊子」鏡頭不能完成這個任務。

無產階級英雄人物的革命激情是革命樣板戲的靈魂。拍攝中，導演要善於啟發、幫助演員突出革命激情。革命激情就是美。

攝影、照明方面：

要充分調動光線、色彩、構圖、鏡頭運動等攝影造型藝術手段來貫徹「三突出」的原則，深刻揭示主題思想。要用最好的光線、最和諧的色彩、最美的構圖來塑造無產階級英雄形象。

在影片的基調處理上，要摒棄「小橋流水」的情調，表現「大江東去」的氣勢。

對光的處理要有總體設計。要講究光源，又不拘泥於光源。

光要乾淨，不要有亂影。

在彩色片的拍攝中，尤其要克服過去用光太平的毛病，要適當採用大光比。要運用強的頂逆光、輪廓光、側光等手段，造成鮮明的明暗對比，以豐富的階調層次、明朗的光線、立體感強烈的效果來塑造英俊、挺拔、光彩奪目的英雄形象。

要特別注意眼神光的運用，這是刻劃人物內心世界所必不可少的。

要打破攝影折衷曝光的框框，在適當的條件下，採用暗部曝光。這種方法使人物和景物的立體感增強，畫面的影調明快，陰影部分層次豐富，色彩還原好。

攝影構圖，要反對「正不壓邪」、「平分秋色」等錯誤傾向。無論在畫面的安排、角度的仰俯、位置的高低、形象的大小等各方面，都要造成英雄人物壓倒敵人的氣勢。要用各種手段在英雄和敵人之間形成對比，造成褒貶，顯示高低。但運用這些手段時，又要恰當好處，不能絕對化。

對於色彩的處理要有通盤考慮和設計。色彩的使用，要從現實生活出發，根據規定情景，更概括、更簡鍊、更真實，這樣才能更好地表現氣氛，烘托人物，具有強烈的感染力。

色彩要明快、豐富。要打破蘇修彩色電影追求灰暗色調，缺乏色彩的框框。從塑造英雄人物出發，要充分運用色彩的冷暖對比，不僅要注意不同場次的色彩對比，也要注意同一場景中的色彩對比和正反人物的色彩對比。拍攝夜景時，也要講究色彩。對色彩還原特別是綠色的還原，要引起足夠的注意，要通過多種技術手段，使綠色能夠正確地、有層次地、有環境和季節區別地在銀幕上得到還原。

美工方面

景物是為典型人物造成典型環境的必要條件。布景設計既要高於現實生活，又不能脫離現實生活；既要符合現實生活，又不能自然主義。要運用革命的現實主義和革命的浪漫主義相結合的創作方法，達到既符合歷史真實，又有鮮明時代感。

布景必須為無產階級英雄人物服務，絕不能以景奪人，要從主題思想出發，從生活出發，運用準確的形象、豐富的色彩、環境的氣氛等造型手段來烘托英雄人物。既是英雄人物出現在反面人物環境中，也必須調動一切造型手段來突出英雄形象。

對舊社會勞動人民生活環境的處理，既不能醜化勞動人民，又不能美化舊社會。

對反面人物環境的處理，必須揭露其腐朽、沒落的階級本質。

景的色彩要豐富、鮮明、協調。景要有層次、立體感、縱深感。要把立體景、繪畫景、幻燈背景有機地結合起來。

總之，布景要為展示英雄人物的精神世界創造出革命的意境，景才有生命力，才能更有力地烘托英雄人物。要力求做到以景寫人，藉景抒情，情景交融。

服裝設計，要有時代感和生活氣息，色彩要豐富。即使一個補丁，也要有生活依據，又要補得美。在背景與人物、正面人物與反面人物、群眾與英雄的關係上，色彩調配要突出主要英雄人物。

化妝方面

英雄人物的造型，要健美、英俊。不要搞那樣沒有生命力的「雞蛋殼」顏色，不要搞得像公子哥兒，也不能採取自然主義。要注意真實感和形象美。要根據人物的需要、演員的特點，運用一切化妝手段，美化英雄人物。

要醜化反面人物，揭露他們的兇殘、虛弱的階級本質。但在造型上，要根據規定情景、人物性格、身份，做不同處理，不要形成臉譜化。

通過這次座談會，我們從拍攝十部影片的經驗與教訓中歸納出來的以上體會，僅僅是初步的認識。其中有許多問題，我們在拍攝中並沒有得到解決。如：對「三突出」的創作原則理解不深，有的影片主要英雄人物突出不夠；有些影片鏡頭分切太碎，運用不當；攝影用光太平，彩色特別是綠色還原不好；景物缺少層次，配色不構協調；英雄人物造型不英俊，反面人物臉譜化；等等。這些都有待於在今後的學習和實踐中提高認識，進一步解決[38]。

11月19日

《人民日報》發表宿燕的文章〈廣泛普及，努力提高——談革命樣板戲摺子戲專場的演出〉。最近，中國京劇團、中國舞劇團、北京京劇團和上海京劇團《海港》劇組，在毛主席無產階級文藝路線的指引下，演出了革命樣板戲摺子戲專場，其中有革命現代京劇《智取威虎山》的〈打虎上山〉、《紅燈記》的〈痛說家史〉、《沙家濱》的〈奔襲〉、《海港》的〈壯志凌雲〉和革命現代舞劇《紅色娘子軍》的〈常青指路，奔向紅區〉、《白毛女》的〈太陽出來了〉等六個摺子戲，獲得了觀眾熱烈的讚揚[39]。

同日，《人民日報》發表北京維尼綸廠業餘文藝宣傳隊的文章〈摺子戲好〉。我們懷著興奮的心情，觀看了革命樣板戲摺子戲專場演出。我們熱烈歡迎這種為群眾所喜聞樂見的傳統的戲劇表演形式。

---

[38] 長春電影製片廠，《革命樣板戲影片攝製總結彙編內部材料》，（甘肅師範大學中文系現代文學教研組編，《學習革命樣板戲資料彙編》，1974年7月）

[39] 宿燕，〈廣泛普及　努力提高——談革命樣板戲摺子戲專場的演出〉，北京：《人民日報》，1972年11月19日。

同日，《人民日報》發表志秦的文章〈獨具風格　豐富多彩〉，該文認為：「革命樣板戲摺子戲專場演出中的四個革命現代京劇摺子戲，在批判地吸取傳統技巧的基礎上，運用京劇這一劇種豐富的藝術手段，塑造了光彩照人的無產階級英雄形象。」

同日，《人民日報》（第 4 版）專欄昌平縣貧農社員鄭宣，〈貧下中農愛看摺子戲〉。

11 月 22 日

《光明日報》發表聞軍（王璐）〈鮮血澆灌的中朝友誼花永世常青——讚革命現代京劇《奇襲白虎團》〉。

11 月 24 日

貝・巴盧庫和阿爾巴尼亞人民共和國軍事友好代表團其他成員，今天晚上出席文藝晚會，觀看了上海市舞蹈學校演出的革命現代舞劇《白毛女》。陪同觀看演出的有張春橋同志和上海市革命委員會、中國人民解放軍駐上海部隊負責人周純麟、王秀珍、劉耀宗、馮國柱、武占魁、申元軍、孫林瑞、楊新亞、章塵等，以及陪同代表團訪問的張才千、朱開印。演出結束後，在《真正的朋友》的樂曲聲中，巴盧庫同志等阿爾巴尼亞戰友，由張春橋、張才千等陪同走上舞臺，同演員們親切握手，並贈送了花籃[40]。

11 月 27 日

黎巴嫩外交部長哈利勒・阿布・哈馬德和夫人及其一行，今天晚上觀看了革命現代京劇《平原作戰》[41]。我國外交部長姬鵬飛和許寒冰，有關方面負責人曹克強、王浩、高建中等，陪同黎巴嫩貴賓觀看演出[42]。

---

[40] 〈巴盧庫同志和阿軍事友好代表團成員在上海觀看革命現代舞劇《白毛女》張春橋同志等陪同觀看演出〉，北京：《人民日報》（第 3 版），1972 年 11 月 25 日。

[41] 江青認為《平原作戰》原本完全改編自《平原游擊隊》，但是江青認為這樣的話就成了《鐵道游擊隊》，於是後來題材廣泛吸收了《平原游擊隊》、《鐵道游擊隊》、《地道戰》、《地雷戰》等作品。

[42] 〈哈馬德外長等黎巴嫩貴賓觀看革命現代京劇《平原作戰》〉，北京：《人民日報》（第3版），1972年11月28日。

同日，為了使更多的工農兵群眾看到革命樣板戲，中國舞劇團、北京京劇團、中央樂團最近先後離開北京，分赴西北、華北、華東、東北地區進行巡迴演出。他們巡迴演出的地點有西安、延安、太原、大寨、濟南、合肥、哈爾濱、瀋陽、大慶。這次巡迴演出給各地工農兵群眾帶去的節目，有革命現代舞劇《紅色娘子軍》、革命現代京劇《沙家濱》、革命交響音樂《沙家濱》、鋼琴協奏曲《黃河》；另外還將演出革命樣板戲摺子戲和其他音樂、歌舞節目[43]。

同日，《人民日報》發表魯戈的文章〈階級的情誼重如泰山——讚嚴偉才的國際主義精神〉。

本月

革命現代京劇《奇襲白虎團》1972 年 9 月演出本由上海人民出版社出版。

路戈，〈中朝人民戰鬥友誼的壯麗頌歌——評革命現代京劇《奇襲白虎團》〉，《紅旗》第 11 期，1972 年 11 月。

12 月 10 日

《人民日報》發表谷樺的文章〈嚴謹・明確・樸素——讚嚴偉才的核心唱段〉和文播的文章〈豐富多彩，形神兼備——學習革命現代京劇《奇襲白虎團》運用舞蹈塑造英雄人物的體會〉。

12 月 11 日

由幾內亞總理蘭薩納・貝阿沃吉博士率領的幾內亞共和國政府代表團今天晚上應邀出席文藝晚會，觀看中國舞劇團演出的革命現代舞劇《紅色娘子軍》。幾內亞駐中國大使、幾內亞政府代表團團員阿布巴卡爾・卡馬拉和大使館外交官員也應邀觀看演出[44]。

---

[43] 新華社報導，〈中國舞劇團、北京京劇團、中央樂團分赴各地巡迴演出革命樣板戲〉，北京：《人民日報》（第 2 版），1972 年 11 月 26 日。

[44] 〈貝阿沃吉總理等幾內亞貴賓觀看革命現代舞劇《紅色娘子軍》姬鵬飛、劉西堯等陪同觀看演出〉，北京：《人民日報》（第 1 版），1972 年 12 月 12 日。

12月28日

達荷美外交部長米歇爾・阿拉達耶少校和由他率領的達荷美共和國政府代表團全體團員，今天晚上觀看了由中國舞劇團演出的革命現代舞劇《紅色娘子軍》。

我國外交部副部長何英，電信總局局長鍾夫翔，有關方面負責人吳印咸、溫業湛、王明俊等陪同達荷美貴賓觀看演出[45]。

45 〈阿拉達耶外長觀看革命現代舞劇《紅色娘子軍》〉，北京：《人民日報》（第1版），1972年12月29日。

本年

《革命現代京劇〈海港〉評論集》，人民文學出版社，1975 年出版。

1973 年

【概述】

1 月 1 日，周恩來、葉劍英、李先念等中央政治局領導接見部分電影、戲劇、音樂工作者。周恩來根據廣大人民群眾的要求，指出電影太少，「這是我們的大缺陷」。他說：「電影的教育作用很大，男女老少都需要它，它是大有作為的。剛才說的七個廠，要幫助你們。你們有什麼要求，可以通過文化組提出，中央討論批准，黨和國家就幫助。經過三年努力，把這個空白填上，群眾要求很迫切。」又說:「總結七年來這方面的工作，還是薄弱的，文化組要把電影工作大抓一下。」江青針鋒相對指出：「不是七年，是解放以來，二十幾年電影的成績很少，放毒很多，取得經驗太少，很糟。」張春橋則說：「說少的絕大都數是出自內心的要求，希望多搞一些。當然也不排除少數別有用心的人。」在這次接見時，江青指定于會泳、浩亮、劉慶棠抓創作，成立文化組創作領導小組辦公室（簡稱創辦），于會泳任組長。隨之出現的「四人幫」在文藝界的喉舌——「初瀾」、「江天」，就是這個辦公室寫作班子的筆名。1 月 2 日新華社報導，中國舞劇團、中央樂團、北京京劇團回到北京 在巡迴演出的一個多月裏，為西安、延安、太原、大寨、濟南、合肥、大慶、哈爾濱和瀋陽的工農兵演出了六十一場革命「樣板戲」、革命「樣板戲」搯子戲和音樂歌舞節目。

1973 年 3 月 10 日，中共中央做出決定，恢復鄧小平的黨的組織生活和國務院副總理的職務。1973 年 8 月 24 日至 28 日，中國共產黨第十次全國代表大會在北京舉行。十大繼續了九大的「左」傾錯誤。大會通過的由張春橋、姚文元、王洪文等負責起草的政治報告和黨章中，沒有正確地分析林彪事件發生的原因，總結必要的教訓，反而肯定「九大的政治路線和組織路線都是正確的」。仍舊號召全黨「堅持無產階級專政下的繼續革命」，堅持「無產階級文化大革命」。還把「天下大亂，達到天下大治。過七八年又來一次」認定為「客觀規律」，預言「黨內兩條路線鬥爭將長期存在」。把批判林彪的「極右實質」列為首要任務。1973年8月31日，中共的十屆一中全會選舉黨的中央機構。毛澤東當選為中央委員會主席，周恩來、王洪文、康生、葉劍英、李德生當選為中央委員會副主席。十大以後，江青、張春橋、姚文元、王洪文在中央政治局內結成「四人幫」，江青集團的勢力得到加強。

11月，「一個普通的共產黨員」寫信批評江青「民主作風較差」，把文藝強調得過分，在文藝工作中不執行雙百方針。信上說，「一切為樣板戲讓路」的口號和吹捧江青是「文化大革命的英勇旗手」都是不恰當的。毛澤東批示：「印發政治局各位同志。有些意見是好的，要容許批評。」

1月1日

周恩來、江青接見電影工作者時的講話：

周恩來講話：

群眾提意見，說電影太少，這是對的。這是我們的大缺陷。（1966年至1972年七年內沒有拍攝一部故事片，希望三年內填補空白。）你們有什麼要求，通過文化組提出，中央批准，黨和國家就幫助。又說：「總結七年來這方面的工作，還是薄弱的，文化組要把電影工作大抓一下。」

（江青針鋒相對指出：「不是七年，是解放以來，二十幾年電影的成績很少，放毒很多，取得經驗太少，很糟。」）（張春橋則含沙射影，他說：「說少的絕大都數是出自內心的要求，希望多搞一些。當然也不排除少數別有用心的人。」）

江青講話：

我拋磚引玉，你們思考。我應做自我批評，整了你們多少年了。批評也可以說是愛護。每一次批得時候多，批得有的人渾身疼。我可能有說過的，說錯的，請同志們原諒。當然也要指出：批評對的，你們就要照著做。我還有一點要自我批評的，就是很久不見你們了。當然我也可以推卸，很忙，可是總理比我忙得多。我好久不見你們，該做自我批評。

我覺得電影工業是很重要的，是綜合的工業，應該很好抓上去。電影在我國有很大的發展前途。因為我們的電視不發展。資本主義國家、修字型大小國家電視很多。電影才有五十年的歷史，有的國家已經開始衰亡了。美國的好萊塢已經成了遊覽的地方。我們上山下鄉的十六毫米影片還很少，「8.75」還沒過關，彩色印染法還沒有過關。我們黑白底片原來過關了，但遭到了破壞。我們應該攻堅。今年如果印染法能夠拿下來，就可以大批生產出口，就很了不起。你們現在用的膠片，是伊斯曼，是先進的，這幾個樣板戲，光、色、構圖有缺點錯誤的話，同志們要負責。當然我也有責任，批你們批得不夠。有幾個廠分散在各地，我不可能到各廠去，大家聚攏來談一談，我抓了一下北京的。我還抓了電視，用電視促你們的。我是不看電視的，偶爾看了一次，還不錯。電視我是批過的，後來上去了，我們又表揚了他們一下。我就請了些同志看電視，看了不少次。為什麼《智取威虎山》影片那麼久出不來？那麼為難，拍不出來。學費交得太多了。

當然總的說，64 年會演以來，工農兵在我們國家是占領了舞臺、銀幕，把帝王將相、才子佳人趕下去了。但是太少了，同志們有責任，我們也有責任。有幾個現成的，因為沒有精力抓，也走了彎路。

你們批林整風學習也不夠，批林整風要掌握武器，你們第一是受劉少奇的毒害，接著又是林彪。他們可不得了，要整死人的。為了一個八一廠，今天歡迎我們了，明天又趕我們走；叫演員吃冷飯，把嗓子都搞壞了。查查軍委辦事組的材料有一口袋，這幾條漢子真可惡啊！現成的不給用，棚也不借給，搞得我們只好借地方。搞得我們好苦噢！我要問一下北影的新建廠建成了沒有？（**狄答：主要工程都完了。**）

在我們這條戰線上鬥爭是很激烈的，要揭要批。他們要破壞一個戲，使用種種手段。69 年冬天他們千方百計整我們，我被他們整得什麼也吃不下去，突然耳朵都聾了。差點把我整瘋了。沒有被他們整瘋就了不起。十次路線鬥爭很尖銳，在毛主席、黨中央領導下，取得這成績，還能站住，還能前進，這是馬列主義、毛澤東思想的勝利。73 年怎麼上陣呢？首先是洗臉、洗澡。洗臉、洗澡的先決條件是剝畫皮，批判揭發林彪反黨集團在各條戰線上的罪行。我建議你們不要散，用一個星期到十天，首先是批林，其次是整風，不要搞倒了，先不要聯繫自己。

你們是有成績的，不要翹尾巴。才做了一點成績，人民給我們的榮譽太高了，不要把尾巴翹上天。要兢兢業業、勤勤懇懇、小心謹慎地為人民服務，要深入到工農兵當中去，真正向工農兵學習。還要鼓鼓氣，大有潛力，我們已經走出一條路了，要繼續幹。現在我們的黨和人民支持我們嘛，就靠我們幹。怎麼幹？要揭林、批林，然後每一個戲，每一個團搞一點總結。

張春橋講話：

73 年的第一天，政治局的頭一個會，就是討論電影。

從接見到交流，這說明我們黨根據毛主席一貫的教導，對上層建築其中包括文藝是很重視的。你看大年初一就開這麼個會，用不著多說，這個行動本身就很說明問題。

現在全國形勢很好。各方面對文藝的要求很迫切，要求多搞一些。說少的絕大都數都是出自內心的要求，希望多搞一些。當然也不排除少數別有用心的人。要分清兩類矛盾。廣大人民的要求，無產階級革命事業的要求，要我們多搞一些。能不能改變這個狀況？現在條件比過去好多了。

建國以前就不說了，新中國二十幾年來，文藝戰線鬥爭是很尖銳的。許多大的鬥爭都是從文藝領域開始的。

從《武訓傳》到《清宮祕史》都是毛主席提出來要批判的。《武訓傳》是批了，《清宮祕史》沒有批起來。劉少奇在阻撓，因為他認為是愛國主義的。

後來林彪集團又破壞，鬥爭很尖銳。經過這麼長時間的鬥爭，現在領導機關發生了變化，阻力小了。積累了一些幹部，有了一個隊伍，沒有這個隊伍是不行的。有了正反兩方面的經驗，有根據主席講話進行實踐的經驗，也有受到劉少奇錯誤路線破壞的經驗。儘管這個隊伍內部還有一些問題，但總是有些經驗的吧。只是正面經驗少了些。問題是我們現在的隊伍還不那麼大，正在滾雪球。剛才葉帥說過去有幾萬人，過去不是有幾萬，是有幾十萬。現在有些人還在下邊，下鄉下廠，和工農結合，將來他們還是能搞出一些東西來。

你們現在搞了一個綜合性的總結，我看粗了一些。還是一部戲一部戲地總結，不但要總結成功的，也要總結失敗的。因為是付了學費的，如不好好總結，學費就白花了。剛才講了批林問題，練功問題，我再補充一點，就是對總結經驗，我們重視還不夠。包括戲劇團體。

過去一提就是洋人，什麼斯坦尼體系。連梅蘭芳還寫了幾本書。資產階級還是總結了一些經驗的。所謂體系，就是他們經驗的總結。但是他們的世界觀和方法論跟我們是根本不同的。所以不能照搬，照搬就會犯錯誤。我們不善於總結經驗。我希望從領導也好，從創作同志也好，每一個人都要用毛澤東思想做指導，好好總結，這一點非常重要。如果我們不善於總結經驗，提高得就慢，要把用馬列主義－毛澤東思想總結經驗當作一件重要問題來抓。你們總結了一下，還不夠，還可以繼續總結。

有的廠不在北京，回去也要向省委彙報，告訴他們 73 年元旦中央政治局開了這樣一個會，希望各省委、自治區黨委也要重視。有的也重視，但不經常，不知道怎麼抓。抓也不一定抓得很對。他們也要好好總結領導的經驗。

姚文元講話：

首先祝賀同志們在已取得的成績的基礎上，總結經驗，繼續前進，爭取更大的勝利。剛才幾位中央領導同志談得很多了，我補充一點，就是學習。

革命的文藝工作者要自覺地學習，讀馬列主義的書，讀毛主席的書，還要深入生活，向工農兵學習。還有文藝工作者本身的專業知識也要學習。基本功要好好磨練，盡可能把武器磨得更好一些，毛主席說文藝是團結人民，教育人民，打擊敵人，消滅敵人的有力武器。我們要把這個武器搞得更精一些。毛主席〈在延安文藝座談會上的講話〉，還有許多關於文藝方面的指示、批示，我們應該好好學，要反覆看，反覆學。在批林整風中，要著重批林，包括批劉少奇；要批得好，批得深，批得透，要掌握好毛主席的文藝思想、革命路線。劉少奇、林彪都是破壞毛主席革命路線的。今後創作更繁榮，就是要學習毛主席的思想、革命路線。關鍵在於實踐，江青同志不是說嘛，我們現在的這些成績都是實踐毛主席革命文藝路線的結果。總結經驗要總結得好，總結正反兩個方面的經驗，把感性的上升到理性，也要學習，學習主席文藝理論，這樣才能總結得好，總結出比較符合客觀實際，水準比較高的，指導意義比較大的經驗來。在新年的時候，我願意和同志們一起學習，繼續改造自己世界觀，改造舊思想，徹底同封建的、資產階級的舊思想決裂，全心全意為人民服務，在現有基礎上爭取更大的勝利。

關於上述講話，北京電影洗印廠有另外一個版本：

1973 年 1 月 1 日，中央首長在電影戲劇音樂工作者座談會上的講話

中央政治局同志接見出席電影戲劇音樂工作者座談會的成員

時間：1973 年 1 月 1 日晚 10 時 30 分至 2 日 1 時 30 分

地點：人民大會堂

江　青：我請同志們看這個電影，內容就不說了，你們都是名家、專家、行家，人家那些技巧我們可以借鑑嘛！這個電影就是《冷酷的心》的攝影在 1953 年自編自導自拍的，原名叫《網》。現在總理他們還沒有來，我們就座談座談，現在大家發言。我請你們看電影，要大家講一講有那些可以借鑑的，有什麼技巧可以學。今天先請你們講，因為我陪你們看片子看了很多了，你們老說我給你們看黑白臉，你們還不服氣。誰先講？我點名了。謝鐵驪先講！有什麼，講什麼，講錯了不要緊，沒有抓你們的小辮子。

視覺形象，只有十句話左右。不用講話也看得懂。像你們這樣的看一遍，就應該有意見、有感觸了。錢江，你講！你也應該有感觸了，不要怕講錯嘛！

成本非常低，老闆一定歡迎。他等的時間不少，等雲，等潮水，各種各樣的潮。刻劃人物，你們講究七個色階，這部電影有沒有

七個色階？都用了眼神光。近景多，但不使人感覺跳。只有兩堂景，兩個小景。調子還是比較偏高的。一堂景是街上……（**錢江：街口也好像是自然景。**）

是那個商店，偷槍的。

表現人的心理。這部電影二十年了，這個人很成熟，成家了，資產階級的成名成家了。哪位同志拍的《奇襲白虎團》？你也講一講。

有好幾處加了輔助光。成本很低，幾個演員嘛。表現海浪，不全給你看白浪，也有黑浪，有時用黑浪襯托白浪。沙灘也有各式各樣的變化，我們看的都是一面水的，也有兩面水的，各式各樣。看得很清楚，連鬍子都看得很清楚。給人印象深，使人不容易忘記。老是那幾棵樹、那一條路嘛。成蔭，你講！你們搞的那個分鏡頭，淨是蹦來蹦去的。這個片子的編劇、導演也是不錯的。整個畫面構圖都很講究。

這個李文化躲在哪兒去了？一定是躲我。小橋流水人家嘛！張冬涼躲到哪兒去了？這回看得過癮了，攝影的沒有看了不過癮的，錢江你看了也過癮吧！不過沒有他的魄力大。沒有那樣耐心，不敢闖。怕失敗，怕丟了名啊、家啊，怕丟了資產階級的臭名，今天是批評啊，等會兒我還要做自我批評。

還有一部叫《白鬃野馬》的片子，吳德同志，我陪他們看過的，可能還有的同志沒有看過，可以看看。五本，基本高色調，是很難得的，也沒有什麼對話。

有很多特寫，眼睛的特寫，手的特寫，還有半個眼睛的特寫，都用了，你講（**指張冬涼**）。

我老說要給你們付學費，春橋同志也說，給你們付學費，你們還是縮手縮腳。該打屁股！是什麼原因，靈魂深處的東西要挖出來，不然將來搞創作還是不行的。成蔭同志，你把李奶奶凌駕於李玉和之上，就是個大問題。（**此時總理到會**）

我剛才請他們看了一部電影，現在在座談。

比如用手的特寫，是表現兩種愛。那個男的並不真正愛她，沒有精神上的愛。這個從精神到肉體都很崇拜她。沒有接吻，這在歐洲是很少的。它用兩隻手就表現了。

還有哪位同志自告奮勇地講，不要怕講錯了，又不抓辮子。（**對總理**）剛才看了一個片子，劇團的同志沒有看。（**對大家**）總理來了，現在請總理講一講。

（**當總理指示：「電影不只是故事片，還有科教片。但對無產階級文化大革命以後的要求來說，太少了，這是我們的大缺陷」**）時，江青插話說：我們還沒有用在教學上的片子。

（**當總理指示：青年人喜歡新的東西，我們要拿革命的新東西給他們。總結七年來這方面的工作，還是薄弱的，文化組要把電影工作大抓一下**）時，江青插話說：不是七年，是解放以來，二十幾年電影的成績很少，放毒很多，取得經驗太少，很糟。

（**當總理指示說：教學片也要搞一點，推動教育革命。**）這時，江青又打斷說：剛才這個電影，整個一個半小時，只有十句話左右。不用講話，勞動人民也看得懂，達到這個水準就了不起。

（**當總理要江青講話**）時，江青說：先請先念同志講，你抓電影工業嘛。

（**當李先念同志講話**）時，江青卻打斷說：北京洗印廠搞染印法的不要散了。過關了沒有？千萬不要拆掉。

（**當李先念同志講到：電影工業會議正在開，我聽了一次彙報，有了幾期簡報**）時，江青說：這種簡報要給我看，政治局的同志都要給。

（**當李先念同志講到：保定廠的生產形勢還好，品質不穩定，還有些問題，比以前聽到的消息好些**）時，張春橋插話說：不一定。我瞭解了一下，好多單位一塊搞，比較複雜。電影工業包括化工等等，好多單位現在沒有人統一管。丘會作插了手，破壞得相當厲害。單打一，把這門搞得水準很高，很困難。

李先念同志：其他上不去，它也上不去。

江　青：你去抓一下就好了。過去沒有人抓，我去抓了一下，壞人就衝我來了。

江　青：我拋磚引玉，你們思考。我應做自我批評，整了你們多少年了。批評也可以說是愛護。每一次批的時候多，批得有的人渾身疼。我可能有說過的，說錯的，請同志們原諒，當然也要指出：批評對的，你們就要照著做。我還有一點要自我批評的，就是很久不見你們了，當然我也可以推卸，很忙，可是總理比我忙得多。我好久不見你們，該做自我批評。我覺得電影工業是很重要的，是綜合的工業，應該很好抓上去。電影在我國有很大的發展前途。因為我們的電視不發展。資本主義國家、修字型大小國家電視很多。電影才有五十年的歷史，有的國家已經開始衰亡了。美國的好萊塢已經成了遊覽的地方。我們上山下鄉的十六毫米影片還很少，8.75 還沒過關，彩色印染法還沒有過關。我們黑白底片原來過關了，但遭到了破壞。我們應該攻堅。今年如果印染法能夠拿下來，就可以大批生產出口，就很了不起。你們現在用的膠片，是伊斯曼，是先進的，這幾個樣板戲，光、色、構圖有缺點錯誤的話，同志們要負責。當然我也有責任，批你們批得不夠。有幾個廠分散在各地。我不可能到各廠去，大家聚攏來談一談，我抓了一下北京的。我還抓了電視，用電視促你們的。我是不看電視的，偶爾看了一次，還不錯。電視我是批過的，後來上去了，我們又表揚了他們一下。我就請了些同志看電視，看了不少次。為什麼《智取威虎山》影片那麼久出不來？那麼為難，拍不出來。學費交得太多了。

當然總的說，64 年會演以來，工農兵在我們國家是占領了舞臺、銀幕，把帝王將相、才子佳人趕下去了。但是太少了，同志們有責任，我們也有責任。有幾個現成的，因為沒有精力抓，也走了彎路。

你們批林整風學習也不夠，批林整風要掌握武器，你們第一是受劉少奇的毒害，接著又是林彪。他們可不得了，要整死人的，為了一個八一廠，今天歡迎我們了，明天又趕我們走，叫演員吃冷飯，把嗓子都搞壞了。查查軍委辦事組的材料有一口袋。這幾條漢子真可惡啊！現成的不給用。棚也不借給，搞得我們只好借地方。搞得我們好苦噢。我要問一下北影的新建廠建成了沒有？(**狄答：主要工程都完了。**)

在我們這條戰線上鬥爭是很激烈的，要揭要批。他們要破壞一個戲，使用種種手段。69 年冬天他們千方百計整我們，我被他們整得什麼也吃不下去，突然耳朵都聾了。差點把我整瘋了。沒有被他們整瘋就了不起。十次路線鬥爭很尖銳，在毛主席、黨中央領導下，取得這成績，還能站住，還能前進，這是馬列主義—毛澤東思想的勝利。73 年怎麼上陣呢？首先是洗臉、洗澡。洗臉洗澡的先決條件是剝畫皮，批判揭發林彪反黨集團在各條戰線上的罪行。我建議你們不要散，用一個星期到十天，首先是批林，其次是整風，不要搞倒了，先不要聯繫自己。

現在拍了十部（**革命樣板戲等十部**），這也是很大成績。你們做了一些自我批評，但我們不太滿意。原因是什麼呢？你們這會是我們倡議召開的。我問了吳德同志怎麼樣，吳德說開了，可你們這個會是關著門開的，一點消息也不透，簡報也不給看。後來說有簡報，找來兩三份，根本不涉及創作思想，不涉及批林整風，好的、壞的都看不出問題來。空的。我建議你們拿出十天時間批林整風，然後每一部戲都做總結。我是把一些片子可借鑑的地方，都揀出來給你們看。這只是北京的兩個廠有條件，甚至把錢江、李文化、張冬涼帶到頤和園去。但同樣是伊斯曼，為什麼紅的不紅，綠的不綠，這是怎麼搞的？！有的有安排，導演不拍。總的說工農兵占領銀幕是突出的，但是大而化之，小手小腳。比如《紅燈記》我千方百計在門簾上給你們安排一點綠，你們就是不搞上。要千方百計地突出李玉和，你們就是突出坐機關的老太太。把李奶奶凌駕於李玉和之上，李奶奶要突出，但主要是突出李玉和。懂戲的人一看就是李奶奶是主角，導演太掉以輕心了！配色上，我在破門簾上配了一塊黃、一塊綠的，但是整個不出綠。《紅色娘子軍》舞臺上用閃電，到電影上就沒有了，全是黑的。我講了用閃電、閃電，為什麼不用閃電？一用閃電就可以使葉子的綠色有層次。《紅色娘子軍》是哪個廠拍的？（**舞劇是李文化**）他們還自我陶醉：「我們還拍得不錯嘛！」《白毛女》聽說我批評了，就出了綠，出得太特別了，沒有層次。《奇襲白虎團》拍得相當有特色。拍得不夠的就是第二場，火光不夠，烘托敵人的殘暴不夠。應該是火光沖天，用火光反照到人物的臉上不夠。後面有點特色，充分利用了閃電。綠相當有層次。山很險峻。嚴偉才唱「英雄何懼走天險」，雨珠往前跑，就把英雄人物在暴風雨中行進氣氛顯示出來了。這樣就把人民軍隊烘托了，還有那個崔大嫂。對敵人你們用了臉譜化，銀灰色，怎麼批你們也不聽，《智取》我就批了，臉譜化不可取。幹什麼要搞臉譜化呢？要刻劃內心。採光上可以有區別，但也別太明**【原稿少一頁】**「失敗是成功之母」。膽子要大一些，學費給你們付著，要大膽！這個人可能是個資產階級民主主義者，他同情強盜，不同情員警。他最近拍的《冷酷的心》看著舒服。

希望在 73 年電影、戲劇、音樂，還有一個死了的話劇，要想法救活它。現在小節目蓬蓬勃勃。出版有了偏向了，你們搞京劇改革，我一再說要搞簡譜，我最近收到一大打子歌曲，全是五線譜，用非常好的紙。活該！不讓更多的人唱。簡譜我們也有許多人不認識，不能拿起來就唱，狄福才你能唱嗎？（**狄：不能！**）（**于會泳：印了兩種，一種是五線譜，一種是簡譜。**）也不能用那麼講究的紙啊！應大量地印簡譜，普通的一個宣傳隊，不認識五線譜。只有大的團認識。有那麼些東西，要抓一抓，究竟是怎麼回事？人家說我不認識豆芽菜，我確實不認識，我過去還認識一點，我現在不認識了。（**對於會泳講**）你的那個總譜我是要批評的，那麼厚，那麼大，搬都搬不動，這不是普及方向嘛！小學、中學都用的簡譜。總譜還是要用五線譜的。樣板戲我們採取種種方法普及，電影、電視、摺子戲、教唱。現在那些學校的學生們張不開口，青年演員一開口聽不得，吐字不清。老師有責任，你們要教好學生嘛。袁世海來了嗎？我就要批評你。袁世海、高玉倩你們要教好學生，你們要教字嘛，要講究吐字。我對慶棠、浩亮他們就批評得厲害，親者嚴、疏者寬嘛！

我發現搞電影的都躲著我，錢江、李文化剛才都躲得那麼遠。我們 68 年按照主席思想把你們從文藝黑線下拉出來，保出來，黨的政策嘛！給你們付了不少學費，你們自己不像樣子，總是蹦。今天看的片子，那麼多近景，卻都感到很舒服。

對你們想拍電影的計畫，沒很好研究，提不出什麼意見。就是對《南征北戰》，我覺得不宜改動太大。內部矛盾抹平了，原來人家就磨掉了棱角。就是把張靈甫打死就行了。帽徽上的紅星又恢復了「八一」，黃邊還加「八一」兩字，紅星就不紅了。為了拍《南征北戰》，我到總參謀部去過。就用原紅軍的就行了。你看斯諾拍的主席的照片，紅星多紅啊。軍旗上可以有「八一」，這個電影軍旗也用不上，要尊重歷史的真實。不要用「八一」了，總理，是不是就這樣定下來？

用草綠的和灰的都可以（**指軍裝**）。我就怕你們再拍出一個《紅日》來。要注意，不然就糟了。不要把已經少得不得了的矛盾抹掉。一個戲沒有矛盾就糟了。按原來的基本不動，只能進行藝術加工。沒有一個逃兵？後來寫了一個，他們也抹了，陳老總只好拿去改。這個戲是陳老總改的，現在搞，也是為了紀念他。當時分歧是很嚴重的嘛，七戰七捷後，主席讓後撤，部隊就是不願意後撤，戰士們不願意後撤，不光是為了留戀家，要寫戰士們是因為打了勝仗不願意撤。這個要寫出來，這是歷史。你們還要搞成秋天，我也不知道為什麼？這個歷史怎麼能夠改呢？2 月到 5

月，5 月就有綠了，怕什麼？2 月沒有還可以在老百姓家布置點綠色，掛點辣椒、大葱、蘿蔔。你們想要秋天，為了顏色豐富點。你那創作思想是倒著呢。這個我是想了一想，別的我沒有怎麼考慮。聽說《海港》拍了幾場了，我們最近很忙。總理和我們見一見你們，就是鼓勵大家。我這個批評，還是鼓勵。我還是肯定成績的。不能對成績自滿，也不能對成績採取虛無主義的態度。

現在校長實際上是老吳吧（**指吳印咸同志**），你要負責任，要選好教員，要教育好孩子們刻苦為革命練功。五點鐘就叫孩子們起床，練基本功，練嗓子。我十幾歲時，在北京天不亮就爬起來，到西城根喊嗓子，咿咿呀呀的。那時是愛好，人家叫我標準鐘，到時候敲敲人家的窗子。要教育孩子們為革命刻苦，怎麼開口，怎麼踢腿，怎麼歌，怎麼舞，怎麼把電影拍得不用語言就可以叫人看懂。因為，我們還有文盲嘛！今天可惜沒有科教片的來。科教片是有成績的。但我們下的功夫少。

你們有的電影廠搞封建把頭式的行會。你們這一行保守，照明不搞照明系，攝影不搞攝影系，現在所有有成績的攝影的、照明的，都要帶徒弟，也要去教學生，不要像行會似的。哪怕自己搞不好，也要把徒弟帶出來。要真正把心裏的東西教給他們，要把竅門給他。現在處在青黃不接的時候，要大膽，黑白片也要大膽。舞臺的戲、京劇、舞劇、音樂也要從生活裏來。過去的程式也是從生活裏來的。要創作，一招一式都要從生活裏來。你們搞的那兩個戲看得我暈頭轉向。不刻苦不行，要在資本主義國家你們還有飯吃呀！早就失業了！你們不知道舊社會的苦。這個片子的攝影師是很刻苦的，鑽研，大膽，同時很謹慎。線條嚴謹而粗獷。直到現在他還是世界上著名的攝影師。我建議你再看一次，我就是記不住他的名字……

我沒有準備，錯了的你們不要聽，就當我沒講。以後隔幾個月不見你們，你們就叫喚叫喚吧！搞戲是個細緻的功夫，我們哪有那麼多細的功夫啊。你們是專業，要組織起來，靠集體的力量。

（當周總理指示：文化組要把一些項目接過去，出版、圖博你們還得接受呀，要拖到 75 年嗎？一年接一點嘛。）

江　青：你們要體諒于會泳、浩亮、慶棠，他們很辛苦，我是培養他們抓創作的。過去我苦了好多年，現在要讓他們接上。你們要幫忙，不要幫倒忙。你們有權利幫助，沒有權利破壞。

你們是有成績的，不要翹尾巴。才做了一點成績，人民給我們的榮譽太高了，不要把尾巴翹上天。要兢兢業業、勤勤懇懇、小心謹慎地為人民服務，要深入到工農兵當中去，真正向工農兵學習。《沂蒙頌》挖苦菜，一蹲下去就挖。殺小雞也沒有造型。因為沒有生活，不能出新，像煮雞、剝蔥、甩甩泥呀……滿臺都是人，沒有個性，哪有共性。「矛盾論」最重要的就是講特殊性。我們在座的，就有男的、有女的、有老中青、有地方的、有軍隊的。總理本來就是軍人嘛，我也保留了軍籍。

還要鼓鼓氣，大有潛力，我們已經走出一條路了，要繼續幹。現在我們的黨和人民支持我們嘛，就靠我們幹。怎麼幹？要揭林、批林，然後每一個戲、每一個團搞一點總結。你們去生活，滑稽得很，叫「下生活」，要深入生活。大興縣的那個舞，揚簸箕的，就是從生活裏來的，加加工，就可以放到你們舞劇裏去。《草原女民兵》騎馬動作也是從生活裏來的。

我們的演員連腳踏車都不會騎，太可憐了。解放後我看了一部電影，連騎腳踏車也要找個替身。電影演員要什麼都會，騎馬、游泳、開車、打槍，都要會。沒有實踐的機會，我也替他們說點話。可以和體委聯繫一下，搞點馬讓他們騎騎。像浩亮、慶棠他們，連馬都沒有摸過。演員要會騎馬、打槍、游泳、開車，多一門技術總是好的。要打槍就找葉帥，要搞降落傘就找李德生同志。

資本主義國家的電影演員會的東西很多。都要替身是不行的。只有危險的，怕傷害他那個演員，才用替身。我解放初期看了一個片子，連騎腳踏車都要替身，真可笑。

張春橋：上海有的演員搞騎馬舞，他們連馬也沒見過，在城市裏長大的嘛。後來把他們搞到警備區去了。

江　青：現在請葉帥講話。

當葉劍英同志指出：我們不要延續人家的東西，要創新。現在供不應求，要品質，也要數量時，江青插話：難度大呀！

江　青：要讓被趕下臺的資產階級、地主階級也承認我們在藝術上是打不倒的，這一點非常重要。我們現在站在舞臺上、銀幕上不要被人家一棍子打倒，思想上、藝術上要統一。

（**當劍英同志說：「我們的片子不夠，就要增加生產」**）時，江青：我插一句，《平原游擊隊》在改嗎？誰在改？後邊打陣地戰是不合理的，我們的人物也相對地低了一點。要改一下。這部戲不錯，底子很好，可以重拍。先不談這個了，以後再說。

劍英同志：你們是「八一」廠的吧，要配合軍隊搞一些教學片，什麼地道戰、地雷戰、打坦克的、防原子的。

江　青：要搞普及教學片，要不然打起仗來，飛機一來了，就亂跑。其實飛機來了也沒有什麼了不起。有掩體的進掩體，沒有掩體的就趴下，離房子遠一點，不要亂跑，是不是啊，葉帥？現在請春橋同志講話。

張春橋：73 年的第一天，政治局的頭一個會，就是討論電影。

江　青：還有戲劇、音樂。

張春橋：從接見到交流，這說明我們黨根據毛主席一貫的教導，對上層建築其中包括文藝是很重視的。你看大年初一就開這麼個會，用不著多說，這個行動本身就很說明問題。

現在全國形勢很好。各方面對文藝的要求很迫切，要求多搞一些。說少的絕大都數都是出自內心的要求，希望多搞一些。當然也不排除少數別有用心的人。要分清兩類矛盾。廣大人民的要求，無產階級革命事業的要求，要我們多搞一些。能不能改變這個狀況？現在條件比過去好多了。

江　青：阻力少一些。

張春橋：建國以前就不說了，新中國二十幾年來，文藝戰線鬥爭是很尖銳的。許多大的鬥爭都是從文藝領域開始的。

江　青：太尖銳了。延安整風也是從文藝開始的。

張春橋：那就不用說了，我是說建國以來的，從《武訓傳》到《清宮祕史》都是毛主席提出來要批判的。《武訓傳》是批了，《清宮祕史》沒有批起來。劉少奇在阻撓，因為他認為是愛國主義的。

江　青：我組織了一篇文章嘛。

張春橋：後來林彪集團又破壞，鬥爭很尖銳。經過這麼長時間的鬥爭，現在領導機關發生了變化，阻力小了。積累了一些幹部，有了一個隊伍，沒有這個隊伍是不行的。有了正反兩方面的經驗，有根據主席講話進行實踐的經驗，也有受到劉少奇錯誤路線破壞的經驗。儘管這個隊伍內部還有一些問題，但總是有些經驗的吧。只是正面經驗少了些。問題是我們現在的隊伍還不那麼大，正在滾雪球。剛才葉帥說過去有幾萬人，過去不是有幾萬，是有幾十萬。現在有些人還在下邊，下鄉下廠，和工農結合，將來他們還是能搞出一些東西來。

你們現在搞了一個綜合性的總結，我看粗了一些。還是一部戲一部戲的總結，不但要總結成功的，也要總結失敗的。因為是付了學費的，如不好好總結，學費就白花了。剛才講了批林問題，練功問題，我再補充一點，就是對總結經驗，我們重視還不夠。包括戲劇團體。

江　青：他們不善於總結經驗。

張春橋：過去一提就是洋人，什麼斯坦尼體系。

江　青：什麼車爾尼雪夫斯基啦，這個斯基，那個斯基啦。

張春橋：連梅蘭芳還寫了幾本書。資產階級還是總結了一些經驗的。所謂體系，就是他們經驗的總結。但是他們的世界觀和方法論跟我們是根本不同的。所以不能照搬，照搬就會犯錯誤。我們不善於總結經驗。我希望從領導也好，從創作同志也好，每一個人都要用毛澤東思想作指導，好好總結，這一點非常重要。如果我們不善於總結經驗，提高得就慢，要把用馬列主義毛澤東思想總結經驗當作一件重要問題來抓。你們總結了一下，還不夠，還可以繼續總結。

江　青：十天不夠半個月，半個月不夠一個月。

張春橋：有的廠不在北京，回去也要向省委彙報，告訴他們七三年元旦中央政治局開了這樣一個會，希望各省委、自治區黨委也要重視。有的也重視，但不經常，不知道怎麼抓。抓也不一定抓得很對。他們也要好好總結領導的經驗。

江　青：請文元同志講話。

姚文元：首先祝賀同志們在已取得的成績的基礎上，總結經驗，繼續前進，爭取更大的勝利。剛才幾位中央領導同志談得很多了，我補充一點，就是學習。革命的文藝工作者要自覺地學習，讀馬列主義的書，讀毛主席的書，還要深入生活，向工農兵學習。還有文藝工作者本身的專業知識也要學習。基本功要好好磨練，盡可能把武器磨得更好一些，毛主席說文藝是團結人民，教育人民，打擊敵人，消滅敵人的有力武器。我們要把這個武器搞得更精一些。毛主席〈在延安文藝座談會上的講話〉，還有許多關於文藝方面的指示、批示，我們應該好好學，要反覆看，反覆學。在批林整風中，要著重批林，包括批劉少奇，要批得好，批得深，批得透，要掌握好毛主席的文藝思想、革命路線。劉少奇、林彪都是破壞毛主席革命路線的。今後創作更繁榮，就是要學習毛主席的思想、革命路線。關鍵在於實踐，江青同志不是說嘛，我們現在的這些成績都是實踐毛主席革命文藝路線的結果。總結經驗要總結得好，總結正反兩個方面的經驗，把感性的上升到理性，也要學習、學習主席文藝理論，這樣才能總結得好，總結出比較符合客觀實際、水準比較高的、指導意義比較大的經驗來。在新年的時候，我願意和同志們一起學習，繼續改造自己世界觀，改造舊思想，徹底同封建的、資產階級的舊思想決裂，全心全意為人民服務，在現有基礎上爭取更大的勝利。

江　青：總而言之，要總結，要學習，不要做思想懶漢。

姚文元：我們彩色膠片不過關，不僅是技術問題，而是個政治問題。前些時候我看了《捕象》，還有個什麼紀錄片，顏色不能看，儘管捕象很有趣，但天是灰的，樹偏紅，不能反映社會主義建設欣欣向榮的面貌。所以我就不願意推薦給其他領導同志看了，這個問題要解決，否則不能反映我們社會主義建設的新面貌。

江　青：這是「四條漢子」的破壞，他們說搞片子就要偏紅。現實生活怎麼能偏紅呢？採光技巧也有問題。

姚文元：今天有沒有「新影」的來？我作為個黨員，作為個幹部，我有個最大的希望，就是在拍毛主席接見的時候，就在那麼短的時間裏，要把毛主席的形象拍好。

江　青：要先去占領陣地。

姚文元：機器也響得厲害。

（**當總理指示：「要迎頭趕上。進口以後再學嘛。」**）

江　青：我到北影看排戲，錢江用的機器笨死了，我都能坐上去。要迎頭趕上，不要跟著人家屁股後邊走。

（**當劍英同志指示：「搞個考察團出去**」）時，江青：要派幾個新聞攝影出去，他們（**指錢江等**）出不去。

我們設備還有30年代的，要迫不及待派個小班子出去。

吳德同志，要落實一下，一個是工業，要配備一個懂攝影、洗印的班子出去。要一些先進的東西，各廠配備一套。

一百度的曝光，要用六十四度，這我就沒有把握了……這是什麼原因呢？（**成蔭：可能是洗印配方不成套，他們保密。**）

這些問題要解決，不然責怪他們就太多了。還有百分之幾十要靠馬克思的在天之靈，兩個腳不在地上不行，要腳踏實地。他們確實有許多困難，你們有什麼苦處都說出來吧，可以解決嘛。(**錢江：我們看的電影太少了。**）你們看的電影還少啊！凡是可以借鑑的地方，都讓你們看了。昨天有個南斯拉夫的片子，叫什麼狼，可以看看，還有一個《鐵道兒童》。

南斯拉夫的兩個片子，一個雪景拍得好，一個出綠出得好。《孤獨的狼》兒童拍得好。你們要為孩子們著想，為孩子們服務，給孩子們搞個戲吧！（**張冬涼：和觀眾見面的拷貝，一翻底，用代代紅膠片印的品質太差。**）

姚文元：彩色，我們看的還是好的呢，群眾看的怎麼樣，就不知道了。

江　青：先念同志，要趕快過關喲。可以組織小班子去串門。

姚文元：科教片的有沒有來呀？科教片還是大有可為的。

江　青：下次開會，你們叫科教片的也來呀。還有《水面莊稼》、《蹲苗》也不錯嘛。

姚文元：科教片除了普及科學知識外，還有精神鼓舞作用，如登珠穆朗瑪峰……

江　青：有個出土文物的片子，不講究配色。是哪個廠拍的？

姚文元：新影。

江　青：太不講究了。比如那個金鼎，鋪上綠絲絨或是玫瑰紅色的，背景再搞一搞，就非常好。現在不好看，還出國呢！外國很重視我們的文物，再拍一部吧！要講究一點。

姚文元：工藝美術要拍好，也很好看，我去看了兩個館。

江　青：我還沒有去看過呢。

燈具要改革，拍一個近景要幾萬燈，還受得了啊！我拍的時候，是一個兩千加一個五百。

我在外景拍，總帶上個碘鎢燈。不管怎麼樣，打上一點，不然太暗了。你們在自然光條件下，不給點輔助光不行。要講究光源。我的經驗，拉線的五百瓦特的強光燈，在陽光下效果比碘鎢燈好。要改革燈具，不是有個蔡祖泉嗎？現在在哪？

王洪文：原來在國防科委，現在回復旦大學去了。

江　青：還要提倡他創呀！我用幾百就可以拍一張，他們用幾萬，這個問題可大了。北京有幾個大學研究光的，要他們創嘛。吳德同志，你們要讓製片廠和搞光的掛起鈎來。

我想今天還有個事，一是工業技術上要落實，各種關口加工藝，組織一個小班子，到水準高的國家去，到能去的國家去。另一個是抓創作的班子要建立起來，浩亮、慶棠和老于一起，結合起來。你們兩人不要上舞臺了，必要的時候可以演一演李玉和，《平原作戰》你就讓給李光吧！浩亮演別的，觀眾也把你當作李玉和，慶棠演別的也以為你是洪常青。擺脫一些行政事物，學習學習，把創作抓起來，這要和你們商量，這關係到一個演員的舞臺生活

（浩亮、劉慶棠表示同意）

一個抓電影工業技術，搞上一個小班子。一個是要安排抓創作的班子，搞上一兩個搞電影的。我看，謝鐵驪也參加吧，音樂也得有個人。

工業技術小班子可以早點出去。創作班子多醞釀一下。

外行可以提意見，但是不要粗暴，甚至弄成對立面，那就不好了。現在你們的革命精神面貌沒有前幾年好了。剛才春橋同志說，73年政治局第一次會議就是這個會。你們革命的精神面貌要振奮起來。這就要批林，把批林整風搞起來，然後很好總結。

總理指示：把十個文件發給他們看。

江　青：剛才總理批准了，吳德同志，你去辦。

姚文元：蘇修的電影太墮落了。所謂60年代的三部曲《記者》、《湖畔》、《人與獸》，都是格拉西莫夫搞的。

江　青：那天要看美國的《戰爭與和平》，轉口轉錯了，把蘇修的弄來了。頭一本就把我的頭搞暈了，它的鏡頭轉來轉去，不知道他們怎麼搞的，完全歪曲現實，無可借鑑，要批判。今天這個值得多看幾遍，我看了三遍[1]。

[1] 北京電影洗印廠提供。

在這次接見時，江青指定于會泳、浩亮、劉慶棠抓創作，成立文化組創作領導小組辦公室（簡稱創辦）。

1月2日

新華社〈中國舞劇團、中央樂團、北京京劇團結束巡迴演出回到北京〉報導：結束在各地巡迴演出，中國舞劇團、中央樂團、北京京劇團回到北京。在巡迴演出的一個多月裏，為西安、延安、太原、大寨、濟南、合肥、大慶、哈爾濱和瀋陽的工農兵演出了六十一場革命樣板戲、革命樣板戲摺子戲和音樂歌舞節目[2]。

1月6日

《人民日報》發表秦文言的文章〈要突出英雄性格的主要特徵——學習革命樣板戲塑造英雄形象的一點體會〉。

同日，《人民日報》發表天津市文化局創作評論組馬威的文章〈寫好回憶對比——學習革命樣板戲的創作經驗〉。

同日，《人民日報》（第 4 版）專欄發表小丘的文章，〈景和情——藝術辯證法學習札記〉。

1月14

中央政治局領導再次接見部分電影、戲劇、音樂工作者和出席電影工業會議的代表。江青、張春橋、姚文元在這次接見中責難《海港》樣片，申斥電影工辦的負責人，誣陷原駐北影洗印廠的軍代表是「壞人」，並從各方面對周恩來等國務院領導施加壓力。周恩來在參加這次接見時中途退場。

周恩來講話：

現在開計畫會議，計畫會議給電影工業要加勁。進點口，做參考，但自力更生為主。進點口，做參考，這才能超過。但不要寄希望於進口，要

2 〈中國舞劇團、中央樂團、北京京劇團結束巡迴演出回到北京〉，北京：《人民日報》，1973 年 1 月 2 日。

自力更生。上海、北京電影工業要協作，參考外國的東西，以便超過，一年不行，三年嘛，到 1975 年超過嘛。

李先念講話：

電影工業很複雜，是綜合性的，是個重要部門。現在開了會，希望同志們搞上去，要有個志氣，要迎頭趕上。衛星都上天了，三座大山都打倒了。鋼都超過兩千萬噸，主席講了，我們還不是搞上去了。這個我們為什麼上不去？現在好一些了。我們要很好做工作，還有派性。

江青講話：

我們中國人要有志氣，我們不搞大國沙文主義，不稱霸，但是在電影工業上，我們要迎頭趕上，不做爬行的奴隸。我向你們呼籲，要徹底批林，徹底揭發大漢奸、大叛徒、大賣國賊林彪的罪行。只有把林彪的罪行批深批透批臭，你們才能提高覺悟，擦亮眼睛，攻克科學尖端。

只有批林才能團結起來。首先批林。

這是用藝術手段宣傳毛澤東思想，不然就是強加於人。

用藝術手段宣傳毛澤東思想，乾巴巴地老是萬歲萬歲，人家最討厭。

張春橋講話：

電影工業不僅是電影工業問題。大家都知道，我們的人造衛星上天了，全國都歡呼。如果我們再往前想一想，在衛星上拍照，那個照相機要求就得高了，膠片也就要求更高了。我舉這兩個例子就說明問題，不僅地面上的要求，也是天上的要求。我們要趕超，要有遠大目標，要把帝國主義、社會帝國主義都趕超過去。

輕工業部門有多少萬種，頭髮夾子、鈕扣、牙刷，這些東西也要搞，搞不好，群眾也不滿意。也應該重視，不過這些還有人抓。比較起來電影機、照相機更重要一些，也要有人抓。可我們真要立大志，就要把這些高水準的東西搞上去，這些過了關才行。不然我們的衛星打上去了，拍的照，發不回來，有什麼用呢？所以只有這些過了關，我們的人造衛星打上去，才有更大的成果。大家不要只看成電影方面的需要，當然電影也是很重要的。這個過了關，整個化學、機器製造水準都會提高。抓住這事，促進整個工業發展。阻力是有的，困難是有的，主要是林賊一夥破壞，比如洗印廠，上海搞出染料，就是不試驗，一等就是兩個月。群眾是關心工業發展的。要依靠群眾，依靠革命技術人員，在黨領導下是能夠促上去的，是可以突破的。

姚文元講話：

電視在努力，他們有雄心壯志。昨晚我看了他們一個計劃，彩色電視也有決心趕上去。

昨晚看了《海港》部分樣片，召集這個會很及時。江青同志已講了詳細的意見。第一就是要把《海港》拍好，第二要促進整個電影工業的發展，也要把其他電影拍好。要批林，要鼓足幹勁，要振奮革命精神，扎扎實實，百折不撓，堅韌不拔，一絲不苟地解決一系列具體問題。在文藝革命中，我參加了許多會，我體會到都是這個精神，這是無產階級的科學態度，要繼續下去。革命精神要和科學態度相結合，舞臺戲就是這樣搞出來的。《海港》是表現工人階級的，是社會主義革命時代，是表現中國工人階級國際主義的。應該把社會主義時代中國工人階級英雄形象，崇高的國際主義思想表現出來，用光、配色、構圖、造型、電影語言，用種種手段去表現。

希望大家認真討論，把取得的成績鞏固下來，不滿足，繼續前進。不僅電影攝製組，還有其他各團，要總結，要前進再前進。今天我們看了兩部片子，用光、配色、技術、藝術技巧有許多地方值得我們借鑑。這不是今天看了，從拍樣板戲以來就看了不少了，如《智取威虎山》一個騎馬動作，就請上海演員們看了許多騎馬的片子。藝術創作就是要有一絲不苟、嚴肅認真的態度。這樣才能把工人階級的形象搞豐滿，表現出革命的新中國的面貌。既要重拍，就要拍好。于會泳、浩亮、慶棠回來了，可以參加，幫一幫。

我們現在報紙上還是黑白照片。外國能很快印出彩色照片，今天拍的，明天就登。外國能做的，中國也一定能做到，只要經過努力。就要有這樣的雄心壯志。電視還有點雄心壯志，希望你們互相競賽。

江青同志還是鼓勵你們的。《龍江頌》是肯定的嘛，《奇襲白虎團》也表揚了嘛，就是今天《海港》有幾個鏡頭江青同志也肯定了。希望你們搞好。

關於這次講話，北京電影洗印廠的具體記錄如下：

1973 年 1 月 14 日，江青、張春橋、姚文元對文藝工作者的講話

江青、張春橋、姚文元在中央政治局同志接見電影工業會議、電影座談會、部分戲劇、音樂工作者的講話

時間：1973 年 1 月 14 日 22 時至 15 日 3 時半。

地點：人民大會堂。

江　青：今天開這麼大的會，電影工業會議、電影創作會議、有關的幾個團、幾個廠。總理有外事活動，一會兒來。

昨晚我們三個（春橋、文元）看了《海港》樣片。對不起，謝鐵驪、錢江打了報告，我沒時間看，又來了電話，才看了樣片。越看越糟糕，我坐臥不安。今天千方百計抽了點時間，選了兩部影片（**《午宮鶯燕》、《冷酷的心》**），今天演的是部分，要看全的，你們回去看，可以向發行公司借。這兩部影片值得借鑑，不只技術，在技巧上也就是藝術上也值得借鑑。推陳出新。你們都是專家，編劇、導演、攝影師、演員、電影工業科學家。我是個二半吊子，什麼也不懂，只會找岔子，放砲。這是開場白。有請老帥給我們帶路開砲。

（拿起一條毛巾）這就是淺米色，你們可以試試看，還很調和。剛才看電影時，我的意見謝鐵驪記了，你說說。

謝鐵驪同志：第一場雲太假，沒有構思。方海珍沒有眼神光。

江　青：方海珍坐哪裏去了？頭髮真是豈有此理。眼睛像個棋子。頭髮可以留長一些，去薄一些。眉毛要向上挑一點。

謝鐵驪同志：清晰度差。高志揚也看不出眼神光。腰帶要換皮的。

江　青：要窄的，像小強的一樣。

張春橋：現在的綠帶子太難看了。

謝鐵驪：原來是搭肩布繫在腰上的。

江　青：你們不是說還原舞臺、高於舞臺嗎？現在恰恰是低於舞臺，舞臺上不那麼難看。當然舞臺上顏色也可以考慮改變，舞臺也是有問題，舞臺配色我也是一直與你們做鬥爭的。

謝鐵驪：方海珍眼眉應往上挑一點。

江　青：高志揚的眼眉都是這樣的（**向下耷拉**）。圍巾可以改成淺米色，你們都是白的。現在錨是紅的，海水是藍的，沒有中間過渡色，調和不了。

謝鐵驪：臺詞不清楚，「政治任務」說得不清楚。有的臺詞重音不對。

江　青：「這個任務交給我們啦」重音在「我們」。

謝鐵驪：唱詞聽得清，說白聽不清。以上是第一場。第三場，方海珍眼睛難看。雲虛假、零碎。唱詞還聽得清，說白不清楚。花壇的花都是白的，不好。

江　青：白花上面再有一層黃的，波斯菊，就像你們現在給方海珍換的那件衣服的米黃色。

謝鐵驪：上海港該有風的，現在沒有風。

江　青：整個地說，你們沒有風的觀念。

張春橋：錢江，你在上海住過，晚上有風。黃浦江兩岸天天有風，海風不斷。

江　青：到晚上都有風，很涼快。

張春橋：現在影片上沒有風的感覺。

江　青：你們給方海珍穿粉紅格子的衣服，你們看怯氣不怯氣？

謝鐵驪：方海珍的服裝哪一個好？是不是第一個？

江　青：第一個，第一個。那是帶格子的，不要通場都用格子的。

謝鐵驪：前邊幾場方海珍沒有單獨穿襯衣，只有翻倉那一場才穿。「安全生產」幾個字可用玫瑰紅的。

江　青：這就是玫瑰紅的（**指著胸前掛錶的帶子**）。（**總理到場**）

江　青：總理，我請你來的，你坐在這兒，我就高興。

謝鐵驪：高志揚與方海珍的圍巾是否都用米黃色？

江　青：你們考慮吧。

謝鐵驪同志：高志揚唱到「黄浦江」時，要出現水的空鏡頭。

江　青：空鏡頭要適合他的唱詞，水要有閃光，要有湧，要歌頌它。

謝鐵驪同志：法國梧桐不好看。

江　青：不好看，都是矮墩墩的，彎彎曲曲，像長了大瘤子，難看得很呀！

張春橋：我都看不出是什麼樹。

謝鐵驪同志：有一個鏡頭是實景拍的（**指下雨的鏡頭**）。

江　青：景與真景不調和，這一點技巧你們都沒有。怯，這是北京土話，翻成普通話就是俗氣。

姚文元：高志揚的衣服是紅的，腰帶是綠的，大紅大綠不好。

江　青：紅的不紅，綠的不綠。

謝鐵驪同志：那不是帶子，是披肩，後邊要有披肩的動作。

江　青：觀眾不會質問你，那個動作你們隔過去就是了。我對這個戲那麼熟，我都沒有注意。

姚文元：配色要專門研究一下。

謝鐵驪同志：方海珍的手比腦袋還大。方海珍上衣太深了。

江　青：現在太深了，稍微淺一些，也不能成銀灰。

謝鐵驪同志：要先有閃電，再有雷聲。

江　青：要先有風，你們沒有風。

張春橋：風是雨的頭嘛。

江　青：先有風，後有閃電，再有雷聲。在一個畫面上，這一棵樹有風，那棵樹就不動了。人家說微風吹動著頭髮，所以我說，你們像在宴會廳梳好了頭會外賓，不像在工作。

謝鐵驪：四場的窗子，顏色太深了。

江　青：要淡綠，淺一點。你們看這裏的多淡，多調和。多樸實呀！（**指會場四周**）

謝鐵驪：風什麼時候大，什麼時候小，要有安排。

江　青：雲也要有安排。

姚文元：雲是不動的。

張春橋：白雲能不能動？現在是颱風來臨以前嘛。

江　青：雲虛假。上海的雲是這樣動的，海南的雲是這樣動的（用手比畫）。

謝鐵驪：我們回去研究一下，幻燈有困難。

江　青：不論怎麼動，怎麼構圖，都要突出人物。你看人家拚命要出綠，但出得不那麼亮。

謝鐵驪：趙振山在前，方海珍在後，焦點不在方海珍身上，焦點不對。四場只掛了世界地圖。

江　青：大國沙文主義嘛！張××來了嗎？我請你來，是要幫他們個忙，畫個地圖。現在的太淡了，拍不出來了。你要根據攝影的要求，紅的怎麼紅，黄的怎麼黄，綠的怎麼綠，畫一張世界地圖，還有中國地圖，上海地圖。窗子那麼多幹什麼？

江　青：主席像搞得那麼難看。

謝鐵驪：是根據新華社的翻的。

江　青：掛歪了。頭小，不能平掛，要這樣，一平掛，頭就小了。

謝鐵驪：這張可以嗎？

江　青：可以，這是我們選的嘛。顏色太暗，（對石少華同志）重搞一張吧。但還是這一張，這一張是那個年代的。

謝鐵驪：方海珍頭髮要吹動一點，頭髮再薄一點。

江　青：方海珍在勞動嘛，在生活裏，否則像在真空裏。頭髮後邊像個包似的，要在原基礎上加加工，你們就是不研究，你頭髮那麼短幹嘛？（李麗芳同志：前邊加了假髮。）

江　青：把眼睛搞得像棋子一樣。頭髮後邊一定要貼，不然像老母雞。你看，今天師傅給我吹得鼓了一點（指自己的髮型）。

我今天請了畫地圖的專家。主要問題，所有在座的人都不能搞大國沙文主義。這個戲是寫碼頭工人的，是寫國際主義的，不能蹦一個世界地圖，蹦一個世界地圖，不稱霸嘛，這是主席的教導，不是有三句話嗎？你們這樣本身就強加於人了。所有的人都看不見眼神光。

謝鐵驪：眼神光比較難，它跟角度有關係，稍一動就沒有了。

江　青：別說那麼難，那麼玄乎了。

錢江同志：眼神光在一定的反射角才能看得出來。

江　青：我不聽你的，不聽你的。人家兩部片子怎麼解釋呀？人家有的是40年代的。在玻璃上跳舞，難度多大呀！

錢江同志：《龍江頌》我們對眼神光還比較注意。眼睛也有關係。

江　青：是嘛，《龍江頌》綠也有層次嘛。你們現在是粗製濫造嘛！你講吧。

謝鐵驪同志：方海珍和馬洪亮拿的槓棒位置太中心了。女工的上衣也不好，像蛇皮一樣。

江　青：配色不好。注意冷暖，特別要注意中間色調。

謝鐵驪：倉庫鑰匙要有特寫。

江　青：要有特寫，鑰匙上要塗上一層光亮。我給戰士拍照，刺刀上包上錫紙，打上個燈，就亮了。

謝鐵驪：鏡頭處理上，二半吊子鏡頭太多了。船太假。

江　青：船是在水上、冰上、還是在棉花上？奇怪。

謝鐵驪：水位太高了。畫得不好。

江　青：鑰匙拿起來好些，一把鑰匙可以單獨放下。窗子太多了，不要那麼多，可以掛中國地圖、上海地圖。韓小強的臺詞應該是：「幹不好，我還不想幹呢！」應該是這樣唸，現在平的，意思表達不好。整個片子的基調是這樣了。我們上次講，你們不善於總結經驗，老要黨和國家給你們交學費，現在四五本片子又要給你們交學費了。你們現在不僅在技巧上不鑽研，技術上也不過關。當然你們也有苦處。現在搞工業的也在，同志們，要攻堅呀！《龍江頌》我稱讚了一番，現在後退了嘛，紅的不紅，綠的不綠，又出來了。清晰度差，模模糊糊，亂七八糟。臉平平的，像個餅。這怎麼解釋呢？配色不好，這不能說電影工業沒過關吧？片子是伊斯曼的。現在燈沒有過關，現在一百度片子，他們用六十四度，光他們沒有辦法，本來拍一個近景用三千支光，你們要用多少萬？用了多少萬，還灰不溜秋的。不像人家亮是亮的，暗是暗的，人家臉上的光有明有暗，很有層次，你們的臉都像鐵餅，沒有層次，缺少隔離光。你看人家在大榕樹下，胡安的臉還襯著白的襯衫。所以我們要千方百計。現在我們沒有過關，你們要克服技術上的問題，現在用伊斯曼嘛。用光就是技巧，技巧就是藝術嘛，採光技巧、構圖嘛，電影語言嘛。

錢江同志：方海珍的臉型適合於平光，不適合打側光。

江　青：不見得！你們照得太胖了，太亮了，你試試看，用各種光試試看，我是說要用電影的各種手段來把英雄人物塑造出來。從頭到尾貫串風，從頭到尾設計雲。自然環境都要真實一些，不然結合不了，遠景要畫好一些。構圖非常不講究。

演員表上要寫上扮演者誰，歌唱者誰。基本上採光二半吊子。導演鏡頭二半吊子。革命精神不旺盛，又把《千萬不要忘記》搬出來了，總而言之走了回頭路。也許我說了過頭話，但是是後退了。剛拍了《龍江頌》我稱讚過，相對地好。《奇襲白虎團》也相對地好，就是火光不好，臉譜不好。《奇襲白虎團》攝影來了嗎？你講講！

你們革命意志衰退，驕傲使人落後嘛！（**對總理**）他們革命意志衰退，你不給他們敲警鐘那還了得。你給他們鼓鼓勁吧！

（**總理做了重要指示，其中說到：「現在開計劃會議，計劃會議給電影工業要加勁。進點口，做參考，但自力更生為主。進點口做參考，這才能超過。但不要寄希望於進口，要自力更生。上海、北京電影工業要協作，參考外國的東西，以便超過，一年不行，三年嘛，到 1975 年超過嘛。」**）這時，江青打斷說：還有個事情。狄福才寫了個報告給我，報告基本上是好的，有的提法不妥。印染法……我們完全可以分工合作嘛，迎頭趕上，上海、北京、遼寧哪個出來用哪個。要迎頭趕上，不能爬行主義，總是爬不完。這全在於先念同志的工業了。弄虛作假欺騙我們不對。北京洗印廠有個事我生氣了。林彪專我們政的時候，海軍派了個人，叫丁翰，是什麼人？我去過。工人很好。上海工人送來染料，積壓了兩個月不用。又說要偏紅，生活當中哪有這樣的，劉賢權同志，你解釋解釋！因為我批了個件，丁翰就寫了信給我，說他有活思想，怕洗印廠成了北影的一個車間。好像洗印廠是海軍的似的。他到哪兒去了？這傢伙破壞活動大了。我建議把他調回來，調到洗印廠去交代清楚他和李作鵬是什麼關係。總理在這兒，請總理批吧！

江　青：我建議，你們是分別來開會的，可以交流一下，一塊談談，什麼東西要過關。燈具問題就要解決嘛，燈具是可以過關的。你們到北影去看看，那麼大的燈，那麼高，一層一層的，燈光工人很危險。有搞光學的嗎？你們能不能幫他們個忙啊？你們可要幫他們個忙啊！有沒有志氣？他們用的 40 年代的，甚至是 30 年代的，還有老修的。你們到北影去看看，就知道了，慘得很。錢江用的攝影機，那個笨哪，我都可以坐上去推磨。你們可以幫忙嗎？先念同志，你帶他們去北影看看，一排排那麼高，用很多燈，也不清楚。技術上沒有過關，因此技巧也把握不住了。

不過你的採光技巧也不過硬，紅不紅，綠不綠。我們中國人要有志氣，我們不搞大國沙文主義，不稱霸，但是在電影工業上，我們要迎頭趕上，不做爬行的奴隸。我向你們呼籲，要徹底批林，徹底揭發大漢奸、大叛徒、大賣國賊林彪的罪行。只有把林彪的罪行批深批透批臭，你們才能提高覺悟，擦亮眼睛，攻克科學尖端。不知我談的對不對，我講錯了，你們攻我。先念同志講幾句吧，我錯了你攻我吧。

先念同志：電影工業很複雜，是綜合性的，是個重要部門。現在開了會，希望同志們搞上去，要有個志氣，要迎頭趕上。衛星都上天了，三座大山都打倒了。

江　青：林賊破壞，四條漢子破壞，葉群破壞，加上你們又不努力，不成材。我覺得是有這麼點門戶之見呀，先念同志。

先念同志：鋼都超過兩千萬噸，主席講了，我們還不是搞上去了。這個我們為什麼上不去？

江　青：我們在世界上不稱霸，但你們電影工業上就一個個稱霸。

張春橋：上海工人同志日夜趕，染料試驗出來了，運到北京，就是不試。

江　青：就是那個丁翰不用，洗印廠來了沒有？技術人員來了沒有？「八一」廠來了沒有？我怕忘了你們。

保定廠要打倒我，我直接派人去軍管就要打我。

軍代表：現在好了。

江　青：現在不喊著我的名字打倒我啦？你是三十八軍的？（答：**防化兵的**。）你是什麼時候來的？（答：**69 年**。）那你來得晚了。

保定過去黑白片已經過關了，文化大革命初期，加、減法彩色片也不錯了，一軍管就完蛋了。記者都怕用保定片，清晰度差，齒孔不好。

先念同志：現在好一些了。我們要很好做工作，還有派性。

江　青：派性，只有批林才能團結起來。首先批林。

這是用藝術手段宣傳毛澤東思想，不然就是強加於人。

用藝術手段宣傳毛澤東思想，乾巴巴地老是萬歲萬歲，人家最討厭。

張春橋：電影工業不僅是電影工業問題。大家都知道，我們的人造衛星上天了，全國都歡呼。如果我們再往前想一想，在衛星上拍照，那個照相機要求就得高了，膠片也就要求更高了。我舉這兩個例子就說明問題，不僅地面上的要求，也是天上的要求。我們要趕超，要有遠大目標，要把帝國主義、社會帝國主義都趕超過去。

輕工業部的對照相機、燈具不重視。

江　青：錢江用的攝影機笨得很，我都可以坐上去。

張春橋：輕工業部門有多少萬種，頭髮夾子、鈕扣、牙刷，這些東西也要搞，搞不好，群眾也不滿意。

江　青：我的錶帶壞了，也買不到。（**指一指胸前用玫瑰色帶子掛的錶**）

張春橋：也應該重視，不過這些還有人抓。比較起來電影機、照相機更重要一些，也要有人抓。可我們真要立大志，就要把這些高水準的東西搞上去，這些過了關才行。不然我們的衛星打上去了，拍的照，發不回來，有什麼用呢？所以只有這些過了關，我們的人造衛星打上去，才有更大的成果。大家不要只看成電影方面的需要，當然電影也是很重要的。這個過了關，整個化學、機器製造水準都會提高。抓住這事，促進整個工業發展。阻力是有的，困難是有的，主要是林賊一夥破壞，比如洗印廠，上海搞出染料，就是不試驗，一等就是兩個月。群眾是關心工業發展的。要依靠群眾，依靠革命技術人員，在黨領導下是能夠促上去的，是可以突破的。

我們那天看的那個電影，你還不知道呢，人家就劈里啪啦照完了。我們的攝影機笨得要死。主席接見外賓，群眾希望看主席的鏡頭，機器笨，照不好，要搞上去。

姚文元：電視在努力，他們有雄心壯志。昨晚我看了他們一個計劃，彩色電視也有決心趕上去。

昨晚看了《海港》部分樣片，召集這個會很及時。江青同志已講了詳細的意見。第一就是要把《海港》拍好，第二要促進整個電影工業的發展，也要把其他電影拍好。要批林，要鼓足幹勁，要振奮革命精神，扎扎實實、百折不撓、堅韌不拔、一絲不苟地解決一系列具體問題。在文藝革命中，我參加了許多會，我體會到都是這個精神，這是無產階級的科學態度，要繼續下去。革命精神要和科學態度相結合，舞臺戲就是這樣搞出來的。《海港》是表現工人階級的，是社會主義革命時代，是表現中國工人階級國際主義的。應該把社會主義時代中國工人階級英雄形象，崇高的國際主義思想表現出來，用光、配色、構圖、造型、電影語言，用種種手段去表現。

江　青：一條腰帶都鬥爭好多年，夠難鬥的。包括那些團，剛取得一點經驗，就回潮。你又是《千萬不要忘記》（**指謝鐵驪**）。

姚文元：希望大家認真討論，把取得的成績鞏固下來，不滿足，繼續前進。不僅電影攝製組，還有其他各團，要總結，要前進再前進。今天我們看了兩部片子，用光、配色、技術、藝術技巧有許多地方值得我們借鑑。這不是今天看了，從拍樣板戲以來就看了不少了，如《智取威虎山》一個騎馬動作，就請上海演員們看了許多騎馬的片子。藝術創作就是要有一絲不苟、嚴肅認真的態度。這樣才能把工人階級的形象搞豐滿，表現出革命的新中國的面貌。既要重拍，就要拍好。于會泳、浩亮、慶棠回來了，可以參加，幫一幫。

江　青：他們有許多缺點啦，我批評他們很厲害，黨要培養他們抓創作的。謝鐵驪、錢江，我也帶了你們好多年了，68 年把你們從黑線保出來，失敗了多少次，這次幾本又是付學費。要拿出刻苦精神，才對得起主席，對得起黨，對得起國家，對得起人民。

姚文元：我們現在報紙上還是黑白照片。外國能很快印出彩色照片，今天拍的，明天就登。外國能做的，中國也一定能做到，只要經過努力。就要有這樣的雄心壯志。電視還有點雄心壯志，希望你們互相競賽。

江　青：黄永勝說這個不行、那個不行，你拍一張出來嘛。我就讓你們看了電視。主要是不善於總結經驗，好的要發揮，不好的要克服，在座的，包括我本人。

姚文元：江青同志還是鼓勵你們的。《龍江頌》是肯定的嘛，《奇襲白虎團》也表揚了嘛，就是今天《海港》有幾個鏡頭江青同志也肯定了。希望你們搞好。

江　青：電影工業要為電影藝術工作者打下很好的技術基礎。

應該說你那個工業跟藝術比起來要容易得多。我的外科醫生說：我的外科手術比你的藝術粗得多。他說了一句公道話。

我們試種的二分地皮，棉畝產二百多斤，稻子一千多斤。

批得不深、不透也不臭（指批林），所以眼睛不亮，團結不起來，幹勁不十足。

要有一絲不苟的、嚴謹的、嚴肅認真的全心全意為人民服務的精神。我們吃的、穿的都是工農兵的嘛，兵也是穿著軍裝的工農[3]。

---

[3] 北京電影洗印廠提供。

1月24日

江青在國務院文化組成員于會泳的一封檢討信上批示：

> 戲、電影少了不能怪會泳同志一個人，而且少也是相對的。（國務院文化組裏）正氣不得伸張，原因是未抓緊批林。

1月25日

張春橋在國務院文化組成員于會泳的一封檢討信上批示：

> 同意江青同志的意見。文化組應當集中研究一下，把應當揭開的問題揭開，否則，拖下去，很不利。

由國務院文化組文藝叢刊小組編輯、人民文學出版社出版的《文藝節目》（第一輯），今天開始在全國各地發行。這本《文藝節目》，是為了滿足工農兵群眾對於革命文藝日益增長的需要，從國慶二十三週年首都遊園活動的演出節目中選編出版的。這些節目有的是業餘作者的作品，有的是專業作者的作品。它們以群眾喜聞樂見的藝術形式，從各個側面反映了廣大工農兵群眾在社會主義革命和建設中，沿著毛主席革命路線闊步前進、朝氣蓬勃的精神面貌。這輯《文藝節目》中，有獨唱、合唱、表演唱和獨奏、合奏等音樂作品，有中小型歌舞、小舞劇等舞蹈作品，有河北梆子、晉劇、豫劇等地方戲移植革命現代京劇的唱腔選段，以及單弦聯唱、快板書、河南墜子、山東快書等曲藝作品[4]。

本月

《「龍江風格」萬古長青——讚革命現代京劇〈龍江頌〉》由上海人民出版社編輯出版。

《四川文藝》第1期發表評論：唐正序〈移植革命樣板戲，深入開展川劇革命〉。

---

4 〈為滿足工農兵對於革命文藝日益增長的需要《文藝節目》（第一輯）出版〉，北京：《人民日報》（第2版），1973年1月26日。

2月10日

前來我國排練革命現代舞劇《紅色娘子軍》的日本松山芭蕾舞團的演員，今天晚上和中國舞劇團的演員在北京天橋劇場同臺演出了《紅色娘子軍》。江青、張春橋、姚文元、吳德、廖承志、符浩、王國權、劉慶棠、于會泳、浩亮、李德倫、楊驥、孫平化、林林、王曉雲等，觀看了演出，並在演出休息時會見了松山芭蕾舞團團長清水正夫、作曲家宗像和以及演員，同他們進行了親切的談話。參加今晚演出的松山芭蕾舞團的演員有：外崎芳昭、森下洋子、田中敏子、清水哲太郎、福澤賢一、山崎敬子、原田牧子，其中前面四人分別扮演洪常青、吳清華、連長和小龐[5]。

2月18日

《人民日報》（第4版）〈友誼花開又一枝——記日本松山芭蕾舞團在中國排練《紅色娘子軍》〉報導：

來中國排練《紅色娘子軍》的日本松山芭蕾舞團的朋友們，懷著真摯友好的情誼告別了北京。他們回國以後，松山芭蕾舞團將向日本觀眾演出中國現代革命舞劇《紅色娘子軍》。友誼花開又一枝。曾在十八年前把中國歌劇《白毛女》搬上芭蕾舞臺的日本松山芭蕾舞團的藝術家們，又一次在日中兩國人民友誼的花園裏播下了新的種子。

松山芭蕾舞團這次派了七個演員來中國。他們經過將近一個月的辛勤排練，已經掌握了《紅色娘子軍》全劇近二百個角色的舞蹈動作。演員清水哲太郎一個人就掌握了洪常青、小龐、老四等十幾個角色的演技。2月10日晚上，日本藝術家同中國舞劇團的演員成功地進行了同臺演出，同心協力地塑造了劇中英雄人物的形象，受到北京觀眾的熱烈歡迎。松山芭蕾舞團清水正夫團長懷著深厚的情誼表示，今年5月，《紅色娘子軍》將根據廣大日本人民的要求，

[5] 〈日本松山芭蕾舞團演員中國舞劇團演員同臺演出革命現代舞劇《紅色娘子軍》江青張春橋姚文元吳德等觀看演出並祝演出成功〉，北京：《人民日報》（第3版），1973年2月11日。

在東京正式演出。他們將以此來紀念毛主席的〈在延安文藝座談會上的講話〉發表三十一週年，並慶祝松山芭蕾舞團成立二十五週年。這是 1973 年 2 月 10 日的夜晚。

《人民日報》的〈把革命樣板戲送到工廠農村部隊中去〉報導：新華社上海 1973 年 2 月 18 日電，上海京劇團《智取威虎山》劇組、上海市舞蹈學校《白毛女》劇組分別結束了在四川、湖北和江西、浙江的巡迴演出，最近先後回到上海。上海京劇團《龍江頌》劇組不久也將去湖南、江蘇等地演出。在各地巡迴演出的日子裏，《智取威虎山》劇組和《白毛女》劇組的文藝工作者，還觀摩了當地文藝工作者排練和演出的革命樣板戲、移植革命樣板戲和其他富有地方特色的文藝節目，並同當地文藝工作者一起座談、練功和交流經驗。他們互相勉勵，決心以批修整風為綱，進一步發展和繁榮社會主義文藝。

本月

1973 年 1 月 14 日，江青接見文藝工作者，對「樣板戲」電影的拍攝作出指示之後，「樣板戲」劇組聞聲而動。下述九個劇組進行了經驗總結和思想檢討。

革命現代京劇《智取威虎山》彩片攝製小結：

一、學習、運用「三突出」創作原則，處理好突出主要英雄人物和刻劃反面人物的關係。

拍攝前，我們認真學習了江青同志有關樣板戲創作的重要指示，瞭解了《紅燈記》創作中兩條路線鬥爭情況。周揚及其代理人醜化李玉和，美化敵人，破壞《紅燈記》的罪行，激起了我們的無產積極義憤。對照我們自己，過去由於立足點沒有完全移到無產階級這方面來，世界觀、文藝觀還是舊的，也拍過一些壞電影，顛倒了敵我關係。我們認識到，能不能在《紅燈記》影片裏貫徹「三突出」創作原則，堅持李玉和同鳩山之間主宰和陪襯的關係，是一個關係到能不能使無產階級英雄占領銀幕的大是大非問題。而要做到這一點，必須從思想感情到創作方法，都來一個徹底的變化。

我們注意克服過去那種對戲劇衝突不做具體的階級分析，誰有戲就把鏡頭給誰，以致造成敵我雙方平分秋色，甚至正不壓邪的錯誤傾向，而從鏡頭的多少、長短、遠近，構圖的仰俯、正側、高低，光效的明暗，色調的冷暖等方面，運用多種對比手法來突出李玉和。如〈赴宴鬥鳩山〉一場，全景鏡頭裏，李玉和總是在前景，呈正面，居畫面中心；鳩山則在後景，呈側面，靠邊站。當鬥爭進入高潮，又安排了一組節奏強烈的對列鏡頭：仰拍李玉和和近景俯拍鳩山中景；仰拍李玉和特寫對俯拍鳩山半身。這樣就使李玉和始終壓倒鳩山，突出了李玉和穩如泰山的高大形象和視死如歸的革命氣節。

同時，我們也注意到用對比手段褒貶正、反面人物，不能絕對化，以免把尖銳複雜的階級鬥爭簡單化，減弱矛盾衝突的份量。既要體現英雄主宰銀幕，又要使反面人物的表情、動作看得清楚，能夠起到假惡醜反襯真善美的作用。

二、認真學習京劇藝術規律，處理好電影和京劇兩種藝術形式的關係。

我們的具體做法是：

（一）在形式服從內容的前提下，力求電影鏡頭的分切、運動、組接同京劇藝術的唱、唸、做、打緊密結合起來。盡可能在演員的強烈動作上、鑼鼓上、音樂強音上選擇鏡頭剪接點，並根據演員表演和音樂旋律，確定鏡頭移動的起點、定點和速度，使電影的節奏同戲劇、舞蹈、音樂的節奏凝成一體，統一於貫徹「三突出」創作原則的需要。

（二）為了體現樣板戲通過成套唱腔揭示主要英雄人物崇高精神境界這一重要藝術成就，保證英雄人物唱段完整和革命激情連貫，我們注意克服蘇修電影鏡頭分切太碎的影響，堅持內容形式相統一，較多地運用長鏡頭和移動鏡頭，如李玉和的核心唱段「雄心壯志沖雲天」，長約九分鐘，只分了十一個鏡頭。

（三）大膽運用兩極鏡頭表現京劇藝術塑造英雄形象的重要手段「亮相」。李玉和第一次出場的「亮相」，六場的「亮相」，八場出監時的「亮相」，都是大全景跳大近景，效果都比較強烈。

（四）學些搞好光線的藝術處理，為貫徹「三突出」創作原則，塑造無產階級英雄形象服務。

電影攝影中光線的藝術處理，過去在文藝黑線影響下，長期未加重視，照明工作幾乎完全侷限於純技術範圍。這次拍攝《紅燈記》，在江青同志親切指導下，我們才認識到，這是在電影藝術中貫徹「三突出」創作原則，塑造無產階級英雄形象所必須解決的一個重要課題，也做了一些努力。

二

拍攝樣板戲影片的過程，是我們學習、實踐毛主席革命文藝路線，批判、肅清文藝黑線流毒的的過程，也是改造我們世界觀、文藝觀的一場深刻革命。在拍攝《紅燈記》中出現的一些嚴重錯誤和缺陷，原因是多方面的，但最根本的還是我們的世界觀、文藝觀的問題。現就幾個主要問題檢查如下。

（一）對「三突出」創作原則理解不深，貫徹不力，把李奶奶凌駕於李玉和之上，突出了坐機關的老太太。

我們學習樣板戲經驗後，理性上似乎已經懂得了「三突出」創作原則，為什麼在實踐中又會發生偏差，造成嚴重錯誤呢？

一是我們對「三突出」創作原則三個內容之間的有關聯繫理解不深。只是著重注意了處理好正、反面人物的關係，對在英雄人物中突出主要英雄人物，則掉以輕心。處理李玉和同李奶奶的關係，不像處理李玉和同鳩山的關係那樣兢兢業業，謹慎過細。結果顛倒了主次，實質上也就背離了「三突出」創作原則，違背了突出主要英雄人物李玉和這一根本目的。

二是我們思想感情不對頭。李玉和是無產階級的一個傑出代表。而我們的思想境界很低，不能深刻體驗他的崇高精神世界。我們愛李玉和，但愛而不深。

本月，北京電影製片廠《紅色娘子軍》攝製組，革命現代舞劇《紅色娘子軍》影片攝製小結：

為貫徹「三突出」原則，達到「還原舞臺，高於舞臺」的目的，我們在深刻理解舞蹈語彙，努力吃透樣板戲的革命精神的基礎上，充分調動電影藝術手段，千方百計地突出主要英雄人物。我們從以下幾個方面做了努力：

一、拍好舞段和造型，塑造主要英雄人物，突出革命激情

舞段和舞蹈造型是舞劇抒發英雄人物革命激情的重要手段。拍好舞段和造型是「還原舞臺，高於舞臺」的關鍵。起初我們曾錯誤地認為，舞劇鏡頭分切必須多些，才能突出英雄人物革命激情。因此，分了五百多個鏡頭。後來江青同志指示，鏡頭不要超過三百。事實上，鏡頭分切過多過碎，不僅會損壞舞段的連貫性，也不利於表現英雄人物的革命激情。為了做到既能充分展現舞蹈身段，同時又能使觀眾細緻地洞察到英雄人物的精神世界，在採用長鏡頭拍攝時，把演員調度和鏡頭運動有機地結合起來。

例如，六場常青面對男賊威逼他叛變的一段舞蹈。全景中常青憤怒地甩開團丁，然後衝成近景，突出他從容鎮定、蔑視頑敵的精神面貌。當常青起舞，又拉成全景，以抒發他的革命豪情。老四走近常青時，為了再次突出他逼視老四的明亮似劍的目光，又推成近景。

另外，我們還在大段舞蹈中，抓住其中最富有表現革命激情的一瞬間，插進特寫或近景。如，六場常青就義前，舞臺上刻劃常青豪情澎湃，痛斥眾匪的大段舞蹈，在三個大全景中插拍了兩個近景。這樣，把揭示英雄人物的精神面貌與展現英雄人物的舞蹈動作結合起來，突出了英雄人物的革命激情。

舞蹈造型是揭示英雄人物階級本質和精神境界的最有力的手段之一。如清華在椰樹後閃出的「弓箭步」造型，是揭示她「抓不著，我就跑」這一反抗性格。我們選一線天做襯景，用全景正面俯拍了這一瞬間的塑象，把英雄人物內心世界美與外在形象美統一起來。

二、在群舞中突出主要英雄人物

群舞是舞劇的重要組成部分。為拍好群舞，使觀眾既能看到英雄群像，又能在英雄群像中突出主要英雄，我們儘量避免過去那種蹦來蹦去的跳拍鏡頭，採取了鏡頭運動的方法。

三、創造有利的環境氣氛，塑造主要英雄人物的高大形象

為了塑造英雄人物的光輝形象，在布景處理上，我們以原舞臺為基礎，又根據電影的需要，做了發揮，使其更好地達到以景托人的目的，如，五場〈常青被俘〉這段戲，為了突出常青巍然屹立的高大形象，我們把常青處的位置拉前、加高，使常青高於背後山石，又達到眾匪被踩在他腳下的效果。拍攝時，用遠景表現雷鳴和閃電劃破夜空的環境氣氛。隨後，又俯拍常青張開雙臂的全景，然後急降成大仰角，又推成特寫。常青這個英雄形象彷彿是聳立在高山之巔的勁松，威武地展現在銀幕上。

又如，《常青就義》一場，我們增加了一個高臺階，讓常青站在高臺階上，南賊和眾匪都匍匐在臺階下，造成英雄人物高大，敵人矮小的效果，從而表現他在任何艱難困苦場合都「要壓倒一切敵人，而絕不被敵人所屈服」的大無畏革命精神。

四、運用光線的明暗，色彩的冷暖和氣氛的渲染突出主要英雄人物。

如，常青智闖南府，雖然是夜景，但我們仍然以明亮的光線和暖色調突出常青，使他與南霸天以及眾匪徒灰暗的冷色調形成鮮明對比。同時，我們還著力使用了眼神光和輪廓光，使英雄形象鮮明突出。

〈山口狙擊〉一場，為了造成戰火紛飛，硝煙瀰漫的戰鬥氣氛，我們用了煙火、爆炸、閃光和風等手段，更好地烘托、渲染了常青、清華英勇奮戰的高大形象。

另外，我們還用效果光和追光來突出英雄人物。如〈常青指路〉、〈山口狙擊〉、〈常青就義〉等重要情節和造型都實用了紅光，對環境氣氛做了渲染，也展示了英雄人物崇高的精神境界。一場中，為了表現清華遍體傷痕，懷著對南賊的刻骨仇恨，在茫茫的椰林裏掙扎向前的一段獨舞，我們用追光突出了她。

五、適當改變舞臺調度來突出主要英雄人物

為了讓主要英雄人物始終處於畫面的突出位置，在拍攝中，有時也對舞臺調度稍加改動。如四場，常青把槍還給清華時，舞臺上是向後退

表現她的激動，但同樣處理在銀幕上，就不像舞臺那樣感人了。所以拍攝時，我們讓清華衝向鏡頭成近景，使她的激動心情得到了充分展示。

除此之外，我們還運用「變焦距」來突出主要英雄人物。在《夜襲匪巢》中，當常青聽到清華擅自開槍後，他率眾戰士奪門而出時，我們用「變焦距」鏡頭，從大全景急推成他的近景，這樣，既表現了情況突變的緊張氣氛，又突出了常青沉著果斷的戰鬥作風。

本月，長春電影製片廠《沙家濱》攝製組，革命現代京劇《沙家濱》影片攝製小結：

「三突出」創作原則，是江青同志實踐毛主席革命文藝路線，在激烈的兩條路線鬥爭中，培育革命樣板戲，總結出來的極其珍貴的經驗。拍攝革命樣板戲影片怎樣才能貫徹「三突出」創作原則？我們的體會是：

一、貫徹「三突出」創作原則，必須有高度的路線鬥爭覺悟。

「路線是個綱，舉綱目張」。只有提高路線鬥爭覺悟，才能深刻理解樣板戲的革命精神，才能滿腔熱情、千方百計地運用電影藝術手段塑造高大的工農兵英雄形象。

努力塑造主要英雄人物是「三突出」的核心。《沙家濱》〈堅持〉一場，是塑造郭建光的重要場次。最初拍攝時，我們追求所謂「真實」，錯誤地認為，郭建光既然被困於蘆蕩，糧缺藥盡，音訊又斷，就應該強調一個「苦」字，人物要瘦，不能太漂亮。拍攝時，演員臉上出了汗，也不修妝，認為「真實」。結果，把一個體現毛主席革命路線的叱咤風雲的英雄人物拍得既無革命激情，又無光彩，消瘦蒼老，失敗了。通過總結，重溫江青同志一系列指示，狠批了文藝黑線，才使我們認識到，我們強調「苦」，實質上是修正主義「寫真實論」、渲染頌揚苦難的流毒在我們頭腦中的反映。這樣，使我們明確了：

（一）在表現英雄人物艱苦奮鬥時，必須突出英雄人物的革命樂觀主義精神。為了突出郭建光革命英雄主義的豪情壯志，我們對表現他率領戰士奮戰水鄉的豪邁氣概，在鏡頭分切、燈光等方面，重新進行了設計，並對他的核心唱段《聽對岸》設計了既有遠近、仰俯，又有強烈節奏的一組鏡頭，展示郭建光不懼艱險的革命樂觀主義精神和他的崇高思想境界。

（二）在表現英雄人物艱苦奮鬥時，造型必須壯美。舞臺戲很注意這點，如郭建光衣服綴有補丁，但很整潔。我們也強調人物要乾淨漂亮，並調動攝影、光效、化妝等一切有效手段，使郭建光年輕、英俊、挺拔。

（三）表現英雄人物的艱苦奮鬥時，環境氣氛必須為烘托英雄人物的崇高精神境界服務。我們在〈蘆蕩〉一場裏，用延伸景、空鏡頭、煙霧等藝術手段，儘量展示蘆蕩雲遮霧障、無邊無沿的險惡氣氛。這樣，險惡環境與英雄人物的革命氣概相對照，收到相反相成的藝術效果，使郭建光的革命樂觀主義精神得到較好展示。

本月，上海電影製片廠《白毛女》攝製組，革命現代舞劇《白毛女》影片攝製小結[6]：

學習運用「三突出」創作原則的體會

一、對主要英雄人物必須深刻理解

（一）努力突出喜兒對階級親人熾熱的愛

革命現代舞劇飽含著無產階級的濃烈感情，以豐富的舞蹈語彙、精彩的音樂旋律抒發了喜兒對階級親人熾熱的愛。為了充分體現舞臺的藝術成就，對楊白勞給喜兒紮紅頭繩一段戲，我們以溫暖、明亮的環境氣氛，先用近景來表現喜兒拿到紅頭繩的喜悅心情，又用全景不間斷地拍攝喜兒歡樂的獨舞；而在楊白勞被打死時，我們讓喜兒以近景急速進入畫面，強調她的驚視反應，然後，鏡頭快速拉成大遠景，同時在環境上強烈渲染「天昏又地暗」的悲壯氣氛。通過這一喜一悲情緒的對比處理，較好地表現了喜兒和楊白勞父女之間的階級深情。

6 導演：桑弧。編劇：上海市舞蹈學校《白毛女》劇組。主演：茅惠芳　凌桂明　董錫麟　王國俊　傅艾棣。上映：1972。製作發行公司：上海電影製片廠。

（二）努力突出喜兒對階級敵人的反抗精神

喜兒長期受封建地主的殘酷剝削和壓迫，形成了她對地主階級不共戴天的深仇大恨。為了強調喜兒的反抗精神，在二場，我們用近景正面拍攝了喜兒高舉香爐的憤怒情緒，並且還打破了以前舞臺紀錄片的框框，用反拍黃世仁踉蹌後退的鏡頭來襯托喜兒。另外，在拍攝三場喜兒衝出黃家之後的一段重要舞蹈時，我們用變焦距鏡頭，先在近景中展現喜兒力度強烈的「連續平轉」，充分揭示她「要報仇」的堅強意志，

然後隨著人物感情的節奏，鏡頭急速拉成具有爆發力的「騰空大跳」的全景。這樣一氣呵成的拍攝方法，既使變化豐富的舞姿連貫完整，又有力地突出了喜兒萬難不屈的反抗精神。

（三）努力突出喜兒、大春繼續革命的思想境界

從故事片《白毛女》全劇結束於喜兒、大春《團圓生產》，到舞劇改成喜兒參軍作為結尾，這是主題思想的飛躍，是一個革命。由於我們對這一改動的政治意義理解不深，曾出現過讓喜兒、大春站著跟鄉親們「揮手告別」的鏡頭處理。後來在理解了人物革命精神的基礎上，打開了思路，除拍了喜兒「表決心」和「接槍」兩個近景外，又和劇組商量，在拍攝全劇最後一個鏡頭時，改變了原舞臺調度。以挺拔的楊樹，透徹的晴空，作為喜兒、大春的背景，讓喜兒握槍和大春並肩走在整個隊伍的前面，採用始終兩人上半身畫面的跟拉方法，較好地表現了主要英雄人物繼續革命的崇高思想境界。

二、對英雄和群眾的關係必須正確對待

（一）努力突出大春走武裝鬥爭道路的革命精神

在劇組的支持下，我們改變了原舞劇第一場結尾的處理，把群眾「揮手告別」的動作提前，騰出音樂篇幅，為大春設計了一個左手握拳，右手高擎鮮紅「八路軍」袖章站在高坡上的穩定造型，與群眾彼此呼應，以此展示他走武裝鬥爭道路的堅強決心。

（二）努力突出大春領導群眾的作用

在第五場軍民練武中，我們刪去了每組群舞上下場的過程，讓出篇幅，增加了大春「號召」、「指揮」等一系列近景，不僅使群舞集中精鍊了，同時，又加強了大春宣傳群眾，武裝群眾的領導作用。

（三）努力烘托大春在關鍵時刻的出場

黃世仁打死楊白勞後，為了加強大春的出場亮相，我們連續用了「急甩」、「急推」的鏡頭，以快速運動和嘎然靜止相結合的強烈手法，表現出瞬間的穩定造型，同時又拍了群眾和喜兒扭頭看大春的兩個近景，插在大春的穩定造型中間，對烘托大春對敵戰鬥的英勇氣概起到了較好的效果。

本月，中央新聞紀錄片電影製片廠攝製組，鋼琴伴唱《紅燈記》、鋼琴協奏曲《黃河》、交響音樂《沙家濱》影片攝製小結：

彩色影片鋼琴伴唱《紅燈記》、鋼琴協奏曲《黃河》、交響音樂《沙家濱》，在毛主席的革命文藝路線指引下，在江青同志的親切關懷下，經過攝製組的反覆實踐和兄弟攝製組的幫組，於1971年9月攝製完成。

在兩次失敗後，我們重新學習了毛主席〈在延安文藝座談會上的講話〉和江青同志對《黃河》創作的具體指示，這使我們的頭腦清醒起來。我們認識到：鏡頭的少和多，只是個現象，本質是我們的世界觀和文藝思想，不是從工農兵出發的。比如，《黃河》的中心段落〈保衛黃河〉，音樂形象是抗日軍民同仇敵愾，萬馬奔騰，英勇殺敵，表現了無產階級英雄主義的精神。可是我們對這樣的音樂形象，理解不深，愛得不強烈，只用了很少的鏡頭，平淡地反映出來。這說明我們缺少的是工農兵的感情。沒有熱愛工農兵的感情，就不可能滿腔熱情地調動電影的一切手段去歌頌工農兵的英雄形象。又如，在〈黃河憤〉裏，音樂形象是抗日人民對敵寇的控訴，像滾滾的黃河怒濤，仇恨滿腔，表現了不可遏止的憤怒情緒。可是我們對這樣的音樂形象，也是理解不深，只從形式上著眼，鏡頭分切很多，割裂了音樂形象的連貫性。這也說明我們沒有從工農兵的思想感情出發，而是受資產階級文藝思想的影響，脫離思想內容去追求影片的節奏，陷入了形式主義的泥坑。這使我們深刻地體會到：拍攝革命樣板戲、實踐毛主席的革命文藝路線，是繼續解決文藝為什麼人的過程，也是深入批判資產階級文藝思想的過程。

有了這個認識以後，我們反覆用毛主席的文藝思想和江青同志的指示，檢查我們的立場和思想感情，努力吃透作品的革命思想和革命精神，加深理解作品所塑造的無產階級英雄主義的音樂形象，從內容出發，該分切的就大膽分切，該連貫的就放手連貫，怎麼有利於突出無產階級英雄主義的音樂形象就怎麼做。這樣，全片分了六十幾個鏡頭，比較得體地配合了音樂形象的發展變化，突出了作品的革命激情。

本月，北京電影製片廠、上海電影製片廠《海港》攝製組小結：

革命現代京劇《海港》，以社會主義時代工人階級的戰鬥生活為題材，塑造了完美的無產階級英雄形象，表現了崇高的國際主義主題。把拍攝《海港》的光榮任務交給我們，是黨對我們的信賴。但由於我們路線鬥爭覺悟不高，對江青同志的指示和樣板戲吃得不透，理解不深，第一次拍攝失敗了，沒有「還原舞臺，高於舞臺」。主要教訓如下：

一、**沒有吃透戲，鏡頭運用不準確，損傷了英雄人物的高大形象，影響了揭示主題的深度，削弱了戲的藝術感染力**。例如，三場，高志揚唱「累累創傷」，鏡頭應隨著人物情緒和音樂節奏推近，影片中卻採用了全景固定拍攝的方法，沒有細緻展示人物的精神面貌。四場，方海珍與趙震山對話一段，鏡頭分切很碎，使戲失去連貫性。五場，高志揚唱「千難萬險，也難不倒共產黨人」，從近景跳到空鏡頭缺乏有機聯繫。六場，馬洪亮用槓棒打小韓，由於鏡頭、景別不對，看不出像打人，虛假。馬洪亮痛說家史、方海珍對小韓進行革命傳統教育這兩個核心唱段，舞臺演出使人感動得流淚。但在拍攝中，導演缺乏嚴謹構思，沒有調動一切電影藝術手段塑造英雄形象、突出革命激情，鏡頭運用沒有充分渲染馬洪亮和方海珍的戲，所以很平淡，不感人。出現上述問題，在於我們沒有吃透戲的革命精神和藝術成就。我們雖然對《海港》戲很熟，鏡頭分了好幾遍，但是並沒有真正理解。把樣板戲搬上銀幕，是一場深刻的電影革命。應該闖出自己的路，尋求適合樣板戲特點的新的表現方法，創造準確、鮮明、生動的電影語言，而我們卻因襲了蘇修影片的陳舊手法，鏡頭亂蹦。不破除資產階級電影藝術之舊，是不可能立無產階級電影藝術之新的。

二、**沒有真正理解「還原舞臺，高於舞臺」的精神這二者的辯證關係**。比如。演員的調度受舞臺的侷限，縱深調度少，橫向調度多，電影應根據拍攝需要進行調整，而我們做得很差，使得畫面呆板，構圖不美，缺乏縱深感，影響了對英雄人物的塑造。事實上，這樣，不能「還原舞臺，高於舞臺」，只能貌合神離，低於舞臺。我們思想上「怕」字當頭，怕拍走了樣，不但不能露一手，立一功，還會犯錯誤，不敢大膽去闖，結果反而拍砸了。這是一個沉痛的教訓。

三、**不懂京劇規律，沒有吃透戲曲音樂**。京劇裏的鑼鼓緊密配合著演員的表演、身段、亮相與唱腔，是為塑造英雄人物服務的。但影片中鏡頭的分切點與鑼鼓點配合不准，有些鏡頭【闕文待補】「一鑼」是打在鏡頭運動過程中，顯得拖泥帶水，軟弱無力，減弱了烘托英雄人物的作用和表現力。影片中不少鏡頭的運動速度與音樂節奏也不吻合。如四場，方海珍唱「樹欲靜風不止 事出有因」時，從大全景推至近景，由於距離長，時間短，就加速向前推，破壞了人物情緒。五場，方海珍唱「黨啊，黨啊」，鏡頭在「黨啊」兩字的短暫時間內從特寫拉成半身，時間不夠，就急遽地硬拉，於是鏡頭不穩定，節奏不合拍，減弱了唱段的感染力。對於京劇規律，我們並不真懂，而滿足於一知半解，又不刻苦鑽研，這樣必然失敗。

攝影方面

我們這個戲的攝影拍過舞劇《紅色娘子軍》，覺得《海港》演員少，調度簡單，不像舞劇那樣演員很多滿臺跑。錯誤地認為《海港》比較容易拍，掉以輕心。結果，攝影方面出現了許多問題。

一、**在光的處理上，沒有用較強的頂逆光去塑造英雄形象、人物輪廓失去晴天的陽光感，不鮮明，不突出。**眼神光用得也失敗，沒有起到很好地刻劃英雄人物精神面貌的作用，關於用好頂逆光、眼神光，江青同志曾強調多次，我們對這些重要指示領會不深。拍攝中遇到問題，沒有想法設法去解決。只求過得去，不求過得硬，缺乏一定要把英雄人物拍出光彩的革命幹勁。

二、**角度選擇不完全適合演員臉型。仰度過多，平角、俯角太少。**有些鏡頭由於用仰角拍攝，使方海珍顯得又老又醜，手比臉還大。用仰角拍英雄，這是一般手法。角度「平」、「俯」、「仰」的運用，要因人而異。但我們對具體對象缺乏具體分析，沒有尋找出適合於演員臉型的最好角度。因此不但沒有美化她，反而醜化了她。思想上認為按一般手法處理穩妥，沒風險，怕拍壞了，丟掉資產階級臭名。

三、**色彩不講究，單調。樹的綠色太虛假。**戲的季節是盛夏，影片卻拍成初春的嫩綠，綠色也沒層次。舞劇《紅色娘子軍》綠沒出來，江青同志提出批評，指示我們一定要把綠色表現好。這次拍《海港》就拚命想出綠，在綠樹上還打上綠光，結果，綠得特別了，季節感也不對。這說明我們思想方法片面，顧此失彼，缺乏仔細研究，粗枝大葉，沒有高度的責任感。

四、**氣氛處理不協調，不真實。**三場結尾風雨來臨，晴天變為烏雲密布，地面卻沒有隨著陰暗下來，天空與地面光線不統一，氣氛不協調。六場的兩個大吊燈，處於畫面明顯位置，卻沒開燈。當時怕燈多了奪演員的戲，沒想到不開燈，光源從何而來？這樣既失去了生活真實，又破壞了夜景氣氛。這種粗製濫造的做法暴露出我們不認真、不考究，缺乏一絲不苟的精神。

美工方面

一、**布景設計缺乏完整構思。**一、三、七場江邊碼頭，片面強調景要開闊，要大，搞得空空蕩蕩，沒有層次與縱深感，失去生活氣息。一場後景延伸部分也很亂。吊車、電纜架堆在一起，雜亂無章，形象、構圖不美。沒有達到以景托人的目的。電影與舞臺藝術形式不同，對景的結構要求也就相應不同。如四、六場主體景中間部分，舞臺效果很好，由於鏡頭分切和運動的需要，布景應該有所改動。因為存在怕字，就遷就湊合，影響了質量。怕，實際是資產階級名利思想在創作中的反映。

二、**黃浦江的水本來是黃的，電影中是藍色。**我們錯誤地認為，藍色，是高於生活，是浪漫主義，比生活更美。對「源於生活，高於生活」的關係我們認識不清，對革命現實主義與革命浪漫主義相結合的創作方法也理解得錯誤。

三、**配色不協調，色彩失真。**三場的龍柏和美人蕉，大紅大綠堆砌在一起，太怯，既沒層次，色彩也不和諧。太陽太大，紅得特別，早霞應是大紅，現在是洋紅；彩虹的紫色沒出來，色彩失真。我們不講究配色，業務水平低，又不努力學習，缺乏搞好無產階級電影事業的雄心壯志，不爭氣。

四、五、六場黃浦江碼頭夜景燈光過多。原來想通過這些燈光表現欣欣向榮的上海灘，卻忘了這兩場戲的規定情境是深夜，失去了生活真實。更重要的是奪了前景演員的戲。這種不從戲的整體考慮，不從烘托英雄人物出發，而單純去追求布景的氣氛，實際是一種個人主義的自我表現。

化妝方面

方海珍的妝，只注意了粗獷而忽略了英俊。眉毛顯得很短，因為前一半是真眉毛，後一半是畫的，遇到反側光，畫的部分就被吃掉了。馬洪亮的妝化得年輕了。高志揚塌鼻樑沒有彌補，假鼻頭與膚色不接，損傷了英雄人物的形象。塑造無產階級英雄形象，要千方百計，精益求精，不能有半點馬虎。現在造型設計沒有根據角色要求、演員臉型，反覆琢磨，反覆試驗，這說明我們對工農兵英雄人物愛得還不深。

總結《海港》第一次拍攝失敗的教訓，心裏感到很沉痛。黨中央親切關懷我們，江青同志把著手教，國家付了這麼多學費，而我們卻沒有完成任務，辜負了黨的期望和江青同志的培養。

這次失敗的根本原因在於我們路線覺悟不高、世界觀沒有得到徹底改造。資產階級名利思想、蘇修電影和文藝黑線的流毒沒有肅清。缺乏深厚的工農兵的思想感情。對拍攝革命樣板戲不是高標準、嚴要求，而是滿足於點滴成績，在困難面前，沒有披荊斬棘、知難而進的戰鬥作風。業務上，基本功不過硬，還自認為有兩下子，裹足不前。這也是我們失敗的原因之一。

本月，北京電影製片廠《龍江頌》攝製組，革命現代京劇《龍江頌》影片攝製小結：

一、鏡頭處理

本著貫徹「三突出」的創作原則，塑造無產階級英雄形象的需要，和「還原舞臺，高於舞臺」的要求，除了像《智》劇拍攝時用長鏡頭保持唱段的連貫性，根據唱腔的不同「板式」和表演動作、節奏採用運動鏡頭的方法展現英雄人物的革命激情之外，在鏡頭角度的處理上，對以正面為主，兩側為輔的舞臺角度，有所突破，增加了反打、側反打、側打等角度。如〈窯廠鬥爭〉一場，江水英在黄國忠挑撥阿更阻止搬柴草時從後景的上場，為了突出她見微知著的洞察能力，就用了反打角度，讓她側身前景觀察這樣鬥爭。較為鮮明地體現了江水英「警惕陰暗角落逆風吹」的階級警惕性。

在舞臺調度的基礎上，對局部調度做了改動。如第一場李志田和阿更議論麥田的一段戲，就改在一個堤坡上進行。通過他們在堤坡上、下的調度，為豐富拍攝角度，充分展示背景提供了條件。

在過門音樂中增加了景物鏡頭。在《智》劇影片中只用過表現環境氣氛的空鏡頭，而這次我們為了使人物的情緒和景物更好地呼應，以景抒情，情境交融，在唱段中增加了景物鏡頭。如第五場江水英的唱段中，當她唱到「看今朝英雄們截流攔江」時，拍攝了施工架上「人定勝天」的巨幅標語，起到了抒發江水英等貧下中農改天換地、戰勝一切艱難險阻的豪情壯志的作用。第八場江水英唱：「這一磚、這一石銘記著階級深情。」這就寓意深刻地展示了英雄人物的內心世界，使英雄人物的革命激情得到了較好的抒發。

同時，我們還根據劇情的發展和幕間音樂提供的氣氛，增加了一些場景。如第一場增加了社員灑化肥的舞蹈；第二、三場之間增加了民工勞動的場面；第三、四場之間增加了江水英和社員群眾送柴草，搶救坍方，緊張戰鬥的場面；第六、七場之間增加了江水英與社員們在虎頭巖掄錘打釺的勞動場面。這些都使原舞臺劇情增加了連貫性，也在龍江抗旱的鬥爭中突出地表現了江水英既是革命者，又是普通勞動者的高大形象。

另外，在拍攝演員的近景和特寫鏡頭時，我們要求演員注意與舞臺表演的區別，掌握分寸，用準確的面部表情和眼神細膩而深刻地揭示人物的內心世界。如〈閘上風雲〉一場，當李志田無理指責江水英時，我們拍攝的由江水英中近推成特寫的鏡頭中，江水英思潮洶湧，激動萬分，但又不是委屈，而是以深厚的無產階級感情為掉隊的戰友感到痛心；不是輕視犯錯誤的同志而是考慮如何幫助他，鼓勵他前進的激動心情，就得到了細膩而又層次分明的展示。

二、環境氣氛

《龍江頌》是表現我國社會主義新農村的題材，如何在銀幕上把欣欣向榮的農村景象表現得更真實、更富於強烈的生活氣息，以更有力地烘托無產階級英雄形象，深刻地揭示主題思想，這是我們在考慮景物設計和人物造型方面的一個重要內容。在這方面，我們不僅把舞臺景向兩側做了延伸，而且在景物的廣度與深度上、在真實感方面做了一些補充，為場面調度和鏡頭的運用創造了條件：

（一）利用電影場景的空間，在還原舞臺布景形象的同時，根據場面調度的需要，擴充或增加景物。如：第一場江水英撐船上場的地方增加了葦叢；第二場李志田家門前增加了石板路；第三場工地上增加了帳篷、竹橋；以及在其他場景中增加了山、樹、麥田、草地等。

既保持了舞臺布景主體形象，又豐富了新的內容，進一步增加了氣氛，烘托了人物。

（二）增加前景，利用景物在英雄人物出場、表演、舞蹈等處進行氣氛渲染和烘托。如第六場的開始，鏡頭緩緩搖過屋旁的梨樹和晨曦中竹子的剪影，表現了搶險合龍後的寧靜氣氛，為江水英不怕疲勞，連夜查看水情後的上場進行了渲染。第五場江水英唱「望北京更使我增添力量」的唱段時，除開始先用一組烏雲翻滾、樹冠搖曳等空鏡頭進行渲染外，在唱段達到高潮時，機器降成仰角，在鏡頭前設置了疾風吹勁草的強烈氣氛，進一步烘托了江水英不畏艱險、頑強戰鬥的決心。

對彩霞的使用，我們把第一、六兩場的早霞、四場的晚霞減弱或去掉，集中用在〈豐收凱歌〉一場，著重渲染抗旱勝利共慶豐收的歡樂氣氛。

（三）根據《龍》劇的風格，在處理影片中虛實關係時，採用以實代虛、虛實結合的辦法，力求真實、有感染力。如〈搶險合龍〉一場的水中舞蹈，疊映了波濤翻滾的真水，在激烈險惡的戰鬥環境中，突出地表現了江水英帶領群眾與驚濤駭浪展開搏鬥的動人情景。其他場景也用了真水、煙、風的效果。又如，把過去拍舞臺片表演區的地面效果用地布鋪設的方法改用黃土鋪地。在真樹上噴色，用染色的木屑調整草地的顏色，染製不同色底的樹葉等，並採用色光照明增加景物的氣氛，如用黃光造成強烈陽光效果，用深淺不同的藍、綠光構成夜景效果。通過這些嘗試我們體會到「真實感」不僅是求「真」求「像」，而是通過真實感的手段，產生較強烈的藝術效果，以典型的環境氣氛，烘托英雄人物的高大形象。

另外，在服裝色彩的處理上，我們還根據背景的色調將群眾的紅、綠色服裝改為中間色，使背景與人物服裝和諧統一，以達到在背景和群眾中突出江水英服裝色彩的目的。

本月，八一電影製片廠《紅色娘子軍》攝製組，〈革命現代京劇《紅色娘子軍》影片攝製小結〉：

革命現代京劇《紅色娘子軍》搬上銀幕後，沒有突出洪常青與吳清華的英雄形象，沒有達到「還原舞臺，高於舞臺」的要求。總結我們的教訓，主要有以下幾個問題：

一、對戲吃得不透，沒有從突出主要英雄人物出發，精心進行通盤設計，缺乏嚴謹構思

我們沒有在「還原舞臺」的基礎上，抓住可以利用的每一時機，調動電影藝術手段，渲染、刻劃主要英雄人物的崇高思想。例如四場開頭，洪常青憑案讀書，一夜孜孜不倦，意境深遠。影片完全可以充分渲染環境氣氛，細緻刻劃他認真攻讀馬列主義、毛主席著作，為幫助教育階級姐妹，為連隊政治思想建設刻苦學習的革命精神。但我們沒有對此進行精心設計，只是平淡地一筆帶過，失掉了這個深刻揭示洪常青精神境界的機會。

對表現洪常青高度路線鬥爭覺悟的戲，我們又沒有著力刻劃。在四場吳清華接過賣身契後的那組戲裏，接連跳了常青、清華與連長幾個單人半身鏡頭，卻沒有突出洪常青講的「幹革命……還要有一條正確路線啊」這句關鍵臺詞。這種處理手法，既違背了江青同志關於鏡頭不要分切太碎、亂蹦亂跳的指示，又背離了突出主要英雄人物的根本原則。

我們在拍攝武打場面時，多從洪常青外部形體動作的節奏、氣勢著眼，而忽視了細緻地刻劃他仇視、蔑視敵人的內在感情。結果，影響了英雄人物內心世界與外部動作的統一，削弱了革命激情的突出。

在掌握演員表演激情上，我們更是缺乏深入的啟發、細緻的要求，沒有使鏡頭產生強烈感人的力量。

沒有革命激情，就沒有革命文藝作品。貫徹「三突出」創作原則，突出主要英雄人物，其關鍵在於突出主要英雄人物的革命激情。革命激情得不到充分體現，主要英雄人物就不可能突出，一切藝術手段的運用也就失去了目的。我們正是在這個關係到影片成敗的關鍵問題上，掉以輕心，造成了很大損失。

二、英雄人物的造型失敗，嚴重地損害了英雄形象

搞好英雄人物的造型，對刻劃英雄人物的內心世界，塑造完美的藝術形象，有很重要的作用。但我們沒能切實有效地結合演員外形的特點，從化妝、光效和攝影角度方面採取措施，塑造出既剛毅又英俊的英雄形象。在洪常青的化妝上，我們的審美觀點不對，底色偏粉，皮膚太嫩，像個娃娃臉缺乏剛勁粗獷的素質，同一個成熟的黨代表形象的要求，相差太遠。吳清華的造型，雖然在使演員年輕上想了一些辦法，但離劇中人物規定年齡仍有很多差距，銀幕效果比洪常青老，更沒有刻劃好她倔強不屈的性格特徵。

三、光效處理上顧此失彼：用了頂逆光和側光，有時人物臉部出現了夾板光，損傷了英雄形象；為了消除畫面中的多影，在全景中頂逆光光效又受到了損失；眼神光很不講究，有時不明顯，有時光點太多。這些都是我們工作不夠精心的結果。

四、布景設計和製作方面，兩側延伸幅度不大，拍攝角度不豐富。五、六場之間的大過場，沒有在景的設計上烘托渲染紅軍進軍的氣勢。雲形不好。一場結尾〈朝霞滿天〉出得太突然。

吳清華藏身的兩棵椰子樹上細下粗，懸殊殊太大，成了病態畸形樹。全片綠色物體過多，缺乏層次。

京劇《紅色娘子軍》拍攝中的缺點錯誤很多，以上只是幾個主要問題。儘管同志們在具體工作中發揚了苦幹精神，也取得了某些成績，如彩色還原、清晰度比《紅燈記》好，錄音質量較好，六場大榕樹造型較好，主要英雄人物個別場景和某些段落的戲處理較好等等。但是，我們在拍攝中沒有抓好「三突出」創作原則這一關鍵問題，致使影片中洪常青、吳清華的英雄形象和革命激情都沒有得到突出，沒有達到「還原舞臺，高於舞臺」的要求。

造成以上錯誤、缺點的主要原因是：

一、在創作中沒有抓好主要矛盾。拍攝革命樣板戲，必須認真學習樣板戲的創作經驗，吃透樣板戲的革命精神和藝術成就，全面貫徹「三突出」

創作原則，才有可能達到「還原舞臺，高於舞臺」。這個道理，我們好像懂了，實際上並沒有真懂。在拍攝任務時間較緊的情況下，本來應該把吃透戲的革命精神，塑造好洪常青、吳清華的英雄形象，當作主要矛盾，放在首位來抓。但我們卻本末倒置地把精力過多地用到解決技術性問題上去。結果抓了芝麻丟了西瓜。正如江青同志所批評的那樣，「創作思想是倒著的」。

二、**思想上有驕傲自滿情緒**。拍攝京劇《紅色娘子軍》之前，江青同志做了許多指示，批評了我們拍攝《紅燈記》中的錯誤，要我們總結經驗，接受教訓，大膽創新，提高一步。但我們對江青同志的指示學習不夠，理解不深。對拍《紅燈記》中產生的錯誤缺乏足夠認識，對成績估計過高，因而盲目自滿，認為拍樣板戲的路子已經走過來了，帶著「老經驗」、「有把握」的錯誤思想上陣。同時又保本求穩，故步自封，結果必然是不進則退。《紅燈記》本來就沒有拍好，京劇《紅色娘子軍》拍得更差。這一深刻教訓使我們永遠牢記「虛心使人進步，驕傲使人落後」的偉大真理。

三、**有畏難情緒與交差思想**。由於我們對京劇界《紅色娘子軍》的革命精神與藝術成就沒有吃透，因而對這個戲缺乏深厚的無產階級感情，沒有滿腔熱情、千方百計、精益求精地進行再創造；對塑造好一、二號人物的英雄形象有畏難情緒，革命精神不那麼旺盛，不是知難而進，而是得過且過。因此，拍攝中標準不高，要求不嚴，只求拍攝進度，不求鏡頭質量，有在「5・23」以前完成任務交差的思想。這也是舊八一廠粗製濫造壞作風的回潮。

京劇《紅色娘子軍》沒有拍好的根本原因，在於我們的世界觀、藝術觀沒有得到徹底改造。這次在拍攝中再一次暴露了我們的思想感情不對頭，創作作風不端正，思想上文藝黑線的影響很嚴重。長期以來，我們先是中了劉賊的毒，後又中了林賊的毒。在批林整風中，批林不深不透，流毒沒有肅清，路線鬥爭覺悟不高。毛主席的革命文藝路線，還沒有在我們

頭腦裏扎根，江青同志在培植樣板戲中所創立的一些根本創作原則，還沒有化為我們在創作中自覺遵循的指針，

本月，長春電影製片廠《奇襲白虎團》攝製小組，革命現代京劇《奇襲白虎團》影片攝製小結：

在黨中央和江青同志親切關懷和各級領導同志的具體指導下，我們和劇組共同完成了《奇襲白虎團》的攝製工作。拍攝中，雖學習了各兄弟攝製組的經驗，但由於我們對江青同志的許多重要指示沒有真正理解，思想上受文藝黑線的毒害較深，世界觀改造得不好，仍走了不少彎路。交了不少學費，沒有完滿地完成中央領導同志交給的任務。

下面，是攝製中的收穫和教訓。

革命現代京劇《奇襲白虎團》，塑造了偵察排長嚴偉才高大的無產階級英雄形象。為使影片「還原舞臺，高於舞臺」，我們學習了江青同志對《奇》劇的一系列指示，結合《奇》劇的特點，努力運用電影表現手段，突出嚴偉才的英雄形象。

一、加深對無產階級英雄人物的感情，努力突出英雄人物

我們從學習中體會到：要拍好英雄人物，首先要理解英雄人物，要對革命樣板戲和英雄人物充滿深厚的無產階級感情。為此，我們請劇組介紹了《奇》劇創作中兩條路線鬥爭的情況，加深了對革命樣板戲的理解和對英雄人物的感情。注意突出主要英雄人物嚴偉才。

（一）注意突出嚴偉才作為偵察英雄的特有素質。遵照江青同志指示：「嚴偉才一上場要有機智氣概」，對嚴偉才第一次出場，在化妝上使他英俊雄壯，光效上注意了他的眼神光，讓他在專門設計的延伸景中上場，鏡頭由全景跳成近景推為特寫，表現他作為偵察英雄的機警敏銳的素質。對嚴偉才在其他場次的出場，也做了不同設計。如三場，他在全景中以大跳動作上場，接著鏡頭跳成近景，展示他凌厲多姿、機智勇敢的氣概。

（二）注意突出嚴偉才指揮員的作用。七場〈智奪哨所〉,〈尖刀班〉與敵哨兵鬥智鬥勇的戲，如對口令、查袖標、殺偽兵、繳偽排長槍和指揮汽車等，都是〈尖刀班〉戰士的動作。

為突出嚴偉才，在查袖標的關鍵時刻使嚴偉才以大近景突然出現，並在戰士活動中，著力表現他用手勢和眼神示意的動作，突出嚴偉才的指揮作用。

（三）注意突出嚴偉才的國際主義精神。三場，眾戰士聽到阿媽妮犧牲的消息，群情激憤，這時我們著力表現了嚴偉才，以揭示他對阿媽妮的深厚無產階級感情和對敵人的刻骨仇恨。在鏡頭處理上，把嚴偉才喊「阿媽妮」時的悲憤感情，同第一場他和阿媽妮久別重逢、滿懷激情地叫「阿媽妮」的感情相呼應，兩次同樣動作，都用了近景，表現他和朝鮮人民的血肉關係，展示他崇高的國際主義精神。

二、學習《奇》劇武打、舞蹈的藝術成就，努力塑造英雄人物

《奇》劇武打、舞蹈較多。文藝黑線極力詆譭武打在現代戲中的作用，反對京劇革命。江青同志針鋒相對地說：「有很多人說，武打在現代戲中用不上，可以讓他們看看這個戲。」這使我們認識到：拍好武打和舞蹈，既是「還原舞臺，高於舞臺」，塑造嚴偉才英雄形象的一個關鍵問題，也是反擊文藝黑線和保衛革命樣板戲的鬥爭。

怎樣拍好武打和舞蹈，我們有個摸索過程。開始拍攝第九場武打時，由於我們對《奇》劇武打、舞蹈的藝術成就吃得不透，把表現武打、舞蹈的技巧和表現革命激情割裂開來。認為要表現革命激情，就要多拍演員的面部表情，因而，鏡頭分切過碎，破壞了武打的連貫性。為把武打的一招一式、一起一落都表現出來，又忽略了整個武打的氣勢。結果，既沒有表現出革命激情，也沒有表現出技巧。沒有「打出氣勢」,「殺出軍威」，交了學費，總結失敗的教訓，我們認識到：武打和舞蹈的技巧是為表現激情、塑造英雄人物服務的，在武打、舞蹈中，激情是通過技巧來體現的。後來拍攝時，注意了技巧和革命激情的辯證關係：既要表現外形動作的健美，又要突出英雄人物的革命激情；既要保持武打、舞蹈動作的連貫性，又要突出壯美的瞬間；既要力求武打、舞蹈的完整性，又要根據突出英雄人物的需要有所取捨，避開武打和舞蹈的預備動作。

三、調動光效手段，努力烘托英雄人物

《奇》劇夜景較多。為使景物氣氛為烘托英雄人物服務，就要打破舊框框，處理好光效氣氛。江青同志指示：「這個戲是表現無產階級國際主義的。」我們理解，對這樣莊重的主題，在光色氣氛處理上，應該濃重、渾厚、有力。實踐中，從以下方面做了努力：

（一）嘗試加大人物光的主副光比，使英雄人物更加剛健有力。過去受蘇修影響，總是「四面光，亮堂堂」。要表現無產階級英雄人物，就必須批判這種布光方法。經過反覆試驗，我們適當加大了人物光比，增強了人物力度，突出英雄人物的剛健氣質。

（二）破「夜不覩色」的舊框框，用「夜有色彩，暗有層次」。根據兄弟攝製組傳達江青同志關於「出綠」的指示，在拍六場時，為烘托偵察英雄嚴偉才，我們用分區照明的方法，使景物有明暗對比。把松樹、草皮的綠色分為深、淺、嫩不同層次，並在樹、草、鐵絲網、木樁上灑了水，以閃電的光效使樹、草產生綠色光斑，烘托英雄人物。

（三）用光效氣氛烘托英雄人物的思想境界。六場，為表現尖刀班雨夜行進，天空用黑灰色調子，對雨做了多次試驗，改進了幻燈，使雨絲直落。拍攝時用人抱著幻燈搖動，造成雨珠往前跑的感覺，渲染英雄人物在暴風雨中行進的氣氛和磅礡的氣勢，烘托嚴偉才「英雄何懼走天險」的崇高精神，烘托人民軍隊。三場，為表現月夜偵察，天空用了青藍色，並用浮雲穿月，遠山朦朧，造成「悄聲隱跡」深入敵後的氣氛，烘托嚴偉才英武果敢和對黨對人民的忠誠[7]。

[7] 長春電影製片廠，《革命樣板戲影片攝製總結彙編內部材料》，甘肅師範大學中文系現代文學教研組編，《學習革命樣板戲資料彙編》，1974年7月。

3月21日

羅馬尼亞文化代表團出席文藝晚會，觀看革命現代京劇《紅燈記》，吳德等陪同羅馬尼亞同志觀看演出[8]。

3月25日

《人民日報》發表秦犁的文章〈烈火煉真金〉，認為：「無產階級的英雄人物，不是溫室裏培養出來的花朵，而是在鬥爭風浪中、在革命烈火中鍛鍊成長起來的先鋒戰士。社會主義的文藝創作，要成功地塑造無產階級英雄典型，必須用馬克思主義的階級鬥爭觀點，正確地表現社會生活中的矛盾衝突。」

同日，《人民日報》發表張永枚的文章〈新詩也要學習革命樣板戲——工農兵詩集《風展紅旗》、《陽光燦爛照征途》讀後〉。

3月29日

《人民日報》發表吳功正的文章〈一張一弛——革命樣板戲的藝術辯證法學習札記〉。

同日，《人民日報》發表祖振聲的文章〈情深意廣〉，該文認為：拖腔，是京劇唱段中經常出現的藝術表現手法，一般是在一個重要的字上或唱詞的尾音加以引長渲染，形成持續的、抑揚頓挫、疾徐高低的腔調，藉以進一步表現人物的思想感情。革命樣板戲在拖腔的設計中，根據劇情的發展和刻劃人物的需要，從內容出發，做到了歌以詠言，聲以宣意，運用自如，達到了「革命的政治內容和盡可能完美的藝術形式的統一」。一、「畫龍點睛」，製造高潮，突出英雄人物的高大形象。二、承上啟下，對比鮮明，深化唱段的主題思想。三、字聲相合，詞腔一體，使唱腔更加形象化，富有意境。

---

8 〈羅馬尼亞文化代表團出席文藝晚會觀看革命現代京劇《紅燈記》〉，北京：《人民日報》（第4版），1973年3月22日。

同日，《人民日報》發表蕭諧的文章〈為塑造英雄形象寫好反面人物——學習革命樣板戲札記〉。

同日，新華社維也納 1973 年 3 月 31 日電，1973 年維也納電影週 3 月 29 日在維也納開幕，參加這次電影週的有包括中國在內的二十二個國家的五十多部影片。維也納市副市長格特魯德·弗勒利希－贊德納夫人為電影週的開幕舉行了盛大的招待會。3 月 31 日，中國革命現代京劇彩色影片《智取威虎山》在電影週上映，受到觀眾的歡迎[9]。

本月

《內蒙古文藝》試刊刊出評論：溫小鈺，〈努力寫好階級鬥爭和路線鬥爭——革命樣板戲學習札記〉。

4月7日

《人民日報》(第 6 版)〈墨西哥電視臺播放我《白毛女》等彩色影片〉報導：新華社墨西哥城電　墨西哥第四電視臺 3 月 25 日在每週一次的「當代世界形象」的節目中，播放了中國彩色影片革命現代舞劇《白毛女》，歷時一小時四十分鐘。最近以來，這家電視臺曾連續在這個節目中播放了中國影片或介紹中國的彩色紀錄片。3 月 18 日晚上，播放了中國影片《文化大革命期間出土文物》。3 月 11 日晚上，播放了介紹中國面貌的彩色紀錄片。據墨西哥《國民報》3 月 11 日報導：墨西哥郵電和運輸部將通過所有的電視臺分別向全國播放《新中國的大型紀錄片》等十七部有關中華人民共和國的彩色紀錄片。這些影片是由墨西哥廣播局電視攝影小組在 1972 年訪問中國期間拍攝的。

4月19日

新華社 1973 年 4 月 19 日訊：以老撾愛國戰線中央常委諾哈·馮沙萬為團長的老撾愛國戰線代表團今晚應邀出席文藝晚會，觀看了由北京京劇團試驗演出的

---

9 〈1973 年維也納電影週開幕　我國影片《智取威虎山》受到觀眾歡迎〉，北京：《人民日報》(第 6 版)，1973 年 4 月 7 日。

革命現代京劇《杜泉山》。陪同觀看演出的有，中共中央委員、中聯部部長耿飈，外交部副部長韓念龍，有關方面負責人申健、蕭簧等。演出結束後，諾哈・馮沙萬等老撾戰友走上舞臺，同演員熱烈握手，祝賀演出成功，並贈送了花籃[10]。

本月

〈「龍江風格」萬古常青——讚革命現代京劇《龍江頌》〉，上海人民出版社編，上海人民出版社。

5月1日

修改後的《杜泉山》在北京工人俱樂部做試驗公演，贏得了一片讚譽之聲，只是不少意見認為這個戲的具名不如原先的《杜鵑山》好。江青對此也很是滿意，決定劇名仍改回到《杜鵑山》[11]。

5月3日

《文匯報》發表上海京劇團《智取威虎山》劇組集體撰寫的〈滿腔熱情頌英雄——學習革命現代京劇《奇襲白虎團》用多種藝術手段塑造英雄人物的體會〉。

5月13日

《人民日報》（第3版）發表湖南省文工團花鼓戲劇隊的文章〈努力塑造工農兵英雄人物的音樂形象——學習、移植革命樣板戲，改造花鼓戲音樂的體會〉：花鼓戲在湖南已有近二百年歷史。它胚胎於民歌，為勞動人民所創造，有著自己的獨特風格與藝術特色。但是，花鼓戲在發展的過程中，由於歷史的侷限，統治階級的閹割，摻雜了許多封建性的糟粕。在如何對待花鼓戲的問題上，長期以來，劉少奇一類騙子以及周揚等「四條漢子」，都曾直接插手花鼓戲。他們時而扯起

---

10 〈馮沙萬團長等老撾戰友出席文藝晚會〉，北京：《人民日報》（第3版），1973年4月20日。

11 1963年，與《紅燈記》同樣來自上海的話劇《杜鵑山》被改成京劇，然後到1973年的最後敲定卻花了整整十年的時間。

「全盤繼承論」的黑旗，時而颳起「全盤否定論」的妖風，竭力想把花鼓戲變成他們推行修正主義路線的輿論工具。

同日，王為，〈推陳出新〉，該文認為：地方戲曲的改革，是一場深刻的革命，是無產階級文藝革命向縱深發展的一個標誌。

同日，周溶泉、徐應佩，〈引人入勝　扣人心弦——學習革命樣板戲中「懸念」手法的運用〉：

> 戲，顧名思義，總得有戲劇性。這就是說，戲劇衝突的發展不能平直淺露，鬆鬆垮垮，而要迴旋跌宕，張弛有致。革命樣板戲從生活出發，遵循藝術有張有弛的辯證規律，在戲劇衝突的發展中自然而巧妙地製造「懸念」，收到了很好的藝術效果。運用「懸念」手法，不僅是為了使矛盾衝突的發展波瀾起伏，產生強烈的戲劇效果，更重要的是，它要為展示英雄人物崇高的英雄行為和壯美的內心世界服務。作品中要用「懸念」，必然要接寫「釋念」，這是互為依存的兩個方面。「懸念」是「引人」入勝的手段，「釋念」是被引入的「勝境」。觀眾的心潮隨著「懸」、「釋」的起伏而漲落，英雄人物就能給人留下難以磨滅的印象。同時，只有用「懸念」造成強烈的欲望，用「釋念」投其所念，才能收到預期的藝術效果。這就要求「懸念」能把人的心「懸」得起來，「釋念」又「釋」得合情合理。革命樣板戲的實踐證明：「懸念」作為一種藝術手段，必須為塑造英雄形象服務。離開了這一點濫用「懸念」，或者為「懸念」而「懸念」，一味「賣關子」、「玩噱頭」，使讀者沉湎於故弄玄虛的情節中，這就不僅不能起到為塑造英雄人物服務的作用，相反會破壞和損害英雄形象的塑造。

5月19日

朝鮮藝術家演出大型革命歌劇《賣花姑娘》受到熱烈歡迎，朱德委員長等出席開幕式並會見藝術團負責人等朝鮮客人。新華社 1973 年 5 月 19 日訊　國務院文化組、中國人民對外友好協會為歡迎朝鮮平壤萬壽臺藝術團訪華演出，今晚在北京舉行開幕式。隨後，朝鮮藝術家們演出了大型革命歌劇《賣花姑娘》，受到首都觀眾熱烈歡迎[12]。

5月27日

《人民日報》發表中國京劇團袁世海的文章〈為革命練好基本功〉。該文認為：

> 京劇藝術的特點是載歌載舞。唱，是塑造英雄人物的主要藝術手段。要唱出人物的思想感情，要唱得動聽感人，就非得有扎實的基本功不可。念，是唱之本。俗話說：「七分唸白三分唱。」這樣說，絕不是否定唱在音樂形象中的重要作用，而是從另一側面強調唸白的重要性。演員在舞臺上，大部分時間是以唸白為手段表演的，所以，對唸白也要下苦功夫。如果唸白口齒不清，拖泥帶水，不分輕重緩急，就不能將劇本賦予劇中人物的任務完成好。做，指的是表演。在舞臺上，要做到站有站相，坐有坐樣，一抬手，一投足，一個眼神都能「到家」地完成人物的規定動作。表演，首先要有充沛的革命激情，同時還要有程序表演的基本功。經過不斷的練習實踐，掌握了一定水平的基本功之後，也還存在一個怎麼用的問題。搞革命現代戲是黨的文藝事業，創作是很艱苦的，所以，就不能憑個人的專長去濫用和賣弄技巧。我的體會，要用好基本功，首先要解決一個立場問題，也就是屁股坐在哪一邊的問題。要用好基本功，還有一個值得注意的問題，這就是要深入研究人物的性格，既要掌握人物的共性，又要掌握人物的個性。

同日，《人民日報》發表初瀾的文章〈敢於實踐　努力創作〉。

同日，《人民日報》（第3版），〈端起龍江化春雨——記宣恩縣曉關區電影放映隊普及彩色影片《龍江頌》的事蹟〉報導：在湖北宣恩縣曉關區的叢山峻嶺中，活躍著一支農村電影放映隊。他們身揹電影機，手提影片箱，日裏夜裏，風裏雨裏，長年累月奔走在高山、河谷之間。今年春節以來，他們更是不辭辛苦，第一次採取雙機聯點放映，把彩色影片《龍江頌》送到貧下中農的家門口。

---

[12] 〈國務院文化組、中國人民對外友好協會為歡迎平壤萬壽臺藝術團訪華演出舉行開幕式〉，北京：《人民日報》（第1版），1973年5月20日。

6月13日

《人民日報》（第 3 版）登載宇波的文章〈珍貴的啟示——從少年兒童喜愛革命樣板戲想到的〉。

6月20日

江青、姚文元、吳德等同鄭光淳團長、玄峻極大使等觀看演出，並會見藝術團負責人等，中朝兩國文藝工作者在頤和園聯歡。新華社 1973 年 6 月 20 日訊　朝鮮平壤萬壽臺藝術團團長鄭光淳，第一副團長金熙俊，副團長田勝準、崔相根，和藝術團的其他人員，今天晚上應邀觀看了中國京劇團試驗演出的革命現代京劇《平原作戰》[13]。

6月23日

馬里共和國國家元首兼政府總理穆薩・特拉奧雷上校等馬里貴賓，由國務院副總理鄧小平，外交部長姬鵬飛，北京市革命委員會主任吳德陪同，今晚出席文藝晚會，觀看了中國舞劇團演出的革命現代舞劇《紅色娘子軍》。馬里駐中國大使阿桑・甘多和夫人，大使館外交官員也應邀出席。當穆薩・特拉奧雷上校等貴賓由鄧小平等陪同進入劇場時，全體觀眾起立，熱烈鼓掌表示歡迎。演出結束後，穆薩・特拉奧雷上校等馬里貴賓走上舞臺，同演員們熱烈握手，祝賀演出成功，並贈送了花籃。陪同觀看演出的還有何英、丁雪松、吳印咸、何功楷、趙源、朱傳賢等有關方面負責人和中國駐馬里大使孟鉞。今天的晚會是由北京市革命委員會和中國非洲人民友好協會為歡迎馬里國家元首而舉行的[14]。

---

[13] 〈朝鮮平壤萬壽臺藝術團同志觀看革命現代京劇《平原作戰》〉，北京：《人民日報》（第 4 版），1973 年 6 月 21 日。

[14] 〈馬里國家元首特拉奧雷出席文藝晚會由鄧小平等陪同觀看革命現代舞劇《紅色娘子軍》〉，北京：《人民日報》，1973 年 6 月 24 日。

同日，朝鮮平壤萬壽臺藝術團今晚在首都劇場演出富有革命激情和濃厚生活氣息的專場歌舞節目。演出受到了首都一千多名工農兵觀眾的熱烈讚揚。我國黨政領導和有關方面負責人周恩來、李先念、王洪文、華國鋒、耿飈、廖承志、韓念龍、于會泳、浩亮、楊驥出席觀看演出。出席觀看演出的還有朝鮮駐中國大使玄峻極和夫人，大使館外交官員，在北京的朝鮮工作人員。藝術團團長鄭光淳，第一副團長金熙俊，副團長田勝準、崔相根，陪同觀看演出。朝鮮藝術家今晚表演的歌舞節目，是初次和北京觀眾見面。在這些歌舞節目中，他們以飽滿的革命激情和精湛的藝術技巧，生動形象地描繪了朝鮮人民在自己的偉大領袖金日成主席的領導下所走過的光輝戰鬥歷程，反映了朝鮮人民在社會主義革命和社會主義建設中火熱的鬥爭生活，給廣大觀眾留下了深刻的和美好的印象。朝鮮藝術家演唱的〈敬祝領袖萬壽無疆〉、〈我的祖國〉等歌曲，表達了朝鮮人民對自己的偉大領袖金日成主席的敬仰和對自己祖國三千里錦繡河山的贊美。舞蹈〈祖國的金達萊〉、〈艱難的行軍〉、〈雪花飄〉，反映了朝鮮人民的堅強意志和革命精神。演出精彩動人，充滿戰鬥的詩情畫意，具有強烈的藝術感染力。在今晚的演出中，朝鮮藝術家還表演了中國的歌舞節目。藝術家們演出的〈敬祝毛主席萬壽無疆〉等歌曲和舞蹈〈洗衣歌〉，充分表達了朝鮮人民對我國人民的深厚情誼。朝鮮藝術家演唱的歌曲音色和諧，聲情並茂；表演的舞蹈優美細膩，感情豐富。每個節目的演出，都搏得觀眾陣陣熱烈的掌聲。

周恩來、李先念等人在演出休息時，會見了藝術團的負責人、樂隊指揮和主要演員，同他們進行了十分親切的談話。演出結束時，周恩來、李先念等人在鄭光淳、玄峻極等陪同下走上舞臺，同演員們熱烈握手，祝賀演出成功，並贈送花籃。這時在雷鳴般的掌聲中，「金日成主席萬歲！」「毛澤東主席萬歲！」的歡呼聲四起，全場沉浸在中朝兩國人民親如一家的熱烈氣氛中[15]。

江青觀看歌舞演出的講話紀錄稿【晚，于會泳傳達：首長看了這臺歌舞節目很高興，對大家很關心，希望繼續加工提高。首長對劇場衛生很注

[15] 〈週恩來、李先念、王洪文、華國鋒等同志觀看平壤萬壽臺藝術團專場歌舞表演〉，北京：《人民日報》（第1版），1973年6月24日。

意，不要一抹到處是灰。〈陽春白雪〉、〈春江花月夜〉、〈漁舟唱晚〉都是（首長）點的，整個晚會首長都是興致勃勃，只是時間緊。】

一、箏

彈箏的女同志不敢穿裙子，可以穿褶裙，設計幾種，淡綠、淡藍、銀灰色的。

聽工藝展覽會的同志講，東北營口可以造箏、琵琶，你們可去買一點。

二、看女聲彈唱時說：這衣服還不錯，可設計幾套不同的式樣，在不同的季節穿。給她們買一雙白色塑料鞋也不算多嘛！

化妝太難看。眉毛那麼短，眼睛像個窟窿。

三、舞蹈

怎麼一看都是少數民族的東西，漢族的為什麼不搞？

漢族的歌舞也很豐富多彩，應該很好發展，要攻漢族舞，要搞些短小的漢族歌舞。

《霸王別姬》就可搞成一個很好的劍舞。京劇可說是集漢族歌舞精華之大成。

《擊鼓罵曹》可以搞成一個很好的器樂曲。

四、舞蹈：《送糧》

這個舞蹈整個色彩沒綠，很單調。椰子樹也太小，也不給點光，像個癟三。

司機上來穿的褲子綠也不綠，藍也不藍，很難看。

要很好發展漢族舞蹈，不要都搞少數民族的。

五、二胡

你看又不敢穿裙子。你們不敢穿我就帶頭穿。不要把女同志打扮得灰溜溜的。墨綠的、玫瑰紅的都可以。褶子可以打在兩邊，可搞飄帶，袖口、領邊，可繡些小花。京劇的大包裙，中國不穿，朝鮮還穿。

《二泉映月》曲子還是好的，但可以動一動，出些新，有些地方雲彩遮住月亮，有的地方月亮透過雲彩，突出月亮，明亮點。哀怨情緒要表現出來。

六、朱××的裙子很難看，又短，至少可加長二寸，設計白色的，你們不敢穿，我帶頭穿。

（第二首歌時）你看，又是少數民族的。男子服裝，領口不一定都扣得那麼緊。可以設計開領的。

《杜》、《平》兩個戲已成熟了，可以拍片子了，但要先看一個月的戲。八一廠要出個導演。

嗩吶《百鳥朝鳳》可以演奏，老百姓喜歡的東西不要輕易丟掉，傳統的東西不要隨便去動它。

晚會很好，搞個錄音給我。

舞蹈可拍電影。「練兵場」海洋搞成紅的，沒道理，怎麼搞紅海洋？【文化部辦公廳提供】

6月25日

江青看《杜泉山》劇後的講話【1973年6月25日夜至26日凌晨】

《杜》、《平》要趕快改出來，「七一」、「八一」分別發表。「七一」來不及可不演出。

《杜》劇布景，杜鵑花不紅，可以去湖南看看。

閃電老是在一個地方，一個樣子。

柯湘的衣服，要改為暖色的。

（姚文元：唱詞改改，太文了。）

藝校搞點小孩舞蹈，紅綢舞、劍舞、青蛙舞、京劇的對舞。

箏不叫古箏，就叫箏。許多樂器都是古代傳下來的。把人調到中央樂團去。

劍舞還是用《夜深沉》曲牌。

舞蹈通知總政，除了紅海洋外，還要搞幫助民兵訓練，要有男民兵、女民兵，體現軍民聯防，要有個女民兵連長。可以長一些。

我們抓中小型抓晚了。要集中力量抓一下小歌、小舞、小戲，人們說我們貪大求全。

北京京劇團《草原烽火》要離開原作，原作者很壞，奴隸寫成奴才。

《白毛女》我沒有說過讓大春、喜兒相會，不要離開階級鬥爭。大春也不要一個人去參軍，可帶幾個人。也不一定在根據地，可以打游擊。

有人說楊白勞改得反抗太多了，楊白勞反抗要有，但不要過分。原來喜兒哭爹一場很動人，現在比較平。

一臺音樂舞蹈節目很精彩，但化妝太難看，眉毛短，眼睛像個窟窿。

署名《平原》好辦，《杜》大部分是于會泳搞的，都有王××參加，署王××等集體創作吧。還要搞個話劇。

柯湘主調音樂要京劇化一點。現在我跟你們說，京劇還是要姓京。【文化部辦公廳提供】

7月1日

晚，江青在中央樂團音樂會中間及演出後的講話：

（看男聲小合唱）伴奏的女同志還是穿褲子，不敢穿裙子。女同志（夏穿裙，冬穿褲。）設法把裙子設計出來。

（看木琴演出。演奏者站著演奏）可以坐著彈，也可以站著彈。

（看木琴演出的第三個節目《公社姑娘》）曲子怎麼有蘇修調子？（**李德倫同志：是新疆的。**）變奏一下，也還可以。（**于會泳：趕快改吧！**）

（看胡松華獨唱）眉毛都是短的。（**唱〈獻上心中最美的歌〉**）是抒情還是進行？嗓子不如過去好了。像章太太。女同志穿裙子，還要解決襪子問題。舞臺上，生活中都要注意。出國要穿連衣裙，四幅，拼起來，直著垂下來。像章出國二百不夠，多帶一點。（**聽胡松華加演的〈今日同飲慶功酒〉後**）頓挫不錯。（**對浩亮、慶棠說**）《平原游擊隊》和《杜鵑山》也要寫些這樣漂亮、短小、易普及的唱段。

（聽孫家馨唱花腔女高音）出國盡唱毛主席的歌不行。（**于會泳：要注意這個問題。國內是群眾要求。**）

《敬愛的毛主席》太長了。《千年鐵樹開了花》不精鍊，要把它磨好。在花腔之前，再發揮一些，可以看看《翠堤春曉》，要超過他們。

樣板團的女同志要穿裙子。但不要穿超短裙。出國時，男女獨唱演員可以從《白毛女》、《紅色娘子軍》和樣板戲中選些唱段去唱，不要老唱少數民族的。我不是說少數民族的不能唱、不唱，而是比例太大。南方的越劇正在改革，有人說改得好，有人說改得不好。我說改好，不改不適合時代的要求，不改怎麼行？聲部要改，搞音樂的要幫助他們去改。

（看《草原紅衛兵》）鋼琴伴奏應彈出馬蹄聲。（**李德倫同志：有，但聽不出來。**）

西哈努克的歌有沒有？

《春香鬧學》要突出笛子。《水調歌頭》、《浪淘沙》、彈詞、要錄音。

出國要帶《百鳥朝鳳》。

總政出了兩期簡報，題目是〈落實江青同志等中央首長關於音樂舞蹈的指示〉**（指 6 月 24 日）**裏面說：「儘量少安排少數民族歌舞。」不要片面性、絕對化。我不是說不讓演少數民族歌舞，是比例太大，要提倡搞漢族舞。我一說劍舞，都去搞劍舞，也可以搞棍舞、刀舞，要舉一反三。要有辯證法。劍舞可以穿古裝，也可以穿現代服裝。千萬注意不要一種傾向掩蓋另一種傾向。

穿裙子也不要那麼死，也可以穿褲子。一不能辯證，二不能舉一反三。

（向李德生同志）軍隊女同志服裝也要設計得好看些，也可以穿裙子，還有襯衫。

頭髮誰都不敢燙，我帶頭燙。不能都弄成三毛流浪記。總不該讓四十歲以上的女同志梳兩個小髻。該燙的還是可以燙。當然也不能搞成奇裝異服。上海出現過這類現象，要煞一煞。但也不能亂蓬蓬。有的女同志，年歲大了，可以梳抓髻，結彩帶。長髮也可以，把長髮盤起來。

（看《練兵場上》）可以暫時這樣練，也可以換個景，在他們回來的路上，幫助民兵一起練。

樣板團的劇場已搞了衛生，北京市的劇場也要搞衛生，不然傳染病不得了。

樂團的服裝暖冷顏色要通盤考慮。

（看《戰颱風》）可以站得住。出國要有獨奏。新影樂團有個拉板胡的搞得不錯，出國的時候可以借來。

唱主席詩詞，出國要有字幕。

明天把三臺節目的節目單送給我。

（演唱主席詩詞時）《憶秦娥》情緒不對，要雄偉、壯烈、蒼涼。當時在歷史的轉折關頭。

軍隊的節目也好，地方的也好，不管哪單位的節目和人，都可以選，演出後可以再回去。來了可以向他們學。 民族樂只帶獨奏。

《霓裳羽衣曲》搞個錄音給我。**（後失傳，·民間有《月兒高》，代替《霓裳曲》）**。

毛主席指示，將《杜泉山》仍改為《杜鵑山》[16]。

同日，《紅旗》雜誌發表由張永枚執筆，中國京劇團集體創作的革命現代京劇《平原槍聲》劇本。同期發表辛文彤的評論〈人民是打不破的鐵壁銅牆——評革命現代京劇《平原作戰》〉。

7月5日

《人民日報》發表北京市機械工業局彤文、北京玻璃儀器廠龔仁平的文章〈虎穴龍潭任往還——評革命現代京劇《平原作戰》中趙勇剛形象的塑造〉。

同日，《人民日報》（第3版）專欄發表王為的文章，〈出奇制勝〉。

---

[16] 文化部辦公廳提供。

該文認為：革命現代京劇《平原作戰》中趙勇剛率領的一個排，星夜下山，插入敵後，為的是要拴住日寇龜田，不讓敵人進山增援；而日寇龜田則耍盡花招，妄圖擺脫我游擊隊的牽制，進山增援。這場激烈的鬥爭構成了全劇的主線。

景延旄的〈時刻掌握主動權——讚趙勇剛〉認為：趙勇剛率領八路軍一個排的戰士堅持敵後游擊戰，以少勝多，以弱勝強，有力地牽制了敵人，最後配合主力部隊全殲了敵人。

7月6日

《人民日報》（第6版）專欄發表革命現代京劇《平原作戰》劇照。

7月17日

《人民日報》（第3版）專欄：郭自勤，〈戰地黃花分外香——學習《平原作戰》舞臺美術點滴體會〉，該文認為：革命現代京劇《平原作戰》的舞臺美術，以革命現實主義和革命浪漫主義相結合的創作方法概括生活，構思巧妙，配色豐富，燈光多變。它深刻地體現了抗戰時期的特定環境，顯示了特定的性格，烘托了特定的人物，做到了源於生活和高於生活。它既反映了戰爭的艱苦性，又表現了革命英雄主義和革命樂觀主義，掃除了修正主義文藝把革命戰爭描寫得一片凄涼，宣揚戰爭的恐怖和苦難的哀怨氣氛。

同日，瀋陽部隊某部　勇征，〈兵民是勝利之本——讚革命現代京劇《平原作戰》〉

同日，張伍，〈寓情於聲　以聲抒情——《毛主席的革命路線指引我永不迷航》唱段學習札記〉，該文認為：唱腔，是京劇藝術中刻劃人物的主要手段之一，能夠直接地抒發出人物的思想感情，揭示出人物的內心世界。特別是多層次的、完美的成套唱腔，對於塑造無產階級英雄人物的音樂形象，揭示英雄人物光輝的內心世界，起著很重要的作用。革命現代京劇《平原作戰》在如何運用成套唱腔塑造無產階級英雄形象方面，為我們做出了範例。

7月19日

新華社〈工農兵歡迎巡迴演出革命樣板戲〉報導：工農兵歡迎巡迴演出革命樣板戲，山東省京劇團《奇襲白虎團》劇組結束在安徽等地的演出回到濟南[17]。

7月22日

《人民日報》（第4版）專欄發表河北省清苑縣冉莊老貧農、婦聯主任張景芝的文章〈階級情誼深似海〉。《平原作戰》裏的張大娘，叫人又尊敬，又喜愛。她那關心子弟兵，熱愛子弟兵的火熱心腸，叫人十分感動。

洪聲〈正義戰爭的讚歌〉認為：革命現代京劇《平原作戰》，以鮮明的無產階級立場，熱情地歌頌革命的正義戰爭，充分發揮了革命文藝「團結人民、教育人民、打擊敵人、消滅敵人」的戰鬥作用。

成進，〈英雄揮鞭　敵寇喪膽——讚《平原作戰》對趙勇剛手中車鞭的設計〉。該文分析：車鞭，是勞動人民駕馭牲口時不可缺少的工具。而今，這根平平常常的車鞭被搬上了舞臺，握在無產階級英雄人物趙勇剛的手裏。由於《平原作戰》劇作者的縝密構思和精心安排，這支車鞭對表現趙勇剛的無產階級氣質和智勇雙全的英雄性格起了不小的作用。

同日，《人民日報》（第4版）發表河北省清苑縣冉莊黨支部書記張德林的文章〈人民戰爭威力壯　抗日堡壘戰旗紅〉。

同日，《人民日報》（第4版）發表河北省清苑縣冉莊民兵副排長周改玲的文章〈游擊戰的頌歌〉。

7月27日

新華社〈用維吾爾族歌劇形式移植革命樣板戲 新疆歌舞話劇院演出《紅燈記》受到歡迎〉報導：在毛主席無產階級文藝路線的指引下，新疆歌舞話劇院用

[17] 〈工農兵歡迎巡迴演出革命樣板戲〉，北京：《人民日報》，1973年7月20日。

維吾爾族歌劇形式，移植演出了革命樣板戲《紅燈記》，受到廣大維吾爾、哈薩克等族人民的熱烈歡迎[18]。新華社烏魯木齊 1973 年 7 月 26 日電　在毛主席無產階級文藝路線的指引下，新疆歌舞話劇院用維吾爾族歌劇形式，移植演出了革命樣板戲《紅燈記》，受到廣大維吾爾、哈薩克等族人民的熱烈歡迎。

7 月 28 日

上海越劇團武功教師、演員朱錦多自本日起三次致書毛澤東主席，揭露張春橋、江青陰謀篡黨奪權、攻擊陳毅等革命家的罪行。信件均被「四人幫」扣留，朱錦多因此遭到殘酷迫害，被打成反革命，投入監獄，非法「拘留審查」十個月。1976 年 11 月，「四人幫」被粉碎後始得平反。

本月

春，《平原作戰》通過了江青的審查，它的 1973 年 7 月的演出本於當月發表[19]，而它的影片則於 1974 年 5 月 23 日與《杜鵑山》一起公映。

毛澤東提倡批林批孔，以維護「文化大革命」。

8 月 1 日

《解放軍文藝》第 8 期刊登蔣蔭安的文章〈抗日游擊戰爭的英雄典型——談革命現代京劇《平原作戰》中趙勇剛形象的塑造〉。

8 月 2 日

《人民日報》（第 3 版）專欄發表岑樺的文章〈既有京劇特點，又出新〉，該文認為：「既有鮮明的劇種特點，又出社會主義之新，是革命現代京劇《平原作

[18] 〈用維吾爾族歌劇形式移植革命樣板戲新疆歌舞話劇院演出《紅燈記》受到歡迎〉，北京：《人民日報》，1973 年 7 月 27 日。

[19] 《革命現代京劇〈平原作戰〉（1973 年 7 月演出本）》，中國京劇團集體創作、張永枚執筆，上海人民出版社，1973 年 7 月。

戰》和其他革命樣板戲的一個成功的經驗。這為我們批判地繼承文化遺產，發展社會主義新文藝樹立了學習的榜樣。」

辛文彤，〈真實　傳神　新穎——學習革命現代京劇《平原作戰》舞蹈創作的體會〉，該文認為：《平》劇的舞蹈創作，遵循「百花齊放，推陳出新」、「古為今用，洋為中用」的文藝方針，從現代人民鬥爭生活出發，為表現主題，塑造無產階級英雄形象服務，批判地繼承傳統，大膽地吸收姐妹藝術的精華，做到了真實、傳神、新穎，為無產階級文藝革命特別是為戲曲革命，積累了可貴的經驗。

金江，〈多謀善斷膽氣沖天——讚趙勇剛游擊戰〉。

8月5日

江青接見劉詩昆等人時的講話：

劉詩昆在運動中被捕，關了六年，放出來了。過去主席問過他，是新四條漢子（黃、吳、李、丘）不放，是想搞葉帥。劉還是有錯誤的，抓彭、羅、陸、楊，還有「1・19」〉奪權。最近主席又問了。這次接見是傳達了主席對他的關心，希望他搞點名著的東西。《戰颱風》改為鋼琴、樂隊。要劉恢復基本功，給他一個鋼琴，讓他跟樂團去日本。

（關於殷誠忠入黨，樂團通過，報文化組，文化組又向首長報告，首長讓文化組研究。5日晚首長同意樂團支部意見，讓殷入黨。）讓吳德做他介紹人，殷跟我們走了多少年，一直要求入黨（**殷誠忠很感動**）。

趙燕俠可以去藝校工作。開始她是跟我們搞革命樣板戲的，記一功。還可以回團演阿慶嫂，同時在藝校教書。

白淑湘是第一個演吳清華的，最近寫了個檢查，還不錯，應該記一功的。去全團做檢查，取得群眾的諒解，還可以回團演吳清華。（**「創辦」領導同志說：首長提出一個原則，只要承認錯誤，願意改，就可以了。**）

崔嵬，讓他拍《平原作戰》。崔檢討不錯，我們歡迎，完全可以讓他工作了。

音樂部分：要把各個歷史時期好的音樂作品，很好加工排列，弄一套節目（指出國），應該是一條歷史的長河，包括各個朝代的好作品，從最古的到革命歌曲，到現在的革命作品。

（**《梅花三弄》我們報材料說是明朝的。**）不對，要查《二十四史》。《藝文志》。在晉書《藝文志》中就有記載。

《廣陵散》也有一段故事，嵇康，在殺他的時候，他還彈了〈廣陵散〉，連反對他的人都痛心。

劉邦的《大風歌》還有沒有？（**李德倫同志答：沒有了，配曲吧！**）還是要原來的。那麼，古的從李白的〈菩薩蠻〉開始吧。唐明皇早幾十年還好，後來就糟了，弄一套從古到今的音樂作品，要有一套音樂數據。

《鳳陽歌》不要改編過的（**安娥30年代改過**）。

要搞西洋音樂史，不抓不行了。

《戰颱風》很值得提倡，可以改編成鋼琴，劉詩昆參加創作。

8月20日

《人民日報》發表高鴻鵠的文章〈景物描寫與英雄形象——學習革命樣板戲彩色影片札記〉。

8月25日

《人民日報》（第3版）專欄：馬焯榮，〈藝術手段豐富　英雄形象鮮明——談趙勇剛英雄形象的塑造〉；袁士冰，〈耿耿正氣滿胸膛——讚李勝〉；佳明，〈戰鬥青春紅似火——讚小英〉。

本月

中國共產黨第十次全國代表大會在北京召開。大會繼承了九大的「左」傾錯誤和指導方針，王洪文當了黨中央副主席。江青、張春橋、姚文元、王洪文在中央政治局內結成了「四人幫」，使江青反革命集團的勢力又得到了加強。

9月3日

9 月 3 日至 29 日，以田廣文為團長、譚元壽為副團長的北京京劇團一行一百四十一人，應朝鮮對外文化聯絡委員會的邀請，在朝鮮人民共和國國慶之際赴朝鮮訪問演出，演出的主要劇目是《沙家濱》和《智取威虎山》。

9月6日

《人民日報》(第 2 版)發表中國京劇團李光的文章〈堅決響應十大號召　繼續搞好文藝革命〉。該文認為：京劇革命的歷史，就是一部生動的階級鬥爭史。歷史的經驗告訴我們，資產階級決不會甘心他們的失敗，他們總是想在新的形勢下以新的形式力圖奪回他們失去的陣地。文藝領域的階級鬥爭絕不會就此罷休，它還將繼續鬥下去。文藝革命的任務，對我們來說還是任重道遠。我們要有充分的思想準備，以進攻的姿態投入戰鬥。

同日，北京京劇團　楊春霞，〈把上層建築的革命進行到底〉。該文認為：目前，我們劇團正在演出革命現代京劇《杜鵑山》[20]。這齣戲，是在毛主席革命文藝路線的指引下，在江青同志的親切關懷和精心培育下創作排練的。這齣戲熱情地歌頌了毛主席的無產階級建軍路線，深刻地批判了叛徒、內奸份子反黨篡軍、妄圖使「紅旗落地」的罪惡陰謀，是配合批林整風鬥爭的一個好教材。我一定要認真學習馬列主義、毛澤東思想，認真學習十大的文獻，不斷深入工農兵的鬥爭生活，認真改造世界觀，苦練兩個基本功，全力以赴、一絲不苟，精益求精地把《杜鵑山》一劇中黨代表柯湘的英雄形象塑造好，為把上層建築包括各個文化領域的階級鬥爭進行到底，為鞏固無產階級專政而努力奮鬥！

[20] 《杜鵑山》的唸白做到了通體合轍押韵。分成對稱的上下句，念起來就有開合收放、疾徐頓挫，聽起來節奏分明，有起有伏。特點之一：吐字清晰，字正腔圓。特點之二：弦外有音，耐人尋味。特點之三：《杜鵑山》中採用的韵律化唸白方式，儘管這未必是唯一的、最佳方式，但它表現出了對現代戲中語言美的可貴追求。

9月12日

法蘭西共和國總統喬治・蓬皮杜今天晚上應邀出席文藝晚會，觀看了中國舞劇團演出的革命現代舞劇《紅色娘子軍》。隨同蓬皮杜總統來訪的法國政府高級官員，法國駐中國大使馬納克和夫人以及大使館外交官員，隨同總統來訪的記者、技術人員和專機機組人員，應邀出席。我國領導人周恩來、江青、吳德和外交部部長姬鵬飛，國務院文化組祕書長石少華，外交部西歐司司長王棟、禮賓司副司長朱傳賢，中國駐法國大使曾濤，陪同觀看演出。蓬皮杜總統來到劇場時，受到全場熱烈歡迎。演出結束時，蓬皮杜總統起立、鼓掌，祝賀演出成功，並向演員們贈送了花籃[21]。

9月24日

新華社 1973 年 9 月 24 日訊　中華人民共和國郵電部決定於 1973 年 9 月 25 日發行革命現代舞劇《白毛女》郵票一套，共四枚。這套郵票的圖案內容是：第一枚，貧農楊白勞的閨女喜兒；第二枚，喜兒反抗地主的壓迫，逃出地獄般的黃家，心中盼東方出紅日；第三枚，大春在山洞裏和喜兒勝利相逢，喜兒憤怒訴說地主對她的迫害；第四枚，解放後在黨的教育下成長為八路軍戰士的喜兒。這四枚郵票的面值均為八分。郵電部發行革命現代舞劇《白毛女》郵票一套[22]。

10月1日

歷經三年，前後重拍三次，耗費了大量資金的電影《海港》終於得到了江青、張春橋的認可，准予公演。

---

21 〈蓬皮杜總統應邀出席文藝晚會觀看革命現代舞劇《紅色娘子軍》〉，北京：《人民日報》（第 2 版），1973 年 9 月 13 日。

22 〈郵電部發行革命現代舞劇《白毛女》郵票〉，北京：《人民日報》（第 4 版），1973 年 9 月 25 日。

10月9日

《人民日報》（第2版）專欄發表革命現代京劇《杜鵑山》（編劇王樹元等），（1973年9月北京京劇團演出本，原載《紅旗》雜誌1973年第10期）。

10月12日

新華社1973年10月12日訊，加拿大總理皮埃爾·埃利奧特·特魯多，今天晚上應邀出席文藝晚會，觀看了革命現代舞劇《紅色娘子軍》。隨同特魯多總理來訪的官員，加拿大駐中國大使蘇約翰和夫人以及大使館外交官員，應邀觀看了演出。陪同觀看演出的有：國務院副總理鄧小平，北京市革命委員會主任吳德，國務院文化組成員劉慶棠，中國駐加拿大大使章文晉和張穎等。中國舞劇團演員們的精彩演出，受到了貴賓們的鼓掌歡迎。演出結束時，特魯多總理由鄧小平副總理、吳德主任等陪同走上舞臺，同演員們熱烈握手，祝賀演出成功，並向他們贈送了花籃[23]。

10月16日

《人民日報》（第4版）專欄：辛文彤，〈紅旗引路　星火燎原——評革命現代京劇《杜鵑山》〉;〈黨指揮槍是革命真理——並岡山地區幹部、群眾座談革命現代京劇《杜鵑山》〉。

10月19日

《人民日報》（第3版）王為，〈努力塑造革命接班人的英雄形象〉。該文認為：我們黨一向把培養和造就千百萬無產階級革命事業的接班人看作是百年大計。因此，塑造無產階級革命事業接班人的英雄形象，是我們文藝創作中一個不可忽視的重要課題。在這方面，革命樣板戲也為我們做出了榜樣。

---

[23] 〈特魯多總理應邀出席文藝晚會貴賓們由鄧小平、吳德等陪同觀看革命現代舞劇《紅色娘子軍》〉，北京：《人民日報》（第1版），1973年10月13日。

10月23日

《人民日報》（第3版）專欄：黃海純、辛鍾文，〈明燈在心間　砥柱立中流——學習革命現代京劇《杜鵑山》中柯湘英雄形象的塑造〉；空軍洪天英，〈善於識別　善於鬥爭——讚黨代表柯湘革命現代京劇《杜鵑山》〉。

10月28日

《人民日報》發表尹岩的文章〈評方海珍的銀幕形象〉，該文認為：「基調明朗，鏡頭靈活，英雄形象鮮明——這是1973年重新攝製的革命現代京劇彩色影片《海港》的總的特色。」

《人民日報》（第3版）發表蕭穆的文章〈無產階級國際主義的讚歌〉。該文認為：1973年重新攝製的革命現代京劇彩色影片《海港》，在還原舞臺的基礎上，發揮電影藝術的特點，把環境氣氛的時代特徵刻劃得更加鮮明、濃烈，使英雄人物的崇高精神和國際主義的主題思想體現得更為突出。

10月29日

江青聽取上海樂團音樂會時的講話：

> 演唱所選的段落很好，可去廣交會演出。（**看的過程中，江青一直帶頭鼓掌。**）
>
> 這就是我們的作品，作品好得很。
>
> 這個作品有中國聲樂的特點，我們的東西就是好。我們最重要的，要創造自己的文化藝術。
>
> **（于會泳傳達時說：通過這些指示，我們要領會一個精神，首長要我們重視自己的東西。）**
>
> 要教育專業和業餘文藝工作者，要重視自己的文化藝術，不要輕視，不要盲目崇拜。毛主席對劉詩昆說：「要寫自己民族的東西。」外國的東西，有的是吹出來的，其實思想上、藝術上都不行。有人卻把它們當作楷

模，認為不可變。費城交響樂團來中國，聽了我們的音樂，認為很好，而我們自己卻不以為然。外貿部反映，外國人對《杜泉山》的反映很強烈，而我們有些人卻不願去看。

上海最近又有一些人反對現代革命作品，這些人中，有的是資產階級權威，有的是舊上海樂團培養出來的觀眾。創辦的創作評論小組，要對外國音樂進行評論，如對「無標題音樂」。最近，土耳其有音樂家要來，要搞清他們演的節目內容，不要再像費城樂團那樣。「無標題」音樂是否沒有內容，僅表示某種情緒，要研究。

要提倡和重視創作，可以把京劇的片段寫成鋼琴曲或管弦樂曲。《穿林海》（**樂隊演奏**）一段就很好。還有一些唱段。如《獄警傳》都可以搞成鋼琴曲，突出人的作用。搞古代的要慎重，要推陳出新。有的可以不動，有的要出新，出新是很重要的創作。

（于會泳：可以不動如《水調歌頭》、《十面埋伏》、《大起板》，可按原來的演。）

有些曲子要選比較開朗的，不要選哀怨的，如《二泉映月》要演出，要改，要跳出來。要演激奮、反抗的曲子。像《三十裏坡》（陝北民歌）可以改編。

（江青聽了《咱們的領袖毛澤東》後說）這個曲子好。**（聽了《三六》後說）**《三六》可以改成管弦樂。《夜深沉》可以改編，以京胡、板胡三大件為主，我們不要老是捆住自己。

（于會泳：這段指示的中心意見，是對古代的選擇要慎重，要提倡重視創作。）

以下有關電影問題：

江　青：上海三個小戲電影，傾向是好的，但不敢接觸矛盾（**指《頌銀針》**）**一接觸就縮回去了**。有的片子講生產術語，看不懂（**指《一寸之間》**）。化妝搞假的眼睫毛。

《半藍花生》是越劇，我們要提倡搞小戲。北京的河北梆子《雲嶺春燕》要趕快搞。

近來有些人又借故事片少，向我進攻，這些話是放屁。我們自始至終在抓。有些原因，電影工業跟不上，「8·75」放映機過不了關，林賊搗亂等等。

（于會泳：這方面例子很多（指林賊搗亂），如《智取威虎山》在北京拍電影時鬥爭很激烈。）

以下有關出國節目的準備：

江　青：要有歷史長河，要有古代的，也要有現代革命的，但要以現代革命為主。《劍舞》要搞一個小會演看看。

五七藝校：

江　青：招生要貫徹階級路線，但不能搞關門主義。要講成分，但不能唯成分，不要查三代，要重表現。要堅持以工農兵子弟為主，但要防止一種傾向掩蓋另一種傾向，把一些有條件的學生弄掉。

（于會泳：五七藝校要搞一個學習彙報，包括音樂、舞蹈、電影拍攝片段，給中央首長彙報。）

江　青：舊中宣部房子怎樣了，搬過去沒有，夠不夠用？

【文化部辦公廳提供】

本月

王興志，〈毛主席建軍路線的贊歌——評革命現代劇《杜鵑山》〉，《紅旗》10期，1973年10月。

11月3日

《人民日報》發表北京大學聞軍（王瑤）〈淺談革命現代京劇《杜鵑山》的唸白〉：革命現代京劇《杜鵑山》不僅熱情地歌頌了毛主席建軍路線的勝利，給了觀眾以深刻的階級教育和路線教育；而且藝術上也有創造，全戲唸白的通體押韻就是它突出的特色之一。

在我國傳統戲曲中，一般是唱詞合轍押韻唸白是不押韻的。但在一齣戲裏，部分唸白押韻卻屢見不鮮，革命現代京劇裏也經常採用。如《紅燈記》第六場李玉和在駁斥鳩山時唸的「寧願筋骨碎，決不把頭回」幾句，就是「灰堆」轍的韻白，獲得了強烈的藝術效果。然而，像詩劇那樣把整個劇本的唸白都寫成韻語，從頭到尾合轍押韻，這在我國戲曲史上還從來沒有過。《杜鵑山》卻大膽地採用了全戲唸白通體押韻的形式，這是在批判地繼承傳統藝術的基礎上所進行的一次大膽的藝術創新。

從唸白的局部押韻發展到通體押韻，是一個從量變到質變的轉化。這種通體押韻的唸白，使唸白與歌唱、舞蹈部分在韻律、節奏方面和諧協調，成為一個有機的整體。這樣，就能更好地發揮京劇藝術載歌載舞的傳統特色。

《人民日報》（第 2 版）專欄：祖振聲，〈情寓於聲——學習《杜鵑山》唸白札記〉，該文認為：唸白，在京劇表演藝術中占有相當重要的地位。一齣戲要有好的唸白，單有好的臺詞還不夠，還必須由演員深入體會人物的思想感情和內心世界，然後通過唸這種藝術手段，實行再創造，從而準確地為交代劇情、表現主題和塑造無產階級英雄人物服務。革命現代京劇《杜鵑山》，批判地繼承了京劇傳統中可以利用的程式，又借鑑了詩歌朗誦和話劇道白的一些手法，使得唸白聲情並茂，豐富多彩。其一，吐字清楚，字正腔圓。其二，抑揚頓挫，安排得當。其三，弦外有音，耐人尋味。

楊志杰，〈層層鋪墊　步步登高——談《杜鵑山》的開頭〉，該文認為：「萬丈高樓平地起」，蓋房子是這樣，寫劇本也是這樣。蓋房子要打地基，寫英雄要有「墊戲」。《杜鵑山》的開頭，運用實寫雷剛虛寫柯湘的手法，為主要英雄人物柯湘的出場層層鋪墊，收到了「步步登高」的藝術效果。這些鋪墊是：杜媽媽「收刀」、「授刀」；李石堅報訊、獻計；最後雷剛為劫法場救柯湘高呼：「蒼天保佑！」三次鋪墊，由遠到近，由低到高，把柯湘一步步地引到了觀眾的面前。

11月25日

毛澤東在一封批評江青的來信上批示：「印發政治局各同志。有些意見是好的，要容許批評。」來信署名是「一個普通的共產黨員」。信的內容是批評江青「民主作風較差」，把文藝強調得過分，在文藝工作中不執行雙百方針，等等。信中認為：「一切為樣板戲讓路」的口號、吹捧江青是「文化大革命的英勇旗手」，都是不恰當的。

11月26日

1973年11月26日，〈國務院關於禁止私自放映封存影片的通知〉（1973.11.26；國發〔1973〕165號）

各省、市、自治區革命委員會，國務院各部委：

近來，有些地區和部門未經中央批准私自放映封存影片而且看的範圍很廣，這是違反中央規定的。中央有些部門，在京召開的專業會議，看內部參考影片，範圍過火，看後也不組織批判消毒。這個問題，各地區，各部門，應當引起重視，嚴肅對待。今後，對封存的影片，必須嚴格管理，對經批准放映的內部參考影片，必須嚴格控制放映範圍。為此，特做如下通知：

一、必須堅決貫徹執行中共中央 1968 年 60 號文件的規定。凡封存的影片，未經中央批准，一律不得動用。

二、看內部參考影片按下列規定辦理：

1、凡是國務院已批准放映的內部參考影片，可組織內部放映。放映範圍，應按國務院 1971 年 14 號文件的規定嚴格執行。

中央各部門看上述影片，可持部委領導同志簽署的函件，到「中影公司」租、借影片。

2、中宣部、外交部、總參二部以及新聞文藝、科研等單位組織觀看內部參考影片，須列出片名，報請中央領導同意後，持批件到「中影公司」租借影片。

3、外賓看內部參考影片，由有關外事部門報請中央領導同志批准後，持批件到「中影公司」租、借影片。

4、各地區、各部門看了內部參考影片，必須組織批判。毒草經過鋤掉，才能化為肥料。

以上希遵照執行。

（此件可發至縣，由省、市，自治區革委會自行印發）[24]

本月

原「中央五・七藝術學校」京劇系及音樂系京劇伴奏專業合並為原中國戲曲學校，組成「中央五・七藝術大學戲曲學校」，江青任名譽校長，于會泳任校長，浩亮、劉慶棠、王曼恬任副校長。

上海京劇院、上海青年京崑劇團等單位建制撤銷，原上海京劇院《智取威虎山》、《海港》、《龍江頌》劇組成立「上海京劇團」，直屬中央文化部領導，上海代管。

12月6日

《人民日報》發表聞哨的文章〈在尖銳的矛盾衝突中塑造英雄典型——評革命現代京劇《杜鵑山》的矛盾衝突〉。

同日，《人民日報》（第3版）專欄：解放軍某部風舉，〈雙雙草鞋寄深情〉，該文認為：在《杜鵑山》中，有個黨代表柯湘給雷剛和新戰士送草鞋的細節。這個貌似平凡的細節，對於塑造柯湘的英雄形象，豐富作品的思想內容，起了一定的作用。

成之煒、吳歡，〈實寫為主虛實結合——學習《杜鵑山》創作手法札記〉，該文認為：革命現代京劇《杜鵑山》在尖銳的矛盾衝突中，運用實寫為主、虛實結合的藝術手法，成功地塑造了柯湘高大豐滿的無產階級英雄形象。

[24] 原載中華人民共和國文化部辦公廳《文化工作檔資料彙編（三）》，北京：〔內部出版〕，1988年12月。

本年

《讚革命現代京劇〈奇襲白虎團〉》，山東人民出版社。

《龍江風格，萬古常青》，上海人民出版社。

年底，《沂蒙頌》和《草原兒女》一起獲准進八一電影製片廠投入影片拍攝，並在三個月後拍攝完成。

姚文元授意下， 成立了于會泳任組長的文化組創作領導小組辦公室，隨後出現的從事「文藝評論」的「初瀾」、「江天」就是這個辦公室寫作班子（又稱「寫作組」）的筆名。「寫作組」是「文革」期間的重要現象。當時比較著名的「寫作組」還有「梁效」、「辛文彤」、「任犢」、「羅思鼎」、「石一歌」、「南哨」等。由於「寫作組」特殊的政治身份，他們主導著文藝思潮與文藝評論。「寫作組」的「寫作」在本質上是姚文元式的寫作。

1973 年秋，經國務院批准，「中央五・七藝術學校」擴建為「中央五・七藝術大學」，下設三院三校：戲劇學院、音樂學院、美術學院，戲曲學校、電影學校、舞蹈學校。江青任名譽校長，于會泳、浩亮（錢浩梁）、劉慶棠、王曼恬任副校長。

1974 年

【概述】

中國共產黨十大前後，毛澤東多次提出要把批判林彪同批判中國歷史上的孔子和儒家、推崇法家聯繫起來。1973 年 7 月，他在同王洪文、張春橋談話中認為，林彪同國民黨一樣，都是「尊孔反法」的。1974 年 1 月，中共中央將供批判的「林彪與孔孟之道」的材料轉發全黨，一場「批林批孔」運動立即在全國開展起來。毛澤東發動這場批判運動，不僅是因為林彪私下推崇過孔孟之道，藉此從思想根源上批判林彪集團，而且要藉宣傳所謂歷史上法家堅持變革和儒家反對變革來維護「文化大革命」。江青、王洪文等開展所謂「批林批孔」運動，其矛頭指向周恩來。

1 月 19 日新華社訊：彩色故事片《火紅的年代》、《豔陽天》、《青松嶺》、《戰洪圖》將在全國上映。消息稱，這是「把革命樣板戲的經驗運用於故事影片的一次可貴的實踐」。又訊：京、滬、津春節期間將大演革命「樣板戲」和其他革命文藝節目。北影重拍《南征北戰》，上海拍，重拍《年輕的一代》；珠影拍粵劇藝術片《沙家濱》，西影擬拍《漁島怒潮》等。繼革命交響音樂《沙家濱》之後，又一部革命交響音樂《智取威虎山》在上海正式上演了。彩色戲曲藝術片《沙家濱》的上映，使粵劇流行地區的廣大群眾通過電影這種具有廣泛群眾性的藝術形式，看到和聽懂革命「樣板戲」，進一步普及了革命「樣板戲」。1 月 23 日到 2 月 18 日，國務院文化組在北京舉辦華北地區文藝調演。此間，「四人幫」及其在文化組的親信于會泳等人製造了「《三上桃峰》事件」，稱晉劇《三上桃峰》吹捧「桃園經驗」，是為劉少奇翻案的大毒草。這一年受到批判的還有湘劇《園丁之歌》、安東尼奧尼拍攝的《中國》以及一些被稱為「黑畫」的美術作品等。1974 年成為「反擊文藝黑線回潮」的一年。4 月 28 日新華社〈全國將舉行革命樣板戲影片匯映〉報導：從 5 月 1 日到 5 月 23 日，全國各地城鄉將舉行革命「樣板戲」影片匯映。匯映期間，全國廣大城鄉的電影院、放映隊將集中放映《智取威虎山》、《紅燈記》、《紅色娘子軍》、《白毛女》、《沙家濱》、《龍江頌》、《海港》、《奇襲白虎團》等十部革命「樣板戲」彩色影片，以及在革命「樣板戲」影片帶動下攝製的《火紅的年代》、《豔陽天》、《青松嶺》、《戰洪圖》四部彩色故事影片。5 月在北京舉行「四省市自治區文藝調演」，上演節目大都是各種地方戲曲和民族歌舞移植學演「樣板戲」。這一年在北京、上海、天津、廣州等各大城市都舉行了「樣板戲」會演和「樣板戲」影片的匯映。「樣板戲」劇組和官方組成的學演「樣板戲」的文藝團體，各地巡迴演出。5 月 21 日由廣東省粵劇團移植的革命樣板戲《沙家濱》，受到了廣大工農兵特別是粵語地區觀眾的歡迎。

5 月 23 日新華社〈在毛主席的無產階級文藝路線指引下　我國革命樣板戲進一步普及和發展〉報導：繼革命現代京劇《智取威虎山》、《紅燈記》、《沙家濱》、《海港》、《奇襲白虎團》，革命現代舞劇《紅色娘子軍》、《白毛女》，革命交響音樂《沙家濱》八個樣板戲之後，最近幾年內，我國文藝舞臺上又湧現了鋼琴伴唱《紅燈記》，鋼琴協奏曲《黃河》，革命現代京劇《龍江頌》、《紅色娘子軍》、《平原作戰》、《杜鵑山》，以及革命交響音樂《智取威虎山》等一批革命樣板作品。革命現代舞劇《沂蒙頌》、《草原兒女》正在試驗演出；還有一批劇目正在修改和創作。為了普及社會主義文藝革命的這些光輝成果，絕大都數樣板戲已由舞臺搬上銀幕。新近拍攝成的《平原作戰》、《杜鵑山》革命樣板戲影片，即將在全國城鄉放映。全國主要地方劇種都進行了移植革命樣板戲的嘗試。其中，河北梆子《紅燈記》、平劇《智取威虎山》、湖南花鼓戲《沙家濱》、粵劇《沙家濱》、淮劇《海港》、晉劇《龍江頌》，得到了工農兵的好評。新疆、內蒙古、廣西等少數民族地區還用本民族語言和藝術形式演出革命樣板戲。維吾爾語歌劇《紅燈記》在新疆各處演出後，深受各族人民的喜愛。至於各省、地、縣、市專業文藝團體，以及工礦、農村、部隊業餘文藝工作者採取全劇演出，或用清唱、演摺子戲等方法普及和宣傳革命樣板戲的活動，更是遍及全國。

由謝鐵驪導演的《杜鵑山》彩色影片正式公映。《海港》劇組改名為「天津市京劇二團」。《紅燈記》劇組改名為「天津市京劇三團」。

1月1日

初瀾的文章〈中國革命歷史的壯麗畫卷——談革命樣板戲的成就和意義〉發表在《紅旗》雜誌第1期。

1月2日

《人民日報》(第3版)專欄:杜軍,〈情節化　性格化　連貫性　時代感——談革命現代京劇《杜鵑山》的武打設計〉,該文認為:《杜》劇的武打設計有如下幾個特點:情節化、性格化、連貫性、時代感。

空軍某部歐陽如華,〈團結同志的模範〉;王大光,〈彩筆頌英雄——《杜鵑山》舞臺美術學習札記〉;蘇汀,〈綠葉扶花花更紅〉;

1月18日

中國京劇團將演出革命現代京劇《紅燈記》、《紅色娘子軍》、《龍江頌》、《平原作戰》,中國舞劇團將演出革命現代舞劇《白毛女》、《紅色娘子軍》。北京京劇團將演出革命現代京劇《沙家濱》、《杜鵑山》,中央樂團將演出鋼琴伴唱《紅燈記》、交響音樂《沙家濱》、鋼琴協奏曲《黃河》,並演出為毛主席詩詞譜曲五首。中國舞劇團的革命現代舞劇《草原兒女》、《沂蒙頌》等劇目,經過進一步加工錘鍊,也將同時為北京工農兵試驗演出。

總政宣傳隊等七個部隊文藝團體和中央廣播文工團、中國鐵路文工團,也將一起參加首都春節的文藝演出。

新年以來,首都一些專業劇團的文藝工作者還深入到礦山、農村公社、城市醫院、部隊向工農兵作慰問演出,受到廣大群眾的熱烈歡迎。在春節期間,有的劇團除了在城內劇場演出外,還將組織演出隊,到基層為群眾演出。

新華社上海1974年1月18日電:

上海文藝舞臺春節期間將上演大批革命文藝節目。廣大工農兵喜愛的革命現代京劇、革命現代舞劇和表現工農兵鬥爭生活的音樂、舞蹈、話劇、淮劇、滬劇、越劇、雜技、評彈、木偶戲等各種文藝節目共二十多臺將同時演出。

進一步普及革命樣板戲是今年春節上海舞臺的一個鮮明特色。上海京劇團除演出革命現代京劇《智取威虎山》、《海港》和《龍江頌》以外，還將演出向北京中國京劇團和北京京劇團學習的革命現代京劇《紅燈記》、《沙家濱》的摺子戲專場和五重奏伴唱《海港》。他們為了滿足工農兵的需要，還將演出新創作的一批短小精悍的文藝節目。上海市舞蹈學校在繼續演出革命現代舞劇《白毛女》的同時，將演出向北京中國舞劇團學習的革命現代舞劇《紅色娘子軍》第二場的摺子戲和音樂、舞蹈等節目。上海交響樂團將演出氣勢磅礴、具有民族風格的大型革命交響音樂《智取威虎山》。上海戲曲學校也將演出向北京京劇團學習的革命現代京劇《平原作戰》。上海人民淮劇團、上海滬劇團、上海越劇團等單位按照各自劇種特點移植的革命樣板戲《海港》、《紅燈記》、《龍江頌》等，準備全部公演。兒童藝術劇院繼續演出話劇《鋼鐵洪流》，上海人民藝術劇院和上海電影製片廠演員劇團、上海戲劇學院將同時演出話劇《第二個春天》。不久前從外地為工農兵慰問演出歸來的上海市人民雜技團、上海市人民評彈團和上海歌劇院的文藝工作者，受到各地工農兵群眾革命精神的鼓舞，一面努力提高演出的思想、藝術水平，同時積極創作和排練新的節目準備春節上演。去年湧現出的一批具有鮮明的時代特徵和戰鬥風格的優秀小戲，如淮劇《撿煤渣》、話劇《補課》等，也將在春節期間演出。

春節期間上海舞臺還將由工農兵演出他們自己業餘創作的三個專場的歌舞、曲藝、小戲等節目。這些節目短小精悍，形式活潑多樣，充滿了強烈的戰鬥性和濃郁的生活氣息，是從全市各區、縣、局文藝會演的二千多個節目中挑選出來的。

上海京劇團《龍江頌》劇組的演員們在批林整風運動中，憤怒批判了林彪破壞革命樣板戲、反對無產階級文藝革命的罪行，進一步加深了對革命樣板戲的熱愛。他們打破過去只是晚上演出的常規，以滿腔革命熱情為工農兵觀眾加演日場。其他文藝團體在節日期間都準備加演日場，以滿足工農兵的需要。上海市人民評彈團合理安排人員，將有三臺節目同時上演。春節前夕，上海組織了四個專業和業餘相結合的春節慰問團，深入部隊為人民解放軍廣大指戰員進行慰問演出。許多專業劇團除了在劇場演出外，還組織了文藝輕騎隊，深入廠礦農村演出。

新華社天津1974年1月18日電：

春節期間，天津市的文藝工作者將為工農兵演出革命樣板戲和許多其他革命文藝節目。京劇、河北梆子、平劇、話劇、曲藝、音樂、歌舞、雜技等豐富多彩的革命文藝節目占領舞臺，生動地反映出文藝戰線一派欣欣向榮的大好革命景象。

天津市京劇團、京劇二團、京劇三團、歌舞團、話劇團、河北梆子劇團、平劇團、曲藝雜技團和天津市戲劇學校等單位在春節期間上演的節目有：革命樣板戲《智取威虎山》、《紅燈記》、《沙家濱》選場選段，革命現代京劇《杜鵑山》，河北梆子《渡口》、《山地交通站》，平劇《海島女民兵》以及歌舞、話劇、曲藝、雜技等。

春節前夕，天津市各文藝團體，在為城區廣大群眾演出的同時，歌舞團、話劇團、曲藝雜技團、平劇團、河北梆子劇團和天津市戲劇學校等單位還抽調五百多名文藝工作者，組成了十一個文藝宣傳小分隊，先後深入到薊縣、寶坻、寧河、武清、靜海、漢沽、東郊、北郊等郊區、縣的廣大農村，為社、隊貧下中農和烈屬、軍屬、知識青年演出了一百七十多場，不但活躍了農村文化生活，也鍛鍊了文藝工作者，促進了他們的思想革命化。許多文藝工作者在緊張的演出後，積極開展向解放軍學習的活動，嚴格遵守「三大紀律，八項注意」，滿腔熱情地為貧下中農服務。住在哪裏，就把哪裏的環境衛生搞好，把水缸挑滿，還參加生產勞動。每離開一地，他們都虛心地徵求意見，受到貧下中農的熱情讚揚[1]。

[1] 〈毛主席革命文藝路線的偉大勝利　無產階級文化大革命的豐碩成果　我國文藝舞臺繁榮興旺　京、滬、津在春節期間將大演革命樣板戲和其他革命文藝節目〉，北京：《人民日報》（第1版，），1973年1月19日。

1月19日

新華社訊：彩色故事片《火紅的年代》、《豔陽天》、《青松嶺》、《戰洪圖》將在全國上映。消息稱，這是「把革命樣板戲的經驗運用於故事影片的一次可貴的實踐」。又訊：京、滬、津春節期間將大演革命樣板戲和其他革命文藝節目。北影重拍《南征北戰》，上海拍，重拍《年輕的一代》；珠影拍粵劇藝術片《沙家濱》，西影擬拍《漁島怒潮》等。

繼革命交響音樂《沙家濱》之後，又一部革命交響音樂《智取威虎山》在上海正式上演了。這部作品革命氣勢磅礴，民族色彩濃厚，交響效果強烈豐富，博得了工農兵群眾的熱烈讚賞。[2]

《人民日報》（第 1 版）〈華北地區文藝調演將在京舉行〉報導：新華社 1974 年 1 月 18 日訊，在黨中央的親切關懷下，由國務院文化組舉辦的華北地區文藝調演，將從 1 月 23 日開始，在北京舉行。參加華北地區文藝調演的，有北京、天津、內蒙古、河北、山西五個省、市、自治區的代表團。調演的文藝節目有京劇、話劇、歌舞、曲藝、木偶戲等；也有地方戲的平劇、河北梆子、山西梆子、上黨梆子、影調、郿戶、絲弦、呂劇、豫劇、蒲劇、二人臺、碗碗腔等。節目有大型的，也有中小型的，形式多樣、豐富多彩。華北地區的五個省、市、自治區從 1972 年紀念毛主席〈在延安文藝座談會上的講話〉發表三十週年以來，在當地工農兵群眾性文藝創作蓬勃開展的基礎上，都舉行過省、市、自治區範圍的文藝會演或調演。許多節目聽取了廣大工農兵的意見，反覆做了修改和加工。參加這次調演的就是從中挑選出來的一些好的和比較好的節目。這次調演除了將邀請廣大工農兵群眾觀看以外，還將由中央人民廣播電臺、北京人民廣播電臺和北京電視臺轉播演出的實況。調演期間，還將組織工農兵群眾和文藝工作者開展群眾性的文藝評論，以推動革命文藝創作的進一步發展。

據新華社上海 1974 年 1 月 19 日電：繼革命交響音樂《沙家濱》之後，又一部革命交響音樂《智取威虎山》在上海正式上演了。這部作品革命氣勢磅礴，民族色彩濃厚，交響效果強烈豐富，博得了工農兵群眾的熱烈讚賞。革命交響音樂

2 新華社，〈上海樂團創作、演出革命交響音樂《智取威虎山》〉，北京：《人民日報》，1974 年 1 月 20 日。

《智取威虎山》是上海樂團創作和演出的。它以革命現代京劇《智取威虎山》的唱腔、曲調為基礎，根據交響音樂的特點進行了再創作。革命交響音樂《智取威虎山》是 1967 年開始創作的[3]。

【解讀】

「樣板戲」的中西混編樂隊，從構思到大體定型，大約是在 60 年代末到 70 年代初，由《智取威虎山》劇組率先嘗試。一開始只是為了表現解放軍的英武氣概而嘗試加入少量的銅管樂器，接下來逐步增加更多的西洋樂器。這樣的舉措可以說是新中國成立以來第一次比較深入、系統地在戲曲樂隊裏進行中西樂混編的探索。當時為了尋求中西混編樂隊從心理到技術的默契配合，還進行過很有意味的專業訓練，要求西洋樂器演奏員學拉京胡，而京劇樂師則要求在音準上向西洋樂器靠攏。參加「樣板戲」創作的表演名家和作曲名家數量眾多，他們的作用是提高了京劇音樂的質量，改變了傳統京劇重聲腔不重伴奏的情況。

1 月 22 日

《人民日報》發表文章〈貧下中農最愛聽革命樣板戲〉（第 1 版）。

1 月 23 日

國務院文化組舉辦的華北地區文藝調演從今天起正式開始。第一輪的六臺節目，今天分別在六個劇場同時演出。這次華北地區文藝調演分三輪舉行。共有二十臺節目，包括了華北地區的一些主要的地方戲劇種。參加第一輪演出的六臺節目將連續演出四天。其中有北京平劇團的《向陽商店》、北京市河北梆子劇團的《雲嶺春燕》，天津市話劇團的《風華正茂》，內蒙古自治區歌舞團的歌舞，山西省晉劇院的《三上桃峰》，河北省唐山市地方戲劇團的影調《迎風飛燕》。參加這次調演的一千多名文藝工作者，從華北各地來到首都，心情十分激動。許多人說：「我們能到首都來為工農兵演出，感到非常光榮。我們絕不辜負黨中央、

3 〈上海樂團創作、演出革命交響音樂《智取威虎山》〉，北京：《人民日報》（第 1 版），1974 年 1 月 20 日。

毛主席對我們的期望，一定要把這次調演搞好！」連日來，各代表團認真學習毛主席的文藝思想，學習十大文件，學習革命樣板戲的創作經驗，批判劉少奇、林彪的修正主義文藝路線。演出前夕，有的代表團還舉行了座談會，徵求工農兵的意見，並對作品進一步做了修改。他們表示，一定要以革命樣板戲為榜樣，精益求精，努力提高作品的思想和藝術水平[4]。

1 月 23 日到 2 月 18 日，國務院文化組在北京舉辦華北地區文藝調演。此間，「四人幫」及其在文化組的親信于會泳等人製造了「三上桃峰」事件，稱晉劇《三上桃峰》吹捧「桃園經驗」，是為劉少奇翻案的大毒草。

1月29日

《人民日報》（第 3 版）廖達、鍾聞，〈高舉革命旗　緊握手中槍——讚革命現代京劇《杜鵑山》〉，該文認為：批判林彪的反動的軍事路線革命現代京劇《杜鵑山》，以驚心動魄的藝術力量，通過無產階級英雄人物柯湘用毛主席的革命路線改造杜鵑山農民自衛軍的藝術描寫，深刻地反映了革命與反革命兩個階級爭奪農民武裝領導權的鬥爭，熱情歌頌了「我們的原則是黨指揮槍，而絕不容許槍指揮黨」的偉大真理，有力地批判了野心家、陰謀家林彪鼓吹的槍指揮黨的謬論。

廈門大學許懷中的文章〈為英雄人物創造典型環境〉認為：如何把握時代的本質，寫好英雄人物生活和鬥爭的環境，這是文藝創作中的一個重要問題。革命現代京劇《杜鵑山》從兩條路線鬥爭的高度來概括生活，寫出了正確反映時代本質的典型環境。

北京電子管廠馬玉來的文章〈此時無聲勝有聲——讚《杜鵑山》的靜場處理〉認為：革命現代京劇《杜鵑山》遵循張與弛、動與靜的藝術辯證法，在尖銳的矛盾衝突中設置了幾個靜場，對於刻劃柯湘這個英雄人物起了一定的作用。

新華社南京電：江蘇省積極普及農村電影發行工作，電影放映單位比無產階級文化大革命前增加了一千一百多個，平均一個半公社就有一個放映隊，貧下中

[4] 〈華北地區文藝調演正式開始〉，北京：《人民日報》（第 1 版），1974 年 1 月 24 日。

農看電影的次數逐年增多。近三年來，共放映革命「樣板戲」影片三十多萬場，觀眾達四億九千多萬人次。江蘇省農村電影放映隊普遍採取點面結合，規劃放映的辦法，做到了「高山之巔掛銀幕，水上排船放電影」。蘇北的盱眙縣龍山公社，境內山崗起伏，村莊分散，交通不便，文化大革命前，這裏常年看不到電影。1971年，公社成立了電影放映隊，放映員身背八點七五毫米放映機，爬山越嶺，過河跨澗，跑遍了全公社十七個生產隊的每一個山村，使全公社每人平均看電影十三場。在白浪滾滾的太湖之中，有一個小島，夏天颱風一吹，船隻難渡，冬天湖面結冰，交通不便。吳縣的農村電影放映隊，不畏艱險，頂風迎浪，堅決把放映點設到小島上，去年共放映了十次電影。

各電影放映隊在普及農村電影的同時，還聯繫意識形態領域裏的階級鬥爭實際，運用幻燈、說唱、宣傳欄等形式，配合黨的中心工作，加強映前宣傳。鹽城縣新興公社三英大隊有個貧農青年準備結婚，這個青年的父母覺得只有這一個兒子，打算在他結婚的時候辦二三十桌酒席，熱鬧一番。公社電影放映隊知道後，就把這位青年的父母在舊社會替地主做長工、逃荒要飯的苦難家史，編繪成幻燈片，在全大隊進行映前宣傳。電影放映隊的宣傳和幹部的耐心教育，提高了老人的覺悟，終於勤儉節約辦了喜事。

新華社杭州1974年1月29日電：浙江省農村電影放映工作緊密配合農業學大寨的群眾運動，收到了很好的效果。去年，全省一千三百多個電影放映單位分別舉辦了「農業學大寨——農業題材影片選映」、「春耕生產電影宣傳月」等活動。許多農村電影放映隊一接到這方面的影片，立即深入山區、海島和農村，為社員放映。他們不怕山高路遠，不怕風吹浪打，採取雙機聯隊跑片等辦法，一天放映兩三場。據去年九個月的統計，革命現代京劇電影《龍江頌》和《大寨紅旗》、《沙石峪》等十一部影片，在全省共放映了四萬三千多場，觀眾達四千萬人次。嘉善縣全縣二百九十三個生產大隊，僅電影《龍江頌》就放映了三百九十七場，全縣貧下中農基本上都看到了這部電影。

電影發行部門和電影放映隊積極為農業學大寨運動服務，成了農村各級黨組織領導這個運動的有力助手。吳興縣電影管理站為了配合全縣各個公社召開的農業學大寨會議，專門組成三個放映隊，主動向各公社瞭解會議日程，制定放映計劃。他們在十五天內配合各個公社的會議，放映了《大寨紅旗》等七十多場。看了電影後，許多公社都聯繫實際組織討論，效果很好。嵊縣城溪公社大彎大隊放映《大寨紅旗》後，公社黨委一位負責同志帶領大隊黨支部委員跑遍大彎各個山頭，進行調查研究，討論並提出了重新安排大彎山水的初步意見，規劃了植樹造林、擴展桑園、茶園，平整土地，引水上山等項工作。許多影片送到農業第一線，直接推動了農業學大寨運動的深入開展。淳安縣有個生產大隊，為了興修水利，要搬掉一個山頭。但是，這個山頭上有一塊土地屬於另一個大隊，需要互相調換。起初那個大隊有的幹部不同意。當《龍江頌》影片在那個大隊放映後，大家深受教育，紛紛表示要學習龍江風格，主動把山頭上的土地調換出來，並且派人幫助兄弟隊興修水利。各地還組織專場放映，推廣農業先進技術，有效地促進了群眾性的科學實驗活動。吳興縣含山公社幹部和群眾看了《中曲發酵飼料》影片後，半個月內就有二十個生產隊的畜牧場推廣了中曲發酵飼料。

據新華社福州 1974 年 1 月 29 日電：福建省農村電影放映事業蓬勃發展，電影放映隊比無產階級文化大革命前增加了一倍多，平均每個生產大隊設兩個放映點，不少偏遠山村和海島的群眾也能就近看到電影了。在批林整風運動中，全省電影發行放映人員以飽滿的政治熱情，深入廣大農村、山區、海島，普及革命電影。平潭縣各電影放映隊經常駕舟跨海，迎風鬥浪，送電影上門，使村村島島掛起了銀幕。

農村電影放映事業的蓬勃發展，為大力普及革命樣板戲創造了條件。不少農村電影放映隊為了讓群眾儘快地看到革命「樣板戲」電影，創造了「一片多機」、「一機多點」、「上下結合，排片到點」等方法，來加快放映速度。從 1970 年 8 月到 1973 年底，全省農村共映出《紅燈記》、《紅色娘子軍》、《龍江頌》等革命樣板戲影片十二萬九千多場，觀眾達一億零一百多萬人次，平均每個大隊映出九場多。邵武縣每個農村放映點都已經普及了革命樣板戲電影。革命樣板戲裏李玉和、楊子榮等英雄人物「高舉紅燈」，「胸懷朝陽」的革命精神，正鼓舞著全省各地貧下中農在社會主義大道上奮勇前進。

電影放映人員積極開展放映宣傳工作，配合各地黨組織抓好意識形態領域的階級鬥爭。武平縣農村電影放映隊，一次到湘店公社湘坑大隊放映時，發現這裏封建迷信有所抬頭，他們立即與大隊黨支部共同編寫了〈階級鬥爭不能忘，歪風邪氣要掃光〉的民歌，進行映前宣傳，並在大隊黨支部的領導下，把影場當作革命大批判的戰場，使社員群眾受到了一次深刻的階級鬥爭教育。各地農村電影放映隊還自編自映了不少幻燈節目，進行映前宣傳，熱情歌頌毛主席革命路線的偉大勝利，歌頌無產階級文化大革命的偉大成果，表揚農村三大革命運動中湧現出來的典型單位和先進人物。據不完全統計，全省農村電影放映隊 1973 年共創作放映了《青春紅似火》、《豬多肥多糧多》、《稻草回田好處多》、《幻燈新聞簡報》等單管、三管幻燈片四百多套五萬多片，很受群眾歡迎[5]。

本月

1 月初，江青、王洪文提出開展「批林批孔」運動，得到毛澤東的批准。江青等人藉機把矛頭指向周恩來，以實現其篡黨奪權的目的。毛澤東及時發現江青等人的企圖，對他們做了嚴厲批評，宣布他們是「四人幫」，並指出江青有當黨中央主席和「組閣」的野心，使其圖謀受挫[6]。

2月5日

《人民日報》（第 3 版）發表文章〈學習革命樣板戲的可喜成果——記平劇《向陽商店》的新生〉。

5 〈廣泛傳播無產階級思想，提高社員群眾的階級鬥爭和路線鬥爭覺悟　江蘇浙江福建積極普及農村電影發行工作江蘇省〉，北京：《人民日報》（第 4 版），1974 年 1 月 30 日。

6 1974 年 7 月 17 日，毛主席在中央政治局會議上說：「江青同志，你要注意呢！別人對你有意見，又不好當面對你講，你也不知道。不要設兩個工廠，一個叫鋼鐵工廠，一個叫帽子工廠，動不動就給人戴大帽子。不好呢，要注意呢。」「你也是難改呢。」又說：「你們要注意呢，不要搞成四人小宗派呢。」毛主席兩次講：「她（指江青）並不代表我，她代表她自己。」「總而言之，她代表她自己。」1974 年 11 月 12 日，毛主席在江青的信上批示：「不要多露面，不要批文件，不要由你組閣（當後臺老闆），你積怨甚多，要團結多數。至囑。」「人貴有自知之明。又及。」1974 年 11、12 月，在中央準備召開四屆人大，醞釀國家機構的人事安排期間，江青託人向毛主席轉達她的意見，要王洪文當全國人民代表大會常務委員會的副委員長。毛主席說：「江青有野心。她是想叫王洪文做委員長，她自己做黨的主席。」1974 年 12 月 23 日，毛主席又說：「江青有野心，有沒有，我看是有。」（毛澤東，〈對「四人幫」的幾次批評〉，《建國以來毛澤東文稿》第 13 卷，北京：中央文獻出版社，1998，頁 394-395。）

2月6日

新華社〈學唱革命樣板戲　促進部隊革命化建設　濟南部隊指戰員學習樣板戲塑造的英雄人物，進一步發揚革命光榮傳統〉（第 4 版）報導：人民解放軍濟南部隊指戰員廣泛開展學唱革命樣板戲活動，促進部隊思想革命化建設[7]。

新華社濟南 1974 年 2 月 6 日電，人民解放軍濟南部隊指戰員廣泛開展學唱革命「樣板戲」活動，促進部隊思想革命化建設[8]。

2月7日

《人民日報》（第 1 版）的〈堅決執行毛主席的革命文藝路線　認真學習革命樣板戲的創作經驗〉報導：參加華北地區文藝調演的文藝工作者在調演過程中認真學習革命樣板戲的創作經驗，決心運用這些經驗指導自己的創作實踐，為推動文藝革命，繁榮社會主義文藝創作做出新的貢獻。華北地區的文藝工作者以革命樣板戲為榜樣，從無產階級文化大革命以來創作了大量文藝節目。這次調演就是對華北地區文藝工作者普及革命樣板戲、學習革命樣板戲成果的一次檢閱。為了進一步學好革命樣板戲的創作經驗，在調演期間，文藝工作者們懷著興奮的心情，先後觀摩了中國京劇團演出的革命現代京劇《平原作戰》和北京京劇團演出的革命現代京劇《杜鵑山》，以及中國舞劇團演出的革命現代舞劇《草原兒女》和《沂蒙頌》，聽了《紅燈記》和《杜鵑山》劇組的創作經驗報告，並且進行了熱烈的討論。許多同志激動地說：「中國京劇團等單位的同志們專場為我們演出，給我們介紹經驗，這是一次難得的學習機會，使我們更加堅定了貫徹執行毛主席革命文藝路線的決心。」

在學習討論中，大家暢談了以革命樣板戲為標誌的無產階級文藝革命的大好形勢。他們說：「革命樣板戲是無產階級文藝的典範，革命樣板戲的創作過程，既是一場激烈的政治鬥爭，又是一場深刻的藝術革命。每一個革命樣板戲都是在

---

7 新華社報導，〈學唱革命樣板戲　促進部隊革命化建設　濟南部隊指戰員學習樣板戲塑造的英雄人物，進一步發揚革命光榮傳統〉，北京：《人民日報》（第 4 版），1974 年 2 月 7 日。

8 〈學唱革命樣板戲　促進部隊革命化建設〉，北京：《人民日報》（第 4 版），1974 年 2 月 7 日。

兩個階級、兩條路線的尖銳鬥爭中誕生的，學習革命樣板戲的創作經驗，首先要學習創作者的堅決貫徹執行毛主席革命文藝路線，同修正主義文藝黑線進行頑強鬥爭的革命精神。」北京平劇團的文藝工作者回顧了《向陽商店》的修改過程，深深感到學習革命樣板戲創作經驗的重要。他們表示：「今後要進一步發揚敢於反潮流的革命精神，狠批劉少奇、林彪推行的修正主義路線和孔孟之道，改造世界觀，為塑造好無產階級英雄形象而努力。」

大家在學習討論中指出：「用黨的基本路線指導文藝創作，深刻地反映在黨的正確路線指引下我國人民的鬥爭生活，這是革命樣板戲創作的一條根本經驗。」山西省晉東南上黨梆子劇團的同志說：「《平原作戰》和《杜鵑山》同其他革命樣板戲一樣，都是以黨的基本路線為指導思想，敢於揭示矛盾，激化衝突，在激烈的階級鬥爭和路線鬥爭中來塑造無產階級英雄形象。我們學習革命樣板戲的創作經驗，就要深刻領會黨的基本路線，肅清「階級鬥爭熄滅論」、「無衝突論」等修正主義流毒，努力反映階級鬥爭。」內蒙古自治區歌舞團的同志看了革命現代舞劇《草原兒女》、《沂蒙頌》後說：「這兩個舞劇所以動人，就是因為兩個舞劇通過反映尖銳的階級鬥爭成功地塑造了英雄人物。革命歌舞也要敢於寫階級鬥爭，這樣才能塑造好無產階級英雄形象。」

經過學習討論，文藝工作者更加深了對革命樣板戲「三突出」創作原則的理解。天津市平劇團的同志說：「運用『三突出』原則，滿腔熱情、千方百計地塑造無產階級英雄人物，是社會主義文藝的根本任務，革命樣板戲在這方面給我們提供了寶貴的經驗。這次觀摩了革命樣板戲，使我們進一步認識到，搞好『三突出』，最重要的就是要把劇中主要英雄人物放在尖銳激烈的階級鬥爭中來塑造。只有這樣，才能把英雄人物真正突出出來。」同志們還指出：「要正確地運用『三突出』的創作原則，文藝工作者必須認真改造世界觀。當前文藝工作者必須積極投入批林批孔鬥爭，徹底批判孔老二和林彪宣揚的『英雄創造歷史』的唯心史觀，牢固樹立馬克思主義的唯物史觀。」

參加華北地區文藝調演的文藝工作者認為：「革命樣板戲千錘百鍊、精益求精的精神，也是值得認真學習的。」河北省石家莊市絲弦劇團的同志說：「革命樣板戲在創作和演出過程中，對一字一句，一腔一板，一招一式，都嚴肅認真，一絲不苟。我們一定要認真學習這種高度的革命責任感，不斷提高作品的思想和藝術水平。[9]」

2月8日

《人民日報》（第3版）專欄：江天，〈深入批林批孔　繼續搞好文藝革命〉。該文認為：當前正在開展的批林批孔鬥爭，是一場具有重大現實意義和深遠歷史意義的政治鬥爭。這場政治鬥爭，必將進一步推動上層建築各個領域包括文藝領域的革命。因此，深入批林批孔，也是繼續搞好文藝革命的頭等大事，革命的文藝工作者應該積極地投入到這場鬥爭中去。

2月10日

《人民日報》（第5版）〈日本松山芭蕾舞團演出革命芭蕾舞劇《白毛女》〉報導：新華社東京1974年2月10日電，日本松山芭蕾舞團2月9日晚在日本九州博多市演出了革命芭蕾舞劇《白毛女》，受到日本觀眾的熱烈歡迎。一千八百多名觀眾熱情地觀看了演出，場內不時地爆發出熱烈的掌聲。正在九州進行友好訪問的中國青年代表團應邀觀看了演出。演出結束後，王淑珍團長和代表團全體成員會見了松山芭蕾舞團團長清水正夫和全體演員，祝賀演出成功。

2月22日

卡翁達總統和夫人出席文藝晚會，周恩來總理、李先念副總理、吳德主任等陪同贊比亞貴賓觀看了革命現代京劇《沙家濱》。新華社1974年2月22日訊：贊比亞共和國總統肯尼思・戴維・卡翁達博士和夫人以及其他贊比亞貴賓，今天晚上應邀出席文藝晚會，觀看了北京京劇團演出的革命現代京劇《沙家濱》[10]。

9　〈堅決執行毛主席的革命文藝路線　認真學習革命樣板戲的創作經驗〉，北京：《人民日報》（第1版），1974年2月8日。

10　〈卡翁達總統和夫人出席文藝晚會，週恩來總理、李先念副總理、吳德主任等陪同贊比亞貴賓觀看了革命現代京劇《沙家濱》〉，北京：《人民日報》（第1版），1974年2月23日。

2月25日

《人民日報》發表朱文的文章〈移植革命樣板戲的優秀成果——評彩色戲曲藝術片《沙家濱》〉：彩色戲曲藝術片《沙家濱》的上映，使粵劇流行地區的廣大群眾通過電影這種具有廣泛群眾性的藝術形式，看到和聽懂革命樣板戲，進一步普及了革命樣板戲。這對於深入進行地方戲曲的革命，必將產生積極的影響。

3月15日

《光明日報》發表張永枚寫的詩報告〈西沙之戰〉，次日《人民日報》全文轉載，其他報刊也相繼轉載，並出版了單行本。此作由江青授意創作並經江青修改，江青被美化成戰鬥的「鼓舞者」和「力量源泉」。詩報告發表後，被看成「新詩學習革命樣板戲的成功範例」。

3月21日

《人民日報》（第3版）發表中國舞劇團宋琛、郁蕾娣的文章〈工農兵英雄形象要永遠占領舞臺〉，該文認為：在黨的十大精神鼓舞下，在批林批孔運動的推動下，無產階級文藝革命蓬勃發展，形勢大好。繼八個光輝的革命樣板戲之後，革命現代京劇《龍江頌》、《平原作戰》、《杜鵑山》等無產階級革命文藝新花又爭相怒放。前不久，在北京舉行的華北地區文藝調演，為我們展示了文藝戰線百花吐豔的繁榮景象。無產階級文藝革命的大好形勢，說明了上層建築領域裏無產階級專政的鞏固，沉重地打擊了帝、修、反，是毛主席無產階級革命路線的偉大勝利。

同日，《人民日報》發表北京京劇團楊春霞的文章〈堅決反擊修正主義文藝黑線回潮〉：《三上桃峰》的砲製者、支持者，出於為劉少奇反革命的修正主義路線翻案的政治需要，處心積慮、迫不及待地把這株大毒草拋了出來。他們凶相畢露地叫嚷，這個戲「好就好在突破了樣板戲的框框」，這就赤裸裸地暴露了他們與毛主席的革命文藝路線為敵、與革命樣板戲為敵的反動面目[11]。

[11] 北京京劇團楊春霞，〈堅決反擊修正主義文藝黑線回潮〉，北京：《人民日報》，1974年3月21日。

3月20日

毛澤東給江青的信：

> 不見還好些。過去多年同你談的，你有好些不執行，多見何益？有馬列書在，有我的書在，你就是不研究。我重病在身，八十一了，也不體諒。你有特權，我死了，看你怎麼辦？你也是個大事不討論，小事天天送的人。請你考慮[12]。

3月27日

毛澤東給江青的信：

> 鄧小平同志出國是我的意見，你不要反對為好。小心謹慎，不要反對我的提議[13]。

4月4日

柬埔寨民族統一陣線和王國民族團結政府代表團團長喬森潘副首相、副團長英・薩利特別顧問，以及代表團團員和隨行人員，今天應邀出席文藝晚會，觀看了由北京京劇團演出的革命現代京劇《杜鵑山》，周恩來、葉劍英、吳德等陪同柬埔寨戰友觀看演出[14]。

4月11日

4月11日至5月23日，首先在上海舉行了聲勢浩大的「革命樣板戲影片匯映」，不久，全國各大、中城市紛紛舉辦「樣板戲」影片的匯映活動。

---

[12] 毛澤東，《建國以來毛澤東文稿》第13卷（北京：中央文獻出版社，1998年），頁373。

[13] 毛澤東，《建國以來毛澤東文稿》第13卷（北京：中央文獻出版社，1998年），頁373。

[14] 〈喬森潘團長英・薩利副團長等貴賓觀看革命現代京劇《杜鵑山》〉，北京：《人民日報》（第1版），1974年4月5日。

4 月 17 日

毛澤東給江青的信

江青：

兩信收。前後不一。黨的大勢不錯，悲觀不好。不要動搖。前途是光明的，道路是曲折的。要團結百分之九十五以上的人。不要主觀片面。千萬注意。牢騷太盛防腸斷，風物長宜放眼量。不要請假。錢可略增。無限風光在險峰。

毛澤東

74 年 4 月 17 日[15]

毛澤東給江青的信

江青：

兩信都收到，並收到春風楊柳。後信打退堂鼓，不妥。前途是光明的，道路是曲折的。不可主觀片面。多休息好。似不宜請長假。

毛澤東

74 年 4 月 17 日[16]

4 月 24 日

《人民日報》（第 4 版）刊登江天的文藝短評〈進一步普及革命樣板戲〉。該文認為：隨著批林批孔運動的深入開展，文藝戰線上的廣大專業和業餘文藝工作者，在狠批林彪的「克己復禮」反動綱領的同時，針對當前文藝領域裏的階級鬥爭實際，努力學演革命樣板戲，積極移植革命樣板戲，進一步普及革命樣板戲，反擊一小撮無產階級文化大革命的反對派妄圖否定文藝革命的反動思潮，反擊修正主義文藝黑線回潮。這對於保衛無產階級文藝革命的勝利成果，進一步推動文藝戰線上批林批孔運動的深入發展，都很有現實意義。

[15] 毛澤東，《建國以來毛澤東文稿》第 13 卷，（北京：中央文獻出版社，1998 年），頁 373。

[16] 毛澤東，《建國以來毛澤東文稿》第 13 卷（北京：中央文獻出版社，1998 年），頁 373-374。

4月28日

新華社〈全國將舉行革命樣板戲影片匯映〉報導：在批林批孔運動深入發展的大好形勢下，為進一步掀起普及革命樣板戲的熱潮，從5月1日到5月23日，全國各地城鄉將舉行革命樣板戲影片匯映。匯映期間，全國廣大城鄉的電影院、放映隊將集中放映《智取威虎山》、《紅燈記》、《紅色娘子軍》、《白毛女》、《沙家濱》、《龍江頌》、《海港》、《奇襲白虎團》等十部革命樣板戲彩色影片，以及在革命樣板戲影片帶動下攝製的《火紅的年代》、《豔陽天》、《青松嶺》、《戰洪圖》四部彩色故事影片。

4月29日

《人民日報》發表浩然的文章〈把無產階級文藝革命進行到底〉。該文認為：在毛主席無產階級革命文藝路線的指引下，江青同志親自培育的革命樣板戲，像一面面火紅的戰旗，帶動了戲劇、電影、文學、美術、音樂和舞蹈等各種藝術形式的革命，促進了社會主義文藝創作的蓬勃發展。當前，在我們無產階級的革命文苑裏，百花競開，一片春光。榜樣的力量是無窮的。革命樣板戲不僅是無產階級革命文藝的優秀樣板，是無產階級在文化領域對資產階級實現全面專政的光輝樣板，也是各條戰線鬥、批、改的優秀樣板。

以革命樣板戲為標誌的無產階級文藝革命，打破了反革命的修正主義文藝黑線的專政，才使文藝戰線發生了根本性的變化。鬥爭的實踐使我深深地體會到：正是革命樣板戲，給我國社會主義文藝帶來了春天；正是革命樣板戲，為廣大文藝工作者指明了實踐毛主席革命文藝路線的道路；正是革命樣板戲，為社會主義文藝創作提供了豐富的經驗，促進了戲劇、電影、音樂、舞蹈等各種形式的文藝創作的蓬勃發展。階級敵人如此瘋狂地反對革命樣板戲，從反面教育了我們。我們必須進一步學習革命樣板戲的寶貴經驗，並運用到創作實踐中去，才有可能寫出好的作品。同時，我們只有投身到當前批林批孔的火熱鬥爭中去，才能進一步學好革命樣板戲的經驗。我們一定在毛主席革命文藝路線的指引下，認真學習革命樣板戲的經驗，把無產階級文藝革命進行到底[17]！

【解讀】

小說領域最典型的樣板作家是浩然。浩然「學習了革命樣板戲經驗，漸漸明確了，無產階級文學創作的根本任務是塑造無產階級英雄典型。通過一面學習，一面實踐，效果好了一些。」《金光大道》圍繞階級鬥爭設計了三條矛盾衝突線索。浩然說：「學習了革命樣板戲的創作經驗，促進了我的創作進步，只有這樣寫，路子才順。」(〈要勇敢地前進〉)

多年以後，浩然在他的回憶錄中對過去的寫作歷程進行了重新解釋。

「四人幫」倒臺以後，浩然受到文壇批判，他給時任中宣部部長張平化寫了一封信，請求解圍。浩然在信中回顧說：「我從 1966 年『文化大革命』開始到 1976 年底，三十歲出頭的最好年華停下了筆，荒廢了五年之久，我是很痛惜的。於 1971 年 5 月又重回創作崗位，心裏興奮，勁頭很足。當時書店沒有書賣，讀者沒有書看，也激起了我的責任感。周總理支持召開的全國出版會議，更加鼓舞了我，很想大幹一場。我那時是懷著美妙的理想、用天真的眼光看待文藝界現實的，覺得經過『文化大革命』了要安定了，文藝會很快地繁榮起來。社會上推廣的所謂樣板戲經驗，我感到受約束，但卻認為是『黨』提倡的，仍然用功地『學習』和『領會』。」[18]

浩然承認在「四人幫」那個「文藝黑線專政論」的旋風裏迷失了方向，在許多問題的看法上也就處於極端矛盾的狀態。「搞新的創作，我使勁地學習樣板戲的經驗，明明感到是框框，強硬著往裏鑽，我對長篇作品必不可少的成長人物、被爭取團結的人物，抱著極小心的態度對待，盡可能少寫，怕犯『中間人物論』的錯誤。我在生活中獲得了新人新事的短篇素材，如果沒辦法加進『階級鬥爭』的線索，寧肯放棄，也不寫，怕蹈『無衝突論』的舊轍。我機械地強調創作為政治服務，不多談創作技巧，怕觸犯『為藝術而藝術』的禁條。我尤其把『四人幫』那個『根本任務論』當作自己認識上的一個『提高』。總之，我把林彪夥同江青

[17] 浩然，〈把無產階級文藝革命進行到底〉，北京：《人民日報》（第 3 版），1974 年 4 月 29 日。
[18] 浩然口述，鄭實採寫，《我的人生——浩然口述自傳》，北京：華藝出版社，2000，頁 284。

砲製的〈紀要〉所否定的，都當成『錯的』、『舊的』，而把『四人幫』鼓吹的一套『樣板戲』經驗，都當成是『對的』、『新的』。所以我就聲稱跟『黑線』決裂，走『新』的，也就是以樣板戲為榜樣的創作道路。我在一些根本性的問題上否定了自己過去十七年曾經沿著毛主席革命文藝路線所走的道路，而把自己禁錮在林彪、『四人幫』的那一套『框裏』，表現在創作實踐上，必然鑄成了寫出《西沙兒女》這樣的錯誤作品。」[19]

5月5日

《人民日報》發表尹在勤的文章〈新詩要向革命樣板戲學習〉。

5月14日

《人民日報》發表上海市工人文化宮工人業餘寫作組的文章〈捍衛革命樣板戲的創作原則〉（第4版）。

《人民日報》（第4版）發表辛文彤的文章〈進一步發揮革命樣板戲的戰鬥作用——熱烈歡呼革命樣板戲影片匯映〉。最近，在全國各地舉行的革命樣板戲影片匯映，集中展示了無產階級文藝革命的勝利成果。

同日，北京溫泉公社太舟塢大隊黨總支書記吳振永，〈革命的文藝　鬥爭的武器〉；

北京空軍楊泉福、吳岳華，〈火紅的戰旗　鬥爭的凱歌〉。在批林批孔的運動中，在戰鬥的紅五月裏，我們滿懷激情地觀看了十部革命樣板戲彩色影片。

5月19日

馬卡里奧斯總統和其他塞浦路斯貴賓，今天晚上應邀出席文藝晚會，觀看了由中國舞劇團演出的革命現代舞劇《紅色娘子軍》。我國領導人和有關方面負責

[19] 浩然口述，鄭實采寫，《我的人生——浩然口述自傳》，北京：華藝出版社，2000年，頁293-294。

人鄧小平、吳德、姬鵬飛、楊驥、劉慶棠、許寒冰、曹克強，以及中國駐塞浦路斯大使戴路，陪同塞浦路斯貴賓觀看演出。

演出受到貴賓們和全場觀眾的熱烈歡迎。演出結束後，馬卡里奧斯總統由鄧小平副總理等陪同，走上舞臺，同演員們熱情握手，祝賀演出成功，並向他們贈送了花籃。今天的文藝晚會是由北京市革命委員會和中國人民對外友好協會聯合舉辦的。今天上午，馬卡里奧斯總統等塞浦路斯貴賓由姬鵬飛外長陪同，參觀了故宮博物院和無產階級文化大革命期間出土的歷史文物。下午，貴賓們由輕工業部副部長謝鑫鶴陪同，參觀了工藝美術展覽[20]。

5月20日

新華社〈沿著《在延安文藝座談會上的講話》指引的方向前進——革命文藝工作者談學習革命樣板戲的體會〉報導：本社記者訪問了一些專業和業餘的文藝工作者，請他們談了學習和運用革命樣板戲的創作經驗發展文藝創作的體會。他們一致指出，革命樣板戲是貫徹執行毛主席的無產階級文藝路線的光輝典範，表示決心認真學習革命樣板戲的創作經驗，堅決捍衛革命樣板戲的創作原則，繼續沿著〈講話〉指引的為工農兵服務的方向奮勇前進[21]。

5月21日

《人民日報》（第4版）〈粵劇的新生——記廣東省粵劇團學習移植革命樣板戲《沙家濱》〉：

> 由廣東省粵劇團移植的革命樣板戲《沙家濱》，受到了廣大工農兵特別是粵語地區觀眾的歡迎。去年，珠江電影製片廠把它拍成了彩色戲曲藝術片，這是在銀幕上開放的移植革命樣板戲的又一枝新花。在革命樣板戲的帶動下，通過對《沙家濱》的移植，使粵劇獲得了新生。

[20] 〈馬卡里奧斯總統等塞浦路斯貴賓觀看革命現代舞劇《紅色娘子軍》〉，北京：《人民日報》（第1版），1974年5月20日。

[21] 新華社，〈沿著〈在延安文藝座談會上的講話〉指引的方向前進——革命文藝工作者談學習革命樣板戲的體會〉，北京：《人民日報》，1974年5月21日。

移植革命樣板戲《沙家濱》，首先遇到的問題是如何對待粵劇藝術的傳統。在這個問題上，廣東省粵劇團經歷了激烈的思想鬥爭。一開始，有一些人自覺或不自覺地在舊傳統裏兜圈子，唱腔一改革，就覺得「唱不順口，聽不順耳」，認為是丟掉了「傳統」。他們在改革實踐中，對舊傳統亦步亦趨，設計的唱腔曲調充滿了陳舊感，同所表現的新的政治內容極不相稱。但也有一些人認為粵劇傳統無可取之處，不如乾脆「另起爐灶」，結果失去劇種特色。

針對這兩種傾向，劇團黨支部組織大家認真學習毛主席的光輝著作〈在延安文藝座談會上的講話〉，學習革命樣板戲在兩條路線的激烈鬥爭中成長的歷史及其創作經驗，對於劉少奇、林彪一類騙子鼓吹的「全盤繼承論」和「全盤否定論」開展了革命大批判。同時引導大家遵照毛主席關於「推陳出新」的教導，進行調查研究，對粵劇這一古老藝術進行全面的、歷史的、階級的分析，弄清哪些是糟粕，哪些是精華，正確地處理批判與繼承的關係。

粵劇是具有將近三百年歷史的我國南方重要劇種之一，它流行於粵、桂等地區，最早是用「中原官話」演唱的皮黃戲，後來吸收崑腔、弋陽腔並融合民間說唱而逐漸豐富發展起來。由於剝削階級的文化壟斷，解放前的舊粵劇，極力美化、歌頌帝王將相、才子佳人，而勞動人民則被肆意污蔑、醜化。隨著帝國主義對中國的侵略，這個劇種中又大量地摻雜了西方的爵士音樂、流行歌曲和黃色小調，成為半封建半殖民地的靡靡之音的大雜燴。解放後的十幾年，在修正主義文藝路線的統治下，周揚等「四條漢子」公然叫嚷要恢復粵劇的「古老傳統」，發揚粵劇「纏綿悱惻」的「特長」，繼續用半封建半殖民地的靡靡之音毒害群眾，使粵劇藝術瀕於絕境。但是，粵劇和其他藝術一樣是勞動人民創造的，其中也有歷代粵劇藝人辛勤勞動的成果。它的板式豐富，牌子、小曲、民間說唱多彩多姿，不少曲調旋律性強，為勞動人民所喜聞樂見。經過這樣全面的、歷史的、階級的分析以後，粵劇工作者清楚地認識到，粵劇的傳統唱腔總的說來，纖細柔弱、輕佻放蕩的居多，剛健挺拔、開闊清新的較少。這樣的唱腔，同我們這個風雷激蕩的革命時代和氣吞山河的工農兵英雄人物的感情是格格不入的。必須立足革命，批判地吸收粵劇傳統唱腔中的有益的部分，加以革新，逐步創造、形成既要反映時代精神，又要保留地方特色的新的粵劇曲調。勇於實踐，大膽創新。

廣東省粵劇團移植《沙家濱》歷時五年，曾作過七次較大的修改。從實踐中，他們體會到，移植革命樣板戲的重要任務之一，是要在毛主席的「古為今用，洋為中用」、「推陳出新」偉大方針的指導下，遵循革命樣板戲的關於感情、性格和時代感「三對頭」的原則，塑造工農兵英雄人物的音樂形象。

為了使粵劇唱腔改革工作勝利進行，劇團黨支部從一開始就放手發動群眾，大搞「群言堂」。他們除成立了領導、專業人員、群眾「三結合」的唱腔音樂改革小組外，還按劇中的主要角色分別組成各個角色的唱腔設計組。全團從樂隊演奏員到一般演員，都積極投入了移植《沙家濱》的工作。大家認真學習毛主席的有關教導，學習革命樣板戲的創作經驗和其他劇種移植革命樣板戲的經驗，人人出點子。經過集思廣益，把定下來的方案再拿到工農兵群眾中去，廣泛徵求意見，使改革方案日趨完善。

在改革實踐中，他們首先按照革命樣板戲的創作經驗，對傳統曲調進行細緻的分析鑑別，嚴格地為英雄人物選好基本曲調。「梆子」、「二黄」，是粵劇中表現力比較豐富的基本板腔，與京劇的「西皮」、「二黄」的性能相似。粵劇《沙家濱》學習革命現代京劇的板式安排，分別以「二黄慢板」、「梆子慢板」作為郭建光、阿慶嫂的基本曲調。在這裏，他們體會到，對於糟粕固然要堅決地拋棄，對於可以選用的曲調，也不能原封不動地照搬，必須經過改造，才能刻劃出無產階級英雄形象。例如，郭建光的核心唱段〈毛主席黨中央指引方向〉，前段選用「二黄」板式，中段則用「梆子中板」較能適應內容要求，但到「主動靈活⋯⋯」一段就與全曲格調不統一了，因此又改以梆子中板的節奏和二黄調式的起落音揉合起來，譜成二黄中板，才使這一核心唱段既有清晰的層次變化，又能保持一定的內在聯繫，較好地表現了郭建光的革命英雄主義和革命樂觀主義精神。此外，他們從唱腔內容需要出發，大膽打破僵死凝固的舊程式，充分發揮粵劇曲調變換轉接靈活的特長，努力做到既有出新，又有粵劇特色。

深入生活，吸收營養

廣東省粵劇團在移植《沙家濱》的過程中，得到了工農兵群眾的親切關懷和熱情支持，從群眾中吸取了豐富的營養。

開始移植的頭一年，劇團曾組織唱腔設計人員和演員到農村深入生活。但他們不是把改造世界觀，變立場，變感情放在第一位，到了農村不久就設計了〈你待同志親如一家〉這個唱段，完全套用了舊板式。拿到群眾中一試唱，貧下中農就一針見血地指出，這是新詞老曲舊感情，演員缺乏工農兵的革命氣質。貧下中農的中肯而尖銳的批評，對他們觸動很大，使他們深刻認識到，演革命戲要做革命人，移植革命樣板戲必須轉移立足點。後來，他們在博羅縣鐵場公社漁業大隊深入生活時，就多次請隊裏的幹部和貧下中農介紹農村階級鬥爭的情況，做憶苦思甜報告，有力地促進了創作人員和演員的思想革命化。他們白天參加集體生產勞動，晚上和社員群眾一起討論唱腔，開門排戲。在這個基礎上，創作人員重新設計了反映軍民關係的這一唱段，取得了較好的效果。又如，開始移植這齣戲時，他們雖然對貧下中農在舊社會的悲慘遭遇有所瞭解，但對貧下中農痛恨地主階級的思想感情和反抗性格體會不深，因此，在設計〈共產黨就像天上的太陽一樣〉中憶苦一段的時候，就盲目地搬用了舊粵劇中的悲切調式，結果是情調低沉，悲切有餘，憤慨不足。群眾批評說，這哪裏像個久經風霜的革命的老媽媽？這時，他們再到群眾生活中去，認真研究分析，從現實生活中獲得的感性材料，努力反映生活的本質，終於使這一唱段較好地表現出一位愛憎分明的革命老媽媽的心聲。

五年來，劇團到過許多農村和廠礦，在與工農兵相結合的道路上不斷改造世界觀，逐步積累了塑造工農兵英雄形象的實踐經驗。扮演郭建光的演員從許多連隊幹部、民兵骨幹身上學習他們優秀的革命品質，從而找到了塑造英雄人物形象的依據；扮演阿慶嫂的演員在生活中深為那些奮戰在三大革命運動第一線的婦女英雄人物所感動，思想感情發生了深刻變化。來自生活實踐的許多感受，不但豐富了他們的藝術創作，而且大大振奮了他們改革舊粵劇、創造新粵劇的革命精神。

目前，在批林批孔運動中，廣東省粵劇團的文藝工作者認真學習毛主席的有關教導，聯繫文藝界和社會上一小撮別有用心的人攻擊無產階級文藝革命、否定革命樣板戲的種種謬論，用自己學習、移植革命樣板戲的切身體會，對林彪效法孔老二「克己復禮」的反動綱領展開了深入批判。他們決心在批林批孔的鬥爭中，不斷總結經驗，繼續前進，把粵劇革命進行到底。

5月23日

新華社〈在毛主席的無產階級文藝路線指引下　我國革命樣板戲進一步普及和發展〉報導：繼革命現代京劇《智取威虎山》、《紅燈記》、《沙家濱》、《海港》、《奇襲白虎團》，革命現代舞劇《紅色娘子軍》、《白毛女》，革命交響音樂《沙家濱》八個樣板戲之後，最近幾年內，我國文藝舞臺上又湧現了鋼琴伴唱《紅燈記》，鋼琴協奏曲《黄河》，革命現代京劇《龍江頌》、《紅色娘子軍》、《平原作戰》、《杜鵑山》，以及革命交響音樂《智取威虎山》等一批革命樣板作品。革命現代舞劇《沂蒙頌》、《草原兒女》正在試驗演出；還有一批劇目正在修改和創作。為了普及社會主義文藝革命的這些光輝成果，絕大都數樣板戲已由舞臺搬上銀幕。新近拍攝成的《平原作戰》、《杜鵑山》革命樣板戲影片，即將在全國城鄉放映。革命樣板戲有力地推動了地方劇種的改革。全國主要地方劇種都進行了移植革命樣板戲的嘗試。其中，河北梆子《紅燈記》、平劇《智取威虎山》、湖南花鼓戲《沙家濱》、粵劇《沙家濱》、淮劇《海港》、晉劇《龍江頌》，得到了工農兵的好評。新疆、內蒙古、廣西等少數民族地區還用本民族語言和藝術形式演出革命樣板戲。維吾爾語歌劇《紅燈記》在新疆各處演出後，深受各族人民的喜愛。至於各省、地、縣、市專業文藝團體，以及工礦、農村、部隊業餘文藝工作者採取全劇演出，或用清唱、演摺子戲等方法普及和宣傳革命樣板戲的活動，更是遍及全國[22]。

同日，由謝鐵驪導演的《杜鵑山》彩色影片正式公映。《海港》 劇組改名為「天津市京劇二團」。《紅燈記》劇組天津市京劇三團。

同日，《人民日報》發表文章〈《在延安文藝座談會上的講話》指引革命樣板戲創作和演出單位深入基層　堅持為工農兵演出向工農兵學習 文藝工作者和工農兵一起參加批林批孔鬥爭，受到生動的路線教育〉（第 1 版）。

上海京劇團的《智取威虎山》、《海港》、《龍江頌》等劇組和上海市舞蹈學校《白毛女》劇組不斷深入工廠、碼頭，一面為工人群眾演出革命樣板戲，一面和工人一起批林批孔。中國京劇團、中國舞劇團、中央樂團、北京京劇團在批林批孔運動的推動下，進一步掀起普及革命樣板戲的熱潮，各劇組的文藝工作者更加苦練思想和藝術上的兩個基本功，熱情為工農兵創作和演出革命樣板戲。廣大文藝工作者，決心用革命樣板戲的巨大成果，反擊一小撮階級敵人對無產階級文化大革命和無產階級文藝革命的攻擊，不斷鞏固和發展無產階級文藝革命的勝利成果，更好地為工農兵服務。在大力普及革命樣板戲的熱潮中，革命文藝工作者為宣傳革命樣板戲做出了積極的貢獻。1972 年底和 1973 年初，中國舞劇團、中央樂團、北京京劇團、上海京劇團和上海市舞蹈學校《白毛女》劇組分別到全國許多地方進行了巡迴演出。他們為陝西、山西、山東、安徽、黑龍江、遼寧、四川、湖南、湖北、浙江、江西、江蘇等地的工農兵群眾演出了一百二十多場革命樣板戲，觀眾達三十多萬人。山東省京劇團在歷時四個多月的巡迴演出中，有十七萬多任務農兵群眾觀看了他們演出的革命樣板戲《奇襲白虎團》和其他革命樣板戲摺子戲專場。

同日，《人民日報》發表新華社記者的文章〈把革命樣板戲送到戈壁哨卡〉（第 2 版）：被譽為「戈壁灘上的文藝輕騎兵」的蘭州部隊邊防某部戰士業餘文藝宣傳隊，成年累月活躍在祖國西北邊陲的戈壁灘上，給邊防戰士和各族牧民演唱革命樣板戲，為普及樣板戲做出了貢獻。

---

[22] 〈在毛主席的無產階級文藝路線指引下　我國革命樣板戲進一步普及和發展〉，北京：《人民日報》，1974 年 5 月 23 日。

同日，喬森潘團長、英・薩利副團長應江青邀請觀看革命現代舞劇《草原兒女》和《沂蒙頌》。柬埔寨國家元首西哈努克親王和夫人、賓努親王和夫人也應邀觀看。我國黨和國家領導人王洪文、江青、姚文元、吳德陪同柬埔寨貴賓觀看演出。新華社 1974 年 5 月 23 日訊，柬埔寨民族統一陣線和王國民族團結政府代表團團長、民族統一陣線中央政治局委員、王國民族團結政府副首相兼國防大臣、民族解放人民武裝力量總司令喬森潘，代表團副團長、副首相府特別顧問英・薩利，應江青的邀請，今天晚上觀看了由中國舞劇團試驗演出的革命現代舞劇《草原兒女》和《沂蒙頌》[23]。

新華社 1974 年 5 月 23 日訊：為紀念毛主席〈在延安文藝座談會上的講話〉發表三十二週年，北京鐵路分局、大興縣和北京衛戍區某部一連等單位的一些幹部、群眾進行座談，用革命樣板戲在社會主義革命和社會主義建設中發揮巨大戰鬥作用的生動事實，熱情讚頌毛主席無產階級文藝路線的偉大勝利[24]。

5 月 24 日

《人民日報》（第 4 版）發表革命現代京劇《平原作戰》彩色影片劇照。

5 月 25 日

《人民日報》（第 4 版）發表革命現代京劇《杜鵑山》彩色影片劇照。

5 月 31 日

《人民日報》（第 3 版）發表文章〈學習革命樣板戲　深入批林批孔——解放軍北京衛戍區某部六連部分幹部戰士座談紀要〉。

---

23 〈喬森潘團長、英・薩利副團長應江青同志邀請觀看革命現代舞劇《草原兒女》和《沂蒙頌》〉，北京：《人民日報》（第 1 版），1974 年 5 月 24 日。

24 〈革命文藝是團結人民、教育人民、打擊敵人、消滅敵人的有力武器 北京市工農兵熱情讚頌革命樣板戲〉，北京：《人民日報》（第 1 版）1974 年 5 月 24 日。

本月

在北京舉行「四省市自治區文藝調演」，上演節目大都是各種地方戲曲和民族歌舞移植學演「樣板戲」。這一年在北京、上海、天津、廣州等各大城市都舉行了「樣板戲」會演和「樣板戲」影片的匯映。「樣板戲」劇組和官方組成的學演「樣板戲」的文藝團體，到各地巡迴演出。由此逐步形成「樣板戲」獨占文藝舞臺的局面。

方耘，《革命樣板戲學習札記》，上海人民出版社，1974 年 5 月。

6 月 1 日

《紅旗》第 6 期刊登江天的〈英雄光輝照銀幕——評革命現代京劇彩色影片《平原作戰》《杜鵑山》〉。

6 月 5 日

《人民日報》發表曉牧的文章〈精心處理　突出英雄——評彩色影片《平原作戰》〉。

同日，《人民日報》（第 2 版）發表解放軍某部劉成華　馮雲慶的文章，〈群眾是真正的英雄〉。

6 月 13 日

《人民日報》發表文章〈為了更多的人看到革命樣板戲電影〉（第 3 版）：無產階級文化大革命以來，陝西省軍區某部電影組，積極深入連隊和哨所，滿腔熱情地為廣大指戰員和貧下中農放映革命樣板戲電影，為進一步普及革命樣板戲做出了成績。

6 月 15 日

《人民日報》發表初瀾的文章〈塑造無產階級英雄典型是社會主義文藝的根本任務〉。

6月19日

《人民日報》發表尹岩的文章〈完美的英雄形象嚴謹的藝術構思——談彩色影片《杜鵑山》的成就〉。

同日，《人民日報》（第3版）專欄：北京熱電廠工人評論組，〈正確路線的勝利是鬥爭得來的〉，該文認為：革命現代京劇《杜鵑山》彩色影片，突出地塑造了貫徹執行正確路線的黨代表柯湘這一英雄形象，熱情地歌頌了毛主席的無產階級建軍路線。看過影片後，使我們深深感到，正像毛主席所教導的：「正確的政治的和軍事的路線，不是自然地平安地產生和發展起來的，而是從鬥爭中產生和發展起來的。」

6月28日

《光明日報》發表聞軍的文章〈一場復辟與反復辟的生死鬥爭——評長篇小說《豔陽天》〉。

同日，《人民日報》發表文章〈五臺縣電影管理站堅持深入基層面向農村 積極為社員放映革命樣板戲影片〉（第3版）。

7月1日

《人民日報》（第1版）〈正在深入生活的首都各樣板戲劇組　「7·1」為工農兵演出革命樣板戲〉報導：在偉大、光榮、正確的中國共產黨誕生五十三週年的光輝日子裏，正在北京一些工廠、郊區人民公社和大港油田深入生活的首都各樣板戲劇組為當地的工人、農民演出革命樣板戲及其他文藝節目，和群眾一起歡慶黨的生日。近幾天來，中國京劇團、北京京劇團、中央樂團各劇組在他們深入生活的工廠、農村人民公社，分別演出了革命樣板戲《沙家濱》、《紅色娘子軍》、《平原作戰》、《杜鵑山》、鋼琴協奏曲《黃河》和其他小型節目。廣大工農兵群眾激動地說：在慶祝黨的生日的時候，革命文藝工作者來到我們這裏演出，這是黨中央、毛主席對我們的親切關懷，是毛主席革命文藝路線的勝利[25]。

---

[25] 〈正在深入生活的首都各樣板戲劇組　「七一」為工農兵演出革命樣板戲〉，北京：《人民日報》（第1版），1974年7月2日。

7月5日

《人民日報》發表初瀾的文章〈京劇革命十年〉，該文認為：

近幾年來，繼八個樣板戲之後，鋼琴伴唱《紅燈記》，鋼琴協奏曲《黃河》，革命現代京劇《龍江頌》、《紅色娘子軍》、《平原作戰》、《杜鵑山》，革命現代舞劇《沂蒙頌》、《草原兒女》和革命交響音樂《智取威虎山》等新的革命樣板作品的先後誕生，鞏固和擴大了這場偉大革命的戰果，進一步推動了全國社會主義文藝創作運動的蓬勃發展。革命文藝作品如百花盛開，春色滿園。文學、戲劇、電影、音樂、美術、攝影、舞蹈、曲藝等各方面，都出現了一大批好的和比較好的作品，並將繼續湧現出更多更好的作品來。十年的發展趨勢表明，我們社會主義文藝事業一年比一年繁榮昌盛。勝利從鬥爭中得來，勝利以後還有鬥爭。無產階級在粉碎了劉少奇、林彪一夥的干擾、破壞，占領了京劇陣地，取得了偉大的勝利之後，文藝領域裏占領與反占領的鬥爭並沒有結束。當前，就有一小撮人在那股妄圖否定無產階級文化大革命的反動思潮中，把攻擊的矛頭指向京劇革命。所謂「『根本任務』欠妥當」。 所謂「樣板戲標準太高，頂了臺」。所謂要「突破樣板戲的框框」[26]。

7月7日

初瀾，〈京劇革命十年〉，《紅旗》第7期。

7月12日

《人民日報》（第3版）專欄發表江天，〈努力塑造無產階級英雄典型〉：

塑造無產階級英雄典型，是社會主義文藝的根本任務塑造無產階級英雄典型，是社會主義文藝的根本任務。「無產階級的文學藝術是無產階級整個革命事業的一部分」，擔負著「幫助群眾推動歷史的前進」這一偉大使命。文藝只有努力塑造工農兵的英雄形象，才能成為團結人民、教育人民、打擊敵人、消滅敵人的有力武器，發揮幫助群眾推動歷史前進的戰鬥作用。

---

[26] 原載《紅旗》雜誌1974年第7期。

同日，《人民日報》（第 3 版）發表上海無線電二廠老工人合唱隊的文章〈工農兵是革命文藝舞臺的主人〉，該文認為：京劇革命已走過十年的戰鬥歷程，十年來我國的文藝舞臺發生了翻天覆地的變化。如今舞臺上不僅演工農兵、唱工農兵，我們工農兵自己也登上了文藝舞臺。今年我們四次參加上海市群眾歌詠大會。成千的工農兵群眾聚集一堂，群演群唱，朝氣蓬勃，熱氣騰騰。在學唱革命樣板戲《沙家濱》中〈軍民魚水情〉這一唱段時，沙奶奶由我們和另外兩支「老媽媽合唱隊」擔任，郭建光由幾十位駐滬三軍的指戰員演唱。真是軍民一家，魚水情深。大家深切地感受到我們工農兵群眾是歷史舞臺的主人，也是文藝舞臺的主人。

7 月 16 日

《人民日報》刊登北京大學、清華大學寫作組的文章〈反映新的人物新的世界的革命新文藝——談革命樣板戲的歷史意義和戰鬥作用〉。文章認為革命樣板戲最突出的作用是宣傳和捍衛了毛主席的無產階級革命路線。

7 月 17 日

毛澤東在中央政治局會議上講話：毛澤東說：

「江青同志，你要注意呢！別人對你有意見，又不好當面對你講，你也不知道。不要設兩個工廠，一個叫鋼鐵工廠，一個叫帽子工廠，動不動就給人戴大帽子。不好呢，要注意呢。」「你也是難改呢。」又說：「你們要注意呢，不要搞成四人小宗派呢。」毛兩次講：「她（指江青）並不代表我，她代表她自己。」「總而言之，她代表她自己。」[27]

7 月 18 日

《人民日報》發表方進的文章〈要塑造典型，不要受真人真事侷限〉，文章認為：努力塑造工農兵英雄人物，是社會主義文藝的根本任務。為此，文學藝術創作必須根據典型化原則的要求，在實際生活的基礎上進行集中概括，塑造出典型環境中的典型人物，而不要受真人真事的侷限。

[27] 毛澤東，《建國以來毛澤東文稿》第 13 卷，（北京：中央文獻出版社，1998），頁 394。

7月20日

《人民日報》發表北京京劇團《杜鵑山》劇組的文章〈疾風知勁草　烈火見真金——塑造無產階級英雄典型柯湘的體會〉。

7月24日

《人民日報》發表北京京劇團的文章〈把京劇革命進行到底〉：京劇革命十年來，我國的文藝戰線發生了翻天覆地的變化。回顧十年間的戰鬥歷程，看一看今天社會主義文藝舞臺繁榮興盛的大好形勢，分外令人心潮澎湃，鬥志倍增！

同日，《人民日報》發表山東省京劇團《奇襲白虎團》劇組的文章〈演革命戲　做革命人〉。

同日，《人民日報》發表寶坻縣小靳莊大隊民兵連的文章〈學唱樣板戲　勝利向前進〉（第3版）：十年前，在毛主席革命文藝路線指引下，無產階級革命文藝戰士從舊文藝舞臺最頑固的堡壘京劇入手，在文藝領域裏發動了一場深刻的革命。從此，文藝舞臺真正開了新生面。

7月29日

《人民日報》發表小巒的文章〈用對立統一規律指導文藝創作的典範——學習革命樣板戲處理矛盾衝突的經驗〉。

同日，〈毛主席革命文藝路線的偉大勝利——革命文藝工作者暢談學習革命樣板戲的體會〉（第1版），長春電影製片廠《豔陽天》攝製組的文藝工作者說：革命樣板戲的創作經驗和創作原則，為我們在銀幕上塑造無產階級英雄人物樹立了光輝的典範，提供了寶貴的經驗。根據同名小說改編攝製的彩色故事片《豔陽天》，就是我們在故事片創作中學習、運用革命「樣板戲」、「三突出」創作原則的一次嘗試。我們體會，堅持「三突出」的創作原則，就要敢於以主要英雄人物為中心揭示矛盾，激化矛盾。

同日，國務院文化組，〈國務院文化組 舉辦革命樣板戲學習班〉（第2版）：在批林批孔運動向著深入、普及、持久的方向發展，文藝革命更加深入的大好形勢下，國務院文化組最近舉辦了革命「三突出」學習班。來自各省、市、自治區的一千四百多名文藝工作者，以批林批孔為綱，認真學習了毛主席〈在延安文藝座談會上的講話〉和江青《談京劇革命》等文件，深入批判了修正主義文藝路線，進一步提高了貫徹執行毛主席的革命文藝路線的自覺性，在中國京劇團、北京京劇團文藝工作者的輔導下，學習了兩個新創作的革命現代京劇《平原作戰》和《杜鵑山》。通過這次學習班，將進一步推動各地文藝工作者學習革命「三突出」、普及革命「三突出」、移植革命「三突出」。

8月2日

《人民日報》的文章〈廣西靈山縣電影管理站放映人員不辭辛苦深入邊遠山區 做好革命樣板戲影片放映工作〉（第 2 版）報導：廣西壯族自治區靈山縣電影管理站的電影放映人員深入農村社隊，在各級黨組織的領導和支持下，認真做好放映革命「三突出」影片的工作。

8月4日

越南勞動黨中央政治局委員、越南民主共和國政府副總理黎清毅和由他率領的越南民主共和國政府經濟代表團，今天晚上應邀出席文藝晚會，觀看了由北京京劇團演出的革命現代京劇《杜鵑山》。代表團副團長、越南民主共和國駐中國大使阮仲永，越南南方共和駐中國大使阮文廣，以及這兩個大使館的外交官員和其他在北京的越南戰友，也應邀觀看。外經部長方毅，國務院文化組副組長于會泳，外貿部副部長姚依林，外經部副部長韓宗正，中國人民解放軍總後勤部副部長封永順，陪同觀看[28]。

8月7日

《人民日報》（第 3 版）發表中國京劇團《平原作戰》劇組，〈堅持塑造無產階級的英雄典型——塑造趙勇剛英雄形象的體會〉。

[28] 〈黎清毅副總理等越南戰友觀看革命現代京劇《杜鵑山》〉，北京：《人民日報》（第 4 版），1974 年 8 月 5 日。

8月11日

埃耶格副總統和由他率領的赤道幾內亞共和國政府代表團，今晚應邀出席文藝晚會，觀看了北京京劇團演出的革命現代京劇《沙家濱》。今晚的文藝晚會是由國務院文化組舉辦的。外經部長方毅，外交部副部長何英，國務院文化組副組長王曼恬等陪同觀看演出[29]。

8月13日

《人民日報》發表上海市金山縣文化館〈普及樣板戲的一種好形式〉（第 3 版），該文章認為：

革命樣板戲是實踐毛主席革命文藝路線的產物。我縣廣大人民群眾十分熱愛革命樣板戲。在努力學演革命「樣板戲」的同時，還積極移植革命樣板戲，大講革命樣板戲故事。我們體會到，用講故事的形式塑造好英雄人物，很重要的一條，是要通過描繪人物的音容笑貌和動作，來刻劃人物形象，表現英雄人物的內心世界。為此，我們有時借鑑講故事傳統的開相手法，進行革新創造。如在改編《沙家濱》中〈軍民魚水情〉一段時，就這樣描寫郭建光：「郭建光上身穿一件白竹布短衫，下身穿一條灰色長褲，頭頸上圍著一條白毛巾，左手腕上面的傷口還包紮著一段紗布，他英姿勃勃地站立在船頭上，目光炯炯，一路上遠望著陽澄湖畔的美麗景色，真是蘆花開放，稻穀清香，岸柳成行。」但是最重要的是要刻劃好英雄人物的內心世界。我們發揮故事的特長，當英雄人物處於鬥爭的風口浪尖時，不但講出他的英雄行為，而且著重講出他的內心思想活動，講出他崇高的精神境界，這樣，就使英雄人物的光輝形象在聽眾心裏留下深刻的印象。

革命故事是口頭文學，要求講起來上口，聽起來入耳，沒有文化的人也能聽得懂。為了儘量做到口語化，通俗化，我們改編時，對劇本中的某些對話和唱詞在文字上做了些改動。講故事和演戲不同，對話不宜過多。所以，在符合樣板戲原著精神前提下，我們把有些對話和唱詞適當刪節或改成敘述，保留那些與刻劃人物形象、推動情節發展直接有關的對話。

29 〈埃耶格副總統等貴賓出席文藝晚會觀看了革命現代京劇《沙家濱》〉，北京：《人民日報》（第 4 版），1974 年 8 月 12 日。

8月14日

《人民日報》（第4版）發表沅陵縣積極發展輕裝電影放映隊的文章〈為普及革命樣板戲做出了貢獻〉。

8月17日

《人民日報》（第2版）發表北京市大興縣業餘文藝宣傳隊的文章〈讚移植革命樣板戲〉。

8月20日

《人民日報》（第2版）發表文章〈把革命樣板戲送到深山老峪 密雲縣業餘文藝宣傳隊普及革命樣板戲的事蹟〉，在文化大革命凱歌聲中誕生的北京市密雲縣業餘文藝宣傳隊，幾年來活躍在峰巒起伏的密雲縣群山叢中，為貧下中農演出革命樣板戲五百多場，被人們譽為「普及革命樣板戲的尖兵」。

同日，《人民日報》發表北京京劇團《杜鵑山》劇組的〈疾風知勁草，烈火見真金——塑造無產階級英雄典型柯湘的體會〉。

同日，《人民日報》（第1版）發表短評〈文藝革命新成果的又一次檢閱——熱烈祝賀四省、市、自治區文藝調演〉：由國務院文化組舉辦的上海、廣西、湖南、遼寧四個省、市、自治區的文藝調演，已於8月12日在北京隆重開幕。這是繼華北地區文藝調演之後，對文藝革命新成果的又一次檢閱。這次文藝調演，對於進一步貫徹執行毛主席的無產階級革命文藝路線，推動文藝革命的深入發展，繁榮社會主義的文藝創作，批判修正主義文藝黑線，具有十分重要的意義。這次文藝調演，是在批林批孔運動深入發展的大好形勢下舉行的。在批林批孔運動的推動下，革命文藝工作者認真學習黨在社會主義歷史階段的基本路線，深入工農兵鬥爭生活，大膽實踐，努力創作，從而使社會主義文藝創作越來越興旺。革命樣板戲新劇目不斷增加，各種形式的新作品大量湧現，展示了我國社會主義文藝創作百花齊放、萬紫千紅的蓬勃景象，有力地駁斥了階級敵人污蔑和攻擊我們今不如昔的無恥濫言。

這次調演的一個顯著的特點是，各地都有由地方戲移植的革命樣板戲參加，既有廣大群眾所熟悉的湖南花鼓戲《沙家濱》，也有平劇、湘劇、滬劇、越劇、淮劇、桂劇、壯劇、彩調劇等地方戲移植革命樣板戲的全劇或選場，豐富多彩。這反映了在革命樣板戲的推動下，地方戲曲改革取得的新成就；也標誌著革命樣板戲已經鞏固地占領了文藝舞臺。地方戲曲改革是文藝革命中的一件大事。地方戲曲移植革命樣板戲，不僅是推廣、普及革命樣板戲的一個有力的措施，也是改革舊劇種的一個重要的途徑。革命樣板戲是在兩個階級、兩條路線的鬥爭中誕生的，是徹底批判反革命的修正主義文藝路線，貫徹執行毛主席的革命文藝路線，實踐毛主席關於「古為今用，洋為中用」、「推陳出新」方針的豐碩成果。移植革命樣板戲，就是要推動地方戲進一步學習革命樣板戲的鬥爭經驗和創作經驗，以促進地方戲的改革。這次文藝調演，通過交流移植革命樣板戲的經驗，對進一步推動地方戲曲的改革，對推動其他各種形式的文藝創作向革命樣板戲學習，促進文藝革命更深入地發展，都有重要的意義。

8月22日

《人民日報》發表新華社記者的文章〈地方戲移植革命樣板戲好！〉：8 月金秋，正是喜待豐收的季節，在北京舉行的四省、市、自治區文藝調演，為工農兵帶來了一批反映中國人民革命鬥爭生活的新節目。首都的文藝舞臺上一派蓬勃興旺景象。調演中，地方劇種移植的革命樣板戲，格外引人注目。這裏既有湖南花鼓戲《沙家濱》和平劇《龍江頌》全劇，也有湘劇、滬劇、越劇、淮劇、桂劇、壯劇、彩調劇等移植的革命樣板戲摺子戲。這是革命樣板戲在全國更加深入普及的生動寫照，反映了在批林批孔運動推動下，地方戲學習、移植革命樣板戲的新成就。

8月27日

《人民日報》（第 3 版）發表小轡的文藝短評〈地方戲曲移植革命樣板戲大有作為〉，該文介紹說：

目前正在北京舉行的四省、市、自治區文藝調演，有一個引人注目的特點，就是各地都有一臺地方戲曲移植革命樣板戲的全場或選場參加，其中有上海的滬劇、越劇、淮劇，廣西的壯劇、桂劇、彩調劇，湖南的花鼓戲、湘劇，遼寧的平劇。通過移植的再創造，革命樣板戲中頂天立地的無產階級英雄形象，在地方戲曲舞臺上放射出了奪目的光輝。這是廣大文藝戰士在毛主席革命文藝路線指引下，認真學習革命「樣板戲」經驗，改造舊地方戲曲取得的成果。廣大工農兵觀眾熱烈讚揚：「地方戲曲移植革命樣板戲就是好！」

在移植革命樣板戲和改革地方戲曲的工作中，必須解決好的一個重要問題是：要注意力求達到時代精神與劇種特色的統一。這個問題在音樂改革上表現得最為突出。它是關係到移植的革命樣板戲能否真正為群眾所喜聞樂見，鞏固地占領地方戲曲陣地的重要問題。為此，就必須在徹底批判舊地方戲曲反動內容的同時，從塑造英雄形象出發，對其藝術形式進行一分為二的科學分析；就必須批判地吸收地大戲曲傳統藝術形式中一切有用的東西，並加以創新、發展，進行艱苦的再創造。當然，地方戲曲移植革命樣板戲和一切事物一樣，都有一個發展的過程，總是從不完善到比較完善，從不成熟到比較成熟的，一時出現「非驢非馬」是事物發展過程個的正常現象，不足為怪。只要通過反覆實踐，不斷總結經驗，就能逐步做到既富有時代精神，又較好地發揮各個劇種的長處和特色。這次調演劇目中的不少唱腔與配樂，在這方面進行了初步的探索，他們的實踐經驗，值得認真總結，以對今後的移植工作有所助益。

8月28日

《文匯報》發表上海滬劇團移植革命樣板戲《沙家濱》音樂創作組的文章：〈地方戲曲革命的新成果——讚湖南花鼓戲《沙家濱》的音樂成就〉：這次四省、市、自治區調演，使首都文藝舞臺呈現一派蓬勃興旺景象。其中地方戲曲移植的革命樣板戲，格外引入注目。湖南省花鼓戲劇團移植的革命樣板戲《沙家濱》，就是地方戲曲革命的一個嶄新成果。花鼓戲劇因為了在花鼓戲舞臺上樹丈無產階級英雄形象，學習革命樣板戲的革命精神，在音樂唱腔上知難而進，不斷革命，精益求精，使原來只擅長表現兒女情長，悲切、滑稽的「三小戲」，轉過來為塑造無產階級英雄人物服務。在唱腔音調上，以高亢挺拔代替了柔約輕憂；在板式節奏上，以複雜多交代替了平庸呆板；在該唱上，以剛健嘹亮代替了妖豔纖細，從而使革命英雄入物的音樂形象代替了腐朽沒落階級的形象，努力做到了時代精神與劇種風格的有機統一。

同日，《解放日報》發表上海越劇團成捷的文章：〈敢於革命　推陳出新——學習湖南花鼓戲《沙家濱》的經驗〉。在這次演出的《沙家濱》中我們可以看到，花鼓戲劇團的同志們在學習移植革命樣板戲中，比較正確地處理了繼承、改造和創新的關係，他們把批判繼承、學習改造和創新很好地結合起來，通過各種音樂手段多側面地烘托英雄人物的形象。他們為了塑造好主要英雄人物郭建光的音樂形象，選擇了原花鼓戲中比較高亢、健朗、歡快的「十字調」加以新的改造，作為塑造英雄人物音樂形象的基調貫串全劇，並根據劇情發展的需要進行發展與變化，較好地表現了郭建光這一英雄人物的思想感情和堅強性格。如第二場「轉移」中郭建光唱〈祖國的好山河〉花鼓戲劇團同志們為了很好地貫徹革命樣板戲的創作原則，抒發英雄人物的思想感情，他們把傳統的、經過改造的和吸收來的各種管樂藝術手法進行綜合、交替運用，較好地設計出了花鼓戲表現英雄人物的多層次成套唱腔，取得了很好的經驗。「毛主席黨中央指引方向」是抒發英雄人物郭建光革命豪情壯志的重點唱段。在這個唱段的音樂設計中，他們就較有層次地安排了唱腔的發展。

花鼓戲劇團同志們不但在音樂唱腔設計上有很大的創新和發展，同時在聲樂藝術、樂隊伴奏上也有較大的改革與創新。演員在演唱方法上改變了過去下滑音較多的油滑的行腔法，特別是扮演郭建光、阿慶嫂、沙奶奶的演員，在演唱方法上都有明顯的革新，這對揭示出人物的內心世界，表達英維人物的思想感情，增添了不少光彩。在樂隊伴奏上，他們根據內容的需要突出了「伴」的作用，和演唱配合得很好。過門也很有氣氛，聽起來成到協調，湖南花鼓的風格也較濃。樂隊在中西樂器的運用上也顯得較調和。

8月30日

新華社〈共同為普及革命樣板戲而努力〉報導：在四省、市、自治區文藝調演期間，中國京劇團、北京京劇團和上海京劇團的文藝戰士，對這次參加演出移植革命樣板戲的文藝單位進行了熱情的輔導。在輔導過程中，他們互相學習，共同努力，為推廣、普及革命樣板戲做出了新的貢獻。

9月1日

《人民日報》（第 4 版）發表新華社記者的文章〈學演革命樣板戲　誓做革命接班人——天津市中小學文藝會演「學演革命樣板戲專場」側記〉：在這次「學演革命樣板戲專場」中演出的，還有蘆莊子小學演唱的豫劇移植革命樣板戲《龍江頌》選段，東郊區四合莊小學、西郊區楊柳青第二小學演唱的河北梆子《紅燈記》選段，砲臺莊中學的器樂合奏《智取威虎山》和《杜鵑山》選段，平山道中學的木琴獨奏舞劇《紅色娘子軍》選曲，這些豐富多彩的表演，使這次演出呈現出絢麗的色彩。

9月3日

《人民日報》發表北京車站工人評論組的文章〈可喜的嘗試——看遼寧省平劇移植革命樣板戲《龍江頌》〉（第 3 版）。在四省、市、自治區文藝調演中，我們高興地看到了遼寧省代表團演出的平劇《龍江頌》。它用平劇藝術移植革命〈樣板戲〉，取得了可喜的成績。

同日，解放軍某部董鐵杰、王佩琈，〈立足革命　熱情移植——上海三劇種移植革命樣板戲摺子戲觀後〉（第 3 版）

同日，新疆歌劇團演員尼加提，〈新疆各族人民熱愛革命樣板戲〉（第 3 版）：我這次有機會來到偉大的首都北京，觀摩四省、市、自治區文藝調演節目，感到非常幸福。通過觀摩，我看到了我國社會主義文藝創作欣欣向榮的景象，受到了很大的教育和鼓舞。特別令人興奮的是，四省、市、自治區都有一臺地方戲曲學習移植的革命樣板戲參加調演，有的移植全劇，有的演摺子戲。這充分說明了革命樣板戲正在深入普及，也說明這些地方戲曲的改革取得了新的成就。

同日，北京熱電廠楊夢麟、劉儉，〈繼承與創新的結晶——讚湖南花鼓戲移植革命樣板戲《沙家濱》〉（第 3 版）：

同日，參加四省、市、自治區文藝調演的文藝工作者，在緊張的演出和觀摩過程中，結合自己的藝術實踐，進一步學習革命樣板戲的創作經驗，決心以革命樣板戲為榜樣，奪取無產階級文藝革命的更大勝利。這次文藝調演，是對近年來在革命樣板戲帶動下，文藝革命新成果的一次檢閱，同時又是各地文藝工作者進一步學習革命樣板戲創作經驗的一個好機會。調演期間，來自四省、市、自治區的文藝工作者和各地觀摩人員，先後聽了中國京劇團《平原作戰》劇組、北京京劇團《杜鵑山》劇組創作經驗的報告，觀看了中國京劇團演出的革命現代京劇《平原作戰》和中國舞劇團演出的革命現代舞劇《草原兒女》、《沂蒙頌》，並準備觀看北京京劇團演出的革命現代京劇《杜鵑山》。中國京劇團、北京京劇團和上海京劇團的同志們還到各代表團住地和排練場，對地方戲移植的革命樣板戲進行了熱心的輔導[30]。

北京紅星中朝友好人民公社薑連明、陳長興，〈壯志凌雲　激情滿懷——看廣西壯族自治區三劇種移植革命樣板戲摺子戲〉，該文寫道：看了由廣西壯族自治區壯劇團、桂劇團、彩調劇團演出的學習移植革命樣板戲摺子戲，感到很高興。

新華社 1974 年 9 月 3 日訊，多哥共和國總統納辛貝・埃亞德馬將軍和夫人以及隨同來訪的其他多哥貴賓，今天晚上應邀出席文藝晚會，觀看中國舞劇團演出的革命現代舞劇《草原兒女》、《沂蒙頌》[31]。

9月7日

新華社 1974 年 9 月 7 日訊，參加四省、市、自治區文藝調演的部分文藝團體深入首都郊區工廠、農村為工農兵演出，受到熱烈歡迎。到目前為止，湖南省花鼓戲劇團到密雲縣農村演出了移植革命樣板戲《沙家濱》，上海話劇團到北京二七機車車輛工廠演出了話劇《戰船臺》，遼寧代表團話劇隊到首都鋼鐵公司演出了話劇《沸騰的群山》，廣西壯族自治區話劇團和桂劇團到通縣演出了獨幕話劇《主課》和桂劇《灘險燈紅》[32]。

[30] 〈進一步學習革命樣板戲的創作經驗〉，北京：《人民日報》（第 1 版），1974 年 9 月 4 日。

[31] 〈埃亞德馬總統和夫人應邀出席文藝晚會吳德主任、劉湘屏部長等陪同多哥貴賓觀看革命現代舞劇《草原兒女》、《沂蒙頌》〉，北京：《人民日報》（第 1 版），1974 年 9 月 4 日。

[32] 〈參加四省、市、自治區文藝調演的部分文藝團體深入首都郊區為工農兵演出受到熱烈歡迎〉，北京：《人

9月8日

《人民日報》發表洪途的文章〈文藝創作要熱情歌頌文化大革命——從話劇《戰船臺》談起〉。

9月9日

參加四省、市、自治區文藝調演的文藝戰士，運用馬克思主義的立場、觀點，批判舊戲曲中的孔孟之道。他們決心進一步清除文藝領域中孔孟之道的流毒，奪取批林批孔鬥爭的新勝利[33]。

9月13日

在黨中央親切關懷下舉行的這次文藝盛會，展現了在批林批孔運動推動下文藝革命的新成果，顯示革命樣板戲更加深入普及，地方劇種開了新生面，培育鍛鍊了文藝隊伍。新華社 1974 年 9 月 12 日訊　在黨中央的親切關懷下，由國務院文化組舉辦的上海、廣西、湖南、遼寧四個省、市、自治區的文藝調演，歷時一個多月，於 9 月 11 日勝利結束[34]。

同日，《文匯報》發表江天的文章〈批判反動的戲曲諺語〉。

9月21日

《人民日報》發表趙連甲、韓敏的文章〈學習樣板戲　發展新曲藝〉：在四省、市、自治區文藝調演中，我們高興地看到了一批具有革命內容的，題材新穎、形式多樣的曲藝節目。它們從各個不同的側面塑造了奮戰在各條戰線上的英雄人物，熱情地歌頌了社會主義新生事物的成長。這些節目的創作成功，

民日報》（第 1 版），1974 年 9 月 8 日。

33 〈參加四省、市、自治區文藝調演的文藝戰士以馬克思主義為武器　認真學習革命樣板戲創作經驗　徹底批判舊戲曲中的孔孟之道〉，北京：《人民日報》（第 1 版），1974 年 9 月 10 日。

34 〈毛主席無產階級革命文藝路線的偉大勝利　四省、市、自治區文藝調演勝利結束〉，北京：《人民日報》（第 1 版），1974 年 9 月 13 日。

有力地批駁了那種認為曲藝只能描寫生活瑣事、反映不了重大題材的謬論。東北二人轉單出頭，原來表現的也大都是宣揚封建思想和低級庸俗趣味的舊曲目。

同日，《南方日報》發表紅線女的文章〈移植革命樣板戲是粵劇革命的必由之路〉。該文寫道：粵劇移植革命樣板戲，由於表現的思想內容是徹底革命的，所以，為思想內容服務的藝術形式，也必須來一番徹底的革命。演員必須實現思想革命化，演革命戲先當革命人。粵劇要大膽改革，首先是要搞好音樂唱腔的改革。燕語鶯聲表現不了無產階級英雄人物，不能塑造工農兵高大形象。要把尖高的女聲拉下來，把難聽的男聲唱法改掉。音樂唱腔的改革一定要貫徹「古為今用，洋為中用」、「推陳出新」的方針。這是一場深刻的思想革命和藝術革命，絕不是改動幾個板腔，挪動幾個音符所能解決問題的。粵劇是勞動人民創造的，可是長期以來，反動階級霸占了粵劇舞臺，演了大量壞戲，從《三姐教子》到《荊河》，從《賊玉子》到《頒官豔史》等等，帝國主義、資本主義、封建主義那種軟綿綿的靡靡之音和流氓無賴腔，充塞了粵劇舞臺。這些情調庸俗、趣味低級的唱腔，都是糟粕，絕不可能用來抒發無產階級英雄人物的革命氣概和崇高理想。

儘管舊粵劇也還有少數較為健康的唱不同，對它的評價和結論就不同，甚至完全相反。我們需要的是時代精神與劇種特色的統一。只有把粵劇改造成為既能反映時代精神，又有地方特色的革命現代戲劇，才可能塑造出高大的無產階級英雄典型，更好地為工農兵服務。

9月22日

江青委託國務院文化組今晚舉行文藝晚會，邀請菲律賓共和國總統馬科斯的夫人伊梅爾達・羅穆亞爾德斯・馬科斯觀看革命現代京劇《杜鵑山》[35]。

[35] 〈江青同志委託國務院文化組舉行文藝晚會　邀請馬科斯總統夫人觀看《杜鵑山》　吳德等陪同菲律賓貴賓觀看演出〉，北京：《人民日報》（第1版），1974年9月23日。

9月25日

新華社 1974 年 9 月 25 日訊：為熱烈慶祝中華人民共和國成立二十五週年，在京的各革命樣板戲劇組以及參加四省、市、自治區文藝調演的部分劇團、首都各專業文藝團體和業餘文藝宣傳隊共八十多個演出單位，在節日期間，將為首都工農兵群眾演出五十四臺、近三百場豐富多彩的文藝節目。參加這次國慶演出的文藝節目有上海京劇團的革命現代京劇《智取威虎山》、《龍江頌》，中國京劇團的革命現代京劇《紅燈記》、《紅色娘子軍》、《平原作戰》，中國舞劇團的革命現代舞劇《紅色娘子軍》、《白毛女》、《草原兒女》、《沂蒙頌》，北京京劇團的革命現代京劇《沙家濱》、《杜鵑山》，中央樂團的鋼琴伴唱《紅燈記》、革命交響音樂《沙家濱》、鋼琴協奏曲《黃河》。此外，上海京劇團將試驗演出革命現代京劇《磐石灣》、《審椅子》、《戰海浪》，山東省《紅雲崗》劇組將試驗演出革命現代京劇《紅雲崗》[36]。

國慶期間還將上演許多地方戲曲和其他藝術形式學習、移植革命樣板戲的劇目，其中包括湖南花鼓戲學習、移植的革命現代京劇《沙家濱》，平劇學習、移植的革命現代京劇《龍江頌》，河北梆子學習、移植的革命現代京劇《杜鵑山》等全劇，以及湘劇、桂劇、壯劇、彩調劇、晉劇、豫劇等學習、移植的革命樣板戲摺子戲。曲藝、木偶等文藝形式學習、移植的革命樣板戲，也將做試驗演出。

參加四省、市、自治區文藝調演的部分文藝團體和首都各專業、業餘文藝單位演出的節目，大部分是近年來的新創作，內容豐富，形式多樣。既有京劇、話劇、各種地方戲，也有音樂、歌舞、曲藝等。其中包括上海話劇團的《戰船臺》和上海淮劇團的《人老心紅》、《撿煤渣》，湖南省話劇團的《楓樹灣》，廣西壯族自治區話劇團的《主課》，遼寧代表團的《西沙之戰組歌》，廣西、遼寧、湖南的歌舞、曲藝和中國話劇團試驗演出的《戰鬥的節日》、《前哨陣地》、《青松嶺》，以及中央五七藝術大學的音樂舞蹈等節目。北京平劇團將演出平劇《向陽商店》。北京話劇團新創作的話劇《雲泉戰歌》也將做試驗演出。中央機關、

[36] 青島京劇團和山東京劇團合作創作的《紅雲崗》，經過了文藝工作者對原京劇《紅嫂》的反覆修改。1972 年定型。1975 年 3 月，江青審查了該劇。1976 年正式演出並投入電影的拍攝。

駐京部隊和北京市的其他文藝團體，國慶期間都將演出各種形式的文藝節目。更可喜的是，今年國慶少年兒童演出的節目，不僅數量多，而且富有特色，生動地反映了在毛澤東思想哺育下，我國少年兒童正在幸福、茁壯地成長的情況。

這次規模盛大的國慶演出，將使首都文藝舞臺呈現出一派繁花似錦的景象，顯示出黨的「百花齊放，推陳出新」方針的勝利。為了使更多的工農兵群眾看到文藝節目，國慶期間，將特地組織十六臺文藝節目到工礦、郊區農村和部隊舉行專場演出。目前，參加國慶演出的廣大專業和業餘文藝工作者，豪情滿懷，正在積極進行排練。他們決心繼續抓好批林批孔，堅持無產階級政治掛帥，團結戰鬥，用實際行動慶祝中華人民共和國成立二十五週年的光輝節日[37]。

本月

方耘，〈文化大革命的英雄讚歌——評話劇《戰船臺》雷海生形象的塑造〉，《文匯報》，1974 年 9 月。

10 月 6 日

新華社 1974 年 10 月 6 日訊，在普及革命樣板戲的熱潮中，為了便於廣大工農兵群眾學唱革命樣板戲，國務院文化組文藝創作領導小組新近編選了《革命現代京劇主要唱段選集》和《革命現代京劇短小唱段選集》。這兩個選集共包括《智取威虎山》、《紅燈記》、《沙家濱》、《海港》、《龍江頌》、《紅色娘子軍》、《奇襲白虎團》、《平原作戰》、《杜鵑山》等革命樣板戲的一百三十多個選段。《革命現代京劇主要唱段選集》即將由人民音樂出版社出版。《革命現代京劇短小唱段選集》已由人民音樂出版社出版並開始在各地新華書店陸續發行[38]。

10 月 10 日

《文匯報》發表上海話劇團《戰船臺》創作組文章〈努力反映新的世界，熱情歌頌新的人物——話劇《戰船臺》創作體會〉。

---

37 〈國慶期間首都文藝舞臺繁花似錦〉，北京：《人民日報》（第 1 版），1974 年 9 月 26 日。

38 〈革命現代京劇唱段選集陸續出版〉，北京：《人民日報》（第 3 版），1974 年 10 月 7 日。

同日，《人民日報》發表新華社通訊員、新華社記者的〈革命樣板戲在小靳莊〉（第 1 版）報導：小靳莊大隊的五百八十二名社員，現在大都數人都會唱革命樣板戲選段。七八十歲的老人，六七歲的兒童，都能來上幾段。一家老小都會唱，不算什麼稀罕事。許多人既會唱，又能講。在上下工的途中，在地頭、場院、飼養棚、菜園、擺渡口，經常可以聽到社員們在唱革命樣板戲。在路旁積肥的小伙子剛開腔，趕車過路的老把式就接著唱了下去。在大批判會場和沸騰的工地上，一人先唱眾人和或者你拉我唱的場面更是經常出現。晚飯後，左鄰右舍的人們坐在門口，我一段，你一段，自然就形成了革命樣板戲的「晚會」。

10月19日

《人民日報》發表總後勤部某部劉禎祥的文章〈細緻的刻劃　深入的開掘——試談革命現代京劇《紅雲崗》中英嫂形象的塑造〉。

同日，《人民日報》（第 3 版）發表〈軍民團結如一人　試看天下誰能敵——沂蒙山區軍民座談革命現代京劇《紅雲崗》紀要〉。

10月21日

新華社雅典電：第三屆薩洛尼卡國際電影節 10 月 6 日閉幕。這屆電影節從 9 月 30 日開始在希臘北部的薩洛尼卡市舉行。希臘、中國、羅馬尼亞、南斯拉夫等二十多個國家參加了這屆電影節。電影節上放映的兩部中國影片《智取威虎山》和《南海漁歌》，受到觀眾的讚賞。電影節組織委員會主席潘阿約蒂斯・馬夫裏迪斯說，觀眾對中國影片抱有巨大的興趣[39]。

同日，丹麥王國首相保羅・哈特林和夫人埃爾塞貝特・哈特林等丹麥貴賓，今晚應邀出席文藝晚會。江青出席文藝晚會，陪同丹麥貴賓觀看了中國歌舞團演出的獨唱、獨奏、合奏、舞蹈等中國現代、古代音樂歌舞節目，民間樂曲，以及革命現代京劇的音樂、舞蹈片段。文藝晚會上還演奏了一首根據丹麥民間音樂改編的琵琶

---

[39] 〈第三屆薩洛尼卡國際電影節閉幕我國影片《智取威虎山》等受到觀眾讚賞〉，北京：《人民日報》（第 6 版），1974 年 10 月 21 日。

曲。演員們的演出受到貴賓們的熱烈鼓掌歡迎。演出結束後，哈特林首相和夫人由江青陪同走上舞臺，同演員們熱烈握手，祝賀演出成功，並向他們贈送了花籃。出席文藝晚會的還有有關方面負責人李強、喬冠華、于會泳、王冶秋、王曼恬、浩亮、劉慶棠、章含之、侯再林、賈汀，以及中國駐丹麥大使岳良和孫岐同志。丹麥駐中國大使帕盧丹和夫人以及在北京的其他丹麥朋友也應邀出席了文藝晚會。文藝晚會是由國務院文化組和北京市革命委員會為歡迎丹麥貴賓聯合舉辦的[40]。

10月22日

《人民日報》發表文章〈貧下中農最愛聽革命樣板戲〉(第1版)。

10月26日

北京《杜鵑山》劇組應邀赴阿爾巴尼亞進行了訪問演出。

本月

上海試驗演出的《磐石灣》赴京參加全國文藝調演。為紀念「京劇革命」十年，初瀾在《紅旗》雜誌第7期發表〈京劇革命十年〉稱：第一批八個革命樣板戲的誕生，如平地一聲春雷，宣告了毛主席〈在延安文藝座談會上的講話〉所指出的革命文藝路線已經在實踐中取得了光輝的成果，中國社會主義文藝的新紀元已經到來，千百年來，由老爺太太少爺小姐們統治舞臺的局面已經結束，工農兵英雄人物在文藝舞臺上揚眉吐氣、大顯身手的時代已經開始。這是中國文藝史上具有偉大意義的變革。

11月2日

《人民日報》發表署名為初瀾的文章〈談文藝作品的深度問題〉：革命「樣板戲」創造的一個重要經驗，就是運用革命的現實主義和革命的浪漫主義相結合

40 〈哈特林首相和夫人等應邀出席文藝晚會　江青同志陪同丹麥貴賓觀看了文藝節目〉，北京：《人民日報》(第1版)，1974年10月22日。

的創作方法，通過把生活中的矛盾和鬥爭典型化，在廣度和深度的結合上，塑造出高大、豐滿的無產階級英雄典型，從而發人深思，感人肺腑，成為進行思想和政治路線教育的形象化教材。

11月3日

新華社阿爾及爾1974年11月3日電：前來參加阿爾及利亞武裝革命二十週年慶祝活動並進行訪問演出的中國北京京劇團，11月2日晚上在阿爾及利亞安納巴省地方劇院首次演出中國革命現代京劇《杜鵑山》[41]。

11月5日

巴基斯坦總統法茲爾・伊拉希・喬德里11月5日晚上在拉瓦爾品第觀看了中國彩色影片《白毛女》。陪同看這部影片的有巴基斯坦國防和外交事務國務部長阿齊茲・艾哈邁德和中國駐巴基斯坦大使陸維釗。一些國家駐巴基斯坦的外交官員也觀看了這部電影。目前，巴基斯坦國家電影發展公司正在巴基斯坦各大城市放映七部中國彩色故事片和紀錄片，其中包括《白毛女》、《豔陽天》、《青松嶺》等[42]。

11月11日

《光明日報》發表秋實的文章〈注意寫好戲劇矛盾的轉化〉。

寫好戲劇矛盾的轉化，必須把矛盾轉化的條件寫充分。革命樣板戲的經驗告訴我們，實現這種轉化的根本保證就是馬列主義、毛澤東思想，就是毛主席的無產階級革命路線。革命文藝，就是要深刻地展示英雄人物堅持正確路線，戰勝對全面人物的錯誤思想、錯誤路線的鬥爭；同時讓英雄人物牢牢掌握矛盾發展變化的主動權，以英雄人物為中心，調動其他人物，施展種種手段，創造矛盾轉化的

[41] 〈北京京劇團在阿爾及利亞首次演出革命現代京劇《杜鵑山》〉，北京：《人民日報》（第6版），1974年11月4日。

[42] 〈喬德里總統觀看我國影片《白毛女》〉，北京：《人民日報》（第5版），1974年11月7日。

充分條件，使矛盾的轉化瓜熟蒂落、水到渠成。矛盾轉化的條件寫得越充分，英雄人物促使矛盾向有利於革命方面轉化的行為就能表現得越突出，英雄人物崇高的精神境界才能揭示得越深刻。

11月16日

《光明日報》發表文雁平的文章〈寫好矛盾衝突，加強英雄人物的思想深度〉：

革命樣板戲的成功範例證明：按照生活中階級鬥爭和路線鬥爭的規律，把矛盾衝突組織得波瀾起伏，對於深入刻劃主要英雄人物思想性格的主要側面，加強其思想深度具有十分重要的意義。有的作品不善於這樣組織矛盾衝突，不是曲折迂回，而是平鋪直敘，結果主要英雄人物的思想性格缺乏深度，削弱了作品的戰鬥作用和感人力量。為了對主要英雄人物思想性格的主要側面進行深入刻劃，文藝作品要「多浪頭」、「多波瀾」、「多層次」地組織矛盾衝突。但是，對於每一層波瀾、浪頭、層次，也不能平均使用力量，而要分別輕重主女，區別對待。對非關鍵之處，要惜墨如金，一筆帶過，在最關鍵的地方，即矛盾衝突的主要浪頭和高潮的地方，也就是最能顯示主要英雄人物思想光彩主要側面的地方，則要潑墨如雲，過細刻劃，深入開掘，寫深寫透。惜墨如金與潑墨如雲，一筆帶過與過細刻劃，是辨證的統一。只有在非關鍵之處，惜墨如金，一筆帶過，才能騰出手來在關鍵地方潑墨如雲，過細刻劃。也只有這樣才能突出重點，寫深寫透，加強主要英雄人物的思想深度。

11月20日

《人民日報》發表文雁平的文章〈堅持時代精神與劇種特色的統一——地方戲移植革命樣板戲音樂設計的幾點淺見〉。該文認為：

> 核心唱段是英雄人物思想、感情、性格、氣質的突出表現。充分發揮本劇種的長處和特色，從寫好核心唱段入手，並以此為中心進行周密的藝

術布局，塑造好無產階級英雄人物的音樂形象，是地方戲曲移植革命樣板戲必須首先攻克的一關。

參加四省、市、自治區文藝調演的各地方劇種，在這方面都取得了一些初步的經驗。湖南花鼓戲在移植《沙家濱》的唱腔設計中，認真研究本劇種的傳統藝術手法，把最富於花鼓戲特色的十字調作為主要英雄人物郭建光的基調，並在感情、性格、時代感「三對頭」的前提下，以這個基調為基礎，加以發展變化，設計了郭建光的核心唱段。他們正確處理了「多變」與「不變」的辯證關係，讓十字調隨著人物思想感情的起伏而「多變」；又保持本劇種的特徵音調與旋法的「不變」，把二者辯證地統一起來。他們根據花鼓戲的藝術傳統所總結出來的「變手法」（即把轉調與變奏結合在一起使用的手法）、「翻上去、落下來」（即音程上下移位的手法）、「把板眼扯爛、擠攏」（即節奏伸延或壓縮的手法）等做法，在運用本劇種特有旋律發展手法塑造英雄形象方面取得了初步經驗。上海淮劇移植的《海港》把板式較豐富、戲劇性較強的自由調用在方海珍的核心唱段中，慢板部分運用了經過改造的傳統大悲調，在拖腔中吸收了滬劇的「三送」，整個唱段，不論從音調推陳出新，還是板式的轉接變化，都處理得較為妥貼。遼寧平劇移植的《龍江頌》，在設計江水英的核心唱段時，運用以反調為主、正反調穿插的結構方法，加強了唱腔的層次性和對比。實踐證明：努力把本劇種最有特色的唱腔、最豐富的板式、最有表現力的手法，集中運用到核心唱段裏，使核心唱段給觀眾留下深刻印象，這是塑造好無產階級英雄典型的音樂形象的重要環節。

在核心唱段創作中，難度最大的是慢板。慢板在音樂體制上具有旋律豐富、節奏變化大、表情細緻深刻等特點，善於抒發英雄人物的深厚無產階級感情，展示他們內心世界的共產主義光輝。但是，有些地方劇種的聲腔系統沒有慢板，另一些地方劇種有一板三眼的板式，但音樂性不夠豐富。因此，地方戲曲在移植革命樣板戲過程中，如何發掘藝術潛力，發展本劇種的慢板，就成為一個重要的課題。屬於曲牌體劇種的湖南花鼓戲、廣西壯劇、彩調劇等，根據「把板眼扯爛」的傳統手法，大幅度地改革了自己的唱腔，在創造本劇種的慢板上，有了可喜的開端。比如湖南花鼓戲移植的《沙家濱》，針對花石調字多腔少的缺點，有些唱句以一句旋律做變化重複的方法，設計了表情細膩、特色鮮明的阿慶嫂核心唱段的慢板。屬於板腔體劇種的遼寧的平劇，上海的越劇、淮劇，湖南的湘劇等，則吸收京劇慢板結構的某些方法，根據本劇種旋律、節奏的特點，在傳統中相近板式的基礎上，派生新的慢板板式。如上海滬劇移植的《紅燈記》李玉和核心唱段的中段，在傳統的基本中板的基礎上加以出新，發展了男聲基本慢板，在這方面的藝術探索中取得了初步的成績。

然而，從移植工作的普遍情況來看，慢板仍然是一個薄弱環節，沒有真正過關。首先表現在旋律還不敢大幅度地展開，沒有足夠地慢下來。這就使核心唱段缺乏層次，削弱了它應有的表現力。同時，有些劇種在創造自己的慢板時，由於旋法上注意劇種風格不夠，以致影響整個音樂形象，比較缺乏劇種特色。這些都需要我們在實踐過程中逐步加以解決，努力把核心唱段寫好。

運用特性音調的手法，體現英雄人物的性格特徵

馬克思主義認為：「每一種社會形式和思想形式，都有它的特殊的矛盾和特殊的本質。」革命樣板戲所塑造出的高大完美的英雄形象，不僅有鮮明的無產階級黨性，而且各有特殊的個性。一些地方戲曲在移植革命樣板戲過程中，也開始注意了在保持和發展劇種特色的基礎上，運用特性音調的手法，以體現英雄人物的性格特徵，深化人物的音樂形象。

創作特性音調，首先要分析英雄人物的性格，賦予它鮮明、準確的富有時代感的革命音調。同時，特性音調必須符合本劇種的旋法，有濃厚的劇種風格，並注意在全劇中貫串使用，以加深觀眾的聽覺印象。革命樣板戲在運用特性音調方面已經積累了豐富的成功經驗，值得地方劇種音樂設計認真地學習。與革命樣板戲相比，目前地方戲曲在運用特性音調方面還存在不少缺點。首先是特性音調的形象不夠鮮明、準確，與英雄人物的整個唱腔缺乏內在的聯繫；同時音調本身也沒有同本劇種特有的旋法有機地

結合起來，顯得一般化。因此，特性音調必須注意做到時代精神與劇種特色相統一。實踐證明：寫好特性音調是進一步塑造好無產階級英雄典型的音樂形象的一個重要方法，我們在地方戲曲的音樂革命中，應充分地注意這個問題。

保持本劇種特有的潤腔方法

各個劇種不僅在音樂唱腔的旋法上有自己的特點和規律，而且在旋律的潤腔方法上也有自己的特點和規律，保持和發揚本劇種的潤腔方法，是堅持時代精神與劇種特色統一的一項重要藝術措施。目前較為普遍的情況是：創作者對旋法的處理比較注意，而對潤腔處理則尚未得到應有的重視。

潤腔的種類很多，其中以裝飾性潤腔最重要。各種地方戲曲通過唱腔上豐富多樣的裝飾音的細緻的處理，以潤色旋律，表現出鮮明的風格色彩。而不同劇種唱腔的裝飾性潤腔的具體運用，各有其不同的規律。湖南花鼓戲創作組的同志們曾對花鼓戲唱腔的裝飾性潤腔進行了研究。例如他們反覆剖析了傳統的十字調，進一步瞭解到十字調這個以五聲音階為主的羽調式，主音與屬音在唱法上多有上方小三度顫音的特點，而七級音與四級音當它們各自在主音與屬音之間做輔助音運動時，音階略為升高（小於十二平均律的半音），唱法上常常用下顫音。於是便自覺地從裝飾性潤腔的角度體現十字調的音樂風格。他們移植《沙家濱》時，運用了十字調的上述潤腔方法來演唱郭建光的〈祖國的好山河寸土不讓〉一段，較成功地體現了花鼓戲的風格特徵。

潤腔的使用總是與特定的調式結合在一起的。十字調的潤腔方法在羽調式的曲牌裏有某種普遍適應性，但若換成六聲音階宮調式的花石調，則由於調式的變化，原來的潤腔方法就不適用了。由此可見，找出本劇種潤腔在不同調式上具體應用的原則，是很重要的。

潤腔的運用必須服從內容的需要，讓它在每一個細節上都符合「三對頭」的精神，否則就會影響和損害我們所要表達的政治內容。如湖南花鼓戲移植《沙家濱》郭建光的唱句「豈容日寇逞兇狂」的「兇」字上，有一個七級上的輔助音，按習慣如唱成下顫音，必然歪曲字義和人物的思想感情，現在改用剛勁有力的落音來代替下顫音，就比較準確表達了英雄人物的必勝信心。由此可見，潤腔的運用只有從塑造英雄形象出發，並符合地方語言的語音規律，達到字正腔圓，易於聽懂，準確地傳達唱詞的政治內容，才能真正發揮它的作用。潤腔問題又不僅與創作者有關，更直接關係到演唱者的處理。發動創作人員與演員共同研究本劇種的潤腔規律，並正確運用這一地方戲曲特有的藝術手段為塑造英雄形象服務，乃是移植工作中值得加以重視的課題之一。

突出本劇種的主奏樂器，在樂隊中處理好主從關係

我國各個地方戲曲的劇種風格的形成，除了唱腔之外，又都往往是與具有該劇種特色的主奏樂器（組）相聯繫的。河北梆子的板胡和梆子、影調的四胡、花鼓系的大筒和嗩吶、廣西壯劇的馬骨胡、越劇的二胡等樂器的特殊音色，都是形成該劇種風格特色的不可分割的組成部分。在移植的音樂設計過程中，如何突出各劇種主奏樂器（組）的主導音色，則是在器樂方面發揮劇種風格特徵的重要方面。參加這次調演的地方劇種，在唱腔伴奏中都注意了從演奏位置、配器寫法、音量大小等方面，突出本劇種的主奏樂器（組）；並在樂器組合與樂器改革方面給我們一些新的啟示。

（1）選擇好從屬樂器。如上海淮劇的主奏樂器組由高胡、二胡、月琴組成。在擴大成樂隊時，曾增加一些高胡、二胡加入建制，由於主奏樂器組與從屬樂器之間在音色上的一致性太強，結果主奏樂器被完全「吃」掉了。後來改變樂隊編制，引進了在音色上與主奏樂器有聯繫又有區別的西洋弦樂器，形成新的以主奏樂器占優勢的混合音色，既發揮劇種的特色，又豐富了樂隊表現力和層次感。

（2）改造好主奏樂器。某些劇種如越劇、滬劇、淮劇等的主奏樂器是中音樂器，音量弱，表現力受到較大的限制。因此，必須對這種主奏樂器進行改革。有的劇種採用了加大共鳴箱以擴大樂器音量的辦法。上海淮劇的做法則是採取了把原來主奏樂器的二胡改革成現在

的高胡，在音色和演奏技法上都保持原二胡的風格特點，與原二胡共同組成了新的主奏樂器組。上海越劇的做法也基本類似，取得了較好的效果。

不論是選好從屬樂器，還是改造主奏樂器，都是為了突出以主奏樂器占優勢的富於劇種特點的音色，從器樂上強化劇種的風格特徵。主奏樂器和從屬樂器雙方，那一方不能體現時代精神與劇種特色的統一，就必須改革那一方。只有這樣，才能把握器樂革命的全局，發揮地方戲曲的器樂塑造無產階級英雄典型的作用。

地方戲曲移植革命樣板戲是一場深刻的革命。要處理好時代精神與劇種特色的關係，還需要有一個反覆實踐、不斷加深認識和不斷積累經驗的過程。我們一定要堅持革命的正確方向，從塑造無產階級英雄典型這一社會主義文藝的根本任務出發，充分發揮本劇種的長處與特色，深刻表現時代精神，力求逐漸達到二者的完美統一，為大力普及革命樣板戲和在地方戲曲舞臺上塑造出更多的無產階級英雄典型而努力。

12月3日

新華社羅馬1974年12月13日電：義中友協等組織12月10日至12日在義大利首都羅馬舉辦了中華人民共和國電影日活動。在這期間，放映了中國影片《杜鵑山》、《火紅的年代》等，受到了近三千名觀眾的熱烈歡迎。義大利觀眾對中國影片表現了濃厚的興趣。觀眾們稱讚中國人民在過去的革命戰爭年代裏以及在社會主義革命和社會主義建設事業中英勇戰鬥、艱苦奮鬥和自力更生的精神[43]。

12月22日

《人民日報》（第3版）發表山東師範學院中文系工農兵學員理論小組的文章〈對林彪資產階級軍事路線的有力批判——學習革命樣板戲札記〉。

[43] 〈義中友協等舉辦中國電影日活動　我影片《杜鵑山》、《火紅的年代》受到觀眾熱烈歡迎〉，北京：《人民日報》（第6版），1974年12月15日。

本年

初瀾等著《文藝評論集》、《革命現代京劇〈平原作戰〉評論集》、《革命現代京劇〈杜鵑山〉評論集》，人民文學出版社。

方耘，《革命樣板戲學習札記》（上海人民出版社）、《技巧與人物——學習革命樣板戲札記》（遼寧人民出版社）。

買買提・祖農，〈革命樣板戲在天山南北開花結果——談維吾爾歌劇《紅燈記》的移植〉（《新疆文藝》，1974 年第 3 期）。

維吾爾歌劇《紅燈記》，在運用維吾爾族傳統音樂「十二木卡姆」塑造李玉和等英雄人物的音樂形象，始終堅持「三突出」、「三對頭」等創作原則，突破了「十二木卡姆」的陳規戒律，對「十二木卡姆」做了大膽的改造、發展。這不僅使李玉和等無產階級英雄人物的思想感情、性格氣質在歌劇中得到再現，而且使維吾爾族民間古典音樂「十二木卡姆」獲得了新生。維吾爾歌劇《紅燈記》為新疆少數民族文藝的革命，為在新疆少數民族地區發展具有社會主義內容與民族形式的社會主義新文藝提供了寶貴的經驗。

在移植過程中，我們始終堅持學習毛主席〈在延安文藝座談會上的講話〉，學習革命樣板戲的創作經驗，堅持革命大批判，和兩種錯誤傾向進行了鬥爭：一是藉口「要有濃厚的木卡姆風格」，干擾在移植革命樣板戲時對「十二木卡姆」進行改造、革新；一是藉口「要保護京劇特色」，反對用維吾爾族民間古典音樂移植革命樣板戲。這兩種錯誤傾向，是對待民族文藝遺產上「全盤繼承」、「全盤否定」這種錯誤傾向在移植過程中的反映。

1975 年

【概述】

1975 年 1 月 13 日至 17 日，第四屆全國人民代表大會第一次會議在北京舉行。大會決定周恩來繼續擔任國務院總理，鄧小平、張春橋、李先念、華國鋒等十二人為副總理。會後，周恩來病重，鄧小平在毛澤東、周恩來支持下主持中央日常工作。鄧小平先後召開了軍委擴大會議和解決工業、農業、交通、科技等方面的一系列會議，著手對許多方面的工作進行整頓，使國家形勢有了明顯好轉。但是，毛澤東不能容忍鄧小平系統地糾正「文化大革命」的錯誤，先是號召學習「無產階級專政理論」，繼而發動了「批鄧、反擊右傾翻案風」運動。

3 月 20 日，新華社報導：文化部最近組織在京各樣板戲劇組先後分別到全國各地進行巡迴演出。這是各樣板戲劇組，繼 1972 年之後又一次較大規模的巡迴演出。革命樣板戲十年來有了很大發展，近兩年又創作、演出了革命現代京劇《平原作戰》、《杜鵑山》，革命現代舞劇《沂蒙頌》、《草原兒女》等新的革命樣板戲。從 3 月上旬開始，中央樂團將先後到福州、廈門、汕頭、廣州等地演出；北京京劇團的《杜鵑山》劇組將到長沙、韶山、南昌、井岡山、杭州、上海等地演出；中國京劇團的《平原作戰》劇組將到南寧、桂林、長沙、天津、大港油田等地演出，《紅色娘子軍》劇組將到西安、延安、成都、重慶、武漢等地演出。5 月以後，中國舞劇團的《沂蒙頌》、《草原兒女》劇組將去瀋陽、長春、哈爾濱、大慶油田等地，北京京劇團《沙家濱》劇組將去貴陽、遵義、昆明等地進行巡迴演出。3 月，京劇《紅雲崗》作為山東省進京參加文藝調演的劇目，在京接受了江青的審查。7 月初，毛澤東在同中共中央副主席、國務院副總理鄧小平談話時這樣批評「四人幫」在「文革」時期所實行的文藝政策：樣板戲太少，而且稍微有點差錯就挨批。百花齊放都沒有了。別人不能提意見，不好。怕寫文章，怕寫戲。沒有小說，沒有詩歌。此後不久，他在與江青談話時再一次指出：「文革」

時期，「缺少詩歌，缺少小說，缺少散文，缺少文藝評論」。江青聞訊後說：「主席只是說樣板戲太少，並沒有說不要樣板戲。」她又說：「有人說樣板戲少，只有八個，不對！現在已有十八個了嘛！」1975 年 9、10 月間，鄧小平在談話中提出：「當前各方面都存在一個整頓的問題。農業要整頓，工業要整頓，文藝政策要調整，調整其實也是整頓⋯⋯我在政治局講了幾個方面的整頓，向毛澤東同志報告了，毛澤東同志贊成。」他又說：「比如文藝方針，毛澤東同志說，要古為今用，洋為中用，百花齊放，推陳出新。這是很完整的，可是現在百花齊放不提了，沒有了，這就是割裂。」他認為「樣板戲」不能「一花獨放」，不能一個形式、一個辦法、一個調門和一個樣板戲。他提出：「階級鬥爭哪能天天講？文藝作品強調寫階級鬥爭就有點絕對化。」年末《磐石灣》順利通過審查，不久拍攝成電影，於 1976 年春夏之際公映。1975 年 11 月，毛澤東聽信了「四人幫」的誣告，動搖了對鄧小平的信任，決定停止他的大部分工作。不久，又以鄧小平向毛澤東轉交了清華大學黨委副書記劉冰寫的兩封信（信上反映了「四人幫」兩個親信人物的問題）為藉口，硬說鄧小平偏袒和支持劉冰，而劉冰的信的矛頭是對著毛澤東的。這樣，毛澤東就決定發動一場「批鄧、反擊右傾翻案風」運動。

1月1日

《解放軍文藝》第 1 期刊登「編者的話」——〈學好樣板戲，創造更多好作品〉。

問世已整整十個年頭的《白毛女》，其劇組全體人員奉命調往北京，住進了西苑飯店，由劉慶棠主持，閉門進行「修改提高」。編導人員操刀縱鋸，改編《白毛女》。

1月13日

1 月 13 日至 17 日，第四屆全國人大一次會議在京舉行。周恩來總理在〈政府工作報告〉重申三屆人大政府工作報告中提出的「兩步設想」：「第一步，⋯⋯建成一個獨立的比較完整的工業體系和國民經濟體系；第二步，⋯⋯全面實現農業、工業、國防和科學技術的現代化。」會議期間，原國務院文化組改為文化部，于會泳任部長、浩亮、劉慶棠任副部長。

1月21日

新華社 1975 年 1 月 21 日訊，馬尼拉消息：菲律賓國家交響樂團 1 月 18 日晚首次演出中國鋼琴協奏曲《黃河》，受到聽眾的熱烈歡迎。菲律賓總統馬科斯的夫人伊梅爾達・羅穆亞爾德斯・馬科斯出席欣賞了這次演出。演奏完畢時，聽眾長時間熱烈鼓掌，祝賀演出成功。馬尼拉《東方日報》報導說，這次演奏盛會將為加強菲中兩國人民的瞭解和友誼，促進兩國的文化交流做出貢獻[1]。

2月1日

《解放軍文藝》（第 2 期）刊登申楓、思忖的文章〈用黨的正確路線教育部隊的光輝典型——學習革命樣板戲塑造我軍政治工作幹部形象的體會〉。

2月5日

《人民日報》的〈靈山縣農村電影放映隊跋山涉水走村串寨　堅持為貧下中農放映革命樣板戲電影〉（第 4 版）報導：新華社南寧 1975 年 2 月 5 日電，廣西壯族自治區靈山縣的農村電影放映隊，堅持把放映革命樣板戲電影，作為一件大事來抓。他們常年跋山涉水，走村串寨，到各個山村放映革命樣板戲影片。四年來，他們在全縣共放映了革命樣板戲影片八千多場，觀眾達八百多萬人次，為普及革命樣板戲做出了成績[2]。

本月

在 1975 年的《中國攝影》雜誌上，張雅心著文〈努力塑造無產階級英雄形象〉，該文說明了具體的拍攝方法：「吃透精神、表現精華。用對比手法、突出

1　〈菲律賓交響樂團首次演出鋼琴協奏曲《黃河》〉，北京：《人民日報》（第 6 版），1975 年 1 月 22 日。

2　〈靈山縣農村電影放映隊跋山涉水走村串寨　堅持為貧下中農放映革命樣板戲電影〉，北京：《人民日報》（第 4 版），1975 年 2 月 7 日。

主要英雄人物形象。」，「把相機放低一點，鏡頭仰些，使英雄形象顯得高大；拍敵人時多用俯角，造成壓抑、低矮的感覺」[3]。

2月8日

《人民日報》（第2版）發表中國京劇團〈無產階級要牢固地占領文藝陣地〉，文章認為：封、資、修的文藝雖然受到了嚴正的批判，但是仍然在許多角落裏散發著臭氣；反革命的修正主義文藝黑線雖然已被反覆批判，但是文藝戰線上的階級鬥爭和兩條路線鬥爭並沒有結束。在整個社會主義歷史階段中，這種革命與復辟、前進與倒退的鬥爭是貫串始終的。勝利的成果靠鬥爭得來，靠鬥爭鞏固，靠鬥爭發展。在當前深入開展的批林批孔運動中，我們要發展無產階級文藝革命的大好形勢，就必須堅持鬥爭哲學，狠抓文藝領域裏的階級鬥爭和路線鬥爭。我們要以高屋建瓴之勢，打主動仗，揮起無產階級的鐵掃帚，掃除封、資、修文藝的污泥濁水；要發揚韌性戰鬥的精神，打持久戰，鬥爭不息，戰鬥不止！

2月28日

戲劇導演藝術家、戲劇理論家、文學翻譯家焦菊隱遭政治迫害含冤去世，終年六十九歲。

3月1日

剛果人民共和國總理亨利‧洛佩斯和夫人以及由洛佩斯總理率領的政府代表團，今天應邀出席文藝晚會，觀看了革命現代京劇《杜鵑山》。國務院副總理吳桂賢，外交部副部長何英，對外友協會長柴澤民，北京市革委會副主任賈汀，陪同剛果貴賓觀看演出[4]。

[3] 張雅心，〈努力塑造出無產階級英雄典型——學習拍攝革命樣板戲戲劇照的體會〉，北京：《中國攝影》，1975年第1期。他的拍攝必須服從「攝影是階級鬥爭的工具」（1957年的提法）的要求。除了採用慣常的擺拍以外，他們必須在拍攝技巧上千方百計滿足「事實為政治服務」、「主題先行」、「不受真人真事限制」和「利用一切手段塑造英雄形象」的政治規定。

[4] 〈洛佩斯總理和夫人出席文藝晚會並在京參觀　吳桂賢副總理等陪同貴賓觀看革命現代京劇《杜鵑山》〉，北京：《人民日報》（第1版），1975年3月2日。

3月8日

京劇表演藝術家周信芳因曾主演《海瑞上疏》，遭受殘酷迫害，含冤逝世，終年八十歲。

3月19日

《人民日報》的文章〈進一步普及革命樣板戲，滿足工農兵觀眾的要求 革命樣板戲劇組到各地巡迴演出〉（第1版）報導：

新華社1975年3月19日訊，為了進一步普及革命樣板戲，更好地發揮革命樣板戲「團結人民、教育人民、打擊敵人、消滅敵人」的戰鬥作用，滿足廣大工農兵觀眾的要求，同時促進樣板戲各劇組文藝戰士向工農兵群眾學習，文化部最近組織在京各樣板戲劇組先後分別到全國各地進行巡迴演出。這是各樣板戲劇組，繼1972年之後又一次較大規模的巡迴演出。革命樣板戲十年來有了很大發展，近兩年又創作、演出了革命現代京劇《平原作戰》、《杜鵑山》，革命現代舞劇《沂蒙頌》、《草原兒女》等新的革命樣板戲。在這次巡迴演出中，各地工農兵觀眾將看到這些新劇目的演出。從3月上旬開始，中央樂團將先後到福州、廈門、汕頭、廣州等地演出；北京京劇團的《杜鵑山》劇組將到長沙、韶山、南昌、井岡山、杭州、上海等地演出；中國京劇團的《平原作戰》劇組將到南寧、桂林、長沙、天津、大港油田等地演出，《紅色娘子軍》劇組將到西安、延安、成都、重慶、武漢等地演出。5月以後，中國舞劇團的《沂蒙頌》、《草原兒女》劇組將去瀋陽、長春、哈爾濱、大慶油田等地，北京京劇團《沙家濱》劇組將去貴陽、遵義、昆明等地進行巡迴演出[5]。

本月

京劇《紅雲崗》作為山東省進京參加文藝調演的劇目，在京接受了江青的審查。

一九七五年

---

[5] 〈進一步普及革命樣板戲，滿足工農兵觀眾的要求　革命樣板戲劇組到各地巡迴演出〉，北京：《人民日報》（第1版），1975年3月20日。

4月2日

張春橋同努伊拉總理會談，努伊拉總理和夫人出席文藝晚會，倪志福等陪同突尼斯貴賓觀看革命現代舞劇《紅色娘子軍》。

新華社 1975 年 4 月 2 日訊　國務院副總理張春橋同突尼斯共和國總理赫迪·努伊拉今天上午舉行了會談[6]。

4月22日

《人民日報》（第 3 版）田牛，〈軍民團結的英雄詩章——評革命現代舞劇《沂蒙頌》〉；同日，宇曉，《革命的內容　民族的風格——評革命現代舞劇《沂蒙頌》的音樂創作》：

革命現代舞劇《沂蒙頌》，深刻地表現了在黨的領導下軍民團結戰鬥的革命主題，塑造了英嫂等光彩奪目的英雄形象。舞劇的音樂，為表現全劇的思想內容，塑造英雄人物，起到了重要作用。它具有鮮明的時代特色和民族特色，又有所創新。

一、運用民間音樂素材創造新的音樂形象。二、發展民族音樂的特有藝術手法。作為舞劇的音樂，不僅要與舞蹈密切配合刻劃出人物形象的典型性格，而且必須具有戲劇性，展現出特定的戲劇情節來。在這方面，我國的民族音樂，特別是戲曲音樂，是有著豐富的獨特藝術手法的。《沂蒙頌》的音樂在運用、發展這些藝術手法上的實踐提供了新鮮經驗。三、充分發揮民族樂器的作用。在《沂蒙頌》的音樂中，民族樂器的運用非常突出。特別是在演奏主要英雄人物的主調音樂上，恰當地選擇民族樂器作為主奏，頗有特色地加強了音樂的藝術表現力。

劇中主要英雄人物英嫂的主調音樂，基本上是用板胡來演奏的。它的清脆、明亮的特殊音色，很容易使我們感受到我國北方農村的鄉土氣息。這種樂器能柔

6　〈張春橋副總理同努伊拉總理會談努伊拉總理和夫人出席文藝晚會〉，北京：《人民日報》（第 1 版），1975 年 4 月 3 日。

能剛，表現力很豐富。在各個主要戲劇情節中，用板胡來擔任英嫂主調音樂的主奏，十分得當。劇中英雄人物方排長的主調音樂，是用管子來演奏的。這種樂器很適合演奏激情、高亢的樂曲，音質、音色上也很有特色，對於表現方排長的英雄形象是很合適的。

4月27日

《人民日報》（第3版）辛文彤，〈在大風大浪中茁壯成長——革命現代舞劇《草原兒女》的主題及其意義〉，該文認為：

《草原兒女》用革命現實主義與革命浪漫主義相結合的創作方法，源於生活、高於生活，對社會主義草原人民的革命和建設生活進行了藝術概括，集中塑造了特木耳、斯琴兩個無產階級少年英雄形象，有力地揭示出：我們偉大社會主義祖國的一代新人，正在毛澤東思想陽光雨露的哺育下，在三大革命運動中，朝氣蓬勃地茁壯成長。

革命現代舞劇《草原兒女》的創作，為我們對廣大少年兒童進行馬克思主義的教育，提供了一個生動的教材；為革命的少年兒童文藝的發展，樹立了樣板。《草原兒女》徹底摒棄了地主資產階級的「人性」論的變種——所謂「童心」論的惡劣影響，堅持以馬克思主義關於階級和階級鬥爭的觀點為指導，觀察概括反映生活，成功地解決了少年兒童文藝中時代特點和兒童特點的關係問題，既有力地批判了那種借突出少年兒童特點之名、行反對無產階級政治之實的形形色色的反動謬論，又克服了那種不要少年兒童特點、削弱革命文藝的戰鬥作用的「成人化」偏向。全劇根據塑造英雄人物、表現主題思想的需要，充分考慮少年兒童的年齡特徵和理解能力，從內容的安排（如小兄妹學當解放軍）到舞蹈的設計（如富有草原生活特色而又帶有稚氣的摔跤舞），無不顯示出鮮明的時代特點、民族特點和少年兒童特點的統一，因而得到了廣大少年兒童的歡迎和喜愛，為繁榮革命的少年兒童文藝創作提供了寶貴的經驗。可以預期，在毛主席革命文藝路線的指引下，在革命樣板戲創作經驗的推動下，社會主義的少年兒童文藝園地裏，必將盛開出更加燦爛的鮮花！

李耀宗，〈無產階級少年英雄的鮮明形象——談《草原兒女》中特木耳、斯琴的舞蹈藝術〉。

本月

《解放軍文藝》第 4 期刊登余學田的文章〈努力掌握革命樣板戲創作原則，塑造好部隊指戰員英雄形象〉。

中國曲藝工作者協會副主席、《曲藝》雜誌副主編陶鈍在全國曲藝調演期間，應山東省代表隊領隊李壽山邀請，到西苑旅社看了幾個老同志，聽了幾個曲藝調演節目。于會泳等知道後，把這說成是「黑線代表人物私審調演節目」，是「文藝黑線奪權」的一起「嚴重的政治事件」。於是，陶鈍被勒令交代問題，行動受到監視；李壽山、郭文秋（山東代表隊演員）回山東後，被強行調來北京隔離審查。他們還成立了「陶鈍事件調查組」，派人和發信到全國各地去調查與陶鈍有聯繫的人和事，聲言要在全國文藝界「抓陶鈍這一類人」，打一個全國性的「戰役」。

5月1日

北京京劇團《杜鵑山》劇組在上海市北京影劇院（原美琪影劇院）公演《杜鵑山》。主要演員楊春霞、馬永安等。

5月13日

《人民日報》（第 3 版）專欄：洪毅達，〈根深葉茂　精益求精——談革命現代舞劇《沂蒙頌》的舞蹈藝術〉。北京市玉淵潭公社貧下中農文藝評論組，〈軍民團結永向前〉。

5月15日

新華社1975年5月15日訊：為紀念毛主席〈在延安文藝座談會上的講話〉發表三十三週年，文化部從今年舉行的文藝調演中選調出一批文藝節目，從5月15日開始為首都工農兵演出。這批文藝節目中，有不少是地方戲曲和民族戲劇學習移植的革命樣板戲。其中有新疆維吾爾歌劇移植的《紅燈記》，湖北漢劇移植的《紅色娘子軍》，廣東粵劇移植的《杜鵑山》，河南豫劇、曲劇以及陝西秦腔、郿鄠、碗碗腔移植的革命樣板戲摺子戲。參加這次演出的，還有吉林、四川、河南、雲南、湖北、甘肅、廣東、陝西、黑龍江等省的京劇、話劇、白劇、漢劇和歌舞節目。從北京、上海、天津、四川、江蘇、山東、陝西、內蒙古、吉林、湖北、河南、湖南等省、市、區選調的一些曲藝節目，也將參加演出[7]。

5月18日

《人民日報》（第3版）發表中央民族學院藝術系朝華的文章〈時代精神和民族風格——談《草原兒女》的音樂創作〉，該文認為：革命現代舞劇《草原兒女》的音樂，具有強烈的社會主義時代精神和鮮明的民族風格。作者們遵照毛主席關於「加強正面人物的音樂形象」的教導，在人物主調音樂的創作上，在音樂形象的貫串和發展上，伴唱的運用以及民族樂器和色彩性樂器的安排上，都為突出地表現英雄人物服務，成功地塑造了草原小英雄的音樂形象。

同日，北京市西四北小學紅小兵文藝評論組，〈紅領巾鼓舞我們前進〉（《人民日報》）。

5月20日

《人民日報》（第3版）〈部分地方劇團採取革命化措施大力普及革命樣板戲〉報導：全國不少地方劇團發揚艱苦奮鬥的作風，堅持上山下鄉演出，大力普

[7] 〈紀念毛主席〈在延安文藝座談會上的講話〉發表三十三週年文化部選調一批文藝節目為首都工農兵演出〉，北京：《人民日報》（第1版），1975年5月16日。

及革命樣板戲。他們根據農村流動演出和社隊分散的特點，在隊伍的組織形式和演出的舞臺裝置等方面積極進行改革，做到輕裝簡騎，努力為工農兵服務。他們的這些革命化措施，對於用革命文藝占領農村思想文化陣地，鞏固無產階級專政，做出了貢獻。近幾年來，湖北、山東、河北、河南等省的不少縣劇團，常年累月地活躍在基層。他們立足本縣，面向農村，積極為社員群眾演出，取得了很大成績。

5月21日

新華社 1975 年 5 月 21 日訊：為紀念毛主席〈在延安文藝座談會上的講話〉發表三十三週年，文化部將從 5 月 23 日起，在全國城鄉舉辦革命樣板戲影片匯映。參加這次匯映的有十四部革命樣板戲彩色影片，它們是革命現代京劇《智取威虎山》、《紅燈記》、《沙家濱》、《海港》、《龍江頌》、《紅色娘子軍》、《奇襲白虎團》、《平原作戰》、《杜鵑山》，革命現代舞劇《紅色娘子軍》、《白毛女》，革命交響音樂《沙家濱》、鋼琴協奏曲《黃河》、鋼琴伴唱《紅燈記》。這些影片重新增印了拷貝，匯映期間除在全國城市放映外，還專門組織放映隊，深入農村、工礦，為工農兵群眾放映。5 月 23 日起還將為工農兵放映一些新影片，其中有最近攝製成功的革命現代舞劇彩色影片《草原兒女》、《沂蒙頌》，彩色故事片《激戰無名川》，彩色美術片《渡口》，以及一批彩色紀錄片和科教片[8]。

新華社 1975 年 5 月 21 日訊：革命樣板戲劇組的文藝戰士，在紀念毛主席〈在延安文藝座談會上的講話〉發表三十三週年的日子裏，深入工廠、農村、部隊，為工農兵群眾演出革命樣板戲全劇和摺子戲等劇目。

這次演出，以革命樣板戲全劇為主，以深入廠礦、社隊為主。革命現代京劇《沙家濱》、《海港》、《紅色娘子軍》、《奇襲白虎團》、《平原作戰》、《杜鵑山》、《磐石灣》，革命現代舞劇《紅色娘子軍》、《白毛女》，革命交響音樂《沙家濱》、《智取威虎山》，鋼琴協奏曲《黃河》以及試驗演出的革命現代

[8] 〈紀念毛主席〈在延安文藝座談會上的講話〉發表三十三週年　堅持文藝為工農兵服務的正確方向〉，北京：《人民日報》（第 1 版），1975 年 5 月 22 日。

京劇《紅雲崗》、《審椅子》、《戰海浪》、《津江渡》等，都將和工農兵觀眾見面。許多劇組在演出期間將進行參觀訪問，和工農兵群眾一起學習無產階級專政的理論，並參加集體生產勞動。

5月22日

新華社〈在京各革命樣板戲劇組部分文藝工作者座談學習體會〉（第1版）報導：新華社1975年5月22日訊，在當前全國人民深入學習無產階級專政理論的熱潮中，廣大文藝工作者重溫毛主席的光輝著作〈在延安文藝座談會上的講話〉，聯繫文藝戰線兩個階級、兩條路線鬥爭的歷史和現狀，認真學習毛主席關於理論問題的重要指示，進一步加深了在文藝領域對資產階級實行全面專政重大意義的認識。最近，在京各革命樣板戲劇組的部分文藝工作者座談了學習體會，一致表示要用無產階級專政的理論武裝頭腦，沿著〈講話〉所指引的方向繼續前進，為推動文藝革命的進一步發展，發揮革命文藝在鞏固無產階級專政中的作用，做出更大貢獻。中國舞劇團王國華、中國舞劇團薛菁華、北京京劇團洪雪飛、北京京劇團耿其昌、中國京劇團張曼玲、中國京劇團李金泉、上海京劇團李炳淑、上海市舞蹈學校《白毛女》劇組周慧芬、中央樂團胡松華紛紛發表了看法[9]。

同日，《人民日報》（第4版）專欄發表革命現代舞劇《沂蒙頌》、《草原兒女》彩色電影劇照。

新華社1975年5月22日訊：在當前全國人民深入學習無產階級專政理論的熱潮中，廣大文藝工作者重溫毛主席的光輝著作〈在延安文藝座談會上的講話〉，聯繫文藝戰線兩個階級、兩條路線鬥爭的歷史和現狀，認真學習毛主席關於理論問題的重要指示，進一步加深了在文藝領域對資產階級實行全面專政重大意義的認識。最近，在京各革命樣板戲劇組的部分文藝工作者座談了學習體會，認真學習無產階級專政理論，堅決將文藝革命進行到底。發言的人分別是中國舞劇團王國華、中國舞劇團薛菁華、北京京劇團洪雪飛、北京京劇團耿其昌、中國京劇團

[9] 新華社〈在京各革命樣板戲劇組部分文藝工作者座談學習體會〉，北京：《人民日報》（第1版），1975年5月23日。

張曼玲、上海京劇團李炳淑上海市舞蹈學校《白毛女》劇組周慧芬、中央樂團胡松華[10]。

同日，《人民日報》（第1版）〈普及革命樣板戲電影〉報導：據新華社武漢電　無產階級文化大革命中，湖北省黃陂縣二十二個公社都建立了電影放映隊，放映點增加到五百多個。電影放映隊的普遍建立，使革命樣板戲電影普及到了偏僻山村，受到貧下中農的熱烈歡迎。這個縣長堰公社電影放映隊的放映員在實踐中認識到，作為一個放映員，不能只滿足於放映好電影，而應當通過革命電影，幫助基層黨組織進一步用社會主義占領農村思想文化陣地。1973年，他們在公社黨委的支持下，首先在上游大隊試驗開展了「看電影，學英雄」的活動。這個大隊用樣板戲電影中無產階級英雄人物的共產主義精神教育群眾。同時，在群眾中開展了學唱革命樣板戲的活動。社員們以英雄人物為榜樣，在農村三大革命運動中發揮了積極作用。電影隊將這個大隊學英雄、見行動的模範人物的事蹟，通過辦牆報、出專刊、放幻燈等形式進行了宣傳，使全大隊新人新事不斷出現。

5月23日

5月23日至7月10日，文化部舉辦的「全國革命樣板戲影片匯映」在上海舉行。各影劇院放映樣板戲《智取威虎山》、《海港》等十四部彩色影片。

5月29日

《人民日報》發表新疆維吾爾自治區歌劇團學習移植革命樣板戲《紅燈記》劇組的文章〈天山南北紅燈閃耀——用維吾爾族語言、音樂移植革命現代京劇《紅燈記》的幾點體會〉：

> 維吾爾歌劇《紅燈記》，是在革命樣板戲的思想和藝術成就的基礎上，批判地繼承了維吾爾族傳統音樂「十二木卡姆」大曲，加以創造和發展，

[10] 〈認真學習革命理論　重溫毛主席〈在延安文藝座談會上的講話〉〉，北京：《人民日報》（第1版），1975年5月23日。

進行移植，並用維吾爾語演唱的。維吾爾歌劇《紅燈記》的移植成功，是我區貫徹執行毛主席的革命文藝路線的產物，是無產階級文化大革命推動下我區文藝革命的成果。走京劇革命道路　創民族歌劇之新。我們在這方面的做法是：首先，我們在努力掌握《紅燈記》的主題思想、時代背景、人物性格的基礎上，採取領導、創作人員與群眾相結合的辦法，經過共同商量、反覆研究，從「十二木卡姆」中選取音樂素材，作為各個英雄人物的音樂基調。我們從〈木夏烏熱克木卡姆〉裏選出剛健、沉毅的樂句，作為塑造李玉和音樂形象的主要素材，從〈且比亞特木卡姆〉裏選出樸實、有力的樂句，作為塑造李奶奶音樂形象的主要素材，從〈拉克木卡姆〉和〈且比亞特木卡姆〉裏選出熱情、明快的樂句，作為塑造李鐵梅音樂形象的主要素材。實踐證明，英雄人物有了音樂基調，並使之反覆出現和貫串發展，有利於克服各個唱段音樂雜亂、支離破碎的現象，做到人物唱腔以及全劇音樂的系統性、完整性。我們體會到，在為人物的音樂基調選取素材時，要力求選取每個木卡姆中最有代表性的樂句，也就是說，被選的樂句在調式、調性和旋法進行上要有這個木卡姆的鮮明特徵。但是，絕不能拿來就用。因為即使是「十二木卡姆」的精華部分，也只是表達了當時當地勞動人民的思想感情，與無產階級英雄人物崇高的精神境界還有很大的差距，所以必須根據塑造英雄人物音樂形象的需要對音樂素材加以改革、創新。在改革音樂素材時，一方面要使其力求符合英雄人物的性格特徵，另一方面也要照顧到所選樂句的原有特徵，不要改得面目全非。在人物音樂基調的貫串使用過程中，既要注意到基調的相對穩定性，又要根據揭示英雄人物特定環境中的思想感情的需要加以發展，使其既有貫串，又有變化。

其次，人物音樂基調確定以後，我們以基調為基礎，去努力設計能準確、鮮明、生動地表現英雄人物思想感情的唱腔，重點突破李玉和的核心唱段。

在以基調為基礎設計唱腔的過程中，我們還注意了如下幾點：一是盡可能地運用木卡姆原有的發展手法和表現手法，像變節奏手法，同主音調式轉換手法等等，但要注意不要受原有手法的束縛。比如，5／8，7／8

等複合節奏是木卡姆音樂中富有特色的節奏，敘事性很強。我們在設計〈雄心壯志沖雲天〉唱段中「賊鳩山，要密件」一段和第五場李玉和〈在粥棚〉唱段的音樂時，就改變了李玉和基調的2／4節奏，使之分別在7／8和5／8節奏上發展變化，做到了唱腔音樂既情緒對頭，又富有特色。二是適當選用本地區民歌素材來豐富唱腔。為了增強音樂表現力，我們有時適當選用一些同本段唱腔音樂特徵比較接近的民歌素材，並寫一些過門使其自然過渡。在設計「但等那風雨過，百花吐豔，新中國如朝陽光照人間」這幾句的音樂時，我們選用了伊犁民歌中優美、婉轉的旋律，加以創新，設計出抒情、明朗的慢板，以抒發李玉和的遠大革命理想。在設計李鐵梅〈都有一顆紅亮的心〉的唱腔時，我們在鐵梅的音樂主調中揉進了歡快的維吾爾民歌的音調，突出她熱情活潑的性格，嚮往革命的思想。三是吸收了京劇的一些手法，像高腔起板、緊拉慢唱、大段拖腔、快速垛板、強烈對比等等。但要注意努力做到化入其中、為我所用。在設計李玉和怒斥叛徒王連舉的唱段時，由於原來木卡姆中這種激昂有力、節奏緊湊曲調較少，我們曾機械地模仿京劇的節奏和旋律，結果這個唱腔和全劇的民族音樂風格不協調，演員唱不習慣，觀眾也聽不清詞。後來我們仍以李玉和主調為基礎，吸收了京劇的表現手法，設計了新的唱腔。這樣既表現了李玉和的革命正氣，又不失民族音樂的特色。四是大膽運用了歌劇藝術特有的表現手法。我們在〈刑場鬥爭〉等重點場次中，多次運用合唱和伴唱這些歌劇中常用的藝術手段，起到了烘托氣氛和刻劃人物崇高的內心世界的作用。例如在李玉和唱：「我邁步出監」時，「出監」二字上加了合唱，以烘托出李玉和昂首闊步，大義凜然的氣勢。「百花吐豔」一段，運用了女聲伴唱，抒發了李玉和的革命理想。「革命者頂天立地勇往直前」一句，以合唱手法進行反覆，形成唱段高潮，突出了李玉和一往無前的英雄氣概。五是全力以赴設計好李玉和的核心唱段。革命樣板戲的經驗證明，音樂設計要突出重點，要設計好英雄人物有層次的成套唱腔。我們在《紅燈記》的第八場，學習京劇中板腔音樂的手法，運用了上面所說的其他各種藝術手段，為李玉和設計了有層次、有變化的成套唱腔〈雄心壯志沖雲天〉，表現了李玉和的革命英雄主義和革命樂觀主義精神。我們還保留了革命現代京劇《紅燈記》中的〈國際歌〉、〈東方紅〉、〈大刀進行曲〉等主題樂句，將它溶合貫串於全劇之中，以體現《紅燈記》原作的時代背景和革命主題，展現無產階級英雄人物對黨對毛主席的熱愛，以及對革命事業的忠誠。再次，我們充分發揮了民族樂器的作用。在樂隊組建上，我們以維吾爾族最有代表性的艾介克、熱瓦甫為主奏樂器，適當運用了嗩吶、笛子、沙它爾、卡龍、洋琴、彈撥爾等民族樂器，同時還吸收了管弦樂器，組成了民族特點比較鮮明的混合樂隊。

維吾爾族的打擊樂，如手鼓、鐵鼓、石片比較善於表達歡樂的情緒，但是在烘托劇情、表現人物上還有較大的侷限性。因此在移植過程中，我們把四擊頭以上的打擊樂部分，都改為由樂隊奏戲劇性的過門。人物出場的打擊樂以及唱腔中的大段打擊樂，就參照木卡姆間奏曲的格式，用人物主調變化發展寫成樂曲過門。像〈雄心壯志沖雲天〉唱段中兩大段打擊樂，都由混合樂隊奏出根據李玉和主調改編的激烈的樂曲過門，以烘托李玉和的威武不屈的氣概。武打中的打擊樂，如第十場的「開打」就運用舞劇音樂的手法，以〈大刀進行曲〉貫串始終。這樣就接近革命樣板戲中打擊樂的氣氛，又與整個歌劇音樂比較協調，富有民族的特色。

我們在移植的音樂創作過程中，批判了「全盤繼承」論和民族虛無主義，克服了兩種錯誤傾向，一種是脫離塑造無產階級英雄音樂形象的需要，單純追求所謂的民族風格，一種是離開了本民族、本劇種的音樂特點，片面地仿京照搬，努力做到了全劇音樂既富有民族特點，又與原樣板戲音樂的「尺寸」（即音樂布局、音樂情緒發展等方面）相吻合，較好地體現了樣板戲的革命精神[11]。

同日，《人民日報》（第 2 版）發表新疆歌劇團學習移植革命樣板戲《紅燈記》劇組音樂創作組則克力、赫牙斯丁、斯坎德爾、玉山江、周吉、努爾買買提的文章，〈親密無間　團結戰鬥〉：

[11] 新疆維吾爾自治區歌劇團學習移植革命樣板戲《紅燈記》劇組，〈天山南北紅燈閃耀——用維吾爾族語言、音樂移植革命現代京劇《紅燈記》的幾點體會〉，北京：《人民日報》，1975 年 5 月 29 日。

在紀念光輝的〈在延安文藝座談會上的講話〉發表三十三週年的日子裏，我們新疆歌劇團學習移植革命樣板戲《紅燈記》音樂創作組的各族新、老音樂工作者，回顧黨和毛主席對我們的關懷和培養，回顧移植工作三年多來團結戰鬥的崢嶸歲月，心情無比激動。維吾爾歌劇《紅燈記》的音樂創作，是在毛主席的革命文藝路線指引下，領導、群眾與音樂創作人員三結合的成果，也是各民族新老音樂工作者團結戰鬥的成果。

6月3日

《人民日報》（第3版）發表江天的文章〈讚「扁擔劇團」的革命精神〉，該文認為：近幾年來，在毛主席革命文藝路線的指引下，不少地區的縣劇團，在上山下鄉，為貧下中農演出的過程中，做出了出色的成績。他們挑起扁擔，背起背簍，推起板車，自己攜帶布景、服裝、燈具、道具和行李，走村串鄉，深入社隊，把學習移植的革命「樣板戲」和其他革命文藝節目，一直送到貧下中農的家門口。廣大社員親切地把他們稱為「扁擔劇團」、「背簍劇團」、「板車劇團」、「俺貧下中農的莊戶劇團」。

《文藝輕騎上山來》：在草原牧場，在海島漁村，在路隘林深的山區，在雲籠霧罩的哨所……在祖國遼闊的大地，活躍著千百支革命文藝隊伍。他們之中，有不少是縣以上的專業文藝團體。廣大革命文藝工作者繼承和發揚革命戰爭年代的那麼一股勁，那麼一股革命熱情，那麼一種拚命精神，跋山涉水，送戲上門，在為無產階級政治服務、為工農兵服務方面取得了可喜的成績。

《小小農船送戲忙》：兩條農船，滿載著琴音歌聲，穿行在河湖港汊，活躍在江南水鄉。這就是江蘇省吳江縣錫劇團的演出小分隊。吳江縣錫劇團是個六十多人的戲曲劇團，為了更好地送戲下鄉，他們把劇團化整為零，分成兩個小分隊同時下鄉。

《勤儉辦團好處多》：河南省鄢陵縣文工團是個深受貧下中農歡迎的「板車劇團」。幾年來，他們艱苦奮鬥，勤儉辦團，自製了樂器、服裝、道具等四百餘件；創製、改進流動舞臺和活動景框共投工二千四百多個，共為國家節約一萬多元。這不僅為送戲下鄉創造了物質條件，而且培養了他們艱苦奮鬥的優良作風。「思想革命化　送戲勁更大」，幾年來，湖北省光化縣豫劇團，每年都用大半時間上山下鄉。演員們揹行裝、扛道具、拉板車，翻山越嶺，跨溝涉河，千方百計把革命文藝送到貧下中農的家門口。他們為貧下中農演出，不論春夏秋冬，不顧風霜雨雪，足跡踏遍了全縣的每一個社隊，被廣大貧下中農親切地稱為自己的「貼心劇團」。

6月9日

《人民日報》發表文章〈文藝必須成為黨的事業的一部分〉。

同日，聞軍，〈共性與個性的辯證統一——學習革命樣板戲塑造無產階級英雄典型的經驗〉(《北京大學學報》1975年第3期）等。

6月14日

武漢漢劇院，〈為鞏固無產階級專政搞好漢劇革命——漢劇移植《紅色娘子軍》的體會〉,《光明日報》。

> 只有堅持走京劇革命的道路，正確處理好時代精神與劇種特色辯證統一的關係，塑造好無產階級的英雄形象，才能使地方劇種獲得新生。
>
> 一、深入調查，認真分析。
>
> > 雖然部是皮黄劇種，唱腔音樂同居板腔體制，因而有某些相似之處，但漢劇卻有它特有的旋法、潤腔方法以及根據相似之處，但漢劇卻有它特有的旋法、潤腔方法以及各地方語言行腔報字等特點。漢劇的音樂革命，必須訓這幾個重要環節。此外，我們還根據京劇和漢劇在演唱同一唱段時，漢劇比京劇低一個調，但演員唱得費勁、聽起來卻較低沉的情況，對武漢話的四聲做了一些初步調查研究，弄清了地方語言與地方戲唱腔的形成有著密切的關係，並初步掌握了它的基本規律：陰平高、田乎伯上聲居中、去聲不規律的上翹。因此，唱詞中陰平與去聲字一多，高音高腔就容易增多，而調門卻比京劇低，叫音的作用受到限制。這樣一來，自然形成該高的地方高不上去，該低的

地方低不下來，在一定程度上有損英雄人物的音樂形象。認識了這一規律，在移植《紅色娘子軍》中，我們就把男聲升到與京劇相同高的調門，以解決中音的不足，並採取降音區與移位的方法，適當減少高音使唱腔高低起伏、跌宕多變，能較恰當地抒發英雄人物的感情。

二、立足革命，保持特色。像漢劇這樣歷史悠久的劇種，在音樂革命中如何既塑造工農兵的英雄形象、反映革命的政治內容，又有本劇種的特色與風格，做到時代精神與劇種特色的統一。我們對傳統唱腔的具體取捨標準是：凡較能準確地表達特定的環境、特定的人物、特定的性格，為群眾所喜聞樂見的典型的漢劇腔體儘量選用，避免與京劇雷同。對於經過選擇的、可以用來為表現新的內容服務的板式、調性和腔體，也絕不是機械地照搬和套用，而必須打破舊的程式、流派、行當的束縛，進行改造。

三、突出重點，全面布局。在音樂設計中，要有完整的藝術構思。要抓住有關全局的重要關節，要抓重點。這不僅指全劇的音樂布局，即使主要英雄人物所有唱段的安排，甚至一段重要唱腔，也應這樣。要用本劇種特有的音樂語言，突出英雄人物的主要性格特徵；又能有層次、多側面地豐富英雄人物的音樂形象。

6月20日

鏡明，〈力求時代精神與粵劇特色的統一——粵劇《杜鵑山》唱腔音樂學習札記〉：

首先，認真學習革命樣板戲的創作經驗，為英雄人物選擇好唱腔基調。革命現代京劇《杜鵑山》，為了塑造英雄人物鮮明的音樂形象，根據柯湘、雷剛等英雄人物不同的性格特徵，選擇了幾種不同類型的常用曲牌，作為他們的唱腔基調，使其性格化音調具有鮮明的特徵，為塑造英雄人物完整豐滿的音樂形象打下基礎。

第二，認真學習革命樣板戲的創作經驗，對核心唱段搞好節奏處理。革命現代京劇《杜鵑山》中柯湘的核心唱段〈亂雲飛〉，依照各句唱詞內容和表演動作的需要，節奏的緩慢舒展或濃縮緊湊，安排得體，對比鮮明，層次脈絡嚴謹，邏輯性強，具有舞臺節奏的統一性、舞臺動作的規範性等藝術風格特點。但粵劇原有的板腔由於受其舊內容的侷限，一般都是徐緩拖沓、平鋪直敘，導致節奏雷同的多，變化比較少。省青年實驗粵劇團在設計這個唱段時，以原劇的節奏為基礎，結合粵劇運腔規律和廣州方言字韻的特殊性，對粵劇唱腔的節奏做了大膽的改革。

第三，認真學習革命樣板戲的創作經驗，把人物主調和特性音調貫串全劇。主調和特性音調，是革命樣板戲貫徹「洋為中用」的方針，吸收外來創作手法的一種藝術表現手段。它把特定的性格音調貫串全劇，以個別反映一般，達到共性與個性的統一。把這種表現手段運用到粵劇唱腔音樂的創作中來，有利於增強時代精神和突出英雄人物的音樂形象。

6月23日

《人民日報》（第3版）發表曉牧的文章〈銀幕生輝 英雄增彩——評革命現代舞劇彩色影片《沂蒙頌》〉，該文認為：革命現代舞劇彩色影片《沂蒙頌》，在還原舞臺的基礎上，發揮電影手段的特長，精心刻劃英雄人物的精神面貌，強化渲染矛盾衝突，一些重場戲和重點舞段鏡頭運用得靈活而富有特色，成功地塑造了英嫂的銀幕藝術形象。

7月2日

中央：

周揚一案，似可從寬處理，分配工作，有病的養起來並治病。久關不是辦法。請討論酌處。

附林默涵來信。

毛澤東

1975年7月2日[12]

[12] 毛澤東，《建國以來毛澤東文稿》第13卷（北京：中央文獻出版社，1998），頁441。

7月8日

《人民日報》發表解放軍某部戰士李劍的文章〈為鞏固無產階級專政抓好階級教育——學習革命樣板戲札記〉。

7月11日

《人民日報》（第3版）發表北京第三通用機械廠武纓，文化部文學藝術研究所伍雁、尹岩的文章，〈精心再創造　英雄更光輝——評革命現代舞劇彩色影片《草原兒女》〉。

7月14日

新華社堪培拉1975年7月14日電：中國革命現代舞劇彩色影片《白毛女》7月13日在澳大利亞1975年第十屆布里斯班電影節上映。中國是第一次參加澳大利亞的電影節。《白毛女》的放映受到澳大利亞電影工作者和觀眾的歡迎。這部影片是由布里斯班電影演出公司主持放映的。放映之前，該公司經理萊恩・休雷奇特向觀眾做了介紹。休雷奇特說：放映中國電影將會加強澳大利亞人民和中國人民之間的相互瞭解。澳中協會昆士蘭州分會主席巫貴林和副主席威廉・莫羅出席觀看了影片。第十屆布里斯班電影節是在昆士蘭州的布里斯班舉行的。從7月7日至13日共放映了來自十七個國家的六十三部影片[13]。

同日，知青文藝宣傳隊在水利工地上演出《白毛女》。

7月14日

毛澤東關於文藝工作的談話：

> 黨的文藝政策應該調整一下，一年、兩年、三年，逐步逐步擴大文藝節目。缺少詩歌，缺少小說，缺少散文，缺少文藝評論。對於作家，要懲

[13] 〈我影片《白毛女》在澳大利亞上映〉，北京：《人民日報》（第6版），1975年7月17日。

前毖後、治病救人，如果不是暗藏的有嚴重反革命行為的反革命份子，就要幫助。魯迅那時被攻擊，有胡適、創造社、太陽社、新月社、國民黨。魯迅在的話，不會贊成把周揚這些人長期關起來，脫離群眾。已經有了《紅樓夢》、《水滸》，發行了。不能急，一兩年之內逐步活躍起來，三年、四年、五年也好嘛。我們怕什麼？1957 年右派猖狂進攻，我們把他們罵我們的話登在報上，最後還是被我們打退了。以前的《萬水千山》沒有二、四方面軍，這不好。現在聽說改好了。文藝問題是思想問題，但是不能急，人民不看到材料，就無法評論。〈反杜林論〉，柏林大學撤了杜林的職，恩格斯不高興了，爭論是爭論嘛，為什麼撤職？杜林這個人活了八十多歲，名譽不好。處分人要注意，動不動就要撤職，動不動就要關起來，表現是神經衰弱症。林彪不跑，我們也不會殺他，批是要批的。蔣介石的時候，報紙、廣播、學校、電影都是他們的，他們矇蔽人民。我們都是從那兒來的。我學孔夫子、資本家十三年，就是不知道馬列，「十月革命」後才學馬列，過去不知道。反動派沒有多少威力，靠剝削過生活，他的兵都是靠抓壯丁，所以我們不怕他們。怕死的是林彪，叫他打錦州，他不打，最後兩天他去了，俘擄十萬人，又消滅了廖耀湘，長春、瀋陽解放。釋放俘擄放得好，國民黨怕得很。[14]

7月18日

《人民日報》發表奚源的文章〈時代精神和劇種特色——談地方戲曲移植革命樣板戲中的唱腔改革問題〉：

地方戲曲移植革命樣板戲的一個重要問題，是音樂唱腔的改革問題。如何學習、運用革命樣板戲的創作原則，努力做到時代精神與劇種特色的完美統一，加強音樂唱腔的表現力，塑造好無產階級英雄人物的音樂形象，這是地方戲曲音樂改革的關鍵。正確理解和處理時代精神與劇種特色的關係。地方戲曲移植革命樣板戲，主要是以本劇種特有的音樂唱腔，塑

[14] 毛澤東，《建國以來毛澤東文稿》第 13 卷（北京：中央文獻出版社，1998 年），頁 446-447。

造好革命樣板戲中英雄人物的音樂形象。因此，必須發揮本劇種音樂的長處，把最具特色、最有表現力的音樂唱腔，集中用在主要英雄人物的塑造上。這樣，才能充分展示英雄人物的思想感情和性格氣質，體現革命樣板戲所表現的主題思想。我們從今年舉行的前兩批文藝調演中看到，不少劇種在這方面做出了可貴的努力。

保持劇種特色，發揮本劇種音樂唱腔藝術的表現力

劇種特色，主要是由本劇種特有的音樂唱腔形成的。要保持本劇種在音樂唱腔上的特色，充分發揮其藝術的表現力，就必須運用馬克思主義理論去認真調查研究本劇種的特色是由哪些因素決定的，它在歷史上是如何發展變化的，以便從中找出一些規律性的東西。這樣，我們在改革音樂唱腔的時候，就可以心中有數，減少盲目性。幾年來，許多戲曲音樂工作者，已經開始認識到這個問題的重要性。

在對本劇種的音樂唱腔進行改革的過程中，要克服某些形而上學觀點的影響。如西北地區的一些劇種，都有「歡音」與「苦音」之分。它們的產生與發展固然與其所表達的思想感情有關，但它作為兩種不同的音階、調式體系和兩種不同類型的唱腔形式，卻完全可以根據表達革命內容的需要加以利用和改造，發揮其各自的特長，而不應簡單地把「苦音」類唱腔只用於表現悲憤，表達其他感情則用「歡音」而不敢用「苦音」。今年參加調演的秦腔《紅燈記》的某些唱段，在利用和改革「苦音」方面做了有益的嘗試，如李鐵梅的一些唱段和李玉和的某些唱段，都取得了較好的效果。這個例子告訴我們：地方戲曲在移植革命樣板戲中，對本劇種的一些藝術手段的處理一定要慎重，不能輕易地把某些藝術手段的表現力，限制在一個狹小的範圍內，特別是對有特色的東西，要善於利用，勇於出新。我們要在黨的「推陳出新」方針的指引下，調動本劇種一切可能利用的藝術手段，通過革新和改造，為塑造無產階級英雄人物服務。

為了更好地塑造無產階級英雄人物的音樂形象，地方戲曲移植革命樣板戲，要學習和吸收本劇種以外的一些因素，特別是學習革命樣板戲在塑

造英雄人物的音樂形象時的一些重要手段，如特性音調的貫串發展；有層次的成套唱腔的結構方法；大拖腔的運用，以及一些具體的板式結構等。這對增強地方劇種的音樂表現力是很有意義的。但在學習這些經驗和運用這些方法時，一定要避免簡單模仿京劇的做法，避免在曲調進行的高低和節奏、節拍上的模擬，要努力使這些吸收的因素溶於自己劇種的風格中去。在這方面，維吾爾歌劇《紅燈記》的音樂創作就做得很好。他們在移植過程中，也吸收了一些京劇的表現手法，如高腔起板、緊拉慢唱、大段拖腔、快速垛板和散板等，但他們把這些手法都有機地融化到「十二木卡姆」的音樂風格中去了，沒有生硬模仿的痕跡。有些劇種在吸收這些表現手法時，還有不夠自然的現象。這是應該注意繼續解決的。

努力攻克男聲唱腔關

在地方戲曲移植革命樣板戲的工作中，男聲唱腔的改革仍然是薄弱的一環，它直接影響了工農兵英雄人物的塑造。因此，男聲唱腔的改革，是當前必須認真解決的一個重要問題。

由於種種歷史原因，在梆子系統和一些歷史較短的地方戲中，都存在著男聲唱腔較弱的問題。有的劇種（如越劇）過去根本沒有男演員，當然就不可能有適合男聲音區的男腔；有的劇種（如平劇）傳統的男腔基本上只有個小生二六板，板式缺少變化，旋律較單調，表現力差；還有的劇種（如秦腔、晉劇、梆子等）過去是男女同腔同調，致使男演員聲音嘶啞，或不得不用假聲，在唱腔上與女腔無大區別，未形成獨立的男腔體系。男腔必須改革，在移植革命樣板戲的過程中，這個問題尖銳地提到日程上來了。

移植革命樣板戲以來，不少劇種都普遍重視了男腔的改革，採取了種種措施，取得了一些顯著的效果。如參加今年調演的豫劇《紅燈記》中李玉和的唱腔和演員的演唱，獲得了觀眾的好評。北京市河北梆子劇團移植演出的《杜鵑山》，對男腔的創新也下了很大功夫。如為雷剛設計的唱腔，廣泛吸收了本劇種的老生腔，又保留了花臉腔的一些特點，增強了表現力；在解決男聲音區方面，有的唱段採取了「同調不同腔」的辦法，也取得了較好的效果。總之，許多劇種在改革男腔時，大膽進行嘗試，如用降低調門、「同調異腔」的辦法來解決男聲音區問題；用吸收本劇種其他行當的唱腔和板式、引進新板式、增加大拖腔、改革唱法等，來豐富和增強男腔的表現力。這些都為解決男聲唱腔問題，提供了有益的經驗。但在採取這些做法時，也遇到一些新問題。如降調後和女腔接唱時連接得不自然；在同調中重新設計唱腔和引進新板式則可能離開劇種風格較遠等。目前，從總的方面看，男聲唱腔在一些地方戲曲中尚未得到根本的解決，主要問題仍是改革中發揚劇種特色不夠，有的不適應男聲音區，也有男演員的聲音訓練和演唱方法的問題，唱腔旋律沒有什麼特點，表現力較差等等。為了塑造好無產階級英雄人物的音樂形象，在男腔的改革上我們要知難而進，勇於實踐，大膽創新，不斷總結經驗，努力攻克男聲唱腔這一關，逐步建立起一套具有本劇種特色的、有利於更好地表現時代精神的男聲唱腔體系來[15]。

同日，《人民日報》發表〈革命樣板戲放新彩——地方戲曲學習移植革命樣板戲介紹〉(第 3 版)。具體介紹的圖片有：新疆歌劇團演出維吾爾歌劇《紅燈記》；廣東省青年實驗粵劇團演出粵劇《杜鵑山》；陝西省戲曲劇院演出秦腔《紅燈記》選場《痛說革命家史》；陝西省戲曲劇院演出碗碗腔《紅色娘子軍》選場《常青指路》；湖北省代表團漢劇隊演出漢劇《紅色娘子軍》；河南省代表團豫劇、曲劇演出隊演出豫劇《紅燈記》選場《刑場鬥爭》。

7月23日

中國舞劇團到黑龍江省阿城縣玉泉公社露天演出革命樣板戲芭蕾舞劇《白毛女》，公社組織來的觀眾滿山遍野，人數達到五萬人之多。《黑龍江日報》記者李振盛跑到舞臺中間搶拍到了一張喜兒和大春重逢的劇照。

[15] 奚源，〈時代精神和劇種特色——談地方戲曲移植革命樣板戲中的唱腔改革問題〉，北京：《人民日報》，1975 年 7 月 18 日。

7月25日

毛澤東對電影《創業》作者反映「四人幫」給電影《創業》安了十大罪名的來信寫了批語：「此片無大錯，建議通過發行。不要求全責備，而且罪名有十條之多，太過分了，不利調整黨的文藝政策。」經中央政治局批准，反映紅軍長征的話劇《萬水千山》和組歌《紅軍不怕遠征難》重新上演。

本月

毛澤東對「四人幫」文藝政策的批評：

> 樣板戲太少，而且稍微有點差錯就挨批。百花齊放都沒有了。別人不能提意見，不好。
>
> 怕寫文章，怕寫戲。沒有小說，沒有詩歌。

8月1日

《解放軍文藝》第8期發表王璽等人改編的革命現代舞劇《沂蒙頌》。

8月10日

常香玉，〈深入工農兵，改造世界觀〉，《河南日報》：

> 在毛主席革命文藝路線的指引下，我參加了豫劇移植革命樣板戲的工作，在《杜鵑山》裏扮演柯郴，在《龍匯頌》選場裏扮演盼水媽，最近又扮演《紅燈記》中的李奶奶。幾年的工作實踐，使我進一步認識到：革命樣板戲是實踐毛主席革命文藝路線的光輝成果，是無產階級在意識形態領域內對資產階級實行全面專政的強大思想武器。正是學習移植革命樣板戲，給了我真正的藝術青春，使我沿著毛主席的革命文藝路線邁出了新的步伐。

8月11日

江青談影片《簡愛》：

《簡愛》這部電影，內容是很反動的，這部小說在英國文學史的地位也不高。

但是，這部電影在製作上是嚴謹、細緻的。從改編劇本看，除了後邊簡愛出走那一段有某些多餘以外，其他都還是可以有所借鑑的，因為一部長篇小說改編為一部一小時半的電影，是比較困難的事。

導演不錯，細緻、嚴謹，給演員以充分的表演過程和作戲的機會。因此畫面上表現出人物的內心活動是不錯的，它的畫面也不亂蹦亂跳，對話比較少。

演員我不太喜歡，但是他們演這個戲，還是稱職的。

這部電影的攝影技巧，那是值得我們借鑑的重要部分。它拍的早上是早上，中午是中午，黃昏是黃昏，彩光技巧是相當高明的。例如：簡愛的到達是黃昏，畫面上沒有說，但是可以直接看出是黃昏。羅杰斯特的摔馬那一段，一看就知道是傍晚。接著就是晚上，第二天簡愛在戶外畫畫是早上，使人感到清晨的清新，顏色極為豐富，特別是綠色。又例如：瘋子傷了她的弟兄，是深夜，接著是拂曉的外景，簡愛在平臺上來回焦慮地走著等待羅杰斯特，一直到後來兩個人見面，這一場戲的攝影技巧了不起，我還沒有看過像這樣的電影，拍拂曉一看就懂，豐滿的綠層次間以暖色的小花，沉浸在朦朧的晨霧中，很好地襯托出這一場戲的內容，內容和形式是統一的，相當吸引人。選景也好，使人總是感覺到面前是個大花園，其中有座古堡。內外景配合得好，例如：簡愛坐在窗子旁邊，望著窗外，窗外在下雨，但是使觀眾能隱隱約約地看到窗外茂盛的樹木鬱鬱蒼蒼。

這一部電影我推薦給春橋同志看，暫留釣魚臺。你們四位要想這幾天看，可以到這兒來看。以上意見，只是提供你們幾位參考。如果你們這幾天能有時間看，可以打電話找十七樓的康玉和同志[16]。

[16] 1975年8月11日劉真電話向于會泳傳達了江青的上述意見。8月12日晚，于會泳去釣魚臺看片，8月13

8月15日

江青對墨西哥影片《在那些年代裏》的補充意見【于會泳傳達】

江青：關於它的毛病，我沒有向你們說充分。將來拍革命歷史片時，我們也許要借鑑它的某些部分，前次忘了和你們說。

（一）因為他們是資產階級，他的階級本性決定他們的創作思想、創作方法。它雖然寫的敵我雙方是旗鼓相當的，但是因為資產階級和封建階級都是剝削階級，因此它什麼人都美化，所以它的反面人物大大超過了正面人物。它一開場就是兇殘的敵人紅衣大主教等。拿破崙第三夫婦、馬克西米廉夫婦、紅衣大主教、教皇、米拉蒙（偽總統）、神父的私生子、大莊園、叛徒印第安人、墨西哥駐法國大使、瑞士國際投機金融資本家、殺人的三個反動軍官、拿破崙第三的私生兄弟、法國駐墨西哥公使……都刻劃得相當突出。

華瑞士一方：農民都是群氓。華瑞士突出，一個將軍比較突出，還有一個耍筆桿子的人被打死了，華瑞士這一邊一個總統去投降，人家不要，還有一個戴眼鏡的祕書最後也動搖了，副總統要奪權被槍斃了。和前者相比，弱多了。

（二）它沒有正式作戰的場面。

（三）運用演員的眼睛作戲不夠。《鴿子號》的長處之一，就是在低密度曝光的時候，好像也用了眼神光。例如：墨片中的華瑞士就沒有看到一次眼珠。

另外，這個戲的編劇最大的長處之一，是矛盾、衝突刻劃得非常尖銳、複雜。敵我雙方矛盾寫得很好，雙方內部又有各自的內部矛盾衝突。華瑞士一方：華瑞士和總統、和以後他的副總統的矛盾，他使用的舊軍官的叛變，跟他多年的祕書最後也動搖了。……

另外一方：拿破崙王朝（路易波拿巴，歐仁尼）和哈布士堡王朝（馬克西米廉、卡羅塔）的矛盾，這兩對夫婦，每對夫婦之間又是矛盾的，這

日重新整理此稿。

兩個王朝和教會、莊園主、騎士、印第安人的叛徒、瑞士國際壟斷金融資本家、拿破侖王朝首相（拿破侖第三的私生兄弟）、墨西哥駐法國的外交官他們之間的相互矛盾，法、英、西、奧、墨西哥的軍隊、軍官之間的矛盾……

總之，這個戲由於矛盾、衝突特別尖銳、複雜，所以它也就能特別吸引觀眾。

本月

中國藝術團著名鋼琴家殷承宗在上海港為工人演奏革命現代舞劇《紅色娘子軍》選曲。

9月13日

《人民日報》發表山東省小戲演出隊的文章〈改革舞臺，上山下鄉〉：

在毛主席革命文藝路線指引下，越來越多的縣劇團，肩挑車推，上山下鄉，把革命文藝送到貧下中農的家門口。我們省的安丘縣京劇團，在這方面就做得比較好。縣劇團這樣做了，省劇團怎麼辦？在學習無產階級專政理論的熱潮中，我們在省委的領導下，學習了安丘縣京劇團的經驗，搞了「流動舞臺」，努力把革命文藝送到工礦、農村和連隊去。

9月18日

江青對北影長影等單位電影創作人員的談話：

1975年9月18日下午，江青要北影、長影等單位部分創作人員觀摩《康貝爾王國》、《簡愛》等影片後，開會進行了座談。會上，江青做了以下談話：

主席說，文藝評論太少。我們要正確地對待馬克思主義文藝評論。基本好，基本壞，把握住這兩個大概念，這樣才能繁榮文藝創作。我們不要怕評論，也不要怕人家罵。對自己的作品不能光講好的一面，要通過評論瞭解缺點和不足。在文藝評論上，主席為我們做了典範。比如最近評《水滸》，批宋江。當然這不單是文藝批評問題，而是重大的政治鬥爭。主席對《創業》的批示，給了你們很大的鼓舞。我找你們來，也是鼓勵，也是幫助。對作者，只要不是國民黨的，都要幫助。國民黨投降我們的，也可以幫助。

我們不搞無衝突論的作品，不搞階級鬥爭熄滅論。像《康貝爾王國》這樣的資產階級電影，就注意寫衝突。它矛盾衝突不斷，一個高潮接著又一個高潮。主人公小康貝，有些書生氣，把他打扮成英雄，所有資產階級人物都幫助他，掩蓋了資產階級紙醉金迷的反動本質。摩根這個反面人物寫得也不錯。他是個小包工頭，寫他同大老闆有矛盾，跟工人有矛盾，就是同那個胖司機，也有矛盾。

「三突出原則」不是我提的。這一點，文化部幾位同志清楚。我只講要突出主要英雄人物；對立面也要寫好，不能寫弱了，寫弱了對主要英雄人物襯托不起來，影響塑造英雄典型。

電影創作要搞民主集中制，不搞導演中心制。一個創作班子，就像下棋，有卒子，有老帥，導演不懂這個不行。我們搞戲有這樣的經驗，既聽群眾的，也聽專家的，不同的和反對的意見都要聽。然後把好的意見留下，不好的意見排除，有些不好不壞的，可以暫時放一放。這樣最後集中了，就不是一個人說了算。經過充分民主以後，到了攝影棚，要聽導演的。

要給創作人員看參考影片。他們搞電影的，不看片子怎麼行啊！墨西哥影片《在那些年代裏》，只有二百三十五個鏡頭。有的一個鏡頭長達四分鐘、五分鐘，甚至將近六分鐘。很講究調度，構圖好。導演要搞沙盤啊！無非是通過推、拉、搖、仰、俯、升、降這些鏡頭，組成語彙，形成電影語言。電影主要是視覺藝術。我們下一步搞片子，要從這些方面努力。你們在基本功上不刻苦。要刻苦啊！

文學劇本定了，導演要排練戲，要充分做好準備工作。一切準備工作做好了，一定要排練，這樣，拍起來就快了。還有，導演要給演員做戲的過程。《在那些年代裏》的角色是舞臺演員，會做戲，和導演、攝影配合得好。演舞臺戲，演員面對觀眾，跟觀眾有交流，功夫是過硬的，不像電影演員，導演要你怎麼來就怎麼來，一哭就點眼藥水。

技術我們還沒有過關。技巧也沒過關。技巧是藝術問題。在這方面，你們不要怕失敗。我拍照片，就是實驗，不好了再拍。每次拍我都有紀錄。我看了一些雜誌，瞭解了一些情況，直到去年，才知道我那樣做叫「低密度曝光」。在創作上，我鼓勵你們敢於創新，勇於實踐，不要想一舉成名，要做墊腳石。我們的照相設備要改進。服裝不能老穿新衣服。像《鴿子號》的男主角，就穿一條破褲衩，很真實。化妝要從塑造形象出發，多給演員想些辦法，但不要把工農兵化成資產階級大小姐。《山花》再拍的時候，女演員要加柔光鏡。《南征北戰》有些鏡頭沒有加柔光鏡，欠妥。電影演員要懂角度，不懂不行。影片《鬥牛》的剪接就很好，鬥牛時用替身，你都看不出來。我們有些戲，要在場地外景拍攝。場地景寬闊，便於拍運動鏡頭。

在座談會上，江青還談到，她一直考慮，我們有許多新的鬥爭生活和革命歷史應當反映，而且要反映好。並提出了幾項創作任務，做了以下安排。

一、江青看了《山花》一些樣片，認為有的還不錯。要重拍。拍寬窄銀幕兩條。劇本由原作者孫謙、馬烽同志提出修改方案，報文化部。文化部也要提出意見，再上報。

二、要拍個新《創業》，反映石油工人鬥爭生活的題材。這次搞寬窄銀幕兩條。劇本由張天民、孫謙兩位同志和大慶創作組來寫。孫謙同志完成《山花》劇本以後，投入這項工作。

三、創作反映二萬五千里長征題材的故事片。張永枚同志把《八一的槍聲》的文學劇本定稿，馬烽同志把《山花》劇本完成後，投入這一創作。導演由崔嵬同志擔任。

四、創作反映井岡山鬥爭題材的故事影片。王樹元同志儘快完成《杜鵑山》話劇本，浩然同志完成《金光大道》小說後，投入這一創作。導演由成蔭同志擔任。

五、創作反映《四渡赤水》題材的故事影片。搞長征、井岡山題材的同志，也要蒐集《四渡赤水》的素材。另外物色編劇和導演。

江青在提出以上創作任務時，指示創作組，做好準備工作，先下去生活，回來看歷史資料。同時，要帶上幾個有苗頭的青年編劇，例如《車輪滾滾》的作者×××同志。

9月19日

京劇《磐石灣》在上海電影製片廠開拍。

9月29日

鄧小平在南方十二省省委書記會議上的講話：（**1975 年 9、10 月在部分地委書記會議上的講話**）「不能一花獨放，好一個出一個，再好一個再出一個。（**1975 年 9 月在研究工、青、婦幹部會議上的講話**）現在樣板戲都賣不出去票了，有些人連樣板戲的詞都背下來了。」[17]

10月25日

《人民日報》發表中央民族學院藝術系朝華的文章〈紅燈照亮了藏劇革命的道路〉。來自祖國西南邊疆的西藏藏劇團，在首都的文藝舞臺上演出了藏劇移植革命現代京劇《紅燈記》。他們學習運用革命樣板戲的創作經驗，對古老的藏劇進行了大膽的改革和創新，較好地再現了原劇的風貌，受到了工農兵觀眾的好評。藏劇革命的這一嶄新成果，生動地反映出革命樣板戲在邊疆少數民族地區深入普及的喜人景象。

本月

《革命現代京劇〈龍江頌〉評論集》，人民文學出版社編輯，人民文學出版社。

[17] 鄧小平，《鄧小平在南方十二省省委書記會議上的講話》，出自 1967 年 3 月中國科學院運動辦公室印《不肯改悔的走資派鄧小平言論摘錄》。

陝西戲曲劇院眉戶、碗碗腔劇團音樂創作組，〈碗碗腔移植——《紅色娘子軍》的一些做法〉：

一、打破舊格式，設計新唱腔

碗碗腔音樂是板腔結構，它是通過不同板式的連接交替運用來表現人物，揭示內容的。在傳統唱腔中，板式的結構、連接、轉換、落音、過門等方面部有一定的格式。這種格式，固然有其自身的特點，但一般講，它是僵死的程式化了的東西，如不打破，就像一條鎖鏈，鎖住我們的手腳，無法表現工農兵英雄形象。

在板式的選擇與連接上，我們堅持形式服從內容的原則，打破舊的「散—慢—中—快—散」的連接程式，從需要出發，選擇板式。

在板式的轉接方法上，我們也打破了由唱腔直接轉板的舊習慣。如「永遠衝鋒向前方」一段的〔東路〕轉〔緊板〕，我們就沒有按舊傳統的格式轉接，而是在〔東路〕以後，接一緊打慢唱的〔尖板〕，最後由音樂轉入〔緊板〕，以揭示洪常青崇高的內心世界。

在板式結構方面，碗碗腔的唱詞大都由上下對偶句結構而成，以七字句或十字句為基礎，每句分為三個句逗，句末又有一個過門，承上啟下。唱腔的結構、樂句的劃分與唱詞相同。〔西廂調〕（俗話稱三不齊），較為自由，但基本結構與常用唱腔大同小異。在聲韻方面也有較嚴格的限制，所謂「一三不論，二四必究」，即上句平仄皆可，下句必須押韻，必須是平聲字，否則難於演唱。《紅色娘子軍》中唱詞的結構、句子的長短、句逗的劃分、聲韻的安排，許多地方與碗碗腔根本不同。特別是十五個字以上的長句子很多，最長的多達四十二字。按照傳統唱腔，根本無法演唱，更談不上音樂形象如何。在移植中，我們根據內容的要求，打破了舊的板式結構，創造了新的表現形式。例如《永遠衝鋒向前方》、《打不死的吳清華我還活在人間》、《找見了救星，看見了紅旗》、《永保這戰鬥青春》、《英勇奮戰為人民》等五段唱腔，在這方面做了較大的突破。

在落音方面，我們打破了傳統唱腔下句落音的舊規，創造了新的終止式。

在過門方面，我們也做了新的嘗試。過門是連接唱腔、揭示形象、刻劃人物的一個重要方面。隨著唱腔的改革，過門也需要出新。在《紅色娘子軍》中，我們對傳統過門從結構、節奏、旋律等方面進行了改革。在使用上，一切從需要出發，可長可短，可有可無，如〈永遠衝鋒向前方〉、〈嶄新日月照河山〉兩段，在過門上做了較大突破，以烘托唱腔，揭示形象。

塑造無產階級英雄形象，僅有結構、節奏方面的突破還是不夠的，更重要的還須從旋律上進行改革，才能完成這一任務。

因此，在處理唱腔時，必須按照感情、性格和時代感都對頭的要求，打破行當的侷限，從人物情節出發設計唱腔，不能按傳統行當去套，也不能受行當的限制。如洪常青的性格，既有沉著穩健的一面，又有機智勇敢的一面；既有對同志的無限深情，又有對階級敵人的憤怒斥責。這樣的性格特徵，在唱腔與唱法上，應當是剛柔相濟，以剛為主，這是舊傳統任何行當的唱腔所不能表現的。我們採用了以老生腔為主，同時吸收武生和花臉腔的一些特點，創造了不同於任何行當的、力求表現出洪常青性格特徵的唱腔。如〈永遠衝鋒向前方〉一段，是以老生腔為主，吸收武生腔創作而成。〈迎來朝霞滿天〉一段，則是以花臉腔為主，吸收武生腔創作而成。這些不同行當唱腔的綜合運用，從不同側面來揭示和刻劃洪常青寬廣的內心世界和崇高的英雄形象。

打破花音、哭音兩大腔系在功能上的侷限，加以新的處理，來揭示形象，塑造人物，是改造傳統唱腔的另一重要措施。在碗碗腔傳統唱腔中，大部分唱腔都分花音、哭音兩種。二音色彩不同，情調各異。花音明快，但比較浮；哭音深沉，但比較悲。

二、吸收新的營養，創造新的唱腔

塑造工農兵英雄形象，如果單靠對原有唱腔的改造，那是非常不夠的。還需從生活出發，吸收新的養料，探求新的藝術手段，創造新的唱腔。我們根據毛主席「繼承和借鑑絕不可以變成替代自己的創造」的教導，向生活學習，向京劇、秦腔、眉戶戲以及革命歌曲學習，創造了一些新的板式和唱腔。如京劇〔回龍〕這樣的板式，在碗碗腔中是沒有的，要演唱這樣的唱詞，就須創造相應的藝術形式，為此，我們吸收了京劇的板式，又根據碗碗腔的特點加以融化，創造了具有本劇種藝術風格的〔回龍〕，解決了內容和形式之間的矛盾。如「挺身滅虎豹，奮勇鬥豺狼」和「咬牙關，挺胸站，打不死的吳清華我還活在人間」兩段，就是這樣處理的。「翻身奴隸把家當」一段，開始我們模仿京劇的節奏，用花音處理，結果總擺脫不了京劇的痕跡，在旋律與調式上也缺乏碗碗腔特點，形象上還有飄浮之感。後來我們以碗碗腔〔飛板〕為基礎，吸收了京劇〔西皮快板〕和秦腔〔雙垂板〕的一些特點，改用哭音處理，創造了具有碗碗腔特點的〔快板〕，以表現這個翻身女奴「血債要用血來還」的復仇決心和英雄氣概。

三、唱法的改革

隨著唱腔的改革，必須同時解決唱法問題，因為唱腔是靠演員演唱才能體現出來。唱法的好壞，對於唱腔關係甚大。好的唱法可使唱腔錦上添花，否則就會減弱以致歪曲唱腔的表現意義。在移植過程中，我們首先對傳統唱腔一些不健康的唱法和潤腔方法進行了改造。在男聲唱腔中去掉了假聲（即「哨子音」）；女聲唱法改變了過去真假聲完全脫節，即吐字用真聲、拖腔用假聲的老習慣，採用了真假結合，以真為主的唱法，以增加法唱的力度和時代感。

在唱腔的調性安排上，也根據唱腔內容的要求，音區音域的高低及演員嗓音的具體條件，分別安排了各自適合的調性。男聲一般用 A 調，女聲用 G 調和 A 調。對唱時，若以男聲為主，就用 A 調，女聲唱腔適當注意不要太高，以免演唱過分吃力，又損害形象。若以女聲為主，就用 G 調，則男聲唱腔適當提高。這樣處理，既照顧了男聲，又可使女聲更多地使用真聲，也為唱腔設計創造了更有利的條件。在處理這些問題時，重點還是從英雄形象的需要出發，如果單純遷就演員，就會使整個戲的調性布局雜亂無章，妨害音樂的統一性和邏輯性，也有損於英雄形象的塑造。

四、器樂體制的改革

在革命樣板戲中，器樂是配合劇情、揭示人物內心世界，塑造無產階級英雄形象不可缺少的重要藝術手段之一。但是，碗碗腔傳統的器樂體制是以「板頭」、「曲牌」打擊樂為主體的。樂隊編制是以文場的月琴、板胡、硬弦、嗩吶和武場打擊樂組合而成，這種器樂體制和樂隊編制，如不徹底改造，就無法表現新的生活內容。內容的徹底變革，必然促成藝術形式的革新，在這方面，革命樣板戲為我們做出了榜樣。向革命樣板戲學習，打破舊的器樂體制，正確發揮器樂的表現作用，為塑造工農兵英雄形象服務，也是碗碗腔革命的一項重要課題。在移植過程中，我們是這樣做的：

（一）樂隊編制的革命

我們採用了中西混合的樂隊編制，豐富了色彩，增強了厚度，擴大了表現力，使碗碗腔的樂隊具有新的時代特點和民族風格，為塑造無產階級英雄形象，提供了有效的藝術手段。

（二）譜寫新的配樂

在革命樣板戲中，樂隊的職能是多方面的，它不僅是給演員伴唱，造造氣勢，最主要的任務還是塑造工農兵英雄形象。樂隊的這一職能，是靠兩方面體現的：一是伴唱，二是配樂。隨著唱腔問題的解決，配樂問題怎麼辦？是照搬京劇，還是重新創作，這在移植初期是有爭論的。實踐證明，全部照搬是不好的。因為京劇的配樂，是京劇的一個組成部分，它具有京劇特有的藝術風格和藝術特點，全部照搬，就會出現唱腔與配樂兩張皮的現象，妨害英雄形象的塑造和藝術風格的統一。根據這個認識，在劇中，除《國際歌》、《連歌》以外，其他配樂全部更新譜寫。對於《連歌》的使用，也不是照搬京劇，而是根據自己的情況予以重新處理。這就使配樂與唱腔的風格，在新的基礎上統一起來。

（三）學習樣板戲主題貫串發展的手法，創作新的主題音樂

劇中，《連歌》是作為娘子軍連這個英雄群像的主題音樂出現的，同時它又是洪常青的音樂主題。在移植中我們則以碗碗腔的本身素材，創作了這樣的主題音樂：

這樣，就使它既成為娘子軍連英雄群像的音樂副題，也成為吳清華的音樂主題。反面人物的代表南霸天，也有他的主題。這些代表不同人物的音樂主題，在全劇貫串發展，對於揭示形象、塑造人物，起到了一定的作用。

（四）伴奏音樂的出新

我們打破了碗碗腔單旋律伴奏的老習慣，運用了多聲部音樂的表現手段，以豐富伴奏的表現力。在和聲方面，我們根據碗碗腔音樂的特點，採用了以調式和聲為主，以大小調功能體系為副的配法。在伴奏寫法上，儘量注意本劇種旋律和節奏的特點。在處理聲樂與器樂、人物與景物的關係上，我們力求按樣板戲所提供的經驗去做，對於塑造工農兵英雄形象，收到了較好的效果[18]。

12月2日

《人民日報》（第4版）發表溪源的文章〈文藝革命新成果——記國慶文藝會演中地方戲移植革命樣板戲的演出〉：當前，文藝戰線的形勢一派大好，文藝革命正在生機勃勃地繼續向前發展。無產階級文化大革命以來，在毛主席的革命文藝路線的指引下，各地戲曲工作者，認真貫徹執行黨的古為今用，洋為中用和百花齊放，推陳出新的方針，學習了革命樣板戲的創作經驗，結合本劇種的藝術特點，用於移植革命樣板戲的創作實踐中去，使移植革命樣板戲的工作取得了很大的成績，得到了廣大工農兵的熱烈歡迎。近兩年來，部分省、市、自治區文藝調演中，演出移植樣板戲的地方戲就有四十八個劇種。從古老的崑劇、川劇（高腔）、秦腔、高甲戲等，到近代興起的種類繁多的地方小戲；從漢族的地方戲到

[18] 收入《地方戲移植革命樣板戲好》第2輯（北京：人民文學出版社，1976），頁69-82。

少數民族的劇種，都有移植革命樣板戲的全劇或選場的演出，這是無產階級文藝革命的豐碩成果，是毛主席的革命文藝路線的偉大勝利！

12月9日

《人民日報》發表新華社通訊員、新華社記者的文章〈淮劇開了新生面——記上海市人民淮劇團學習革命樣板戲改革淮劇的成果〉。

12月10日

《人民日報》發表解放軍某部穆靜、齊國棟的文章〈文藝革命的又一豐碩成果——評維吾爾歌劇影片《紅燈記》〉：維吾爾歌劇移植的革命樣板戲《紅燈記》，最近搬上了銀幕，受到了觀眾的熱烈歡迎，這是毛主席的革命文藝路線的又一豐碩成果。

12月13日

《人民日報》（第3版）發表聞哨，〈要重視培養新生力量〉。該文認為：在部分省、市、自治區文藝調演中，我們高興地看到：經過無產階級文化大革命、批林批孔運動和學習無產階級專政理論，在文藝創作中，出現了不少有作為的青年作者；在戲劇、音樂、舞蹈、曲藝舞臺上，湧現出一批優秀的年輕演員。無產階級革命文藝事業的接班人，正在茁壯成長。

12月29日

《人民日報》發表洪新的文章〈認真學習革命樣板戲的經驗〉。

同日，《人民日報》發表王為的文章〈典型環境與典型人物的辯證關係——學習革命樣板戲札記〉。

12月30日

《人民日報》報導：反映電影戰線新成果的一批故事片、紀錄片、科教片最近攝製完成，將在1976年元旦和廣大工農兵觀眾見面。這批影片共二十五部。它們以階級鬥爭為綱，努力反映社會主義革命和社會主義建設重大題材，取得了可喜的成績。彩色故事片《決裂》[19]，通過一所共產主義新型大學的成長、發展，描繪了教育戰線上無產階級反對資產階級的一場激烈鬥爭。這部影片的上映，是對當前教育界那種颳右傾翻案風的奇談怪論的有力批判。根據同名小說改編的彩色故事片《金光大道》，反映了農村互助合作化時期兩個階級、兩條道路、兩條路線的鬥爭，生動地說明了「只有社會主義能夠救中國」這一偉大真理。此外，故事片還有以教育革命為題材的《小將》，歌頌無產階級國際主義、愛國主義的《碧海紅波》，描繪抗日小戰士成長的《黃河少年》，以及反映少年兒童勇敢地同階級敵人進行鬥爭的河北梆子《渡口》。這次上映的紀錄片、科教片，有《南海諸島》、《昔陽紅似火》、《海城人民多壯志》、《多面手——手扶拖拉機》、《育壯秧》等。這批新影片的攝製完成，是以革命樣板戲為標誌的文藝革命的又一成果。批林批孔和學習無產階級專政理論運動以來，廣大電影工作者努力學習馬列著作和毛主席著作，學習革命樣板戲創作經驗，批判修正主義文藝路線，積極深入工農兵生活，在電影創作、攝製上做出了新的貢獻。《決裂》攝製組的工作人員，在創作過程中，深入到朝陽農學院、江西共產主義勞動大學，向戰鬥在教育革命第一線的師生學習，滿懷激情地完成了影片的攝製工作[20]。

本月

上海戲劇學院戲劇文學系編，《讚〈奇襲白虎團〉》，上海人民出版社。

---

[19] 1976年2月，于會泳又要把電影《決裂》改成京劇，他提出敢不敢把走資派的級別寫得高一點，並表示如果樣板戲不注意質量，就有可能被人攻倒。後來于對《決裂》彩排不滿意，批評說像是一根繩上掛了許多茶碗。汪曾祺他們想不出辦法，只好每人讀有關「三自一包」的材料。10月11日開會，原訂彙報各自的設想，可是誰也沒有說什麼，因為暗地裏已經知道「四人幫」垮臺了。（陳徒手，〈汪曾祺的文革十年〉，北京：《讀書》，1998年第11期）。

[20] 〈以革命樣板戲為標誌的文藝革命又一成果　二十五部新影片將在元旦上映〉，北京：《人民日報》（第4版），1975年12月31日。

本年

年末，《磐石灣》順利通過審查，不久拍攝成電影，於 1976 年春夏之際公映。1975 年 7 月初，毛澤東在同中共中央副主席、國務院副總理鄧小平談話時這樣批評「四人幫」在「文革」時期所實行的文藝政策：樣板戲太少，而且稍微有點差錯就挨批。百花齊放都沒有了。別人不能提意見，不好。怕寫文章，怕寫戲。沒有小說，沒有詩歌。此後不久，他在與江青談話時再一次指出：「文革時期，缺少詩歌，缺少小說，缺少散文，缺少文藝評論。」江青聞訊後說：「主席只是說樣板戲太少，並沒有說不要樣板戲。」她又說：「有人說樣板戲少，只有八個，不對！現在已有十八個了嘛！」

1975 年 9、10 月間，鄧小平在談話中提出：「當前各方面都存在一個整頓的問題。農業要整頓，工業要整頓，文藝政策要調整，調整其實也是整頓……我在政治局講了幾個方面的整頓，向毛澤東同志報告了，毛澤東同志贊成。」他又說：「比如文藝方針，毛澤東同志說，要古為今用，洋為中用，百花齊放，推陳出新。這是很完整的，可是現在百花齊放不提了，沒有了，這就是割裂。」他認為樣板戲不能「一花獨放」不能一個形式、一個辦法、一個調門和一個樣板戲。他提出：「階級鬥爭哪能天天講？文藝作品強調寫階級鬥爭就有點絕對化。」

1975 年北京人民出版社編輯出版了《京劇革命十年》，該書分為三輯[21]。

---

[21] 該書的主要篇目有：初瀾，〈京劇革命十年〉；北京大學、清華大學寫作組，〈反映新的人物新的世界的革命新文藝——談革命樣板戲的歷史意義和戰鬥作用〉；方耘，〈讓工農兵英雄形象牢固地占領舞臺〉；聞哨，〈文藝領域裏的一場深刻的革命〉；江天，〈努力塑造無產階級英雄典型〉；王曉家，〈一切為了塑造好無產階級英雄人物——讚革命樣板戲「三突出」的創作原則〉；中國京劇團〈平原作戰〉劇組，〈堅持塑造無產階級的英雄典型——塑造趙勇剛英雄形象的體會〉；北京京劇團〈杜鵑山〉劇組，〈疾風知勁草烈火見真金——塑造無產階級英雄典型柯湘的體會〉；南文龍，〈從柯湘形象的塑造談「三突出」原則〉；秦文言，〈要突出英雄性格的主要特徵——學習革命樣板戲塑造英雄形象的一點體會〉；金炬，〈為塑造英雄形象寫好轉變人物——學習京劇〈海港〉、〈龍江頌〉札記〉；蕭諧，〈為塑造英雄形象寫好反面人物——學習革命樣板戲札記〉；雲嵐，〈革命現實和革命理想相結合的典範——學習革命樣板戲塑造英雄形象的一點體會〉；小轡，〈用對立統一規律指導文藝創作的典範——學習革命樣板戲處理矛盾衝突的經驗〉；畢星星，〈有層次地展開矛盾衝突〉（原載〈解放軍文藝〉1973 年第 6 期）；峭劍，〈必然性與偶然性的統一以靜顯動動中顯靜——藝術辯證法學習札記〉；小丘、曉家，〈虛與實〉；吳戰壘，〈情與理〉；小丘，〈景和情——藝術辯證法學習札記〉；吳功正，〈一張一弛——革命樣板戲的藝術辯證法學習札記〉；聞軍，〈淺談革命現代京劇〈杜鵑山〉的唸白〉；宿燕，〈音樂語言個性化的一種藝術方法——學習革命

毛澤東在1975年10月至1976年1月的講話：

> 1949 年提出國內主要矛盾是無產階級對資產階級之間的矛盾。十三年後重提階級鬥爭問題，還有形勢開始好轉。文化大革命是幹什麼的？是階級鬥爭嘛。劉少奇說階級鬥爭熄滅論，他自己就不是熄滅，他要保護他那一堆叛徒、死黨。林彪要打倒無產階級，搞政變。熄滅了嗎？
>
> ……
>
> 一些同志，主要是老同志思想還停止在資產階級民主革命階段，對社會主義革命不理解、有牴觸，甚至反對。對文化大革命兩種態度，一是不滿意，二是要算帳，算文化大革命的帳。
>
> ……
>
> 一百年後還要不要革命？一千年後要不要革命？總還是要革命的。總是一部分人覺得受壓，小官、學生、工、農、兵，不喜歡大人物壓他們，所以他們要革命呢。一萬年以後矛盾就看不見了？怎麼看不見呢，是看得見的。
>
> 對文化大革命，總的看法：基本正確，有所不足。現在要研究的是在有所不足方面。三七開，七分成績，三分錯誤，看法不見得一致。文化大革命犯了兩個錯誤，1、打倒一切，2、全面內戰。打倒一切其中一部分打對了，如劉、林集團。一部分打錯了，如許多老同志，這些人也有錯誤，批一下也可以。無戰爭經驗已經十多年了，全面內戰，搶了槍，大都數是發的，打一下，也是個鍛鍊。但是把人往死裏打，不救護傷員，這不好。[22]

《革命樣板戲故事選段》（第一集），上海人民出版社，1975年。

「文革」後期，國家表面上依然否定傳統戲曲，而高層內部為了毛澤東個人的愛好，卻又祕密攝錄了大量經典的戲曲名段。據蔡瑤銑的〈「文革」後期的一段往事〉記載：

現代京劇音樂中運用特性音調的創作經驗〉；錢永理，〈革命歌曲在革命現代京劇中的運用——學習樣板戲音樂創作札記〉；杜軍，〈情節化性格化連貫性時代感——談革命現代京劇〈杜鵑山〉的武打設計〉；王大光，〈彩筆頌英雄——〈杜鵑山〉舞臺美術學習札記〉。

[22] 毛澤東，《建國以來毛澤東文稿》第13卷（北京：中央文獻出版社，1998年），頁486-488。

1975 的釣魚臺賓館住進了大批戲曲界名人。「中央文革」的負責人接見了他們，成立一個錄音錄影組。參加的人裏有中國京劇團的李少春、李金泉、賡金群、高盛麟等著名藝術家，還有北京京劇團洪雪飛、萬一英、侯少奎等青年優秀演員。上海來的有方洋、劉異龍、閔惠芬等人。

錄音錄影分成兩攤同時進行。我們錄音組這是迎來了上海的蔡正仁、岳美緹、計鎮華等人。正式錄音後，把辛棄疾、李清照、張元幹、蘇軾的詞都印成了大字本發給了大家，還請了專人負責註釋，並把時代背景、作者的身份、簡要情況、詞的意思、作者是在什麼情況下寫的這首詞等等一一講給我們聽。按照計劃，這些詞曲大致錄了幾十首。據說，錄音做成帶子後一式六份，一份送毛澤東主席，一份送周總理，剩下的四份分別送「文革」負責人。與錄音組同時展開工作的是錄影，規模也相當大，李少春、高盛麟、李和曾、關肅霜，天津的張世麟、厲慧良和天津京劇團的一批人都被集中到一起。上海京劇團武旦張美娟，崑劇前輩俞振飛、方傳芸等先生和上崑演員王芝泉也趕到北京，錄製傳統劇碼。整個錄音錄影組的工作，從 1975 年初到 1976 年初，除去中間停頓的一段時間外，大致持續了將近一年。1976 年 7 月初，第二階段的工作開始。這時的錄音組已經比前一階段的規模大了許多。似乎是更加有組織有計劃，步驟也更嚴密更精緻了。整個一個錄音組就占滿了位於東單三條的公安招待所，大組下面分成兩個小組；聲樂組和器樂組，另外還專門成立了一個注釋組。這一時期，詞曲這組（即聲樂組）除了我以外，還有岳美緹、李炳淑、方洋、計鎮華。楊春霞、李元華也參加過一段時間。一共錄製了幾十首詞曲，加上前面的，總共應該超過一百首。「中央文革」負責人說，毛主席聽了你們的詞曲，說聽了岳美緹的唱，聽了蔡瑤銑的唱，好像覺得岳美緹大概比蔡瑤銑大兩歲吧？大家一聽都笑了，我趕忙說:「對對對，岳美緹是比我大兩歲。」

錄影工作在這一時期也比前一階段更上規模。不僅要把較好的詞曲按照錄音對口型、對演奏進行錄像，而且還要套拍一部電影。由於攤子鋪得大，除了中央臺以外，北影、新影都開闢了陣地，上海也設了點。像我和岳美緹錄的《琴挑》、《思凡》等劇碼，先是在中央臺錄了像，然後又在上海拍了電影。北京這邊拍的有張學津、劉長瑜的《遊龍戲鳳》，並由李世濟用程派演唱；還有李和曾的《碰碑》、高盛麟的《挑滑車》。新影拍了趙燕俠的《紅娘》、裘豔玲的《寶蓮燈》。上海也把俞振飛先生的《太白醉寫》、王傳淞先生的《狗洞》拍了資料。這時的錄影組單獨住，只記得關肅霜、張美娟等都參加了錄製工作，規格、檔次也都很高。（摘自原《梨園週刊》）

1975 年，全國幾大製片廠突然接到任務，拍攝一批由老藝人演出的傳統戲，「據說這是毛澤東的要求（《北影四十年》）從 1966 年到 1975 年的十年間，共拍攝戲曲片二十四部，沒有一部是傳統戲。而僅 1975 至 1976 年一年間，就拍了六十二部戲曲電影，其中包括《長阪坡》、《二堂舍子》、《紅娘》、《轅門斬子》、《空城計》、《白蟒臺》、《讓徐州》等，絕大都數都是久未露面的傳統劇碼。

1976 年

【概述】

2 月 6 日，江青和張春橋找于會泳、浩亮（錢浩梁）、劉慶棠開會，江青說：「現在那些樣板團演的戲都老掉牙了。很少有社會主義時期的題材，更沒有一個與走資派做鬥爭的內容。現在你們趕快部署各團，把電影《決裂》、《春苗》、《第二個春天》、《戰船臺》改編為京劇，今年就上演，紀念文化大革命十週年。」她限定這些戲最遲不能過國慶節就得搬上舞臺。江青還要求把《朝霞》叢刊《序曲》中寫與「走資派」鬥爭的作品改編為電影、戲劇。于會泳等人立即將這一指示加以落實，決定調整本年度故事片生產計劃。要求計劃中的三十六部故事片要有三十二部是寫與「走資派」做鬥爭的題材。同時，要求將《序曲》中的《警鐘長鳴》改編為京劇，《抗寒的種子》改編為歌劇，將話劇《樟樹泉》重新改寫，劇中的對立面一律寫成「不肯改悔的走資派」。

2 月 16 日江青對《人民日報》吹捧《朝霞》叢刊《序曲》的文章做批示，要求把「寫走資派」作品改編為電影、戲劇。3 月 16 日于會泳召開文化部創作座談會。于會泳在會上號召寫與「走資派」鬥爭的作品，說：「可以寫縣委、市委的黨委書記搞復辟，也可以寫一個省、一個部嘛！」這次會上，于會泳抓了二十部所謂「重大題材」的文藝作品規劃（包括電影、小說、戲劇）。其中，寫中央部長、副部長或省委書記是「走資派」的有八部，寫地、縣（包括工廠）一級領導幹部是「走資派」的十二部。在這次會上，還進一步布置、落實改編電影《春苗》、《決裂》、《戰船臺》、《第二個春天》為京劇的創作任務。上海劇團搞《春苗》，山東劇團搞《第二個春天》，中國京劇團搞《戰船臺》，北京京劇團搞《決裂》。承擔《春苗》改編任務的上海京劇團《智取威虎山》劇組以最快速度投入了創作改編。當年 9 月底，京劇《春苗》已如期在上海徐匯劇場進行了彩排。

毛澤東逝世後，國家權力真空地懸置，決定了中共元老與「文革」新貴之間的權力鬥爭到了關鍵時刻。華國鋒同葉劍英、李先念共同研究和反覆商量之後，決定採取斷然措施逮捕「四人幫」。10 月 6 日晚，華國鋒、葉劍英代表中央政治局，對江青、張春橋、王洪文、姚文元及其在北京的幫派骨幹實行審查。當晚，中央政治局召開會議，商討粉碎「四人幫」後黨和國家的重大問題。會議還通過由華國鋒任中共中央主席、中央軍委主席的決定，這個決定後來由 1977 年 7 月舉行的十屆三中全會追認。10 月 14 日，中央公布粉碎「四人幫」的消息。人們奔走相告，興高采烈。10 月 23 日中共中央批轉中聯部等單位〈關於對涉及「四人幫」反黨集團的影片、電視片、戲劇、畫片和書刊等問題的處理意見〉（1976.10.23；中發〔1976〕18 號）。

1月6日

姚文元對《紅旗》雜誌編輯組召集人的談話：

《決裂》這個電影還是動人的，配合當前教育革命是很及時的。據說拍攝過程有鬥爭，可以在文章中寫出來。有些鏡頭是這兩個月補拍的，可以看出來。

蕭木的文章，你們意見是留給《紅旗》用，可以和蕭木聯繫修改，你們覺得有基礎，在這個基礎上改。拍電影過程也有路線鬥爭，要文化部講一點情況。

你們和蕭木打個電話，說文元轉我們看了。我原則上贊成評，向他把劇本要來看看，鬥爭能寫一點。

能不能提幾句樣板戲？沒有樣板戲打先鋒，不能有今天的文藝繁榮，特別在塑造工農兵英雄人物方面。前一時期，攻樣板戲很厲害，說樣板戲沒人看了。沒有樣板戲打頭陣，不批文藝黑線，這樣的電影出不來，把文藝革命，教育革命攻掉了，文藝就出不來東西了。這個電影把幾年的事集中到當時那一段時間去了。他們辦校有曲折，有鬥爭，要寫進去。

1月7日

《人民日報》發表聞哨的文章〈革命樣板戲促進文藝創作的發展〉。

1月17日

新華社 1976 年 1 月 17 日訊，為了進一步貫徹毛主席的革命文藝路線，鞏固和發展無產階級文化大革命和文藝革命的偉大成果，繁榮社會主義的文藝創作，1976 年將繼續在北京舉行全國文藝調演[1]。

1月18日

新華社的〈博樂縣用少數民族語言普及革命樣板戲〉報導：據新華社烏魯木齊 1976 年 1 月 18 日電，新疆維吾爾自治區博樂縣委，熱情扶持社會主義新生事物，積極鞏固和發展無產階級文化大革命的成果，用少數民族語言移植革命樣板戲和用少數民族語言對白的形式普及革命樣板戲影片，受到全縣各族人民的熱烈歡迎[2]。

《人民日報》的〈熱情扶持社會主義新生事物　鞏固發展文化大革命成果 博樂縣用少數民族語言普及革命樣板戲〉（第 4 版）報導：據新華社烏魯木齊 1976 年 1 月 18 日電：新疆維吾爾自治區博樂縣委，熱情扶持社會主義新生事物，積極鞏固和發展無產階級文化大革命的成果，用少數民族語言移植革命樣板戲和用少數民族語言對白的形式普及革命樣板戲影片，受到全縣各族人民的熱烈歡迎。縣委的關懷和廣大幹部群眾的熱情支持，使參加移植和對白試驗工作的同志受到很大的激勵，許多農民演員和放映員，克服了文化程度低的困難，勤學苦練，在較短的時間內完成了翻譯臺本、背熟臺詞、編曲識譜等任務，擔任對白任務的放映員，努力學好其他民族語言，為開展多種語言的對白工作創造條件。他們克服

1 〈鞏固發展文化大革命和文藝革命偉大成果，今年將繼續舉行全國文藝調演〉，北京：《人民日報》（第 1 版），1976 年 1 月 18 日。

2 新華社，〈博樂縣用少數民族語言普及革命樣板戲〉，北京：《人民日報》，1976 年 1 月 19 日。

了重重困難，在較短的時間內，把移植的維吾爾語歌劇《杜鵑山》搬上了舞臺，接著，用哈薩克、蒙古、維吾爾三種語言對白的革命樣板戲影片，也和少數民族觀眾見面了。

1月20日

《人民日報》（第3版）發表聞兵的文章〈一個普通打漁人——談《磐石灣》中陸長海形象〉，該文認為：在毛主席的革命文藝路線指引下，社會主義文藝的百花園裏又新添了一朵光彩奪目的新花。革命現代京劇《磐石灣》以其鮮明的色彩，獨特的風貌，描繪了一幅全民皆兵的宏偉畫卷，譜寫了一曲毛主席人民戰爭思想的勝利讚歌，受到了廣大工農兵觀眾的熱烈歡迎。這是以革命樣板戲為標誌的文藝革命繼續深入發展取得的一個新成果。

廣東省惠東縣港口英雄民兵連指導員李旺庭說道：「革命現代京劇《磐石灣》，取材於民兵戰鬥生活，熱情歌頌了毛主席的人民戰爭的偉大思想。」我作為東南沿海的一名民兵戰士，看了這個戲，感到格外親切，深受鼓舞。

1月28日

《人民日報》報導：從1月31日起，又一批新影片將在全國各地陸續上映。春節期間上映的這批新影片，有革命樣板戲影片、故事片、美術片、紀錄片、科教片等二十多部。上映的彩色影片《磐石灣》，是根據上海京劇團演出的同名革命現代京劇拍攝的。影片塑造了海島民兵連長陸長海的英雄形象，比較好地做到了還原舞臺，高於舞臺。上映的故事影片中，有彩色故事片《沸騰的群山》、《難忘的戰鬥》、《沙漠的春天》和故事片《阿勇》。《沸騰的群山》反映了解放戰爭時期，我軍解放東北某鐵礦後，在恢復生產過程中尖銳複雜的階級鬥爭和路線鬥爭，歌頌了毛主席無產階級革命路線在工業戰線上的勝利。《難忘的戰鬥》描寫了解放戰爭時期，我軍一支工作隊下鄉收購糧食，與公開和暗藏的階級敵人進行複雜的鬥爭，終於取得了勝利。《沙漠的春天》再現了蒙古族貧下中牧在黨的領導下，學習大寨，改造沙漠，建設新牧區的鬥爭生活。《阿勇》表現了紅小兵阿勇等在暑假期間積極參加生產隊的集體勞動，與地主份子破壞活動進行鬥爭的故事。

春節期間，還將同時上映根據同名話劇改編的、反映貧下中農在階級鬥爭風浪中教育、培養知識青年的美術片《主課》。上映的還有《我們都是向陽花》、《普及大寨縣——全國農業學大寨會議》、《第三屆全國運動會》、《團結戰鬥的新疆》等彩色紀錄片，《油莎豆》、《腐殖酸類肥料》、《石油開采》、《西沙群島考察漫記》等彩色科教片[3]。

新華社 1976 年 1 月 28 日訊：無產階級文藝革命給今年春節首都舞臺帶來一派興旺的景象。節日前後，將有二十臺豐富多彩的文藝節目在首都各劇場和郊區、工礦、部隊為廣大工農兵群眾演出。受到廣大群眾熱愛的革命樣板戲，是這次春節演出中的主要部分。觀眾們不僅能看到革命現代京劇《智取威虎山》、《紅燈記》、《沙家濱》、《紅色娘子軍》、《奇襲白虎團》、《平原作戰》、《杜鵑山》，革命現代舞劇《紅色娘子軍》、《沂蒙頌》、《草原兒女》，革命交響音樂《沙家濱》，其中有的是全劇，有的是摺子戲。觀眾們還能看到話劇移植的革命樣板戲劇目《平原作戰》和《草原兒女》，以及正在試驗演出的革命現代京劇《夜渡》、《草原兄妹》、革命現代舞劇《杜鵑山》。交響詩《劉胡蘭》和鋼琴協奏曲《戰颱風》，將第一次和大家見面。在革命樣板戲的帶動下，首都革命文藝工作者近年來創作了許多新節目，最近又排練了一批歌頌無產階級文化大革命、歌頌社會主義新生事物的音樂、舞蹈、曲藝、雜技等節目[4]。

1 月 31 日

《人民日報》（第 2 版）〈上海春節文藝舞臺百花盛開〉報導：

據新華社上海電，上海廣大專業文藝工作者和業餘文藝工作者滿懷革命熱情，歌頌毛主席的無產階級革命路線，歌頌無產階級文化大革命，歌頌社會主義

---

[3] 〈一批新影片將在春節上映　新片中有革命樣板戲片、故事片、美術片、紀錄片和科教片等二十多部〉，北京：《人民日報》（第 4 版），1 月 28 日。

[4] 〈文藝革命帶來首都春節舞臺興旺景象〉，北京：《人民日報》（第 3 版），1976 年 1 月 29 日。

新生事物，在春節期間為廣大工農兵群眾演出一批革命樣板戲和新創作的革命文藝節目，顯示了以革命樣板戲為標誌的無產階級文藝革命的勝利成果。

這次演出的文藝節目有四十七場。其中有上海京劇團演出的革命現代京劇《智取威虎山》，上海樂團演奏的革命交響音樂《智取威虎山》，以及根據革命樣板戲移植的歌劇《白毛女》、淮劇《杜鵑山》等，還有上海市舞蹈學校文藝戰士學習運用革命樣板戲的經驗新創作試驗演出的舞劇《苗山風雲》和《閃閃的紅星》，上海越劇團根據長篇小說《千重浪》改編的反映農業學大寨運動中階級鬥爭和路線鬥爭的新戲《繡江山》，上海市人民評彈團新創作的中篇評彈《春滿水鄉》。上海廣大革命文藝工作者運用文藝武器，熱情地歌頌無產階級文化大革命，積極投入反擊右傾翻案風的鬥爭。春節期間上演的劇目中，有反映知識青年在廣闊天地煉紅心，扎根農村幹革命的話劇《邊疆新苗》，反映赤腳醫生在無產階級文化大革命運動中鍛鍊成長的越劇《春苗》，反映貫徹執行毛主席《七・二一指示》過程中兩個階級、兩條路線、兩種思想尖銳鬥爭的大型話劇《光輝的道路》，和兒童藝術劇院演出的、從不同側面揭露和批判修正主義教育路線，熱情讚揚教育戰線上湧現的新生事物的三個小戲《小將》、《臨時收購站》、《向陽花》，還有上海滬劇團演出的向山東省呂劇團學習的小戲《管得好》等。

本月

吳功正發表〈學習革命樣板戲　論革命樣板戲激化和轉化矛盾的典型化經驗〉，《文藝評論叢刊》，上海人民出版社，1976 年第 1 輯。該文認為：社會主義文藝創作的根本任務是塑造無產階級英雄典型。一部作品的英雄形象身上所體現出來的思想，代表了這部作品的主題思想的深度和廣度。而英雄典型的塑造又必須通過典型化的矛盾衝突來實現。英雄人物的典型性格是隨著矛盾衝突的展開而逐步展現，隨著矛盾衝突的激化而不斷深化，隨著矛盾衝突的解決而完滿地表現出來的。矛盾衝突揭示、發展、激化和解決的過程，就成了英雄人物典型性格的展示過程。

吳戰壘，〈革命樣板戲學習札記（兩則）〉，〈學習革命樣板戲　論革命樣板戲激化和轉化矛盾的典型化經驗〉，《文藝評論叢刊》，上海人民出版社，1976 年第 1 輯。

2月1日

《人民日報》（第8版）專欄發表革命現代京劇《磐石灣》彩色影片劇照。

2月3日

《人民日報》（第3版）專欄：廣東省軍區岳鈞，〈螺號長鳴　鋼槍緊握——評革命現代京劇《磐石灣》〉。該文認為：革命現代京劇《磐石灣》，通過渾厚有力的藝術彩筆，描繪了一幅「全民皆兵」的壯麗圖景，再現了沿海軍民建設漁島，保衛漁島，為鞏固無產階級專政而戰鬥的英雄事蹟，是我國銅牆鐵壁海防線的一個縮影，是一曲毛主席人民戰爭思想的頌歌。

同日，趙彤，〈千方百計塑造英雄形象——談重視環境設置和情節提煉〉：革命現代京劇《磐石灣》圍繞著無產階級英雄形象陸長海的塑造，在環境設置和情節提煉方面，為我們提供了可貴的經驗。

2月6日

江青和張春橋找于會泳、浩亮（錢浩梁）、劉慶棠開會，江青說：「現在那些樣板團演的戲都老掉牙了。很少有社會主義時期的題材，更沒有一個與走資派做鬥爭的內容。現在你們趕快部署各團，把電影《決裂》、《春苗》、《第二個春天》、《戰船臺》改編為京劇，今年就上演，紀念文化大革命十週年。」她限定這些戲最遲不能過國慶節就得搬上舞臺。江青還要求把《朝霞》叢刊《序曲》中寫與「走資派」鬥爭的作品改編為電影、戲劇。于會泳等人立即將這一指示加以落實，決定調整本年度故事片生產計劃。要求計劃中的三十六部故事片要有三十二部是寫與「走資派」做鬥爭的題材。同時，要求將《序曲》中的《警鐘長鳴》改編為京劇，《抗寒的種子》改編為歌劇，將話劇《樟樹泉》重新改寫，劇中的對立面一律寫成「不肯改悔的走資派」。

1976年2月6日晚，張春橋接見于會泳，談話內容如下：

江青同志身體不好，以後文化部所有的事由春橋同志管。凡請示件不要往她那裏送了，樣板戲劇團不需要報批的件，可以送。

我和江青同志一起研究了幾點：

一、看了電視中國京劇團的《夜渡》，感到很粗糙，擔心這樣弄下去，很快會被人趕下舞臺。唱、做、唸、打都很粗糙，唱腔有些地方像《智取威虎山》。像這樣的戲當作試驗演出都不行，影響不好。如果不注意，很危險。要研究每年總有幾臺站得住的、質量比較高的作品這才行。

有兩個情況要分開：一般創作，演出的作品不要求全責備，免得數量太少；但對重點抓的劇目，一定要下功夫，不可忽視質量。幾個樣板戲劇團的東西，要求像樣一些，再拿出來試驗演出。

二、關於當前回擊右傾翻案風的鬥爭中學習和開展辯論，要真正從思想上想點主意，不要鬆下來，一鬆就要出事。柳宗元有兩句話：「敵存滅禍，敵去召過。」有些問題一定要搞清楚，如「以三項指示為綱」，關係到否定我們黨的基本路線，關係到對我們社會主義革命的認識問題，一定要搞清楚。通過對右傾翻案風的回擊，加深對社會主義革命事業的認識，對你們有多方面的意義：（一）對各廠、團、校和機關等部門的思想建設有重要意義；（二）對創作思想方面也有重要意義，因為這個問題不解決，我們就不能寫出在社會主義革命時期與黨內走資派作艱苦、複雜、曲折鬥爭的作品，很重要，也很需要。現在的革命樣板戲，如《智取威虎山》、《紅燈記》都是直接寫與階級鬥爭鬥爭的，不是社會主義革命時期的；《海港》、《龍江頌》雖然寫的社會主義歷史時期，但是寫與暗藏的敵人鬥的。《春苗》等戲倒是寫了與走資派的鬥爭，但思想深度還是差。所以現在還沒有一部寫在社會主義革命時期與黨內走資派做鬥爭的有深度的作品。這方面一定要注意。如果我們不好好研究社會主義革命時期的鬥爭特點，黨內走資派的實質和他的特點，就難以寫出這方面有質量的好作品。這樣的作品，不僅對今天的人民有教育意義，對教育後代也有意義。當前我們對走資派還在走所做的鬥爭，就有教育現在和教育後代的意義。

你們要好好研究一下「這次運動的重點，是整黨內那些走資本主義道路的當權派」這句話的精神。過去馬、恩也講過但都沒有像主席提得這樣明確、深刻。當初搞十大政治報告的時候，主席曾叫我引恩格斯的一段話：「無產階級的發展，無論在什麼地方總是在內部鬥爭中實現的，而現在才第一次建立工人政黨的法國當然也不例外。……誰要是像馬克思和我那樣，一生中對冒牌社會主義者的所做的鬥爭比對其他任何人所做的鬥爭都多（因為我們把資產階級只當作一個階級來看待，幾乎從來沒有和資產者個人交鋒），那他對爆發不可避免的鬥爭也就不會感到十分煩惱了……」毛主席很清楚提出「運動的重點是整黨內走資派」。所以，現在看這段語錄，體會很深，很有感受。要好好學習。有人反映，文化部有人曾講過「三項指示為綱」的話，現在瞭解是在九省文化調查會上張維民同志和侯再林同志講的。不是文化部文件上的話。這個責任不在他們，不是他發明的。不過，將來有機會讓他們（指張和侯）對有關方面表個態，不要專門打電話去說。

關於五個重點電影的會，你們可以開。《四渡赤水》同意由八一電影製片廠搞，不要另搞了。這些以後都不要報江青同志批了。

你們問《三劍客》和《尋牆記》翻不翻譯？同意翻。關於過路片，江青同志看片很吃力，我們討論決定，以後推薦給文元同志看。他認為可以送首長就上送首長。文化部推薦時要說明：買不買下；為什麼買下，如有敵情的和藝術的參考價值；那些買下可以上送，那些買下可以不上送。

江青同志交代，詞曲音樂不搞了，人也不要集中了。唱腔音樂已在練的，可練下去，練好了以後再說。錄像電影要加緊進行。

談到關於遼寧省要求提倡每個大隊都辦放映隊時，春橋同志說：「都這樣搞不行，總要先解決吃飯穿衣問題，後解決看電影問題。文藝的發展要適應經濟基礎的發展，不能阻礙它的發展。我們現在的糧食只能說剛剛夠吃。可能有的省發展快些，這是允許的。但都發展，就成問題了。」

關於調人搞評論，春橋同志表示同意。

2月16日

江青對《人民日報》吹捧《朝霞》叢刊《序曲》的文章作批示，要求把「寫走資派」作品改編為電影、戲劇。

2月22日

《人民日報》（第5版）發表許國華的文章〈螺號聲聲頌英雄——談革命現代京劇《磐石灣》的音樂〉。該文認為：《磐》劇的唱腔具有強烈的戲劇性。唱腔的戲劇性還在於唱段裏音樂安排的層次性。它可以推波助瀾、激化矛盾，推動劇情的發展。《磐石灣》的唱腔易於普及、易於流傳。要求唱腔便於普及，絕不等於唱腔設計可以粗製濫造、簡單化，也並不排斥在唱腔裏適當地運用一些花腔、高腔。為了表現深刻的主題，塑造英雄的音樂形象，《磐石灣》音樂設計又從生活中提煉了富有個性的全劇音樂主題。

同日，《人民日報》（第5版）發表斯浩、余延石的文章〈新鮮活潑的中國作風和中國氣派——讚革命現代京劇《磐石灣》的韻白〉。該文認為：革命現代京劇《磐石灣》的韻白具有新鮮活潑的、為中國老百姓所喜聞樂見的中國作風和中國氣派，以濃郁的民族色彩，描繪出無產階級英雄的戰鬥風貌。《磐》劇的韻白，精警動人，很有戰鬥力量。《磐》劇充分體現和發揮了韻白精鍊如詩、表現力強的藝術功能，用戰鬥的語句傳達英雄心聲，表現出無產階級英雄的性格氣質和精神境界。

3月4日

《人民日報》發表北京京劇團的文章〈反擊文藝界的右傾翻案風〉，該文認為：目前，一場反擊右傾翻案風的鬥爭正在深入發展。這場鬥爭是偉大領袖毛主席親自領導和發動的，是無產階級文化大革命的繼續和深入，是反修防修，鞏固無產階級專政的大事，具有極其重大的現實意義和深遠的歷史意義。

同日，《人民日報》發表初瀾的文章〈堅持文藝革命，反擊右傾翻案風〉：去年夏、秋，當教育界、科技界右傾翻案風甚囂塵上的時候，文藝界同樣很不平靜：謠言紛起，濁浪翻滾。其攻擊的矛頭，肆無忌憚地指向毛主席的無產階級革命路線，指向偉大領袖毛主席。

文藝界的右傾翻案風有一個顯著的特點，就是集中攻擊革命樣板戲，妄圖以此為突破點，否定以革命樣板戲為標誌的無產階級文藝革命，翻文化大革命的案，讓修正主義文藝黑線捲土重來，取代文化大革命以來毛主席革命路線在文藝領域的正確領導，以達到從文藝舞臺到政治舞臺復辟資本主義的罪惡目的[5]。

3月6日

《人民日報》（第 5 版）專欄：初征、尹岩，〈無產階級專政下繼續革命的英雄形象——評革命現代京劇彩色影片《磐石灣》中陸長海形象的塑造〉。

同日，《人民日報》發表北京大學、清華大學大批判組的文章〈否定文藝革命是為了復辟資本主義〉：偉大領袖毛主席親自發動和領導的反擊右傾翻案風的偉大鬥爭，正在深入發展。黨內那個不肯改悔的走資派抛出「三項指示為綱」的修正主義綱領，不僅在教育界、科技界向無產階級反攻倒算，而且在文藝界也同樣煽起了一股右傾翻案風。他們的矛頭指向偉大領袖毛主席，瘋狂地攻擊毛主席的無產階級革命文藝路線，攻擊革命樣板戲，攻擊無產階級對文藝的領導，為十七年修正主義文藝路線翻案，妄圖達到從文藝舞臺到政治舞臺復辟資本主義的罪惡目的。為了捍衛毛主席的革命路線，堅持文藝革命的方向，鞏固和發展文藝革命的勝利成果，對資產階級實行全面專政，必須在文藝這條戰線上，堅決回擊右傾翻案風。

---

5 原載《紅旗》雜誌 1976 年第 3 期。

3月7日

《人民日報》發表大慶油田運輸指揮部李淑珍的文章〈八千里風暴吹不倒——批判污衊革命樣板戲是「一花獨放」的謬論〉：黨內那個不肯改悔的走資派污衊樣板戲是「一花獨放」，把大好形勢說成「今不如昔」，就是要為反革命的修正主義文藝路線翻案，妄圖把社會主義的文藝舞臺變成復辟資本主義的溫床。但是，他的算盤打錯了，大慶工人用革命樣板戲高亢激越的強音，壓倒了他的陣陣鼓噪。革命樣板戲生根在我們工農兵的心坎裏，「八千里風暴吹不倒，九千個雷霆也難轟」。誰反對文藝革命，誰反對革命樣板戲，我們就要和他鬥爭到底。

同日，《人民日報》（第 2 版）專欄：辛文彤，〈文藝革命不容否定〉：偉大領袖毛主席親自發動和領導的反擊右傾翻案風的鬥爭正在深入發展。目前，首都革命文藝工作者和廣大工農兵群眾，正在集中批判黨內那個不肯改悔的走資派提出的「三項指示為綱」的修正主義綱領，堅決回擊他在文藝界颳起的右傾翻案風。黨內那個不肯改悔的走資派為了改變黨的基本路線，復辟資本主義，千方百計想翻文化大革命的案。正由於文化大革命首先是從文化教育領域開始的，所以他特別仇視無產階級文藝革命，企圖把文藝革命的偉大成果一風吹掉，復辟修正主義文藝路線的統治。

同日，《人民日報》（第 2 版），北京大學中文系工農兵學員趙為民，〈駁所謂「一花獨放」〉：黨內那個不肯改悔的走資派搞翻案、搞復辟，在文藝界把攻擊的矛頭指向偉大領袖毛主席的無產階級革命文藝路線。他污衊革命樣板戲是「一花獨放」。對於這一奇談怪論，我們必須給予堅決的反擊！

同日，郁思，〈要把文藝「整頓」到哪裏去〉：無產階級文化大革命以來，我國文藝領域發生了深刻的變化。形勢大好，振奮人心。但是，黨內那個不肯改悔的走資派卻跳出來要對文藝戰線進行「整頓」。其實，「整頓」不過是一個幌子。只要看一看他想整掉什麼，便真相大白。他「整頓」的矛頭是指向以革命樣板戲為標誌的文藝革命。黨內那個不肯改悔的走資派叫嚷的「整頓」，就是要復辟，就是要為修正主義文藝路線翻案。在他看來，文化大革命前的十七年，文藝界一切都好，用不著革命。文化大革命的洪流衝垮了劉少奇的修正主義文藝路線的統治，也觸痛了他，他當然不舒服，總是要算文化大革命的帳，要翻文化大革命的案。

同日，《人民日報》（第 6 版）專欄：〈媽媽學唱樣板戲〉。該文批判「老太太學唱樣板戲是極左」。

3 月 8 日

《人民日報》（第 1 版）發表上海京劇團文藝戰士的文章〈革命樣板戲永放光輝〉：以樣板戲的巨大成果反擊右傾翻案風。堅持毛主席的革命文藝路線，為無產階級革命文藝事業做出了一定貢獻的上海京劇團廣大革命文藝工作者，近來展開革命大批判，狠批黨內那個不肯改悔的走資派在文藝界颳起的右傾翻案風。這股右傾翻案風的一個顯著特點，就是集中攻擊在毛主席的無產階級文藝路線指引下誕生的革命樣板戲，進而否定無產階級文藝革命，為十七年修正主義文藝黑線翻案，妄圖恢復資產階級在文藝界的統治。廣大文藝戰士認真學習馬列著作和毛主席著作，以馬克思主義理論為武器，用革命樣板戲的光輝成果，針鋒相對地對種種奇談怪論進行了有力的批判。在黨內那個不肯改悔的走資派的煽動下，文藝界出現了「強調寫階級鬥爭就有點絕對化」等論調，宣揚階級鬥爭熄滅論，同革命樣板戲在激烈的階級鬥爭中塑造無產階級英雄典型的創作經驗唱對臺戲。

3 月 11 日

《人民日報》發表北京京劇團楊春霞、洪雪飛的文章〈毛主席的重要指示鼓舞我們繼續戰鬥〉。該文認為：正當反擊右傾翻案風的偉大鬥爭在全國勝利發展的時刻，《人民日報》社論傳達了偉大領袖毛主席的重要指示：「翻案不得人心。」毛主席的指示，說出了廣大革命文藝工作者的心裏話，充分表達了我們反復辟、反倒退，堅持在無產階級專政下繼續革命的強烈願望，引導和激勵我們把這場反擊右傾翻案風的鬥爭進行到底。通過學習毛主席的這一重要指示，我們更加深刻地認識到，當前的主要危險仍然是修正主義；而那些名為「共產黨員」，實際上代表了黨內外的新舊資產階級利益的走資派，是最危險的。為了保衛無產階級文化大革命的勝利成果，為了保衛革命樣板戲，我們決心同還在走的走資派鬥爭到底！

3月12日

《人民日報》發表方澤生的〈攻擊革命樣板戲就是否定文藝革命〉(第3版)：去年夏季前後，同教育界、科技界的右傾翻案風相呼應，文藝界也冒出了種種奇談怪論，颳起一股右傾翻案風。他們緊鑼密鼓肆無忌憚地向偉大領袖毛主席為首的黨中央，向毛主席的無產階級革命文藝路線發動進攻。

同日，《人民日報》（第3版）解放軍某部王子彥、馮希望，〈讓無產階級英雄形象牢固占領舞臺〉：在兩個階級、兩條路線的激烈鬥爭中誕生、發展的革命樣板戲，是實踐毛主席的革命文藝路線的光輝典範，是社會主義文藝舞臺上的絢麗鮮花，深受廣大工農兵群眾的熱烈歡迎。

3月14日

新華社上海1976年3月14日電：偉大領袖毛主席親自發動和領導的反擊右傾翻案風的鬥爭，正在上海文藝界勝利展開。廣大文藝戰士以階級鬥爭為綱，深入批判黨內那個不肯改悔的走資派拋出的「三項指示為綱」的修正主義綱領。

3月15日

《人民日報》的〈翻案不得人心　反擊大得人心〉（第1版）報導：上海廣大文藝戰士深入批判「三項指示為綱」，熱情歌頌革命樣板戲，決心把文藝革命進行到底。

3月16日

于會泳召開文化部創作座談會。于會泳在會上號召寫與「走資派」鬥爭的作品，說：「可以寫縣委、市委的黨委書記搞復辟，也可以寫一個省、一個部嘛！」這次會上，于會泳抓了二十部所謂「重大題材」的文藝作品規劃（包括電影、小說、戲劇)。其中，寫中央部長、副部長或省委書記是「走資派」的有八部，寫地、縣(包括工廠)一級領導幹部是「走資派」的十二部。在這次會上，還進一步布置、落實改編電影《春苗》、《決裂》、《戰船臺》、《第二個春天》為京劇的創作任務。上海劇團搞《春苗》，山東劇團搞《第二個春天》，中國京劇團搞《戰船臺》，北京京劇團搞《決裂》。承擔《春苗》改編任務的上海京劇團《智取威虎山》劇組以最快速度投入了創作改編。當年9月底，京劇《春苗》已如期在上海徐匯劇場進行了彩排。

3月17日

《人民日報》發表文章〈革命樣板戲鼓舞著我們去戰鬥——小靳莊大隊幹部社員批駁黨內那個不肯改悔的走資派攻擊革命樣板戲的謬論〉(第3版)：天津市寶坻縣小靳莊大隊的幹部和社員，在黨內那個不肯改悔的走資派颳起的右傾翻案風面前，泰山壓頂腰不彎。今天，反擊右傾翻案風的戰鬥更使他們鬥志昂揚。最近，他們舉行座談會，用以革命樣板戲為標誌的文藝革命的豐碩成果，用小靳莊人民學唱、普及革命樣板戲的生動事實，批判黨內那個不肯改悔的走資派污衊革命樣板戲是「一花獨放」等謬論，揭露他否定文藝革命，攻擊革命樣板戲就是為了復辟資本主義的反動實質，決心以階級鬥爭為綱，保衛和發展無產階級文化大革命的勝利成果。

同日，《人民日報》的〈雜技煥發新光采　有力回擊翻案風〉(第4版)報導：參加全國雜技調演的文藝工作者用文藝革命的豐碩成果，批判黨內那個不肯改悔的走資派污衊革命樣板戲是「一花獨放」的謬論。

新華社1976年3月17日訊：在反擊右傾翻案風的鬥爭中，正在北京參加全國雜技調演的各地文藝戰士，一面緊張地參加調演活動，一面認真學習無產階級專政理論，學習毛主席關於反擊右傾翻案風的一系列重要指示，在駐地張貼大字報，召開批判會，奮起反擊黨內那個不肯改悔的走資派在文藝界颳起的右傾翻案風。

3月19日

《人民日報》(第3版)〈以階級鬥爭為綱，鞏固和發展無產階級文藝革命五種全國性藝術刊物創刊〉介紹：《人民戲劇》、《人民電影》、《人民音樂》、《舞蹈》、《美術》即將和廣大讀者見面。

新華社 1976 年 3 月 19 日訊：在反擊右傾翻案風偉大鬥爭深入發展的大好形勢下，為了進一步繁榮社會主義創作，活躍評論，滿足廣大工農兵的革命需要，新創辦的《人民戲劇》、《人民電影》、《人民音樂》、《舞蹈》、《美術》等五種全國性藝術刊物，即將在 3 月下旬陸續和廣大讀者見面。「百花齊放、百家爭鳴」等一系列方針政策，鞏固和發展無產階級文藝革命，為鞏固無產階級專政，為在文藝領域內實行無產階級對資產階級的全面專政而努力奮鬥。這五種刊物目前都是雙月刊，從今年 7 月份開始將陸續轉為月刊。

3 月 20 日

《朝霞》第 3 期刊載舒浩晴的〈「銅牆鐵壁，鑄遍萬里關山」——評革命現代京劇《磐石灣》〉。

3 月 21 日

新華社鄭州 1976 年 3 月 21 日電：戰鬥在河南省文藝革命第一線的廣大文藝戰士，最近在參加省農業學大寨專題創作會議和曲藝調演大會期間，紛紛舉行座談會、批判會，批判黨內那個不肯改悔的走資派拋出的「三項指示為綱」的修正主義綱領，以親身實踐取得的文藝革命成果，有力地回擊了右傾翻案風[6]。

3 月 23 日

《人民日報》（第 2 版），中國京劇團《紅燈記》劇組，〈革命樣板戲好——批判黨內不肯改悔的走資派污衊革命樣板戲的謬論〉：

黨內那個不肯改悔的走資派一向是無產階級文藝革命的反對派。十年前，他就瘋狂反對京劇革命。十年後，他重新工作不久，就背著毛主席和黨中央，拋出「三項指示為綱」的修正主義綱領，否定以階級鬥爭為綱，改變黨的基本路線，復辟資本主義。在文藝上，他惡毒攻擊革命樣板戲，說什麼「樣板戲不能一花獨

[6] 新華社，〈革命樣板戲促進了文藝創作的繁榮　河南省廣大文藝戰士以親身實踐回擊右傾翻案風〉，北京：《人民日報》，1976 年 3 月 22 日。

放」、「什麼樣板戲都賣不出去票了」，等等，妄圖否定以革命樣板戲為標誌的文藝革命。在他眼裏，今天的文藝戰線簡直是「禮崩樂壞」、「今不如昔」，文藝革命糟得很。與此截然相反，廣大工農兵則同聲讚揚：「以革命樣板戲為標誌的無產階級文藝革命好得很！」我團和各樣板戲劇組無論在京演出還是到各地巡迴演出，場場都擠滿熱情的觀眾。深入工廠、農村、部隊演出時，人們扶老攜幼，甚至從百多里外跋山涉水趕來，常常出現成千上萬的工農兵群眾冒著酷熱或頂著風雨觀看樣板戲的動人情景。工農兵滿懷激情地說：「革命樣板戲唱出了我們的心聲，看起來沒有夠，一輩子學不完」，齊聲歡呼：「革命樣板戲好！」

同日，浩然，〈跟修正主義文藝路線鬥到底〉：毛主席最近指出：「翻案不得人心。」毛主席的重要指示，充分表達了我們革命文藝工作者反擊右傾翻案風，保衛文化大革命勝利成果的強烈願望，鼓舞我們把以革命樣板戲為標誌的文藝革命進行到底。去年夏季前後，黨內不肯改悔的走資派在社會上颳起了一股右傾翻案風。這股風，在教育、科技界颳，也在文藝界颳。他們的翻案活動，是有理論、有綱領、有組織的。什麼樣板戲是「一花獨放」、「阻礙文藝發展啦」，什麼《春苗》是「極左」啦，什麼文藝戰線「今不如昔」啦，等等，等等。這股風的矛頭是指向革命樣板戲，以及在革命樣板戲帶動下文藝戰線產生的新生事物的。他們的目的，就是要否定無產階級文藝革命的偉大成果，扼殺革命的新生力量，再把我們拉回到十七年修正主義文藝路線的邪路上去，使文藝重新變成復辟資本主義的工具。

3月26日

《人民日報》發表〈工農兵就是愛看革命樣板戲　廣西文藝戰士批判走資派污衊革命樣板戲的謬論，決心把文藝革命進行到底〉（第4版）。

3月27日

《人民日報》發表魯戈的文章〈學習和運用革命樣板戲經驗的又一成果——評革命現代京劇《紅雲崗》中英嫂形象的塑造〉。革命現代京劇《紅雲崗》是軍民血肉關係、魚水深情的動人頌歌。它形象、深刻地揭示了「子弟兵為人民，人民是靠山」的真理，精雕細刻地描繪了普通農村婦女英嫂的光彩奪目的英雄形象。這是努力實踐毛主席的革命文藝路線的結果，是堅持文藝革命的方向、堅持學習和運用革命樣板戲的創作經驗所取得的又一可喜成果。這是對黨內那個不肯改悔的走資派污衊社會主義文藝「今不如昔」，革命樣板戲是「一花獨放」等無恥濫言的有力批判！

3月29日

《人民日報》（第2版），北京冶金機械廠工人理論組，〈喜看革命文藝百花盛開〉。

同日，《人民日報》發表上海船廠張家港分廠葛乃文的文章〈從「一天一本」到「一花獨放」〉。

3月31日

《人民日報》（第6版）專欄發表革命現代京劇《紅雲崗》劇照。

本月

由文化部主辦的《舞蹈》、《人民戲劇》、《美術》、《人民電影》、《人民音樂》在北京相繼復刊。

北京大學、清華大學寫作組等，《革命樣板戲論文集（第1編）》，人民文學出版社，1976年3月。

4月1日

《解放軍文藝》第4期開闢〈認真學習毛主席的重要指示，堅決反擊右傾翻案風〉專欄，並刊登了初瀾的文章〈堅持文藝革命，反擊右傾翻案風〉、王願堅和陸柱國的文章〈堅持學習革命樣板戲，迎頭痛擊右傾翻案風〉。

4月2日

《人民日報》新華社〈用戰鬥來保衛和發展文藝革命成果〉報導：正在青島深入生活，參加勞動，完成新的創作任務的山東省京劇團《奇襲白虎團》劇組文藝戰士，以階級鬥爭為綱，深入批判黨內那個不肯改悔的走資派拋出的「三項指示為綱」的修正主義綱領，決心以實際行動來保衛和發展無產階級文化大革命和文藝革命的勝利成果，堅決回擊右傾翻案風。

4月4日

《人民日報》（第4版）發表革命現代京劇《審椅子》劇照。

同日，《人民日報》（第4版）京劇舞蹈《戰海浪》劇照。

4月5日

《人民日報》（第2版）山東省京劇團《奇襲白虎團》劇組，〈堅持文藝革命　反對翻案復辟〉認為：毛主席最近指出：「翻案不得人心。」毛主席的話，充分表達了我們反對復辟倒退、堅持繼續革命的強烈願望，深刻揭示了翻案復辟注定失敗的歷史規律，鼓舞我們把反擊右傾翻案風的鬥爭進行到底！

4月20日

《人民日報》發表大連海港工人文藝評論組的文章〈不許鄧小平攻擊革命樣板戲〉。

4月25日

《解放軍文藝》第4期評論：王願堅、陸柱國〈堅持學習革命樣板戲，迎頭痛擊右傾翻案風〉。

本月

《紅旗》雜誌社等，《還原舞臺，高於舞臺（革命樣板戲影片評論集，第一輯）》，人民文學出版社。

5月6日

《人民日報》（第 3 版）專欄：河北省臨西縣東留善固大隊黨支部的文章〈文藝革命好〉批判道：黨內最大的不肯改悔的走資派鄧小平，睜著眼睛說瞎話，把文藝革命的大好形勢說得漆黑一團，攻擊革命樣板戲是「一花獨放」。事實是對這種謬論的有力批判。

同日，廣西冶建公司三工區工人評論組的〈謊言騙不了群眾〉，批判道：「鄧小平說什麼：『樣板戲都賣不出去票了。』這完全是謊言，騙不了群眾。」

山西省襄汾縣北李大隊貧下中農評論組的文章〈革命樣板戲鼓舞俺們去戰鬥〉（《人民日報》，第 3 版）寫道：隨著無產階級文藝革命的開展，一批革命樣板戲誕生了。工農兵英雄形象在社會主義文藝舞臺上傲然屹立。俺們貧下中農無不揚眉吐氣，歡欣鼓舞。俺們看在眼裏，喜在心裏，越看越愛看。現在俺們大隊百分之七十的社員都學會了唱革命樣板戲的選段。田間地頭、街頭巷尾、家庭院落，到處都可以聽到革命樣板戲那高亢激越的聲音。大家越唱越愛唱，越唱越會唱。革命樣板戲鼓舞著俺們去戰鬥。鄧小平攻擊革命樣板戲，就是妄圖否定文藝革命，從文藝舞臺到政治舞臺復辟資本主義。但是，這是白日做夢。誰要搞修正主義，要算文化大革命的帳，翻文化大革命的案，俺們貧下中農就和他鬥到底！

解放軍某部畲族戰士蘭高良的〈保衛革命樣板戲〉（《人民日報》，第 3 版）寫道：我們畲族人民同全國各族人民一樣，最愛革命樣板戲。每逢放映革命樣板戲電影時，我的家鄉白門山寨畲族人民都爭先恐後地觀看。青少年一收工回來，飯都顧不上吃，就往電影場跑。連六七十歲的老人也拄著拐棍，長途跋涉去看。山寨像過節一樣的熱鬧。我們所以那樣愛革命樣板戲，是因為革命樣板戲把文化大革命前宣揚帝王將相、才子佳人的壞戲趕下了文藝舞臺，第一次塑造了我們工農兵的英雄典型。它演的是工農兵，宣傳的是黨的基本路線，唱出了我們各族人民的革命心願。

甘肅省肅南裕固族自治縣電影管理站華漢生的〈裕固族人民愛看樣板戲〉（《人民日報》第 3 版）寫道：革命樣板戲的問世，廣大工農兵群眾讚不絕口，拍手叫好。黨內最大的不肯改悔的走資派鄧小平攻擊和污衊革命樣板戲的謊言，絕對騙不了廣大工農兵。我們戰鬥在文藝宣傳陣地的人最清楚。我縣裕固族廣大群眾最喜愛革命樣板戲。無產階級文化大革命以來，每當革命樣板戲影片廣告貼出後，售票窗前就擠滿了人群。不到二千人的縣城，每部革命樣板戲電影至少得映三場，許多人看了一次還要看第二次。有時一晚連放幾場，到深夜一兩點鐘還是座無虛席。幾年來，我縣共放映樣板戲影片一千八百多場，全縣不到三萬人，觀眾達三十多萬人次。僅 1976 年春節期間，全縣電影放映隊，安排映出革命樣板戲影片和其他革命影片就有七十場。事實雄辯地證明：革命人民最愛看革命樣板戲。這對黨內最大的不肯改悔的走資派鄧小平顛倒黑白、攻擊和污衊樣板戲的謬論是一個有力的批判。

5 月 13 日

中國上海京劇團 5 月 13 日晚在東京舉行首場演出。革命現代京劇《智取威虎山》第一次同廣大日本群眾見面，受到了四千名觀眾的熱烈讚賞。中國上海京劇團團長向旭、副團長孟波、陸漢文和中國駐日本大使陳楚陪同三笠宮崇仁親王夫婦以及主辦團體的負責人日中文化交流協會理事長中島健藏等觀看了演出。出席觀看演出的還有日本各界朋友黑田壽男、藤山愛一郎、小阪善太郎、西園寺公一、和泉覺、山崎尚見、清水正夫、松山樹子、河原崎長十郎、河原崎靜江、杉村春子以及旅日朝僑和旅日愛國華僑團體的負責人。四十多個國家的駐日使節也觀看了演出。《智取威虎山》的演出，引起了日本廣大觀眾眾的熱烈反應。日本著名演員河原崎長十郎激動地說：「革命現代京劇就是好。它同舊京劇本質上的區別就在於舊京劇是反映舊時代帝王將相、才子佳人的腐朽沒落的東西，而在無產階級文化大革命中經過千錘百鍊的革命現代京劇，則是用毛澤東思想塑造、歌頌新時代主人的英雄形象。」他接著強調說：「沒有毛主席的革命路線，就不會有這樣的革命現代京劇。」許多日本朋友也表示，《智取威虎山》全劇威武雄壯，成功地塑造了楊子榮這個頂天立地的無產階級的英雄形象，從他身上看到了光輝的共產主義精神。演出結束時，觀眾把一束束鮮花贈送給演員，熱烈祝賀演出成功。紅色字幕上映出了「中日兩國人民友好萬歲」的橫幅標語。演員們揮動花束，全場觀眾在樂曲聲中發出了經久不息的掌聲。5 月 13 日，日本外務大臣宮澤喜一彌在東京分別會見了中國上海京劇團團長向旭，副團長孟波、陸漢文和演員童祥苓[7]、齊淑芳[8]等部分團員。賓主進行了友好交談。[9]

5月19日

《人民日報》（第 4 版）殷炎的文章〈交響音樂藝術革命的新勝利〉認為：繼中央樂團的革命交響音樂《沙家濱》之後，上海樂團成功地創作和演出了革命交響音樂《智取威虎山》。革命交響音樂《智取威虎山》的成就，首先在於它發揮了交響音樂的特點，塑造了無產階級英雄楊子榮的高大形象。革命交響音樂《智取威虎山》的另一成就，是它在作品中塑造了正面人物參謀長、李勇奇、常寶的生動形象。塑造好這幾個人物的形象，是為了襯托和突出楊子榮的英雄形象，同時也是為了完整而動人地概括整個事件、表現主題思想的需要。革命交響音樂《智取威虎山》的第三個成就，是整個作品批判地繼承、借鑑外國交響音樂的藝術經驗和民族音樂藝術傳統的優秀成果，創造了豐富多彩的藝術形式。整個樂隊除了傳統的交響樂隊的樂器組合之外，還使用了傳統京劇音樂的文武場樂器，並增加了笛子、琵琶、板胡以及大鑼、大鼓等民族樂器，形成了一個音色豐富、音域寬

---

7 童祥苓（1935-），男，京劇老生。祖籍江西南昌，生於天津。自幼酷愛京劇，八歲學戲，先後向劉盛通、雷喜福、錢寶森等學藝，多演余戲。後又拜馬連良、週信芳為師，余、馬、麒各派劇目均能演出。童祥苓文武兼備，演唱富有韻味，做功細緻，善於刻劃人物。擅演劇目有《龍鳳呈祥》、《桑園會》、《群英會》及現代京劇《智取威虎山》等。在《群英會　借東風　華容道》中前飾魯肅，中飾孔明，後飾關羽；在《龍鳳呈祥》中前飾喬玄，後飾魯肅，不同人物的表演各具特色（該小傳參考了《梨園百年瑣記》，http://history.xikao.com/index.php）。

8 齊淑芳（1942-），女，京劇旦角。自幼受其嫂張美娟的精心傳授。曾是上海戲曲學院的高才生，並曾擔任上海青年京劇團及上海京劇院的主要演員。文武俱佳，基本功深厚。曾受到杜近芳、張君秋、陳效琴、趙燕俠以及漢劇陳伯華的傳授。她博採眾長，刻苦鑽研，加上她的嗓音高亮甜潤，演唱富有情感，且表演細膩，已經形成了引人入勝的獨特風格。（該小傳參考了梨園百年瑣記，http://history.xikao.com/index.php）

9 〈上海京劇團在東京首場演出受到熱烈讚賞〉，北京：《人民日報》，1976 年 5 月 15 日。

廣、音量宏大，具有高度交響性能的樂隊。這樣就為創作反映中國人民革命鬥爭生活的具有民族特色的交響音樂準備了優良的條件。

同日，〈沿著毛主席的無產階級文藝路線勝利前進——讚革命交響音樂《智取威虎山》〉。

5月11日

5月11日至6月29日，中國上海京劇團一行一百三十人應日本民主協會、日中文化交流協會邀請赴日訪問演出。劇目有現代京劇《智取威虎山》全劇，現代京劇小戲《審椅子》、《津江渡》、《智取威虎山》選場《打虎上山》、《磐石灣》選場《蜂窩洞》、《狼牙礁》。

5月19日

《人民日報》發表殷炎的文章〈交響音樂藝術革命的新勝利〉。

5月21日

《人民日報》發表江天的文章〈批判鄧小平妄圖扼殺群眾文藝的險惡用心〉。

同日，《人民日報》（第2版）〈在革命樣板戲的推動下新疆民族文藝空前繁榮〉報導：無產階級文化大革命以來，新疆維吾爾自治區各族文藝工作者和廣大工農兵群眾，熱愛革命樣板戲，學唱革命樣板戲，利用民族文藝形式大力移植革命樣板戲。在革命樣板戲的推動下，新疆民族文藝推陳出新，出現百花齊放，空前繁榮的景象[10]。

5月22日

《人民日報》（第4版）發表祝宏遠的文章〈紅旗拂天　戰歌入雲——從「5・1」首都文藝演出看革命文藝的戰鬥作用〉：在深入批判鄧小平、反擊右傾翻案

---

10 〈在革命樣板戲的推動下　新疆民族文藝空前繁榮〉，北京：《人民日報》（第2版），1976年5月21日。

風取得偉大勝利的形勢下，在歡慶「五一」的日子裏，首都廣大工農兵業餘文藝工作者和專業文藝工作者，進行了多次文藝演出。其中許多節目受到廣大工農兵群眾的熱烈歡迎。5 月的首都文藝舞臺，勝利的歌聲有如春潮浩蕩，革命大批判的砲聲有如春雷滾滾！從「五一」首都文藝演出節目中看到革命文藝緊密配合批鄧、反擊右傾翻案風，歌頌文化大革命，有力地發揮了戰鬥作用。僅僅在城區，由四萬七千多名宣傳員組成的一千三百多個業餘文藝宣傳隊，在節日演出的六千多個文藝節目中，批判鄧小平的就有百分之五十。真是同仇敵愾，壯志凌雲！

同日，《人民日報》（第 4 版）發表北京大學中文系工農兵學員吳江、張全明的文章〈戰鬥的舞蹈　革命的頌歌〉：帷幕隨著雄壯有力的樂曲拉開了：工人毛澤東思想宣傳隊在毛主席「工人階級必須領導一切」的偉大號召下，高舉戰旗衝上了曾被資產階級盤踞的教育陣地，進駐了清華大學。

5 月 23 日

《人民日報》發表初瀾的文章〈深入批判鄧小平　堅持文藝革命——學習《在延安文藝座談會上的講話》〉：惡毒攻擊革命樣板戲，否定文藝革命成果，為資產階級爭奪思想陣地，這是鄧小平「整頓」文藝的集中表現[11]。

6 月 6 日

《人民日報》發表署名瀋陽松陵機械廠工會委員會的文章〈就是要大唱革命樣板戲〉（第 3 版）：我們廠的工人們，在 5 月 16 日參加了瀋陽市慶祝無產階級文化大革命十週年所舉辦的萬人歌詠大會之後，又在 5 月 23 日參加了全市紀念毛主席〈在延安文藝座談會上的講話〉發表三十四週年所舉辦的革命樣板戲演唱大會。工人們激動地說：「我們就是要大唱革命歌曲！我們就是要大唱革命樣板戲！」

---

[11] 初瀾，〈深入批判鄧小平　堅持文藝革命——學習〈在延安文藝座談會上的講話〉〉，北京：《人民日報》，1976 年 5 月 23 日。

6月12日

《人民日報》發表北京電影製片廠於洋的文章〈在電影革命的大路上前進〉：革命樣板戲是無產階級文藝革命的豐碩成果，是實踐毛主席的革命文藝路線的光輝典範。革命樣板戲有力地推動了電影革命的事實，有力地批駁了黨內最大的不肯改悔的走資派鄧小平污衊革命樣板戲「一花獨放」等奇談怪論。

同日，《人民日報》（第 4 版）發表山東師範學院中文系齊鑄文、胡志煒，中國人民解放軍某部張雨生的文章〈同還鄉團做鬥爭的英雄形象——革命現代京劇《紅雲崗》觀後〉，認為：革命現代京劇《紅雲崗》堅持以階級鬥爭為綱，運用革命現實主義和革命浪漫主義相結合的創作方法，通過抒寫一個普通農村勞動婦女英嫂用奶汁救傷員的事件，熱情地謳歌了解放戰爭時期我沂蒙山區軍民在黨的領導下，對國民黨還鄉團英勇鬥爭的革命精神，描繪了一幅復辟與反復辟激烈鬥爭的絢麗的畫卷。在當前深入批判鄧小平、反擊右傾翻案風的偉大鬥爭中，我們觀看了《紅雲崗》，從中受到很大的教育和鼓舞。

同日，全國曲藝調演今天開始在北京舉行。二十八個省、市、自治區和部隊、鐵路、廣播等方面的曲藝工作者，帶著一百八十二個曲種的四百多個節目聚集北京，社會主義曲壇這一繁花似錦的生動局面，是對黨內不肯改悔的走資派鄧小平惡毒攻擊文藝革命的又一有力回擊[12]。

6月15日

《人民日報》（第 3 版）發表金學迅的文章〈文藝舞臺是階級專政的工具〉。

《人民日報》（第 3 版）發表聞哨的文章〈社會主義文藝的根本任務不容竄改〉：

> 十年前，在偉大領袖毛主席親切關懷下產生的〈部隊文藝工作座談會紀要〉明確指出：「要努力塑造工農兵的英雄人物，這是社會主義文藝的根本任務。」堅持還是反對這個根本任務，一直是毛主席的革命文藝路線

---

[12] 〈社會主義曲壇繁花似錦〉，北京：《人民日報》（第 4 版），1976 年 6 月 13 日。

與修正主義文藝路線鬥爭的一個突出表現。黨內最大的不肯改悔的走資派鄧小平，公然攻擊堅持這一根本任務的革命樣板戲是「一花獨放」，在他的煽動下，文藝界就有人攻擊社會主義文藝塑造無產階級英雄典型的根本任務「不科學」、「不妥當」；他們撿起「中間人物」論等破爛，鼓吹寫主要英雄人物的錯誤和缺點；他們反對在一切人物中突出主要的英雄人物，鼓吹寫「群像」。他們的目的，是反對無產階級英雄典型占領舞臺中心，反對無產階級在文藝領域對資產階級的專政，妄圖從文藝舞臺到政治舞臺全面復辟資本主義。因此，對於這些否定社會主義文藝根本任務的奇談怪論，必須予以批判[13]！

7月13日

《人民日報》發表辛文彤的文章〈不准鄧小平為文藝黑線翻案〉。

同日，《人民日報》發表署名陝西省合陽縣農民業餘革命故事編講小組的文章〈革命樣板戲給咱的好處說不完〉（第3版）。

7月26日

《人民日報》（第5版）發表呂遠、張華山、馬春生、瞿闊民的文章〈革命的頌歌　戰鬥的樂章——革命交響音樂《智取威虎山》座談會紀要〉報導：革命交響音樂《智取威虎山》公演以來，受到了廣大工農兵群眾的熱烈歡迎。不久前，我們邀請北京部分工農兵和專業音樂工作者進行座談。大家熱情稱讚這是貫徹執行毛主席革命文藝路線的又一部社會主義的交響樂，是無產階級文化大革命和文藝革命的又一勝利成果。大家並一致認為，這也是對黨內最大的不肯改悔的走資派鄧小平攻擊革命樣板戲的有力回擊。下面是座談會的部分發言摘要。

同日，《人民日報》發表海軍政治部歌舞團呂遠的文章〈無產階級英雄的音樂形象〉。

---

13 聞哨，〈社會主義文藝的根本任務不容竄改〉，北京：《人民日報》（第3版），1976年6月15日。

7月30日

《人民日報》發表本報記者的報導〈革命現代京劇在日本——記中國上海京劇團訪日演出〉。白浪滔天的東海是千百年來中日人民友好交往的見證，悠久的兩國文化交流傳頌著許多友誼佳話。今年5月中旬至6月底，中國的革命現代京劇首次在日本演出，受到日本人民熱烈歡迎。

8月9日

《人民日報》發表大寨大隊黨支部的文章〈俺們最愛看革命電影〉：

文化大革命以來放映的革命電影，是在思想文化領域裏無產階級對資產階級實行全面專政的有力武器。看革命電影不是為了「娛樂」、「消遣」，而是為了戰鬥。通過電影的形象對群眾進行思想教育，對於鞏固和發展無產階級文化大革命的勝利成果，批判鄧小平、反擊右傾翻案風，進一步鞏固和加強無產階級專政，具有很大的推動作用。每次演電影，從七八十歲的老人，到少年兒童，大家都去看。看了電影，還要議電影，議在階級鬥爭上，議在路線鬥爭上，議在繼續革命上。比如，俺們看了革命樣板戲影片《海港》以後，黨支部組織幹部、社員討論：「從海港的風雨看虎頭山的鬥爭。大家議論得可熱烈哩。有的說，看了《海港》受到了一次黨的基本路線教育，受到了一次無產階級專政下繼續革命的教育，受到了一次無產階級國際主義思想的教育。表示要好好學習馬克思主義、列寧主義、毛澤東思想，進一步批判鄧小平反革命的修正主義路線，提高識別真假馬克思主義的能力。」[14]

8月23日

《人民日報》（第3版）發表邊善基的文章〈鬥爭中方顯出英雄本色——評革命現代京劇彩色影片《審椅子》〉認為：革命現代京劇彩色影片《審椅子》，在

[14] 大寨大隊黨支部，〈俺們最愛看革命電影〉，北京：《人民日報》（第3版），1976年8月9日。

認真學習革命樣板戲影片拍攝經驗的基礎上，充分運用電影藝術的表現手段，進一步塑造和突出了丁秀芹這個反復辟鬥爭的無產階級英雄典型。

9月7日

《人民日報》（第 4 版）發表聞哨的文章〈曲藝革命的豐碩成果——談曲藝移植革命樣板戲〉。

> 曲藝如何移植革命樣板戲？如何通過曲藝的說唱、表演等藝術手段，把革命樣板戲中塑造的無產階級英雄形象，在曲藝舞臺上再現出來？這是個新的課題。而首要一步是完成曲藝的文學腳本的改編工作。因為曲藝不同於戲劇，除小段外一般全劇和選場都需要改編，所以必須在忠於原作的基礎上運用曲藝特有的一人多角、出出進進、敘事與代言相結合等藝術手段，把革命樣板戲的主題思想、人物形象表現出來。
>
> 革命的政治內容，必然要求對舊藝術形式進行改造與革新。曲藝這種藝術，說唱、表演是它的重要手段，因此曲藝的音樂唱腔、表演等方面的藝術革新問題，在移植革命樣板戲的工作中是個很重要的環節。調演中很多移植革命樣板戲的節目遵照毛主席關於「百花齊放，推陳出新」、「古為今用，洋為中用」的方針，努力學習和運用革命樣板戲的創作經驗，從內容出發，從人物形象出發，對本曲種的音樂唱腔，表演藝術進行大幅度的革新，剔除了過去用以表現帝王將相、才子佳人哀怨纏綿感情的低沉委靡曲調，換以表現工農兵豪邁、昂揚感情的剛勁、挺拔的旋律，力圖做到時代精神和曲種特色的統一。表演藝術上也儘量做到乾淨洗鍊、煥然一新。
>
> 有些民族曲種移植革命樣板戲的曲目，在藝術革新方面做得也很有成績，做到了時代音調與民族色彩的辯證統一。
>
> 革命樣板戲是實踐毛主席革命文藝路線的光輝樣板，是進行思想和政治路線教育的形象化教材和批判一切腐朽沒落的剝削階級意識形態的銳利武器。用各種文藝形式移植革命樣板戲，對於無產階級在上層建築領域內對資產階級實行全面專政，鞏固和發展無產階級文化大革命的勝利成果，具有重大的意義。曲藝以它特有的輕便靈活的藝術形式移植革命樣板

戲，這將有利於革命樣板戲在更大範圍內的普及和推廣，為進一步用社會主義文藝占領城鄉思想文化陣地、鞏固無產階級專政發揮更大的作用。同時，曲藝移植革命樣板戲也推動和促進了各個曲種的改革和發展，是曲藝革命的必由之路。

9月9日

毛澤東逝世，「四人幫」加快了奪權步伐。王洪文企圖取代黨中央的領導。同時向上海民兵分發武器，為叛亂做準備。

9月20日

《人民日報》發表中國京劇團的文章〈我們心中的太陽永不落〉：

毛主席的豐功偉績是永存的，我們心中的太陽永遠不落！我們全團的革命文藝戰士，含淚向黨黨莊嚴宣誓：我們一定要繼承毛主席的遺志，堅持以階級鬥爭為綱，堅持黨的基本路線，堅持無產階級專政下的繼續革命。我們要緊密團結在黨中央周圍，深入批鄧，繼續開展反擊右傾翻案風的鬥爭。我們要以更大的幹勁，更快的速度，更高的質量，創作更多的革命現代京劇，沿著毛主席指引的方向，不斷奪取無產階級文藝革命的新勝利。我們一定要把無比的悲痛化作沖天的烈焰，去燒毀舊世界遺留下的污垢；把無比的悲痛化作巨大的熱情，去歌頌革命鬥爭的勝利，去塑造同走資派做鬥爭的無產階級英雄形象。我們無產階級文藝戰士，將堅定不移地沿著毛主席開闢的革命航道，乘風破浪，永遠向前！

9月24日

《人民日報》（第3版），湖南省花鼓戲劇團，〈一定要把文藝革命進行到底〉寫道：敬愛的偉大領袖和導師毛主席逝世的噩耗傳來，我們劇團的革命文藝戰士聲淚俱下，萬分悲痛。大家深切地體會到：我們的黨有今天，我們的國家有今天，我們的人民有今天，都是毛主席英明領導的結果；我國的文藝戰線有今天，湖南花鼓戲劇種有今天，同樣是偉大領袖毛主席英明領導的結果。

9月27日

《人民日報》（第2版），上海京劇團，〈繼承毛主席的遺志 把文藝革命進行到底〉。該文寫道：敬愛的偉大領袖和導師毛主席逝世的消息傳來，我團全體革命文藝戰士無比悲痛。回顧毛主席領導全黨、全軍、全國人民進行革命走過的光輝歷程，立下的豐功偉績，我們決心繼承毛主席的遺志，按照毛主席的革命路線把文藝革命進行到底。

9月28日

同日，《人民日報》（第2版），山東省京劇團《奇襲白虎團》劇組，〈奪取文藝革命的更大勝利〉。

10月4日

《光明日報》登載「四人幫」砲製的文章〈永遠按毛主席的既定方針辦〉，偽造所謂「按既定方針辦」的毛主席臨終囑咐，圖謀執掌黨和國家的最高領導權。

10月6日

華國鋒、葉劍英、汪東興在中南海採取行動，對「四人幫」進行隔離審查。

10月7日

《人民日報》發表北京京劇團的文章〈努力作戰　繼續革命〉：

偉大的領袖和導師毛主席與世長辭了，但毛澤東思想永放光芒，毛主席的革命路線深入人心，毛主席開創的無產階級革命事業後繼有人，他老人家親手培育的社會主義文藝之花，必將越來越繁茂地開放。我們要牢記毛主席的教導，堅持以階級鬥爭為綱，堅持黨的基本路線，堅持無產階級專政下的繼續革命，把深入批判鄧小平、反擊右傾翻案風的鬥爭進行到底。只要我們堅定地沿著毛主席指出的大道前進，堅決執行毛主席的革命路線，在今後的征途上，不管遇到多少艱難險阻，都不能阻擋我們前進，勝利一定是屬於我們的！

同日，中共中央政治局一致通過華國鋒任中國共產黨中央委員會主席、中共中央軍委主席，將來提請中央全會追認。

10 月 7 日至 14 日，中共中央政治局在北京分批召開了中央黨、政、軍機關，各省、市、自治區、各大軍區負責人參加的打招呼會議，通報了王洪文、張春橋、江青、姚文元反黨集團事件，提出了既要解決問題，又要穩定局勢的方針。會議期間，華國鋒提出要「繼續批鄧、反擊右傾翻案風」，號召廣大黨員幹部對「文化大革命」要做到「三個正確對待」，即所謂正確對待「文化大革命」，正確對待群眾，正確對待自己。葉劍英在會上指出，粉碎「四人幫」篡黨奪權的陰謀，只是「初戰的勝利」，至於從思想上肅清「四人幫」的餘毒，還得長時間努力。

10月23日

中共中央批轉中聯部等單位〈關於對涉及「四人幫」反黨集團的影片、電視片、戲劇、畫片和書刊等問題的處理意見〉（1976.10.23；中發〔1976〕18 號）

各省，市、自治區黨委，各大軍區，省軍區，野戰軍黨委，中央和國家機關各部委黨委、領導小組或黨的核心小組，軍委各總部，各軍兵種黨委：現將中聯部、文化部、新華社、國家出版局〈關於對涉及「四人幫」反黨集團的影片、電視片、戲劇、畫片和書刊等問題的處理意見〉轉發給你們，請參照執行。

附：中聯部、文化部、新華社、國家出版局關於對涉及「四人幫」反黨集團的影片、電視片、戲劇、畫片和書刊等問題的處理意見

（1976 年 10 月 21 日）

根據中共中央 1976 年十六號文件的精神，對涉及王洪文、張春橋、江青、姚文元「四人幫」反黨集團的影片、電視片、照片、畫片和中外文書刊等，提出如下的處理意見：

一，凡帶有王、張、江、姚「四人幫」形象的影片、電視片、照片、畫片、中文書刊、畫冊和連環畫，一律停止放映、展出和出售，也停止對外供應。

如外國人要放映、展出、陳列此類影片、電視片、照片、畫片和書刊時，分別不同情況，勸阻或置之不理。

二，凡「四人幫」的著作、文章、講話稿一律停止印行和陳列。其他人的著作引用了他們四人的修正主義言論和有宣揚他們內容的，可分別情況，或者經過處理後印行，或者停止印行。

三，歷史性紀錄電影、照片、畫冊中，有他們四人形象的，經過處理（刪去他們四人形象），可繼續發行、陳列，也可向外提供。

四，對歷史性文件，如《中國共產黨第十次全國代表大會第一次會議文件彙編》、《中華人民共和國第四屆全國人民代表大會第一次會議文件》等，不再發行、展出和陳列，但可應索供應。以後印行十大《關於修改黨章的報告》和四屆人大《關於修改憲法的報告》的單行本時，將報告人王、張的名字去掉。

五，凡同「四人幫」關係密切、民憤極大者所編導、創作和參加演出的電影、戲劇、音樂，由文化部逐個審查，上述這些人的文學藝術評論和創作，由國家出版局逐個審查，提出處理意見。凡經毛主席審定的，如八個樣板戲等，照常放映、演出、播送、出版。

10月26日

華國鋒對中共中央宣傳部門負責人說：當前，一、要集中批「四人幫」，連帶批鄧；二、「四人幫」的路線是極右路線；三、凡是毛主席講過的，點過頭的，都不要批評；四、「天安門事件」要避開不說。這裏他第一次提出「兩個凡是」的主張。

11月1日

《人民日報》（第3版），中國京劇團，〈挖出「蛀蟲」　文藝園地更加繁榮〉寫道：除了「四害」，人心大快。挖出「蛀蟲」，戰旗更紅。以華國鋒主席為首的黨中央，繼承毛主席的遺志，為黨鋤奸，為民除害，沉重打擊了國內外階級敵人，大長了無產階級的志氣，大滅了資產階級的威風。王洪文、張春橋、江青、姚文元這些資產階級的大陰謀家、大野心家，無恥背叛馬克思主義、列寧主義、毛澤東思想，肆意竄改毛主席的指示，瘋狂反對毛主席的革命路線，大搞修正主義，妄圖分裂偉大的、光榮的、正確的中國共產黨，陰謀篡奪黨和國家的最高領導權。他們吸著人民的血汗，幹著罪惡的勾當，欺世盜名，招搖撞騙，倒行逆施，禍國殃民。他們壞事做絕，人心喪盡，孤立得很，虛弱得很。神州震怒，山河共憤。他們惡貫滿盈，死有餘辜。他們是地地道道的黨內資產階級的典型代表，是徹頭徹尾的不肯改悔的正在走的走資派，是我們不共戴天的仇敵。

11月14日

《人民日報》（第5版）發表石言的文章〈粉碎江青的皇帝夢〉：

「四人幫」裏的大野心家江青，明明不學無術，卻恬不知恥地自封為「半個紅學家」，到處高談闊論《紅樓夢》。直到「四人幫」垮臺前夕，她還在胡扯什麼晴雯長，襲人短……她真是在談《紅樓夢》嗎？剝下畫皮，露出原形，原來她口中念念有詞地高談《紅樓夢》，心裏卻在念念不忘地大做皇帝夢。

偉大領袖毛主席早就看透江青的反黨野心，一針見血地指出：「江青有野心。她是想叫王洪文做委員長，她自己做黨的主席。」多年以來，江青做夢也想做「女皇帝」，她的這個野心在她侈談《紅樓夢》的時候，也自然地暴露出來。她以談《紅樓夢》的歷史背景為名，津津樂道地大講雍正篡奪皇位的事。說什麼康熙本想傳位給皇十四子，皇四子雍正偷改了康熙的遺囑，就當上了皇帝。她還譏笑雍正不懂得披上一件騙人的外衣，是赤裸裸地蠻幹。不錯，江青自己是很擅長於騙人和搗鬼的，她一貫披著馬列主義的外衣，幹盡修正主義的罪惡勾當。毛主席逝世以後，江青夥同王洪文、張春橋、姚文元，狼狽為奸，步雍正的後塵，採取最卑劣的陰謀手段，竄改毛主席的指示，偽造毛主席的所謂臨終囑咐，妄圖瞞天過海，篡黨竊國。這夥黑幫還利用手裏掌握的輿論工具，砲製反黨文章，大造反革命輿論。他們死皮賴臉，亂吹一頓，居然以恩格斯「始終不渝地堅持馬克思的既定方針」做比喻，把一個十惡不赦的江洋大盜吹捧為「社會主義者的顧問和領袖」，真是不識人間有羞恥事。他們還殺氣騰騰地妄想把真正堅持毛主席革命路線的中央負責同志打成「背叛」馬列主義的「修正主義頭子」，進而篡黨奪權，完成反革命「大業」。這幫豺狼，異想天開，竟要模仿晉朝劉琨的故事，也來個「上書勸進」，迫不及待地把江青這個毒蛇一樣的大野心家捧上「皇帝」的寶座。他們的夢做得真甜，然而只是一個美麗的肥皂泡。

在用馬克思主義、列寧主義、毛澤東思想武裝起來的人民大眾當家作主的中國，在無產階級專政時代，誰妄想穿起武則天的宮裝來做「女皇」，真是白日做夢。江青這個野心家深知這一點。因而，為了實現這個野心，她就拉一幫吹喇叭、抬轎子、充打手的，先把天下鬧亂，才好渾水摸魚。近幾年來，江青對《紅樓夢》六十一回描寫的「廚房風波」特感興趣，大講特講，其奧妙也在於此。她曾叫人莫名其妙地發〈指示〉，要把柳嫂子和秦顯家的在廚房裏爭權奪利的故事編成大鼓書，排練演出。這個悶葫蘆裏賣的是什麼藥？直到最近，才圖窮匕首見，她不打自招地說：《紅樓夢》裏有階級鬥爭，柳媽和秦顯家的就爭廚房的權，各自有後臺。好個「各自有後臺」！正道出他們這一夥野心家、陰謀家的反動心理。可不是嗎？這些年來，「四人幫」大搞分裂活動，大搞陰謀詭計，到處插手，興妖作怪，搧陰風，點邪火，挑撥離間，挑動武鬥，破壞文化大革命，破壞國民經濟，破壞社會秩序，破壞安定團結。正是因為有王張江姚這夥黑後臺，壞人才能有恃無恐，胡作非為，窮兇極惡，橫行霸道，打擊革命幹部，鎮壓人民群眾，實行白色恐怖，得勢猖狂於一時。江青權令智昏，歇斯底里地叫囂：「榮國府統治集團裏母黨與父黨鬥爭，母黨勝利了！」但是，一切依靠反黨野心家稱王稱霸、作威作福的害人蟲，「不論如何蠢動於一時，他們的後臺總是靠不住的，一旦樹倒猢猻散，全局就改觀了」。以華主席為首的黨中央，迅速實現毛主席的英明決策，一舉粉碎了「四人幫」反黨集團，粉碎了江青的皇帝夢。試看今日神州，竟是誰家天下！黨政軍民學，東西南北中，舉國上下，長城內外，熱烈歡慶華國鋒主席為我們黨的領袖，憤怒聲討「四人幫」篡黨奪權的滔天罪行。

人們心花怒放，笑逐顏開。《紅樓夢》裏薛寶釵的〈螃蟹詠〉中，有兩句詩，借來送給江青和「四人幫」倒滿相稱，就是：「眼前道路無經緯，皮裏春秋空黑黄！」

江青要當「女皇」，最大的障礙是我們黨內一大批忠於毛主席革命路線的負責同志。因此，她就咬牙切齒地攻擊他們，必欲置之死地而後快。今年 8、9 月間，正當「四人幫」陰謀篡奪黨和國家最高領導權的時候，江青跳到前臺，到處遊說，大講其反黨的「紅學」。她說：我最喜歡晴雯，晴雯專門注意右派；襲人是特務，專門注意左派，是被收買的。她開設著江記「帽子工廠」，先給自己特製了一頂「左派」的「文冠」戴上，又拋出一大堆「右派」、「特務」、「走資派」的大帽子，向別人頭上亂扣，企圖打倒一大批中央和地方的黨政軍負責同志。不過，即以其人之帽，還扣其人之首，倒是十分合適的。江青，正是一個地地道道的大右派，是典型的黨內資產階級，是不肯改悔的正在走的走資派。至於專門「偷襲別人」的「特務」，不是別人，正是她自己。這個鑽進革命隊伍的蛀蟲，崇洋媚外，投降賣國，做絕了傷天害理、禍國殃民的壞事。她為了反對共產黨，黨內立黨，結成黑幫，什麼烏龜王八也收了進去，靠這些周興、來俊臣們大搞法西斯特務統治。這幫壞傢伙，手裏沒有真理，周圍沒有群眾，人心喪盡，積怨甚多，民憤極大，已到「國人皆曰可殺」的地步了。

毛主席教導我們：「利用小說進行反黨活動，是一大發明。凡是要推翻一個政權，總要先造成輿論，總要先做意識形態方面的工作。」「四人幫」反黨集團正是這樣幹的。他們竊據要津，招搖過市，控制輿論工具，狠抓意識形態，唱著「左」的高調，推行極右的路線。江青的「紅學」黑話，只是「四人幫」反黨大合唱中的一支蹩腳的小插曲而已。利用古典小說《紅樓夢》進行反黨活動，過去的一些機會主義路線頭子如陳獨秀、瞿秋白、劉少奇、林彪之流也曾幹過，江青不過是繼承了他們的衣鉢。但是像她那樣對《紅樓夢》一竅不通，卻掛起「半個紅學家」的招牌，長期地利用《紅樓夢》進行反黨活動，為自己篡奪黨和國家最高領導權製造輿論，也算得上是一大創造，真可謂「青出於藍勝於藍」了。

我們黨十次路線鬥爭的歷史經驗證明，一切反馬克思主義、鬧分裂、搞陰謀詭計的機會主義路線頭子，必然喪盡人心，喪盡黨心，身敗名裂，自取滅亡。江青做了半世的皇帝夢，一心想當當代的武則天，結果怎樣呢？恰似《紅樓夢》裏的王熙鳳：「枉費了意懸懸半世心，好一似，蕩悠悠三更夢。」江青的反黨野心破產了，皇帝迷夢破滅了。我們黨勝利了，國家和人民得救了。讓我們在華國鋒主席為首的黨中央領導下，沿著毛主席開闢的革命航道，團結戰鬥，高歌猛進，奪取更大的勝利[15]！

11月15日

11 月 15 日至 19 日，中共中央在北京召開了宣傳工作座談會，初步揭批了「四人幫」在宣傳理論戰線上的罪行，並部署了繼續揭批「四人幫」的任務。由於華國鋒的「左」傾錯誤的影響，會議只提批右，不提批「左」。

11月16日

《人民日報》（第 4 版），上海京劇團《龍江頌》劇組，〈「四人幫」是革命文藝戰士的死敵〉寫道：重溫偉大領袖毛主席關於電影《創業》的光輝批示，倍覺親切，更激起我們對「四人幫」的無比仇恨。

11月19日

《人民日報》（第 2 版）大寨大隊宣傳隊的文章〈江青崇洋復古面目的大暴露〉：

[15] 石言，〈粉碎江青的皇帝夢〉，北京：《人民日報》（第 5 版），1976 年 11 月 14 日。

自封為「無產階級文藝革命的旗手」的江青，口口聲聲狂叫什麼「文藝舞臺要由工農兵占領」，「要努力塑造無產階級英雄形象」。現在，讓我們揭開江青兩次竄到大寨的文藝生活的內幕，看看她究竟是個什麼貨色！

去年9月間，江青竄到我們大寨，幹了許多壞事，貧下中農十分氣憤。她儼然擺出一副「太上皇」的架勢，橫蠻霸道，指手劃腳，連我們宣傳隊也成了她的眼中釘，肉中刺。我們大寨宣傳隊，在毛主席革命文藝路線指引下，堅持業餘、勤儉、小型、多樣的原則，自編自演了一批內容革命、形式活潑的文藝節目，密切配合政治鬥爭，為三大革命運動服務，為鞏固無產階級專政服務，受到了廣大貧下中農的熱情支持和稱讚。江青來後，我們為她組織了一場文藝晚會，可是，她看了不到半個鐘頭，就搖頭晃腦，擰眉瞪眼，說要退場休息。迫使我們打亂演出安排，去掉了不少好節目。

然而，時隔不到兩天，同樣在大寨，江青卻把她從北京專程帶到大寨的一批藝人請出來，為她演唱替帝王將相、才子佳人歌功頌德的舊戲曲《轅門斬子》、《斬黄袍》、《斷橋》、《空城計》等。她還讓同來的文藝工作者為她演奏古代音樂「南曲」、「北曲」及其他一些腐朽沒落的東西。在這樣的音樂會上，江青一反常態，竟高興得手舞足蹈，不斷拍手叫好，有的曲子甚至讓演員連奏好幾遍。不僅如此，江青在大寨沒住幾天，還把《蒙面大盜》等西方資產階級影片，帶來觀賞，以滿足其骯髒醜惡靈魂的需要。

事實像把無情的鋼刀，劃破了披在江青身上的「無產階級文藝革命的旗手」的畫皮，露出了她仇視無產階級革命文藝的猙獰面目。我們貧下中農喜歡的文藝，她卻深惡痛絕；我們貧下中農恨透了的封資修破爛貨，她卻奉為珍寶，大開綠燈。她哪裏是什麼「旗手」，分明是一個手揮板斧、砍殺無產階級革命文藝的劊子手，是封資修文藝的吹鼓手，是為死人、洋人招魂的惡鬼。

更為惡毒的是，今年9月初，在偉大領袖毛主席病危期間，江青再次竄到大寨，妄圖壓大寨、砍紅旗，為「四人幫」篡黨奪權做準備。一天在虎頭山上，宣傳隊演奏〈東方紅〉，江青聽到歌聲後，竟氣急敗壞地大發雷霆：「你們為什麼唱〈東方紅〉？我把它聽煩了！」〈東方紅〉是我國革命人民和世界革命人民最喜愛的一首歌，是革命時代的最強音。每當我們聽到這首歌時，就好像看到了偉大領袖毛主席那魁梧的身影和親切的笑容，我們渾身頓時充滿了溫暖和力量。可是，這個自封為「無產階級文藝革命的旗手」和毛主席「學生」的江青，居然「聽煩」了〈東方紅〉！這不只說明她對無產階級革命文藝的厭惡，更說明了她對偉大領袖毛主席毫無感情，暴露了她這個資產階級野心家、陰謀家的反動嘴臉[16]。

12月5日

《人民日報》（第1版）〈一篇討伐「四人幫」的檄文——記中央五七藝術大學音樂學院青年教師李春光一張大字報的前前後後〉報導：11月17日，工人體育館裏群情激憤，首都文藝界萬人批判「四人幫」的大會在這裏舉行。中央五七藝術大學音樂學院的一位代表登上講臺，義正詞嚴地批判王張江姚「四人幫」對抗毛主席關於《創業》的批示，鎮壓革命群眾，在文藝界實行法西斯專政的滔天罪行。她在發言中宣讀了去年8月該院青年教師李春光同志一張大字報的一些主要內容。這張革命大字報曾像一把鋒利的匕首直刺「四人幫」。「四人幫」恨得要命，江青暴跳如雷。「四人幫」的吹鼓手姚文元咬牙切齒地宣布這張革命大字報為「反動大字報」。他們對大字報的作者百般進行迫害，今年6月更勒令將作者隔離審查，並且大肆追查大字報的同情者和所謂幕後策劃者。直到「四人幫」被揪出來，作者才得到解放。雖然去年8月作者寫這份大字報的時候，還不可能指名道姓批判「四人幫」，而只是批判了「四人幫」幾個親信控制的文化部，但是作者的矛頭所向，明顯地是對著「四人幫」的。這篇大字報擺事實，講道理，詞鋒銳利，一針見血，因此，在首都文藝界這次萬人批判大會上，激起了到會群眾一陣又一陣熱烈的掌聲。人們從這份大字報和它的經歷，看到了去年以來圍繞著電影《創業》所展開的這場驚心動魄的階級大搏鬥的一個側面，受到了生動的教育。

16 大寨大隊宣傳隊，〈江青崇洋復古面目的大暴露〉，北京：《人民日報》（第2版），1976年11月19日。

12月6日

《人民日報》（第3版），中共河北省委大批判組，〈「四人幫」破壞文化大革命罪責難逃〉。

12月17日

《人民日報》（第2版），〈萬眾一心征腐惡——首都文藝界憤怒聲討「四人幫」利用文藝反黨的滔天罪行〉寫道：以華主席為首的黨中央一舉粉碎王張江姚反黨集團的偉大勝利，掀掉了壓在廣大文藝工作者心上的大石頭。一場乘勝追擊、憤怒揭發批判「四人幫」的偉大鬥爭，正在首都文藝界迅猛展開。兩個月來，從文化部機關到所屬各個文藝團體的幹部和群眾，認真學習馬列著作和毛主席著作，學習毛主席關於批判「四人幫」的一系列重要指示，深揭深批「四人幫」陰謀篡黨奪權和利用文藝進行反黨的滔天罪行。萬眾一心征腐惡，萬砲齊轟「四人幫」，大揭發大批判的怒潮一浪高過一浪。

12月29日

新華社〈人民日報〉（第1版）〈堅持毛主席革命文藝路線　砸爛「四人幫」的冷宮〉報導：1976年12月29日訊粉碎了「四人幫」，革命的文藝事業得解放。被「四人幫」長期打入冷宮的音樂舞蹈史詩《東方紅》以及《洪湖赤衛隊》等六部影片，將於1977年元旦與廣大工農兵群眾重新見面。這是毛主席革命文藝路線的勝利。

12月30日

新華社1976年12月30日訊：粉碎「四人幫」，社會主義文藝更興旺。又有一批新攝製的故事片、紀錄片、美術片和科教片，將從元旦起在全國各地陸續上映。這批影片包括：彩色紀錄片《歡慶偉大的勝利》、《大慶戰歌》、《舊貌變新顏》、《水鄉大寨花》、《海上大寨獐子島》、《草原大寨鑲黃旗》，彩色故事片《征途》、《海上明珠》等。

今年 10 月，全黨全軍全國各族人民迎來了兩件特大喜事：華國鋒同志任中共中央主席、中央軍委主席和以華國鋒主席為首的黨中央一舉粉碎了王張江姚反黨集團妄圖篡奪黨和國家最高領導權的反革命陰謀。喜訊傳出，八億人民心花怒放，舉國上下一片歡騰。彩色紀錄片《歡慶偉大的勝利》，生動地再現了首都百萬軍民和全國各地軍民熱烈慶祝偉大的歷史性勝利的盛況。一支支威武雄壯的遊行隊伍呈現出一派團結、戰鬥、勝利的歡樂氣氛，顯示了我黨我軍我國人民無比巨大的力量，熱情地歌頌了毛澤東思想的偉大勝利、毛主席革命路線的偉大勝利、無產階級文化大革命的偉大勝利。

大型彩色紀錄片《大慶戰歌》是根據敬愛的周總理的指示拍攝、於 1968 年 8 月完成的。但是，由於「四人幫」的干擾和破壞，這部片子過去一直未能與觀眾見面。這部影片滿懷激情地介紹了 60 年代初期大慶油田大會戰的戰鬥歷程。英雄鐵人打頭陣，千軍萬馬掀狂飈。影片通過一幕幕團結、戰鬥的場面，展示了我國石油工人在毛澤東思想光輝照耀下，堅持獨立自主、自力更生，奮發圖強、艱苦創業的英雄氣概，是一曲激動人心的大慶精神的頌歌。

影片還選輯了董必武副主席、朱德委員長到大慶視察的珍貴歷史鏡頭，記錄了敬愛的周總理深入大慶油田和廣大工人、幹部、職工家屬親切交談的動人情景。這樣一部優秀影片，卻遭到了「四人幫」一夥的百般刁難。「四人幫」及其親信以種種藉口把《大慶戰歌》打入冷宮，一直拖了八年不能上映。這是「四人幫」瘋狂反對偉大領袖和導師毛主席、反對敬愛的周總理、反對工業學大慶群眾運動的又一罪證。

另外四部彩色紀錄片《舊貌變新顏》、《水鄉大寨花》、《海上大寨獐子島》、《草原大寨鑲黃旗》，反映了農村廣大幹部、貧下中農，頂住「四人幫」的妖風惡浪，堅持大批修正主義、大批資本主義、大幹社會主義，在激烈的階級鬥爭中深入開展農業學大寨、普及大寨縣運動的革命精神，表現了我國七億農民決心在英明領袖華主席為首的黨中央領導下，更好地開展農業學大寨運動，堅定不移地走社會主義道路的鋼鐵意志。元旦上映的彩色故事片《征途》，是根據同名小說改編的。影片通過描寫一批知識青年響應毛主席的偉大號召，扎根邊疆、保衛邊疆、建設邊疆，在反修鬥爭前哨鍛鍊成長的戰鬥歷程，熱情地歌頌了知識青年上山下鄉這一社會主義新生事物。同時上映的彩色故事片《海上明珠》，通過我國北方沿海某漁村圍繞著種植海上大寨田所展開的一場鬥爭，熱情歌頌了經過文化大革命鍛鍊的廣大貧下中漁堅定地走社會主義道路的革命精神。獻給孩子們的禮物——彩色美術片《大櫓的故事》，是一部進行革命傳統教育的好教材。故事發生在解放戰爭時期，描寫了一位少年兒童在黨的培養教育下，勇敢、機智地戰勝敵人的重重封鎖，為我軍祕密傳遞情報的英雄事蹟。普及科學知識、宣傳唯物辯證法的彩色科教片《使好農用電機》、《防治水稻白葉枯病》、《地下油龍》、《防治肺吸蟲病》等，反映了工業、農業、衛生戰線上的新事物、新成就[17]。

[17] 〈粉碎「四人幫」，社會主義文藝更興旺　一批新電影元旦上映〉，北京：《人民日報》（第4版），1976年12月31日。

本年

蕭志才，〈矛盾衝突與階級鬥爭——學習革命樣板戲札記〉，《人民文學》，1976年第1期。

《革命樣板戲評論集》，上海人民出版社，1976年。

《還原舞臺 高於舞臺》，人民文學出版社，。

《人民文學》在1976年元旦復刊。

陝西省戲曲劇院音樂創作組，〈秦腔移植《紅燈記》的一些體會〉：

> 為更好地塑造無產階級英維人物形象，首先我們打破了秦腔行當的界限。如在設計李奶奶的唱腔時，沒有用舊秦腔老旦的腔調。舊秦腔老旦的唱腔一般較為單調、柔弱，旋律低沉、壓抑，情調多是哀怨、傷感。若用原有老旦的唱腔來塑造李奶奶的英雄形象，顯然是格格不入的。在設計中，我們以鬚生腔為基調，並吸收青衣腔的某些因素。取鬚生腔深厚、穩健的一面，和青衣腔高亢、激越的一面，給以重新處理和創造，以表達李奶奶特定的思想感情。
>
> 其次，我們打破了歡音、苦音的界限。秦腔的唱腔由兩大腔系組成：〔歡音腔〕和〔苦音腔〕。兩大腔系的板式結構基本相同，但旋律色彩卻有很大差異。〔苦音腔〕一般表現悲切、哀怨的情緒。〔歡音腔〕一般表現歡快、喜悅的情緒。有時〔苦音腔〕也表現悲壯、激越的情緒。今天，為了塑造無產階級英雄形象，必須衝破這個束縛，對它進行分析、研究、改進，使其適應新的革命內容的需要。開初，我們不敢讓英雄人物唱「苦音」，怕歪曲人物形象，在〔歡音腔〕裏轉來轉去。結果，唱腔單調、平淡，情感體現不深，秦腔風格也不夠濃。實踐證明，不敢大膽運用〔苦音腔〕的做法是偏頗的。只要我們有知難而進的革命精神，敢於革新，大膽創造，運用〔苦音腔〕同樣可以達到較好的效果。再次，打破板式結構的陳規。秦腔原有板式結構和「散、慢、中、快、散」的轉接方式，是有其特點的。

但要更好地塑造無產階級英雄形象，準確而深刻地表現英雄人物的思想情緒，就不能老在原有的板式結構中兜圈子，必須衝破原有板式的侷限。

另外我們還學習了京劇革命的經驗，打破舊秦腔的樂隊體制，採用中西混合樂隊編制。這樣，豐富了音色，增強了音響的厚度，擴大了藝術表現力。在伴奏上，也打破了單旋律伴奏的舊傳統，運用相聲、複調、配器等多聲部音樂的表現手法，以充分發揮樂隊的作用，更好地塑造無產階級英雄形象[18]。

〈粵劇的新生——記廣東省粵劇團移植革命樣板戲《沙家濱》〉

由廣東省粵劇團移植的革命樣板戲《沙家濱》，受到了廣大工農兵特別是粵語地區觀眾的歡迎。去年，珠江電影製片廠把它拍成了彩色戲曲藝術片，這是在銀幕上開放的移植革命樣板戲的又一枚新花。在革命樣板戲的帶動下，通過對《沙家濱》的移植，使粵劇獲得了新生。

粵劇工作者回顧他們學習移植革命樣板戲《沙家濱》的實踐過程，深深感到，在粵劇舞臺上，從表現帝王將相、才子佳人到熱情歌頌工農兵、塑造無產階級英雄形象，這是一場深刻的思想革命和藝術革命。

剔除糟粕，吸取精華

粵劇和其他藝術一樣是勞動人民創造的，其中也有歷代粵劇藝人辛勤勞動的成果。它的板式豐富，牌子、小曲、民間說唱多采多姿，不少曲調旋律性強，為勞動人民所喜聞樂見。經過這樣全面的、歷史的、階級的分析以後，粵劇工作者清楚地認識到，粵劇的傳統唱腔總的說來，纖細柔弱、輕佻放蕩的居多，剛健挺拔、開闊清新的較少。這樣的唱腔，同我們這個風雷激蕩的革命時代和氣吞山河的工農兵英雄人物的感情是格格不入的。必須立足革命，批判地吸收粵劇傳統唱腔中的有益的部分，加以革新，逐步創造、形成既要反映時代精神，又要保留地方特色的新的粵劇曲調。

[18] 《地方戲移植革命樣板戲好》第 2 輯（北京：人民文學出版社，1976 年），頁 55-63。

勇於實踐，大膽創新

為了使粵劇唱腔改革工作勝利進行，劇團黨支部從一開始就放手發動群眾，大搞「群言堂」。他們除成立了領導、專業人員、群眾「群言堂」的唱腔音樂改革小組外，還按劇中的主要角色分別組成各個角色的唱腔設計組。全團從樂隊演奏員到一般演員，都積極投入了移植《沙家濱》的工作。大家認真學習毛主席的有關教導，學習革命樣板戲的創作經驗和其他劇種移植革命樣板戲的經驗，人人出點子。經過集思廣益，把定下來的方案再拿到工農兵群眾中去，廣泛徵求意見，使改革方案日趨完善。

在改革實踐中，他們首先按照革命樣板戲的創作經驗，對傳統曲調進行細緻的分析鑑別，嚴格地為英雄人物選好基本曲調。〔梆子〕、〔二黄〕，是粵劇中表現力比較豐富的基本板腔，與京劇的〔西皮〕、〔二黄〕的性能相似。粵劇《沙家濱》學習革命現代京劇的板式安排，分別以〔二黄慢板〕、〔梆子慢板〕作為郭建光、阿慶嫂的基本曲調。在這裏，他們體會到，對於糟粕固然要堅決地拋棄，對於可以選用的曲調，也不能原封不動地照搬，必須經過改造，才能刻劃出無產階級英雄形象。例如，郭建光的核心唱段「毛主席黨中央指引方向」，前段選用〔二黄〕板式，中段則用〔梆子中板〕較能適應內容要求，但到「主動靈活……」一段就與全曲格調不統一了，因此又改以〔梆子中板〕的節奏和〔二黄〕調式的起落音揉合起來，譜成〔二黄中板〕，才使這一核心唱段既有清晰的層次變化，又能保持一定的內在聯繫，較好地表現了郭建光的革命英雄主義和革命樂觀主義精神。此外，他們從唱腔內容需要出發，大膽打破僵死凝固的舊程式，充分發揮粵劇曲調變換轉接靈活的特長，努力做到既有出新，又有粵劇特色。

深入生活，吸收營養

粵劇團在移植《沙家濱》的過程中，得到了工農兵群眾的親切關懷和熱情支持，從群眾中吸取了豐富的營養。開始移植的頭一年，劇團曾組織唱腔設計人員到農村深入生活。但他們不是把改造世界觀，變立場變感情放在第一位，到了農村不久就設計了「你待同志親如一家」這個唱段，完全套用了舊板式。拿到群眾中一試唱，貧下中農就一針見血地指出：這是新詞老曲舊感情，演員缺乏工農兵的革命氣質。貧下中農的中肯而尖銳的批評，對他們觸動很大，使他們深刻認識到，演革命戲要做革命人，移植革命樣板戲必須轉移立足點。歷來，他們在博羅縣鐵場公社漁業大隊深入生活時，就多次請隊裏的幹部和貧下中農介紹農村階級鬥爭的情況，做憶苦思甜報告，有力地促進了創作人員和演員的思想革命化。他們白天參加集體生產勞動，晚上和社員群眾一起討論唱腔，開門排戲。在這個基礎上，創作人員重新設計了反映軍民關係的這一唱段，取得了較好的效果[19]。

《地方戲曲移植革命現代京劇唱腔選段》（石家莊：河北人民出版社，1976）一書包括如下內容：河北梆子移植革命現代京劇《龍江頌》唱腔選段；平調移植革命現代京劇《紅色娘子軍》唱腔選段；平劇移植革命現代京劇《海港》唱腔選段；豫劇移植革命現代京劇《杜鵑山》唱腔選段；影調劇移植革命現代京劇《龍江頌》；老調移植革命現代京劇《紅燈記》；絲弦移植革命現代京劇《智取威虎山》唱腔選段。

19 《地方戲移植革命樣板戲好》第 1 輯（北京：人民文學出版社，1975 年），頁 71-76。

「樣板戲」後史

「樣板戲」後史

正如通過「樣板戲」前史的考察得知，「樣板戲」的出現並非橫空出世，而是有長久的醞釀階段。同樣，「樣板戲」的結束也並不是因為毛澤東的逝世、「四人幫」的倒臺就偃旗息鼓、銷聲匿跡。它的衰歇隨著政治情勢的變化，也有一段漸行漸遠、活力殆盡的過程。「四人幫」垮臺之後的兩三年內，「樣板戲」仍然是戲曲院校的教學樣板，「傳統戲」與話劇仍然未成為主流。「樣板戲」後史的起訖時限為1977至1981年，這一時段是華國鋒主政時期。其總體特點是，全面、徹底否定林彪集團和「四人幫」集團的政治思想和路線，然而，將「樣板戲」的成就完全與「四人幫」割裂開來，而歸功於毛澤東、周恩來等老一輩國家領導人和廣大文藝工作者，這與「文革」期間國家意識形態機器奉江青為文藝界「旗手」、文化大革命先鋒的評價是迥然不同的。

1977年1月26日至8月10日，《海港》、《龍江頌》修改後再度演出。1977年2月7日，《人民日報》、《紅旗》雜誌、《解放軍報》發表社論：〈學好文件抓住綱〉，提出「凡是毛主席做出的決策，我們都堅決維護，凡是毛主席的指示，我們都始終不渝地遵循」（即「兩個凡是」）的方針。可見，華國鋒依舊沿襲毛澤東晚年的「左」傾錯誤。這一政治路線在文藝戰線也有鮮明的體現。本年度，《文藝研究》編輯部編撰了《樣板戲調查報告》[1]。該《報告》對歷史事實的描述筆調以及政治立場清晰展現了當局對於「樣板戲」評價的過渡狀態——既有批判（將「樣板戲」的成就與「四人幫」之間進行分割，甚至四人幫成了「樣板戲」的破壞者），但也有所保留（將「樣板戲」的貢獻歸功於毛澤東文藝路線，實際上江青就是毛澤東最放心的心腹，也是他心意的最忠實執行者）。該報告顯而易見的矛盾是，在努力簡單切割「四人幫」與毛澤東的關係的同時，不得不違背歷史事實虛構史實，不得不尷尬地面對歷史結論與歷史事實無法協調統一的困境——

[1] 文化部文學藝術研究所，《文藝研究》編輯部，《樣板戲調查報告》，北京：作家出版社，1977（《文藝研究》增刊，內部發行）。

「樣板戲」的激進發展，本來就是「四人幫」在「文革」時期秉承毛澤東旨意狂掃百花、唯我獨尊的結果。1977 年 2 月 13 日，《人民日報》(第 2 版）發表文化部批判組的文章〈還歷史以本來面目——揭露江青掠奪革命樣板戲成果的罪行〉。該文的「編者按」認為：「八個革命樣板戲，是無產階級文化大革命的新生事物，是偉大領袖毛主席和敬愛的周總理親自培育的成果，是廣大革命文藝戰士努力實踐毛主席革命文藝路線辛勤勞動的結晶。但是，長期以來『四人幫』卻以假亂真，大肆鼓噪革命樣板戲是江青『精心培育』出來的，妄圖把革命樣板戲一手扒去，作為他們篡黨奪權的政治資本。本文用大量事實有力地揭露了江青無恥掠奪革命樣板戲的罪行，戳穿了江青是所謂『文藝革命旗手』的畫皮。」至少在十年的時間之內，當局的主流媒體以及中央各級領導人都壓倒性地高捧江青對於「樣板戲」的貢獻，然而，《人民日報》的這篇文章卻使人不得不驚嘆：歷史事實原來可以被顛倒黑白、反覆無常，歷史真理原來可以被翻雲覆雨、隨意操控。

1977 年 3 月 10 日至 22 日，中共中央召開工作會議初步總結了粉碎「四人幫」以來的工作，並部署了當年的任務。華國鋒在講話中堅持「兩個凡是」的方針，繼續沿用「文化大革命」中的一些提法，仍然認定天安門事件是「反革命事件」，認為「繼續批鄧、反擊右傾翻案風」是正確的。然而，華國鋒的做法並不能深得人心。陳雲、王震等元老鄭重提議鄧小平出山，要為天安門事件平反，這些提議得到多數與會者的贊同。後來，鄧小平的重新出山並不突然，順應了民心所向。4 月 7 日，中共中央做出關於學習《毛澤東選集》第 5 卷的決定。該決定認為：「學習《毛澤東選集》第五卷就是為了進一步用毛主席關於無產階級專政下繼續革命的偉大理論來武裝我們的頭腦，為實現華主席提出的抓綱治國的戰略決策而奮鬥。」4 月 10 日，鄧小平給中共中央寫信，針對「兩個凡是」的錯誤觀點指出：「我們必須世世代代地用準確的、完整的毛澤東思想來指導我們全黨全軍和全國人民，把黨和社會主義事業，把國際共產主義運動的事業，勝利地推向前進。」5 月 1 日，《人民日報》發表華國鋒的〈把無產階級專政下的繼續革命進行到底——學習《毛澤東選集》第 5 卷〉的文章。文章把「無產階級專政下的繼續革命」理論，說成是指導我們鬥爭的武器。5 月 3 日，中共中央轉發此信。鄧小平關於「準確的、完整的毛澤東思想」的提法，既確保了毛澤東思想的地位，從而保持中共思想路線的一貫性，同時，又通過「準確」、「完整」這些修飾語，為政策方針的通變提供了可以發揮的彈性空間。5 月 24 日，鄧小平同王震、鄧力群談話，明確指出「兩個凡是」不符合馬克思主義。8 月 12 日至 18 日，中國共產黨的第十一次全國代表大會在北京舉行。華國鋒代表黨中央做政治報告，總結了同「四人幫」的鬥爭，宣告「文化大革命」已經結束，提出在本世紀內把中國建設成為社會主義的現代化強國，是新時期黨的根本任務。但是，大會不僅沒有糾正「文化大革命」的錯誤理論和方針政策，反而加以肯定，因而，中共的政治轉向依然不脫離階級鬥爭思維這一大方向。葉劍英在會上做關於修改黨章的報告。鄧小平致閉幕詞，他強調指出：「我們一定要恢復和發揚毛主席為我們黨樹立的群眾路線、實事求是、批評與自我批評、謙虛謹慎、戒驕戒躁、艱苦奮鬥等優良傳統和作風，全心全意為中國人民和世界人民服務；我們一定要恢復和發揚民主集中制的優良傳統和作風，在全黨、全軍、全國努力造成一個又有集中又有民主，又有紀律又有自由，又有統一意志、又有個人心情舒暢、生動活潑，那樣一種政治局面。」8 月 19 日，黨的十一屆一中全會選舉華國鋒為中央委員會主席，葉劍英、鄧小平、李先念、汪東興為副主席；選出中央政治局委員二十三人，政治局候補委員三人。

1978 年 2 月，彩色影片《磐石灣》攝製完成並公映，這是「文革」期間最後一部「樣板戲」影片。4 月，京劇《紅雲崗》正式上演，並投入了電影拍攝。5 月 11 日至 6 月 29 日上海京劇團一行一百三十人應邀赴日本訪問演出，演出《智取威虎山》全劇。

1978 年 12 月召開的十一屆三中全會結束了 1976 年 10 月以來中共政治思想徘徊中前進的局面，開始較為全面糾正「文化大革命」中及其以前的左傾錯誤。這次全會的劃時代的轉折性意義在於，它堅決批判了「兩個凡是」的錯誤方針，充分肯定了必須完整地、準確地掌握毛澤東思想的科學體系；高度評價了關於真理標準問題的討論，確定了解放思想、開動腦筋、實事求是、團結一致向前看的指導方針；果斷地停止使用「以階級鬥爭為綱」不適用於社會主義社會的口號，做出了把工作重點轉移到社會主義現代化建設上來的戰略決策；提出了要注意解決好國民經濟重大比例嚴重失調的要求，制定了關於加快農業發展的決定；著重提出了健全社會主義民主和加強社會主義法制的任務；審查和解決了中共歷史上一批重大冤假錯案和一些重要領導人的功過是非問題。這次大會指出了毛澤東晚年對「文革」的錯誤決策，但是並沒有全部否定毛澤東思想，因為新的領導集體仍然需要為自身統治尋找合法依據，對這種合法依據的需求存在一天，對「文革」研究領域的徹底放開就不可能。這就是中共面對「文革」問題的悖論。在結論上否定「文革」是為了給新的政策措施的出臺鋪平道路；在細節上禁止對「文革」的研究，是因為現行政權的政治正當性仍然與「文革」存在千絲萬縷的聯繫。

1979 年 2 月 26 日，文化部黨組做出決定，為所謂「舊文化部」、「帝王將相部」、「才子佳人部」、「外國死人部」案徹底平反。1979 年 4 月 18 日，中共中央組織部、中共中央宣傳部、文化部黨組、全國文聯關於轉發〈全國文藝界落實黨的知識份子政策彙報座談會紀要〉的通知（1979.04.18；〔1979〕組通字第 17 號，〔1979〕中宣發 7 號，〔1979〕文黨字第 41 號，〔1979〕聯字 101 號）。中央組織部、中央宣傳部、文化部黨組、全國文聯籌備組於 1979 年 3 月 21 日至 30 日聯合召開了文藝界落實黨的知識份子政策彙報座談會。胡耀邦到會做了重要講話。與會者聽了鄧小平在黨的理論工作務虛會上的重要報告受到了很大的教育和鼓舞。會議著重討論了以下幾個問題。一、認真落實政策，團結起來搞四化。二、抓緊做好複查和平反昭雪冤假錯案工作。總的原則是：實事求是，有錯必糾。凡是不實之詞都要推倒，凡是不正確的結論和處理都要予以糾正，做到全錯的全平，部分錯的部分平，不錯的不平。文化大革命中，凡是因批判「文藝黑線專政」、「30 年代文藝黑線」、「四條漢子」，《海瑞罷官》、「三家村」、「黑戲」、「黑會」、「黑畫」、「黑線回潮」受審查、點名批判和被株連的，一律平反昭雪，不留尾巴。在文化大革命前歷次政治運動、包括 1964 年文藝整風中，受到批判、處理，被戴上「反黨反社會主義」，「資產階級右派」，「右傾機會主義」、「修正主義」，「民族分裂」以及各種「集團」等政治帽子，經過複查，確實搞錯了的，要堅決予以平反改正。三、分級分工把散處社會上的有名望、有成就的作家、藝術家、藝人的落實政策工作管起來。四、妥善處理文化大革命中解散的劇團的遺留問題。（一）劇團是否恢復或重建，應按照積極恢復有群眾基礎的地方劇種、扶植少數民族文藝的精神，結合當地整個藝術事業的調整，整頓工作來進行，統一規劃，合理布局。（二）對於確有造詣的省內知名的藝人，因為劇團被解散而改行的，應吸收他們參加現有的和準備恢復的演出團體。有的也可安排到戲曲學校或藝術研究部門做教學、研究工作。對其中已失去工作能力、生活無著的，可按照本紀要第三部分的精神，給予生活照顧。（三）由於劇團解散而產生的工資、公共財產等遺留問題，各地情況不同，可由各地文化部門從實際情況出發，妥善處理。5 月 3 日，中共中央決定撤銷 1966 年 2 月〈部隊文藝工作座談會紀要〉，並要求對因受〈紀要〉影響而被錯誤批判、處理的人員和文藝作品，實事求是地予以糾正。

1980 年 11 月 20 日至 1981 年 1 月 25 日，中華人民共和國最高人民法院特別法庭公審了「四人幫」和林彪集團的主要成員，江青被判處死刑，緩期二年執行。1981 年 6 月 27 日，中共十一屆六中全會通過〈關於建國以來黨的若干歷史問題的決議〉，將「文革」定性為：「由領導者錯誤發動，被江青（四人幫）和林彪兩個反革命集團利用，給黨、國家和各族人民帶來嚴重災難的內亂。」雖然〈決議〉並沒有直接否定「樣板戲」，但是由於「樣板戲」帶有鮮明的「文革」烙印，尤其是江青個人的影響，因此，對「文革」的定性，也就從政治上正式宣告了「樣板戲」的終結。「四人幫」倒臺了，「樣板戲」的直接推動力量以及與之相聯繫的「文革」思想壽終正寢了。從此，「樣板戲」的命運面臨著新的歷史語境中人們審美趣味的自主選擇。

並不能因為江青曾經直接插手「樣板戲」而全盤否定這種藝術形式，何況《紅燈記》、《智取威虎山》等劇目在江青插手之前已經幾成定局。而且，江青指導之下創作的「樣板戲」在藝術上也並非毫無可取之處。雖然，「文革」結束之後，學界與觀眾掀起過關於「樣板戲」的多場爭論，但是，1981 年之後，「文革」期間曾經的流行歌曲與熱門戲曲「樣板戲」並未完全銷聲匿跡。在此之後，「樣板戲」的重演、改編已經不再是純粹政治意義的操作，而是包含了商業利益、懷舊情結以及主旋律引導等多重複雜關係。關於「樣板戲」在新時期之後的文本演變、觀眾接受、社會評價，如此等等的複雜生態不是本書研究的範圍。因而，對於世界文學史上一種特殊的政治藝術——「樣板戲」的考察也就至此結束。

附錄

附錄

1983 年，中共文化部做出了關於浩亮、劉慶棠、于會泳三人問題的決定，並附有《審查報告》，後者作為錯誤與罪行的判決證據，對於研究「樣板戲」以及相關歷史情況具有重要的參考價值。因此，本書以附錄形式摘要如下，從而為返觀歷史提供一些可資參考的材料。

1983 年 4 月 25 日，中共文化部做出〈中共文化部黨組關於浩亮問題的決定〉。該決定全文如下：同意浩亮專案組對浩亮主要罪行和錯誤的審查報告。現已查明：浩亮在十年動亂期間，積極投靠江青反革命集團，充當親信，是這個集團安插在文藝戰線的代理人。浩亮參與了江青反革命集團篡奪、控制文化部門領導權的陰謀活動；利用文藝工具積極配合江青反革命集團策動的企圖顛覆政府的新動亂，把攻擊矛頭指向黨和國家領導人；他推行文化專制主義，製造冤案、假案，迫害文藝界知名人士、幹部和群眾。浩亮犯下的罪行和錯誤是嚴重的，民憤也是很大的。「四人幫」被粉碎後，在受審查期間，浩亮對自己的罪行和錯誤做了程度不同的交代，尚有悔改之意。

據此，對浩亮的問題做如下決定：一、浩亮的問題屬於敵我矛盾性質，但鑑於其犯罪情節較于會泳、劉慶棠輕，且本人有認罪態度表示，故決定不予起訴；二、撤銷浩亮黨內外一切職務，開除黨籍，行政上降一級（由文藝九級降為文藝十級）；三、分配到外地，在地方戲校做一般教學工作[1]。

文化部浩亮專案組〈關於浩亮主要罪行和錯誤的審查報告〉（1982 年 12 月 3 日）：

[1] 宋永毅主編，美國《中國文化大革命文庫光盤》編委會編纂，《中國文化大革命文庫光盤》，香港中文大學・中國研究服務中心製作及出版，2006 年。

浩亮是江青反革命集團——「四人幫」的親信，是他們在文藝界的重要代理人之一。他同于會泳、劉慶棠、張維民等人一起，積極為「四人幫」篡黨奪權的陰謀活動效力，不但錯誤嚴重，而且犯有罪行。經中央批准，1976 年 10 月 22 日對浩亮實行隔離審查，1977 年 10 月 10 日送北京衛戍區監護審查，1980 年 9 月 10 日轉交公安部繼續監護審查，1981 年 12 月 25 日解除監護。

經查，浩亮的主要罪行和錯誤有：

一、參與了江青反革命集團篡奪控制文化部門領導權的活動

浩亮早在 1963 年排演京劇《紅燈記》時，就受到江青的青睞。後來，江青為浩亮改名換姓，多次在公開講話中庇護浩亮，說浩亮是她培養的，是她的人，等等。1966 年 11 月 28 日首都召開文藝界大會，江青親自提名，要浩亮上大會主席臺。之後，浩亮便進了京劇團的領導班子（見附件 1 至 9）。1969 年 4 月 24 日，江青、張春橋、姚文元同浩亮以及于會泳、劉慶棠挽臂合影。後來，江青曾在不同場合先後對于、劉、浩等人講過：「你們有什麼事，給我寫信。」「他們不敢卡我的信。」「我要是坐牢殺頭，到時候你們也跑不了！」「我要是死了，你們去找張春橋、姚文元。」（見附件 10 至 16）1970 年 7 月，浩亮給江青寫信說：「回憶跟您走過的一段戰鬥路程，就是在您敲打下過來的。」江青批示把這封信印發各文藝團體學習，並分送中央政治局在京委員。1973 年，李景德（京劇演員，後被提拔為戲曲學校黨委副書記）向浩亮談到教改有困難時說：「有人說你（指浩亮）是我的後臺。」浩亮對李景德說：「人家都說我是你的後臺，江青同志是我的後臺，你不要怕，大膽地幹。」（見附件 17 至 18）1970 年，江青親自提名浩亮為國務院文化組成員；1975 年初，又保薦浩亮為四屆人大常委；這年文化部成立時，再次由江青、張春橋提議，任命于會泳、浩亮、劉慶棠等為文化部黨的核心小組成員、文化部副部長。至此，文化部的領導權被於、劉、浩篡奪了（見附件 19 至 20）。

二、按「四人幫」旨意，在文藝界推行文化專制主義，製造文藝冤案，迫害文藝界知名人士、幹部和群眾

于會泳、劉慶棠、浩亮等被「四人幫」提拔為國務院文化組成員和文化部部長副部長之後，一直按照「四人幫」的意圖辦事，在文藝界推行文化專制主義。自 1973 年起，他們以「替劉少奇翻案」、「黑線回潮」、「為修正主義路線唱讚歌」、「對抗文藝革命」、「反對江青」等種種莫須有的罪名，對音樂界、美術界、戲劇界、電影界、曲藝界廣大群眾進行大規模的鎮壓，製造了一連串文藝冤案。其中與浩亮有直接關聯的主要的有下列六大案件。

以上文藝冤案，對全國文藝界影響極大，而且波及其他各個方面，造成嚴重後果。

于、劉、浩、張等人在「四人幫」授意和支持下，還在文藝界製造了一系列迫害知名人士和幹部、群眾的事件。其中主要的有：

（一）與「四人幫」勾結，在中國京劇團迫害阿甲同志

江青為了剽竊京劇現代戲《紅燈記》的成果，蓄意陷害該劇編導阿甲同志。1967 年 8 月，阿甲同志因對江青亂改《紅燈記》提出不同看法，被江青點名批判。1968 年 6 月 30 日，江青宣布：「阿甲這個人很壞，是歷史反革命也是現行反革命，是叛徒，還可能是特務。」致使阿甲同志遭受殘酷鬥爭，身心受到嚴重摧殘。阿甲的愛人方華同志，也受到株連屢遭毒打致殘。1970 年 5 月，浩亮布置張永枚等人用《紅燈記》劇組名義寫文章，經他審閱後由他轉報江青、姚文元拍板，在《紅旗》和《人民日報》上發表，在這篇題為〈為塑造無產階級英雄典型而鬥爭〉的文章中，公開點名說阿甲同志是「反革命份子」（見附件 107－117）。

三、積極參與「四人幫」制造反革命輿論的陰謀活動

（一）吹捧江青，把江青抬到領袖地位

1. 竭力為江青撈取政治資本。1967 年 5 月，浩亮在《紅旗》上發表署名文章說：「江青同志是活學活用毛主席著作的典範，是京劇革命大道上走在最前面的高舉紅旗的旗手。」1970 年 2 月，《解放軍報》社邀浩亮講〈演革命戲，做革命人〉時，浩說：「我們的無產階級文藝革命是從京劇革命開始的」，「江青同志是第一次解決了文藝為什麼人和如何為工農兵服務這個根本的問題、原則的問題」，「因此，要組織一批真正願意跟江青同志幹革命的隊伍」。浩亮事先指定專人詳細紀錄這篇講話，然後又向許多單位做過宣講，其中較大範圍的宣講就有二十多次。1973 年 3 月，江青指使浩亮組織班子寫了〈評電影《自有後來人》〉（京劇《紅燈記》是根據滬劇《紅燈記》改編的，滬劇又是根據電影《自有後來人》改編的）一文，經浩送江、姚審定，在對外刊物《中國建設》上發表。文章中說：「江青同志領導下改編的《紅燈記》和壞影片《自有後來人》無關。」同年 9 月，浩亮就「京劇革命」發表談話，吹捧江青「重新組織了京劇藝術，使它能反映現代革命題材」。這個談話，經新華社用外文稿向國外播發，《泰晤士報》等外國報刊還對浩的這篇談話做了報導和評論（見附件 154 至 166）。
2. 為江青大做「國服」。江青為擴大自己影響，指令浩亮為其製作「國服」。浩亮把這件事當作當時工作的重點，耗費大批人力物力，造成巨大浪費，在全國影響極為惡劣（見附件 167 至 169）。
3. 大搞效忠江青的反動活動。浩亮經常在中國京劇團搞「路線回憶」，為江青歌功頌德，鼓吹要「熱愛江青」、「緊跟江青」等。他還在中國戲曲學校宣揚「學校是江青辦的，校名是她起的，校址是她選的，辦校方針是她定的……」（見附件 170 至 173）。
4. 擴大江青的影響。1974 年 1 月，浩亮和一個記者被江青委派為她的特使，到「廣闊天地大有作為」人民公社去送江青的一封關於「批林批孔」的親筆信，浩曾在會上發表講話，來為江青擴大影響。浩

亮還利用出國的一切機會，突出吹捧江青。1975年5、6月和8、9月，浩亮帶藝術團先後訪問拉美三國和朝鮮。他受江青委託送給特里尼達－多巴哥總理威廉斯的女兒一套江青服，作為生日的禮品。在國外與有關人員談話中，當對方讚揚我國文藝上的成就時，浩亮藉機吹捧江青說：「節目是江青同志親自搞出來的」，「表現歷史長河是江青同志提出來的」。並說：「文化大革命以來，在江青同志領導下我國才在文藝上創出了新路子。」（見附件175至186）

（二）支持砲製一系列文章，進行反革命輿論宣傳。

于會泳按照「四人幫」的授意，組織專業寫作班子，自 1973年到 1976 年，以「初瀾」、「江天」等筆名，撰寫二百六十七篇文章（發表一百七十三篇）。其中包括〈中國革命歷史的壯麗畫卷——論革命樣板戲的成就和意義〉、〈應當重視這場討論〉（批「無標題音樂」）、〈京劇革命十年〉、〈評晉劇《三上姚峰》〉、〈為哪條教育路線唱讚歌〉、〈一部歌頌文化大革命的好影片——評《春苗》〉、〈堅持文藝革命，反擊右傾翻案風〉等毒素極大的反動文章。這些文章大都在全國地方報紙上轉載，成為鎮壓文藝界的信號。迫使各地根據這些文章的論點，相繼發表了大量類似文章，如批判《三上桃峰》的有三百多篇，批判《園丁之歌》的將近一百篇，批判「無標題音樂」的有一百多篇，流毒全國，為「四人幫」篡黨奪權大規模製造輿論。其中有些重點文章，浩亮曾參與過審定（見附件187至192）。

四、大搞陰謀文藝，緊密配合「四人幫」的篡黨奪權活動

（一）1976年2月份，江青把于會泳、劉慶棠和浩亮找到釣魚臺十七樓，對他們說：「……沒有與走資派做鬥爭的戲，這怎麼行？！……你們趕快布置給四個京劇團，把電影《春苗》、《決裂》、《第二個春天》、《戰船臺》改編為京劇。這個事，我和春橋已經商量過了。這些都是寫與走資派做鬥爭的戲，能和當前的鬥爭緊密配合。」在江青主持下決定由中國京劇團、北京京劇團、上海京劇團、山東京劇團分擔改編任務其間，浩亮曾同于會泳一起去山東檢查。浩亮還指示中國京劇團《戰船臺》創作組「從馬不停蹄的『走資派』的角度來寫」，「根據今天的現實來寫」，要向上面「找風源」，並且一再催促：「今年『10・1』拿出來」，強調「這時期是非常時期」、「要打破常規」、「要有通宵精神」等等（見附件193至201）。

（二）為在整個文藝界迅速貫徹落實江青、張春橋的指示，原文化部核心組召開了文化部司局長會議、六省市和兩校作者創作座談會、評論座談會、電影廠負責人會議等一系列會議。在1976年2月15日藝術局系統的會上，浩亮號召寫「制定路線、方針、政策的『走資派』」。1976年3月16日召開的六省市和兩校重點作者創作會議，是于會泳決定召開，由浩亮和張伯凡具體領導。會前向張春橋寫的請示報告和會後向張所做創作規劃的報告，都是由浩亮審定、署名或親筆修改的。參加這次會議的人員在于會泳、浩亮的煽動和脅迫下，制定出了由文化部直接抓的二十部「與走資派做鬥爭」的創作規劃，其中寫到中央部一級或省一級「走資派」的作品有八部，並計劃在當年完成十七部（見附件202至213）。

（三）浩亮根據江青指示組織中國京劇團，將小說集《序曲》中的《警鐘長鳴》，改編為「與走資派作鬥爭」的京劇《金鐘長鳴》（見附件214至226）[2]。

1983年4月25日，中共文化部做出〈中共文化部黨組關於劉慶棠問題的決定〉。全文如下：同意劉慶棠專案組對劉慶棠主要罪行和錯誤的審查報告。現已查明：劉慶棠在十年動亂期間，積極參加了江青反革命集團，成為重要骨幹，是這個集團安插在文藝戰線的重要代理人。他積極參與了江青反革命集團篡奪、控制文化部門領導權的陰謀活動；積極參與了他們誹謗、攻擊周恩來總理、妄圖打倒鄧小平副主席的陰謀活動；他利用文藝工具緊密配合江青反革命集團策動的企圖顛覆政府的新動亂；他積極推行

[2] 宋永毅主編，美國《中國文化大革命文庫光盤》編委會編纂，《中國文化大革命文庫光盤》，香港中文大學・中國研究服務中心製作及出版，2006年。

文化專制主義，肆意製造大量假案、冤案，惡意誣陷、殘酷迫害文藝界知名人士、幹部和群眾，嚴重破壞文藝事業。劉慶棠犯下的罪行和錯誤是極其嚴重的，民憤極大。「四人邦」被粉碎後，他堅持反動立場，繼續負隅頑抗，在受審查期間態度極為惡劣。

據此，對劉慶棠的問題作如下決定：一、劉慶棠是江青反革命集團的重要骨幹，屬於敵我矛盾性質，罪行觸犯刑律構成犯罪，提請檢察部門起訴，對他依法制裁；二、撤銷劉慶棠黨內外一切職務，開除黨籍，開除公職。

關於江青反革命集團重要骨幹劉慶棠主要罪行和錯誤的審查報告

經查，劉慶棠的主要罪行和錯誤有：

一、投靠江青，上下勾結，篡奪文藝領導權

「文化大革命」開始後，劉慶棠造反起家，利用以前排戲的工作關係，多次向江青寫效忠信和誣告信，吹捧江青，誣陷別人。江青則多次在公開講話中庇護劉慶棠的錯誤，並親自點名要劉上「11·28」首都文藝界大會主席臺，由於舞劇團多數群眾抵制，此事未能得逞。之後，劉慶棠接連向江青寫信誣告芭蕾舞劇團是「壞人掌權」，「隊伍嚴重不純」。1967 年 11 月 9 日和 12 日，江青兩次對文藝界發表講話，點名芭蕾舞劇團是「屬於搗著的」，並強令舞劇團結合劉慶棠進領導班子。自 1968 年 3 月劉慶棠參加了「清隊」專案工作以後，他夥同軍代表黄厚民大打出手，將劇團內凡是對江青、劉慶棠稍有抵制不滿的同志統統加以鎮壓和清洗，叫嚷：「誰反對江青誰就是反革命！」「緊跟江青就是勝利！」很快把舞劇團變成了江青的一統天下。他 1968 年 9 月 21 日向江青寫信獻媚說：「目前我團形勢越來越好，正沿著江青同志指示的大方向繼續前進。」「若不是江青同志的『11·12』講話，我團根本翻不過身來。」江青則表揚劉慶棠「階級鬥爭心裏亮堂」，後又將劉慶棠大亂舞劇團的所謂「總結報告」當作樣板，批轉給「五團二廠」（中國京劇團、北京京劇團、中央樂團、上海京劇團、中國舞劇團、北京電影製片廠、八一電影製片廠）加以推廣。劉慶棠正是在江青庇護下，靠著殘酷鎮壓的手段，逐步篡奪了芭蕾舞劇團的領導權。該團黨委成立時，劉被指定為黨委副書記、書記。

1969年4月，江青安插劉慶棠為中共「九大」代表、主席團成員。4月24日，江青、張春橋、姚文元特地與劉慶棠以及于會泳、浩亮挽臂合影。合影後，江青對于、劉、浩說：「要是出了修正主義，我就得像你們倆演的那個角色（指浩亮演的李玉和、劉慶棠演的洪常青）。」「他們不敢卡我的信，你們有什麼事，給我寫信。」以後她又對劉慶棠等人講過：「我（要）是坐牢殺頭，到時候你們也跑不了！」「我要是死了，你們去找張春橋、姚文元。」劉慶棠受寵若驚，1970年7月24日給江青寫信說：「您把我們當作最親近者，這是我們的幸福和光榮。」他還多次向群眾鼓吹說：「我們確實是江青拉扯著走過來的」，「要緊跟江青一輩子」，「掉腦袋也要保衛江青」！與此同時，劉慶棠還在他的講話、日記和給報刊寫的文章中，竭力吹捧江青是：「披荊斬棘的英勇旗手」、「硬骨頭精神的無產階級革命家」、「無產階級芭蕾舞劇的奠基人」、「開創了無產階級文藝的新紀元」等，為江青大造輿論。

劉慶棠還多次給江青寫信，誣陷現代芭蕾舞劇《紅色娘子軍》的編導之一蔣祖慧同志「惡毒攻擊江青，竄改樣板戲」，誣陷該劇瓊花扮演者白淑湘同志「對黨對毛主席有刻骨仇恨」，並將蔣、白二人分別隔離審查。隨後，劉慶棠向江青上報了她二人所謂「砲打無產階級司令部」的罪行定案材料，把她們打成「現行反革命」送幹校長期監督勞動。同時威逼蔣祖慧丈夫與蔣離了婚。

1968年，劉慶棠在清洗舞劇團中親自對楊少甫、李文澤等九同志進行刑訊逼供。他把一些惡毒的語言寫在紙條上，威逼楊少甫等同志照抄下來，作為「攻擊江青」的罪行交代。他還縱容打手用皮帶把李文澤同志的脊背抽出條條血痕。1968年4月29日又以砲打無產階級司令部的罪名將鄧元森、陳敏以及陳敏的母親李莪蓀，還有丁金城、王秀芳等五位同志投入監獄。總之，當時的芭蕾舞劇團，凡對江青、劉慶棠稍有抵制和不滿的幹部、群眾，無一不遭到通令、勒令、審查、揪鬥或坐牢，造成劇團內一片白色恐怖，廣大幹部群眾人人自危。而劉慶棠卻得意洋洋地於這年7月24 日在給江青的彙報提綱中寫道：「揪出二十九人，逮捕五人，自殺一人，……形勢大好，成績很大。」9 月 21 日又在寫給江青的信中說：「由於堅決貫徹執行了您『11・12』重要指示，把舞劇團捂著的階級鬥爭蓋子揭開了，階級陣線搞清了，被篡奪了的領導權奪回來了。」

1968 年 8 月底，劉慶棠通過對北京舞蹈學校教員邸爾同志進行逼供，將 1967 年 7 月前文藝組音樂舞蹈口成立後的第一次工作會議虛構成「反革命『5・16』兵團文藝方面軍音舞組」成立會。之後，劉又對芭蕾舞劇團楊少甫、中央樂團劉天語、中央民族樂團劉楓曉等同志多次逼供指供，把出席這次會議的十一名同志打成「『5・16』兵團文藝方面軍」的匪首、骨幹，從而一手製造了『5・16』兵團文藝方面軍」的假案。1968 年 9 月3 日和 21 日，劉慶棠夥同黃厚民兩次向江青密報，誣陷前文藝組成員金敬邁同志是這個方面軍的「司令」，誣陷中央樂團陸公達同志是「副司令」，誣陷音樂學院危大蘇同志是「音舞口組長」，並說：「這個反革命組織在文藝界牽涉面較大，人數不少，非常隱蔽。」這就博得了江青的賞識。1969年 8 月，江青指派劉慶棠和黃厚民負責文藝界的「深挖『5・16』」工作。自此，劉慶棠得以直接到中央樂團、中國歌劇舞劇院、北京舞蹈學校、中央音樂學院、中央歌舞團、中央民族樂團、中央歌劇舞劇院歌劇團等單位私設公堂，進行刑訊逼供。被誣為「匪首」的危大蘇同志，拒不承認自己是「5・16」，為了抗議劉慶棠等人的法西斯暴行而進行絕食鬥爭，卻遭到劉慶棠打手們的毒打，身心受到摧殘。中央樂團演奏員陸公達同志在劉慶棠等人反覆刑訊逼供下含冤自殺，當時年僅二十五歲。中央樂團演奏員王華翼同志也多次被劉等人審訊、毒打，造成傷殘。北京舞蹈學校教員邸爾同志被逼無奈，跳樓求死，留下嚴重傷殘。1970 年 1 月，經江青、謝富治批准，劉慶棠先後將金敬邁、李英儒、章亦敏、唐益、危大蘇五同志投入監獄，關押五年半之久。劉慶棠一手製造的這起假案，造成了嚴重的惡果，使文藝界大批幹部群眾遭到誣陷迫害。僅據中直八個文藝單位的不完全統計，在這一假案中被逼自殺身死的六人，自殺未死受到嚴重摧殘的八人，被逼供拷打折磨致傷致殘的十七人，連同遭到隔離、揪鬥、非法關押、監督改造的幹部群眾一起。共達三百七十五人。

江青在文藝界掀起的「亂敵人、樹隊伍」惡浪，以及劉慶棠等人的橫行暴虐，激起了文藝界的廣泛不滿。1969 年 5 月，芭蕾舞劇團演員史大里同志在給江青的申訴信中寫道：舞劇團的清隊中嚴重混淆了兩類不同性質的矛盾，在許多專案審查中存在著逼供信現象，「這種嚇人戰術對敵人毫無用處，對同志只有損害，這是剝削階級和流氓無產者慣用的手段」。1969 年 6 月 18 日晚，江青在樣板團的負責人會上說：「文藝界有一股翻案風，老的、小的都要翻。必須給以回擊！」並胡說史大里寫萬言翻案書，背後定有集團。還大罵中國京劇院阿甲、張東川、李和曾，北京京劇團蕭甲等同志。之後，劉慶棠夥同浩亮、黃厚民等人，立即籌備召開了「首都文藝界反擊右傾翻案風大會」，對以上同志進行批判。劉還在舞劇團親自主持對史大裏同志的輪番批鬥，扣上「反革命份子」帽子，將她送幹校管制勞動達八年之久。

1970 年初，劉慶棠大樹江青的「絕對權威」，在芭蕾舞劇團發起所謂「統一思想運動」。2 月，江青將劉慶棠等人鎮壓群眾的所謂〈總結報告〉批轉給五團二廠進行學習。隨後，劉慶棠在芭蕾舞劇團再次掀起「深挖『5・16』」高潮，使更多的同志蒙受其害。劉慶棠多次威逼孫學敬同志承認所謂『5・16』問題，孫嚴詞回絕，被送往幹校勞改。1971 年 5 月，劉慶棠在芭蕾舞劇團大會上點名批鬥續健、韓達夫等同志，續健同志被打成「反革命」，韓達夫同志則含恨病逝。

1969 年 9 月，江青以反對寫真人真事為名，胡說原參加過攻打威虎山戰鬥的英雄孫大德同志去各單位報告英雄事蹟是「冒認樣板戲中的角色」。劉慶棠即夥同黃厚民蒐集整理了孫的報告錄音上報江青和姚文元，誣告孫「到處做報告」，「流毒甚廣」，「應該嚴肅處理」。江青、姚文元據此大罵孫大德同志是「冒充孫達得的扒手」，並在《紅旗》雜誌的文章中定他為「政治扒手」，使孫大德同志慘遭陷害，按「現行反革命」被批鬥多次，1970 年含恨死去。

「天安門事件」後，劉慶棠又將芭蕾舞劇團的戴珊、張玉屏、趙汝衡等同志先後列為重點追查對象，加以逼供迫害[3]。

1983年4月25日，中共文化部做出〈中共文化部黨組關於于會泳問題的決定〉，全文如下：同意于會泳專案組對于會泳主要罪行和錯誤的審查報告。

現已查明：于會泳在十年動亂期間，積極參加了江青反革命集團，成為主要骨幹、死黨，是這個集團安插在文藝戰線的主要代理人。他積極參與了江青反革命集團篡奪、控制文化部門領導權的陰謀活動；積極參與了他們誹謗、攻擊周恩來總理、妄圖打倒鄧小平副主席和一大批黨政軍領導幹部的陰謀活動；他大造反革命輿論，無恥吹捧江青；他利用文藝工具，緊密配合江青反革命集團策動的企圖顛覆政府的新動亂；他極力推行文化專制主義，肆意製造假案、冤案，誣陷迫害文藝界大量知名人士、幹部和群眾，嚴重破壞文藝事業。于會泳犯下的罪行和錯誤是極其嚴重的，民憤極大。「四人幫」被粉碎後，他堅持反動立場，抵制清查，畏罪自殺。

據此，對於會泳的問題做如下決定：一、于會泳是江青反革命集團的重要骨幹、死黨，屬於敵我矛盾性質，本應依法起訴判刑，但因本人已自殺身死，故對他不予起訴；二、撤銷于會泳黨內外一切職務，開除黨籍（1977年9月已報請中央批准）。

關於江青反革命集團死黨于會泳主要罪行和錯誤的審查報告

經查，于會泳的主要罪行有：

一、積極參與江青反革命集團篡奪控制文化部門領導權的活動

于會泳1965年就開始投靠江青。這年春天，於被借調到上海京劇團工作。為了投靠江青，他蒐集江青對京劇音樂的一些講話，從中揣摹，於1965年3月28日、5月17日在《文匯報》上發表兩篇討取江青歡心的文章，受到江青的另眼看待和多次破格接見。1966年他砲製江青「嘔心瀝血」、「精心培育」樣板戲的鬼話，為江青撈取政治資本。「文化大革命」初期，于會泳因政治歷史問題受到審查，江青、張春橋出面包庇。張春橋

[3] 宋永毅主編，美國《中國文化大革命文庫光盤》編委會編纂，《中國文化大革命文庫光盤》，香港中文大學‧中國研究服務中心製作及出版，2006年。

公開揚言：「我就是要保于會泳」，「要和江青一起保」。于會泳對江青、張春橋感恩不盡，多次寫信表示忠心，聲言要「誓死捍衛江青同志」。他對那些瞭解江青底細或對「四人幫」稍有不滿的幹部和群眾，總要加以誣陷和迫害。1968 年 4 月，于會泳給張春橋的一封告密信中陷害了十一人之多，有的人甚至被關押入獄。1974、1975 年于會泳兩次收繳基層單位發現的有關江青的材料，背著黨中央，祕密送給江青。1976 年大搞追查活動，凡是有揭露了江青問題的，于會泳都要在旁批道：「純屬階級敵人造謠」、「純屬反革命謠言，要追查，防擴散」（見附件 1 至 18）。

于會泳對江青忠心耿耿，江青也視于會泳為心腹，加以精心培植，一手提拔。1969 年初，江青把于塞進「九大」主席團。4 月 24 日，江青、張春橋、姚文元特地和于會泳以及劉慶棠、浩亮挽臂合影。合影後，江青向于、劉、浩授意：「你們有什麼事，給我寫信。」「他們不敢卡我的信。」以後她又多次對于、劉、浩等講過：「我（要）是坐牢殺頭，到時候你們也跑不了！」「我要是死了，你們去找張春橋、姚文元。」六人結下了反革命同盟。1970 年 5 月，江青將于調任國務院文化組成員、副組長；1973 年 8 月，又把于塞進「十大」，成為中央委員；1975 年四屆人大，江青更為于會泳「爭」上了文化部長、文化部黨的核心小組組長。之後，于會泳與江青、張春橋的勾結更加緊密。據不完全統計，1975 年 3 月至 1976 年 9 月，于會泳僅與江青的電話聯繫就達 177 次，此外還有大量去釣魚臺與江、張直接勾結的活動（見附件 19 至 31）。

于會泳掌握文化部領導大權之後，立即按江青、張春橋的意圖，拼湊了文化部黨的核心小組並建立幫派體系。于會泳經與江青、張春橋、郭玉峰等合謀後，將劉慶棠、浩亮、張維民和袁水拍提名安排為文化部副部長、部核心小組成員，把積極為「四人幫」效力的侯再林和裘翠定也拉入部核心小組，建立起了控制文化部的幫派核心。1975 年 2 月 2 日，于會泳向張春橋請示建部問題時，張春橋「指示」以「江青熟不熟、知道不知道」為標準選拔司局主要領導幹部。據此，於提出自己的親信呂韌敏、張伯凡等人是「江青同志知道」、「江青同志見過」的，任命他們為司局單位第一把手。2 月 25 日，於在核心組會上說：「對建部的方針、原則，按春橋講的精神辦，最重要的是路線問題，組織路線要為政治路線服務。」之後，他又從上海將「江青同志提的，洪文同志選的」工人吳玉琴、宋智強，以及他「在上海培養的」蕭志才等人調來文化部，突擊提拔為廳局負責人，分別控制文化部各司局單位，建立起了為「四人幫」反革命政治路線服務的幫派領導體系。這就使得「四人幫」的種種陰謀活動，得以在文化部以公開、合法的方式進行（見附件 32 至 46）。

二、積極參與「四人幫」制造反革命輿論的活動

（一）無恥吹捧江青，把江青抬到領袖地位。

1968 年春，于會泳組織了「歌頌江青、張春橋豐功偉績宣傳組」（後改為「頌江小組」），親自砲製宣講稿，四出遊說。他說：「要像鐵梅聽奶奶的話一樣」，「對江青同志的每一指示必須不折不扣地執行，必須迅速扎實地執行，必須句句執行、字字執行」。同時，於還以「紅長纓」為筆名，多次在報紙上發表長篇文章，編造材料，對江青竭盡吹捧之能事。同年，又指使宣傳組的個別人編造了一份〈無產階級文藝革命大事記〉，肉麻地吹捧江青是什麼「無產階級文化大革命的英勇旗手」，「早在 30 年代就是像魯迅那樣的硬骨頭」等等，為江青樹碑立傳。于會泳還多次用「您的學生、戰士」的名義給「四人幫」寫效忠信、效忠詩，用北斗星比喻「四人幫」（見附件 180 至 199）。1974 年 3 月，于會泳藉修改張永枚的詩報告〈西沙之戰〉，多處加上「大海」「峻嶺」（皆江青筆名）的詞句，露骨地把江青打扮成西沙之戰的「統帥」，在報紙的突出位置上加以發表。他還在外事活動中，大肆渲染江青，為江青的女皇夢大造輿論。一次，于會泳和劉慶棠、浩亮去新聞電影製片廠審片，竟對該廠領導指示說：「江青同志會見外賓是代表主席的，要認識這個重大意義」，「要加江青的鏡頭」。1976 年 9 月毛主席逝世後，于和劉、浩、張等人竟得意忘形地議論說：「首長（江青）不能管文藝了，要管大事了！」（見附件 200－208）

（二）策劃砲製一系列文章，大造反革命輿論。

于會泳和劉、浩等人，按照「四人幫」的授意，組織文藝方面的專業寫作班子，自 1973 年到 1976 年，以「初瀾」、「江天」等筆名撰寫文章二百六十七篇（發表一百七十三篇）。其中包括〈中國革命歷史的壯麗畫卷——論革命樣板戲的成就和意義〉、〈應當重視這場討論〉（批「無標題音樂」）、〈京劇革命十年〉、〈評晉劇《三上桃峰》〉、〈為哪條教育路線唱讚歌〉、〈一部歌頌文化大革命的好影片——評《春苗》〉、〈堅持文藝革命，反擊右傾翻案風〉等毒素極大的反革命文章。這些文章，大都在全國地方報紙上被迫轉載，成為鎮壓文藝界的信號。各地根據這些文章的論點，繼續發表大量類似文章。如批判《三上桃峰》的有五百多篇，批判《園丁之歌》的將近一百篇，批判「無標題音樂」的有一百多篇，流毒全國，為「四人幫」篡黨篡國製造了大量輿論。其中重點文章，都是在于會泳親自掌握下砲製出籠的（見附件 209 至 214、90、105、130）。

三、緊密配合「四人幫」篡黨奪權的反革命政治綱領，大搞「寫走資派」的陰謀文藝

1976 年 1 月，敬愛的周總理逝世後，「四人幫」加緊了篡黨奪權的陰謀活動，拋出了「老幹部是『民主派』，『民主派』就是『走資派』」的反革命政治綱領，妄圖打倒一大批黨的老幹部。于會泳利用文藝，不遺餘力地推行這個反革命政治綱領，為「四人幫」最終顛覆政府而策動的新動亂製造輿論。

（一）1976 年 1 月下旬，于會泳按照「四人幫」的旨意，布置將影片《春苗》、《第二個春天》、《戰船臺》、《決裂》改編為「鬥走資派」的反黨戲劇。2 月 4 日，于會泳下令「這四個戲今年要演出，最好是 8 月份……不能遲過國慶日。」並親自奔走於京、魯、滬之間，直接督戰（見附件 355 至 361）。

1976年2月6日，張春橋向于會泳布置「文藝作品要寫與走資派做鬥爭」，于會泳積極進行組織，要文化部「作為一項主要工作來抓」。多次在會上叫嚣「寫走資派」，「不要怕」，煽動「寫縣委、市委的黨委書記搞復辟」，「可以寫縣、市、省、部」，要求「在文學、電影、戲劇等方面貫徹下去」，把文學藝術創作全面納入寫「走資派」的反革命軌道上。3月31日于會泳以核心小組的名義給張春橋寫信，表示了「要像『十八棵青松』一樣，『頂風劈浪迎頭上，拚死拚活幹到底』」的反革命決心，制定了二十部「寫走資派作品」的創作規劃，規劃中寫到中央有關部門一級或省一級的「走資派」有八部，寫到地、縣一級（包括工廠）的「走資派」有十二部，並規定年內完成十七部（見附件362至372）。

（二）編造「寫走資派」的反革命理論。于會泳多次在各種會議上叫嚣：「反映和走資派做鬥爭作品，是時代的要求，也是革命的要求，對反修防修具有重要意義。」胡說：「走資派有欺騙性、危險性、反動性、頑固性，這些東西在『五類份子』身上也有」，「要敢於寫較高級幹部中的走資派，因為走資派越是職位高，權力大，它的危害性就越大」。還多次強調要寫出「深度和廣度」，說：「作品概括的面越大，就越要反映出更高一層的鬥爭，例如由寫公社一級的走資派提到寫中央部一級的走資派，也就越要使作品達到相應的深度。」甚至露骨地說：「這不僅是個藝術問題，首先是從政治上來考慮的。」（見附件373至379）[4]

[4] 宋永毅主編，美國《中國文化大革命文庫光盤》編委會編纂，《中國文化大革命文庫光盤》，香港中文大學・中國研究服務中心製作及出版，2006年。

參考文獻

報紙期刊類

中國戲劇家協會編，《劇本》（1952—1966 年）

《戲劇報》，中國戲劇出版社（1954—1966 年）

《戲曲報》，華東人民出版社，（1950—1951 年）

《光明日報》（1949—1966 年）

《紅旗》雜誌（1949—1966 年）

《人民日報》（1949—1966 年）

《解放軍報》（1956—1976 年）

《文藝報》（1952—1966 年）

《文匯報》（1958－1964 年）

著作類

江青，《無限風光在險峰——江青同志關於文藝革命的講話》，南開大學衛東批判文藝黑線聯絡站、《紅海燕》編印，1968 年 2 月。

江青，《江青關於文化大革命的演講集》，澳門：天山出版社，1971 年。

江青，《江青同志論文藝》，「文革」期間編印本，現藏於匹茲堡大學圖書館。

《江青同志談文藝》，山西省教師進修學院、山西省青年廣播學校。

《江青文選》，武漢：新湖大革命委員會政宣部，1967 年 12 月。

《江青同志論文藝革命》，昆明印，1969 年 8 月。

「江蘇省無產階級文化大革命材料工作站」編，《暮色蒼茫看勁松——江青同志對文藝革命的部分指示》。

江蘇省文聯資料室編，《革命現代戲研究資料索引：1963.1-1965.3》，1965 年。

江蘇省文聯資料室、南京大學中文系資料室編，《革命現代戲資料彙編》，第一輯，負責同志講話及社論部分，1965 年。

江蘇省文聯資料室、南京大學中文系資料室編，《革命現代戲資料彙編》，第二輯，戲劇理論部分，1965 年。

江蘇省文聯資料室、南京大學中文系資料室編，《革命現代戲資料彙編》，第三輯，現代革命戲曲劇目研究部分，1965 年。

江蘇省文聯資料室、南京大學中文系資料室編，《革命現代戲資料彙編》第四輯，話劇劇目研究部分，1965 年。

江蘇省文聯資料室、南京大學中文系資料室編，《革命現代戲資料彙編》，第 1、2 輯（合訂本）。

《文藝研究》編輯部，《樣板戲調查報告》，《文藝研究》增刊，內部發行，1977 年。

宋永毅主編，美國《中國文化大革命文庫光盤》編委會編纂，《中國文化大革命文庫光盤》，香港：香港中文大學‧中國研究服務中心製作及出版，2002 年。

宋永毅主編，美國《中國文化大革命文庫光盤》編委會編纂，《中國文化大革命文庫光盤》，香港：香港中文大學‧中國研究服務中心　製作及出版，2006 年。

長春電影製片廠，《革命樣板戲影片攝製總結彙編內部材料》。

甘肅師範大學中文系現代文學教研組編，《學習革命樣板戲資料彙編》，1974 年 7 月。

中國戲曲志編輯委員會編，《中國戲曲志》，北京：文化藝術出版社、中國 ISBN 中心，1990-1999 年。

董健主編，《中國現代戲劇總目提要》，南京：南京大學出版社，2003 年。

李樹權等編，《20 世紀中國文藝圖文志‧戲曲卷》，瀋陽：瀋陽出版社，2005 年。

高義龍、李曉主編，《中國戲曲現代戲史》，上海：上海文化出版社，1999 年。

謝柏梁，《中國當代戲曲文學史》，北京：高等教育出版社，2006 年。

傅謹，《新中國戲劇史》（1949—2000），長沙：湖南美術出版社，2002 年。

王新民，《中國當代戲劇史綱》，北京：社會科學文獻出版社，1997 年。

北京市藝術研究所、上海藝術研究所編著，《中國京劇史》，北京：中國戲劇出版社，2005 年。

莊永平、潘方聖，《京劇唱腔音樂研究》，北京：中國戲劇出版社，1994 年。

張胤德、方榮翔編，《裘盛戎藝術評論集》，中國戲劇出版社，1984 年。

張庚，《當代中國戲曲》，北京：當代中國出版社，1994 年。

戴嘉枋，《樣板戲的風風雨雨》，北京：知識出版社，1995 年。

顧保孜，《實話實說紅舞臺》，北京：中國青年出版社，2005 年。

賀志強等，《魯藝史話》，西安：陝西人民出版社，1991 年。

艾克恩編纂，《延安文藝運動紀盛》，北京：文化藝術出版社，1987 年。

王培元，《延安魯藝風雲錄》，桂林：廣西師範大學出版社，2004 年。

翟建農，《紅色往事——1966—1976 年的中國電影》，北京：臺海出版社，2001 年。

於可訓、李遇春主編，《中國當代文學編年史》，長沙：湖南人民出版社，2007 年。

卞敬淑，《文革時期樣板戲研究》，上海：華東師範大學博士論文，2001 年。

郭玉瓊，《戲曲與國家神話——延安時期到文革時期的戲曲現代戲研究》，廈門：廈門大學博士論文，2007 年。

中共中央文獻研究室編，《周恩來年譜 1949-1976》（上卷），北京：中央文獻出版社，1997 年。

中共中央文獻研究室編，《周恩來年譜 1949-1976》（中卷）北京：中央文獻出版社，1997 年。

中共中央文獻研究室編，《周恩來年譜 1949-1976》（下卷）北京：中央文獻出版社，1997 年。

中共中央文獻研究室，《鄧小平年譜 1975-1997》（上卷）北京：中央文獻出版社，2004 年。

中共中央文獻研究室編，《鄧小平年譜 1975-1997》（下卷）北京：中央文獻出版社，2004 年。

中共中央文獻研究室，〈關於建國以來黨的若干歷史問題的決議〉注譯本，北京：人民出版社，1985 年。

毛澤東，《建國以來毛澤東文稿》第 6 冊，北京：中央文獻出版社，1992 年。

毛澤東，《建國以來毛澤東文稿》第 7 冊，北京：中央文獻出版社，1992 年。

毛澤東，《建國以來毛澤東文稿》第 12 冊，北京：中央文獻出版社，1998 年。

毛澤東，《建國以來毛澤東文稿》第 13 冊。北京：中央文獻出版社，1998 年。

毛澤東，《毛澤東文集》第八卷，北京：中央文獻出版社，1999 年。

國防大學黨史黨建政工教研室主編，《文化大革命研究資料》，上冊，北京：國防大學，1988 年 10 月。

國防大學黨史黨建政工教研室主編，《文化大革命研究資料》，中冊，北京：國防大學，1988 年 10 月。

國防大學黨史黨建政工教研室主編，《文化大革命研究資料》，下冊，北京：國防大學，1988 年 10 月。

王年一，《大動亂的年代》，鄭州：河南人民出版社，1989 年。

毛毛，《我的父親鄧小平文革歲月》，北京：中央文獻出版社，2000 年。

安建設，《周恩來的最後歲月》，北京：中央文獻出版社，2002 年。

吳法憲，《歲月艱難——吳法憲回憶錄》下卷，香港：北星出版社，2006 年。

吳德，《十年風雨紀事——我在北京工作的一些經驗》，北京：當代中國出版社，2004 年。

呂相友，《中國大審判——公審林彪、江青反革命集團十名主犯圖文紀實》，瀋陽：遼寧人民出版社，2006 年。

李遜，《大崩潰——上海工人造反派興亡史》，臺北：時報文化，1996 年。

汪東興，《汪東興回憶毛澤東與林彪反革命集團的鬥爭》，北京：當代中國出版社，2004 年。

金沖及主編，《周恩來傳》第四冊，北京：中央文獻出版社，1998 年。

金春明，《文化大革命史稿》，成都：四川人民出版社，1995 年。

范碩，《葉劍英在非常時期（1966-1976）》上冊，北京：華文出版社，2002 年。

范碩，《葉劍英在非常時期 1966-1976》，下冊，北京：華文出版社，2002 年。

范碩、丁家琪，《葉劍英傳》，北京：當代中國出版社，1996 年。

范碩，《葉劍英在 1976》，北京：中共中央黨校出版社，1990 年。

徐景賢，《十年一夢》，香港：時代國際出版有限公司，2005 年。

馬齊彬、陳文斌、林蘊輝、叢進、王年一、張天榮、卜偉華，《中國共產黨執政四十年（1949-1989）》，北京：中共黨史出版社，1991 年。

高文謙，《晚年周恩來》，香港：明鏡出版社，2006 年 3 月第 36 版。

葉永烈，《江青傳》，北京：作家出版社，1993 年。

葉永烈，《張春橋浮沉錄》，臺北：曉園出版社有限公司，1989 年。

後記

《「樣板戲」編年史・前篇——1963-1966年》已經於2011年10月在秀威出版。拿到沉甸甸的樣書之後，我十分欣慰。如果有讀者認為，也不過是做了資料的輯錄、爬梳而已，未可足道。我很贊同。然而，也許敝帚自珍是人的固陋吧。

《「樣板戲」編年史》原本是我為自己的研究提供便利而編撰的，後來隨著框架、資料、思路的成型，發現也許對同好者略有助益，於是開始長期關注，不斷完善。與《「樣板戲」編年史》前、後篇成為完整系列的還有五個相關的選題，我目前已經基本完成[1]。下面我想簡要介紹內容，向讀者交代一下我的「樣板戲」研究思路與方法。

選題一：紅舞臺的政治美學——論「樣板戲」[2]。「樣板戲」是「文革」政治美學的典型範本。該書對「樣板戲」的政治美學內涵進行界定，分析其創作理論與特徵。結合歷史事實，梳理「樣板戲」政治美學化的歷史背景，回到歷史原初語境還原「樣板戲」的改編與創作過程。從「樣板戲」的文本細讀中分析政治美學的建構過程。從創作方法、領袖崇拜、倫理內涵、性別／性、儀式內涵、符號表徵等諸多方面探討「樣板戲」的政治美學特色。最後反思「樣板戲」政治美學的困境。

選題二：革命現代性視野中的「樣板戲」。從文獻學角度梳理「樣板戲」的版本演進。分析戲曲現代戲的現代性內涵。京劇現代戲藝術創造的現代內涵。「樣板戲」藝人由傳統向現代轉型的命運。「樣板戲」革命主題的宗教內涵。「樣板戲」中的階級鬥爭與家仇國恨。

選題三：江青的「樣板戲」創作理論與實踐。從「樣板戲」理論到實踐，從內容到形式，從政治方向的嚴格把關到藝術創作的精心經營，從創作過程到社會宣傳，江青在上述活動中體現了她作為藝術家、理論家、導演、製片人、發行人

1 上述書稿將于近幾年在中國大陸和台灣出版。
2 與筱灃合著。

等多重角色。從基本的歷史事實分析江青與「樣板戲」之間的雙向選擇。對「樣板戲」的數目及其相關概念辨析，使研究對象正本清源。探討江青「樣板戲」創作理論的淵源。江青的《談京劇革命》、《紀要》與《首長講話》的淵源關係。重點細緻分析江青的「樣板戲」創作理論與創作實踐。最後，總結江青京劇革命的得失。

選題四：「樣板戲」的傳播與接受。本選題的研究對象是指「文革」時期「樣板戲」各種媒介作品的傳播過程與觀眾的接受狀況。本選題的主要內容包括：「樣板戲」傳播的性質與功能；「樣板戲」傳播的語境與挑戰；「樣板戲」的傳播媒介；「樣板戲」傳播的模式效應；「樣板戲」受眾的接受類型；「樣板戲」評價中的政治鬥爭。闡釋「樣板戲」的傳播與接受如何作為「文革」文藝生產的組成部分，實現文藝政治社會化的功能。「樣板戲」的傳播和接受反映了主流意識形態的宣傳策略和手段。「樣板戲」的傳播和接受折射了「文革」期間整個中國社會的精神生態，反映了權力話語和民間社會之間順應、悖逆與博弈等多重複雜關係。

選題五：「樣板戲」往事。「文革」結束之後，「樣板戲」的編劇、演員、導演、攝影等局內人發表了許多關於「樣板戲」的文章與訪談，我將上述文獻分門別類編輯成一本《「樣板戲」往事》。其目的是，第一，通過「樣板戲」親歷者的往事回眸，保存珍貴的戲曲史料。第二，通過今昔歷史的對比，更為清晰地認識「樣板戲」的發展過程。由於特殊的政治因素，「文革」前後人們關於「樣板戲」的評價往往因為情感因素和政治立場的影響而產生一些反差。通過揭示「文革」前後，這些「樣板戲」參與者的看法和情感，通過對比「文革」前後人們看法的歷史變遷，從多維視角展現出「樣板戲」的多重面目。雖然人們對「樣板戲」文本還是社會記憶，往往見仁見智，褒貶不一，但是，比得出一個結論更為重要的是，我們首先應該建立一個讓各種史實全面、清晰展現的平臺。在此基礎上再去辨析歷史事實的解釋問題。

如上六個文本實際上有著內在的互文關係，這是我關於「樣板戲」研究整體思考的體現。

我想藉此書出版的機會，鄭重感謝如下五位先生對我的指導與幫助。

感謝恩師盧斯飛先生為拙作提出了極為寶貴的指導意見。

感謝哈佛大學東亞系王德威教授對我訪學期間研究工作的極大鼓勵和支持。他逢人介紹我是「樣板戲」專家，一方面我愧不敢當；另一方面，我又不應該辜負王先生對我的這種鼓勵。

感謝東華大學劉秀美教授長期對我學術研究的鼎力支持。為了本書的編輯整理，她付出了巨大的心血。本書如果不是劉教授的鼎力扶持，要出版是遙遙無期的事情。因此，我想謹以此書獻給劉秀美教授。

感謝中國文化大學宋如珊教授惠贈「文革」資料，可謂雪中送炭。

感謝秀威編輯孫偉迪先生極端認真、敬業的專業精神。他一絲不苟、不厭其煩解決了許多編輯方面的問題。每次收到孫先生的信件，我都油然而生敬意。

對於本書的錯謬之處，責任在我，期待各位讀者不吝指教，以免謬種誤傳，貽害學術。本人聯繫方式：湖北省武漢市武漢大學文學院，430072。電子郵箱：diamond1023@163.com

李松

2010 年 3 月謹識於武漢大學

2011 年 9 月改定於哈佛大學東亞系

2011 年 12 月補記於南湖畔天樂居

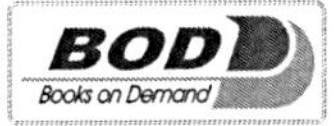

美學藝術類　PH0054

「樣板戲」編年史・後篇
——1967－1976年

編　　著／李　松
責任編輯／孫偉迪
圖文排版／楊尚蓁
封面設計／陳佩蓉

發 行 人／宋政坤
法律顧問／毛國樑　律師
印製出版／秀威資訊科技股份有限公司
114 臺北市內湖區瑞光路 76 巷 65 號 1 樓
電話：+886-2-2796-3638　傳真：+886-2-2796-1377
http://www.showwe.com.tw
劃撥帳號／19563868　戶名：秀威資訊科技股份有限公司
讀者服務信箱：service@showwe.com.tw
展售門市／國家書店（松江門市）
104 臺北市中山區松江路 209 號 1 樓
電話：+886-2-2518-0207　傳真：+886-2-2518-0778
網路訂購／秀威網路書店：http://www.bodbooks.com.tw
國家網路書店：http://www.govbooks.com.tw
圖書經銷／紅螞蟻圖書有限公司
114 臺北市內湖區舊宗路二段 121 巷 28、32 號 4 樓
電話：+886-2-2795-3656　傳真：+886-2-2795-4100

2012 年 2 月 BOD 一版
定價：800 元

國家圖書館出版品預行編目

「樣板戲」編年史. 後篇：1967-1976 年 / 李松著. -- 一版. -- 臺北市：秀威資訊科技, 2012.02
面； 公分. -- (美學藝術類；PH0054)
BOD 版
ISBN 978-986-221-848-8(平裝)

1.中國戲劇 2.戲劇史

982.665 100018735

讀者回函卡

感謝您購買本書，為提升服務品質，請填妥以下資料，將讀者回函卡直接寄回或傳真本公司，收到您的寶貴意見後，我們會收藏記錄及檢討，謝謝！

如您需要了解本公司最新出版書目、購書優惠或企劃活動，歡迎您上網查詢或下載相關資料：http:// www.showwe.com.tw

您購買的書名：________________________________

出生日期：________年________月________日

學歷：□高中（含）以下　□大專　□研究所（含）以上

職業：□製造業　□金融業　□資訊業　□軍警　□傳播業　□自由業

□服務業　□公務員　□教職　□學生　□家管　□其它______

購書地點：□網路書店　□實體書店　□書展　□郵購　□贈閱　□其他

您從何得知本書的消息？

□網路書店　□實體書店　□網路搜尋　□電子報　□書訊　□雜誌

□傳播媒體　□親友推薦　□網站推薦　□部落格　□其他__________

您對本書的評價：（請填代號　1.非常滿意　2.滿意　3.尚可　4.再改進）

封面設計____　版面編排____　內容____　文／譯筆____　價格____

讀完書後您覺得：

□很有收穫　□有收穫　□收穫不多　□沒收穫

對我們的建議：________________________________

____

____

____

請貼
郵票

11466
台北市內湖區瑞光路 76 巷 65 號 1 樓

秀威資訊科技股份有限公司 收

BOD 數位出版事業部

....

（請沿線對折寄回，謝謝！）

姓　　名：＿＿＿＿＿＿＿＿　年齡：＿＿＿＿　性別：□女　□男

郵遞區號：□□□□□

地　　址：＿＿＿＿＿＿＿＿＿＿＿＿＿＿＿＿＿＿

聯絡電話：(日)＿＿＿＿＿＿＿＿＿＿(夜)＿＿＿＿＿＿＿＿＿＿

E-mail：＿＿＿＿＿＿＿＿＿＿＿＿＿＿＿＿＿＿

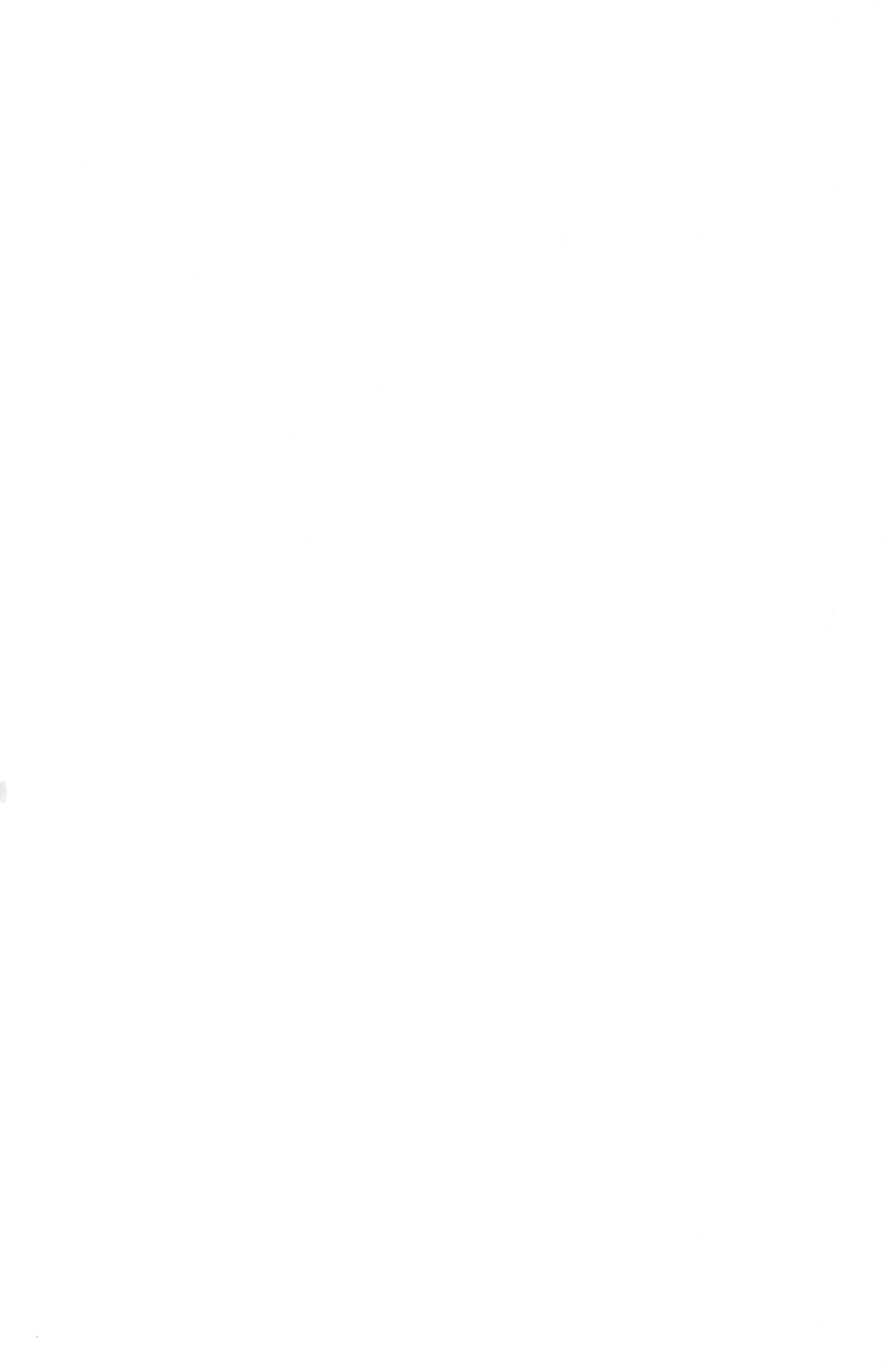